2001中国广告年鉴
China Advertising Yearbook

ORIENTAL TV—ADVANCING THE CULTURE CREATING PROSPEROUS

上海东方电视台成立于1993年1月18日，使用20频道和33频道播出，全天播出34小时，收视范围覆盖上海市以及江苏、浙江、安徽省等部分地区，覆盖人口达1.3亿。

上海东方电视台以其一流的节目、完善的管理、出色的经营和超常规的发展，成为中国主流媒体中公认的佼佼者，被亚洲与太平洋地区广播电视联盟誉为“中国及亚太地区和世界广播电视发展的未来和楷模”。

上海东方电视台广告部自成立以来，积极探索广告经营新路子，在宏观上注入市场营销理念，不断拓展市场，逐步建立并完善了整体经营管理体系，规范广告管理，形成比较科学的业务运作程序。

开播至今，东视广告业务蒸蒸日上。尤其是近年来在市场竞争激烈，电视观众日趋分流的情况下，依然保持较高的增长态势。99年以广告创收6个亿在全国省级电视台位居第二，2000年再攀高峰，完成了6.6亿的创收任务，为东方电视台的事业发展注入源源活力。

上海东视广告有限公司是一家由媒体自办的大型综合广告公司，隶属于东方电视台。公司拥有节目营销中心、衍生产品开发部、风险广告合作部、媒介代理部及《市场明珠》、《国货大视窗》、《东方家园》等一批深受工商企业欢迎的信息类广告栏目。

作为媒体自办的广告企业，公司与全国各地电视媒体保持了良好的合作关系；为国内外客商提供全方位的广告策划、创意设计制作、媒体服务等相关领域的合作。

公司以“重信誉、创优质服务”为宗旨，坚持公正、合理的原则，切实关心客户的利益。

上海东方电视台广告部

电话：58812000转广告部
地址：上海浦东新区东方路2000号14楼
邮编：200125
浦西分部电话：63221000转业务部
地址：上海南京东路627号七重天宾馆6楼
邮编：200001

上海东视广告有限公司

电话：63221000转各部
地址：上海南京东路627号七重天宾馆6楼
邮编：200001

OTV OTV OTV

东方电视——传播先进文化 共创美好未来
PROMOTION
CREATIVE
SEARCH
投放东视广告
共创世纪品牌
COMMUNICATION
CLIENTS ABOVE ANYTHING
BRAND AWARENESS
上海东方電視台
www.shotv.com

图书在版编目 (CIP) 数据

'2001 中国广告年鉴 / 新华社中广联编辑部编 .
—北京: 新华出版社, 2001.6
ISBN 7-5011-5268-3

Ⅰ.'2… Ⅱ.新… Ⅲ.广告-中国-2001-年鉴 Ⅳ.F713.8-54

中国版本图书馆 CIP 数据核字（2001）第 033081 号

新华出版社出版
中国广告年鉴编辑部编
北京同力永正图文设计事务所承制

---

850 × 1168 毫米　大 16 开本　40 印张
彩色插页 128 页　字数: 1000 千字
2001 年 5 月第一版　2001 年 5 月北京第一次印刷
ISBN 7-5011-5268-3/Z·642
定价: 220.00 元（精装）

繁榮廣告事業
促進經濟發展

祝賀「中國廣告年鑒」出版

王众孚
九九七年元月廿二日

国家工商行政管理局局长王众孚题词

编辑说明

一、《中国广告年鉴》是一部图文并茂的大型资料工具书，收编了2000年有关广告方面的主要文献资料。

二、“政策法规”、“大事纪要”等，以日期为序。

三、本年鉴收集的2000年资料和数据中，暂未包括我国台湾省、香港特区和澳门特区。

四、为便于读者检索，书末附有“广告经营单位目录索引”和“广告刊户索引”。

五、限于编辑水平和所掌握的资料，缺点和错误在所难免。欢迎读者批评指正。

《中国广告年鉴》编辑部人员名单

总编辑：王晋杰
副总编辑：钟兴跃　王树军　程庄庄
编辑部主任：柏　群
编　审：仲　辉
编　辑：仲　辉　孙　鹏
责任编辑：白云覃
封面设计：德　春　刘锦先
督　印：宋　江　孙　鹏

有话上网去说
将夜晚献给酒吧
3个月换次手机
花明天的钱
哎！说什么她都不懂……
凡事听单位安排
到早市买菜
一件外套穿10年
为明天攒钱
嗨！现在的年轻人…
没所谓，无论你是谁，
我们都能找到点子与你交流。FCB坚信，好的广告，
说给一个人，说动一群人。
FCB
博达大桥国际广告传媒有限公司
北京西长安街88号北京首都时代广场8层808室
邮编：100031 电话：(010)83915088 传真：(010)83915188
上海淮海中路381号中环广场35楼3501－3517室
邮编：200020 电话：(021)63915252 传真：(021)63915332
广州先烈中路69号东山广场3012室
邮编：510095 电话：(020)87321314 传真：(020)87321930

目　录

1　领导人讲话

2　中国广告业年度发展综述

3　中国广告业年度统计与数字

4　政策、法规

5 广告监管动态

6 大事记

7 中国广告协会

8 地方及专业委员会专栏

9 广告专著与学术论文选登

10 广告优秀作品评选

11 公益广告专栏

12 广告教育

13 广告出版物简介

14 广告经营单位介绍

15 索 引

CONTENTS

1. Speeches by Leaders

2. Annual Survey of the Development of Chinese Advertising Industry

3. Annual Statistics of Chinese Advertising Industry

4. Policies, Laws & Regulations

5. Status of Advetising Control & Management

6. Chronicle of Events

7. China Advertising Association

8. Column for Local and Specialized Committees

9. Selected Monographes & Academic Papers on Advertising

10. Comparision of Advertising Works

11. Colamn for Public Walfare Advertisement

12. Advertising Education

13. Introduction of Advertising Publication

14. Introduction of Advertising Agencies

15. Indexes

领导人讲话

在 2000 年首都广告界迎新春联谊会上的讲话

中国广告协会名誉会长 陈慕华

同志们、朋友们、女士们、先生们：

我们已经有两年没有见面了，今天在此相聚，我感到非常高兴。首先向大家拜一个早年，祝大家春节快乐。

这两年广告事业有了很大的发展，不仅在公益广告方面，在商业广告上也有很大的提高，从内容、技术、编排上都有很大进步。这是同志们共同努力的结果，对大家取得的成绩表示祝贺。

旧的矛盾解决了，新的矛盾又发生，我们要在不断解决新产生的矛盾中向前进。我们取得了一些成绩，但不可否认，也存在一些新的矛盾。尽管我不具体管广告工作，但从现有的报纸、电视ㄩ看到的虚假广告还不少。特别是房地产广告，在广告宣传中说面积有多么多么大，而消费者实际买到的面积却不够，标准也没有广告中说的那么高，可价钱却一分不少，应提供的服务也没有跟上。另外，医疗器械广告存在的问题也不少。此类产品最重要的是安全，可有一种脉冲水浴，人一进去就死了。人死了厂家还不认账，事后验证是触电死的，属于产品的原因。药品广告，说可以治百病，但这是绝对不可能的。另外有些有偿新闻也存在一定的问题。这就给我们提出一个问题，应加强广告业的规范化管理。在广告设计上，有的就很赏心悦目，有的却不是很好。这说明我们还有提高的余地。希望大家在新的一年里，在解决矛盾的同时，取得一些新的成绩，新的胜利。

谢谢！

在《广告法》实施五周年座谈会上的讲话

（2000 年 1 月 31 日）

国家工商行政管理局局长　王众孚

各位来宾，同志们：

今天，我们在这里隆重召开《广告法》实施五周年座谈会。回顾总结《广告法》实施五年来的情况和经验，进一步提高认识，明确目标，继往开来，在新的世纪，努力开创中国广告事业和法制建设的新局面。

《广告法》实施的五年，是我国广告法律制度初步确立和逐步健全的五年。1995 年 2 月 1 日开始实施的《广告法》，是我国第一部规范和调整广告活动的法律，是我国广告事业发展的里程碑，是工商行政管理机关严厉打击虚假违法广告，保护消费者、经营者合法权益，维护统一、开放、公平竞争市场环境的有力武器。《广告法》的颁布实施，翻开了我国依法规范广告市场，促进广告业健康发展的历史性篇章。五年来，我国广告法制建设不断加强，为我国广告事业的繁荣提供了坚实的保证，在社会主义物质文明和精神文明建设中发挥着日益重要的作用。借此机会，我代表国家工商行政管理局，向工作在广告管理第一线的同志们，向所有关心支持我国广告法制建设和广告事业发展的同志们，特别是在座的各位表示崇高的敬意和衷心的感谢！

工商行政管理机关是国家主管市场监督管理和行政执法的职能部门，也是《广告法》的行政执法机关，肩负着规范广告活动，保护消费者、经营者合法权益，维护社会主义市场经济秩序的重要职责。五年来，各级工商行政管理机关把贯彻、实施《广告法》作为一项重要工作来抓，努力发挥职能作用，不断完善配套规章，加大违法违章广告案件查办力度，为实施《广告法》做了大量工作，取得了一定成绩，积累了有益的经验。

一、深入组织开展广告法律的宣传，创造良好的广告法制环境。五年来，各级工商行政管理机关注意发挥广告行业的优势和积极性，利用各种媒介，采取各种形式，广泛、深入宣传《广告法》，加强了广告法律的培训和教育，促进了广告主、广告经营者、广告发布者知法守法，促进了广大消费者运用法律武器自觉维护合法权益，促进了社会各方面对广告行为的监督。为实施广告活动的监管提供了坚实的社会基础和有利条件。

（二）不断完善配套法规规章，促进《广告法》的深入贯彻实施。《广告法》于 1994 年颁布，由于受当时条件的局限，有些条款比较原则。为了适应广告事业的发展和广告行为的不断变化以及执法的需要，国家工商行政管理局大力加强建章立制的工作，从规范商品和规范媒介形式两个方面，先后制定了广告管理行政规章及规范性文件 30 余件。广告监管的各个主要方面基本做到有法可依。各个省、市也结合当地实际，制定了地方法规和规章，促进《广告法》的深入贯彻实施。

（三）积极探索建立有效的广告监管体制。一是实施了广告审查员制度，组织开展广告审查员的培训和认证，建立广告经营者的自律机制，强化广告经营者的责任意识。二是组织开展了广告监测，对广告活动主体遵守广告法规的情况实施动态跟踪，为制止和查处违法广告提供依据。三是针对广告案件特点，建立了一套查办广告违法案件的制度和程序。经过几年努力，初步建立了一个以广告发布前审查为前置措施，以协同查办案件为主要手段，反应比较灵敏的动态监管机制。

（四）坚决制止和查处违法广告行为，为创造公平竞争的市场环境、引导健康消费发挥了积极作用。五年来，各级工商行政管理机关以《广告法》为依据，针对社会和群众反映的突出问题，开展专项治理，净化广告市场。一是以电视、报纸广告集中检查为突破口，开展了媒体广告发布的专项整治，使媒介单位明确了广告发布标准，促进了广告发布行为的逐步规范。二是开展了广告主遵守广告法律情况的专项检查，增强了企业的广告法制观念，提高企业依法宣传水平。三是针对一个时期群众反映强烈，违法率较高的问题，组织开展了房地产、医疗、印刷品、电视直销广告的执法检查，有效遏制了违法广告蔓延势头，解决群众关心的热点问题。《广告法》实施五年来，各级工商行政管理机关共查处广告违法案件 16.1 万件，罚没款 4.5 亿元。严厉打击了广告违法行为，维护了广告经营秩序。

(五)坚持两个文明一起抓,在全社会大力组织开展公益广告活动,促进了社会主义精神文明建设。

在回顾成绩,总结经验的同时,我们也清醒地看到,广告的立法和执法工作还存在一些薄弱环节,广告法规体系还不完善,广告市场的规范程度与广大群众的期望还有距离,加大广告监管力度的任务还十分艰巨。

广告发展的规模和质量,可以在一定程序上反映一个国家或地区市场经济发育程度和经济发展状况,特别是反映在国际市场上的竞争力。广告是企业开拓市场的先导,是树立民族品牌和世界品牌的重要手段,提高我国广告的整体水平,具有极为重要的意义。

我们正处在世纪之交的重要历史时刻。中国广告业既面临着难得的发展机遇,又面临着严峻的挑战。我们要以邓小平理论和党的十五大精神为指导,从战略和全局的高度,认真总结改革开放20年中国广告法制建设的经验,紧紧把握广告业的发展趋势,完善广告法制,为促进和保障中国广告业在21世纪的进一步蓬勃发展作出新的贡献。

一、进一步提高认识,增强依法治国的使命感。党的十五大提出:依法治国,是党领导人民治理国家的基本方略。九届人大二次会议通过的宪法修正案规定:"中华人民共和国实行依法治国,建设社会主义法治国家"。《广告法》是广告监管的基本法。贯彻落实《广告法》,是维护市场经济秩序的需要,是维护社会公共利益的需要。广告执法人员要从维护国家利益和人民利益的高度,全面、深刻领会依法治国的精神实质,增强使命感和责任感,不断提高广告执法水平。

二、加强广告立法,完善广告法律体系。要在认真总结广告立法实践的基础上,从全局和本质上把握有中国特色的广告法制体系的规律性,把广告立法与党和国家关于改革、发展、稳定的大局结合起来,把广告立法和解决社会和广大群众关心的热点问题结合起来,把广告立法与促进广告业的振兴结合起来。特别是要根据广告业结构调整、科技的进步,互联网络等新兴媒体的出现,制定管理法规、规章。随着我国加入WTO进程的加快,我们要及时清理、修订广告管理的法律、法规、规章,保障我国广告业的健康发展。

三、加大广告执法力度,严厉打击虚假违法广告及扰乱广告市场秩序的行为。工商行政管理新体制的建立为加大执法力度提供了体制保证。各级工商行政管理机关要继续贯彻落实《广告法》实施五年来行之有效的监管措施,完善广告监管体制。严厉查处广告欺诈行为,重点是以欺诈为目的,针对下岗职工发布的招工、招聘广告,坑农害农的加工承揽、养殖种植广告,误导消费者的医疗、保健食品广告。要加强广告经营资格和广告经营行为的监管,制止广告经营中的不正当竞争行为,维护正常的广告市场秩序。要抓好大案要案的查处,典型案例公开曝光,扩大影响,扩大教育面。

四、加强广告监管队伍自身建设,严格依法行政。广告监管工作面临的新形势、新任务给广告监管队伍素质提出了更高的要求。各级工商行政管理机关要坚持不懈抓好队伍建设,不断提高执法人员的政治素质和业务素质,努力造就一支政治坚定、业务精通、执法严格、作风优良的执法队伍。严格依法行政是依法治国的必然要求。广告执法人员要从根本上改变那些已经不适应依法行政的传统观念、工作习惯和工作方法。要认真学习、钻研《广告法》,依法监管,依法办事,依法规范自身的行为,严格履行法律赋予的神圣职责。

我国广告业是在改革开放条件下发展起来的新兴产业。随着社会主义市场经济体制的完善,在新的世纪一定会焕发新的活力,为促进我国市场经济的发展发挥更大作用。我衷心希望社会各界继续关心、支持我国广告法制建设,关心我国广告事业的健康发展。各级工商行政管理机关要加倍努力,严格执法,营造公平竞争的市场环境,以新的姿态跨入新的世纪!

在2000年组织开展“树立新风尚，迈向新世纪”主题公益广告活动新闻发布会上的讲话

（2000年1月13日）

国家工商行政管理局副局长　惠鲁生

同志们、朋友们：

2000年是世纪交替之年，回顾过去，展望未来，为以崭新的面貌迎接21世纪，中央精神文明建设指导委员会办公室和国家工商行政管理局决定在2000年共同组织开展“树立新风尚，迈向新世纪”主题公益广告活动。这次公益广告活动要以党的十五大和十五届四中全会精神为指导，贯彻落实江泽民总书记对宣传思想工作和精神文明建设的重要指示精神，围绕党中央、国务院确定的中心工作，把握时代脉搏，唱响主旋律。要大力讴歌全国人民在以江泽民同志为核心的党中央的坚强领导下，高举邓小平理论伟大旗帜，同心同德、艰苦奋斗所取得的成绩；展示中国人民万众一心、众志成城、不怕困难、顽强拼搏、坚韧不拔、敢于胜利的精神风貌；激励社会各界坚定信心，勇于探索，大胆实践，开创国有企业改革和发展新局面；宣传尊重知识、尊重人才、实施科教兴国战略的重要性；倡导人民群众积极参与精神文明创建活动，努力提高公民素质和城乡文明程度，营造讲文明、树新风、弘扬科学精神，反对迷信愚昧，抵制各种歪理邪说的健康气氛。同时，这次公益广告活动要重点宣传重视环境保护的问题，这是全人类共同关心的课题，更是新世纪面临的主要问题。要大力呼吁全社会爱护我们的家园，增强自觉保护资源和环境的责任感，确保我国可持续发展战略的实施，造福子孙后代。各地区、各部门可以围绕“树立新风尚，迈向新世纪”主题公益广告活动的内容，结合本地区本部门的实际情况，确定具体内容，使活动更有针对性。

公益广告具有社会教育、文化传播和舆论导向功能，组织开展公益广告活动，就是要充分发挥公益广告的作用，努力做到以科学的理论武装人，以正确的舆论引导人，以高尚的精神塑造人，以优秀的作品鼓舞人。以培育有理想、有道德、有文化、有纪律的公民，提高全民族的思想道德素质和科学文化素质为目标，在社会主义精神文明建设中发挥应有的作用。

自1996年起，在全国范围内组织开展了主题公益广告活动，至今已4年。1996年的公益广告活动以“中华好风尚”为主题，弘扬了中华民族优秀的传统文化。1997年的公益广告活动以“自强创辉煌”为主题讴歌了中华民族在中国共产党领导下，经过长期奋斗取得的辉煌成就，宣传了自尊、自信、自强、励精图治、知难而进、自强不息的民族精神。1998年的公益广告活动，以服务中央工作大局为中心，引导人们关注解决社会热点问题。1999年的公益广告活动在中央精神文明建设指导委员会办公室的指导下，紧密配合党和政府的中心工作，进行了题材广泛、主题突出的宣传活动。在开展公益广告活动的4年里，全国报纸、广播、电视、杂志、户外等广告媒介共发布公益广告7万多件，涌现出一批创意独特、内涵深刻、制作精良、反映时代精神的公益广告作品，为促进社会主义精神文明建设发挥了积极作用。

2000年标志上一个世纪的结束，新的世纪即将开始，承前启后，继往开来，我国公益广告事业面临新的起点和新的任务。各级工商行政管理机关要充分认识公益广告促进社会主义精神文明建设的重要意义，增强使命感和责任感。要在各级党委宣传部门的指导下，充分发挥职能作用，一如既往地做好公益广告活动的组织工作，加大工作力度，提高工作水平。努力探索建立公益广告的运行机制。广大广告主、广告经营者、广告发布者要以更加饱满的热情参加公益广告活动，发挥积极性、主动性和创造性，向社会奉献更多更好的公益广告作品。各新闻单位要严格执行中央宣传部、国家工商行政管理局等四部门《关于做好公益广告宣传的通知》（工商广字[1997]第211号）的规定，在电视黄金时间或报纸主要版面按规定刊播主题公益广告，增强公益广告的宣传力度。

今年下半年，中央精神文明建设指导委员会办公室和国家工商行政管理局将表彰1999和2000年度公

益广告活动中评选出的优秀公益广告作品和先进单位及个人。

公益广告活动的实践证明,各级党委、政府的高度重视和有关部门的支持配合,是公益广告活动取得成效的前提;广告主、广告经营者、广告发布者和社会各界积极参与是公益广告活动取得成效的关键;各级文明办和工商行政管理机关认真组织,是公益广告活动取得成效的保障。在过去的公益广告活动中,广大广告主、广告经营者、广告发布者及社会各界,都以实际行动支持、推动公益广告活动,为促进全社会的精神文明建设作出了积极贡献。各新闻单位围绕公益广告活动的开展情况及时进行宣传报道,为公益广告在我国的发展创造了良好的舆论氛围。在此,我向所有关心、支持公益广告活动的单位和个人表示诚挚的谢意!

我相信,在广告界和全社会的共同努力下,2000年"树立新风尚,迈向新世纪"主题公益广告活动一定会达到预期目的,为推动我国公益广告事业在新的世纪更加繁荣发展作出更大的贡献。

谢谢大家。

切实转变观念,改革、探索监管模式,确保广告监管职能到位

——在"全国广告监管工作座谈会"上的讲话

(2000年5月11日)

国家工商行政管理局副局长　惠鲁生

同志们:

为了进一步认真贯彻落实去年底召开的全国工商行政管理工作会议精神,按照全国工商行政管理工作会议的部署和要求,做好今年广告监管工作,我们召开这次全国广告监管工作座谈会。

1997年8月召开的全国广告监管工作座谈会,我们主要研究的是在广告业蓬勃发展的情况下,如何从全局的角度去认识广告业、认识广告监管工作;1998年12月召开的座谈会,是在党中央、国务院作出实行全国省以下工商行政管理体制垂直管理改革的重大决策后,我们着重研究如何把工作的重点准确定位到市场监管和行政执法上来;这次座谈会,主要是总结交流1999年广告监管工作经验,分析研究当前广告监管形势,进一步明确今年和今后一个时期广告监管工作任务。重点是解决如何切实转变观念,改革、探索广告监管新模式,确保广告监管职能到位。下面我讲几点具体意见。

一、关于1999年的广告监管工作

1999年以来,各级广告监管机关按照全国工商行政管理体制改革暨工作会议的部署,以工商行政管理体制改革为契机,把工作的重点准确定位到市场监管和行政执法上来,强化执法,服务大局,取得了新的成绩。

(一)加强主体资格管理,入市主体资格质量有所提高

1999年全国广告经营额622.05亿元,广告经营单位64882户,从业人员58.7万人。同1998年相比,广告经营单位和从业人员的增长率分别下降3.2和4.7个百分点。各地加大专项资格检查力度,取消不具备资质条件的广告经营单位5千多家。广告经营额继续保持良好增长势头,而广告经营单位和从业人员数量连续两年保持低速发展,达不到资质标准的企业逐步减少,表明中国广告业已开始步入提高质量和优化结构的发展轨道。

(二)转变政府职能,加大执法力度

1999年全国共查处广告违法案件51494件,罚没款7552万元,分别比1998年增长36.6%和54.6%,执法力度明显加大。针对社会反映强烈的药品、保健药品、保健食品、印刷品广告,电视直销广告等热点、难点

问题,各地认真开展专项执法活动。全国共查缴违法印刷品广告2025万份,捣毁非法印制窝点98个,立案查处2471件;抽查电视直销广告9239条次,限期整改3219条,责令停止发布62条,立案查处286件。广告发布行为逐步规范,重大恶性欺诈广告案件减少,广告市场竞争环境有所好转。

(三)注重基础工作,制度建设取得进展

各地积极探索新的监管方式方法,改革和完善广告监管体制,注重发挥基层工商所的职能作用。大力推进广告审查员工作,建立和加强广告监测机构,加大调研工作力度。认真组织开展公益广告活动,取得良好社会效益。

(四)认真开展"三讲"教育,队伍建设取得明显成绩

各级广告监管机关通过"三讲"教育,增强了队伍的凝聚力和战斗力,增强了廉政自律意识,广告监管工作出现新气象。各种形式的法律、法规等业务培训,取得良好效果。

成绩来之不易。在客观地估价成绩的同时,我们要清醒地看到监管工作中存在的问题:个别监管机关对落实职能到位的必要性、重要性认识不足,缺乏紧迫感;部分地区在实现职能到位上,还有相当大的差距;重大恶性欺诈广告发案率下降,一般性违法案件呈绝对上升趋势;经营单位整体法律意识虽有提高,但规避法律的情况也日见突出;广告法制体系相对健全,但部分现行法规已明显滞后于形势发展,急需修改完善;广告审查员、广告监测等制度建设还未充分发挥其应有的作用。对上述问题,我们要有充分的认识和估计,要看到工作进展的不平衡性,问题解决程度的差异性和某些问题出现反复的可能性,要引起足够的重视,做到心中有数。

二、充分认识做好2000年广告监管工作的意义

在世纪交替之年,工商行政管理工作主要是认真贯彻落实党的十五届四中全会和中央经济工作会议精神,围绕全国工商行政管理工作会议所确定的工作目标和任务,以改革的精神研究解决新形势下监管工作面临的突出问题,进一步解放思想,转变观念,强化市场监管。结合广告监管实际,我想着重强调以下几点:

(一)增强实现监管职能到位的紧迫感

在座的各位来自监管工作一线,对监管职能到位的紧迫感,体会可能比我更深刻。这种紧迫感既来自于市场经济发展的内在本质需要,更来自于政府转变职能的现实要求。

1、广告市场主体构成发生较大变化,广告监管工作必须进行相应调整。近十年来,广告业一直保持强劲的发展势头。1999年与1991年相比,经营额增加586.97亿元,增长近17倍;广告经营单位增加53113户,增长4.5倍;从业人员增加45.3万人,增长3.4倍。广告业不仅规模、总量发生巨变,而且广告市场主体的构成也由过去单一的国有、集体所有制向多元化格局发展,国有企业、集体所有制企业、个体私营企业、中外(境外)合资、合作企业、股份制企业及其他经济成分的企业纷纷参与广告市场竞争。1999年同1991年相比,股份制企业从无到有,达到1048家,外商投资企业增长2倍。特别是个体私营广告企业更有长足的发展。仅以1999年为例,个体私营广告企业同1998年相比,增长了51%。广告业的分工日渐细化和专业化,促使行业结构发生变化。除一般广告策划、代理型专营广告企业外,出现了信息服务型、专业制作型、技术服务型以及营销策划型广告企业。广告市场主体多元化格局的形成,广告行业结构上的显著变化,改变了广告监管机关监管市场主体的成分和结构。这就迫切要求我们必须从法制建设、监管体制和监管方式方法上去适应监管对象的变化,强化对各类广告市场主体的监管。

2、适应广告主体构成和经营方式的变化,必须拓宽广告监管的视野和范围。改革开放20年来,市场经济繁荣发展,市场营销渠道由传统的单一纵向进销渠道,向多渠道、少环节、开放式营销网络方向发展。特别是电子商务的兴起和发展,对传统的市场交易方式产生了深刻的影响,广告的经营方式和运作方式随之发生变化。广告市场主体构成和行业结构的显著变化,网络广告、印刷品广告等新媒体和媒介购买、整合营销等新经营方式的出现,使广告活动的内容大大丰富。因此,广告监管机关必须顺应变化,对广告市场实行全方位的监管。

3、随着高科技、多媒体手段在广告业的运用,必须提高广告监管手段的科技含量。广告业作为人才密集、技术密集、知识密集的高新技术产业,同其他行业相比,对科技的发展和进步有着与众不同的敏感性、适

应性,对高科技、多媒体的渴望和内在需求,要远远超过其他行业,高于其他行业。尤其是近几年来,网络科技、多媒体技术、影视制作特技的发展,电子喷绘、丝网印刷、静电仿真等户外新媒体技术的应用,使广告行业中的科技含量大幅度提高。作为主管广告市场监管执法的广告监管机关,不尽快熟悉新媒体、新技术、新的广告经营方式、运作方式,不提高广告监管手段的科技含量,就难以使广告监管工作跟上广告业发展的步伐,难以适应监管现代广告市场的需要。

4、市场竞争的加剧,对建立和维护统一开放、竞争有序广告市场的要求更加紧迫。市场经济是法制经济,公平竞争是其繁荣发展的坚实基础。在广告业发展初期,媒介单位和广告主为推动广告业繁荣发展发挥了积极作用,广告公司也由弱到强,在广告活动中的桥梁作用越来越突出。但是,目前广告经营不规范,地方保护、部分商品、服务广告违法率居高不下等问题,严重阻碍了广告业的健康发展,已成为业内关注的焦点。中国加入 WTO 在即,未来广告业的竞争,将是高起点、国际化的竞争,对市场公平竞争的环境,将提出更高的要求。因此,广告监管机关必须站在维护广告业健康发展的高度,加紧对广告业竞争现状的调查研究,根据国际惯例修改、完善我们现行的“游戏”规则,依法规范市场经营行为,做到竞争有序。

5、政府职能转换步伐加快,广告监管职能必须尽快落实到位。中央决定精简政府机构,全力推进减员增效,转变政府职能,充分表达了党和政府建立社会主义市场经济体制、全面推进改革开放、促进经济发展的决心和勇气。政府转变职能主要体现在弱化行业管理、强化宏观指导,用间接调控手段调节经济发展的结构和速度,通过法制手段规范市场秩序,提高依法行政的能力和水平。党中央、国务院作出的改革工商行政管理体制的重大决策,目的就是要通过工商行政管理体制改革,强化统一执法、廉洁执法,树立监管权威,保证监管职能到位。广告监管机关必须提高认识,按照中央的部署和要求,切实转变观念,认真研究解决在转变政府职能、实行省以下工商行政管理垂直管理体制改革后,广告监管机关究竟要管什么,怎么管,如何体现广告监管的力度,确保广告监管职能到位,以适应市场经济体制对广告监管执法的要求。

(二)转变观念是做好新时期广告监管工作的基础

面对工商行政管理体制改革后的新形势、新体制、新任务,广告监管干部只有提高认识,转变观念,监管工作才能有新措施、新突破,才能实现跨世纪的战略转变。

1、强化大局观念。监管社会主义统一大市场,维护全国统一、开放、竞争、有序的市场秩序,维护改革、发展、稳定的大局,这就是大局观念。这是我们想问题、办事情的出发点,也是广告市场监管的最终目标。我们确定近期、远期工作目标,工作重点以及衡量工作成效的标准,都必须围绕这个大局。今年是实现跨世纪宏伟目标的关键一年,随着改革的不断深化,各种深层次的利益矛盾会更加突出地显现出来。各级广告监管干部必须站在维护改革、发展、稳定大局的高度,针对广告具有促销功能、传播功能、社会化功能的特点,把政治意识、大局意识、服务意识融入广告监管工作的各个环节。要通过广告监管工作,认真宣传贯彻党在现阶段的路线、方针、政策,维护广告市场秩序,切实履行广告监管职能。

2、强化改革创新观念。多渠道、少环节、开放式市场营销网络的形成,高科技、多媒体手段在广告业的应用,对广告业产生了广泛而深刻的影响。强化改革创新观念,就是要立足于广告业实际,认识广告业实际,了解目前广告在社会经济层面的影响力和受关注的程度,把握广告宣传中的政治敏感性和维护社会稳定、促进社会主义精神文明建设的重要性,由此而审视现行广告监管体制存在哪些缺点和不足,现行的监管方式方法在事先防范虚假违法广告上有哪些需要完善之处。近年来,各级广告监管机关为适应广告业的变化,在不同方面、不同层次,从解决实际问题出发,在执法实践中积极探索,改革监管模式,摸索出一些规律,取得了初步的可喜成绩。各级广告监管机关要进一步拓宽思路,加大改革力度,以强化市场主体行为监管和规范广告内容为重点,综合运用各项监管职能,统一指挥、上下协调,实行多角度、全方位监管。

(三)2000 年要集中精力做好以下几项工作

1、以查处重大恶性欺诈广告为主线,根据当地情况确定本地区的执法重点。我们确定广告监管重点的标准,其中重要的一条,是以人民关注的热点、政府关注的重点为标准。当前,从全局和社会层面来讲,广告监管的重点,主要是以诈骗为目的,针对下岗职工发布的虚假招工、招聘、招生广告和加工承揽、种植、养殖广告;严重扰乱社会秩序,坑害消费者的医疗广告、印刷品广告、药品广告和保健食品广告。地区之间经济发展的差异和广告业发展水平的不平衡,决定了不同时期、不同地区的违法广告在具有共性的基础上,也有着不同的特点和表现形式。根据以往的执法实践，为保证监管成效，今年各地可根据当地具体情况，依据上述标准确定本地区的监管重点。各级广告监管机关要从讲政治的高度，认真履行自己的职责，以治理本地区违法率居高不下的广告和查办典型案件为突破口，树立监管权威，切实维护社会经济秩序和消费者的合法权益。

2、开展广告执法检查，确保全国执法标准统一。在全国范围内组织开展执法情况检查，督促各地切实履行广告监管职能，保证全国执法标准统一，也就是说要上下统一，左右统一，这是实现监管社会主义统一大市场的重要执法保障。无论在全国范围内或者在地区范围内，各级广告监管机关在执法工作中都要相互配合、多加沟通，上级机关要加强对下级机关执法办案工作的指导、协调，杜绝同一违法广告在不同地区查处情况迥异的现象。

3、加强监管基础工作，建立和加强广告监测机构。要加强广告监测工作，扩大监测试点范围，规范监测行为，确保监测信息及时、准确，尤其是抓好重点媒介的监测，为监管执法提供第一手可靠的资料。进一步完善广告审查员制度，加强广告审查员的培训、考核工作，真正发挥广告审查员在事先防范违法广告方面的作用，提高经营者的自律意识。

4、积极探索、完善广告监管体制，充分发挥基层工商所的作用。工商所是承担工商行政管理机关综合监管职能的基层单位，广告监管工作只有加强和巩固基层工商所这个市场监管执法的前沿阵地，发挥其为经营者、消费者服务的“窗口”作用和工商行政管理系统改革突破口的作用，广告监管的各项工作才能有切实的保障，监管职能到位才能落到实处。要紧紧抓住工商行政管理体制改革和职能转换的契机，促使广告监管由静态的条线管理向动态的综合监管转变，由经验型、粗放型监管向科学化、规范化监管转变，科学地界定国家局、省局、地市（县）局及基层工商所四级广告监管事权的合理分工，建立完善适应广告市场需要的监管体制。其核心内容是充分发挥基层工商所覆盖面比较广的优势，对广告活动实行系统、主动、灵活的监管。

5、加强广告行业组织的指导工作，规范广告经营行为。指导、协调、服务、监督是广告行业组织的重要职能。各级广告监管机关要加强对广告行业组织的指导工作，促使行业组织强化服务意识，拓展服务领域，建立服务载体，提高服务水平，以服务为纽带，增强行业组织的吸引力和凝聚力。大力支持行业组织开展各项自律性活动，引导行业组织紧紧围绕广告监管工作重点，解放思想，深入实际，卓有成效地开展工作。行业组织要加强调查研究，利用自身的特点和优势，引导会员树立良好的职业道德，增强法制观念，建立健全内部管理制度，自觉抵制虚假违法广告；强化行业自律意识，抓自律，促发展，提倡正当竞争，反对不正当竞争；对不利于广告业健康发展的不规范经营行为，提出自律性规范措施。针对广告经营活动中存在的问题，广告行业组织要协助广告监管机关提出规范性意见，维护广告业良好的经营秩序。

（四）建设一支公正、廉洁、高效的广告监管队伍

1、充分认识新形势下提高自身素质的紧迫性。中国加入 WTO 进程的加快，国内市场国际化程度和开放程度的提高，对市场竞争环境和市场监管规范化提出了更高的要求。广告监管工作量和难度的不断增大，广告业科技含量的提高以及实现广告监管职能到位的紧迫性，都迫切要求广告监管干部必须尽快提高政治素质和业务素质，建设一支公正、廉洁、高效的广告监管队伍。公正廉洁要以较高的政治觉悟和思想修养为基础，执法高效则依赖于专业知识的精通和业务熟练。广告监管干部只有不断提高自身素质，拓展思路，爱岗敬业，创造性地开展工作，才能胜任广告监管岗位职责的要求，才能适应职能转换，落实职能到位的要求，才能完成党中央、国务院赋予我们的重任。

2、要抓紧学习，善于学习，研究实际问题，提高依法行政的水平。广告业的显著特点是涉及业务面广、科技含量高、知识更新快。各级广告监管干部要抓紧学习，同时更要善于学习。在实践中学习，在研究解决实际问题中学习。不仅要熟悉、了解广告管理法规、广告专业知识、广告运作过程和规律，同时更要抓紧学习与广告业有关的知识，包括市场经济、科学技术、互联网络、社会科学等。要讲究学习的方法，善于通过不同方式和途径充实自己，提高自己。学会运用理论指导广告监管实践，研究实际问题，寻找解决问题的办法；同时又要善于归纳、总结实践经验，上升到监管理论，并结合新的实践进一步总结、发展和丰富，使之更加完善。各级广告监管干部要学会并善于运用法律手段管理广告活动。要结合国家工商行政管理局整顿市场秩序、整顿队伍作风的“两整顿”活动，制定和完善各项廉政工作措施，建立健全监督制约机制，做到廉洁执法、公正执法、文明执法。

同志们，积极探索新时期广告监管方式方法，努力探索和创新广告市场的监管模式，发挥好基层工商所综合监管职能的作用，对实现广告监管职能到位，具有重要的意义。各地在下一阶段工作中，要继续围绕全国工商行政管理工作会议的部署和要求，按照年初确定的广告监管工作重点，以更加强烈的政治责任感，扎扎实实开展工作，不负希望、不负重托，为促进市场经济持续、健康、稳步发展作出新的贡献。

最具魅力的中国广告市场

——在 IAA 第 37 届大会上的发言

IAA 中国分会会长　惠鲁生

主席先生：

女士们，先生们，朋友们：

在这新世纪和新千年即将到来的重要时刻，我们汇聚美丽的欧洲历史文化名城伦敦，探讨在新世纪信息革命和经济全球化背景下，创意、科技、文化、伦理对广告传播产生的深刻影响，具有极为重要的意义。我十分荣幸利用这个机会向朋友们介绍中国的广告市场。

进入本世纪 80 年代，中国坚定不移地选择了改革开放的道路。20 年来，中国的面貌发生了深刻的巨变，取得了辉煌的成就。中国的经济持续快速增长，中国的市场日益活跃，中国的居民生活水平明显提高。到 1999 年底，中国国内生产总值达到 83190 亿元，是 1980 年的 18.4 倍。城镇居民人均可支配收入 5859 元，是 1980 年的 12.3 倍。农村居民人均纯收入 2205 元，是 1980 年的 11.5 倍。1999 年中国对外贸易总额达到 3599 亿美元，是 1980 年的 9.4 倍。

中国变化之大超乎人们的想象。今天奇迹般崛起的现代化城市深圳，在 20 年前只是一个边陲小镇。作为中国 90 年代改革开放重点的上海浦东，10 年前国内生产总值只有 60 亿元，10 年后的今天猛增至 800 亿元。全球前 500 家著名跨国公司已有 100 家进入浦东发展。浦东的开发、开放进一步加强和巩固了上海作为国际金融和贸易中心之一的地位。

当前，中国正在进一步深化改革，扩大开放，进行经济结构战略性调整，实施西部大开发战略。这将形成巨大的投资和消费需求，不仅为中国的经济增长提供强大动力，而且为国际经济贸易提供更加广阔的市场空间。中国政通人和，经济发展，国泰民安，欣欣向荣，在中国每天都会感受令人振奋的变化。勤劳智慧的中国人民正满怀信心在实现现代化的道路上大踏步前进。

广告源于市场，依托于市场，中国 12 亿人口的巨大市场潜力和市场需求必然推动广告市场的快速发展。改革开放以来，中国广告业蓬勃发展，充满活力，年平均增长率达到 40%。到 1999 年底，广告营业额达到 622 亿元，广告经营单位 6 万余家，从业人员 58 万人，分别是改革开放之初的 526 倍、28 倍、36 倍。

中国广告业具有以下特点：

企业广告意识不断增强，广告投入大幅度递增。随着经济体制改革的深入，企业更加注重研究实施技术创新战略和市场营销战略，品牌无疑会成为企业关注的焦点。而品牌的建立，品牌的维护，促成品牌的高速成长和向外推进，都离不开科学的广告战略和策略的实施，因此运用广告投入开拓市场，赢得竞争成为企业的重要选择。同时，外国企业家也看好中国市场，增加广告投入，中国广告有着良好的发展前景。

专业广告公司的迅速成长，初具规模。20 年来，一批本土广告企业在激烈的广告市场竞争中脱颖而出，不断增强品牌管理、形象策划、直销、公关等全方位服务的能力，为企业开拓市场，保持优势，培育知名品牌发挥着不可替代的作用。中国广告企业正在向国际先进水平迈进。同时许多有远见的跨国广告企业通过合资、合作的方式在中国投资，拓展业务，已经创造了优异的经营业绩。

媒介网络异彩纷呈，覆盖广泛。由于市场的需求，中国媒介产业化进程加快，媒介容量不断扩大，中国拥有10亿电视受众，覆盖全国的87%。近年来，高科技媒介不断涌现，媒介整合进一步增强。媒介的经营服务更加专业化，使得广告作业更具有科学性。进入90年代，互联网在中国有了较快的发展，上网人数已达到1000万人，中国网络广告方兴未艾。广告媒介的发展为广告市场提供了巨大的支撑。

广告法律体系不断完善。1994年11月，国家颁布了《广告法》，此后政府广告监管部门相继制定了药品广告、食品广告等30个管理规章和制度，初步形成了以《广告法》为核心，多层次的广告法律体系框架，为依法规范广告市场，提供了法律保障。

人们消费观念的变化，不断为广告市场提供现实的需求。伴随中国经济的发展和人民生活水平的提高，消费者受教育程度、生活习惯、兴趣爱好都在发生着变化。消费者不仅注重产品效能价值，而且更加注重产品的品牌价值，对生活质量有了更高的追求。尽管我国消费市场存在城乡和地区的差异，但总的趋势是向提高生活质量的方向发展。今后几年消费的特点将表现为“从无到有”向“升级换代”发展，信息消费和文化消费将成为热点，个性消费将成为趋势。这将给广告业提供更为广阔的发展空间。

总之，经过20年的发展，中国广告市场已初具规模，在中国现代化建设中显示出勃勃的生机与活力。21世纪，中国将进一步发展生产力，改善人民生活。发展经济需要广告，提高生活质量需要广告，中国广告市场必然会有更快更好的发展。我们与各国广告界的合作前景十分广阔，加强中外交流与合作，促进中国广告市场与国际广告市场的联结是我们一贯的宗旨。

中国5000年悠久历史和灿烂文化令人神往，中国的经济发展令人振奋，中国的广告市场别具魅力。在中国到处都会找到创意的灵感。欢迎朋友们到中国来。

谢谢！

在1998－1999年度“争创广告行业文明先进单位”总结表彰大会上的讲话

国家工商行政管理局副局长　惠鲁生

同志们：

今天在这里召开“争创广告行业精神文明先进单位”表彰大会，对在争创活动中表现突出的单位予以表彰。我代表国家工商行政管理局和全国广告界同仁，向出席会议的陈慕华名誉会长及有关部门的领导表示衷心的感谢！向获得“全国广告行业文明单位”称号的单位表示最热烈的祝贺！

为促进社会主义精神文明建设，推动广告业为精神文明建设服务，自1997年起，中国广告协会在国家工商行政管理局的领导下，在全国范围内组织开展了“争创广告行业精神文明先进单位”的活动。开展这项活动，是动员广告界贯彻落实党的十五大精神，促进社会主义精神文明建设，树立广告业良好社会形象，使我国广告业以崭新面貌跨入21世纪的重要举措。这项活动得到了广告界的广泛响应和支持，取得明显成效。

建设社会主义精神文明，是社会各界的共同任务。由于广告具有较强的社会教育、舆论导向作用，因此，广告界在促进社会主义精神文明建设方面具有义不容辞的责任和义务。在“争创广告行业精神文明先进单位”活动中，各广告经营单位认真学习有关广告管理法规和行业自律规则，不断增强广告法制观念和执行法规的自觉性，建立健全内部各项管理制度，增强行业自律意识，规范自身行为，自觉抵制虚假违法广告，重大恶性违法广告大大减少，树立了广告人良好的社会形象。在争创活动中，很多广告主、广告经营者、广告发布者踊跃参加公益广告活动，投入大量人力、物力和财力，制作、发布了一大批制作精良、内涵丰富、感人至深、影响深刻的公益广告，对营造讲文明、树新风、弘扬科学精神、反对迷信愚昧、抵制各种歪理邪说的健康氛围产生了积极的作用，在社会上引起重视和反响。“争创广告行业精神文明先进单位”活动的开展，提高了广告界在广告活动中遵纪守法、注重社会主义精神文明建设的自觉性。同时，广告主、广告经营者、广告发布者的社会责任意识、奉献意识得到了强化，广告界的自律意识、凝聚力也得到了加强，这对促进广告业的健康发展具有十分重要的意义。

今后一个时期,我们要认真总结经验,继续开展"争创广告行业精神文明先进单位"活动,将这项活动深入持久开展下去。

一、要进一步提高对开展"争创广告行业精神文明先进单位"活动的认识

社会主义精神文明是社会主义社会的重要特征,是现代化建设的重要目标和保证。广告界要对在促进社会主义经济建设和精神文明建设中所担当的角色有充分的了解和认识。要充分认识到,建设社会主义精神文明,关系跨世纪宏伟蓝图的全面实现,关系我国社会主义事业的兴旺发达。我们要从政治和社会的层面上认识开展"争创广告行业精神文明先进单位"活动的意义,把这项活动扎扎实实开展下去,力戒形式主义,不走过场。

各级广告协会作为广告经营单位的行业组织,要紧紧围绕党和政府的工作重点,解放思想,开动脑筋,把握时代脉搏,深入实际,卓有成效地开展工作。组织引导广告经营单位积极开展"争创广告行业精神文明先进单位"活动,要把这项活动作为提高我国广告业整体素质的基础性工作,及时发现典型,总结推广经验,充分发挥广告的社会教育作用,为精神文明建设服务。

二、要采取切实有效的措施,将这项活动长期坚持下去

要将争创活动与依法从事广告活动相结合。广告活动主体依法从事广告活动,是广告业健康发展的前提和保证。希望广告主、广告经营者、广告发布者在广告活动中,对有悖于社会主义精神文明的封建迷信、崇洋媚外、格调低下等不良文化内容和有损社会公共利益和国家、民族利益的内容,自觉抵制,予以拒绝。结合争创活动,一些有实力和影响的广告公司和媒介要遵循公平、诚实信用的原则,带头在业内开展公平竞争。各级广告协会要配合广告监管机关,采取有效措施,做好这方面的引导工作。

要将争创活动与提高广告制作 、服务水平相结合。广告业是人才密集的高新技术产业,中国加入 WTO 后,广告业的竞争将主要是人才竞争、广告作品质量和服务质量的竞争。广告主、广告经营者、广告发布者要未雨绸缪,结合争创活动,加强培养和吸收优秀的广告人才。利用本土文化的优势,向规模化、专业化方向发展,为客户设计、制作具有较强艺术感染力、抓住消费者消费心理、有较好促销效果的广告精品,不断提高广告服务质量。

要将争创活动与开展公益广告活动相结合。公益广告是精神文明建设的重要组成部分,它从一个侧面反映着一个国家的社会文明程度。开展公益广告活动,是加强社会主义精神文明建设的重要方式,是时代发展的需要。积极参与公益广告活动的过程,也是广告界自我教育和加强自身建设的过程。这次所表彰的"全国广告行业文明单位",大多数是公益广告活动的积极参与者和支持者,在以往的公益广告活动中作出了积极的努力和贡献。我希望广大广告主、广告经营者、广告发布者要结合争创活动,以更加饱满的热情参加公益广告活动,发挥主动性和创造性,向社会奉献更多更好的公益广告作品,为促进全社会的精神文明建设作出更大的努力。

要将争创活动与促进当地经济发展相结合。实践证明,成熟、繁荣、健康发展的广告业,对我国市场经济的发展,具有强大的推动作用。中央经济工作会议确定 2000 年要加大实施积极财政政策的力度,大力推进国有企业的改革和发展,实施西部大开发战略,加快科技进步,提高科技创新能力。因此,我们广告界一定要认识到历史所赋予我们的重任,认清形势,转变观念,进一步增强使命感和责任感。广大广告主、广告经营者、广告发布者要以争创活动为契机,抓住机遇,突出重点,按照党中央、国务院的工作部署,服从并服务于市场经济发展这个大局,为促进当地经济的繁荣发展作出积极的贡献。

同志们,做好新时期精神文明建设工作,事关我国改革和发展的大局,事关跨世纪战略目标的实现。我们要坚决按照中央的要求,围绕国家工商行政管理局 2000 年工作重点,"认清形势、明确任务,抓住机遇、开拓进取,坚定信心、团结奋斗",以新的姿态、优异的工作成绩,迎接新世纪,开创广告工作新局面。

在2000年首都广告界迎新春联谊会上的致词

中国广告协会会长 杨培青

各位领导、朋友们、同仁们：

大家好！今天，大家欢聚一堂，迎接本世纪、本千年最后一个春节。在改革与发展的道路上，我们迎来了一个非常有历史意义的春天。

今天我们尤为荣幸地请来了中广协名誉会长陈慕华前辈和主管广告业的国家工商局惠鲁生副局长。我代表大家向她们表示衷心的感谢和敬意。

今年是我们国内经济改革与发展攻坚的关键一年，广告界面临新的严峻挑战。为此，我想读一下江总书记在省部级主要领导的一次研讨班上讲话中的几句话，与大家共勉。江总书记说："……我们搞现代化建设，不可能什么知识都先完全具备了再来干，很多方面是要边实践边学习，缺什么补什么，哪方面知识不够就加强哪方面。我们的本事只能从学习中来，从实践中来。"在谈到适应经济全球化趋势和科技进步的飞速发展，特别是争取加入世贸组织时，他指出："这意味着我们要更加深入、更加全面地参与国际竞争。"他要求："大家要努力学习和掌握国际经贸规则"，"发展必须讲规模与结构、数量与质量、速度与效益的统一……"

江总书记的这些指示精神，对极具竞争性的广告业的发展与改革有十分重大的现实意义、深远意义，是我们必须认真实践的大课题。

让我们按照江总书记一再要求的那样，学习、学习、再学习。在新的一年里，迎接更严峻的挑战，取得更多的成绩。

谢谢！

在全国广告监管工作会议上的讲话

（2000年5月11日）

国家工商行政管理局广告监管司司长 屈建民

同志们：

这次全国广告监管工作会议的任务是，总结交流1999年以来的广告监管工作情况和经验，部署今后一个时期的广告监管工作。会议开始时，国家工商局惠鲁生副局长做了重要讲话。她从努力实现广告监管跨世纪转变的高度，精辟分析了广告监管工作面临的形势，提出了面对挑战应当树立的观念，按照全国工商行政管理工作会议的部署，对今后一个时期工作的指导思想和思路做了阐述，并提出了明确的要求。这将对今后的工作具有重要的指导意义。我们要认真学习讨论惠鲁生副局长的讲话，结合实际认真贯彻落实，努力完成好今年的各项工作任务。下面我结合学习惠局长的讲话讲两点意见。

一、完善立法，强化监管，规范市场仍然是今后一个时期主要工作任务

1999年以来，各级工商行政管理机关，认真贯彻落实党的十五大、十五届三中全会、四中全会和中央经济工作会议精神，按照全国工商行政管理体制改革暨工作会议的部署，深化改革，强化执法，服务大局，《广告法》的宣传更加深入，广告执法力度继续加强，广告监管制度的改革探索也取得了阶段性成果。一年来，各地在公益广告方面做了大量工作，为推进两个文明建设作出了新的努力和贡献，取得了新的成绩。

在充分肯定成绩的同时，也要看到存在的不足。惠局长在讲话中概括了6个方面问题，虽然产生问题的

原因是多方面的,但主要的是两方面原因:

一是强化监管的指导思想树立得不牢。自1998年国务院批准国家工商局三定方案以来,我们在全系统以很大的精力抓了"转变观念"的工作,即提出,把工作指导思想从过去既抓发展又抓监管转变为集中精力抓好监管上来。一年多过去了,从现实情况看,一些地区对强化监管无论是指导思想还是行动上都没有到位,表现为,在观念上还没有把市场规范程度真正作为衡量广告监管工作的主要指标;在工作部署上,没有以监管为中心设置阶段性目标;在长远基础建设,解决体制和机制上的问题所做的努力还不够;在力量的投入上,有的地区还没有把人力和主要精力投入到监管的主战场。

二是抓管理不够严格,甚至存在管理松懈的现象。表现为,现有的法规规定不能落实,如医疗广告内容格式化,有的地方基本没有执行;有的执法人员对治理广告市场缺乏应有的责任感和紧迫感,对违法现象熟视无睹,明显的违规现象不能纠正,印刷品广告、医疗广告的违法蔓延势头尚未得到遏止;有的地区对一个时期广告违法的苗头问题缺乏敏锐性,把握不够,没有及时采取措施,贻误时机,形成趋势后只能专项治理。

推进广告监管跨世纪转变是一项十分紧迫而艰巨的任务。今年是世纪交替之年,是全面实现我国社会主义现代化建设第二步战略目标的最后一年,作好今年的广告监管工作具有承前启后的重要意义。今后一个时期的广告监管工作要按照王众孚局长提出的突出重点抓整治,规范秩序抓监管的要求,继续坚持以查处虚假违法广告为重点,实施行之有效的广告监管措施,继续加大广告执法力度,努力营造统一、开放、竞争有序的市场环境,促进国有企业改革,深入调查研究,认真解决广告市场出现的新情况和新问题,切实加强队伍建设和广告基础建设。今后一个时期要着重作好以下几项工作:

(一)加强立法立规。为严把广告市场准入关,加强广告经营资格管理,准备研究制订完善广告经营资质标准的有关规定。要结合药品分类制度的实施,修订药品广告发布标准。根据广告市场的实际需要,在试点的基础上,制订网络广告管理规定、媒介经营管理规定。立法立规要有前瞻性和可操作性。同时要发挥地方积极性,有的在全国一时难以制订统一规定的,有条件的地区应从本地实际出发,制定地方法规或规章,有效地规范广告市场。

(二)突出重点打击广告违法行为。严厉打击虚假广告。重点是弄虚作假,夸大医疗效果的医疗广告;设置圈套进行诈骗,骗取合同保障金、中介费或借机出售劣质原材料的加工承揽广告;夸大产品效果,虚假欺骗宣传具有治疗癌症肿瘤、性功能障碍以及食疗美容、减肥等作用的保健食品广告;违反科学规律,虚假夸大产品具有减肥、增高、塑身、美容、增智益智等使用效果的电视直销广告。要坚决遏止医疗违法广告的蔓延势头,切实维护消费者的合法权益。严肃查处违法广告案件,典型案件要予以曝光,发挥教育、惩戒作用。

(三)深入实施广告审查员制度。广告审查员制度是具有中国特色的监管制度,对于预防违法广告,加强自律具有重要意义。今年四月中旬,广告监管司专门下发了加强广告审查员培训考试工作的通知,各地要切实抓好广告审查员的考试和发证,要使广告审查员及时了解广告监管法规,认真履行广告审查义务。要认真总结推广上海等地广告审查员的管理经验,把广告审查员制度落到实处,发挥广告审查员预防违法广告的屏障作用。

(四)加强基层建设,把广告监管落到实处。要科学划分省、地、县工商局和工商所广告监管职责,总结推广发挥工商所职能、强化监管的经验。继续举办省级局广告监管干部、广告审查机构等培训班。年底前完成对基层广告监管干部的全员培训,适应广告监管工作的需要。

二、关于几个具体问题

(一)关于修改完善《广告法》。《广告法》实施5年来取得重要成效,但随着广告业的飞速发展,《广告法》在调整范围和管理制度方面已不能完全适应执法的实际需要,需要修订完善。今年要组织力量,抓好《广告法》的调研,各地要对本地区广告法执行情况进行认真调研,一方面要找准存在的问题,同时要针对问题提出具体修改《广告法》的方案,10月30日前将调研报告报广告监管司。广告监管司也要组织力量进行专题调研。经过全系统共同努力,争取《广告法》的修改明年立项。

(二)关于开展广告执法检查。根据年初工作计划安排,下半年将在全国广告监管系统开展一次执法检查活动。这次检查是《广告法》执行五年来情况的综合检查,涉及的内容比较多,具体部署将单独发文。这次检查的目的,是全面了解总结广告监管的执法情况,对于提高执法水平,完善广告立法,推进职能到位具有重要意义。各级工商行政管理机关广告监管部门要加强领导,以此次检查为契机,强化依法行政观念,巩固执法成果,坚决纠正执法不严的问题。这次检查的方法,以各省、市自查为主,形成报告,报国家工商局。同时,国家工商局派人对部分省市检查结果进行抽查考评,考评结果将作为年底评选广告监管先进单位的依据之一。

(三)关于网络广告管理。近年来伴随互联网快速发展,网络广告增长迅速。为加强网络广告的管理,根据局领导的指示,我们决定选择北京、上海、广东进行网络广告经营登记试点,目的是通过试点摸索经验,为制定网络广告管理办法作好准备。网络广告经营登记试点是研究网络广告管理所采取的措施,因此,试点单位不享有特权。一要严格按照《广告法》的规定发布广告,带头执行《广告法》。二要建立健全广告审查等规章制度。三要承担监测网络广告的义务,并及时将监测情况报告给工商行政管理部门。四是试点单位不能对取得试点经营资格进行广告宣传。

(四)关于医疗广告格式化。1998 年 10 月,国家工商局发文在全国推行医疗广告发布内容格式化,一年来的实践表明,这项工作开展得很不平衡。有三分之一的省市推行医疗广告格式化较好,有三分之一执行一般,有三分之一的省市没有执行。事实证明,凡实行医疗广告发布内容格式化的地区,广告违法率就低,反之就高。推行医疗广告发布内容格式化是针对一个时期以来医疗广告违法率比较高,社会反映强烈而采取的阶段性措施,有明确的法律依据,要认真抓好落实,坚决治理虚假违法医疗广告。今年年底前,凡没有推行医疗广告发布内容格式化,医疗广告违法率居高不下的地区,不能参加全国优秀广告监管单位的评选。

(五)关于公益广告。总的要求是进一步巩固公益广告工作取得的成效,要认真落实中宣部等四部门关于公益广告的规定,提高认识,加强对公益广告活动的宣传,调动各方面的积极性。要总结经验,探索有利于公益广告发展的新机制。各地要加大公益广告工作力度,认真组织评选,在 10 月底前完成本地区的公益广告评选工作。国家工商局将在年底或明年初召开总结颁奖大会。

(六)关于广告监测。开展广告监测是强化广告监管的重要手段。目前,全国已有一些省市建立了广告监测机构,监测工作取得了一定成效。下半年,广告监管司将组织召开监测机构座谈会,沟通情况,交流经验,推进监测工作水平的提高。目前国家工商局全中广告监测中心正在抓紧研究有关监测技术方案和平面、影视广告监测软件,为实现全国联网作好准备。

同志们,今年已经过去了五个月的时间,今后的任务将十分艰巨和繁重,大家要振奋精神,集中精力,扎实工作,为维护广告市场秩序作出新的努力和贡献!

极具潜力的中国广告业

——在国家工商行政管理局组团赴美考察时的讲话

国家工商行政管理局广告监管司司长　屈建民

女士们、先生们、朋友们:

中国改革开放二十年来,广告业伴随改革开放、经济发展,已成为一个新兴的充满生机的行业。今天,我十分荣幸地利用这个机会,从以下四个方面向朋友们介绍中国的广告市场,尤其是几乎与世界同步兴起的网络广告市场:

一、中国传统广告业方兴未艾

二、中国广告管理体制

三、逐步健全的中国广告法规体系

四、异军突起的中国网络广告

一、中国传统广告业方兴未艾

中国 12 亿人口的巨大市场潜力和市场需求推动着广告市场的快速发展。改革开放以来,中国广告业充满活力，发展势头强劲，年平均增长率达到40%。到1999年底，中国广告经营额达到622亿元（约75亿美元），广告经营单位6万余家，从业人员58万人，分别是改革开放初期的526倍、28倍、36倍。

图1:1981—1999年中国广告经营额增长图

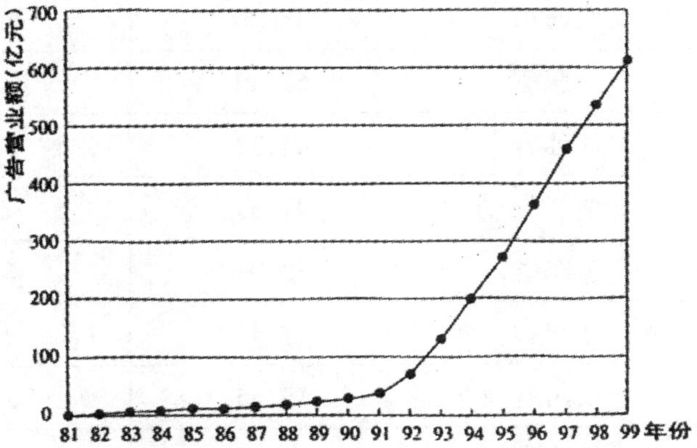

表1:1981—1999年中国广告业发展情况总汇

年度	全年广告经营额（亿元）	广告费占国民生产总值（%）	人均广告费（元）	全国广告经营单位（户）	全国广告从业人员（人）	广告从业人员人均经营额（元）
1981	1.180	0.024	0.117	1160	16160	7302
1982	1.500	0.028	0.147	1623	18000	8333
1983	2.340	0.039	0.227	2340	34853	6716
1984	3.653	0.051	0.35	4077	47259	7729
1985	6.052	0.067	0.571	6052	63819	9483
1986	8.447	0.083	0.786	6944	81130	10412
1987	11.120	0.093	1.017	8225	92279	12050
1988	14.929	0.100	1.345	10677	112139	13313
1989	19.999	0.118	1.774	11142	128203	15592
1990	25.017	0.135	2.188	11123	131970	18957
1991	35.089	0.162	3.030	11769	134506	26088
1992	67.867	0.225	5.972	16683	185428	36600
1993	134.087	0.388	11.314	31770	311967	42981
1994	200.262	0.429	16.709	43046	410094	48833
1995	273.269	0.475	22.562	48082	477371	57245
1996	366.63	0.548	29.957	52871	512087	71596
1997	461.963	0.632	37.368	57024	545788	84642
1998	537.83	0.699	43.092	61730	578876	92910
1999	622.056	0.771	49.4	64882	587474	105885

中国广告业经过20年的发展，形成并具有以下特点：

1、企业广告意识不断增强，广告投入大幅度递增，广告支出更加理性化。

2、专业广告公司迅速成长，初具规模。

3、媒介网络异彩纷呈，覆盖广泛。电视、报纸、广播、杂志四种大众传播媒介仍是中国广告的四大媒介。

4、中国广告从地域上形成几个大的广告中心地带。

表2:1999年广告经营额前10名的省市（占总额的82.8%）

排序	地区	营业额(亿元)	占总额比(%)
1	北京市	145.26	23.35
2	上海市	106.67	17.15
3	广东省	69.49	11.17
4	江苏省	44.32	7.12
5	浙江省	41.65	6.7
6	山东省	38.08	6.12
7	辽宁省	17.48	2.18
8	四川省	15.55	2.50
9	福建省	15.49	2.49
10	天津市	13.58	2.18

5、中国广告教育已纳入正轨,为中国广告业人才培养奠定基础。

二、中国广告管理体制

1、政府广告管理体制

图 2:广告监督管理体制图

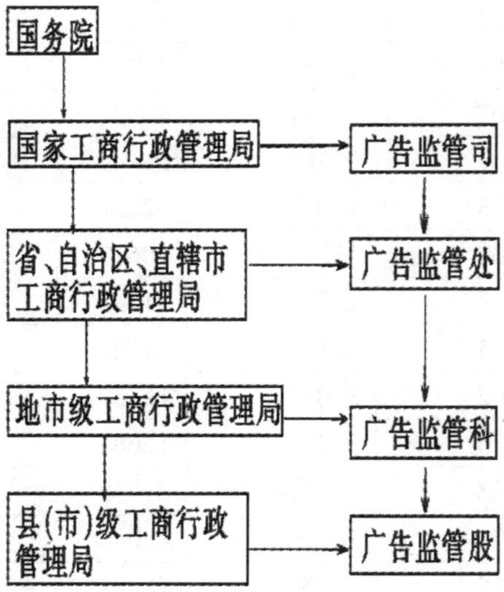

图 3:广告监管司内设机构及职能图

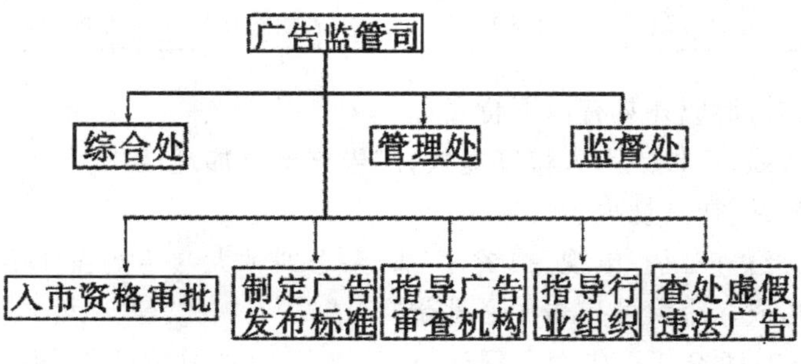

2、广告行业组织

图 4:广告行业组织机构图

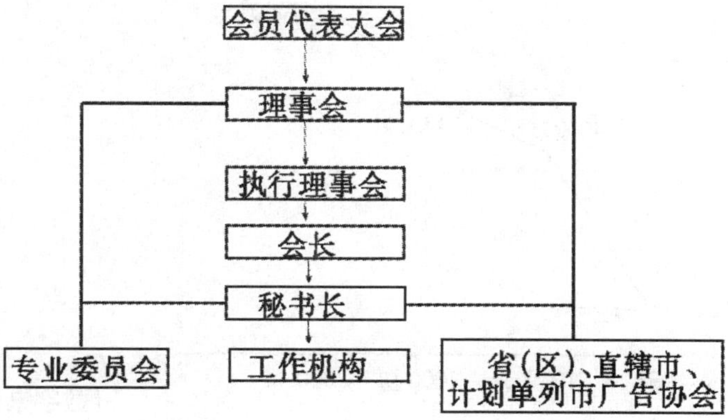

三、逐步健全的广告法制体系

中国广告法制建设是随着广告业的发展而逐步健全完善的,对制止虚假违法广告、促进广告业健康发展发挥了重要的作用。到目前为止,中国已初步形成具有中国特色的以《广告法》为主干、《广告管理条例》为支撑、一系列部门规章为补充的多层次、多方位、多角度的相对完整的广告法制体系。

图 5:中国广告法规体系图

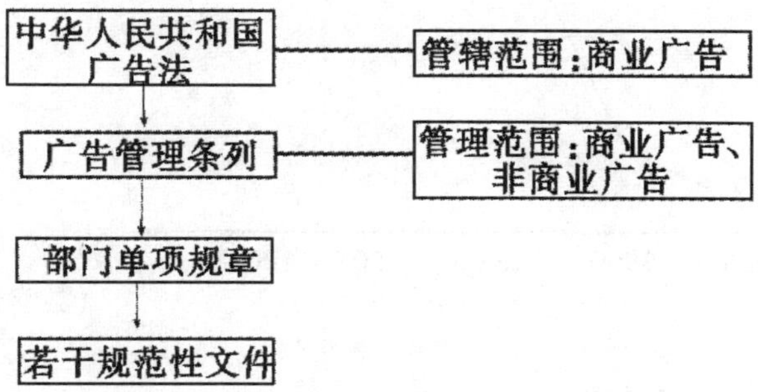

四、异军突起的中国网络广告

(一)中国网络广告经营现状

中国的第一个商业性网络广告出现于 1997 年 3 月的 Chinabyte 网站,广告主是 IBM(或 Intel)的动画旗帜广告。可以说这标志着中国网络广告的诞生,意义非同寻常。同美国 1994 年 10 月 14 日发布的第一批网络广告相比,仅仅相差了 3 年时间。1998 年 6 月"国中网"报道世界杯足球赛获 200 万元广告收入一事,标志着网络广告在中国大陆登陆成功。1998 年中国网络广告经营额约 2000 万元,网络广告稍有规模。1998—1999 年,中国网络广告经历了几个重要的事件:

1、1998 年二季度,国中网的世界杯网站,使许多从未做过网络广告的广告主有机会尝试网络广告的独特性和魅力;

2、1998 年三季度,Chinabyte 举办网络广告研讨会,使许多广告代理商和广告主认识网络广告;

3、1998 年底到 1999 年初,PC 厂商大规模上网,中国的网络广告正式启动;

4、1999 年上半年,IT 和电信以外的广告主上网做广告,打破了广告主单调的僵局;

5、1999 年下半年,第二届中国互联网络大赛,引出赞助形式的网络广告模式。

1999 年是中国互联网快速发展的一年,网络公司蓬勃兴起。到 1999 年底,全国已有网站 15153 家,网络广告经营额约 1 亿元。2000 年全国网络广告经营额保守估计约 4 亿元。广告主由最初的计算机、电讯行业,逐步扩大到互联网业、金融、汽车、招聘、家用电器、食品、房地产、旅游等行业和领域,互联网已经成为传统四大媒体之后的又一重要媒体,网络广告无疑将成为下世纪中国经济发展的一个新的增长点。

图 6：1996—2000 年中国上网用户增长图

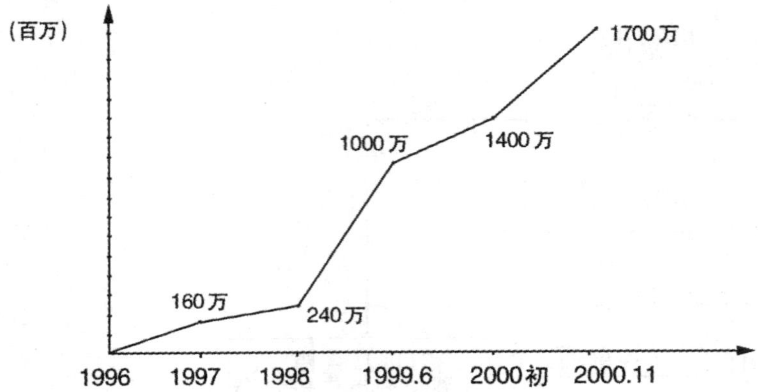

(数字来源:有关新闻报道)

图 7：1997—2000 年网络广告经营额增长图

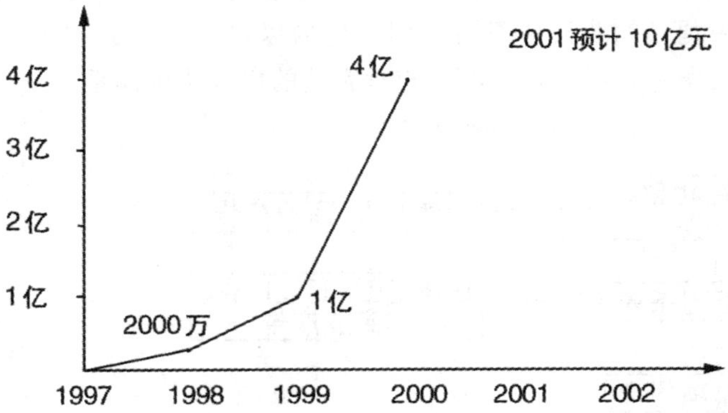

(数字来源:有关新闻报道)

(二)目前中国网络广告发展中存在的问题

网络媒介的独有魅力和影响极大地催生和推动了网络广告的发展。但网络广告中的一些问题也不容忽视。其问题主要表现在:

1、网络基础设施有一定差距。目前,中国政府虽然大力提倡发展信息产业,建立“网上高速公路”,但网络通道的建设,包括带宽、稳定性等需要一个过程。虽然中国已有 1700 万网上用户,但同全国 12 亿人口相比,还不到 2%的比例,这无疑在相当一段时期会制约网络广告的快速发展。

2、网络广告管理法规不健全。虽然现行的广告法规对网络广告具有约束力,但有关网络广告的专项法规还是空白。尤其是对网络广告监管的一些关键问题需要解决:

(1)网络广告的定义及其认定要件;新闻或其他网上信息如何与网络广告相区别?

(2)网络广告发布如何实施标准化?(如形式、位置、规格等)

(3)网络广告的真实性如何控制,尤其是网站对广告链接后的内容是否负有审核的责任?

(4)网站对其免费提供的电子公告栏或虚拟社区中出现的虚假违法广告是否负责?

(5)网络公司搜集用户的私人信息与隐私权保护之间的矛盾如何解决?

(6)网络广告的收费标准如何确定和规范?

(7)网络广告的管理权限如何界定,对跨国性的网络广告纠纷如何解决?

(8)用户对广告电子邮件是否有权拒绝?用户如何查找滥发电子邮件者或追究其责任?

3、网络广告的监管手段比较落后。网络的互动性、兼容性以及网络空间的相对无限性,使网上广告的数量及变动性要远远超过传统的媒体,对网络广告如何监测和控制,是目前大家所面临的共同技术难题。

4、网络的影响同传统媒体相比仍有相当的差距,就网站自身来讲,如何与网络广告公司和传统的广告公司进行合作，吸引更多的广告主加大广告投入，更是值得研究和探讨的问题。

（三）中国网络广告的发展对策及前景

网络广告在中国是一个充满生命力的新生事物。中国网络广告的潜力不可限量，前途光明。目前，中国网络广告正处于发展的大好时机：

1、中国政府大力提倡发展信息产业。继1998年“政府上网年”之后，政府采取了一系列措施，加快信息产业化进程。政府的支持和引导为互联网络的发展创造了前所未有的条件，也为网络广告发展提供了机遇。

2、政府颁布了《互联网络信息管理条例》等一系列网络管理法规，为规范、促进网络健康发展提供了坚实的法制保障。

3、国家工商行政管理局在全国选择27家网站进行网络广告监管试点，探索网络广告监管的途径和方法，为下一步制定《网络广告管理办法》，促进网络广告繁荣、持续发展奠定了良好基础。

4、爆炸式发展的用户数量是网络发展的基石，企业网络广告意识的增强和不断加大的广告投入，成为中国网络广告发展的最大源动力。

结束语

中国的经济发展令人振奋，中国的广告市场别具魅力。极具潜力、充满机遇的中国广告业期待着与美国同行的交流与合作。

谢谢！

适应新形势　采取新对策

——在中广协二十一世纪广告业发展战略研讨会上的讲话（节选）

国家工商行政管理局广告监管司副司长　王晋杰

1、为适应我国加入世贸组织的需要和克服以前广告立法的局限性，必须在加强调查研究，广泛听取意见的基础上，对现有的法律、法规、规章进行必要的修订和调整。特别是在规范广告活动行为方面，要制定更具体的规范条款，除修订现有不适应新形势需要的有关规章外，要尽快制定《网络广告经营管理暂行办法》和《广告媒体经营公司管理暂行办法》，逐步完善广告监管的法律、法规、规章，使广告监管工作做到有法可依，促进职能到位。

2、全体广告监管干部要充分认识到国有企业的改革和发展、实施西部大开发战略，对实现国家长治久安和保持社会稳定的重要性是关系到我国国民经济持续快速健康发展的重大经济问题，也是关系到巩固社会主义制度的重大政治问题。要真正把思想统一到两个《决定》上来，增强工作的责任感和紧迫感。要依法严厉查处广告欺诈行为和重大恶性虚假广告，重点是人民群众反映强烈，以诈骗为目的，针对下岗职工发布的虚假招工、招聘、招生广告和加工承揽、种植、养殖广告。同时，要指导行业组织为强化西部地区企业的广告意识，应用广告战略策略推销其产品，提高市场占有率，促进企业经济增长开展积极的工作。

3、充分发挥广告监管的职能作用，努力探索广告监管的新模式。随着经济发展，广告公司和媒介单位不断增加，广告媒体种类繁多，如店堂广告、印刷品广告、户外广告可以说大街小巷随处可见，仅靠几名广告监管干部实施全面监管，确实力不从心。工商行政管理机关实行省以下垂直管理后，面对新的情况、新的形势，必须研究探索广告监管的新模式。王众孚局长在全国工商行政管理局系统建设工作会议上指出：“基层工商所是市场监管执法的前沿阵地，基层工商所是为经营者、消费者服务的‘窗口’，基层工商所是整个工商行政管理系统改革的突破口，基层工商所是提高队伍素质，树立工商形象的基础。”为保证广告监管职能到位，必须赋予工商所管理广告的职能。由于工商所设置地域明确，对所管辖范围情况了解，方便监管，所以，必须认真总结北京、上海、浙江等地方工商所监管广告的做法，逐步在全国进行推广。只有充分发挥基层工商所监管广告的职能，才能保证广告监管工作及时、准确、有效。才能及时规范广告活动行为和广告发布内容，使广告市场得到进一步净化。

4、开展广告监测工作，促进广告监管职能到位。在完善报纸广告监测工作的基础上，逐步开展对电视、广播、网络广告的监测。只有注重广告监测,才能做到规范及时,查处有据,才能促进广告监管职能到位。全国大部分省市已对其管辖区开展了报纸监测工作,有的地方还开展了电视广告监测。近日,国家工商局已拨出专项资金,开展对电视广告跟踪监测,在不太长的时间里可望对省级卫星电视台实行广告监测,待条件成熟后将对全国电视台实施监测。

5、深入开展调查研究,解决广告监管工作中的难点和重点问题。由于广告活动的多样化,新媒体的不断开发,给广告监管工作带来一定的难度。特别是由于广告监管人员对广告法律、法规、规章学习 理解的不深,掌握的不准等原因,造成了有些地方执法不一致现象的发生。这种现象虽然带有一定的深层次问题,但必须经过调查研究加以认真解决。全体广告监管干部都要注重调查研究,做到发现新情况,解决新问题,努力营造统一开放、公平有序的广告市场竞争环境,促进广告业的健康发展和广告监管职能的到位。

6、建立高效廉洁的广告监管队伍。提高广告监管干部的整体素质,是完成广告监管工作的重要保证。广告监管机关都应把提高干部整体素质放在首位,使他们树立正确的世界观、人生观、价值观,刻苦学习广告管理的法律、法规,使自己成为广告法律专家,同时不断学习我们不懂的领域。广告监管司今年继续对省级工商局广告监管处长进行集中培训,各地应抓紧对工商所广告监管人员进行全员培训,促进全体广告监管干部素质的进一步提高,在广告监管工作中做到依法办事,秉公执法,廉洁自律,肩负起历史赋予我们的重任,努力使广告在两个文明建设中发挥更大的作用。

在1998－1999年度“争创广告行业精神文明先进单位”总结表彰大会上的讲话

民政部民间组织管理局副局长　陈光耀

今天我有幸参加这个大会,仅代表民政部民间组织管理局对中国广告协会举办的1998－1999年度“争创广告行业精神文明先进单位”表彰大会顺利召开表示衷心祝贺,趁此机会向中国广告协会学习工作方面好的经验和方法,为我们下一步推动行业协会的改革和发展,制定行业培育的方针与政策,提供好的经验。

下面我就社团管理方面的一些基本情况作简要介绍。党的“十五大”提出要培育社会主义市场经济下的社会中介组织,在社会中介组织中很大一部分成分是各种协会、联合会、研究会和促进会。民政部作为社团管理机关,按照国务院的要求正在制定一些相应的培育发展计划。对加强社团管理工作以及发挥社团的积极作用的问题,党中央和国务院都非常重视,要求各级民政部门把加强对民间组织的管理作为一项大事来抓。从整体情况看,国家工商行政管理局所属的几个社团都很规范,其发挥的作用也是比较好的。在市场经济体制下,行业协会的重要性提升到一个重要的地位。从计划经济到市场经济的转变过程中,存在的问题还较多,恶性竞争一直是干扰市场秩序的一个大问题,因此,改变这一现象已迫在眉睫。行业协会要在这方面发挥积极主导作用,要建立自律机制,通过制定行规行约,指导本行业主动遵守法规,完成国家赋予我们的任务。希望我们的行业协会在改革中能发挥出更大的行业自律机制的作用。中国广告协会在国家工商行政管理局的领导下,联系着广大的广告业、企事业单位,协调广告业的行为规范,为制定相关的法规政策提供建议与意见做了不少努力。今天召开的表彰会,就是一个很好的例子,它可以促进先进,鞭策后进,对规范今后的广告工作是很有积极意义的。我个人认为,广告协会今后工作能否做得更好,取决于三个因素:一是同国家工商行政管理局对它的得力指导和支持分不开。这一点国家工商行政管理局做的很不错,对协会的工作很重视,也很支持,帮助协会做了不少的工作,解决了许多问题。二是同广告协会自身的努力分不开。下一步广告协会应当进一步完善机制,强化内部管理,发挥其人才密集和技术优势,指导广告业工作,促进自律机制的形成。三是靠在座的各个广告经营单位的共同努力,只有全体单位的同心协力,才能使广告业上一个新的台阶。

简单谈一些想法,并不成熟,仅供参考。

谢谢大家!

中国广告业年度发展综述

2000年全国广告监督管理基本情况

2000年全国各级工商行政管理机关积极探索广告监管方式，加大执法力度，严厉打击虚假广告，集中整治广告市场，为维护广告市场秩序、促进广告业的健康发展做出了积极的努力。截至2000年底，全国共有广告经营单位7.07万户，比上年增加5865户，增长9.04%；全国广告从业人员64.11万人，增加5.36万人，增长9.13%；全国广告经营额712.66亿元，增加90.61亿元，增长14.57%。

一、广告行业发展情况

（一）广告公司数量继续增长。2000年，适应市场经济发展的需要，广告公司继续保持快速发展，规模继续扩大，地位继续加强。其经营单位、从业人员、广告经营额三项指标数据占全国总量的一半以上。年末广告公司共有4.05万户，比上年增加4335户，增长11.99%，占广告经营单位的55.74%；从业人员40.83万人，增加3.96万人，增长10.75%，占63.68%；广告经营额317.73亿元，增加39.92亿元，增长14.37%；占44.58%。

（二）广告媒介总体发展平稳，个别媒介发展有波动起伏。从经营单位来看，电视台、兼营广告企业数量略有增长，其他四种媒介广告经营单位有所下降。电视台广告经营单位3067户，比上年增长2.85%；兼营广告企业1.11万户，增长3.56%；电台720户，下降5.64%；报社2226户，下降1.15%；杂志社3835户，下降2.74%；有线广播285户，下降9.81%。从广告经营额来看，除兼营广告企业广告经营额为38.07亿元，比上年同期下降12.72%，其它媒介广告经营额均有所增长。电视台168.91亿元，增长8.17%；电台15.19亿元，增长21.32%；报社146.47亿元，增长30.39%；杂志社11.34亿元，增长27.08%；有线广播5542万元，增长2.73%。

（三）广告投入在行业间不断调整。从广告经营额在行业间的结构来看，由于某些行业的异军突起，逐渐改变着旧有的格局。传统上的药品、食品、家用电器、化妆品广告尽管仍然占主要地位，但与上年相比，除家用电器广告投入增加外，其他广告投入减少，所占比重逐渐下降。2000年药品广告经营额74.96亿元，比上年同期下降4.18%，所占比重10.52%，比上年同期减少2.06个百分点；食品广告69.24亿元，下降8.34%，占9.27%，减少2.42个百分点；化妆品广告47.47亿元，下降10.09%，占6.66%，减少1.83个百分点；家用电器广告73.51亿元，增长9.49%，占10.32%，减少0.47个百分点。而医疗器械、医疗服务、房地产、旅游、汽车制造等广告投入增加，所占比重逐渐扩大。医疗器械广告经营额21.63亿元，比上年同期增长70.83%，占3.03%，比上年同期增加0.99个百分点；医疗服务广告30.51亿元，增长44.58%，占4.28%，增加0.89个百分点；房地产广告59.59亿元，增长40.18%，占8.36%，增加1.53个百分点；汽车制造广告42.5亿元，增长1.8倍，占5.96%，增加3.53个百分点。

（四）地区间发展不平衡，差距明显。广告经营额超10亿元的省市大部分在东南沿海地区。2000年广告营业额超10亿元的省市增加到了15个，北京97.88亿元，天津18.38亿元，辽宁19.9亿元，上海111.83亿元，江苏53.98亿元，浙江46.9亿元，福建19.33亿元，山东42.7亿元，广东101.78亿元；黑龙江10.83亿元，安徽14.41亿元，河南11.85亿元；重庆12.34亿元，四川17.86亿元，陕西10.65亿元。北京、上海、广东、江苏、浙江、山东等六省市广告经营额占全国广告经营额的63.85%。

从经济区域来看，东南沿海地区广告经营单位、从业人员分别占全国总量的一半以上，广告经营额占将近80%。东南沿海地区、中部地区发展稳定，西部地区发展速度加快（见下表，本表不包括国家工商局的统计数据）。

表一：东中西部地区广告业结构情况

地区	经营单位（万户）	比　重（%）	从业人员（万人）	比　重（%）	广告经营额（亿元）	比　重（%）
合计	7.06	100.00	63.83	100.00	662.98	100.00
东南沿海地区	4.03	57.06	38.73	60.68	527.69	79.59
中部地区	1.71	24.17	13.55	21.23	75.12	11.33
西部地区	1.32	18.77	11.55	18.09	60.17	9.08

表二：东中西部地区广告业发展速度情况（%）

地　区	经营单位	从业人员	广告经营额
东南沿海地区	6.47	7.86	15.66
中部地区	11.26	7.11	11.13
西部地区	14.6	16.72	22.02

从以上数据可以看出，广告业的发展，虽然有向中西部地区扩展的趋势，并且中西部发展加快，但主要集中在东南沿海地区。因此，在重视加强广告业发展较快的中心城市和地区广告监管的同时，应配合国家西部大开发的战略部署，加强对中西部地区广告监管工作，以提高企业广告意识，正确运用广告策略，宣传企业形象，创立品牌，提高产品知名度，为促进中西部地区经济发展服务。

二、广告市场秩序情况

2000年，全国广告监督管理机关，针对社会反映强烈的广告业热点问题，通过采取集中整治药品广告、医疗广告、保健食品广告市场，对广告违法率较高的报纸媒介进行通报，停止刊登不合格保健食品的广告，开展广告执法检查等一系列行之有效的措施，净化了广告市场，有效遏制了违法广告的滋生和蔓延。2000年共查处广告违法案件6.68万件，比上年增加1.53万件，上升29.77%。罚没金额1亿元，增加2453万元，上升32.48%。停业整顿693户，吊销证照262户。

（一）从违法行为主体来看，仍然以广告主为主。在查处的案件中，广告主违法案件3.65万件，占全部违法案件的54.58%，比上年上升25.79%；广告经营者8512件，占12.74%，上升64.1%；广告发布者1.19万件，占17.86%。

（二）从违法媒介来看，经过多年努力，对电视、广播、报纸、期刊四种大众传媒广告的监管工作取得了很大成效，违法行为得到有效控制。违法媒介主要是广告发布分散隐蔽、规范难度相对较大的户外广告和印刷品广告。具体来看，电视、广播、报纸、期刊广告违法案件分别为2499件、810件、4673件和483件，分别占广告违法案件的3.74%、1.21%、6.99%和0.72%，合计占12.66%；而户外广告、印刷品广告违法案件为25719件和19619件，分别占38.49%和29.36%，合计占67.85%。今后要采取各种行之有效的措施，进一步加强对户外广告、印刷品广告的监督管理。

（三）从商品或服务的违法类别来看，违法案件主要集中在药品、食品、医疗服务、家用电器广告几个方面。案件数分别为13986件、5213件、5983件和2104件，分别占案件总数的20.93%、7.8%、8.95%和3.15%，合计占40.83%。在发案率上，由于房地产、医疗服务等行业的发展，广告违法案件急剧上升。与上年同期相比，案件上升幅度超过40%的有房地产广告案件1150件，上升1.07倍；农药、兽药广告507件，上升81.07%;医疗服务广告案件上升41.54%,食品广告案件上升40.25%。从以上分析看,在继续加强对公众关注的药品、食品等广告管理的同时,对新兴行业的发展所带来的广告问题,要采取有力措施,加以监管。

(四)从地区来看,全国查处广告违法案件在2000件以上的省有:山东8377件,浙江6060件,辽宁4742件,四川4492件,江苏4062件,广东3613件,河南3308件,福建3150件,湖北2540件,湖南2348件,山西2324件,河北2311件,安徽2012件。以上13省查处的广告违法案件占案件总数的73.94%。

中国广告业年度统计与数字

2000年全国广告经营单位基本情况统计表

项目		经营单位(户)		从业人员(人)				广告经营额(万元)	
		小计	其中:经营外商广告	小计	管理人员	业务人员	其他人员	小计	其中:外汇人民币
合计		70747	3923	641116	147732	310908	182476	7126631.70	74702.40
其中	1.国有企业	8056	652	86397	18878	41307	26212	1474294.01	4159.90
	2.国有事业	10006	962	77306	19560	37945	19801	3069223.55	4469.00
	3.集体企业	7954	374	96936	21530	45689	29717	413249.94	288.50
	4.集体事业	904	17	7515	1738	3261	2516	68780.86	572.00
	5.个体、私营企业	30924	1105	250765	59393	122719	68653	1030058.28	2972.00
	6.外商投资企业	380	209	9515	1649	5279	2587	453342.58	59044.00
	7.联营企业	988	14	7611	1740	3926	1945	36440.00	41.00
	8.其他	11535	590	105071	23244	50782	31045	581242.48	3156.00
其中	1.股份有限公司	1069	100	10611	2765	4556	3290	56488.72	949.00
	2.有限责任公司	34115	1698	338935	76962	170205	91768	2583614.31	10247.50
其中	1.广告公司	40497	2776	408250	92750	205943	109557	3177332.86	17435.50
	2.兼营广告企业	11108	287	91394	21363	40447	29584	380727.01	51694.00
	3.电视台	3067	30	28824	6769	13888	8167	1689126.04	3309.80
	4.电台	720	13	6996	1605	3346	2045	151947.02	1.00
	5.报社	2226	202	21556	5006	10966	5584	1464667.97	1691.00
	6.杂志社	3835	584	22506	5925	11229	5352	113399.81	474.00
	7.有线广播	285		1756	421	738	597	5542.25	9.10
	8.其他	9009	31	59834	13893	24351	21590	143888.74	88.00

2000年全国广告经营额分类统计表

	项目	广告经营额(万元)												
		药品	食品	化妆品	医疗器械	医疗服务	家用电器	服饰	房地产	酒类	烟草	旅游	汽车制造	其他
合计		749587.49	692431.08	474667.44	216249.77	305081.47	735112.11	211947.64	595929.03	243324.15	85886.56	129094.27	425029.00	2252291.69
其中	1.国有企业	111309.41	98638.83	55597.60	30799.66	57693.10	117678.52	28200.02	112296.92	35508.85	26851.20	21351.07	252859.74	525509.09
	2.国有事业	400224.51	331363.19	235883.30	130712.81	166702.63	340001.85	83053.80	285495.25	107248.79	9248.14	65395.42	74616.30	839276.56
	3.集体企业	36419.29	43651.03	28605.65	8747.90	14328.70	49917.22	15922.85	37788.20	16162.20	5827.50	6838.06	11590.90	137400.44
	4.集体事业	7012.50	9108.40	2437.60	2225.00	4934.70	6911.00	2217.00	4344.20	1764.80	1063.00	1481.50	1614.00	23667.16
	5.个体、私营企业	96021.42	112395.39	61472.69	25162.80	32008.78	128340.58	44960.27	97991.85	48368.91	16776.07	19432.02	18890.10	328237.39
	6.外商投资企业	36194.00	51800.84	51072.00	7625.00	8361.00	32626.00	15050.20	19901.60	8992.10	1844.00	6089.50	54816.46	158968.88
	7.联营企业	4045.00	4461.00	3030.00	1088.00	1469.00	3210.00	937.00	3815.00	2260.00	503.00	523.00	321.00	10778.00
	8.其他	58361.36	41012.40	35568.60	9887.60	19583.56	55426.94	21606.50	34296.00	23018.50	23773.65	7932.70	10320.50	238454.17
其中	1.股份有限公司	4585.80	4323.75	4206.80	2555.00	1657.50	6697.42	2520.10	3674.00	2330.00	781.00	946.47	2037.00	20172.88
	2.有限责任公司	196358.07	219616.31	142747.86	41198.90	72126.94	249562.45	75033.33	216030.55	87698.40	53257.75	33298.46	255014.71	931673.57
其中	1.广告公司	235913.91	250751.88	192805.66	65785.96	87537.79	314188.04	90915.98	254295.77	105203.13	61587.05	45162.90	306718.61	1135364.18
	2.兼营广告企业	25772.68	30046.85	14479.82	6444.20	12375.31	27453.74	9880.40	22294.48	12244.97	11252.90	4889.65	28910.24	174681.77
	3.电视台	268924.43	247870.26	177212.96	52672.05	68409.13	210602.13	53449.82	82129.26	74713.58	6193.30	27049.87	28248.70	391649.54
	4.电台	21609.10	16594.10	8265.25	10379.60	18105.01	11658.20	6243.80	6781.00	7354.70	808.80	4912.75	4171.40	35063.31
	5.报社	162092.49	97377.65	68506.59	57846.66	104445.43	151559.03	88116.64	220263.40	36183.32	4271.24	43559.35	52834.38	4276511.79
	6.杂志社	10580.38	8790.60	6248.00	4369.00	8511.05	7556.70	7790.00	3677.30	2465.50	486.00	1607.55	2408.00	48909.63
	7.有线广播	759.00	451.50	371.75	209.10	500.80	639.50	145.00	756.00	383.00	37.00	47.10	58.00	1154.40
	8.其他	23306.50	10548.12	6776.41	17542.20	5096.95	11454.77	5406.00	5731.83	4775.95	1250.27	1865.00	1678.67	47857.07

2000年全国各地区广告行业基本情况统计表

地区	经营单位(户)	从业人员(人)	经营额(万元)	经营额年增长率(%)
合计	70747	641116	7126632	14.57
国家局直管单位	153	2811	496843	1.62
北京市	3890	35238	978825	1.57
天津市	1530	13635	183824	35.34
河北省	2468	21361	76995	29.22
山西省	1808	14029	45256	17.98
内蒙古自治区	940	6460	15950	-10.43
辽宁省	2838	22290	199024	13.87
吉林省	1606	6038	50299	48.06
黑龙江	1903	14682	108336	16.26
上海市	2397	31337	1118324	4.84
江苏省	5253	46524	539788	21.79
浙江省	4180	34279	468991	12.61
安徽省	1881	18565	144125	40.12
福建省	1944	19559	193285	24.80

地区	经营单位(户)	从业人员(人)	经营额(万元)	经营额年增长率(%)
江西省	1271	12249	79875	12
山东省	5042	48929	427010	12.14
河南省	2507	24534	118497	12.39
湖北省	2253	17314	89839	-18.10
湖南省	2896	21659	98995	12.46
广东省	8243	87407	1017768	46.46
广西壮族自治区	1587	16176	59096	0.66
海南省	906	10599	13965	7.79
重庆市	1393	14012	123412	32.10
四川省	4443	40850	178561	14.80
贵州省	683	5651	32818	16.22
云南省	1490	11190	73603	13.13
西藏自治区	168	623	1247	23.22
陕西省	2040	19969	106469	29.26
甘肃省	1055	9178	25262	20.69
青海省	270	1623	6050	16.12
宁夏回族自治区	429	3598	11273	30.35
新疆维吾尔族自治区	1280	8747	43029	31.51

2000 年全国广告公司基本情况统计表

项目		所有制类别						公司性质		
		国有企业	集体企业	私营企业	外商投资企业	联营企业	其它	股份有限公司	有限责任公司	合计
户数		4923	5221	20523	328	948	8554	1069	34115	40497
注册资金(万元)		381359.05	271937.65	1039619.38	160296.00	54673.60	490756.10	86536.91	1898468.87	2398641.78
从业人员(个)	管理人员	12157	14878	43750	1475	4162	20436	2785	77723	96858
	客户媒介人员	14533	12266	42638	2686	1915	16168	2846	74868	90206
	调查策划人员	7633	8864	26168	1520	915	11041	1320	43984	56141
	设计制作人员	10376	12644	35095	1828	1244	16991	1747	61949	78178
	广告审查人员	8026	8082	26633	809	1146	10923	1647	41068	55619
	其它人员	12170	13966	33421	1715	1829	14113	1705	60986	77214
广告经营额(万元)	小计	1075745.27	342121.33	904500.46	440371.87	32871.80	381722.13	56488.72	2583614.31	3177332.86
	广告代理费	415007.60	119123.12	346168.26	242351.05	11148.80	148850.56	21238.72	1049368.78	1282649.39
	广告设计制作费	385226.63	134392.10	370908.05	158164.00	13996.00	133681.38	21804.40	981646.31	1196368.16
	其它	275511.04	88606.11	187424.15	39856.82	7727.00	99190.19	13445.60	552599.22	698315.31

2000年全国查处广告违法情况统计表

<table>
<tr><th colspan="2">项目</th><th>合计</th></tr>
<tr><td colspan="2">查处案件总数(件)</td><td>66824</td></tr>
<tr><td rowspan="4">违法行为主体</td><td>广告主</td><td>36470</td></tr>
<tr><td>广告经营者</td><td>8512</td></tr>
<tr><td>广告发布者</td><td>11034</td></tr>
<tr><td>其他</td><td>10808</td></tr>
<tr><td rowspan="2">违法性质</td><td>虚假广告</td><td>11199</td></tr>
<tr><td>其他</td><td>55625</td></tr>
<tr><td rowspan="7">违法媒介</td><td>电视</td><td>2499</td></tr>
<tr><td>广播</td><td>810</td></tr>
<tr><td>报纸</td><td>4673</td></tr>
<tr><td>期刊</td><td>483</td></tr>
<tr><td>户外</td><td>25719</td></tr>
<tr><td>印刷品</td><td>19619</td></tr>
<tr><td>其他</td><td>13021</td></tr>
<tr><td rowspan="12">违法类别</td><td>药品广告</td><td>13986</td></tr>
<tr><td>食品广告</td><td>5213</td></tr>
<tr><td>化妆品广告</td><td>1518</td></tr>
<tr><td>医疗器械广告</td><td>1149</td></tr>
<tr><td>医疗服务广告</td><td>5983</td></tr>
<tr><td>烟草广告</td><td>469</td></tr>
<tr><td>房地产广告</td><td>1150</td></tr>
<tr><td>农兽药广告</td><td>507</td></tr>
<tr><td>酒类广告</td><td>1424</td></tr>
<tr><td>金融广告</td><td>236</td></tr>
<tr><td>家用电器广告</td><td>2104</td></tr>
<tr><td>其他</td><td>33085</td></tr>
<tr><td colspan="2">罚没款额(万元)</td><td>10004.76</td></tr>
<tr><td colspan="2">停业整顿(户)</td><td>693</td></tr>
<tr><td colspan="2">吊销证照(户)</td><td>262</td></tr>
</table>

2000年全国户外广告经营基本情况统计表

<table>
<tr><th colspan="2">项　目</th><th>合　计</th><th>单位</th></tr>
<tr><td colspan="2">户外广告经营单位数</td><td>82855</td><td>户</td></tr>
<tr><td colspan="2">户外广告经营额</td><td>742920.68</td><td>万元</td></tr>
<tr><td colspan="2">户外广告媒体数</td><td>1914955</td><td>个</td></tr>
<tr><td rowspan="6">户外广告媒体类别</td><td>霓虹灯</td><td>57011</td><td>个</td></tr>
<tr><td>路牌</td><td>292005</td><td>个</td></tr>
<tr><td>电子显示屏(牌)</td><td>5639</td><td>个</td></tr>
<tr><td>公交载体</td><td>281502</td><td>个</td></tr>
<tr><td>灯箱</td><td>518170</td><td>个</td></tr>
<tr><td>其他</td><td>760628</td><td>个</td></tr>
</table>

政策、法规

中华人民共和国国家工商行政管理局令

局令第95号

《印刷品广告管理办法》已经国家工商行政管理局局务会议审议通过，现予公布，自2000年3月1日起施行。

2000年1月13日

印刷品广告管理办法

第一条 为加强印刷品广告管理，保护消费者、经营者合法权益，维护公平竞争的市场秩序，依据《中华人民共和国广告法》、《广告管理条例》及国家有关规定，制定本办法。

第二条 凡通过张贴、摆放、发送、邮寄等形式发布介绍商品或者服务的散页、招贴、宣传册等印刷品广告均依照本办法管理。

利用报纸、期刊、图书发布广告，利用印刷品发布烟草广告，广告管理法规另有规定的从其规定。

第三条 县级以上工商行政管理机关及其派出机构负责对印刷品广告进行监督管理。

第四条 印刷品广告必须真实、合法、符合社会主义精神文明建设的要求，不得含有虚假的内容，不得欺骗和误导消费者。

第五条 印刷品广告中不得出现新闻、报道及其他非广告信息。

第六条 印刷品广告中应当具有“广告”标志，能够使消费者辨明其为广告。

第七条 发布印刷品广告，不得妨碍公共秩序、社会生产及人民生活。在法律、法规及当地县级以上人民政府禁止发布印刷品广告的场所或者区域不得发布印刷品广告。

第八条 广告主发布含有药品、医疗器械、农药、兽药、医疗、房地产、保健食品、化妆品内容的印刷品广告以及法律、法规、规章规定实施登记的印刷品广告，应当委托广告经营者向广告发布地工商行政管理机关办理登记手续。

跨省发布含有上述内容的印刷品广告的，广告主应当委托广告经营者向广告发布地省级以上工商行政管理机关办理登记手续。

广告经营者应当对受委托登记的印刷品广告内容进行审查，对广告内容违法的印刷品广告不得发布。

第九条 申请办理印刷品广告登记应提交下列证明文件：

(一)载明商品(服务)名称、发布形式、时间、地点(区域)、数量的申请报告；

(二)办理登记手续的委托代理协议书；

(三)广告经营者营业执照和广告经营许可证;

(四)广告样件;

(五)广告管理法规规定应当提交的其他证明文件。

工商行政管理机关应当在证明文件齐备后七日内作出决定,对符合登记文件要求的,核发《临时性广告经营许可证》。

第十条 发布固定形式印刷品广告应当向广告经营者所在地省、自治区、直辖市及计划单列市工商行政管理局办理登记;跨省发布固定形式印刷品广告,由广告经营者所在地省、自治区、直辖市及计划单列市工商行政管理局初审后,报国家工商行政管理局登记。

第十一条 广告主、广告经营者依照规定办理登记手续后,应当按照登记核准的事项发布印刷品广告。

第十二条 广告主发布印刷品广告,必须标明产品(服务)生产商、经销商及印制企业的名称、地址;由广告经营者代理发布的印刷品广告应当同时标明广告经营者的名称、地址。

第十三条 发布依照法律、行政法规规定应当由有关行政主管部门发布前审查的药品、医疗器械、农药、兽药印刷品广告,广告主应当取得相应的广告审查批准文件;广告经营者、广告发布者应当查验广告审查批准文件。

第十四条 发布依照法律、法规、规章规定应当由有关单位出具广告证明文件的印刷品广告,广告主应当取得相应的广告证明文件;广告经营者、广告发布者应当查验广告证明文件。

第十五条 印制企业对含有违法内容的印刷品广告不得印制。

第十六条 凡发布于商场、药店、医疗服务机构、娱乐场所以及其他公共场所的印刷品广告,上述场所的管理者应当对属于自己管辖区域内散发、摆放和张贴的印刷品广告负责管理,对有违反广告法规规定的印刷品广告应当拒绝其发布。

第十七条 工商行政管理机关发现内容违法的印刷品广告,应当责令其改正,广告内容严重违法的,责令违法当事人予以销毁。对内容违法的印刷品广告所宣传的物品,可以依法先行登记保存,法律、法规规定对上述物品可以作扣押、封存、没收等处理的,从其规定。

第十八条 违反本办法第四条规定,由工商行政管理机关责令停止发布,并处以 3 万元以下罚款。

第十九条 违反本办法第五条、第六条规定,由工商行政管理机关责令改正,处以 1 千元以上 1 万元以下的罚款。

第二十条 违反本办法第七条规定,由工商行政管理机关责令停止发布,处以 1 万元以下罚款,广告发布内容同时违法的,处 1 万元以上 3 万元以下罚款。对非法散发、张贴印刷品广告的行为人处以 50 元以下的罚款。

第二十一条 违反本办法第八条、第十条、第十一条规定,由工商行政管理机关责令停止发布,对违法当事人处以 1 万元以上 3 万元以下的罚款。

第二十二条 违反本办法第十二条规定,由工商行政管理机关予以警告,可以处以 5 千元以下罚款,广告发布内容同时违法的,处以 1 万元以上 3 万元以下罚款。

第二十三条 违反本办法第十三条、第十四条规定,由工商行政管理机关处以 3 千元以下罚款。

第二十四条 违反本办法第十五条、第十六条规定,由工商行政管理机关处以 1 万元以下罚款。

第二十五条 含有广告内容的票据、包装、装潢、产品说明书等可以不标明“广告”标志的,参照本办法管理。

第二十六条 本办法自 2000 年 3 月 1 日起施行,《印刷品广告管理暂行办法》同时废止。本办法公布之前制订的有关规定与本办法不相符合的,以本办法为准。

中华人民共和国国家工商行政管理局令

局令第99号

《广告管理条例施行细则》修正案已经国家工商行政管理局局务会议审议通过，现予公布。

第十六条修正如下：广告代理收费标准为广告费的15%

2000年12月1日

关于在自有建筑物上设置大型招牌是否属于户外广告问题的答复

工商广字[2000]第52号

河南省工商行政管理局：

你局关于在自有建筑物上设置大型招牌是否属于户外广告的请示收悉。现答复如下：

企业(或事业单位)在自有临街楼房设置大型招牌，《关于对企业招牌是否属于广告问题的答复》(工商[1990]60号)中已明确其属于广告管理范围。对此类广告，应按照《店堂广告管理暂行办法》及户外广告管理有关规定管理。

2000年3月21日

关于"违法所得"是否等同"非法所得"有关问题的答复

工商广字[2000]第74号

江苏省工商行政管理局：

你局《关于查处广告违法案件中"违法所得"是否等同"非法所得"的请示》[苏工商(2000)15号]收悉。经研究，现答复如下：

《户外广告登记管理规定》第十七条所称"违法所得"与工商广字(1997)第337号文件中的"非法所得"涵义相同。

2000年4月14日

对执行《印刷品广告管理办法》有关问题的答复

工商广字[2000]第136号

广东省工商行政管理局：

你局《关于执行〈印刷品广告管理办法〉有关问题的请示》(粤工商广字[2000]204号)收悉。经研究，答复如下：

一、关于固定形式印刷品广告的认定和登记机关

根据我局广告监管司《关于固定形式印刷品广告管理有关问题的通知》(广字[1998]第43号)的规定，固定形式印刷品广告是由具有广告代理、发布经营业务的广告经营者承办的，有固定名称、固定规格、明确的发送对象，在一定范围内连续发布全部内容为广告的印刷品广告。依照《印刷品广告管理办法》第十条规定，在本省内发布固定形式印刷品广告的，不论是否跨地、市、县发布，都应由省级工商行政管理局进行登记。省级工商行政管理局应按规定严格把关，从严登记。

二、关于印刷品广告中非广告信息问题的认定

《印刷品广告管理办法》第五条规定的"其他非广告信息"，是指与所介绍、推销的产品或服务无关的内容。如印刷品广告中除产品或服务广告外，还单独介绍一些常识和市场分析文章的，可以认定为"非广告信息"。

三、关于印刷品广告中必须标明内容的规定

《印刷品广告管理办法》第二条"散页、招贴、宣传册等印刷品广告均依照本办法管理"，因此散页、招贴、宣传册印刷品广告应按照《办法》第六条及第十二条规定，应当具有"广告"标志，必须标明产品(服务)生产商、经销商及印刷企业的名称、地址。企业可以根据情况，将必须标明的内容印刷在印刷品广告中任何位置。

依照《办法》第二十五条规定，对含有广告内容的票据、包装、产品说明书以及桌卡、贴纸等，可以不标明"广告"标志及生产商、经销商及印制企业名称、地址。

2000年6月26日

关于药品生产者或者代理商以药店名义发布广告可否认定药店为广告主并予以处罚问题的答复

工商广字[2000]第165号

辽宁省工商行政管理局：

你局《关于药品生产者或代理商以药店名义发布广告可否认定药店为广告主并予以处罚的请示》(辽工商[2000]15号)收悉。经研究，现答复如下：

一、药品生产者或代理商出资统一印制违法印刷品广告，广告内容主要介绍和推销药品生产者生产或代理商代理的药品，如果仅在印刷品广告中标明“经销单位：×××药店”，并没有宣传该药店其他服务项目，故不应将销售该药品的药店认定为广告主进行处罚。违法印刷品广告的广告主（违法行为人）应是出资统一印制违法印刷品广告的药品生产者或代理商。

二、对上述情况，如违法印刷广告的广告主（违法行为人）在外地，工商行政管理机关可依照《印刷品广告管理办法》第十七条规定，对在药店内销售违法印刷品广告所宣传的药品先行登记保存或依法律、法规规定扣押、封存、没收。

三、如果发现药店内有违法印刷品广告，工商行政管理机关可依照《印刷品广告管理办法》第二十四条规定，对散发、摆放和张贴违法印刷品广告负有责任的药店进行处罚。

2000 年 8 月 14 日

关于户外广告登记管理有关问题的答复

工商广字[2000]第 211 号

湖南省工商行政管理局：

你局《关于对已经工商行政管理部门登记的户外广告监督管理有关问题的请示》（湘工商广函[2000]55 号）收悉。经研究，现答复如下：

按照户外广告登记管理的有关规定，广告经营者（或广告主）在依法履行户外广告登记手续并取得《户外广告登记证》后，方可经营、发布户外广告。工商行政管理机关对户外广告进行登记管理，是依法确认广告经营者（或广告主）户外广告的经营、发布资格，不是对其广告内容发布前的审查或批准。因此，广告经营者（或广告主）发布虚假违法户外广告，均应依照广告法律、法规及有关规定予以查处。

2000 年 9 月 20 日

关于加强保健食品广告监督管理的通知

工商广字[2000]第 257 号

各省、自治区、直辖市及计划单列市工商行政管理局、卫生厅（局）：

为维护广告市场秩序，进一步规范保健食品广告，切实保护消费者的合法权益，根据《广告法》、《食品卫生法》有关规定，现就进一步加强保健食品广告监督管理的问题通知如下：

一、保健食品广告中不得使用医疗用语或者易与药品相混淆的用语，禁止宣传疗效，禁止宣传改善和增强性功能的作用。

二、保健食品广告应当严格依照由卫生部核发的保健食品证书中的保健功能（目录见附件一）进行宣传，不得超出和扩大。

三、保健食品广告应有明显的保健食品标志（图形见附件二），应使消费者容易识别其为保健食品。在可视广告(如影视、报刊、印刷品、店堂、户外等广告)中,保健食品标志所占面积不得小于全部广告面积的1/36;其中,报刊、印刷品广告中的保健食品标志,直径不得小于1厘米,影视、户外显示屏广告中的保健食品标志,须不间断地出现。在广播广告中,应以清晰的语音表明其为保健食品。

四、对县级以上卫生行政部门抽检不合格的保健食品,同级工商行政管理机关根据卫生行政部门关于通报不合格产品的有关文件在辖区范围内暂停其广告发布。上述保健食品经原抽检部门或其上级部门再次抽检合格,方可继续发布广告。

附件:

一、保健食品功能目录

二、保健食品标志

国家工商行政管理局

卫　生　部

2000年10月31日

附件一:

保健食品功能目录

1、免疫调节
2、调节血脂
3、调节血糖
4、延缓衰老
5、改善记忆
6、改善视力
7、促进排铅
8、清咽润喉
9、调节血压
10、改善睡眠
11、促进泌乳
12、抗突变
13、抗疲劳
14、耐缺氧
15、抗辐射
16、减肥
17、促进生长发育
18、改善骨质疏松
19、改善营养性贫血
20、对化学性肝损伤有辅助保护作用
21、美容(祛座疮/祛黄褐斑/改善皮肤水分和油分)
22、改善胃肠道功能(调节肠道菌群/促进消化/润肠通便/对胃粘膜有辅助保护作用)
23、抑制肿瘤(卫生部已于2000年1月暂停受理和审批)

附件二:

保健食品标志(颜色为天蓝色)

关于印刷品广告管理有关问题的答复

工商广字[2000]第297号

北京市工商行政管理局：

你局《关于对违法发布印刷品广告处罚主体的请示》(京工商文字[2000]196号)收悉。经研究,答复如下：

按照《印刷品广告管理办法》第八条、第十一条规定,广告主发布含有药品、医疗器械、农药、兽药、医疗、房地产、保健食品、化妆品内容的印刷品广告以及法律、法规、规章规定实施登记的印刷品广告,应当委托广告经营者向广告发布地工商行政管理机关办理登记手续。在依照规定办理登记手续后,广告主、广告经营者方能按照登记核准的事项发布此类印刷品广告。因此,不论广告主发布前是否委托广告经营者向广告发布地工商行政管理机关办理登记手续,只要最终未经登记核准,即为违法发布印刷品广告,应当依据《印刷品广告管理办法》第二十一条规定对广告主予以处罚。

此复

2000年12月11日

关于产品包装物出现“极品”字样问题的处理意见

工商广字[2000]第307号

各省、自治区、直辖市及计划单列市工商行政管理局：

近来发现一些企业在其产品的包装物上使用“极品酒”、“极品香烟”等字样,现对此类问题提出规范意见如下：

商品包装中使用“极品酒”、“极品香烟”等字样,与“最高级”、“最佳”等用语含义相同,属于绝对化语言,违反了《广告法》第七条第二款的规定。凡含有以上内容的产品包装,自2002年1月1日起一律停止使用。

请各地接此意见后,迅速通知本辖区有关企业严格执行。

2000年12月15日

关于加强对临时性广告经营活动监督管理的通知

广字[2000]第28号

各省、自治区、直辖市及计划单列市工商行政管理局广告处:

近来,社会上违法征集广告的案件时有发生,一些单位或个人以赞助社会公益活动为名,向企业乱拉赞助,摊派费用,有的甚至采取欺诈手段牟取不正当经济利益,有的未经批准,擅自发布临时性广告,严重扰乱了广告市场经营秩序。为维护广告管理法律、法规、规章的严肃性,保障广告市场正常的经营秩序,现就有关问题通知如下:

1、各地应对临时性广告经营活动加强管理,严格依照国家工商行政管理局《临时性广告经营管理办法》[(1995)第32号令]关于资质条件、证明文件的有关规定,按照职权分工的原则,分级进行审批。

2、各地对批准举办的临时性广告经营活动,要严格进行监督管理。特别是由烟草企业赞助的活动,批准的工商行政管理机关或委托活动举办地工商行政管理机关,须到活动现场对其广告经营行为和广告发布内容进行监督检查。

3、各地接到本《通知》后,依照《临时性广告经营管理办法》的规定,对所辖区域内的此类问题进行认真检查,对没有经过审批或超出审批内容的违法经营行为,要依法查处。

2000年11月29日

广告监管动态

全中广告监测中心

全中广告监测中心是国家工商行政管理局直属事业单位，国家工商行政管理局赋予全中广告监测中心的职责是：

1、对各媒介广告发布标准执行情况进行监测，并提供原始证据；

2、定期提出广告发布标准执行情况的动态报告；

3、分析违法广告趋势，提出监督管理对策；

4、根据广告监督管理机关要求，积累和提供加强广告市场宏观管理的决策依据；

5、受广告监督管理机关委托，管理全国广告监测网络，制订统一的监测系统软件和有关监测规范；

6、提供广告法规咨询服务；

7、提供广告市场调查等咨询服务。

同时，中心还通过英特网提供相关的网上服务。

全中广告监测中心服务项目

（一）广告监管监测服务：

对省级以上的报纸、电视台发布的广告是否符合广告法律、法规规定进行监测，定期向国家工商行政管理局提交监测报告。

（二）广告法律、法规信息网上发布和咨询服务：

定期在全中广告监测网（www.quanzhong.com）发布：

1、国家最新发布的广告法律、法规、政策；

2、解答网上广告法律、法规、政策咨询；

3、定期发布广告业发展、广告管理、广告监测等方面最新信息。

（三）报纸、电视广告发布跟踪监测：

为客户提供全国主要报纸、电视台广告发布跟踪监测情况报告，并可为客户设计、制作、代理、发布的广告提供法律咨询，协助客户办理广告发布审批手续及其他法律事务。

（四）广告信息、技术、法律咨询服务：

1、广告业发展统计信息咨询；

2、广告发布内容法律咨询；

3、广告发布程序及手续咨询；

4、广告经营审批登记手续咨询；

5、广告经营单位注册登记情况咨询；

6、广告合同、行政复议、行政诉讼等法律事务咨询；

7、协助客户办理属于国家工商行政管理局管辖的各类广告经营登记手续（包括外商投资广告企业立项的审批，全国性广告企业注册登记，全国性临时广告经营活动登记，固定形式印刷品广告登记等）、广告发布登记手续。

8、协助客户撰写各类广告经营审批登记文件。近期内，还将启动互联网广告、广播广告、杂志广告、户外广告的监测。

服务政府　服务社会

致真致准　精益求精

地址：北京市西城区三里河东路8号

邮编：100820

电话：(010)62256661

传真：(010)62256661

全中广告监测网

为广泛宣传广告法律、法规，满足广大广告主、广告公司、广告媒介单位广告法律咨询的需要，经国家工商行政管理局广告监管司批准，全中广告监测中心决定在国际互联网络建立全中广告监测网（www.quanzhong.com）。他的使命是：一、及时发布国家颁发的广告管理法律、法规、政策；二、对广告法律、法规、政策咨询及时、准确做出答复；三、定期公布广告行业发展信息；四、定期公布各类广告监测信息等。全中广告监测网第一期共设置十二个栏目：

一、广告法律法规栏目：及时、迅速发布国家广告法律、法规和国家工商行政管理局发布的广告监管规章、规范性文件以及地方性广告监管法规、规章。

二、广告业发展动态栏目：发布历年中国广告业发展统计资料及相关统计数字。

三、广告大事记栏目：发布历年中国广告业重要活动、事件等方面内容的信息。

四、广告监管动态栏目：报道国家和地方广告监管机关开展广告监管活动的动态信息。

五、广告监测动态栏目：报道全国广告监测开展情况和对全国主要广告媒体广告发布情况实施监测的情况以及相关统计数字和分析。

六、广告监管机关栏目：介绍国家及地方广告监管机关设置情况，职责、联系方法等。

七、广告法律咨询栏目：主要回答对广告法律、法规内容方面的咨询。凡是对广告法律、法规理解和适用等方面的问题有疑问的，可以在本栏目提出咨询，经我中心汇总整理，报国家工商行政管理局广告监管司审定后，定期在网上对咨询内容予以回答。

八、广告违法案例分析栏目：发布由国家工商行政管理局广告监管司提供的对典型违法广告进行剖析和分析方面的材料。

九、广告经营登记指南栏目：发布由国家工商行政管理局广告监管司提供的有关各类广告经营登记办理程序、方法、证明文件提交、登记表格填写方法等方面的内容。

十、广告评述栏目：本栏目供社会各界人士对广告问题发表议论和看法。其中：(一)有价值、有创见的意见和建议，我们将向有关部门及时予以上报、推荐，并赠送上网机时。(二)对违法广告的揭露，凡是能够指出违法广告发布时间、媒介、违法表现内容的，我们将及时向国家广告监管机关报告。经国家广告监管机关认定属实的，对违法广告揭露人，我们将赠送其上网机时。

十一、公益广告：主要介绍国家广告监管机关和有关部门组织开展公益广告活动的情况。介绍、点评历届获公益广告政府奖的优秀公益广告作品。

十二、自我介绍栏目：介绍全中广告监测中心性质、任务、职责、服务项目等。

除上述栏目外，还将陆续开通广告经营单位数据库、广告版本库等。

欢迎社会各界参与、支持全中广告监测网栏目等方面的建设工作。

地址：北京市海淀区北下关净土寺32号(北京电力自动化设备厂电子楼8楼)

邮编:100044
电话:(010)62255366
传真:(010)62256661
电子邮件:webmaster @ quanzhong.com
网址:www.quanzhong.com

关于表扬1999—2000年度全国广告监管先进单位的通报

广字〔2000〕第30号

各省、自治区、直辖市及计划单列市工商行政管理局广告(商标广告)处:

1999—2000年,各级广告监管机关积极围绕国家工商行政管理局的工作部署,努力完成广告监管各项工作任务,在规范广告活动行为和广告发布内容等方面取得了可喜的成绩,涌现出一批先进集体。经各地推荐,我司审定,共评出省级工商行政管理局广告监管先进单位9个,地(市)、县级工商行政管理局广告监管先进单位78个。

在1999—2000年度的广告监管工作中,上述先进单位认真贯彻上级机关的工作部署,结合当地实际,创造性地开展工作,表现突出:有的针对社会和群众反映强烈的广告热点、难点问题开展专项整治,取得明显实效;有的积极探索改革广告监管模式,充分调动基层广告监管力量,促进广告监管职能到位;有的注重日常监管与广告经营自律机制相结合,在预防虚假违法广告方面采取了行之有效的措施;有的切实加强自身建设,提高队伍素质,规范广告执法行为,树立了广告监管的良好形象。

这些先进单位的经验和做法值得各地学习和借鉴。希望各地结合实际,认真学习他们的经验,开拓进取,扎实工作,不断提高广告监管水平,为维护广告市场秩序,促进我国经济发展和精神文明建设做出更大的贡献!

国家工商行政管理局广告监管司
2000年12月25日

附件:

1999—2000年度全国广告监管先进单位名单

省级局广告监管先进单位名单

一、北京市工商行政管理局广告监督管理处
二、上海市工商行政管理局广告监督管理处
三、内蒙古自治区工商行政管理局广告处
四、辽宁省工商行政管理局商标广告处
五、江苏省工商行政管理局广告监督管理处

六、浙江省工商行政管理局广告监督管理处

七、广东省工商行政管理局广告管理处

八、福建省工商行政管理局商标广告监督管理处

九、新疆维吾尔自治区工商行政管理局商标广告监督管理处

地、县级局广告监管先进单位名单

一、北京

1、北京市工商行政管理局海淀分局商标广告监督管理科

2、北京市工商行政管理局朝阳分局商标广告监督管理科

3、北京市工商行政管理局西城分局商标广告监督管理科

二、上海

1、上海市工商行政管理局黄浦分局商标广告科

2、上海市工商行政管理局闵行分局商标广告科

3、上海市工商行政管理局长宁分局商标广告科

三、内蒙古

1、伊克昭盟工商行政管理局商标广告科

2、包头市工商行政管理局商标广告科

3、兴安盟工商行政管理局商标广告科

四、辽宁

1、沈阳市工商行政管理局广告监督管理处

2、鞍山市工商行政管理局商标广告监督管理处

3、丹东市工商行政管理局商标广告监督管理科

五、江苏

1、南京市工商行政管理局广告监督管理处

2、苏州市工商行政管理局广告监督管理处

3、盐城市工商行政管理局广告监督管理科

六、浙江

1、杭州市工商行政管理局商标广告监督管理处

2、湖州市工商行政管理局商标广告监督管理科

3、丽水市工商行政管理局商标广告合同监督管理科

七、广东

1、珠海市工商行政管理局广告科

2、中山市工商行政管理局商标广告科

3、惠州市工商行政管理局商标广告科

八、福建

1、福州市工商行政管理局商标广告处

2、漳州市工商行政管理局商标广告监督管理科

3、霞浦县工商行政管理局

九、新疆

1、乌鲁木齐市工商行政管理局商标广告科

2、库东县工商行政管理局

3、乌苏市工商行政管理局

十、天津

1、天津市工商行政管理局武清分局商标广告科

2、天津市工商行政管理局和平分局商标广告科

十一、重庆

1、重庆市万州区工商行政管理局商标广告管理科

2、重庆市永川工商行政管理局商标广告管理科

十二、黑龙江

1、哈尔滨市工商行政管理局广告监督管理处

2、双鸭山市工商行政管理局广告监督管理科

十三、吉林

1、吉林市工商行政管理局广告监督管理处

2、辽源市工商行政管理局商标广告监督管理科

十四、河北

1、唐山市工商行政管理局商标广告监督管理处

2、邯郸市工商行政管理局商标广告监督管理处

十五、山西

1、运城地区工商行政管理局商标广告科

2、吕梁地区工商行政管理局商标广告监督管理科

十六、河南

1、洛阳市工商行政管理局广告监督管理科

2、漯河市工商行政管理局广告监督管理科

十七、山东

1、烟台市工商行政管理局广告科

2、淄博市工商行政管理局商标广告科

十八、安徽

1、合肥市工商行政管理局商标广告科

2、淮北市工商行政管理局广告科

十九、湖北

1、十堰市工商行政管理局商标广告科

2、黄石市工商行政管理局商标广告科

二十、江西

1、南昌市工商行政管理局商标广告监督管理科

2、上饶市工商行政管理局商标广告监督管理科

二十一、广西

1、柳州市工商行政管理局广告科

2、容县工商行政管理局商标广告股

二十二、贵州

1、遵义市工商行政管理局商标广告管理科

2、黔东南州工商行政管理局商标广告合同管理科

二十三、湖南

1、岳阳市工商行政管理局商标广告科

2、株洲市工商行政管理局商标广告监督管理科

二十四、四川

1、成都市工商行政管理局广告监督管理处

2、德阳工商行政管理局商标广告监督管理科

二十五、云南

1、昆明市工商行政管理局广告监督管理处
2、楚雄州工商行政管理局商标广告科
二十六、海南
1、海口市工商行政管理局户外广告管理所
2、通什市工商行政管理局商标广告股
二十七、陕西
1、西安市工商行政管理局广告监督管理处
2、宝鸡市工商行政管理局商标广告管理科
二十八、宁夏
1、银川市工商行政管理局商标广告管理分局
2、青铜峡市工商行政管理局商标广告科
二十九、青海
1、海东地区工商行政管理局商标广告科
2、格尔木市工商行政管理局商标广告合同科
三十、甘肃
1、兰州市工商行政管理局商标广告处
2、酒泉地区工商行政管理局商标广告监管科
三十一、西藏
1、日喀则市工商行政管理局
三十二、大连
1、大连市工商行政管理局沙河口分局商标广告科
2、大连市工商行政管理局庄河分局商标广告科
三十三、宁波
1、宁波市工商行政管理局宁海分局商标广告科
2、宁波市工商行政管理局镇海分局商标广告科
三十四、青岛
1、青岛市工商行政管理局市北分局商标广告科
2、青岛市工商行政管理局四方分局商标广告科
三十五、厦门
1、厦门市工商行政管理局同安分局商标广告科
2、厦门市工商行政管理局思明分局厦港工商所

国家工商行政管理局广告监管司召开部分报纸违法广告通报会

8月24日，国家工商行政管理局广告监管司在北京召开部分报纸违法广告通报会。有关报社的负责人和广告部负责人及所在地省工商行政管理局广告处处长，中央电视台、人民日报、经济日报、中央人民广播电台等新闻单位的记者参加了通报会。广告监管司司长屈建民、副司长王晋杰出席了会议，屈建民司长围绕广告监管面临的形势和问题作了讲话，王晋杰副司长就落实会议精神提出了要求。

会议通报了今年6月份和7月份全国报纸监测情况，特别指出，7月份的广告违法率远远超过前几个月的广告违法率，尤其是医疗广告、药品广告、保健食品广告的违法率居高不下，分别占当月违法广告数的50.37%、20.26%和4.63%。上述三种广告违法主要表现在：一是医疗广告未按要求实行格式化；二是以新闻报道形式发布广告；三是在医疗广告中宣传药品；四是药品广告宣传治愈率；五是保健食品广告宣传治疗作用；六是审批证号不全或过期；七是以专家、患者的名义发布广告等。会议对在这两个月中违法广告分别居前十名的四川日报、陕西日报、山西日报、湖北日报、河南日报、云南日报、江西日报、黑龙江日报、河北日报、浙江日报、海南日报、广西日报等12家报纸的违法广告情况进行了通报，要求发布广告内容违法的报纸立即停止发布违法广告，同时责成当地广告监管机关对已发布的违法广告进行查处，并将查处结果于9月15日前上报国家工商行政管理局广告监管司。

国家工商行政管理局广告监管司司长屈建民在讲话中分析了广告监管面临的形势和存在的问题，对于上述刊登违法广告的报纸提出了批评，指出：发布违法广告，不仅给消费者造成误导，降低了广告在消费者中的信誉度，而且损害了广告界的整体形象，为广告业的进一步发展制造了障碍，恶化了广告市场竞争秩序。

针对广告监测报告中发现的问题，屈建民司长对媒体提出了如下要求：

1、与会单位回去后，要向有关领导汇报，要对照监测报告中列出的本报纸广告中存在的违法问题，进行自查，认真接受当地工商行政管理机关的查处。

2、强化广告审查机制，充分发挥审查员的作用，尤其要加强对医疗广告、药品广告、保健食品广告的审查，认真实行审查员"一票否决制"，无审查员签字的广告，坚决不允许刊登。审查员审查过的广告如果违法率居高不下，则吊销其《广告审查员证》。

3、广告业务要严格依照有关广告法律规定，实行统一管理，统一结算。

4、广告监管机关要严格监督各媒介执行医疗广告格式化制度。

屈建民司长介绍，国家工商行政管理局在年初部署的"整顿市场秩序、整顿队伍作风"两整顿活动中，将整治虚假违法广告列为整治重点之一，并针对广告市场存在的问题，于今年6月26日下发了《关于开展集中整治药品、医疗、保健食品广告的通知》，要求各地开展专项整治活动，严厉打击虚假违法广告。到6月30日止，全国各级工商行政管理机关共查处虚假违法广告案件2.42万件，其中违法医疗服务广告2683件，违法保健食品广告1979件，违法药品广告5609件，罚没款3361.74万元。

屈建民司长要求，广告监管干部要认真贯彻落实江泽民总书记"三个代表"的重要思想，以对社会、对人民高度负责的态度，尽职尽责地做好广告监管工作。在今后一个时期，广告监管机关将针对违法广告的表现和特点，继续加大执法力度，重点是查媒体、追根源、堵漏洞，查处一批，通报一批，曝光一批，重点打击医疗服务、药品、保健食品广告中虚假欺诈行为，要定期向社会公布广告监测结果，公布广告违法率在前十名的媒介单位。广告监管司组织督办组，到违法广告集中的地区督导协调办案工作，进一步规范广告发布内容，充分发挥广告在社会主义物质文明和精神文明建设中的促进作用。

王晋杰副司长在通报会上要求，各地工商行政管理机关要按照屈建民司长的讲话精神和会议部署，尽职尽责地做好广告监管工作，使广告活动行为和广告发布内容进一步得到规范。以保护消费者合法权益、促进经济增长和精神文明建设为工作目标，加大执法力度，净化广告发布内容，使广告违法率居高不下的势头得到有效遏制。对通报的违法广告必须进行查处。各媒介单位要理顺内部经营机制，加强内部管理，真正落实广告审查员制度，认真进行整改，达到查问题、追根源、堵漏洞、促规范的目的。他要求广告监管机关对通报的12家报社违法广告的查处情况必须按期上报广告监管司。

《监管快报》第15期

全国主要广告监管机构名录

名　称	地　址	电　话	邮编
国家工商行政管理局广告监管司	北京市西城区三里河东路8号	(010)68028468	100820
国家工商行政管理局全中广告监测中心	北京市西城区三里河东路8号	(010)62255366-158	100820
北京市工商行政管理局广告处	北京市海淀区倒座庙9号甲	(010)82691106	100080
上海市工商行政管理局广告处	上海市长安路1001号1号楼	(021)64220000-1042	200070
天津市工商行政管理局广告处	天津市河北区民主道38号	(022)24461714	300010
重庆市工商行政管理局广告处	重庆市渝中区沧白路73号	(023)63736965-51210	400011
内蒙古自治区工商行政管理局广告处	呼和浩特市锡林北路52号	(0471)6963849	010020
山西省工商行政管理局商广处	太原市开化寺街135号	(0351)4032686	030002
河北省工商行政管理局商广处	石家庄体育南大街316号	(0311)8636580	050021
辽宁省工商行政管理局商广处	沈阳市皇姑区崇山中路55号	(024)86244899-8123	110031
沈阳市工商行政管理局广告处	沈河区南关路118号	(024)24112870	110015
大连市工商行政管理局商广处	大连市西岗区民运街22号	(0411)3607506	116021
吉林省工商行政管理局商广处	长春市大经路156号	(0431)8719657	130041
长春市工商行政管理局商广处	长春市西安大路84号	(0431)8543910-6424	130061
黑龙江省工商行政管理局广告处	哈尔滨市道里区高谊街65号	(0451)4616114	150010
哈尔滨市工商行政管理局广告处	哈尔滨市道里区防洪胡同14号	(0451)4695394	150010
江苏省工商行政管理局广告处	南京市北京西路30号	(025)3322268-1114	210024
南京市工商行政管理局广告处	南京市解放路46号	(025)4598596	210016
安徽省工商行政管理局广告处	合肥市屯溪路253号	(0551)3631385	230022
山东省工商行政管理局广告处	济南市燕子山路43号	(0531)8527338	250014
青岛市工商行政管理局广告处	青岛市南区福州路87号	(0532)5730911	266071
烟台市工商行政管理局商广科	烟台市毓璜顶东路53号	(0535)6240809	264000
浙江省工商行政管理局广告处	杭州市莫干山路77号金汇大厦北大门	(0571)8383388-7071	310005
杭州市工商行政管理局广告处	杭州市新华路80号	(0571)7916745	310003
宁波市工商行政管理局商广处	宁波市长春路40号	(0574)7311359	315010
江西省工商行政管理局广告处	南昌市省政府大院内东三路2号	(0791)6350167	330046
福建省工商行政管理局商广处	福州市五四路	(0591)7716044	350003
厦门市工商行政管理局广告处	厦门市湖滨南路43号	(0592)2220962	361004
湖南省工商行政管理局商广处	长沙市枫林路1号	(0731)8852412	410006
湖北省工商行政管理局商广处	武汉市武昌东湖路309号	(027)86782420	430077
武汉市工商行政管理局商广处	江岸区花桥小区一村黄孝河路17号	(027)82620451	430015
河南省工商行政管理局广告处	郑州市红专路40号	(0371)6779305	450002
广东省工商行政管理局广告处	广州市天河体育西横街一号	(020)85514435	510620
广州市工商行政管理局广告处	广州市天河路112号	(020)85596089	510620
汕头市工商行政管理局广告科	汕头市龙眼南路南段	(0754)8563231	515041
深圳市工商行政管理局广告处	深圳市桂园路红围一巷一号	(0755)5576229	518001
珠海市工商行政管理局广告科	珠海市香洲中心里106号之二	(0756)2220487	519000
广西壮族自治区工商行政管理局广告处	南宁市星湖路37号	(0771)5856467	530022

贵州省工商行政管理局商广处	贵阳市八鸽岩路4号	(0851)6825140	550004
海南省工商行政管理局商广处	海口市机场西路4号	(0898)6768029	570206
海口市工商行政管理局商广科	海口市滨海新村495号	(0898)6775701	570105
四川省工商行政管理局广告处	成都市玉沙路118号	(028)6781063	610017
成都市工商行政管理局广告处	成都市鼓楼北街1号	(028)6628549	610017
云南省工商行政管理局广告处	昆明市新闻路28号	(0871)4161833	650032
陕西省工商行政管理局广告处	西安市新城省政府大楼11层	(029)7294425	710004
西安市工商行政管理局广告处	西安市二府街27号	(029)7258521	710003
甘肃省工商行政管理局商广处	兰州市皋兰路120号统办3号楼	(0931)8415050	730000
宁夏回族自治区工商行政管理局商广处	银川市利民南街91号	(0951)4110841	750001
银川市工商行政管理局商广处	银川市富宁街48号	(0951)5013647	750001
青海省工商行政管理局商广处	西宁市北大街3号	(0971)8247270	810000
西宁市工商行政管理局广告处	西宁市长江路4号	(0971)6130862	810000
新疆维吾尔自治区工商行政管理局商广处	乌鲁木齐市人民路56号	(0991)2314240	830002
乌鲁木齐市工商行政管理局商广科	乌鲁木齐市中山路122号	(0991)2817198	830002
西藏自治区工商行政管理局商广处	拉萨市宇拓路28号	(0891)6340077	850000

大 事 记

2000年中国广告业大事记

▲1月1日,中国联通江苏分公司和联通上海、浙江分公司联手买断"新曙光"号子弹头高速列车(我国第一列南京—上海—杭州间高速列车)广告权,列车被命名——中国联通列车。

▲1月4日,国家工商行政管理局下发《关于开展 < 广告法 > 实施五周年纪念和宣传活动的通知》。根据通知的要求,各地组织开展了多种形式的宣传和纪念活动。

▲1月5日,国家工商行政管理局与中央精神文明建设指导委员会办公室联合下发《关于开展2000年"树立新风尚,迈向新世纪"主题公益广告宣传活动的通知》。

▲1月5日,《中国工商报》时代广告专刊以两整版篇幅刊登《1999广告大盘点》。包括:年度十大广告事件、年度十大广告作品、年度十大广告纠纷、年度十大广告人物四项内容。

▲1月10日至18日,联合国教科文组织在巴黎举办第13届(1999年)国际招贴画沙龙大赛,中国选送的9幅招贴中3幅中选。

▲1月13日,国家工商行政管理局发布第95号令,公布《印刷品广告管理办法》,自2000年3月1日起施行。

▲1月17日至5月30日,《互联网周刊》开展中国首届互联网广告大赛。

▲1月20日,国家工商行政管理局广告监管司印发《2000年广告监管工作要点》。

▲1月22日,福建电视台2000年"福建新闻联播"前15秒黄金段位广告招标,鼓山涌泉寺方丈以80万元买断第二、三季度《福建新闻联播》前最后一条广告播出权,以播放禁毒和保护野生动物公益广告。

▲1月23日,湖南的汤逢雨先生自费在《中华工商时报》头版刊登半版广告"我们,以德抱怨;有人,变本加厉。我抗议!"对同日在日本大阪举行的"南京大屠杀——20世纪最大谎言"集会进行抗议。这是2000年最具震撼力的情感广告。

▲1月31日,国家工商行政管理局在北京召开《广告法》实施五周年座谈会。国家工商行政管理局局长王众孚作书面讲话。他要求各级工商行政管理机关要深入组织开展广告法律的宣传,创造良好的广告法制环境;要不断完善配套法规规章,促进《广告法》的深入贯彻实施;要积极探索建立有效的广告监管体制;要坚决制止和查处违法广告行为,为创造公平竞争的市场环境、引导健康消费发挥积极作用;要坚持两个文明一起抓,在全社会大力组织开展公益广告活动,促进了社会主义精神文明建设。

▲2月初,上海达彼思广告公司创作的平面广告"长城啤酒"喜摘美国第29届莫比广告大奖2000年度平面广告金奖。

▲2月24日,中国广告协会在京召开1998－1999年度"争创广告行业精神文明先进单位"总结表彰大会。

▲2月24日,中国广告协会在京召开了"中国广告业二十一世纪发展战略"研讨会。

▲2月24日,国家工商行政管理局下发《关于开展网络广告经营登记试点的通知》。根据文件精神,在北京、上海、广东三地选择二十七家网络信息技术服务企业进行登记试点。通过此次尝试,一方面规范网络广告的经营活动,另一方面积累经验,探索网络广告监管方式,为今后网络广告相关法规的制定做好准备。

▲2 月 25 日，中国广告协会在京召开了全国地方广告协会秘书长会议。

▲2 月 26 日，"'广州日报杯'中国报纸优秀广告作品(论文)评选活动"即日开始评选。此次活动历时三个月，共收到参评作品 1027 件，论文 58 篇。3 月 29 日颁奖大会在京举行。

▲2 月 29 日，e 龙公司(www.elong.com)在京举办"中国互联网广告研讨会"。

▲3 月 8 日，广州查封方便面色情广告"泡的就是你"。

▲3 月 15 日，由信息产业部信息化推进司、国家工商行政管理局广告监管司主办，《现代广告》杂志社承办的"新世纪中国网络广告研讨会"在京召开，对如何规范网络广告等问题进行探讨。

▲3 月 15 日至 4 月 18 日，北京大学举办"北京大学艺术学系 2000 年广告文化节"。

▲3 月 16 日，"第三届亚太广告节"在泰国芭提雅举办，以中国广告协会副秘书长贾玉斌同志为团长的中国广告代表团一行 16 人赴泰国参加本届广告节。BBDO 上海公司作品获本广告节 2 项铜奖。

▲3 月 18 日，由国家广播电影电视总局，中国电视艺术委员会与中国广告协会电视委员会联合承办的第 13 届全国电视文艺"星光奖"(原广告印象奖)电视广告节目颁奖大会在浙江温州举行。

▲3 月 21 日，国家工商行政管理局作出《关于在自有建筑物上设置大型招牌是否属于户外广告问题的答复》。

▲3 月 22 日，北京市高级人民法院受理中国太阳神公司诉美国可口可乐公司侵犯该公司广告歌曲著作权一案。

▲3 月 26 日至 4 月 3 日，中国广告协会公交委员会 2000 年主任(扩大)会议在哈尔滨召开。

▲3 月 29 日，国家工商行政管理局广告监管司司长屈建民参加在北京召开的烟草广告研讨会，并就有关问题进行了解答。

▲3 月间，北京电视台首次连续滚动播出桑夏广告公司制作的"百炼千锤你行吗?""乘风破浪你想吗?""凌云壮志你能吗?"三组陆、海、空画面征兵广告。

▲3 月至 8 月，中共深圳市宝安区纪委等单位发起的"廉政公益广告"征集活动。共收到 5087 条广告用语、718 幅作品。

▲4 月 1 日，中国广告协会广播委员会在广西北海召开主任、秘书长会议。

▲4 月初，中国广告协会调整领导班子，时学志任秘书长，孙英才、武高汉任副秘书长。

▲4 月 3 日至 6 月 4 日，中国广告协会广播委员会与中央人民广播电台联合举办"全国广播公益广告展播"活动。

▲4 月 5 日，《国际广告》杂志社、美国莫比广告奖委员会、北京广播学院广告系联合主办的"第 29 届美国莫比广告奖获奖广告展映"在华巡回展即日启播。

▲4 月 14 日，国家工商行政管理局作出《关于"违法所得"是否等同"非法所得"有关问题的答复》。

▲4 月 25 日至 26 日，武汉市广告协会和武汉人才市场共同举办"2000 年武汉广告业人才市场招聘会"。

▲4 月 26 日至 28 日，由中国广告协会、重庆首届国际广告博览会组委会、《重庆商报》主办的"中国广告'2000 高级研讨会"在重庆举办。

▲4 月间，由北京联合大学与《人民日报》所属的北京诺贝广告公司合办的北联广告学院宣告成立。

▲4 月间，中国广告协会与北方国联信息技术有限公司达成协议，在原"中国广告商业网"与"广告商情网"合并基础上，在国际互联网上共建"中华广告网"业务。

▲4 月间，《国际广告》杂志出版 100 期之际，该杂志与北京广播学院携手推出《IMI 消费行为与生活形态年鉴——2000》与《IAI 中国广告作品年鉴——2000》。

▲5 月 7 日，中国企业联合会在京举办"广告主及其组织的地位和作用研讨会"。世界广告主联合会理事长哈德·阿德昂桑先生出席了会议，并作了题为"广告在社会经济中的重要作用——广告主的观点"的演讲。

▲5 月 10 日，国家工商行政管理局副局长、IAA 中国分会会长惠鲁生同志和中国广告协会秘书长时学志同志会见 IAA 美加分会会长威廉·摩根先生。双方就所关心的问题进行了友好交谈。

▲5 月 11 日至 13 日，国家工商行政管理局广告监管司在福建省厦门市召开全国广告监管工作座谈会。

国家工商局副局长惠鲁生出席会议并做了题为《切实转变观念，改革探索监管模式，确保广告监管职能到位》的讲话。广告监管司司长屈建民同志对今后一个时期的广告监管工作作了部署，提出了明确的要求。

▲5月16日，国家税务总局对企业广告费支出作出新规定。公布“企业所得税税前扣除办法”，全文共九章59条，自2001年1月1日起执行。

▲5月16日至17日，由中国广告协会铁路委员会主办的“2000首届铁路广告成果展暨新世纪发展战略研讨会”在成都举行。来自全国各铁路局、分局主管广告企业的160余位代表出席了会议。

▲5月23日，国家工商行政管理局在京召开关于网络广告试点单位工作会议。会上宣布在北京、上海、广州等27家单位进行试点，并向这些单位颁发了《广告经营许可证》。

▲5月25日至28日，第16届全国优秀广播广告作品评选活动在广州进行。

▲5月26日，中国广告联合总公司与广东三人行广告公司制作的立邦漆路牌《屁股篇》与房地产广告荣超花园《偷工减料篇》获得美国《广告时代》最佳创意奖。

▲5月28日至31日，中国民航协会广告委员会2000年工作会议在温州举行。民航系统60余家广告经营单位的代表参加了会议。

▲5月间，京沈高速公路尚未全线贯通，公路“黄金段位”河北段及北戴河段就被秦皇岛鑫都科工贸有限公司买断6年广告权。

▲6月6日至8日，湖北“国际广告技术与设备展览会”在武汉体育展览中心举办。

▲6月6日至9日，IAA第37届世界广告大会在伦敦举行。来自世界60多个国家和地区的广告界人士1200余人参加了大会。中国广告协会组团赴英国参加国际广告大会，国家工商行政管理局副局长惠鲁生作了题为“最具魅力的中国广告市场”的演讲，引起与会代表强烈的反响。

▲6月12日，中国广告协会排定1999年中国广告经营单位200强。

▲6月16日，《现代广告》杂志社主办，上海国际机场股份有限公司广告分公司协办的“2000年上海空港杯全国户外、杂志广告创意无限大奖赛”新闻发布会在北京举行。

▲6月18日至7月1日，中国广告代表团一行40人，赴法国参加第47届嘎纳国际广告节。本届嘎纳广告节是有史以来规模最大的一次，71个国家和地区9000余名代表参加了大会，参赛作品16000件(影视6000件、平面10000件)。中国精信广告公司上海分公司选送的平面广告——《伊莱克斯吸尘器篇》获得本届嘎纳广告节铜奖。

▲6月24日至28日，中国广告协会广播委员会五届三次会议在四川成都市召开。共有71个委员单位的代表、电台领导及有关人士200人参加了会议。

▲6月26日，国家工商行政管理局下发《关于开展集中整治虚假违法医疗、药品、保健食品广告的通知》。

▲6月26日，国家工商行政管理局作出《对执行〈印刷品广告管理办法〉有关问题的答复》。

▲6月27日，国家工商行政管理局广告监管司下发《关于在全国开展广告执法检查工作的通知》。通知要求各地广告监管机关对《广告法》实施五年来的法律、法规、规章及有关规定在各地的执行情况进行一次执法检查。

▲6月间，中国广告协会分别与北京广播学院、厦门大学联合举办研究生课程进修班。

▲7月8日，“广告饕餮之夜2000版”来华展示。

▲7月18日至21日，广州市广告协会与科创展览有限公司主办的第4届广州国际广告展在广州中国出口商品交易会展览馆举办。

▲7月21日，国家工商行政管理局广告监管司在北京召开固定形式印刷品广告座谈会。王晋杰副司长出席会议并作了讲话。来自全国50余家从事固定形式印刷品广告经营的单位就固定形式印刷品广告在发布和审批中存在的一些问题进行了探讨和交流。

▲7月23日，全国省级电视台2000年广告年会在沈阳市召开，中央电视台等37家省级电视台、单列市电视台广告部及有关方面共100余名代表参加了会议。中国广告协会会员部主任韩胜东、咨询部主任李方午代表中广协参加会议。

▲7 月 28 日，中国广告协会在包头市召开 10 个省广告协会秘书长会议。会议研究了广告行业法律规则、第七届广告节等有关事宜。

▲8 月 1 日，国家工商行政管理局广告监管司下发《关于评选 1999 年 – 2000 年度广告监督管理先进单位的通知》。

▲8 月 9 日，国家工商行政管理局在京召集北京市五个城区的广告监管人员，召开了整治医疗、药品、保健食品广告会议。

▲8 月 9 日至 12 日，中国对外贸易经济合作广告企业协会、中国对外经济贸易广告协会、中国电子国际广告公司联合主办的"第七届国际广告新媒体、新技术、新设备、新材料展示交易会"在京举行。

▲8 月 14 日，国家工商行政管理局作出《关于药品生产者或者代理商以药店名义发布广告可否认定药店为广告主并予以处罚问题的答复》。

▲8 月 15 日，浙江省 10 家省、市级媒体倡议开展"争创无虚假广告活动"。

▲8 月 16 日至 9 月 15 日，中国消费者协会开展"慧眼识广告"活动，全国省级以上消费者协会联动，号召社会各界和广大消费者积极参与，辨别、举报发布于各种媒体及印刷品上的虚假广告和商业宣传，明明白白的消费。

▲8 月 17 日，国家工商行政管理局广告监管司召开《部分报纸违法广告通报会》，会上通报今年 6 月、7 月份全国报纸广告违法率排前 10 名的媒介违法情况。同时通报工商行政管理机关近期整顿广告市场秩序已采取的措施，部署了对违法广告的查处工作。

▲8 月 21 日，国家工商行政管理局下发《关于开展 1999 年 – 2000 年度优秀公益广告作品评选工作的通知》。

▲8 月 24 日，国家工商行政管理局广告监管司在京召开了部分报纸广告违法情况通报会，12 家省级报纸因广告违法率居高不下而被通报。全国工商行政管理机关上半年查处虚假违法广告 2.42 万件，其中违法医疗服务广告 2683 件，违法保健食品广告 1979 件，违法药品广告 5609 件。

▲8 月 26 日，由《现代广告》杂志社和《人民摄影》报承办的"第二届中国广告摄影优秀作品评选"揭晓。共评出金奖 4 个、银奖 15 个、铜奖 34 个及 2 个单位奖和"十佳摄影师"。

▲8 月 28 日，一块 21 米长、3.5 米宽的"发展才是硬道理"的公益广告在位于北京永定路北口的天泺商品批发市场大门正中竖起，这是近年来第一件个人出资申办的公益广告。

▲8 月 28 日，吉林某公司为了推进其白酒进入市场，欲以"十吨美酒洒长街"开展广告宣传促销活动，不但未果，反而受到社会各界广泛的批评。

▲8 月 31 日至 9 月 3 日，全国城市电视台广告协作会 2000 年年会在河北省保定市召开。

▲9 月 6 日至 10 日，中国广告协会与成都市人民政府共同主办的"中国成都国际广告周"在成都举行。

▲9 月 15 日至 25 日，国家工商行政管理局广告监管司与局经济信息中心、培训中心在江西省南昌市联合举办广告监督管理系统软件升级版第 2 期培训班。各省、自治区、直辖市及计划单列市工商行政管理局广告和信息管理部门的有关人员参加了培训，同时，给各地配发升级版软件。广告监管司司长屈建民到会并讲话。

▲9 月 20 日，国家工商行政管理局作出《关于户外广告登记管理有关问题的答复》。

▲9 月 22 日，"第二届全国广告摄影优秀作品展"颁奖大会和首展在广州举行。

▲9 月 22 日，广州市广告摄影师专业委员会正式成立。

▲9 月 22 日，中国广告协会与黑龙江科技出版社合作隆重推出的《2000 – 中国广告摄影年鉴》正式出版发行。

▲10 月 5 日至 26 日，中国广告协会组织的赴美培训团一行 25 人，圆满完成培训考察任务。

▲10 月 8 日，国家工商行政管理局广告监管司在中国广告协会下发《关于举办第 47 届嘎纳国际广告节全国巡展、培训及研讨活动的通知》后，下发《关于指导广协做好第 47 届嘎纳国际广告节作品全国巡展、培训及研讨活动的通知》。要求各地工商行政管理局广告处指导当地广告协会认真做好各项有关工作。

▲10 月 18 日至 22 日，由中国广告协会主办的"第七届中国广告节(第七届全国广告优秀作品展)"在无

锡举办。该活动除了优秀作品展示与评选外,还包括广告讲座;世界优秀广告作品赏析;企业形象及广告交易会;广告图书与广告摄影展以及为设计新秀搭建的“新禾”设计平台等。

▲10月24日至11月1日,国家工商行政管理局广告监管司分别在哈尔滨、西安和武汉召开“广告监管工作情况通报会”。会议要求各级工商行政管理机关要突出重点,采取有力措施,继续加大广告市场整治力度,强化广告审查机制,特别要加强药品、医疗、保健食品等广告的监管,加强广告监测,及时发现问题,查处虚假违法广告。

▲10月31日,国家工商行政管理局联合卫生部下发了《关于加强保健食品广告监督管理的通知》。通知对保健食品广告的功能、标志及发布提出了具体要求。

▲11月1日,中国广告协会秘书长时学志、副秘书长武高汉在京亲切会见并宴请来华访问的IAA执行理事理查德·科纳先生和夫人一行。

▲11月8日,中央电视台“2001年黄金段位广告招标”在北京梅地亚中心举行,成交额达21.6亿元人民币。

▲11月中旬,日本广告业协会代表团一行三人,来中国广告协会介绍即将在东京召开的“世界广告业联合会2001年东京大会”。

▲11月20日,由新浪网主办,《北京教育报·校园周刊》承办,苹果电脑公司赞助的“新浪杯——校园网络公益广告设计大赛”共收到参赛作品近300幅。经网上评选评出最佳创意金奖、最佳视觉金奖、最佳人气金奖各一名。

▲11月20日至29日,国家工商行政管理局广告监管司与局培训中心在北京举办第2期广告审查员培训班。

▲11月29日,国家工商行政管理局广告监管司下发《关于加强对临时性广告经营活动监督管理的通知》。通知要求各地应严格按照国家工商局《临时性广告经营管理办法》的有关规定,对临时性广告经营活动加强管理,按照职权分工的原则,分级进行审批。对经过审批的临时性广告经营活动,工商行政管理机关须到活动现场对其进行监督检查;对没有经过审批或超出审批内容的违法经营行为,要依法查处。

▲11月间,由《国际广告》杂志社与《扬子江晚报》社共同主办的“21世纪广告(南京)高级论坛”在南京大行宫会堂举行,各路专家、广告界、媒介、知名企业1300人参加了此次论坛。

▲11月间,由北京广播学院发起的“首届北京大学生广告节”在京举办。

▲12月1日,国家工商行政管理局发布第99号令,公布《广告管理条例施行细则》修正案。第十六条修正如下:广告代理收费标准为广告费的15%。

▲12月2日至16日,国家工商行政管理局组团赴美国考察国际最先进的网络广告技术、了解网络广告发展状况及网络广告管理情况。国家工商行政管理局广告监管司司长屈建民作了题为“极具潜力的中国广告业”的发言。

▲12月7日,由《现代广告》杂志社主办的“上海空港杯全国户外、杂志创意无限大奖赛”评选结果在京揭晓,共产生全场大奖1名、金奖6名、银奖17名、铜奖23名、入围奖80名、公众评议奖10名。

▲12月8日,由中国企业联合会、中国广告主协会(筹)主办,《尚邦广告咨讯》和国际传讯企划承办的“尚邦2000年会——广告主与媒体互动战略高级研讨会”在京举办。

▲12月11日,国家工商行政管理局作出《关于印刷品广告管理有关问题的答复》。

▲12月13日,《中国工商报·时代广告专刊》迎来出版发行100期之际,国家工商行政管理局广告监管司撰文“肩负时代重任、反映广告动态”表示祝贺。

▲12月15日,国家工商行政管理局作出《关于产品包装物出现“极品”字样问题的处理意见》。要求各省、自治区、直辖市及计划单列市工商局迅速通知本辖区有关企业凡含有“极品”字样的产品包装自2002年1月1日起一律停止使用。

▲12月16日至17日,“克里奥广告奖”在华首届展示会在京举办。这次展示获奖作品225件,是从2000年度59个国家的18000件参评作品中选出的,其中金奖48件、银奖65件、铜奖137件、2段精彩片断和3件大奖,展示映播达3小时。

▲12月25日，国家工商行政管理局广告监管司下发《关于表扬1999年－2000年度全国广告监管先进单位的通报》。经过各地工商行政管理局推荐，广告监管司审定，共评选出省级（自治区、直辖市）工商行政管理局广告监管先进单位9个，他们是北京市、上海市、内蒙古自治区、辽宁省、江苏省、浙江省、广东省、福建省、新疆维吾尔自治区工商行政管理局。市、县级工商行政管理局广告监管先进单位78个。

▲12月29日，国家工商行政管理局广告监管司下发《关于进一步改进广告专业技术岗位资格培训工作的通知》。

▲12月间，由《现代广告》杂志社和中国统计出版社合作出版的大型资料性工具书《中国广告业20年统计资料汇编》正式出版发行。

进荆楚市场 选湖北电视

庆祝湖北电视台建台40周年

湖北电视台简介

湖北省地处中原九省通衢之地，省会武汉市的水、陆、空交通十分方便，是商品流通的重要集散地，也是商家的必争之地。

湖北电视台创建于1960年12月1日，是我国最早建立的6家电视台之一。湖北电视台经过40年的发展，整体实力不断加强。目前，湖北电视台办有两套节目，日播出时间合计37小时，其中湖北一套节目(微波频道)通过以武汉为中心的四条微波干线传送到全省各地，覆盖全省90%以上的人口，同时还覆盖毗邻的河南、安徽、江西、湖南、重庆、陕西等省市的周边地区，拥有一亿多观众。另一套湖北卫视节目，自97年2月1日正式播出以来，覆盖人口迅猛增长，在亚太地区已有53个国家和地区能收到湖北卫视节目，在中国有25个省、市、自治区及省会城市通过有线网落地，稳定的可收视家庭达6000万户，可收视人口达3亿人。湖北电视台的两套节目是湖北省内唯一可以覆盖湖北全境的电视传播媒介。

湖北电视台广告部是代表本台从事广告合法经营的唯一窗口，主营湖北电视台两套节目的广告业务，在全国具有较高的知名度和良好的信誉。

湖北电视台广告部愿与您密切合作，共同开创美好未来。

湖北电视台广告部

主任：景高地

地址：湖北武汉市武昌紫金村特1号　邮编：430071　电话：(027)87329031　87329361　传真：(027)87839224

去罗马,为何不找一条近路?
Rome
Rome
Rome
Rome
Rome
Rome

金鹏的“创意突围”

从屡获大奖的广告作品到综合代理的整合营销传播，
金鹏以“创意突围”为立业之本，
不断创造出令人称道的市场绩效和品牌神话。
创意突围创造出一个品牌市场占有率高达90%；
创意突围创造出单一产品上市当年在一个省销售额达2亿；
创意突围创造出被判死刑的产品咸鱼翻身成为市场的领导品牌……

立足于本土，成长于本土，且更加熟谙和洞察本土市场及消费者特性的金鹏，业已成为本土最好的综合广告代理公司之一。

在金鹏，我们有一个共识：在营销的一切要素上，当创意沉默的时候，一切都将同质化，一切都将死亡；剩下的，你只有拿钱去砸。

我们的结论：当锁定营销目标之后，我们要做的，其实只有一件事：创意。惟有创意才能突出重围，惟有创意才能使品牌永生！

……

圣泉黑啤——给不怕黑的男人

朋友越多越好，喝酒要喝喜宝

口子酒结婚篇

口子酒形象篇——好兄弟，口子酒

芳草二十年，关怀每一天

中国人，中国情，中国龙津啤酒

店小二酒，给大爷喝的酒

中国人的生活 中国人的美菱

荣士达洗衣机，象手洗一样干净

V26减肥沙淇——快速瘦腰不反弹

金鹏國際廣告有限公司

ADD：安徽省合肥市濉溪路251# POST：230041 TEL：0551-5611111/22/33/44/55/66/77/88/99
FAX：0551-5611100 e-mail：jinjuan@public.hf.ah.cn http://www.jinjuan.com

海王廣告
NEPTUNUS AD

海王广告有限公司成立于1992年，现已成为深圳市综合实力强、经营规模大的广告机构。拥有从市场调研、客户服务、策划创意、设计制作、影视广告制作、商业摄影及媒体代理、发布、监控等完善的经营体系。

公司拥有深圳市超大规模户外广告群，包括：户外广告牌、立柱、灯箱、桥体、信息招贴栏等。分布在中外游客云集的东门、世界之窗，深南大道及进出深圳的咽喉要道南头联检站、高速公路北环出口等地。

全面出击 胜券在握

【創意爲魂】

八達通 免费赠阅广告
衣食住行 路路畅通

户外广告牌
立柱广告
商业摄影
影视创作
媒体购买
市场调查
品牌整合推广
企业形象策划
建筑、环境灯光设计
平面、包装设计

《八达通》广告由深圳市工商局批准，采用进口铜版纸全彩印刷。目前，每期发行20万份，由专业发行公司派发到读者手中，并在商场、超市、码头、加油站等地设免费赠阅点，是广告效能比极佳的印刷品广告媒体。“多省一倍，多赚两倍”是《八达通》创业期对客户最真诚的承诺。

引导时尚生活
传递都市信息
把握时代脉博
跟随潮流生活
电话：2262666

深圳市海王广告有限公司
地址：深圳市八卦二路五街544栋四楼西
电话：2442299 2448777 2262666
传真：2443813
手机：13066902488（张先生）

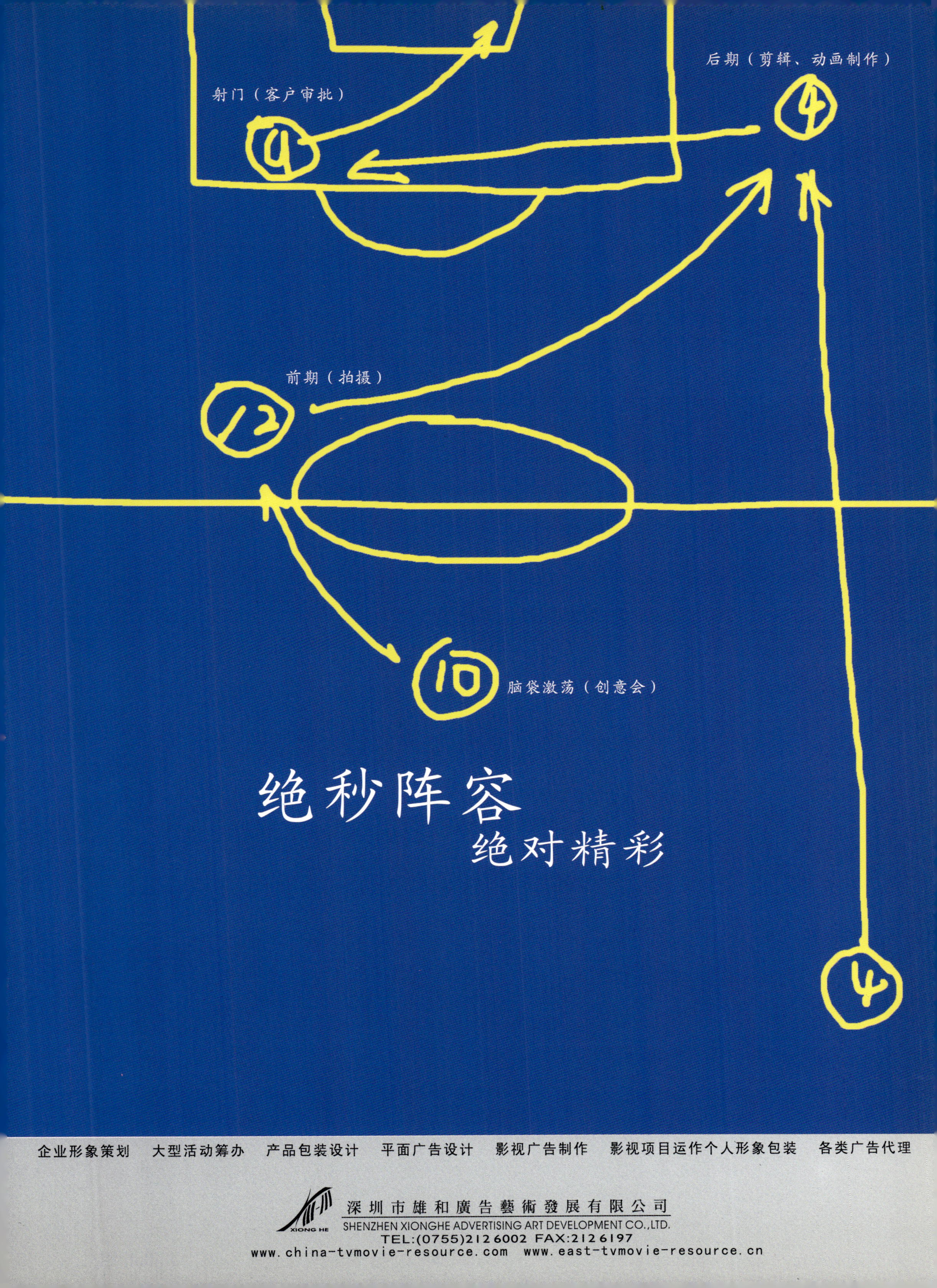
射门（客户审批）
后期（剪辑、动画制作）
前期（拍摄）
脑袋激荡（创意会）
绝秒阵容
绝对精彩
企业形象策划　大型活动筹办　产品包装设计　平面广告设计　影视广告制作　影视项目运作个人形象包装　各类广告代理
XIONG HE
深圳市雄和廣告藝術發展有限公司
SHENZHEN XIONGHE ADVERTISING ART DEVELOPMENT CO.,LTD.
TEL:(0755)2126002 FAX:2126197
www.china-tvmovie-resource.com www.east-tvmovie-resource.cn

步步坚实 着力进取

泉州市概况

泉州市位于福建省东南部、台湾海峡西岸，是一座历史悠久、风光秀丽的开放港口城市。泉州市现辖鲤城区、丰泽区、洛江区、晋江市、石狮市、惠安县、南安市、安溪县、永春县、德化县、金门县（待统一）、泉港区以及清濛开发区。泉州市综合经济实力居福建省首位，主要经济指标连续保持全省前列，为福建省经济发展最快、最富活力的地区。1999年全市国内生产总值952亿元，占福建省25.9%。泉州市所属的晋江、石狮、南安3市已跻身全国经济百强县。

《泉州晚报》概况

《泉州晚报》系中共泉州市委机关报，1985年4月1日试刊，7月1日正式创刊，现为对开12版，天天彩报，发行数年年增长，目前，已突破15万份，居福建省地市报首位，成为泉州市新闻传播的主渠道、全省的重要媒体，在东南亚华侨居住和港澳地区拥有众多读者，在海内外和省内外具有一定的影响力。据央视调查咨询中心’98央视全国读者调查“泉州晚报读者阅读率调查数据报告”显示：《泉州晚报》在泉州市报纸读者市场占据了明显的优势，周到达率高达92.9%（《泉州晚报》拥有的读者量占泉州市整体读者的百分比），比居第二位的报纸高出近60个百分点。泉州晚报社广告部是中国地市报广告委员会副主任委员单位、福建省报纸行业广告委员会主任委员单位，在中国地市报的广告同行中有着良好的影响和信誉。1995年泉州晚报社广告部被评为全国报纸行业经营管理先进单位，1999年被评为福建省广告行业先进单位。《泉州晚报》广告刊费(人民币)：整版黑白8.8万元，整版套红10.56万元，整版彩色13.728万元。

《东南早报》概况

《东南早报》系吸纳《福建商报》创办的市民报，由泉州晚报社主办，4开24版彩报，日刊，2000年8月15日正式出版。这是一份以反映社会、关注民生、服务百姓、满足需求为宗旨，以追求最具竞争力的新闻为理念的综合性平民生活报。《东南早报》面向全省，主攻东南沿海城市，以平民视角关注社会热点，力争以“短、快、新”为特色，满足都市里的中青年读者的信息需求。《东南早报》广告刊费(人民币)：整版黑白3.3万元，整版套红4.125万元，整版彩色5.3625万元。

地址：福建省泉州市新华路　　邮编：362000
电话：(0595)2398520　2373600　　传真：2396693

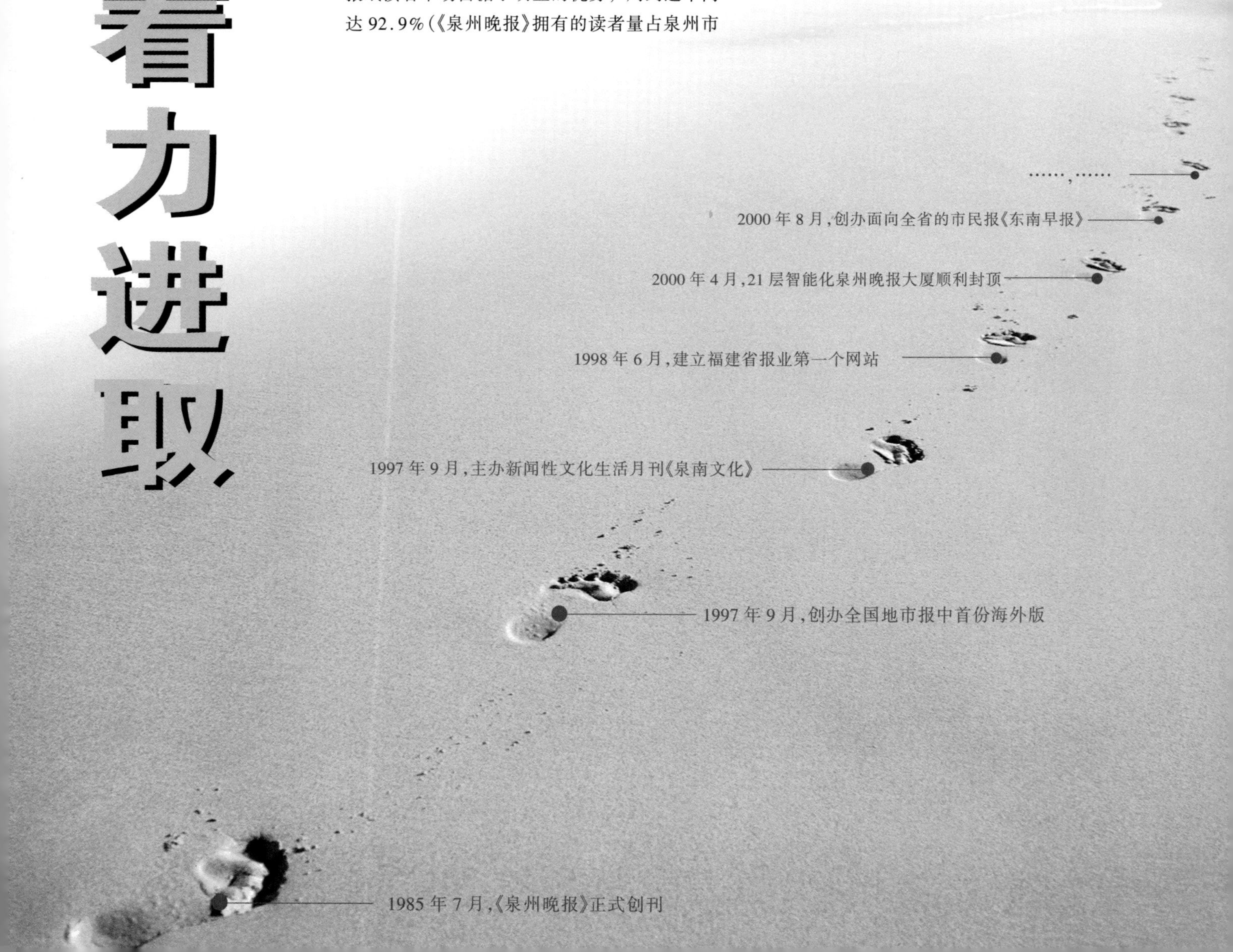

常德日报·常德晚报

——在湘西北政治经济文化中心激扬文字

常德位于湘西北，西洞庭湖滨，是湘西北政治经济文化中心，林伯渠、丁玲的故乡。《常德日报》是中共常德市委机关报，前身为1949年创办的《滨湖日报》，1989年4月1日更名至今。现为对开四版周七刊。《常德晚报》由常德日报社主管主办，2000年7月1日创刊，为四开八版周五刊，一面世就以其独到的视角和高格调的品味引起读者青睐。

《常德日报》以“当党的喉舌、传人民心声、办一流报纸”为己任，《常德晚报》以“关注社情民意、服务千家万户、聚焦热点新闻、引导大众娱乐”为己任。两报同时面向全国公开发行，已成为沟通东西、贯穿南北的信息桥梁。

常德日报社现有固定资产近3000万元，不仅拥有与办报配套的印刷中心、广告中心和自主发行网络，还培养造就了一支高素质的采编队伍。现有150名报人中，高、中级职称者70余人。报社多次被评为省市先进集体。每年获全国全省好新闻奖励者都在100项以上，在省以上报刊公开发表新闻类论文20篇左右。公开出版新闻类专著15部。

社长、总编辑：王承英

地址：湖南省常德市洞庭大道东段410号　邮政编码：415000　长途区号：0736
办公室电话：7719505　7723008　发行部电话：7722830　7727830

《常德日报》国内统一刊号：CN43-0038 邮发代号：41-81
总编室电话：7714837　7710921　传真：7715763
广告部电话：7717503　7715743（传真）

《常德晚报》国内统一刊号：CN43-0051
主编办电话：7727165（含传真）
广告部电话：7726355

重庆人民广播电台

重庆市是享誉中外的历史名城，中国西南地区最大的经济中心，中央直辖市。

重庆市幅员面积8.24万平方公里，人口3002万。按照国家制定的经济和社会发展战略规划，重庆市已成为继东南沿海经济特区和上海浦东开发区之后，中国经济和社会高速发展的又一热点。

重庆人民广播电台的前身是西南人民广播电台，是重庆市委、市政府的主要新闻机构之一，也是重庆地区覆盖面最广，信息传播速度最快的主要媒体之一。

现在，重庆人民广播电台除全天17次正点新闻滚动播出外，主要板块节目有《新闻广角》、《生活新空间》、《五洲乐坛》、《时政热线》、《希望的田野》、《商务广播》和《假日开心族》等。重庆人民广播电台市区主发射频率：调频立体声105.5兆赫、中波1314千赫；郊区转播频率：调频102.8兆赫（永川）、调频104.4兆赫（铜梁）、调频96.5兆赫（万州）、调频94兆赫（涪陵）、调频96.8、99.9兆赫（黔江）。

重庆人民广播电台节目不仅直接覆盖重庆直辖市所属40个区市县，而且还可直接覆盖四川、贵州、湖南、湖北、广西、云南部分地区，节目覆盖区域听众超过5000万人。

据重庆市统计局城调队、农调队抽样调查统计，重庆人民广播电台的综合收听率达48.6%。重庆人民广播电台以国语播出为主，但广告可根据需要用重庆方言播出，对农村广告效果尤为显著。

重庆人民广播电台的广告策划能力较强，拥有一支以高级编辑记者为主的策划、创意队伍。近10年，经过我台创意推广的广告活动数百个，都取得了好的效果。

重庆人民广播电台还辟有套餐广告、标版广告、赞助广告、热线广告节目等众多广播广告节目形式，请客户与我台广告部联系。

广告部主任：张荣贵，副主任：叶丽、钟廷远。

重庆电台卫星广播广告价目表

（2000年1月1日起执行）

广告类型	时段	广告时间			基本合作期	说明
常规广告		30秒	20秒	10秒	一周以上	1、广告提前一周。2、特殊加急广告加收30%。3、指定广告段的第一条或最后一条加收20%。
	特 7：00-9：00 12：00-14：00 17：00-19：00	500元	300元	160元		
	A 9：00-12：00 19：30-21：00	400元	260元	140元		
	B 16：00-17：00 21：00-22：00	300元	220元	120元		
	C 6：00-6：30 14：00-16：00 22：00-24：00	200元	180元	100元		
套播广告	特，A、B、C	1200元/套			一周	套播广告一律规格30秒
	A，A、B、C	1000元/套				
标版	报时 正点 / 半点	每10次1600/10秒 每10次1400/10秒			一季度以上	标版内容为企业名称加提示（7秒）
	路况 正点 / 半点	每10次2000/10秒 每10次1800/10秒				
赞助节目	独家赞助	55分	25分		半年以上	1、赞助节目头尾播报企业独家赞助；55分钟可插播广告4条；25分钟可插播广告2条。2、赞助费不含节目制作费和广告创意、创作费。
	特级“新闻类”	2000元	1000元			
	A级（天气预报）	1600元	800元			
	B级“一般节目”	1200元	600元			
专题节目	小专题	1200元/5分	800元/3分			
	咨询热线	3000元/25分				
点歌节目	企业点歌	500元/30秒广告				
	生日点歌	30元/首（本台指定时间）				
	婚礼点歌	50元/首				
备注	1、制作费：普通制作500元/条，特殊制作1000元（配音人数不限，特殊音响效果）；2、播出广告必须符合《中华人民共和国广告法》的规定；3、广告必须先付款，后播出；4、外商及港台广告在原定价上加收100%，三资企业加收30%。					

联系电话：(023) 63851246、63864046、63854586　传真：(023) 63851246　邮编：400015　地址：重庆市渝中区中山三路159号

河南日报为我们的客户走向成功加油

风风雨雨五十年，河南日报已从稚嫩走向成熟，她以无可替代的权威性、指导性、服务性、可读性而成为商家打开河南市场的首选媒体。

河南日报愿与企业一道走向成功。

地址：郑州市纬一路1号　电话：(0371)5951963　5955636　5967680

传真：(0371)5955636 邮编：450003　网址：http://www.hnby.com.cn

河南日报祝您成功

中国广告协会

中国广告协会简介

中国广告协会（简称“中广协”）成立于1983年12月27日，是经民政部批准登记的具有社团法人资格的全国性广告行业组织，其办事机构是国家工商行政管理局的直属事业单位。

中广协的宗旨：坚持四项基本原则，贯彻执行改革、开放的方针，代表和维护会员的正当权益，团结全国广告工作者，抓自律，促发展，为建设社会主义物质文明和精神文明服务。

中广协的职能：在国家工商行政管理局的指导下，按照国家有关方针、政策和法规，对行业进行指导、协调、服务、监督。

中广协设置办事机构和专业委员会：办事机构由综合事务部、会员管理部、学术培训部、对外联络部、信息咨询与技术开发部、《现代广告》杂志社六个部门组成；专业委员会设有广告主委员会、报纸委员会、广播委员会、电视委员会、广告公司委员会、铁路委员会、公交委员会、学术委员会。

中广协的主要任务：

·宣传贯彻有关广告管理法规、政策，协助政府搞好行业管理；反映会员单位的意见和要求，就有关广告管理、行业规划向政府提出建议。

·开发信息资源、建立信息网络，为会员单位和工商企业提供经济、技术、市场、行业等方面的信息咨询服务。

·开展境内外人员培训和学术理论研究，提高广告从业队伍的思想水平、理论水平、政策水平和业务能力。

·组织开发、引进和推广国内外先进技术、设备、材料和工艺，举办本行业的全国性和国际性展览会、展销会，促进广告设计、制作、发布水平的提高。

·建立广告发展基金会，为促进广告行业健康发展提供资金支持。

·开展国际交流与合作，代表和统一组织中国广告界参加国际广告组织及活动。

·开展行业资质检评活动，向社会推荐资质优秀的单位，促进会员单位不断提高经营管理水平。

·加强行业自律，建立和维护良好的广告经营秩序，反对不正当竞争，坚持广告的真实性，提高广告的思想性、科学性和艺术性；向社会提供广告行业法律咨询服务，调解行业内、外部纠纷。

近年来中广协主要活动：

·开展“争创广告行业精神文明先进单位”活动，将优秀的广告经营单位向社会推荐。

·举办全国广告优秀作品评选展示，每年组团并选送作品参加嘎纳国际广告节和亚太广告节。

·开展培训工作。境内培训：与各高校合作举办广告研究生进修班、广告大专班和广告函授教育培训班；境外培训：1995年3月由国家外国专家局认定为“具有派遣团组和人员出国（境）培训工作资格”的25家事业单位、社会团体单位之一。培训工作受到国家外专局和外交部的肯定。

·开展广告发布前的咨询工作，自1995年以来共接待各类广告发布前咨询几千件。

中广协的领导机构：

中广协的最高权力机构是会员代表大会，在代表大会闭会期间理事会和执行理事会执行大会决议，行使大会职权，领导办事机构开展工作。

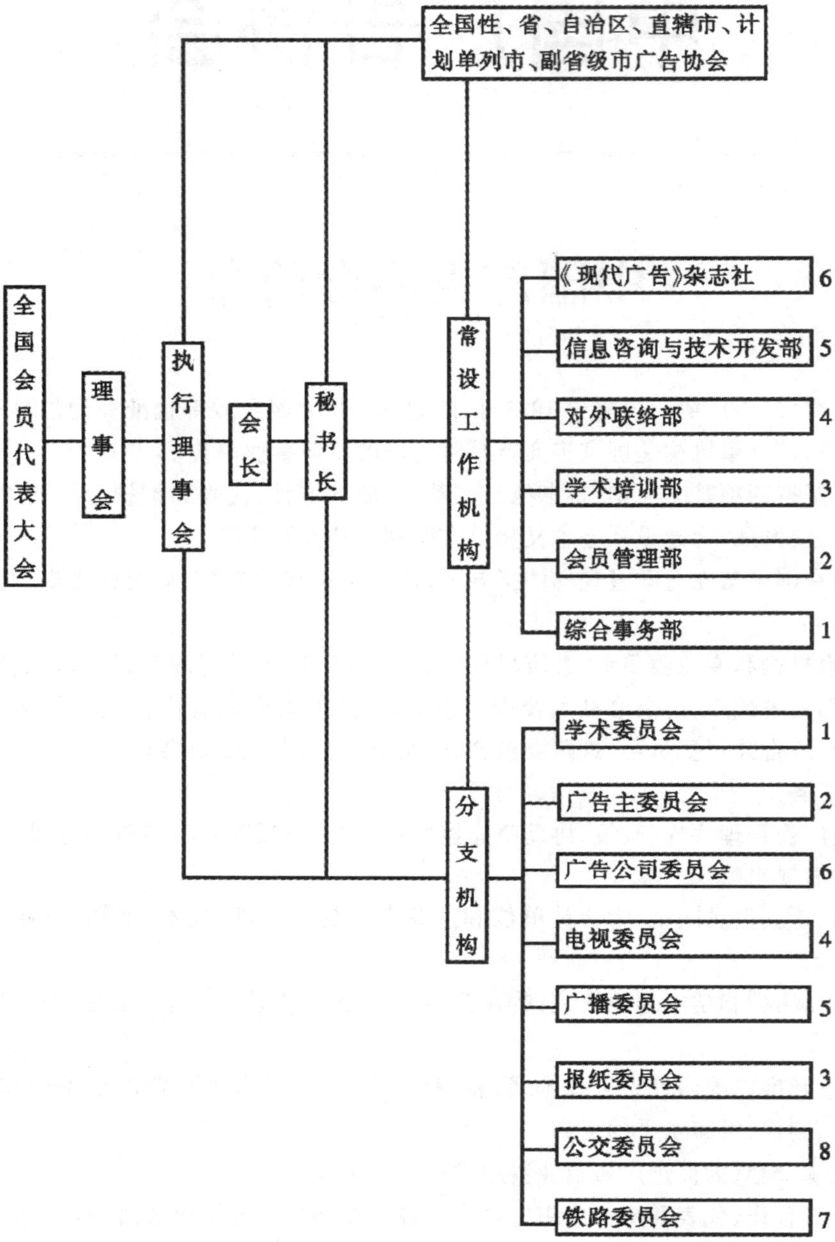

中广协信息咨询中心介绍

中广协信息咨询中心（以下简称中心）是中国广告协会所属的咨询服务机构，开展的主要业务有：

一、广告发布前咨询

1995年《广告法》正式实施后，在国家工商局广告司的指导下，中国广告协会开展了这项业务。主要是依据有关法律和规定，对广告内容合法性进行发布前咨询。由于《广告法》基本上属于框架性的法规，在执行中还可能遇到许多需要具体分析的问题，因此，成立这一机构，为广大会员及广告经营单位提供咨询帮助是非常必要的。中心受理除药品、医疗器械、农药、兽药（广告法规定的四种发布前必需依照有关法律、行政法规由有关行政主管部门对其广告内容进行审查的)外各类产品的广告,并接受脚本、样带、样张等各种形式的电视、广播和平面广告的咨询。主要程序是:广告经营单位(广告公司、媒介或广告主)完全出于自愿,提供广告文案、脚本或播出制成品,交纳咨询费;中心对广告中与法律、法规不符的创意和设计不当的内容提出修改意见(对难以定论的问题,由中心请示广告司),出具《初步咨询通知书》;对合法的、制作完成的广告进行认证,复制存档,出具《咨询认证书》,并对咨询结果承担相应的法律连带责任。

中心按照中国广告协会行业指导、协调、服务、监督的职能,以“置身市场、服务会员、促进自律”为宗旨,在咨询时间的安排上,接待客户原则上没有作息时间的限制,以客户需求为己任;在咨询期的确定上,承诺三个工作日内作出咨询答复,力争24小时内完成咨询;在咨询工作的态度上,牢固树立客户是上帝的观念,耐心、周到、事事从客户的角度设身处地着想;在咨询业务的水平上,认真努力地学习有关法律、行政规章及其它知识,提高自身业务水平和综合素质,正确理解法律、行政法规的含义,准确把握尺度,力争做到既要合法,又不人为地设置障碍,使咨询的结果经得起实践的检验。

广告经营者按《咨询认证书》内容投放时如果遇到问题,中心负责进一步与有关单位沟通与协调,并尽力去维护广告经营者的合法权益。

中心开展咨询业务五年多的时间,在广告界具有了一定的影响,得到了越来越多的媒介单位认可,为广大会员和广告经营者提供了实实在在的帮助,在贯彻落实《广告法》、协助广告管理机关规范广告市场,维护公平竞争方面都起到了积极的作用。

为了能够更好地体现广告发布前咨询的作用,建议前来咨询的单位,从广告脚本阶段开始咨询,这样可以避免盲目制作造成的巨额损失,而咨询费用反而比直接送播出带更低,这也正是事前咨询的主要意义所在。

二、负责中国广告协会网站的运营

中国广告协会在Internet网络上建立了站点,域名为:www.cnad.com.cn。网站上设置了动态新闻、行业名录、展会信息、媒体报价、信息驿站、法规数据库、新产品与新技术、网上书城、国际交流、招聘求职、公告板、交流与合作、同行媒体和网上广协等众多栏目。中心将负责在网站上不断完善设置内容和形式,增加广告行业动态信息量,并通过网络增强与全国广告经营单位的沟通和联系,欢迎更多的业内人士访问和关注这一站点,并提出宝贵意见。

三、其它服务项目

1、全国广告行业统计资料:主要媒体、广告公司、省(市)年度广告营业额、从业人员、经营单位户数等数据和其它资料。

2、海外最新广告资料录像带:按月录制美、英、法、德、意、日、西班牙等国家和香港特区电视台首播的电视广告,当月提供上月的录像带,可随意购买其中任何一盘录像带。

中国成都广告周

首届“中国成都国际广告周”于2000年9月6日至10日在成都市国际会展中心举行。此次“广告周”是经国家工商行政管理局批准由中国广告协会和成都市人民政府主办、成都市广告协会和中国国际贸易促进委员会成都市分会承办,是西部地区规模最大、规格最高、最具权威性的广告盛会,汇聚了众多广告名家和广告精品。“广告周”期间举办了:首届全国青年人平面广告现场命题创作大赛;广告人才交流会;广告设备及技术展;广告主、广告媒体、广告公司形象展;广告图书展;世界广告精品展示讲评会和新世纪中国广告业的机遇与挑战研讨会等活动。“广告周”盛况空前,有450余家企事业单位、新闻媒体、出版社及大专院校报名参加“广告周”各项活动,其中参展商152家,设展位228个;有13个省、市、自治区的广告协会组团参加

“广告周”,26000余名省内外各界人士前来参观,有1200余人次参加“广告研讨会”和“世界广告精品讲评会”,业内人士反响极好,各项活动都基本达到了预期目的,取得了圆满成功。

中国广告协会会长杨培青题词“提高广告水平,服务西部开发。”成都市市长王荣轩题词“办好中国成都国际广告周,为西部大开发做更大贡献。”四川省工商局李太银局长题词“西部大开发,广告当先锋。”成都市工商局杜开宗局长题词“广告群英会天府,共图良策启西部。”表达对此次盛会的关心和期望。

一、多项活动开创先河,“广告周”盛况空前

此次“广告周”的重头戏——首届“全国青年人平面广告现场命题创作大赛”,于9月3日至4日先期举行。大赛吸引了来自省内外17家专业广告公司和大专院校的46名30岁以下的青年人参加。此次大赛具有首创性,是国内历次广告节、广告大会所没有的,旨在为我国年轻广告人提供发展机会,发掘优秀的广告创意设计人才。此项活动由我会负责具体运作,我们对大赛活动方案、竞赛规则、评比标准、比赛设备及素材进行了周密的策划和准备。大赛评委会由中国广告协会副秘书长、第六届全国优秀广告作品展主任评委孙英才,美格广告公司总裁、曾担任嘎纳、纽约、克里奥国际广告节评委的黄清河,麦肯光明北京公司总经理、多次担任嘎纳、纽约国际广告节评委的莫康孙,广东省广告公司创意总监曹雪组成,使大赛更具权威性,评委们对此次大赛的作品给予了高度评价,认为本次比赛总体水平很高,个别作品的创意制作水平接近同类国际大赛水平。“广告周”特为此次大赛在会展中心设置了展区,会展期间的作品展区人流不断,成为“广告周”中的热点话题。

广告主、广告公司、广告媒体形象展:参展企业74户,设展位206个。四川日报报业集团、广州日报、中广协报业委员会、四川电视台、成都电视台、成都有线电视台、成都晚报、成都商报、商务早报、阿佩克思广告公司、四川雅士广告公司等省、市新闻单位和广告公司均在本次展会上设置了特大展位,成都公交集团总公司、太极集团有限公司等以广告主身分参展。人民日报、中国青年报、工人日报、光明日报等中央和国家级新闻单位也以特展形式参与“广告周”,对西部报业与中央级报业的交流,进而推动西部报业广告的发展起到了积极的作用。

广告器材展:参展企业35户,设展位49个。参展企业多来自省内外较有影响的广告器材及印刷企业,如目前国内颇具实力的大型丝网印刷企业北京西京广告中心、大型彩色喷绘企业江苏大贺企业及四川新华印刷厂,均展示了我国广告印刷企业新设备、新工艺和先进的制作水平。

广告图书展、广告人才交流会:有轻工出版社、香港《龙吟榜》、《印广商情》、《现代广告》等出版单位参展。本次人才交流会采用固定洽谈展位、网上交流、人才库区域网查询方式,为广告经营单位和广告从业人员提供了多种形式的供求洽谈机会。来自广东、贵州、北京及省内各地市州的25家知名广告经营单位在会场设展招聘人才,提供职位158个。交流会开馆一天,有1500余人次进场咨询,753人次到各公司应聘,在现场上网查询的有530人次。现场设展的25家广告公司均摒弃传统的呆板形式,竞相展示本公司的企业形象。此次人才交流活动为西部开发,为广告专业人才提供了良机,同时在一定程度上解决了成都乃至西部广告业发展的人才缺乏问题。

世界广告精品展示讲评会展示了第47届嘎纳国际广告节和第三届亚太广告节的获奖精品,我会为使讲评会达到高水平,特邀请了第47届嘎纳广告节评委、精信广告(上海)公司创意总监王永辉先生,第三届亚太广告节评委、中乔智威汤逊(上海)广告公司创意总监劳双恩先生做点评,精彩的点评深受与会者欢迎,为国内广告界学习世界先进广告策划、创意、设计、制作水平,推广运用先进的广告媒体、设备、技术及材料提供了新的思路。新世纪中国广告业的机遇和挑战研讨会邀请了来自北京、上海、广东的14位业内专家,围绕如何开放性地吸纳国内外先进的广告学术理论和企业整合营销的思想,如何加强与国内先进地区、国际广告界以及信息网络技术等相关行业的沟通等焦点问题,交流经验、共同探讨。讲评会和研讨会上,1200余名来自省内外各广告公司和企业经营管理人员、大专院校广告专业在校学生、各媒体的广告从业人员参加了听讲和交流。

二、各界反响良好,“广告周”获得圆满成功

“中国成都国际广告周”的成功举办,为西部广告业的发展开启了一扇招贤聚能、招商引资的大门,有助

于进一步开放我国的广告市场，促进我国广告业及相关行业的发展。本次活动得到太极集团、五粮液集团、成都公交集团的大力支持，同时三家对“广告周”的整体宣传工作及各项活动的开展表示非常满意，赞助本次年轻人平面广告大赛的大贺广告公司也表示，通过“广告周”的活动收到了很好的社会宣传效果，大赛也成为了本次“广告周”的亮点。许多参展企业和媒体纷纷表示愿参加下一届的“广告周”活动。

在成都首次举办如此高规格、大规模的国家级广告专业活动，进一步缩小了东西部广告业的差距，加强了广告界与企业界的沟通，提高广告业的综合水平，同时贯彻落实了党中央西部大开发的战略，使成都发挥了其作为西部开发桥头堡的作用。

第七届中国广告节

在世纪交替之年，经国家工商行政管理局批准，中国广告协会和无锡市人民政府共同主办的第七届中国广告节于2000年10月18日至22日在江苏省无锡市隆重举行。

中国广告节是在前六届全国广告优秀作品展的基础上发展而来，今年首称中国广告节。它是中国广告界每年一次的国家级盛会，不仅是对我国广告业在创意、制作等各面发展的总结，也是检验从业人员素质，挖掘、推荐人才的重要手段。

广告节的主要内容有：

·第七届全国广告优秀作品评比及展示。
·全国青年广告设计大奖赛及作品展示。
·第二届全国广告摄影优秀作品评比及展示。
·境外华文华语广告优秀作品展。
·广告书籍交流展。
·2000年嘎纳、亚太广告节，台湾广告精品(时报奖)，电通赏获奖广告作品展示及点评，艾菲广告奖作品赏析。
·2000年广告高峰会。
·建立广告人大道。

第七届中国广告节组织机构名单

顾问：

惠鲁生(国家工商局副局长)
洪锦炘(江苏省人大副主任)

名誉主任：

杨培青(中国广告协会会长)
吴新雄(无锡市市长)
王德超(江苏省工商局局长)
屈建民(国家工商局广告监督管理司司长)

组委会成员：

时学志(中国广告协会秘书长)
李全寿(江苏省工商局副局长、江苏省广告协会会长)

杨惠菊(无锡市副市长)
孙英才(中国广告协会副秘书长)
武高汉(中国广告协会副秘书长)
严克勤(无锡市人民政府副秘书长)
王茂章(无锡市工商局局长)

主任委员:
时学志(兼)
杨惠菊(兼)

秘书长:
孙英才(兼)
王茂章(兼)

副秘书长:
何其源(中国广告协会学术培训部主任)
刘森(无锡市工商局局长)

办公室主任:
何其源(兼)
王金伟(无锡市广告协会会长)

办公室副主任:
华英杰(无锡市工商局广告处处长)
王祥生(无锡市广告协会秘书长)

第七届中国广告节总结

(一)

第七届中国广告节于10月18日至10月22日在江苏省无锡市人民大会堂商贸会展中心举行,历时5天。本届广告节以"创意时代,策划未来"为主题,内容丰富多采(共有9个活动项目),参观人数众多,展出各类广告作品2800多件,吸引了国内外4万余人参观。国家工商行政管理局副局长惠鲁生、广告监管司司长屈建民、中国广告协会会长杨培青、秘书长时学志、江苏省政府副秘书长吴经起、江苏省工商行政管理局副局长、江苏省广告协会会长李全寿、国际广告协会总干事石川先生、亚太广告节组委会主席郭伯诚先生,无锡市政府领导应邀出席了开幕式和颁奖晚会。

"今年的广告节与去年相比又有了新的进步"。整个广告节无论在形式上、内容上、氛围上都好于往年,无锡市人民政府、无锡市工商局、无锡市广告协会起到了非常重要的作用。

一、增强了全广展的权威性

从今年起,两年一届的"全国广告优秀作品展"改为一年一届的中国广告节,中国广告人从此有了自己的节日。由"展"升华为"节",这不仅是名称的改变,更代表质的飞跃。中国广告节经国家工商局批准,手续严格,得到了业界的重视和认可并积极参与。评委的组成水准高,均是我国广告界的权威,评比工作在公开、公平、公正原则指导下严肃规范。本届活动还邀请了美国、日本、中国台湾地区的国际知名广告大师与会为我们传播了最新的广告理念。

二、改革了广告节活动的运作方式

1、作品评比分段实施,不失悬念

本届广告节对作品评比方式进行了改革。今年评比采取的方式为两轮制,第一步把全国各地送展的1760件(2387幅)作品分别寄送给15个评委由其自主评比,只评出入围作品。金、银、铜奖、全场大奖、评委推荐奖在广告节前开始封闭评选,结果于颁奖晚会现场公布,增加了悬念,又使整个评比工作更加“公平、公正”,基本上达到了与国际大奖评审的同等水平。本届共评出“中国广告大奖”全场大奖1个、金奖9个、银奖30个、铜奖78个、入围奖538个。“新禾奖”金奖1个、银奖1个、铜奖3个。

2、颁奖晚会突出重点,不失新意

颁奖晚会是本届广告节的重头戏。在认真总结以往经验、大胆创新的主导思想下、确立晚会以颁奖为主、文艺节目为辅;突出评委,由评委现场公布中国广告大奖各奖项名单,并对金奖、全场大奖作品进行点评;文艺节目力求与广告密切相关,同时兼顾地方特色。广告节颁奖晚会取得了预期效果。

3、开幕仪式力求淡化,不失氛围

本届广告节的开幕式按照要淡化但不弱化的要求进行了改革,尽可能简化议程,压缩时间,重点烘托广告节的氛围,并制造出瞬间的亮点。中国广告人大道揭幕仪式和青年广告设计大奖赛开赛仪式、从现场布置到简短的仪式都能别开生面,使这些活动既简洁而又有新意。

三、拓展了广告节的内容

今年的广告节内容有新的拓展,新增了全国青年广告设计大奖赛、中国广告人大道、广告书籍交流展,广告主、广告公司和广告媒介交易洽淡会等新的活动,使广告节变得更加丰富多采。

1、开拓性地举行了首届青年广告设计大奖赛

本届全国青年广告设计大奖赛汇聚了全国各地38个代表队74位青年广告设计精英,统一命题,24小时现场作业。这项活动形式新颖,是我国青年广告俊才展示水平和实力的大好机会,是一次智慧、技能和激情的大比拼。通过比赛从中发掘了一批优秀人才,使人感到广告业的发展后劲很强,受到业内人士极高评价。

2、纪念性地设立了中国广告人大道

中国广告人大道是一项富有创意的活动。中国广告人大道镌刻着中国广告发展的历程,将历届优秀广告大奖、金奖获得者以广告符号的形式印记在广场上,永铭中国广告人的荣誉足迹,已成为中国广告人创意历程的永久纪念场地和温情无锡的旅游新景点。广告节结束后,每天仍引得无数路人驻足观赏。

3.探索性地开展了广告主、广告公司和广告媒介洽谈交易活动

广告主、广告公司和广告媒介的洽淡交易活动在广告节也作了初步尝试。借助啤酒晚会的形式,提供一些表演,为广告人、企业界及媒介朋友提供一个沟通交流洽谈的宽松环境。期望促成一些交易,能现场签约,从而使广告节更有节日的内涵。相信通过不断总结改进,会有令人期待的效果。

4.试验性的举办了广告书籍交流展

本届广告书籍交流展,共有中外广告名著500多种(国外书籍、港台书籍各100多种)2万余册参加了展览。6名作者与读者进行了主题交流,3名作者给读者签名售书。书籍交流展不仅推出了大量广告专业书籍,也给各地(特别是中小城市)广告人提供一个充分了解广告图书资源的场所,达到了与读者充分互动交流的目的。

四、探索了市场运作机制

本届广告节积极探索了市场运作模式,力求淡化行政色彩,尽量运用一些市场手段,逐步建立市场运作机制。

1.利用市场机制,充分调动业内人士的积极性,向社会公开征集广告节的节徽、广告语、招贴,中国广告

大奖奖杯、青年广告设计大奖赛(新禾杯)奖杯设计稿,经专家评委确定,对入选者颁发证书,也给予一定的物质鼓励。

2.对环境布置、作品布展以及其他各项活动方案均采取反复论证、多方案比较,实行招投标制度,力求寻找效率最高、效果最好的方案和项目承办单位。

3.通过奖杯冠名、中国广告人大道和倒计时牌署名筹集了部分资金。

4.对给予刊登、播放广告节硬性广告的媒体单位,给予回报展位、在会刊上刊登广告等市场化手段。

5.设计制作《会刊》、《中国广告人大道道砖名录》、《第七届中国广告节纪念封》和明信片等与广告节有关的纪念品,不但为广告节回笼了一些资金,更提高了广告节档次。

五、加强广告节的组织工作,营造"节日"的良好氛围

本届广告节活动内容多,如何营造出广告节的良好氛围对我们的组织工作提出了更高的要求。

1.展前准备充分

广告节的九大活动都经过反复论证、每一提案、均经集思广益、认真比较、反复修改、尽可能考虑周全,力求衔接合理,环环紧扣。组织接待方面按来宾进行分类制定了多层次、不同标准的接待方案,并多次勘察场地,选取定点宾馆;宣传工作制定了展前、展中、展后的工作方案,同时按方案在展前阶段,充分利用六大媒体(电视、广播、报刊、杂志、网络、户外)的力量营造广告节的良好氛围;20多期内部工作简报及时反映广告节进展情况;点评讲座事先也有较完备的策划运作方案,对主讲人的接待、讲座场地、设备保障、票务操作人员安排等都在广告节前予以一一落实。

2.展中有条不紊

有周密细致的计划,有认真踏实的作风,按照活动方案和职责分工,定人、定位,基本做到工作有条不紊、忙而不乱。有情况及时反馈,发现矛盾和问题及时进行协调解决,保证广告节各项活动的顺利进行。

3.展后善始善终

广告节结束后,工作并没有结束。从有序地撤展、作品资料的整理归档,给赞助单位、媒介支持单位发感谢信和相关资料,乃至广告节各项工程的决算等所有工作都力求圆满地予以完成。

(二)

连续两届全广展在无锡举办,既是新的机遇,更是新的挑战。"六广展",虽然为本届广告节积累了大量的有益经验,是因循守旧、全盘照搬去年的办展模式,还是有所发展和创新。本着"创新、求精、务实"的精神,通过不懈努力把本届广告节办成高起点、高品位、高水准、高效率、逐步与国际接轨的广告盛会,是全体工作人员的共同愿望。

由于今年的广告节体现了新的特点,社会反响较好,获得了开辟广告展活动新境界的赞誉。

一、必须有强烈的创新意识

发展是硬道理,创新才有生命力。创新是 广告节最大的亮点。中国广告节要不断提高其权威性,进一步扩大其品牌效应,吸引更多的人来参加并越办越好,就必须不断地创新,求得自我发展与完善。本届广告节无论是项目的设置、活动的运作方式都有很大改进。如全国青年广告设计大奖赛、建立广告人大道、颁奖晚会,广告高峰会、广告书籍交流展等,实践证明大部分是成功的。

二、必须有求精务实的工作作风

广告活动多,要做到组织严密,各项工作必须精益求精、考虑周全,把工作做细、做实、做深。只要一个问题考虑不周,一个环节衔接不好,一个员工出了差错,都会给广告节带来不良后果。所有参加广告节工作的员工都本着求精务实的作风较好地完成了各项工作。本届广告节中细致全面的事先策划,展中有条不紊、丝丝入扣的组织工作给大家留下了很深的印象。

三、必须贯彻量力而行、尽力而为的原则

广告节经费紧张，在有限的资金基础上要开展好这么多活动，既要具有一定的档次，又要和全国性活动的地位相适应，在工作中就必须坚持从实际出发，力争在有限的资金基础上能奉献出最具水准的活动。如颁奖晚会既要考虑与国际接轨又要考虑中国的国情，既要考虑内容必须具有广告氛围和群众性的要求，又要考虑资金的承受能力和可操作性。颁奖晚会基本达到这样的目的。

四、必须建立精干有力的工作班子

本届广告节的工作班子是精干有力的，无论是中国广告协会参加工作人员，还是无锡广告节办公室的工作人员，加班加点、任劳任怨、真正表现了认真负责、充分发扬了为事业拼搏献身的精神。确实做到了不怕苦、不怕累，并能在明确分工的基础上相互协作，使各项活动尽可能从多侧面考虑问题并做好衔接工作。

五、领导的重视和社会各界的支持是办好活动的有力保障

广告节能顺利进行，离不开国家工商局、江苏省政府、江苏省工商局等各级领导的高度重视，离不开中国广告协会、无锡市人民政府的正确领导，离不开各级领导以身作则、亲临现场的关怀，离不开各有关部门（特别是无锡领导小组成员）和社会各界朋友的支持，离不开广告人的热情参与，离不开新闻界的大力宣传，更离不开江苏省、广州市、安徽省、山东省、广东省、武汉市、河北省、山西省、贵州省、哈尔滨市、青岛市、南京市、新疆维吾尔自治区、四川省、厦门市、福建省、上海市、浙江省、无锡市广告协会的鼎力相助和无锡富润广告公司、无锡市广告装潢新技术中心、南京艾立珂广告公司、美格广告有限公司、智威汤逊中乔（上海）广告有限公司、麦肯·光明（北京）广告有限公司、美好景象图片有限公司、龙之媒广告业服务机构的友情支援，今天的成功是大家同心协力的结果。

（三）

第七届中国广告节已经圆满结束，达到了预期的目的，也积累了经验，但是更需要对广告节的不足和发展进行总结和探讨。

一、广告节中存在的一些问题有待改进与完善

广告节确定的时间比较晚，使得宣传资料和招商资料制作滞后，影响了必须先期运作的宣传工作和招商筹资工作，给后期的参展单位和参观人员的数量带来不利影响；同时延伸到了广告节的规模、收益等问题上。建议今后能否与国际接轨，在上一届结束时宣布下一届广告节举办地。

广告主、广告公司及广告媒介交易活动未能达到预期的效果，要进一步论证探讨可行的形式。

广告节的赞助单位多以无锡周边地区为主，参展商虽有各地的单位，但缺乏一些有较高知名度的单位，与广告节的地位有一定差距。

今年的组织接待工作总体上比较成功，出现一些新情况、新问题，需要对接待方式乃至注册代表的模式进行研究，在严密组织的同时转向对接待方式的思考。

全国青年广告设计大奖赛第一次举办，便引起广告界的积极反响和肯定。但年龄限制偏大，今后应给予考虑。

在广告节的奖项设置上，可考虑进行新的尝试。

二、对广告节发展思路的几点思考

1.广告节的定位问题

广告节是中国广告人的节日，广告节应该进一步提高其权威性，要有广告主的沟通交流，更要有交易洽谈的成果，才能使广告人不孤芳自赏，使广告节更富有生命力。广告节不仅是广告界的节日，也是举办地的

节日，也要有群众性才有利于广告节在举办地形成良好氛围。广告节的项目设置要以广告为基础，但要更好地与当地的经济和文化发展紧密地结合起来。

2.进一步探索建立市场运作机制

市场运作机制是符合市场经济规律内在要求的。进一步探索提高市场运作的程度。逐步运用市场化手段，直至完全建立和完善市场运作机制是今后的重要任务。

3.加强广告节的配套工程建设

集展览、会议、信息、商贸洽谈、大型活动等功能为一体的现代化智能场馆，是办好广告节必备的硬件。组织和健全办展机构和人员是办好广告节的必备软件。软硬件结合的配套工程是今后应加强探讨、研究的重要工作。

4.加强广告节文化氛围的建设

广告节应是广告文化的体现。它不应只限于广告科学、艺术的范畴，而应涵盖中华广告文化的内容。广告书籍交流展及场馆的布置虽初步体现了文化的内涵，但今后如何加强广告节文化氛围的建设，应值得深入研究。

2000年中国广告赴美培训团圆满完成任务

经国家工商局批准，外国专家局审核，由中国广告协会组织的广告赴美培训团一行25人，于10月5日至26日，按计划圆满完成在美国的培训考察任务。

在美期间，培训团参加了纽约FIB学院，即广告与服装技术设计学院的培训。授课由该学院终身教授温特斯博士和佩吉女士进行。二位教授就美国广告业的现状与发展趋势，广告公司在经营中应当注意的问题等方面，做了深入浅出的讲授。

1998年，美国在宣传媒体上的广告投入为1340亿美元(另有一说为2500亿美元)，其中电视广告投入占38.7%，报纸占34.3%，杂志占12.4%，户外路牌占1.8%。广告投放最多的为通用汽车，达29亿美元，宝洁公司投入26亿美元，万宝路为20亿美元，克莱斯勒达16亿美元。美国发行量最大的报纸为华尔街日报，达130万份。该报整页广告收费为15.5万美元，彩页收费19.5万美元。教授们强调指出，这些数字仅反映了在宣传媒体上的广告投入，实际上广告主的广告投入比这些数字要大得多，因为在美国，广告主和广告公司越来越重视行销服务。教授们认为，广告与行销服务联系在一起才完整，才有生命力。现在广告主与广告公司的联系越来越紧密，广告主除在宣传媒体上继续投入外，在其他行销方式上也倾注了更多的热情。他们要求广告商参加行销的全过程，特别是电子商务的广泛开展，使那些非传统的促销方式更直接，更有效，覆盖面更广。最近在美国商界就发生了一件很大的事：几家著名的大百货公司联合起来组织了一个电子销售网，推行电子商务，实现信息共享。因此，越来越多的广告公司更为重视整合营销，甚至连公司名称都改为传播公司或干脆直接叫跨国营销公司，如著名的BBDO广告公司就改为了ICC公司，即整合传播公司。

温特斯教授认为，广告公司要从原来仅从生产者的角度考虑问题，转变到从消费者的角度考虑问题，要针对消费者的想法、习惯进行创意，要注意创新。要利用所有的媒体传递信息，实现“无缝结合”。同时，做广告时要充分利用以前的基础，发挥名牌的扩充效应。例如耐克运动鞋的广告非常成功，深入人心，广告公司在做耐克运动服的广告时，就在运动鞋的广告基础上进行扩充，使消费者产生联想，认识到这两个广告、两种商品有关联，有递进关系，从而加深印象，提高品牌忠诚度。这一点，对我国的一些有名牌产品的企业，在推出新的产品时是很好的借鉴。

除了课堂授课外，学员们还参观考察了两家广告公司，拜访了美国广告商(4A)协会和电视广播局。

两家广告公司中一家是全美最大的专门做美国亚裔市场的广告公司，姜李广告公司。该公司在美广告业排名第156位，1999年广告经营额为8800万美元。在与姜李公司座谈中给大家留下最深印象的有三点，一是他们非常重视市场调研工作，对美国亚裔的情况，诸如人员构成、年龄状况、文化程度、收入情况、消费程度等等都有非常详尽的数据；二是他们认为，在信息高度发达的今天，各国青少年的爱好、饮食、服饰、流行等方面的差距越来越小，跨国广告公司所做的广告及推出的商品越来越容易被青少年普遍接受，这对发展中国家的本土广告公司实际上是个威胁，应当引起重视；三是该公司董事长提出，今后一个国家征服、战胜另一个国家，靠的不是枪炮，而是名牌，作为广告公司，就要为本土企业创立名牌，以达到国家相互间的平衡。在另外一家名为无穷户外广告公司，学员们则见识了美国户外广告的种类繁多，了解了美国政府对户外广告的一些管理办法和措施。

美国广告协会即4A协会，是由广告商组成，有500个成员，加上这些成员的分公司，共1200个会员。全美有广告公司近4000家。4A协会会员的广告经营额占广告总经营额的75%，从业人员占52%。其经营主要靠会费收入和提供服务收取一些费用。会费是按广告经营额的比例缴纳，1999年协会收入为1200万至1300万美元之间。协会由董事会领导，还建有各种理事会，除一些专职人员外，主要是依靠会员中的专业人员组成。协会在东、西、中部设有四个办事处，共有95个专职人员。还设有45个专业委员会，如户外、广播、金融委员会等。协会工作人员至少有学士学位，很多是图书馆系的毕业生。他们的主要工作是为会员提供信息服务，包括网上信息服务，一般是应会员的要求就某个问题进行调查研究，提出研究报告给会员，这些服务是收费的。同时，协会还要研究如何对广告公司进行管理，包括每年列出180家广告公司收入与支出的百分比供会员公司参考，就广告人的工资报酬提出建议，对名人做广告的酬金制定出参考意见，帮助客户寻找适合的广告公司等等。协会在华盛顿设有一个由七人组成的办事处，其职责为游说国会，以图在立法时保护会员的利益，并就会员提出的一些问题与政府部门进行交涉，尽管很困难，但会员很支持。例如，佛罗里达州对广告收税高于其他州，使佛罗里达州的旅游业收入减少，旅游业就给州政府施加压力，而广告协会也派人或花钱请说客游说，迫使佛州政府减少广告税收。协会董事会的组成，是由协会提名，会员选举产生。协会的负责培训部门还组织大学生到广告公司实习，使他们毕业后能顺利找到理想的工作。

美国电视广播局不是政府机构，是由500个地方电视台做为会员单位组成的行业协会。其主要任务是帮助地方电视台提高收视率，从而增加广告收入。该局自称类似于游说机构，主要是向广告主宣传，说服他们利用电视媒体，并以具体数字和详尽案例说明在地方电视台做广告最有效。他们认为报纸广告重视价格，而电视广告重视品牌，因此，促销靠报纸，树立品牌则靠电视。美国对电视节目中广告时间的长短没有规定，这主要看各电视台的经营水平。但行业内有一个大家认可并遵守的规定：一般黄金时间在一小时内可播广告10分钟到10分半钟，其他时间可增加，如半夜可达16分到18分钟。以前美国的处方药不能做广告，现在已经取消了这项禁令。电视台不接受广告主直接到电视台去做广告，而要通过代理公司，因为电视台是不进行广告的创意和制作的，必须由专业广告公司来进行。

为了使中国广告业更加注重营销效果，培训团专门考察了美国(EFFIE)广告行销奖。此奖项是由纽约行销协会创立的，已有32年的历史。这是美国唯一的以广告销售效益为评奖标准的奖项。现在，艾菲奖在巴西、加拿大、英国、波兰等国家都开展起来，他们统一标准，统一注册商标，由美国艾菲奖派人监督指导。就中国开展广告营销效果奖的问题，孙英才团长与艾菲奖行政总裁进行了详尽的交谈与探讨。

在美期间，培训团还对美国的户外广告进行了认真的考察，拍摄了大量的宝贵资料。美国户外广告量并不太大，但制作精美，形式多样，很有视觉冲击力，而且与周围的环境十分协调，给人美的享受。

学员们对这次培训普遍感到比较满意，认为培训有理论，有案例，有点有面，有针对性，各有不同的收获。

但是，由于时间较短，要学要看的内容太多，在培训的深度和广度上都有欠缺之感。而且，由于学员中有广告公司的经理，广告协会的负责人，也有电视台、报纸、广播、电台广告部的负责人，在培训和参观考察中，很难各方都兼顾到，再加上成行时间一变再变，一些原定的项目被迫取消，使一部分专业人员没能学到自己想学的专业内容。今后，如果争取按一专题组团，专题培训，可能针对性会更强，更有深度，效果更好。

2000年中广协各专业委员会活动介绍

公司委员会：

＊公司委员会就第14届联合国教科文组织“国际招贴沙龙大赛”中国送展作品的初评活动于9月在云

南昆明举行。共收到作品 187 件,最终选送 28 件作品代表中国(大陆)广告界参加在巴黎的国际招贴沙龙大赛的角逐。

＊公司委员会根据主任委员令狐完成的指示,组织委员们对《21 世纪中国广告业前瞻》发表各自的独到见解并刊登在新华通讯社主办的《瞭望》杂志上。

＊经中广协批准,发展了 14 家广告公司为中广协新会员。

＊由于机构调整和工作需要,公司委员会部分成员做了如下变动:中国广告联合总公司总经理令狐完成任公司委员会主任委员;中国国际广告公司总裁吴小华任公司委员会第一副主任委员;上海广告有限公司总经理郭丽娟任公司委员会副主任委员;天津广告有限公司张若苏任公司委员会常委;中国机电广告公司总经理刘敬桢任公司委员会常委。

铁路委员会:

＊为深入贯彻铁道部加快铁路广告业发展的指导意见,就中国即将加入 WTO 的新形势,推动自身改革发展,举办了新世纪发展战略大型研讨会,针对铁路广告目前服务水平不高的状况,提出了一些好建议,交流了经验。

＊在成都举办首届铁路广告作品及成果展览会。国家工商局、中广协、四川省工商局、省广协和成都铁路局有关领导支持并参加了该展览会。成都铁路广告公司、广铁集团文化广告总公司、大连铁路广告公司等 19 家公司分别获展览会组织奖和特一、二等奖。

＊出版内部交流刊物。《中国铁道广告》。汇集了研讨会论文、改革经验和有关指导文件,为广大成员提供信息服务。

广播委员会:

＊4 月 3 日—6 月 4 日,同中央人民广播电台成功地举办了《全国广播公益广告展播》活动。该活动历时两个月,共展播来自 20 多家地方台选送的 78 条公益广告,中央台每天开辟 12 个不同时段,总播出 1000 余次。

＊5 月 25—27 日,在广州进行了第十六届全国优秀广播广告作品评选活动。在 103 件参赛作品中,根据中国广播电视学会的有关规定,按 70%的比例评出商品类广告等级奖 50 件,公益类广告等级奖 26 件。

＊6 月 26—28 日,广播委员会五届三次会议在四川省成都市召开。共有 71 个委员单位的代表、电台领导及有关人士 200 人参加了会议。

电视委员会:

＊3 月 18 日,在温州举行了由国家广播电影电视总局主办、电视艺术委员会与电视委员会联合举办的第十三届全国电视文艺星光奖(原第十届广告印象奖)电视广告节目颁奖大会。

＊6 月 10—12 日,全国省会电视台广告协作会在济南举行。全国 20 家省会电视台代表参加了会议。

＊7 月 23 日,全国省级电视台广告年会在沈阳市召开。100 余位代表参加了会议。

＊8 月 31 日—9 月 3 日,全国城市电视台广告协作会年会在河北保定市召开。60 多个成员台的代表 150 多人参加了会议。

＊电视委员会与全国会员台和中华传媒网(香港)有限公司合作,透过"中华媒体网"(WWW.mediachina.net)将各会员台的背景资料、节目、广告与市场的各种信息同时以中、英两种文字向世界市场进行介绍,达到广告招商的目的。全国共有 56 家电视台参加中华传媒网,并于 6 月 16 日在北京举行了首次合作会议。

公交委员会:

＊为了让公交广告有法可依,9 月 25 日,颁布了"城市公共交通广告发布规范(试行)"。

＊4 月,在哈尔滨市召开了 2000 年第一次主任办公扩大会议,落实 2000 年公交委员会全年工作。

报纸委员会:

＊组织参加中国广告协会举办的"中国成都国际广告周"活动,在广告周中做了"中央六大报纸广告形象宣传"展示活动。

＊与广州日报报业集团联合主办"广州日报杯"优秀报纸广告作品及论文的评选活动。

＊编辑《奋力向上——中国报业广告经营文论集》和《广告四新大全》。

＊编辑出版《中国报业广告》(月刊),向会员单位传达管理部门的政策、法规,介绍经验,沟通信息。

全国主要广告协会名录

名称	地址	电话		传真	邮编
中国广告协会	北京市西城区展览馆路甲1号	(010)68344211		68344204	100044
中国对外经济贸易广告协会	北京市台基厂头条10号	(010)65283416	65063491	65283415	100005
北京广告协会	北京市丰台区莱户营东街乙360号	(010)63400762			100054
上海市广告协会	上海市长安路1001号长安大厦1号楼512室	(021)63176971	63178546	63177525	200070
天津市广告协会	天津市和平区桂林路进德里7号	(022)23311004		23311004	300050
重庆市广告协会	重庆市渝中区沧白路73号工商大厦12层	(023)63833605		63733894	400011
内蒙古自治区广告协会	呼和浩特市新城艺术厅南街一号	(0471)6937831	6287010	6937831	010020
山西省广告协会	太原市开化寺街135号	(0351)4126799-9515		2023490	030002
河北省广告协会	石家庄市体育南大街316号	(0311)8636581		5876156	050011
辽宁省广告协会	沈阳市皇姑区崇山中路55号	(024)86841118		86849545	110031
沈阳市广告协会	沈阳市沈河区南关路118号	(024)24011653		24147810	110015
大连市广告协会	大连市西岗区民运街22号	(0411)3600361		3600350	116021
吉林省广告协会	长春市大经路156号	(0431)8714483		8719405	130041
长春市广告协会	长春市西安大路84号	(0431)8543910-6608		8543809	130061
黑龙江省广告协会	哈尔滨市道里区高谊街65号	(0451)4616114		4616114	150010
哈尔滨市广告协会	哈尔滨市道里区防洪胡同14号	(0451)4695394		4695394	150010
江苏省广告协会	南京市北京西路30号宁海大厦1114房间	(025)3312495		3317634	210024
南京市广告协会	南京市成贤街43号	(025)3611592		4599182	210018
安徽省广告协会	合肥市邮局中投128053号	(0551)2828751		3631282	230061
山东省广告协会	济南市燕子山路43号	(0531)8527351		8527351	250014
济南市广告协会	济南市经七路纬一路305号	(0531)2051262		2051222	250001
青岛市广告协会	青岛市福州路87号	(0532)5730833	5730522	5730849	266071
浙江省广告协会	杭州市莫干山路77号省工商局金汇大厦北门	(0571)8385234		8385246	310005
杭州市广告协会	杭州市新华路157-1号四楼	(0571)7011044		7083205	310003
宁波市广告协会	宁波市长春路40号	(0574)7324525		7324665	315040
江西省广告协会	南昌市省政府大院内省工商大楼12楼	(0791)6215429		6221476	330046
福建省广告协会	福州市五四北路358号工商局大楼6层	(0591)7730984		7725944	350003
厦门市广告协会	厦门市镇邦路24号二楼	(0592)2052923		2052923	361001
湖南省广告协会	长沙市枫林路9号	(0731)8883579		8883439	410006
湖北省广告协会	武汉市武昌东湖路309号	(027)86794176		86770785	430077
武汉市广告协会	武汉市江岸区黄孝河路17号(市工商局内)	(027)82623614		82627635	430015
河南省广告协会	郑州市红专路40号	(0371)5713721		5713721	450002
广东省广告协会	广州市体育西横街1号	(020)85260181		85260183	510620
广州市广告协会	广州市天河路112号12楼	(020)85592483		85592483	510625
汕头市广告协会	汕头市龙眼南路工商大厦	(0754)8563224		8563224	515041
深圳市广告协会	深圳市桂园路红围三巷新世界宾馆3楼	(0755)5561272		5561272	518001

珠海市广告协会	珠海市香洲中心里106号之二	(0756)2220487	2231543	519000
广西壮族自治区广告协会	南宁市星湖路37号	(0771)5851559	5854091	530022
贵州省广告协会	贵阳市八鸽岩路11号	(0851)6824058	6851458	550004
海南省广告协会	海口市机场西路4号特区工商大厦十三楼1305室	(0898)6759577	6767649	570206
四川省广告协会	成都市新华大道玉沙路118号四川工商大厦9楼	(028)6616457	6616457	610017
成都市广告协会	成都市鼓楼北三街1号	(028)6743849	6625484	610017
云南省广告协会	昆明市新闻路28号附1号	(0871)4161833	4143120	650032
陕西省广告协会	西安市建设西路1号(西藏办事处院内)	(029)7815196	7886361	710054
西安市广告协会	西安市北大街二府街27号	(029)7295972	7258314	710003
甘肃省广告协会	兰州市皋兰路100号(统办一号楼)13楼	(0931)8884324	8884324	730000
宁夏回族自治区广告协会	银川市利民南街91号	(0951)4110011	4110523	750001
青海省广告协会	西宁市北大街3号	(0971)8247821	8248508	810000
新疆维吾尔自治区广告协会	乌鲁木齐市人民路56号	(0991)2811421	2813594	830002
西藏自治区广告协会	拉萨市宇拓路13号	(0891)6336018	6334091	850000

国际广告协会(IAA)中国分会会员名录

姓名	职务	地址	电话	传真	邮编
惠鲁生	国家工商局副局长	北京西城区三里河东路8号	(010)68344211	(010)68344204	100820
杨培青	中国广告协会会长	北京西城区展览馆路甲1号	(010)68322459	(010)68344204	100044
时学志	中国广告协会秘书长	北京西城区展览馆路甲1号	(010)68344211	(010)64344204	100044
吴德裕	中国广告协会副会长	北京西城区展览馆路甲1号	(010)68344211	(010)68344204	100044
贾玉斌	国家工商局广告司副局级干部	北京西城区三里河东路8号	(010)68013300－5708	(010)68023005	100820
张泽满	国际广告协会中国分会秘书长	北京西城区展览馆路甲1号	(010)68322384	(010)68344204	100044
刘超海	中国广告协会电视委员会办公室主任	北京西城区月坛北街甲1号	(010)68029977	(010)68020033	100037
令狐完成	中国广告联合总公司总经理	北京西城区宣武门西大街甲97号	(010)63074228	(010)63074227	100031
张锡坤	中国广告联合总公司经管中心主任	北京西城区宣武门西大街甲97号	(010)63076209	(010)63074227	100031
郑加强	中央电视台广告部主任	北京复兴路11号	(010)68509308	(010)68508354	100859
吴　江	中央人民广播电台华夏之声广告公司总经理	北京复兴门外大街12号	(010)68045896	(010)68045896	100866
杨　茵	北京华天旅游国际广告公司总经理	北京东城区建内大街贡院西街7号	(010)65243091	(010)65243091	100005
梁勤俭	《工人日报》社广告部主任	北京安定门外六铺炕	(010)64254708	(010)64219759	100718
张为民	《EDNCHINA电子设计技术》杂志社总经理	北京百万庄路22号10层	(010)68327920	(010)68328356	100037
张家骥	北京公交广告公司总经理	北京东城区交道口东大街64号	(010)64060080	(010)64049428	100007
杨旭霞	北京华艺广告公司总经理	北京海淀区白石桥路甲54号方圆大厦510室	(010)88026338	(010)88026338	100044
郭　宏	北京华艺广告公司创意总监	北京海淀区白石桥路甲54号方圆大厦510室	(010)88026331	(010)88026330	100044
韩怡冰	北京华艺广告公司副总经理	北京海淀区白石桥路甲54号方圆大厦510室	(010)88026339	(010)88026730	100044
郝亚宁	北京新世纪广告有限公司总经理	北京朝阳区朝外大街22号泛利大厦5层	(010)65883181	(010)65883180	100020
胡纪平	北京广告公司总经理	北京朝阳区光华路1号北京嘉里中心写字楼南楼四层	(010)85298139－868	(010)85298150	100020

姓名	单位及职务	地址	电话	传真	邮编
宋瑞波	北京市公交广告公司顾问	北京东城区交道口东大街64号	(010)64030529	(010)64049428	100007
王　欣	北京电扬广告有限公司副总经理	北京建外大街1号国贸大厦1座7层718室	(010)65059922	(010)65057950	100005
郭新光	北京市朝阳区工商局副局长	北京朝阳区关东店四巷22号	(010)65017120	(010)65024472	100020
鄢　钢	北京国安广告总公司总裁	北京朝阳区光华路乙12号国贸中心外经贸咨询信息大楼14层	(010)65050027	(010)65050015	100020
赵智江	北京电视台广告部主任	北京海淀区西三环北路3号	(010)68429580	(010)68429120	100081
王建琪	歌华集团总经理	北京西城区宣武门西大街129号金隅大厦15层	(010)66419918	(010)66419921	100031
付增杰	北京房地产广告有限公司总经理	北京朝阳区芍药居甲2号内1楼	(010)84615983	(010)84615892	100029
蒋婷婷	中国机电广告公司高级经济师	北京西城区百万庄大街	(010)68328857	(010)68326861	100037
刘燕铭	海润国际广告有限公司总经理	北京朝内北大街8号富华大厦F座－15A	(010)65544063	(010)65544062	100027
金子泓	海润国际广告有限公司副总经理	北京朝内北大街8号富华大厦F座－15A	(010)65541605－104	(010)65544062	100027
路盛章	北京广播学院广告系教研室主任	北京朝阳区定福庄	(010)65769620	(010)65779363	100024
梁京民	北京领先广告艺术公司总经理	北京朝阳区农光里207楼1601号	(010)67346124	(010)67346124	100021
刘　是	刘是广告有限公司总经理	北京朝阳区安定路1号奥体中心体场院内	(010)64979306	(010)64961180	100029
刘瑞武	人民日报广告部诺贝广告有限公司董事长	北京市朝阳门外金台西路2号	(010)65092016	(010)65014076	100733
徐道礼	北京电视台原副台长	北京海淀区西三环北路3号	(010)68419808	(010)68419824	100081
丁　南	北方展览广告公司总经理	北京宣武区广安门南街甲12号	(010)63547597	(010)63547531	100053
应光荣	北京大道广告有限责任公司董事长	北京东三环北路甲2号京信大厦西南配楼4218室	(010)64661856	(010)64661812	100027
张玉华	北京大道广告有限责任公司总经理	北京东三环北路甲2号京信大厦西南配楼4218室	(010)64609251	(010)64661812	100027
徐　建	北京捷先广告公司总经理	北京朝阳区裕民路12号华展国际公寓A座	(010)62040125	(010)82077215	100029

陈美娜	北京名都园广告有限公司总经理	北京朝阳区东三环南路17号京瑞大厦B座7F	(010)67655869	(010)67661199	100021
甘忠泽	上海市工商行政管理局局长	上海市长安路1001号	(021)63176836	(021)63219040	200070
张大镇	上海市广告协会秘书长	上海长安路1001号长安大厦1号楼5楼512室	(021)63171851	(021)63177525	200070
顾　成	上海金马广告有限公司总经理	上海市天匙桥路211号3楼	(021)64380260	(021)64384122	200030
熊景华	上海广告公司顾问	上海市中山南路600号	(021)63668828	(021)63668318	200010
王濂洪	上海美术设计公司总经理	上海市徐汇区漕溪路258弄23号	(021)64836699	(021)64849530	200235
沈明昌	上海东方电视台副台长兼广告部主任	上海浦东新区东方路2000号（东视大厦）	(021)58818618	(021)58818622	200125
张灿华	上海东方电视台东视广告部副主任	上海市南京东路627号6楼	(021)63229854	(021)62826618	200001
陈　瑶	上海东视广告有限公司副总经理	上海市南京东路627号6楼	(021)63224060	(021)63224018	200001
冯长明	人民日报华东分社副总经理	上海浦东商城路738号	(021)58319808－3107	(021)58314919	200120
朱开元	上海复氏达市场咨询服务有限公司总经理	上海安福路322号4号楼5楼	(021)64746673	(021)64336295	200031
韩金科	上海市旭通广告有限公司总经理	上海市淮海中路887号9F	(021)64749035	(021)64747803	200020
余天旺	原天联广告有限公司上海分公司总经理	上海市永康路198号5F	(021)64376762	(021)64153114	200031
卜广胜	人民日报社上海诺贝广告有限公司总经理	上海定西路1277号长峰大厦303室	(021)62409318	(021)62107150	200050
邵隆图	上海龙图广告策划公司总经理	上海淮海西路442弄85号浦江大厦A楼2108室	(021)52897625	(021)52897793	200052
刘润祥	上海虹桥国际机场广告公司总经理	上海虹桥国际机场	(021)62689220	(021)62684442	200335
朱小林	上海市公交广告公司总经理	上海市永普路20号	(021)63271222	(021)63271222	210021
周英余	天津市广告协会会长	天津市和平区桂林路进德里7号	(022)23311001	(022)23311004	300050
刘红春	天津电视台广告部主任	天津市和平区卫津路143号	(022)23538086	(022)23538066	300070
曹建新	天津《今晚报》广告处处长	天津市和平区河北路26号	(022)22327937	(022)27309800	300020
陈树林	天津市双木广告传播有限公司总经理	天津市河西区马场道188号干部俱乐部内燕园别墅1号	(022)28528203	(022)28528204	300074
王德荣	天津盛华国际广告发展公司总经理	天津市和平区大沽北路138号			

		金融广场大厦A座11层	(022)23121257	(022)23121346	300040
李江红	天津市盛世文化广告有限公司总经理	天津市南开区云际道30号楼2F	(022)23940191	(022)23940191	300081
熊　雄	重庆大地广告公司总经理	重庆市渝中区七星岗民安园1号8－1、8－2	(023)63503258	(023)63503258	400010
赵洪策	菲林广告制作有限公司总经理	河北省石家庄市平安南大街1号	(0311)6032820	(0311)6035981	050011
刘凤岐	辽宁省电视台副台长	沈阳市和平区光荣街10号	(024)23876727	(024)23852135	110003
张文谦	华新国际实业有限公司副总经理	沈阳市青年大街215号	(024)3843388	(024)3895388	110015
戚小东	大连电视台广告部主任	大连市西岗区沈阳路62号	(0411)3649669	(0411)3649619	116001
田健超	大连经典广告公司创作总监	大连市中山区中南路212号	(0411)2593856	(0411)2894077	116001
李成全	哈尔滨市工商局广告处处长	哈尔滨市道里区防洪胡同14号	(0451)4695394	(0451)4646459	150010
张士南	《家庭生活指南》杂志社副总编	哈尔滨市中山路204号	(0451)2626550	(0451)2648721	150001
贾丽军	卓越形象创意&媒介传播公司总经理	南京市汉中路180号星汉大厦8楼C座	(025)6799095	(025)6799413	210029
沈志刚	无锡市工商局广告事务所副所长	无锡市健康路77号	(0510)2830069	(0510)2830069	214001
惠祖生	无锡电视台经济信息部广告部主任	无锡市荷叶新村75号201室	(0510)5802239	(0510)5887997	214061
栾　震	青岛雨辰经贸有限责任公司总经理	青岛市延安三路131号	(0532)3884599	(0532)5910257	266071
孙文选		青岛市闽江路139号1单元301室	(0532)5715756	(0532)5715756	266071
徐箴言	烟台天马广告有限公司总经理	烟台市胜利路208号(汇丰三场9F)	(0535)6239334	(0535)6206040	264000
项建中	浙江华林广告有限公司总经理	杭州市文苑路沁雅花园13幢2单元101室	(0571)8988774	(0571)8988774	310002
胡菊芬	江西省工商局副局长	南昌市省政府大院内	(0791)6215429	(0791)6221476	330046
张晓建	江西电视台台长助理	南昌市福州路169号青山湖宾馆2楼	(0791)6213653	(0791)6287077	330006
李广成	江西电视台广告部副主任	南昌市福州路169号青山湖宾馆2楼	(0791)6214133	(0791)6287077	330006
方金尧	福建省广告公司总经理	福州市五四路外贸中心	(0591)7554297	(0591)7524238	350001
刘　励	厦门市工商局党组书记	厦门市湖滨南路斗西路口	(0592)2020419	(0592)2023995	361001
刘　宏	厦门广告公司总经理	厦门市天一楼1号之2	(0592)2031563	(0592)2017463	361001
章肇益	厦门日报社广告部主任	厦门市深田路46号	(0592)2024956	(0582)2023436	361003
陈茂盛	厦门博美广告有限				

	公司总经理	厦门市公园西路12号之2	(0592)2108636	(0592)2127380	361003
刘晓光	厦门电视台台长助理	厦门市湖滨北路21－33号 广电中心大厦16楼	(0592)5301888	(0592)5301888	361012
陈　希	《湖南日报》社广告部 创意总监	长沙市芙蓉中路18号	(0731)9069180	(0731)4427790	410071
张锦妙	湖北省广告协会 秘书长	武汉市东湖路301号	(027)86770785	(027)86770785	430077
阎　志	武汉卓尔传播企业 董事长	武汉市汉口合作路38号新丽大厦	(027)82843832	(027)82787510	430014
李蓝田	广东省广告协会会长	广州市天河体育西横街1号	(020)87540308	(020)85514431	510620
温卫平	广东省广告公司总经理	广州市东风东路745号之二 金广大厦	(020)87770354	(020)87301778	510087
丁邦清	广东省广告公司副 总经理	广州市东风东路745号之二 金广大厦	(020)87301715	(020)87301715	510087
罗乐平	广州人民广播电台 副台长	广州市环市中路231号广播大厦	(020)86191155	(020)83586888	510010
刘启彦	东方广告有限 公司总经理	珠海市吉大莲花山吉石路	(0756)3356700	(0756)3356707	519015
胡惠民	广东华厦电视传播 公司总经理	广州市天河北路82号 光华大厦侨通楼1108室	(020)87573614	(020)87573599	510620
戴　明	广东省惠州日报社 广告部主任	惠州市环城西二路32号	(0752)2206671	(0752)2206671	516001
彭曙曦	深圳市工商局副局长	深圳市桂元路一巷1号	(0755)5573470	(0755)5576530	518001
叶兆平	《深圳特区报社》 广告部处长	深圳市深圳特区报社广告部	(0755)2240145	(0755)2240145	518009
董剑鸣	《深圳商报》广告处处长	深圳市福田区商报路	(0755)3906159	(0755)3906159	518034
孙增华	《广告世界》杂志社社长	深圳市深南东路170号金山大厦 深圳书城22层2205号	(0755)2070048	(0755)2070058	518008
黄绍熙	广西壮族自治区 工商局副局长	广西南宁市星湖路37号	(0771)5851559	(0771)5854091	530022
高铁郡	广西梅高形象设计 有限公司总经理	南宁市教育路艺术学院宿舍	(0771)5852571	(0771)5816799	530022
高　峻	广西梅高广告策划 有限公司董事长	桂林市龙隐路18号大院21栋	(0773)5817646	(0773)5816799	541004
任仲生	云南省工商行政 管理局副局长	昆明市新闻路28号附1号	(0871)4145897	(0871)4143120	650032
孟兴中	四川省巴蜀新形象 广告策划公司总经理	成都市鼓楼南街117号 世界贸易中心A座20F	(028)6782266	(028)6758855	610015
王世明	成都市对外广告 公司总经理	成都市祠堂街16号	(028)6120883	(028)6120875	610015
萧景勋	西南国际广告公司				

	总经理	成都市太升北路58号 三业江信大厦24楼F座	(028)6911688	(028)6911588	610017
陈观荣	西南航空广告 公司副总经理	成都市人民南路四段领事馆路 南谊大厦7楼	(028)5210995	(028)5210985	610041
胡志荣	四川电视台工程师	成都市东胜街40号	(028)7751373	(028)7751373	610015
金国强	陕西电视台副台长	西安市建西街10号	(029)7210160	(029)7858135	710054

上海市专栏

迈向新世纪的上海广告业

在进入新世纪的2000年，在全市广告界的共同努力下，上海广告业在年营收超百亿的基础上又取得了新的进展，已成为具有一定规模和质量、服务门类众多、媒介种类齐全、为上海社会全面提供经济信息服务的重要产业。目前，全 市共有广告经营单位2397户，较上年增长3%，广告从业人员31337名，全年广告营收达 111.8亿元，较上年增长4.8%。

同时，2000年度全市广告监管工作在去年基本构筑了广告监管框架体系的基础上，坚持发展与规范并举，以组织形式多样的广告执法检查活动为切入点，致力于完善和落实各项广告监管基本制度，努力维护消费者合法权益和经营者的合法权益，广告监管水平和执法力度进一步提高，广告活动得到进一步规范。截止到2000年12月底，本市各级工商行政管理机关对401985条广告实施监测，组织多次大规模的检查，全年共查处违法违章广告案件1085件，罚没款达575万元，比上年增长77%。市广告协会对3148条广告出具了广告咨询意见书，有935 名广告从业人员取得了广告专业技术岗位资格培训证书，1071名广告审查员通过了市广告监测咨询中心对广告审查员的资格考试。

上海市2000年度广告业发展具有以下特点：

一、广告经营额稳步上升，广告企业逐步向规模经营和行业细分的专业化方向发展。

统计数据反映出上海广告业呈现稳步发展略有攀升的趋势，广告企业在市场运作中日超成熟。许多经营者面对我国即将加入WTO后的机遇与挑战，在努力改变小而全、大而全的经营模式，明确自身广告发展定位方向。一是走联合之路，发挥广告企业各自优势，取长补短增强实力；二是广告行业专业分工趋于细化，出现一批专业户外媒体开发单位、专业影视广告制作单位、平面广告设计制作单位、广告创 意策划单位、广告代理等单位。

二、民营企业发展迅速，成为广告行业新的生力军。

近年来，民营广告企业无论在数量、经营规模、广告经营额等方面均有很大发展。2000年上海广告经营额达到1000万元（人民币） 以上的广告经营单位有216户，其中民营企业87户，占总数的40.28%。

上海市2000年度的广告监管工作主要有：

一、注重执法检查，强化广告管理力度。

针对广告宣传市场中集中存在的突出问题，市工商局先后组织了五次大规模的、全市性的执法检查活动。在开展广告执法检查中，突出抓两个重点：一是重点抓好关系到消费者人身健康和财产安全的虚假保健食品、药品和医疗服务广告的整治，其中违法医疗广告成为整治中的重中之重，分别查处和曝光了30家违规医疗单位。二是重点抓好对主要新闻媒介单位广告发布行为的监管，年内召开了主要媒介广告通气会，并将新闻媒介广告宣传和管理中存在的诸多 问题，向市委宣传部作了书面汇报，以引起市领导重视。

二、注重建章立制，促进广告监管工作的制度化和规范化。

经过几年不断的探索和实践，我们建立和完善了广告监测制度、广告审查制度、广告巡查制度、广告经营资格检查制度、广告发布登记制度 共五项基础制度。今年主要抓了这些基础制度的落实和完善工作，促进了广告监管工作的制度化和规范化。比如我们建立了广告审查员违规考核扣分制度，增强了广告审查员的岗位责任感，促进了广告审查制度落实到位，从源头上减少虚假违法广告发生。通过加强市局与分局之间、监管机关与其他相关部门之间的沟通，增强了广告监管的协同配合，另一方面加强了监管机关与行业协会、中介服务机构之间，监管机关和管理对象之间的情况反馈，统一了认识，促进行业自律，有力保证了广告监管工作的顺利开展。

三、注重标准规范，统一广告管理尺度，保证广告执法工作的公正、合法和统一。

为规范广告市场，保证执法公正、合法和统一执法口径，我们采取了四项措施：一是不定期组织市广告协会和市广告监测中心就广告监管、咨询、监测中遇到的疑难问题进行会诊，对新情况、新问题进行讨论，统一了对保健食品等广告的审查标准和执法尺度；二是编印了《广告法规学习资料》，发至执法部门统一掌握；三是制定了一些有实体性内容的广告管理规范性文件， 对行政执法起到了较好的指导作用；四是编印《广告监管动态》，向各分局通报最新的 监管动态和经验做法，统一监管口径。

四、倡导开展公益广告活动，发挥广告在精神文明建设中的积极作用。

根据国家工商局的指示精神，积极倡导开展公益广告活动，认真组织好优秀公益广告作品的征集、评选和推广工作，调动了上海广告界和社会团体参与公益广告活动的积极性。全市广告经营单位设计、制作、发布了一批主题鲜明、创意 新颖、内涵深刻的公益广告，发挥了公益广告在社会教育、文化传播和舆论导向等方面的独特功能，有效地促进了上海的社会主义精神文明建设。 1999年至2000年度，本市共发布广告170834件，其中制作影视类公益广告136部，制作广播类公益广告447件，制作平面类公益广告1535件。

五、注重调查研究，从宏观上引导上海广告业更快、更健康发展。

为加强对本市广告业的宏观调控，提高广告管理层次和水平，对不断出现的新情况、新问题开展调查研究，我们对上海新世纪广告交易中心的运作情况进行了调查。对现有的交易方式、交易的环境、交易的局限性进行了调研，对如何实施投资多元化、如何改进交易方式和交易环境，如何扩大交易中心规模等方面提出了改进的建议，形成《关于上 海新世纪广告交易中心有关情况的调查和改进建议》调研报告，分别上报市有关领导和国家 工商局广告司，得到有关方面的较高评价。

迈向新世纪，让我们以振奋的精神，创新的姿态，踏实的工作，创造新的业绩，实现新的跨越，为促进上海经济腾飞和社会的全面发展做出新的贡献。

上海著名广告经营者

上海电视台（广告部）
上海东方电视台（广告部）东视广告有限公司
上海有线电视台（广告部）
上海教育电视台（广告部）
上海人民广播电台（广告部）
上海东方广播电台（广告部）
上海解放日报社（广告部）解放广告有限公司
文汇报
新民晚报
上海星期三报社
上海广告有限公司
上海美术设计公司
上海奥美广告有限公司
上海市广告装潢公司
上海灵狮广告有限公司
上海博报堂广告有限公司
上海旭通广告有限公司
上海梅迪派勒广告有限公司
上海大西洋贝尔黄页广告有限公司
上海大广贸促广告有限公司
上海东方日海广告有限公司
上海联美广告有限公司
上海巍珂—庆余广告有限公司
上海华智地铁广告有限公司
上海联想国际广告有限公司
精信广告有限公司上海分公司
电扬广告有限公司上海分公司
上海东湖广告装饰有限公司
上海邮政广告有限公司
上海市公共交通广告公司
上海运筹国际广告有限公司
上海西南广告有限公司

广告发布者介绍目录

上海飞帆广告公司
上海国际机场股份有限公司广告分公司
上海浦东新区浦欣传播有限公司
上海电气（集团）广告装潢公司
上海申空广告有限公司
上海美亚文化传播有限公司
上海白马开成广告有限公司
上海彩虹广告装潢有限公司
上海现代高速公路广告有限公司
上海杰英广告有限公司
上海昂立广告有限公司
上海伊斯顿广告有限公司
上海丽人广告有限公司（并“创想企业”）
上海博洋广告有限公司
上海天波广告策划事务所
上海桦楠广告有限公司
上海志上广告有限公司
上海圣峰广告有限公司
上海焦点广告传播有限公司
上海联业广告有限公司
上海雅视广告有限公司
上海美景广告传播有限公司
上海新生代广告社
上海嘉怡广告有限公司
上海广集广告有限公司
上海扬子广告有限公司
上海华亭广告装潢合作公司
上海创亚广告有限公司
上海乔思广告有限公司
上海东部广告有限公司
上海博策广告有限公司
上海彩龙广告实业有限责任公司

上海市工商行政管理局

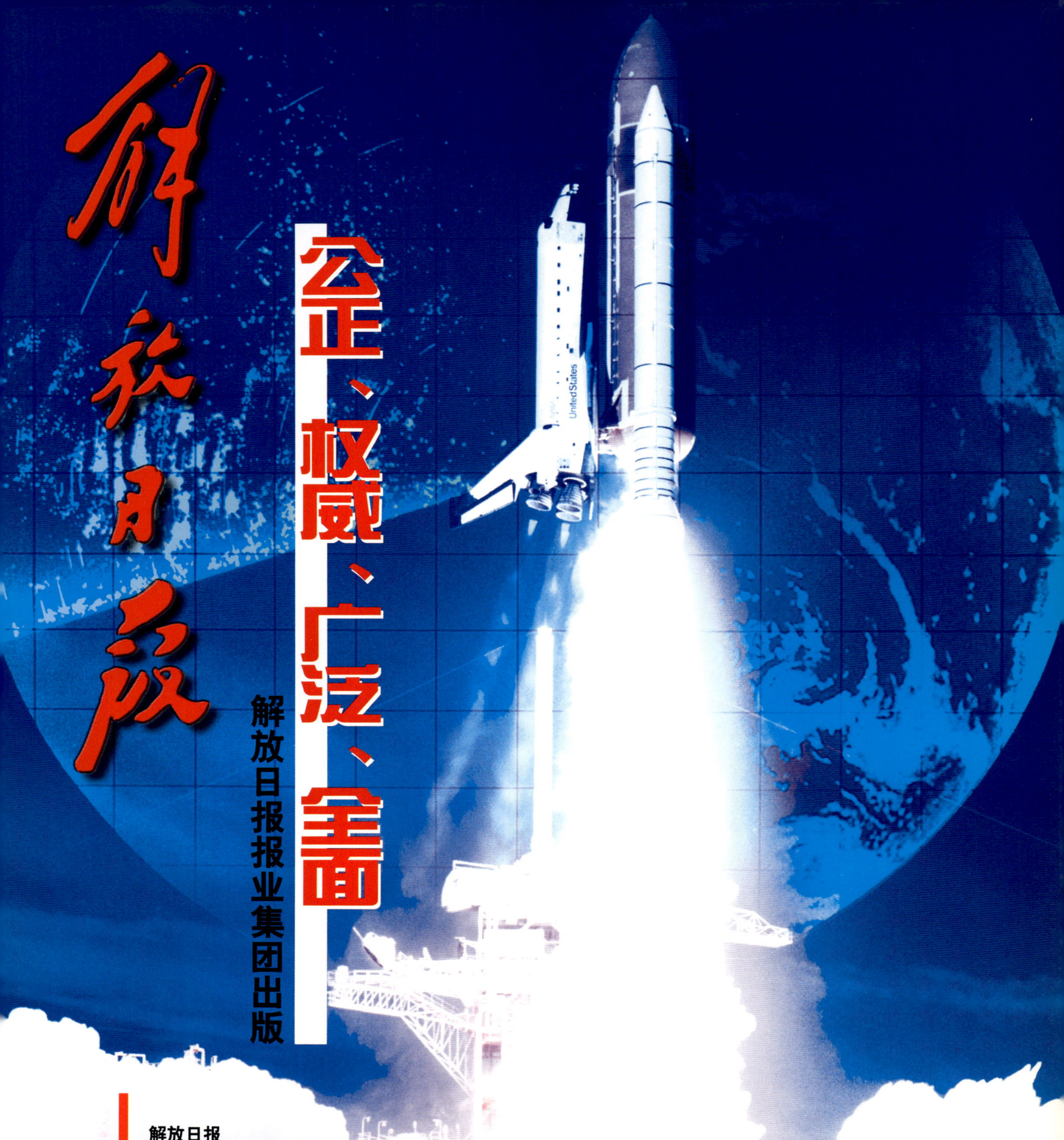
解放日报
公正、权威、广泛、全面
解放日报报业集团出版

广告投放专线
新闻频率：62082782
综合频率：62082784
音乐频率：62789378
金融频率：62082396
少儿频率：62082375
有线电视音乐频道：62082783
聆听东方　绚丽时光
EAST
RADIO
E-eail:ad@eastradio.com
internet:www.eastradio.com

与新上海同时诞生的上海人民广播电台，在众多的传媒中充分发挥自己的优势，赢得了大批听众。它开办新闻、经济、交通、文艺、音乐、浦江之声（对台广播）6套节目，中波与调频（或短波）联播。广播覆盖面包括上海及长江三角洲广大地区，经常收听上海电台广播节目的听众近5000万人。同时上海电台还与上海有线电视台合作开办了有线电视戏剧台（五频道）。

上海人民广播电台自1979年恢复广告节目以来，广告创收年年上一个台阶，在全国广播行业中名列前茅。广播广告的节目质量不断提高，多年来在全国广告评比中，数十件作品荣获一等奖。上海电台以节目创优带动广告创收，广告从业人员注重整体策划，构思新颖，管理人员运用电脑管理，使广告节目布局合理，节目制作精良，节目监听反馈迅速，在广大广告客户中树立良好声誉，1987年以来连续9年获得上海市“重信誉、创优质服务”先进单位荣誉。新世纪，上海人民广播电台热忱欢迎新老朋友与我们合作，为广播事业跨世纪发展共同努力！

上海人民廣播電台

地址：上海市虹桥路1376号邮编：200051转518信箱
电话：(021)62788177转2040、2041、2042、2043
传真：(021)62082800 62082840
网址：www.radioshanghai.com

有揿 必应
我们 努力
SHANGHAI CABLE TV STATION
以专业精神做专业频道 以专业素养服务广告客户
尽管我们有350万户的用户
尽管我们有95%的市区覆盖率
尽管我们有享誉沪上的影视、新闻财经、
体育、音乐、戏剧、生活六大专业频道
尽管我们有4亿的年广告收入（2000年）
尽管我们有互动电视、有线通
但我们深知做得还不够，所以……
地址：中国上海市南京西路651号
广电大厦二楼
电话：0086-021-62154791
传真：0086-021-62588899
邮编：200041
上海有线电视台广告部

生活之精彩
尽在《上海星期三》
3
新/都/市/生/活/概/念
新/广/告/传/播/方/式
SHANGHAI WEDNESDAY
浓缩社会
聚焦时尚
展现多彩人生
上海第一张全彩色报纸
文匯新民
联合报业集团主办

上海美术设计公司成立于1956年5月，是一家专业从事包括广告传播、陈列展示及建筑装饰等综合服务的机构，在中国行销传播业界颇具规模和实力。公司是国际广告协会（IAA）会员、中国广告协会（CAA）会员和上海市广告协会（SAA）常务理事。

公司秉持“品质第一”的行动哲学，以内部丰沛资源和外部庞大代理网络不断引进最新理念、资讯和技术，致力于创造极具创意和销售力的广告。

身为百分之百的本土广告公司，我们追求朴实、崇尚卓越、刻意求新，通过国际化的规范运作，向客户提供高品质的、综合性的专业整合传播服务，开创有中国特色的综合广告服务的全新境界。

公益广告“带动”

Shanghai Art-designing Corporation was founded in May, 1956. It is a group providing comprehensive service, and specialized in advertising, displaying, designing and decoration. It is also a member of IAA, CAA and SAA and one of the largest groups in the fields of propagation and marketing.

"Quality First" is our philosophy. By making use of inner rich resources, external agency network and new concept, information and technology which are continously imported from the outside, we make every effort in producing the most creative and persuasive advertisement.

上海站户外灯箱

As a completely localized company, we are pursueing simplicity, brilliance and creativity. Through internationalized operation, we are providing high quality, comprehensive integrated services to our customers, and we're trying our best to create a whole new world of comprehesive advertising service with Chinese character.

“帕萨特 PASSAT”户外灯箱

上海博报堂广告有限公司

SHANGHAI HAKUHODO ADVERTISING CO., LTD.

h.hanlp@sh.cngb.com

中国上海淮海中路918号久事复兴大厦12楼　邮政编码：200020　电话：64156776　传真：64156778,64157933

12F, JIUSHI RENAISSANCE　MANSION NO.918, HUAI HAI RD(M), SHANGHAI CHINA 200020　TEL: 8621-6415-6776　FAX: 8621-6415-6778 8621-6415-7933

洛杉矶
纽约
阿姆斯特丹
伦敦
东京
法兰克福
巴黎
成都
上海旭通
北京
台北
马德里
广州
香港
曼谷
雅加达
胡志明市
新德里
新加坡
吉隆坡
ASATSU-DK
网络互动优势，
全球服务您的品牌。
互动时代如何服务好一个品牌?
拥有全球共享的资源，上海旭通的制胜之道。
上海旭通广告有限公司
地址:中国上海淮海中路887号永新大厦9F 邮编:200020
电话:86-21-64674118 传真:86-21-64747803

书中自有黄金屋

公司简介：

1998年4月美国大西洋贝尔信息集团全球号簿服务公司与上海市电话号簿公司合资成立上海大西洋贝尔黄页广告有限公司。

立足于黄页媒体，公司积极将国际先进的市场和广告理念融入中国黄页市场，为每一位黄页广告客户提供耐心、细致、周到的服务。公司目前独家代理上海黄页、厦门黄页，并努力在全国进一步拓展业务范围，谋求广泛合作。

借鉴美国号簿百年运作经验，公司不断开拓、锐意进取、决心在中国黄页广告市场闯出自己独有的天地。

Bell Atlantic　上海黄页 SHANGHAI YELLOW PAGES

上海大西洋贝尔黄页广告有限公司
Shanghai Bell Atlantic Yellow Pages Advertising Co.,Ltd.

上海市延安东路618号 东海商业中心16F 邮编：200001
电话：021-63520000　传真：021-53854104

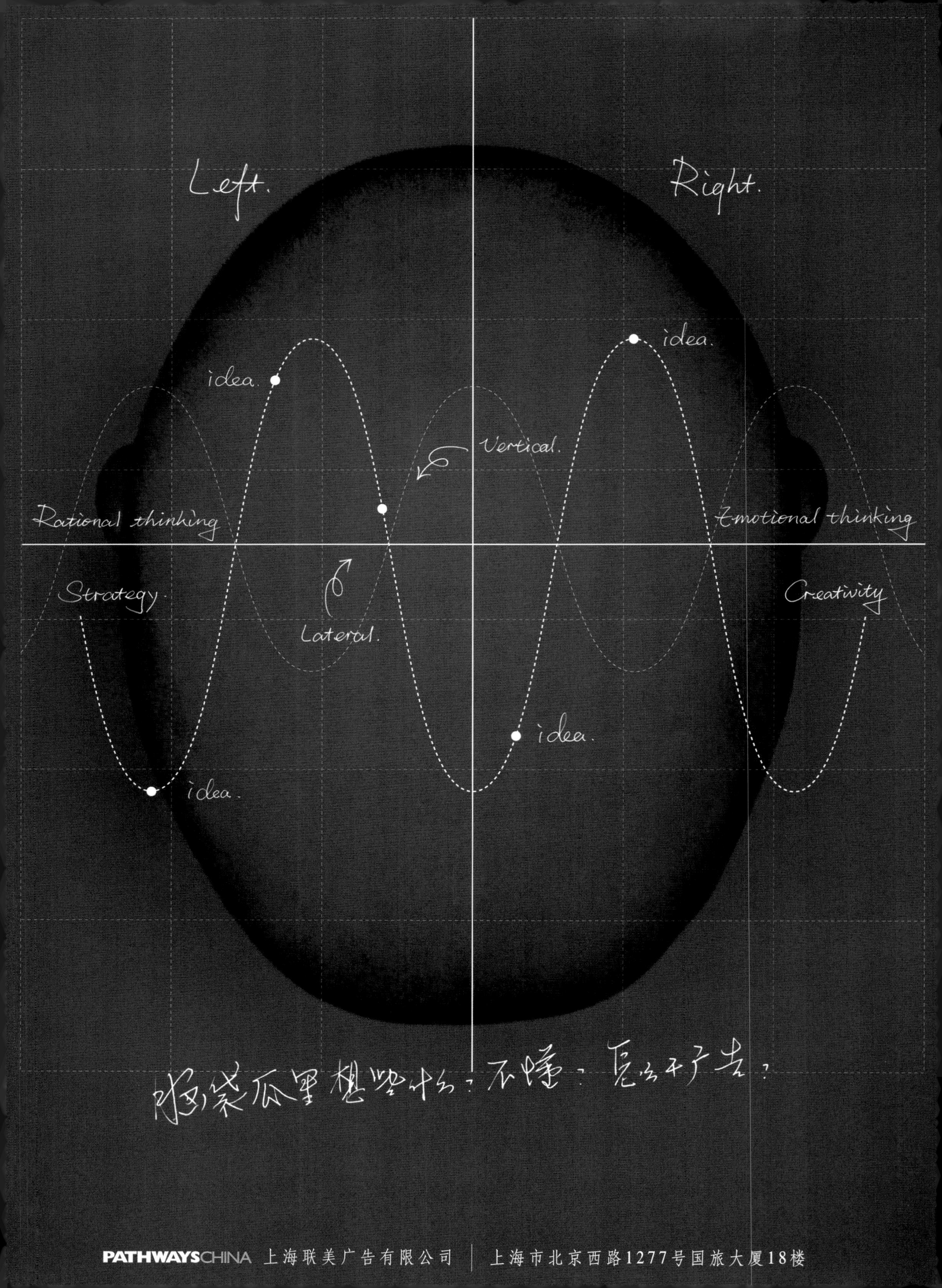
Left.
Right.
idea.
idea.
Vertical.
Rational thinking
Emotional thinking
Strategy.
Lateral.
Creativity
idea.
idea.
脑袋瓜里想些什么？不懂？怎么干广告？
PATHWAYSCHINA 上海联美广告有限公司 | 上海市北京西路1277号国旅大厦18楼

来自大洋彼岸的户外广告

巍珂－庆余是两个实力雄厚、经营成熟的集团公司—美国印第安那州的巍珂国际集团和上海庆余事业发展总公司的合作公司。

巍珂集团为巍珂－庆余带来了经过百余年积累的经营大型户外广告的宝贵经验，融合庆余公司在中国文化、政治、商业各方面的独到优势，令巍珂－庆余成为上海发展最快的户外广告公司。

一九九六年八月巍珂－庆余在武宁路上竖立了9个立柱式广告牌，共展示18个广告版面。如今，巍珂－庆余拥有的广告牌已是当时的十余倍之多，覆盖通往两个机场的交通要道，横贯上海东西。

巍珂－庆余旨在为中国乃至全世界的客户提供品质卓越的大型户外广告牌。巍珂－庆余将目光集中于上海高架公路，开发了大量广告牌，将信息传布的目标锁定在那些以车代步的消费者，他们往往是中国最富庶且兼具影响力的阶层。

巍珂－庆余以其高新技术和高品质的周到服务为慧眼独具的广告客户提供多种选择。标准尺寸的广告版面更为广告客户及其代理构思创意提供方便。及时的灯光维修服务确保广告牌夜间灯光照明无误；定期的版面清洗又确保广告版面光彩夺目的展示；分布广泛的广告牌向客户提供覆盖全城的宣传广告；而轮转版面计划令广告宣传更加有效迅捷。

巍珂－庆余的销售队伍经过严格的内部外部训练，面对客户他们提供客户至上的周到服务。确保客户的广告展示永远整洁美观，达到甚至超过客户期望是我们一贯的宗旨。

参与社区的建设是巍珂－庆余的又一项特色。唯有通过服务社区、建立良好关系，巍珂－庆余才得以建造令客户满意、分布广泛的广告牌。巍珂－庆余自一九九六年成立以来，已为社区贡献了超过50，000，000元的公益广告投入，尽管与通用汽车或可口可乐公司相比这个数字还微不足道。

Whiteco-Qingyu Advertising Co.,Ltd.

巍珂－庆余广告有限公司

总　裁：Skip Holmes　　董事长：许　坚

中国上海南京西路128号永新广场17楼
E-mail:whiteco@online.sh.cn
http://www.whiteco-qingyu.com
电话：(021) 6289-7777
传真：(021) 6359-3000
邮编：200003

公司简介

上海地铁贯穿市中心，联结上海主要商业区、住宅区及政治文化中心，大大缓解了上海拥挤的交通状况，成为新上海发展的重要标志。每天近百万人使用这种快速、舒适的交通工具。灯箱广告是乘客在地铁中唯一能使他们驻足观赏的文化景观，故广告效果非常好。

国际众多著名大公司如日本索尼、日立、东芝、夏普、佳能、松下、美国可口可乐、杜邦公司、耐克、阿迪达斯、英特尔电脑公司、荷兰飞力浦公司等都在地铁发布灯箱广告。

我们上海华智地铁广告有限公司拥有地铁站内所有灯箱广告的最终发布权，我们在地铁站内提供了特别位，站台及站厅大小籍位、梯旁广告牌、电话亭、产品展览及时钟系统的广告位。无论在环境或是在质素方面，上海地铁广告位可能是当今上海最好的媒体选择。希望将来每天出入地铁的百万乘客能天天看到贵公司的形象。

MetroAds

上海华智地铁广告有限公司

经理：曹　耘

地址：上海康平路18号　邮编：200030

电话：64748058　传真：64712976

Before

After

If you're looking for an agency that thinks outside the box, call Grey Shanghai at 6350-8660

请阅广告经营单位介绍上海市公司类－精信广告

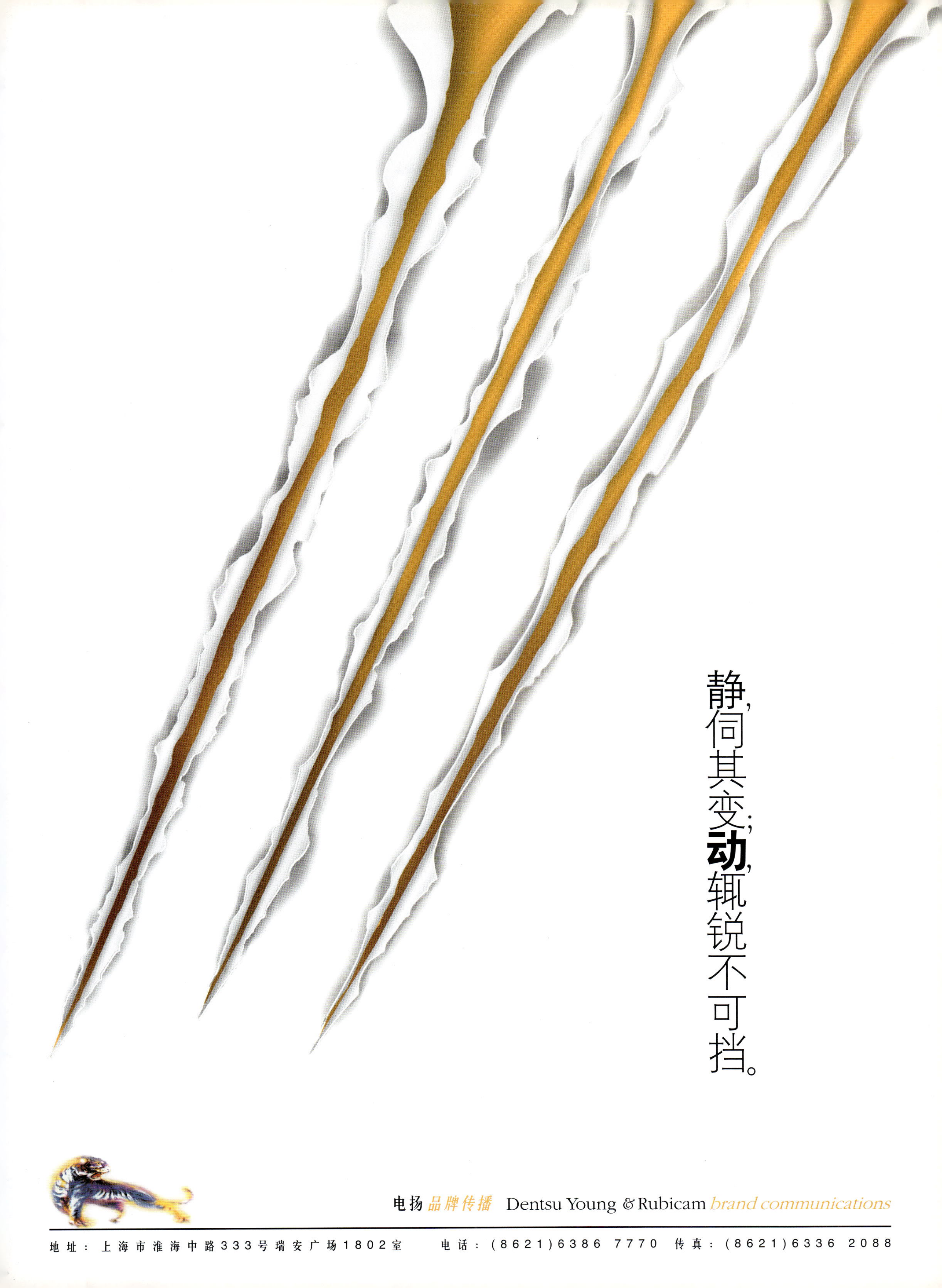
静，伺其变；动，辄锐不可挡。
电扬品牌传播 Dentsu Young & Rubicam brand communications
地址：上海市淮海中路333号瑞安广场1802室 电话：(8621)6386 7770 传真：(8621)6336 2088

上海东湖广告装饰有限公司成立于一九八八年。九四年在中国广告行业首次综合实力评比中列42位，曾连续八年被评为“上海市重信誉、创优质服务先进单位”。

公司制作、代理和发布国内外各类广告。一九九O年为上海霞飞日用化妆品公司总策划、总代理，次年，“霞飞”品牌获得中国十大驰名商标。九七年在沪宁高速公路上海段为上汽集团独家制作发布了企业形象和产品广告，并获得了大世界吉尼斯记录。同时，公司还举行了各种公共关系活动以及CIS设计，与全国各大主要城市的广告同行和媒体建立了长期的合作关系。

在进入新千年的东湖广告装饰有限公司立足于户外广告，在全市拥有几万平方米的广告媒体。为适应市场竞争的需要，在细分的广告市场中投资参股建立了多家专业公司，为广告客户提供集约式服务新模式，合资组建了以策划代理购买电视媒体为主的东安广告有限公司、以本市高等级公路网为主要媒体的彩虹广告装潢有限公司、以浦东国际机场为依托辐射浦东的华洲东湖广告有限公司、与马来西亚合资的康纳——东湖广告有限公司。每个公司都有其经营定位，形成资源共享的经营格局，从而能为广告主提供较为全面和优质的服务。

Shanghai Dong Hu Advertising& Decoration Co.,Ltd.

上海东湖广告装饰有限公司

Shanghai Dong Hu Advertising & Decoration Co.,Ltd.

董事长 总经理：贾春林

负责人：宣　勤

联系人：胡颐斐

地址：新乐路167号四号楼　电话：64157763　传真：64156934　邮编：200031　电子信箱：donghuf@online.sh.cn.

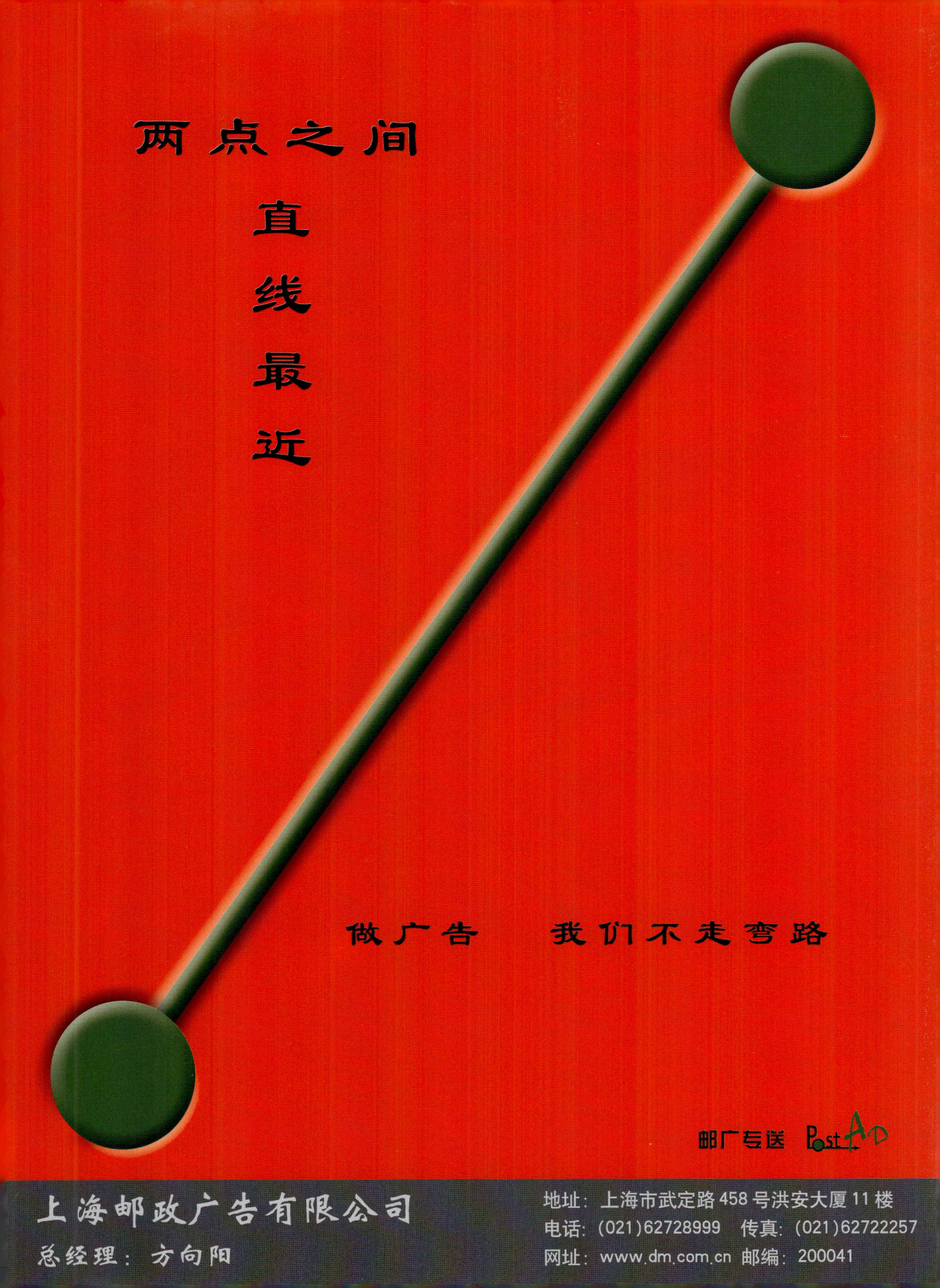
两点之间
直线最近
做广告　我们不走弯路
邮广专送 PostAD
上海邮政广告有限公司
总经理：方向阳
地址：上海市武定路458号洪安大厦11楼
电话：(021)62728999　传真：(021)62722257
网址：www.dm.com.cn　邮编：200041

当您穿行在市区繁华街道间的时候，扑入您眼帘的除了熙来攘往的人群，高耸入云的大厦，恐怕还有在您身边的一道新的城市风景线－公交车身广告。这些城市的流动风景不但让您置身于色彩斑斓的户外广告之中，而且同时也让公交广告公司有了一个与您亲近的机会。

上海市公交广告公司成立于1988年，至今已有十余年的历史。作为全市最早的专业公交广告经营单位，其已拥有涵盖全市400余条公交线路的媒体网络，10000余辆公交车，2000多个公交站点，10余种不同形式的发布样式。公司全体员工通过多年的努力，不断对公交车车身广告的媒体特征与发布质量进行探索与改进，在引进新设备吸收先进经验的同时，作为一家车身广告专营公司，他们着力于探索与开发公交媒体本身的巨大优势与发展潜力，并积极在媒体规模上寻找突破口，在不断充实专业队伍的同时，努力使自己发展成多元化，全方位，高素质，集媒体发布，设计，制作，代理为一体的专业广告公司。1999年跻身于中国广告公司100强之列。

我们始终在【流动】所以，我们倍受瞩目

利用自身优势　开辟广告新路

上海运筹国际广告公司系东亚（集团）有限公司全资子公司，注册资金壹千万元，主要承接各类广告设计、制作、代理、发布国内外广告业务，承接大型文化、体育活动的广告及推广。一九九四年成立至今营业额连年递增。总经理唐炳泉因此获上海浦东新区“十佳企业家”荣誉称号。公司以东亚运动会广告委员会为班底，主要成员来自当年全国最大的广告公司，其中有从事广告业三十年的老一辈广告资深专家，也有八、九十年代加盟广告的中坚骨干。他们曾经为世界名牌“雀巢咖啡”、“松下电器”、“吗叮啉胃药”等进行过整体策划和全面服务，并在新公司成立后组织策划实施了各类大型活动，如：“郁金香电脑展示会”、“创新的澳大利亚”、“迎八运全市沙龙保龄球大赛”、连续四届的“上海桥牌八强赛”、“全国A类桥牌俱乐部锦标赛”、“中国上海国际艺术节”等上海地区、全国乃至世界性的广告活动。一九九七年，成功地为本世纪最后一次规模最大的体育盛会————第八届全运会进行了整体的广告策划及运作，圆满完成市政府下达的广告集资指标，并为体育产业化走出了一条探索之路。九九年公司又承接了我国四年一度的全国最大的综合性残疾人运动会————第五届全国残疾人运动会的广告推广活动，为推动残疾人体育事业的发展尽一份力量。上海运筹国际广告公司设国内客户部、国际客户部、国内媒介部、国际媒介部、广告创作部、广告制作部、市场调查部及其他管理部门，现有人员90%以上为大专以上学历。高效率地运转，高质量的筹划，始终是运筹人创业的宗旨。

上海运筹国际广告公司

SHANGHAI EXCEL INTERNATIONAL ADVERTISING CORP.

地址：上海市零陵路800号东亚大厦16楼
电话：64391220　64391381
传真：64390993　邮编：200030

一样的地理价值
一样的制作工艺
一样的艺术美感
一样的稳固承诺
西南
飞帆
上海西南广告有限公司　上海飞帆广告公司
地址：上海市中山南二路777弄(东安花苑)2号楼14楼F座
电话：64569451　传真：64578300
邮编：200032　E-mail：xifei@online.sh.cn
日立
HITACHI
SIEMENS
OLYMPUS
SIEMENS
柔情200
NEC
PHILIPS

pxnet@soim.com
浦欣传播 本土广告业先锋，六年来行情一路看涨，强调广告人的智慧，整合各路大脑，显仁显智，点石成金。在浦欣，个个都是小才神，有功力，让你的钱途更看好。
才神到／钱途更看好
浦 欣 传 播——本 土 广 告 小 先 锋
新址：上海市威海路755号文新报业大厦26楼 电话总机：32184630

公司

与上海及全国大部分地区的媒体有着良好的合作关系
专业经验和进取精神的团队

公司理念

创意无限，灵活机动的发掘市场机会点，主动解决问题，
视您的利益为最大追求；
诚信可靠，过程透明，专案管理，是您亲密无间的合作伙伴；
致力于帮助您发展品牌、延展品牌线；
高效、专业，符合预算的完成任务；
个性化服务，根据不同客户度身定制市场方案

我们能帮助你

深度的市场调研
精确的媒体调研
制定周密的产品市场推广计划
适合您的品牌管理及发展
优秀的平面创意及电视片的制作
有影响力的公关活动
可操作的促销活动
有效的媒体组合计划

我们拥有

一支素质精良的团队
客观务实的市场调研部
4A广告公司的经验和本地广告公司的价格
有经验的品牌推广公司
精良的制作

您将得到

优质的服务
第一手的市场信息
较低的价格，4A的水准
良好的品牌管理

上海电气(集团)广告装潢公司

SHANGHAI ELECTRIC ADVERTISING CO.

成功的保证

我们曾经服务的客户
品牌管理
上海电气集团　上菱冰箱　三枪内衣　金伴大豆磷脂

SP与公关活动
买金霸王，赢泰国游--金霸王电池SP活动
桂格麦片市场推广　润迅通讯上海地区促销活动
可口可乐中国建厂20年活动

专案策划
上海证券大厦（证券总会）
上海信隆房地产发展公司（信罗大厦）
上海紫都置业有限公司（紫苑华城）

1993年3月在上海创办的本地广告公司
1996年5月30日投资成立上海苏伊克包装印务有限公司
有着上海电气集团良好的资方背景与强大的依托
拥有客户服务、媒介、平面设计和制作全面资质的广告公司

公司地址：上海市雁荡路6号21室
电　话：63729705
传　真：63728404
电子信箱：dianqiad@online.sh.cn

申 空 愿 与 您 共 创 未 来
飞艇广告
T:64643835
独家代理
上视、东视、有限二台
天气预报栏目广告业务
E-mail:shskac@online.xh.cn
SSKA
申空广告
策划和承办大中型庆典活动及成套礼仪服务、发布气球气模广告
http//:www.sk92.com
广告创意、平面设计、设计制作样本、DM
开拓 创新 发展
代理国内各类广告、发布跨街横幅、各类户外媒体广告
展览厅馆、展示会、洽谈会、酒会、橱窗的设计与制作
上·海·申·空·广·告·有·限·公·司
SHANGHAI SHENKONG ADVERTISING CO.,LTD
地址：上海市蒲西路166号(上海气象局）四号楼底楼 邮编：200030
电话：64388672 64643835 64386700-6416 传真：64388672

美亚文化传播
MAYA ADVERTISING

上海美亚文化传播有限公司

上海美亚文化传播有限公司成立于1999年1月。

公司在成立之初，就确立了以深厚的文化底蕴为基础，致力于开拓信息科技时代的新型广告公司为目标的发展方向。公司主要从事各类广告的设计、制作、代理、发布以及音像制品的制作等业务,包括美亚投资有限公司、美亚在线宽频网络有限公司、美亚音像连锁经营有限公司、长乐花苑餐厅的整体形象设计和营销活动的策划。

作为美亚投资有限公司的下属子公司，文化传播凭借其强大的信息网络，始终站在时代的尖端。曾多次配合国内外重大政治事件的报道工作策划了〈中国人今天说不〉、〈法轮功大起底〉等纪实专题片的首发仪式。同时，还多次策划了"韦唯、刘若英，萧亚轩....."等众多海内外歌星的签售活动。

2000年7、8月，在香港举行的美亚在线与策略性伙伴结盟签约仪式及在北京钓鱼台国宾馆召开的"美亚业务、技术成果展示会"中，由文化传播设计制作的美亚机构业务网络动态模型得到了中央各级领导和各界来宾及中外媒体的高度评价。

今天的成就：

2000年底文化传播代理发布近200家美亚音像连锁店的全部对外广告。在今年上海市"三灯一棚"实事工程中，美亚文化传播有限公司又凭借新颖美观的设计一举中标，获得该工程的制作和广告发布权。

安装在上海市东方书报亭，便利店，加油站的近1200只110报警灯箱和覆盖全市的近2000只爱民车棚已经在新世纪成为上海市的又一道风景线。成为中国又一户外广告发布媒体网络。至2001年底，在上海的停车棚（广告位）总数将达到4500余个，并将逐步由上海向全国辐射（主要有：北京、大连、成都、深圳、吉林等）。可以预见，户外媒体广告网络这一新兴媒体必将受到越来越多的关注，同时，这也成为了文化传播的又一大优势。

能够从一个年轻的广告公司成长成为今天拥有高素质的员工力量以及强大的户外媒体网络的美亚文化传播有限公司，它的成功凭借的是自身的实力和对于信息时代的准确把握。所以它必将在今后拥有更广阔的发展前景。

明天的未来：

美亚文化传播　的年轻铸就了它的骄傲。
美亚文化传播　的实力将验证它的未来。
我们因为有期待，所以每天都在努力。
我们因为正在努力，所以心里始终充满希望。
这就是美亚文化传播，看得见的未来，看得见的辉煌。

上海美亚文化传播有限公司
SHANGHAI MAYA ADVERTISING CO.,LTD.

地址：上海市仙霞路8号仲盛金融中心二楼
Add：2F,Super Ocean Finance Centre 8,XianXia Road, Shanghai,China
Tel：86-21-62782222-421
Fax：86-21-62785555
Zip：200336

www.cnmaya.com

风神榜 —CLEAR CHANNEL

Adshel Network

全球户外广告网中的明星

白马广告是一个在中国广告界充满生命力和传奇色彩的名字。1996年率先建立了由16个城市组成的候车亭广告网。

1998年白马与目前全球最大的户外广告公司Clear Channel合资，推出中国候车亭广告网的强势品牌一风神榜(Adshel Network)。

发展到今天，风神榜已遍布全国26个重点城市，拥有10,000多个候车亭灯箱，累计发布了食品，饮料，日用化妆品，电信/通讯，电器，互联网，服装等诸多行业中400多个品牌的广告，取得了令客户满意的发布效果。

上海白马开成广告有限公司 上海黄陂北路227号中区广场2602-2604室 电话：021-63758789 Fax:021-63758768

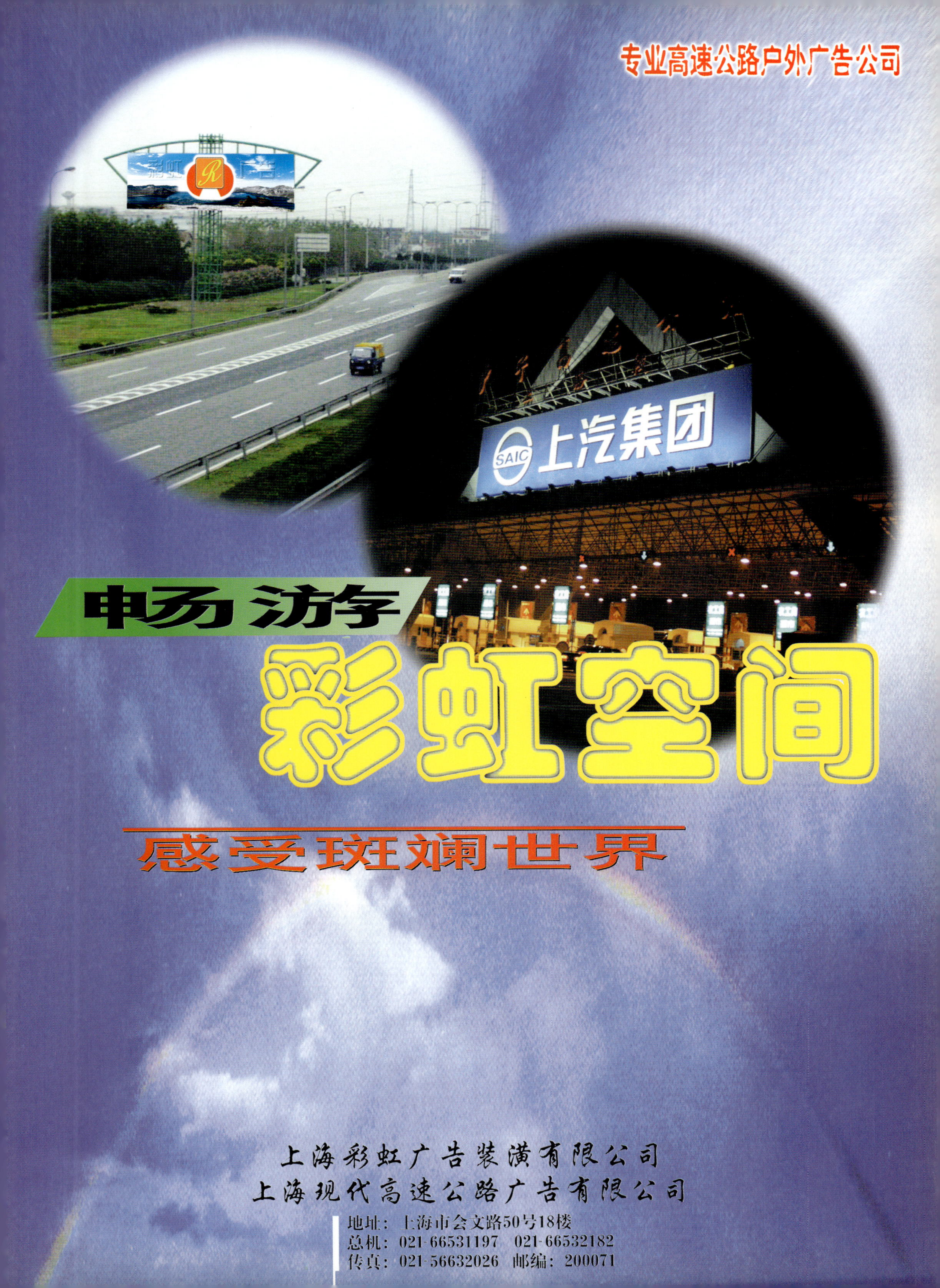
专业高速公路户外广告公司
上汽集团
SAIC
畅游
彩虹空间
感受斑斓世界
上海彩虹广告装潢有限公司
上海现代高速公路广告有限公司
地址：上海市会文路50号18楼
总机：021-66531197　021-66532182
传真：021-56632026　邮编：200071

最　新　的　才　是　最　好　的

广告总代理：上海天波广告

地址：上海延安中路839号1201室

邮编：200040

电话：021-62476191

电传：021-62476007

上海天汲广告公司策划事务所是一家全民所有制的国有企业，在广大客户中享有颇高的声誉,得到各大媒体信任与支持,成为天波的坚实后盾。

天波凭借精确有效的媒体策划能力、周密的媒介渗透力和强劲的媒体亲和度，在全体员工不懈的努力下，天波的经营状况得到了持续、稳定、快速的良性发展,经营额逐年上升，1997年以来，每年广告经营额均达数千万元。2000年广告经营额已达6000余万元，预计在数千家广告公司中将跻身前30名，列入全国百强。目前，天波拥有"诺基亚" "施乐" "默沙东"等驰名品牌的广告代理权，与广告客户保持着良好的合作关系,在上海及全国的媒体中已有一定知名度。

2001年天波广告公司拥有了自己的媒体，已成为《东北亚开发报·现代都市》周刊的广告总代理。

《东北亚开发报·现代都市》周刊是新近推出的以休闲、娱乐、消费为主要内容的现代都市报，2001年1月5日创刊,首期发行量已达到15万份。《现代都市》周刊4开32版，彩色印刷。立足上海、北京等各大城市,面向全国与世界,在全国设有17个记者站与通联站。《现代都市》周刊反映都市市民生活，促进大众消费，以现代都市青年为主要读者对象。

ZHISHANG ADVERTISING
上海志上广告有限公司
新民體育報 XINMIN SPORTS NEWS
上海海联广告有限公司
广 告 总 代 理
再造自然、再现生命
★上海志上广告有限公司成立于一九九二年，经过几年的努力，公司迅猛发展，已成长为拥有近六十名员工，七个部门（客户部、创意部、媒介部、媒体代理部、项目开发部、财务部、人事部），并具有先进的管理体系及严密组织的广告公司。公司营业额多次进入上海市广告公司百强之列。
★一九九九年年初，上海海联广告有限公司和上海志上广告有限公司合作，并以海联广告有限公司的名义成为了由新民文汇报业集团主办的、上海最知名、也是历史最悠久的专业体育类报纸———《新民体育报》的广告总代理，并在第一年就使《新民体育报》的广告状况发生了质的变化，广告营业额从代理前的不足三百万人民币，一跃突破八百万人民币。
海联广告有限公司地址：上海市延安中路839号新世纪广告交易中心507室
邮编：200040
总机：(021)62477105 (021)62477343
(021)62477232 (021)62895618
传真：(021)62476475
志上广告有限公司地址：上海市江宁路1415弄世纪之门47号10楼
电话：(021)52892095 (021)52892751
传真：(021)52892423

为了您的品牌，我们永无止境……
SUNFAN
圣峰广告
上海市四川北路1318号1608室　邮编：200080　电话：63937557 63937559　传真：63075129　E-mail:shsfgs@online.sh.cn

新闻晨报
青年报
文匯報
解放日报
新民晚報
今日上海

新生代广告
ALL FOR NEW ADV.
智 慧 · 表 现 · 标 志
以精彩的策划、创意引领中国广告新旗帜！
YES,WE DID THIS!!
没错，
这些都是我们做的！
YES,WE DID THIS!!
YES,WE DID THIS!!
YES,WE DID THIS!!
HITACHI
Cadbury
昂立
五粮液集团有限公司
WULIANGYE GROUP CO.,LTD.YIBIN SICHUAN CHINA
元祖食品
好易通
水仙能率
SHARP
Glico
NISSIN
The Athlete's Foot
徐汇苑
上海斜土路2669号21层 200030 21F, Hero Mansion, No. 2669 Xietu Rd. Shanghai, China P.C.: 200030 E-mail: afnadv@shiuol.cn.net Tel: 86(021)-64398684 Fax: 86(021)-64398687

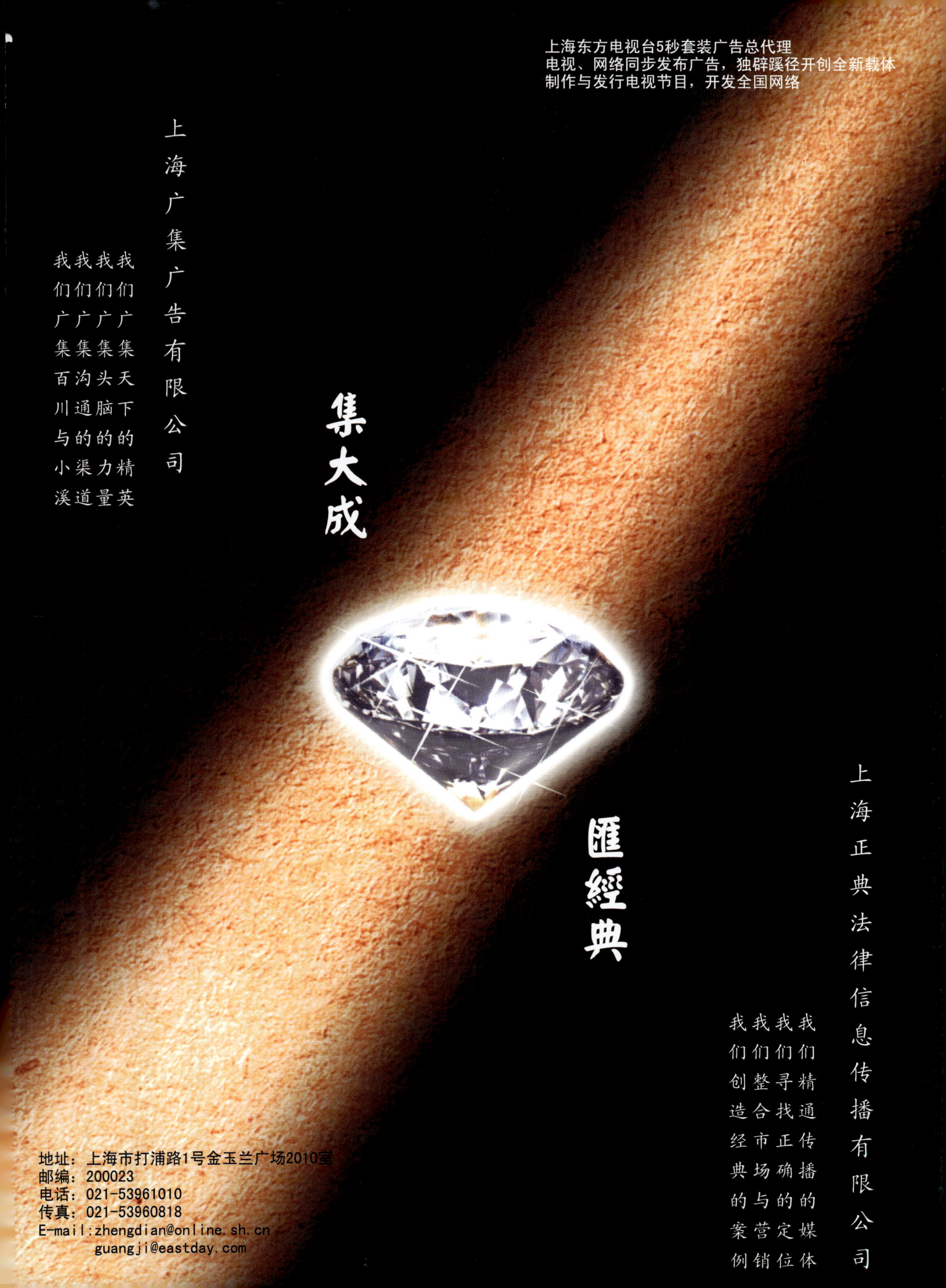
上海东方电视台5秒套装广告总代理
电视、网络同步发布广告，独辟蹊径开创全新载体
制作与发行电视节目，开发全国网络
上海广集广告有限公司
我们广集天下的精英
我们广集头脑的力量
我们广集沟通的渠道
我们广集百川与小溪
集大成
匯經典
上海正典法律信息传播有限公司
我们精通传播的媒体
我们寻找正确的定位
我们整合市场与营销
我们创造经典的案例
地址：上海市打浦路1号金玉兰广场2010室
邮编：200023
电话：021-53961010
传真：021-53960818
E-mail:zhengdian@online.sh.cn
guangji@eastday.com

杨子广告是沪上知名的广告专营企业，拥有媒介部、发展部、服务部、设计部等各大部门为客户服务，是文新报业集团、解放报业集团所属各大报，如新民晚报、上海星期三报、房地产时报等的广告一级代理商，并成为进驻上海新世纪广告交易中心的著名广告企业之一。媒介代理、平面设计、形象包装、营销企划是杨子广告的主营业务。其创意能力特别强大，在沪上有“创意专家”之称。杨子广告作为“专版大师”，也一直被业内外人士所称道。三年前，公司率先在新民晚报上开设了沪上第一个装潢专版—《家居装饰》，是沪上少有的经营专版的专业公司。继《家居装饰》专版成功创办之后，本公司又先后在上海星期三报、房地产时报等媒体上开设了《家居装饰》、《汽车世界》专版，并将按市场消费热点的需求，发挥本公司擅长专版经营的特色，开设不同类型的专版。

楊子廣告

创/意/专/家　专/版/大/师

地址 上海市北京西路1277号国旅大厦1609室　电话 62899211 62897397 邮编 200040

上海华亭广告装潢合作公司
独家承办：新民晚报
美容美发广告专版（周二、三出版）
独家承办：新民晚报
健康与长寿广告专版
（周三出版，前16版）
独家承办：《上海星期三》
美容美发广告专版（周三出版，彩色版）
●专业策划化妆品、保健品、药品，特别擅长上海市场策划，自1985年以来15年内，成功案例多多。
●本公司策划特点：花费少，见效快、效果好。
●拥有多家权威发布阵地，配合销售灵活自如；自创活性广告，针对性强，独具一格。
●具备在全国范围里的策划能力，并多次策划全国市场；并与全国各大媒体保持常年合作的良好关系。
地址：上海市延安中路839号1202室　电话：62476396、62791234×293　传真：62476202
业务一部总监：尤敏，业务二部总监：凌峰，业务三部总监：叶建军，业务四部总监：周胜利，业务五部总监：杨立文。

可能，你不认识我们，但我们的这些作品（或克隆品），相信你一定不会陌生！

开利空调—分别以长城、金字塔、艾菲尔铁塔等“世界之最”展示开利世界销量之“最”，巧妙地以类比手法说明了开利销量NO.1的地位。

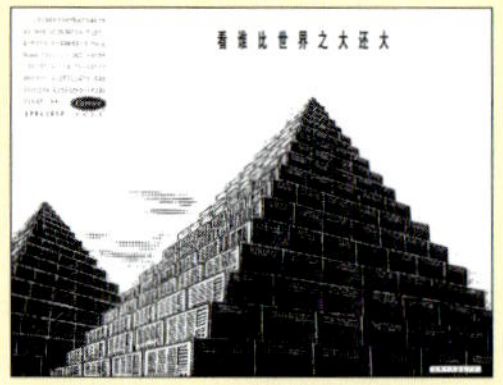

大洋海底世界—浩浩荡荡的深海群鱼排成整齐队列，仿佛国庆汇演时的仪仗队一般威武、雄壮。用来提醒人们，今年的国庆假期，可以去大洋海底世界观看一场别开生面的汇演了！

芭蒂薯片—绿茵场上本来严厉异常的铁面判官为何突然对场上的出位行径不理不睬？原来是“芭蒂在手中，一嘴不二用”，他是为了吃芭蒂薯片而无暇再吹罚比赛。夸张、幽默的表现手法令人忍俊不禁，一见难忘。

至尊龙八啤酒—当人生踏上一个新台阶，为自己每一步的成就举杯，给自己奖励和鼓舞，至尊龙八啤酒就是最适合不过的奖品。

怡乐仙地柠檬啤酒—用大胆的手法把品牌标识中的“一点”延伸到人体最敏感部位的那“一点”，体现出这一品牌出位的品牌个性，充分迎合了具有反叛心理的另类年轻消费族群。

营多正捞面—一对滑稽的司仪和风格各异的美食摊档烘托出“食神”大赛的激烈场面。食客们以堆到天花板的盘子评判营多正捞面为胜出。盘子出人意料地堆出品牌名“正”字，更是点睛之笔。

谢瑞麟珠宝—将一段浪漫缠绵的情事，透过男、女主角和观众三个不同视角别开生面的以三个版本演绎出来。该片囊括6项香港最受欢迎广告大奖。

迎客松—迎宾千百，鼓乐齐鸣似乎还不足以表达主人的情谊。迎客的红地毯铺满长城，烽火绵延相连，把礼迎天下的盛情远播万里！

亲亲宝贝配方奶粉—通过周华健一首脍炙人口的《亲亲我的宝贝》，加上画面捕捉了宝宝在成长中每一天、每一步给母亲带来的惊喜，打动着每一颗慈母之心。

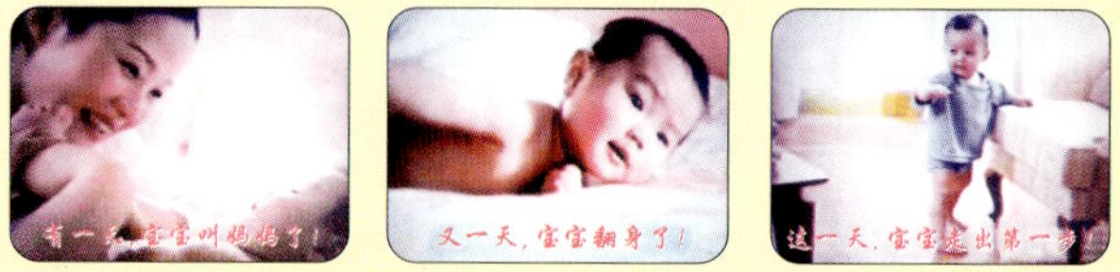

不苟守教条，不流于技巧，执着于独到的策略远见和勇于突破常规的原创精神，我们所创造的不仅仅是一个“点子”，而是一个品牌的未来……

上海创亚广告(中国总部)：上海南京西路1266号恒隆广场12楼 电话：(021)6350-9156 电邮：creasiaa@online.sh.cn
CREASIA GROUP

上海博策广告有限公司出售头脑和智慧。这并不是说我们比客户更聪明，而是对于广告这个行当来说，我们做得更专心一点，了解更多一点，想得更远一点，手段更丰富一点，通路也更顺畅一点。

公司成立至今已为许多国内外著名品牌提供各种广告服务。在赢得客户信赖的同时，积累了大量的经验，建立了一整套严格有效的服务体系和方式。我们相信我们的服务与创意即非常中国也非常国际。

我们的广告哲学叫做“为之所动”。我们独特的创意手段可以保证我们为客户所做的创意更有效，更能令广大消费者为之心动，为之行动，从而使我们客户为之感动。

哦！还有。

就是我们在为您提供头脑和智慧的同时，也为您提供清茶、咖啡和点心。当然，这些全都是免费的。

OLIVER ADVERTISING

上海博策广告有限公司　雁荡路109号复兴广场410-412室　电话：63582623　传真：63582605

广告专著与学术论文选登

练就内功　寻求发展

——国有广告公司的弱点及其对策的浅见

中国广告协会学术委员会常委　陈　梁

改革开放以后随着市场经济发展，海外的广告兵团强势抢滩登陆，安营扎寨。在中国大市场中以其品牌和客户源的优势迅速扩大营盘，占据有利地位，使中国本土广告公司处于竞争被动。中国加入WTO又将使本土广告公司置于全球经济一体化环境中竞争。在经历了20年的恢复与发展的中国本土广告公司将何去何从，成为业内关注的一个重点。

纵观中国本土广告公司，经改革开放洗礼，虽在不断努力，也取得一定成效，但不少业内人士认为，似乎能改革的事都做完了，余下的就是那无法绕过的难以改革的事。这种心理定势多见于国有广告公司中。特别是经过去年下半年至今年上半年的市场内需不足，许多国有广告公司在经营艰难时，无可奈何的心情陡增，总把许多问题均归结为难以改革的体制与机制。体制与机制上是有不少需要进一步改革的问题。相信在加入WTO后这些问题会从大态势上逐步理顺(本文也不着意于讨论广告业的体制与机制问题)。然而，作为中国的国有广告公司真的能改革的事都做完了吗？未必！

市场经济深入，广告业发展，外资广告公司的竞争，使本土广告公司，尤其是国有广告公司的弱点逐步显现，其主要弱点有：

1. 观念滞后，依赖性强。许多国有广告公司均在计划经济体制下，或在“双轨制”经济体制下诞生。强烈的计划经济观念和“面对上级”的责任制，使国有广告公司成为不可逆转的遗传从属。“眼里只看市长，不看市场”阻碍了对现代广告观念的植入，虽也口称“现代广告”，但其多数也从未认真研究过什么是现代广告。当市场经济来临，在市场激烈竞争中失利时也多是祈求“政策保护”和“利益归属的再分配”。公司运作仍是按传统方法“生产”，而后通过几个业务员四处“拉客户”，推销自己的几个“产品”，而不知道客户需要的是什么，我们有什么可以满足客户的需求。几十年“一贯制”，使得国有广告公司一次又一次失去市场机会，在广告业中逐步落伍。

2. 经营趋同，缺乏个性。“低起点、高速度”使中国本土广告公司快速产生并形成了“小规模、大数量”状态。各广告公司所“生产”的“产品”均是相同的。由于其投资小，只需原始的操作和简单的工艺即可经营，因此，本土的广告公司多集中在经营户外广告上。当1992年至1993年的广告市场上企业广告投入增大时，大家日子尚还好过。随着企业在市场中对广告要求越来越高时，缺乏个性的服务弊端就使得广告公司的日子越来越不好过。没有客户，就失去衣食来源，于是不少国有广告公司开始从事多元经营，诸如文化产品、服装，甚至开饭店、搞出租房屋等等。主体经营淡化，多元经营乏力，精力分散，使广告公司两肋受制、渗淡经营。优胜劣汰又使得一些广告公司倒闭、改行。“围城”现象又使“城外人”涌入，于是周而复始，重复走着低水准的缺乏个性的趋同经营路子。

3. 管理浮浅、专业性差。广告公司的管理是一个专业性非常强并具个性特征的管理。然而国有广告公司在管理上具有突出的计划经济的共性管理模式，非常肤浅和浮于表面，仍属于经验型管理，还未进入决策管理和系统管理范畴。因此，管理只能是解决一些日常运作，做一些日常工作管理，诸如考勤、制度等等。

其管理不涉及广告实质，如资源培育（客户培育、人才开发、信息系统、服务保障、企业文化设计等等）、资源配置（科学、系统、有效资源配置和优势营造等等）、资源作用发挥（有序而有效运作、激励机制、成本核算等等），因此管理随意性大，不重视艰苦的基础工作，追求短时、立竿见影，遇到问题时管理就成为"头痛医头、脚痛医脚"的"止痛片"和"救火"的"消防队"。

4. 资金短缺，发展乏力。小型广告公司由于规模小资金积聚难，而国有广告公司在进入市场经济后，行政投资切断，继而"利转税"（上交利润为税收）、"利转息"（贷款须还息）、"利转费"（各种费用加大）、"利转本"（各项成本提高）使得资本积累也渐渐困难。即使有一些资金，也多想使用在多元投资上，希骥短期高额增值。一旦经营不善时，就显得捉襟见肘，资金周转困难，也就谈不上有资金在广告方面扩大再生产。

5. 环境不佳、人才流失。谁都会说广告公司是"出卖脑袋"，是以智力服务于企业。而在国有广告公司内仍是以"官本位"为中心的"官场氛围"，专业人员的待遇总是在官之下，空间与范围也极为有限。高层领导可以"漂洋过海"，中层领导也有"深圳珠海"，业务员有理由"五湖四海"，而专业人员一年还轮不到一次机会出去"充电"（能有一次这样的机会也属恩赐，还是靠干活努力才能有）。因此国有广告公司内专业人才也就"偷偷下海"，时间一长，若有别家单位许诺待遇较高，就会"跳槽觅食"。当人才流失时，又自嘲"我们公司成为黄埔军校"，接着又誓言旦旦："我们也用高薪引进人才"，只注视公司外人才，就是视而不见自己身边的人才。

6. 行为短期，信誉降低。广告市场竞争激烈，形成弱肉强食。国有广告公司没有行为目标与发展规划，只有上级下达的经济指标，因此在经营不利时，浮躁的经营心态就凸显于行为上，求利心切，驱使饥不择食，只要有利就趋之，如：业内曾风行"CI"、"整合营销"、"品牌管家"、"企业诊断"，不少公司既不省视自己目标是什么，有没有这样的能力，"没有金钢钻却揽瓷器活"，低质服务和名不符实的"跟风"、"赶时髦"经营，使得客户对广告公司的信任度降低。又如有的广告制作公司，一见电脑喷画赢利佳，既不作市场分析，也不看自己的能力，马上投资，结果技术人才支持不足，加上市场上设备不断更新与改进，只能靠贴本低价来争取客户。低质的服务也使客户对广告公司形成"一朝被蛇咬，十年怕井绳"的心理定势。

7. 轻视理论，重视"能人"。国有广告公司目前尚有不少仍以业务员为中心运作，以业务员能拉来多少客户为考绩。业务员成为广告公司的"小太阳"。庸俗的关系学加上人际、亲缘等因素会促使一些业务员的业务量上升，成为广告公司的"能人"，授于高薪厚奖。不明不白的"赢利"和业务成功，使现代广告理论在广告公司成为可笑。"什么营销、消费者研究、市场分析、广告运作、团队配合都是纸上谈兵，来钱才是真的！"因此一些广告公司甚至把高薪招聘政府高官子女、亲戚为业务员，并当作成功经验授之于同行之好友。不推崇专业而推崇"能人"，使一些广告公司失去内功营造的时机，也失去市场的机会，"能人"的跳槽，也就意味着业务损失与经营滑坡。

8. 竞争无序，不善合作。中国自古就有"同行是冤家"的说法，因此在广告业内有诸多同行结怨，这就不足为奇了。我们常常见到甲公司在客户面前贬乙公司，或丙公司数落甲公司不是等等。原本十分简单的商业竞争，由于夹杂着这些不和谐声音，使竞争变得复杂而无序。小农社会的竞争陋习把现代商业竞争关系中"竞争与合作"的"双赢"曲解成"你死我活"的"独赢"。结果手中双刃剑既伤人，也损己，成为"双输"。不少广告公司还有"肥水不流外人田"观念，不营造自己专业水准，而一味寻求"小而全"，在经营量不足时，又常常使用价格来争取客户扼杀对手，如向客户的媒介刊播报价之混乱，就可见一斑。结果，"杀敌一千、自损八百"、"鹬蚌之争渔翁得利"。

综上所述，处于发展中的广告公司的弱点，在国有广告公司内表现得相对突出。如果把这些弱点均归结为体制上，这也未免太草率。如果把克报这些弱点，简单看成只要解决企业制度、实现经营自主化和实施股份制就能解决问题，这也是一种误解。有人说中国的广告公司之所以有这些弱点"是环境所逼"，实际上我们只是看到了外因，而忽视了内因是根本，外因要通过内因才能起作用。作为国有广告公司要迎接全球经济一体化的挑战，还是要从练就内功开始。提升内功的对策：

1. 观念更新。观念更新应以现代市场与现代广告的观念来提升广告公司的观念。首先要正确认识广告公司的宗旨是实现满足社会、企业的某种特殊需要而存在，并不为自身的利益目的而存在。广告公司所提供的需要满足即是智力服务。而实现广告公司自身利益目的具有强烈的利他性。只有从"利他"（高质有效的广告)开始,才会创造客户,给公司带来“利己”的赢利。因此在服务过程中应避免把自身利益凌驾于社会利益的目的之上。使“用户(企业与消费者)至上,质量第一”真正深入到公司的每个人心中,成为公司的行为准则。其次是观念转变的关键在于广告公司领导层的观念转变。俗语说有什么样的将军就会带出什么样的兵。作为广告公司的领导层,应具有较高的素质要求,其不但有较丰富的行业经验,能在总揽行业与市场全局基础上做运筹帷幄。我国国有广告公司的领导层多数是由上级部门指派或任命,这些领导人员多是从系统中别的部门同级调任,这些人可能有不少经营经验,但由于业态不同,短期内很难将仅有个人经验的人从素质上提升到广告行业中具较高素养的高度。这些人就会因习惯于套用历史的成功经验,而导致决策的失误。纵观经营比较好的国有广告公司和一些集体、私营广告公司的领导层不难发现他们均具较高的行业运筹决策能力与丰富的运作经验。因此改变委任制为竞争上岗制,选择富有经验的专业人士择优而任则是出路。

2. 定位明确。在进入新世纪和迎接全球经济一体化挑战中,本土广告公司应该审时度势对自己在社会所承担的角色进行一次再定位。在当前,本土广告公司不外三种类型,一是全面服务代理;二是优势制作兼部分代理;三是以自身媒体经营或代理媒体经营。在审视自身定位时要克服“小而全”心理定势。针对自身情况确立个性,凸显优势,以优势竞争和策略竞争坚持特色经营。广告公司在定位决策时应详细想一下:客户凭什么理由把钱拿到我们公司来?我们能够为客户创造价值表现在哪里?我们的服务能为广大公众所接受的是什么?这些问题能客观明确的认定,那么我们公司的优势就相对清楚。定位过程中要克服浮躁与自大,避免由于市场某些利益的诱惑,误入陷井。确立定位后应给自己的公司一个目标,明确自己该干什么,并有一个切实可行的规划支持。这样才能保证优势有效的发挥。

3. 立足变革。市场是具有内在规律的运动系统,以“不变应万变”的思维是不切实际。随着企业在市场竞争变化,其对广告业已呈现出从数量的需求转向质量的需求。因此,广告公司也必须“以变应变”。当前广告公司急需进行的变革:一是人才的变革,其核心是知识的深层化。促使广告公司的人才具有丰富的政治、经济、文化的知识,熟知市场变化,熟知受众文化接受心理,熟知广告业发展态势,并脚踏实地一步一个脚印的修炼。避免追求华而不实、短暂的时尚趋迎。二是服务的变革,其核心是高质与效率。广告公司对实施各项广告活动应有严格的质量标准和有效的运作程序,以保证客户的利益实现。只有这样才能赢得客户与创造客户。

4. 深化管理。广告公司管理无论是决策管理还是系统管理,其核心均是人的管理。以人为本的无级别管理才能保证资源培育、资源配置、资源发挥等方面得以有效运行。“能人”管理、制度管理已逐渐转化为企业文化管理和以人为本的无级别管理。业内有一句话:“小公司在做事,大公司在做人”不无道理。小公司重视的是人对领导服从、政令的执行。大公司则重视人的潜能发挥和创造性工作。在构筑合理的人才结构、保证服务有效的同时,亦注意营造人才成长的环境,给予相对的自由空间和适时有计划的培训,保证人才的健康成长。人才外流过频时就应该审视人才成长环境是否欠佳,有树才有鸟来栖,有水才有鱼来游。业内常听到这句话“广告业是年轻人的事业”,这句话有一定道理。因为年轻人思维敏捷,善于接受新事物,充满活力、有干劲,是广告公司的中坚力量。在不少国有广告公司“人才老化”的情况下,应注意及时有效地引进年轻人才,使整个人才结构呈现活力。然而这也使得一些广告公司产生误解,出现了大量使用年轻人而把富有经验的老广告人也赶走的“用新弃旧”行为。实际上,我们应在“广告业是年轻人的事业”之后加一句“广告是成年人的游戏”。既然是“成年人游戏”就应是具有非常成熟的市场经验和消费群体的把握力。这种能力并不是3年5年可以积累的。因此合理人才结构组合,优势互补也成为广告公司管理中应注意的一个环节。

5. 科学运作。科学运作是保证广告公司的服务能有序而高效进行。公司内的各组织机构应形成一个完整的运转机器,各部门均是公司整体机器的一个过程。因此,不存在那一个部门重要,那一个部门不重要(不重要即可撤销、节省开支)。一个公司需多少个部门才能维持运行,这要看自身定位。时下一些公司不管有没有整体策划业务,均设置一个“策划部”以示其为现代广告公司。时过境迁的模仿且不说是“东施效颦”,就其本身来说也会形成人员闲置、成本提升和部门间忙闲不均矛盾加大。因此机构设置没有定式,只要能高效高质运作就是恰当。这里强调的是人在其中的“角色”位置和周围协力关系的发挥,这样才能形成团队的战斗力。然而现在有一些国有广告公司出于利益关系而采取部门承包,一个不大的广告公司形成以"能人"为中心的大大小小几块,名曰"利于竞争",实际是各自以"八仙过海"的小生产方式经营。各个小块经营同一性质业务,看似很有活力实际上各部门相互倾轧,矛盾加剧,整个公司的无序状完全显现于客户面前,不利于广告公司升级发展。因此,广告公司的运作一定要强化整体协力,虽运作没有一定模式,但团队协作的概念和运作科学性不可削弱。

6. 提升形象。广告公司所从事的工作均在提升企业形象。然而不少国有广告公司却忽略了自身形象的提升。虽近些年来不少广告公司也在刊发自身的广告,或耗资印制样本之类,但仔细品味,却多有自我吹嘘、自大与不实。这也许由于广告公司习惯于为客户制造太多梦想,存积蕴过盛的激情,一旦为自己进行形象传播也难免言过其实。这些不切实际的自美并没有带来形象提升,相反却招来华而不实之嫌。作为国有广告公司不提升自身形象的注意力,就无法让客户认知。但要提升形象就得靠对内营造以价值观为中心的行为规范的企业文化,对外要确定广告公司的个性形象,传播过程中还应"以实为本,以诚为引,以信为终",使客户感知到广告公司能实实在在地给他们带来利益。

7. 联手合作。个性化的经营需要社会整合,在社会整合服务过程中使广告公司目标实现。人们常说"把蛋糕做大",这个"蛋糕"靠一个广告公司来做"大"就有限,从整个行业共同来做,那么"蛋糕"就可做"大"。当前国有广告公司要发展必须走联手合作之路,采取各尽其长,优势互补,以求在整合优势服务中取得双双获益。在合作过程中,应首先要为对方利益着想,只要对方有利益,合作才成为可能。那种事事只以自身利益为重的合作都是短暂的。中国的广告公司间之所以合作较少也盖于这个因素。市场的发展应该说给合作提供的机会是多样的。如经营户外媒体的能否跨地域联合,实行网络性经营?进行全面服务代理的广告公司是否也可在市场研究、媒体选择、制作等等方面与各地区的广告公司联手合作呢?时下一些广告公司宁可花费不少资金自己去某省市开一个公司,而不愿寻求联手合作,这固然有其"肥水不外流"的思想因素,也有行业合作过程中的专业化与规范化的问题存在。因此加强行业自律,减少积怨,提升各自的专业化与规范化水准是提升中国广告业竞争力的关键。

8. 重视理论。广告是个综合性学科,它具开放性,必然需要多学科的介入。当前我国广告理论研究滞后影响了广告业的快速调整到位。市场经济发展,原有所学的政治经济学等理论与市场情况出现不适应,而海外一些广告研究和某些经济理论又与发展中的中国国情呈现明显超前性。其他学科人士的理论进入广告业,也多有站在圈外看广告,未曾形成介入后的化合,而处于广告业中心环节的广告公司却忽视了理论研究对提升广告实效性的作用。这就形成中国广告理论研究看似有诸多研究见于报端与刊物上,而实际指导意义总有"隔靴抓痒"之感。因此,除加强专业研究机构的广告理论研究的同时,作为本土广告公司,则更应强化广告理论研究,因为广告公司在摸、爬、滚、打的第一线,有许多经验与感触,提升为理论上进行研究,对中国广告业发展是十分有助的。事实上国人在广告活动中经常言必称海外 XXX 广告大师怎么说、怎样讲,并奉为经典。然而其正是国外广告公司各自的广告理论研究结果。难道中国的广告公司就不能有针对自己市场的广告研究成果,并深化成为指导广告工作的理论呢?因此,中国的广告公司应重视理论研究,这也正是中国历史赋于中国广告公司的使命。

综上所述,中国国有广告公司强化内功的练就,伴随着由于根植本土面对本土市场并熟知中华民族文化和受众的接受心理优势,并随着中国市场大环境的进一步改善和成熟,中国的广告公司在中国这个幅员辽阔的大空间里相信会有大的作为。

中国报业广告应对 WTO 及未来发展趋势浅析

中国广告协会报纸工作委员会副主任 梁勤俭

尽管中国是否能马上加入 WTO 还在谈判之中,但加入世贸对中国经济将会带来深刻的影响,这是不言而喻的。

中国需要加入世贸,世贸同样需要中国,已成世人皆知的事,用不着多说。而加入世贸以后,对正在成长和发展中的中国广告业,尤其是报纸广告业又将会带来什么样的机遇和挑战呢?我们该如何应对呢?作为广告经营者应当有一定的前瞻性,应当有战略眼光。这个问题你不研究不行,有人说许多陷入困境的国有大中型企业的今天,很可能就是我们国有媒体的明天。因为国有企业有的弊端,国有媒体差不多都有。

据外经贸部官员介绍,在 WTO 的协议中,尽管广告只是专业服务类中的一个小类,但不少国家都有出价和限制。这一情况表明,发达国家的经济、科技优势等压力同样会不可避免地对我国广告业带来冲击,而首当其冲的乃是带有垄断经营性质的传统媒体以及继续沿用计划经济体制模式管理和经营,弊端较多且实力较为落后、弱小的广告经营单位。与此同时,国内电信、金融、保险、商业、旅游等行业都面临新的严峻挑战,当然也潜藏颇多机遇。

纵观当今世界经济,各种力量都在起作用,它们将彻底打破国家之间、地区之间的封锁,其结果将最终导致各行业按照真正的全球方针改组。中国广告业盼望已久的历史性的机遇已经到来了。

与发达国家相比,我国广告业的实力目前仍相对弱小,面对外国资本的大量涌入、发达国家同行的登堂入室,竞争无疑将变得更加残酷。我国广告人能否经受住严峻考验和迅猛而来的残酷挑战,能否让弱势迅速转化为强势,已显得越来越迫切,亚、非很多发展中国家早已加入 WTO,人家能过来,我们应当也能过。

大众传播媒介这块,我们目前没让外资进入,但不少外资公司已开始以合资等各种形式逐步渗透或占领文化娱乐及公交广告市场。刚刚兼并了美国哥伦比亚广播公司的维亚康姆公司就首先选择音乐电视作为同中国合作的主要渠道,还有的外国公司以合资修建公交车停车站亭、灯箱,经营车身广告等来抢滩入市。这样做,我们眼前利益有一点,但从长远看对我们并不利,有条件的省、市报应当尽快设法插足和占领公交线路沿线、户外广告等市场。专家和业内人士普遍认为,加入世贸,从整体上对我国广告业来说,机遇与挑战同在,但综合各方面的情况,还是机遇大于挑战,动力多于压力,有利大于不利,机遇多于挑战。国门进一步打开,境外企业和产品的大量涌入,广告市场规模的扩大和延伸,加上方方面面广告意识的普遍增强,促使先进的管理方式,前卫的经营理念,科学的制作手段和设施能够得到尽快的推广和普及,会使我国广告业与发达国家广告业的差距进一步缩小,劳动生产率平均水平会不断提高,增长方式向多元化、集约化的转变也会逐步完成。

动力多于压力。优胜劣汰的机制将更加显现,凌弱怕强的局面会更加明朗化,谁不尽早与国际惯例接轨,谁就会遭淘汰出局,因为稍有闪失,则意味着马上被人家远远甩在后面,甚至遭致灭顶之灾。这个巨大的压力,将迫使本土广告经营者义无反顾地瞄准先行一步的外国同行奋起直追,加快发展步伐。

有利大于不利。别人可以长驱直入进来瓜分我们的市场,我们也完全可以大踏步走出国门去争夺人家的份额。开放,将使我们报业广告人面对的市场空间变得更加宽广,更能有所作为,在有序的竞争中能够实现更快的健康成长。

我们面对的市场将变得规范、秩序井然

在日趋激烈的市场竞争中,广告经营同样必须有严格的游戏规则,任何一方都必须按牌理出牌,否则,游戏就会做不下去。市场经济乃法治经济,法治社会不会保护落后。在加入到国际大循环进程后,中国广告市场的变化将会更有力地证明这一点。

我国广告业的快速发展局面是近 10 年才出现的。发展过程中很多方面还相当不成熟,存在的问题和矛盾仍然很多，尤其是市场规则还相当不规范，各地的执法力度也不一致，导致鱼龙混杂的局面长期存在。报业广告市场同样如此，如恣意夸大和虚报报纸发行量、阅读率的问题，广告高报价、高代理费、高回扣的问题，垄断经营宰客现象等，恶性竞争和恶性循环的结局都严重影响和制约着市场的发育和完善。在报纸经营方面，我们与发达国家的差距也相当大，不能完全按市场规律、价值规律、经济规律办事，尤其是根据广告量扩版加张、自办发行等都受到诸多限制，也使报业和广告事业的发展受到约束。

加入世贸，便意味着中国广告业要以崭新的姿态进入世界之林。换言之，中国广告业的一举一动也必须按国际规则进入竞争游戏场，必须依照国际惯例办事，这没有什么可商量和通融的余地。我们已经饱受不规范开放和不公平竞争之苦，WTO恰恰给了我们走向规范和公平的机会。因此，借用外力推动步履艰难的中国广告业和报业的改革，完善管理规则，加大执法力度，努力创造公平竞争环境，有利于我国报业广告沿着规范的方向稳步持续向前发展。有序的竞争还需要我们对已有的规则(包括法律如《广告法》作必要的调整，如果不在法制建设上下功夫，单靠行业自律是解决不了实质性问题的。

在广告主已不再对传统媒体情有独钟的今天，报纸广告与电视广告的命运大有殊途同归之势，都将不再独具魅力。如果再不引进和推广先进的管理模式，及时按国际标准和市场化要求整改，进一步优化产业结构和服务体系，在制度创新和技术创新上扎扎实实下功夫，后果将很可能是令我们在强大对手到来之际只有招架之功而无还手之力，甚至干脆只能束手就擒，坐以待毙。

根本的出路在于苦练内功，强筋壮骨

中国入世，广告业被列入扩大对外开放的服务行业之一。其中最要害的一点，就是取消一部分管制条例，让国外企业来华参与竞争的市场舞台有更大的扩展。在加入世贸的谈判中，中国尽管也提出了对广告业的保护，但这个保护期和调整期都肯定不会很长，因为市场经济就是竞争经济，既然是竞争，就得体现公平、公正，竞争面前应该人人平等。况且，境外不少著名的跨国广告公司早已看好中国的广告市场，纷纷抢滩登陆，有的已在我国主要大城市建立起了分支机构或合资公司。有的则牢牢控制了境外来华企业和产品的广告代理权。再加上计算机和通信方面的技术革命，大大压缩了时间和空间对信息的阻隔，从而给我国相对落后的广告业增添了竞争的新经济因素。

狼是真的要来了。是被狼吃掉还是宰掉狼，或者与狼共舞？对报业广告人来说，同样面临着重要的抉择。优胜劣汰，弱肉强食是市场经济的必然法则。市场属性决定广告业自身具有适应竞争的特征。然而，看看我国的广告市场，不难发现，目前仍处在相当不成熟的成长阶段，许多方面根本无法与境外对手过招。特别是人才培育滞后、制作手段落后、表现手法和创意水平低等矛盾仍相当突出。未来的竞争，表现在人才的竞争上将更为激烈，拥有优秀的人才队伍才是报业持续发展的保障。目前状况下的机制所带来的弊端之一，往往不仅吸引不了人才，就连自己费尽千辛万苦培育的人才也难以留住，要不就是让高素质的人才发挥不了应有的作用。而这一点，正是境外广告经营者最容易向我们攻城掠地取得胜利的薄弱环节。

要改变这种状况，一方面需要政府从政策上予以支持、扶植，另一方面，报纸对广告经营人才的使用和激励也应进一步放开和到位，促进形成人才辈出的新机制。要适应客户和读者的要求，尤其要注意的是调整好队伍结构，同时要做好在职人员的培训工作，向国际高水平看齐，广告部门原有人员必须做到自身先充足电，别老弱病残齐上阵，充不了“电”的要尽早转岗下岗。行业主管部门要创造条件做好境内外的中长期培训工作，队伍调整则要坚持引入竞争机制，加快吐故纳新。

正因为我国广告业发展水平仍然很低，要想在未来的国际经济舞台上拥有一席之地，就必须加快发展广告产业，而加速发展广告业的一条重要捷径，就是大胆与国外合作，加快引入人家先进的经验、技术和管理来为我所用。广告部门也得从各方面作好充分准备，瞄准发达国家同行的水准，虚心学习人家的先进经验和做法。对有利市场培育和发展的好办法，要学会大胆拿来，如电子版、网上广告等，力求不断推出新的服务方式和服务品种，提高服务水平和服务质量，力求尽可能与国际惯例接轨，适应市场和客户日益增长的需求。近几年蓬勃兴起的报纸分类广告和直销广告正是顺应了这一潮流。在报业广告经营上，要走专业化分工的路子，走集约化经营的路子(如联合或参股经营其他媒体)，尽快组建自己的联合舰队，解决单打独拼的问题，努力缩小与发达国家同行间的差距，增加防范和抵御风险的能力。报业内部，应当尽可能让报社广告部门真正按市场要求和企业法则运作，在抓好主业的同时，不断培育和开掘新的广告增长点。

发挥优势方能适应潮流

严酷的现实,促使中国报业广告同仁静下心来冷静分析和正确认识我们与发达国家同行间存在着的距离。相对于刚刚和即将步入中国广告市场的竞争对手,中国本土的广告经营者尤其是报纸广告经营者,应当说仍具有众多的优势,在保护期内尤其会如此。中国的市场状况,有很多东西人家会暂时认识不了,理解不了,对很多事物的接受程度也得有个过程。"游击战"、"地道战"等机动灵活的战略战术,在一定时期内仍能使我们的广告人寻找到自己的生存空间。

中国加大对外开放,给境外企业开拓和争夺中国市场提供了更多的发展和获利机会,也会为本土媒介吸引更多的境外广告资源。对有眼光的报业领导和广告人来说,此时此刻仍需保持清醒的头脑和锐利的目光,充分认识自身的地利、人和优势,努力扬己所长,避己所短,尽快改变报纸面貌,加大报纸容量,优化发行结构,使传统报纸加速向强势媒体转化。同时,应当与广告主、广告经营单位和兄弟媒体之间更紧密地联手,协同作战,谋求优势互补,以利牢牢稳住已有的市场份额。切不可内战内行,外战外行。更不能上演兄弟相煎、自相残杀的悲剧。

中国加入"世贸",也为我国广告业参与国际竞争提供了更多的机会和便利。因此,我们要开阔视野,改变习惯的思维模式。国外的广告同行告诉我们,中国的报纸品种太多,而了解其真实面目的渠道又不畅通。以欧洲为例,其在中国大陆投放的广告费用已超过美国,但投入仍有一定的盲目性,主要是对中国媒体的了解太少。有时摸不准,只好以放弃投放告终。电视台的同志提出广告要增长,前提必须是办好节目,办好节目关键是办出名牌栏目来。电视如此,报纸何尝不是如此,因此,一定要沉下心来,扎扎实实做品牌,只有把品牌培育好,广告市场才有你的位置。同时亦应当眼睛向外,不拘泥于家门口这点生意。

宣传好中国这个巨大市场的诱惑力,致力于奋力开拓海外市场,既吸引更多的外商来华广告,又可为中国企业和产品出口占领境外市场提供优质和必需的服务,这样,我们才能紧紧抓住克敌制胜的主动权,在国际市场激烈竞争中去争高低,显身手,赢得更多的市场份额,力求在加入世贸后仍能保持持续快速增长的步伐。

深入研究市场会让我们新招迭出

广告业正在发生划时代意义的深刻变化,这是因为:

1. 广告主的构成及经济成分发生变化,私营企业和股份制企业、外商投资企业、合资企业数量日益增多,广告投放额占的比重加大。仅以私营企业和股份制企业在国内广告市场的投放为例,去年就已分别达到40亿和29亿元,而相当一批国有企业的广告投放比重呈逐年下降趋势,尤其是在中央媒体(即覆盖全国的大报、大台)上表现更为明显。

2. 我们的受众素质在变化,消费者受教育的程度、生活习惯、兴趣爱好都在发生变化,他们的婚姻状况,如结婚年龄推迟、家庭单位变小。人口出生率、死亡率下降,人口趋向老龄化等。

我们报纸的受众在注重实际,讲求实惠的同时,变得理智、冷静、成熟,也更加有理想、更富有同情心、更关注环境的变化,不仅对生活质量,对生存质量也有了更高的要求,对保护野生动物、保护水土资源、植树造林、人类健康和他人幸福等也有浓厚兴趣,如何根据受众口味的变化,把广告业的诉求与受众关注的兴奋点有机地结合到一块,给广告人抛出了新的课题。

3. 受众接受广告的方式也在起着翻天覆地的变化,品种和版数都日益增多的报纸令我们的受众目不暇接,不得不大大加快阅读速度,一些面目依旧的报纸,其传播效果肯定得大打折扣。众多的电视频道甚至常常弄得我们无所适从,不知如何是好。流动人口量的加大和频率的加快,使更多的人难以接受到地域性报纸、电视、广播传播的信息。所有这些说明一点:广告已越来越难以通过传统媒介到达广告主所希望送达的消费群体,而互联网络和电子报已越来越受到有消费实力的白领阶层(特别是金领阶层)的青睐。网上购物的兴起,更对传统的广告媒体提出了进一步的挑战。在美国,人们可以在网上订购到超市里供应的一切(包括汽车、住房)。据国际广告协会(IAA)主席乔·卡波先生在与中广协有关负责人座谈时介绍,美国的网上销售额1998年已达到470亿美元,占商业领域的10%左右,预计2003年将达到1300亿美元。

在这种情况下,我们必须认真研究不断变化着的广告市场,千方百计开掘潜在的广告份额,在广告经营艺术和手段上时时创新,努力拉动广告需求。通货紧缩时期,在经济形势不景气的情况下,大家比较关心的是广告还能往哪拓展？北京市工商局副局长王正在同志最近写了一篇文章，对研究和开拓广告市场提出了一些有新意的见解。潜在的广告客户和广告市场在哪里？从当今经济发展的趋向和社会需求，我们不难看到以下几个方面的指向：

第一，尽管以知识经济产业发展带动其他产业发展的新格局正在形成，但从各地广告看，对发展高科技产业的政策，科研成果的应用及新产品上市等，宣传的力度都不够；把广告打到国际市场上更是寥寥无几。广告业应当首先转变思想观念，着重研究知识经济时代的广告宣传方略，推进科研成果的尽快转化。

第二，多年来，广告经营忽视了九亿农民这一大市场。供应农业生产资料的广告不多，适应农村消费水平的商品广告也少，至于农副产品、扶贫广告、农田水利建设广告、开发山区资源广告几乎还是空白。应当说，开拓农村广告市场不仅具备了资源条件，而且也具备了传播条件。广播已全国普及，电视已覆盖了80%以上的农村，报纸期刊在农村的征订量也年年增长。广告业要充分利用通往农村的各种媒体，多做推销农副产品、城市工业品的广告，促进农村与城市、工业与农业的互补繁荣。当然也要准确掌握农村市场的客观实际，正确认识农村市场，切不可盲目乐观。目前农村的自来水普及率仅有50%，约有4.3亿农民喝不上自来水，这就是洗衣机的价格很低，而在农村仍无法普及的原因。电网不普及也导致农村的彩电、冰箱等消费不旺。而在农村投资水利设施、农田基本建设、农村道路、植树造林、种草治坡、治理水土流失，可以吸纳大量农村劳动力，则会使农民也成为扩大内需的受益者。农民的钱包鼓了，广告主的投入才会有效果。

第三，在今后相当长的时间里，包括城市公用设施，江河治理、环境保护等基础设施建设仍是重点。每一个项目，在总预算中都安排了一定比例的宣传费用。广告业要拓展新的服务领域，学会制作和代理建设项目广告，通过多渠道，主动出击，参与竞争，经营好基础设施建设项目的公益广告、远景规划广告、项目招商广告、争创优质工程的宣传广告。城市和地方政府部门形象广告目前在中央级媒体和省报广告中占的比重已呈逐年上升之势，这个市场还可以加大培育和开发力度。

第四，全社会对公益宣传的投入是一个庞大的数目，但是，目前广告经营者没有将其视为自己的市场，实际利用并不多。因此，应提高公益宣传意识，树起一批公益广告的样板，尽快将公益广告推向市场。如果不能把公益广告的运作尽快推向市场，没有经济利益的推动，广告主、广告公司和媒体积极性都难以持久。

第五，要通过广告刺激消费需大力宣传名牌产品。广告业必须采取灵活多样的经营方式，比如，加入股份制企业集团，全方位负责市场营销和广告宣传；参与工业开发区，科技园区以及对企业的文化建设等。目前电视广播广告断档、报纸期刊广告版面空闲、城市空间户外广告大量闲置的现象比较普遍，广告行业组织和咨询中介机构应该多举办供需的衔接会或招商会，通过具体协商谈判，既为企业服务，也提高媒体的使用效率。报纸广告经营者自身也要采取措施，提高广告版面利用率，充分体现服务读者的功能。

以上是一个广告市场管理者对广告人提出的希望和要求，也给我们以较多的启示。

研究市场的目的，就是要创新。报纸广告的服务形式，同样应当看作是一种产品。当传统的广告表现形式和编排方法受到冷落时，作为广告这一产品生产者的广告人，不断开发出满足市场的产品当然是第一位的。但就怕我们并不知道市场在哪里，并不知道市场的需求是什么，更怕自己坐在那里冥思苦想，最后开发出来的东西无人问津。

好产品还要有好的售后服务。报纸广告同样必须强化售后服务，以良好的、完善的售后服务密切联系市场。获得需求信息，售后服务的完结就是新产品（新专版、新栏目）开发的起始。生产与服务是相辅相成的，而好的服务会帮助我们找到推出新产品的正确方向。

现在媒介竞争不断加剧，逼着大家不断创新，但创新仍然应当把眼睛盯住客户需求而不是竞争对手，一心盯住竞争对手是不会有大发展的，必须处处领先于竞争对手，并在对手一旦模仿时，能在最短的时间内有新的高招出台。

不管中国是否加入世贸，广告业都必须坚定不移地向前发展。适者生存，顺潮流者昌。放眼世界，着眼未来，在市场经济风雨洗礼中成长起来的中国报业广告，在国际大舞台上相信会有更加出色的表演。中国报业广告人定会有让人刮目相看的成功表现和骄人业绩！希望国内外广告界把眼光更多地投向中国的报纸广告，因为国内广告过亿元的报社目前已是电视台的两倍以上！

网络革命与企业网络营销观念变革

中国广告协会学术委员会委员　卢　勇　郝杰斌

在距离第一台计算机(1946年2月14日,世界上第一台计算机"埃尼克"在美国宾西法尼亚大学启动)出现23年之后,网络降临了人间。1969年6名科学家聚会加利福尼亚洛山矶分校的计算机实验室,观看这里的一台计算机与远在千里之外的斯坦福研究所的另一台计算机联通。这些研制者们根本没有想到,他们连接的不仅仅是两台计算机,而是宣布了网络世界的到来,这将大工业时代所给人们生活带来的变化又向前推进了一大步,使人们进入了一个崭新的生活状态。

在20世纪的最后几年中。网络正在以其无比迅猛的声势,占领整个世界。比尔·盖茨在演讲中说:"以500万消费者为一个里程碑计算,收音机用了38年,电视机用了13年,而互联网仅用了4年,全球互联网的通讯量如今每100天就翻番。全世界互联网的用户已经达到1.5亿。"

目前世界互联网的规模为:接入国家175个;接入网络24万个;接入计算机1000万台;网上用户7000万人;WEB站点20万个;WEB用户4000万个;联网大型图书馆600个;联网学术机构文献库400个;超级计算中心几十个;各种信息源100万个;美国网上用户4500万;美国ISP业4000家;

对2000年的预测为:接入网络100万个;接入计算机0.8—1亿台;网上用户3—5亿人;WEB站点0.7—1亿个;WEB用户1—2亿人;

《中国信息服务业市场年度研究报告》对中国1995—2000年INTERNET用户状况及预测为:

1995	20000
1996	74600
1997	210000
1998	444648
1999	966369
2000	2041643

这些数据表明,中国如同整个世界一样,正在以几何级数的速度发展着互联网的用户,可以预见,21世纪必将是一个网络的世纪。

在21世纪,在知识经济、信息经济以至电子商务的时代,企业单靠传统手段从事生产经营活动已经远远不够了,借助于互联网络,运用电子商务手段改善经营、开拓市场、提高企业竞争力,已被全球大公司认为是成本最低而效率最高的方式。最前卫的企业家们认为:21世纪将不存在"互联网企业"的名称,因为所有企业都将依靠网络生存,从而成为互联网企业。

即使是现在,网络的存在已经对传统的企业生产、经营和销售活动产生了巨大的冲击,以商业为例:基于因特网的电子商务已经对传统商业产生了巨大的冲击,美国通讯公司目前的一份研究报告指出,目前的在线销售中,有高达94%是从传统的非在线销售市场夺过来的生意,今年这个数字将达到112亿美元之多。如果没有网络,消费者今年也会增加的支出只占到在线销售总额的6%。Jupiter公司数字商务分析家卡萨说,不论传统零售商是否上网销售产品,他们的生意都会流失。另一方面,如果他们顺应潮流,采取上网销售策略,即使不会创造多少新契机,最起码也有助于他们保证市场占有率。DELL电脑公司即是其中最为鲜明的例子:1997年1月,DELL公司在INTERNET上每天销售不到100万美元,而在1997年12月,达到每天600万美元。国内的例子同样值得关注:1999年3月18日,连邦软件公司的在线零售网站"珠穆朗玛"开通,当月销售额达到40万元,是连邦专卖店1994年刚成立时月销售额的4倍,到8月份时,这个数字就变成了260万。网上销售乃是大势所趋,传统零售商根本回天乏术,未来成功的零售商将同时拥有强大的网上和非网上销售网。

网络已经将人们带入了一个崭新的生活空间,在这个空间中生存,消费者的价值观念必将产生重大的变革,而基于网络营销的企业也必须采取相应的策略,使自己在未来的竞争中立于不败之地。满足消费者的需求,无论在何时何地,都是一个企业的经营核心。而要满足消费者的需求和欲望,就必须了解当代消费者心理变化趋势和特征。当今企业正面临着前所未有的激烈竞争,市场正由卖方市场向买方市场转变,消费者为主导的营销时代已经来临。在买方市场上,消费者将面对更为纷繁复杂的商品和品牌选择,这一变化使当代消费者心理和以往相比有新的特点和趋势。这些特点和趋势主要集中在以下四个方面:

1. 个性消费的回归

过去相当长的一个历史时期内,工商业都是将消费者作为单独个体进行服务的。在这一时期内,个性消费是主流。到了近代,由于工业革命,带来了工业化和标准化的生产方式,使消费者的个性被淹没于大量低成本、单一化的产品洪流之中。另一方面,在短缺经济的状态下,消费者可以挑选的商品本来就很少,因此,个性消费不得不被压抑。当市场经济发展到今天,多数产品无论在数量上还是在品种上都已极为丰富,消费者能够以个人心理愿望为基础挑选和购买商品和服务。更进一步,他们不仅能作出选择,而且还渴望选择,他们的选择更多了,需求的变化也更多了。消费者开始制定自己的准则,他们不惧怕向生产商品的厂家作出挑战。现在的商品已经不仅仅包含它的使用价值,而且包含很多的附加价值,从消费者对产品的附加价值要求来说,没有任何一件商品能够满足所有消费者的要求,因为没有一个消费者的心理是完全一样的,从这个角度来看,每一个消费者都是一个细分市场。心理上的认同感已经成为消费者作出购买的先决条件,因此,个性化的消费也必将再次成为消费主流。

2. 消费主动性增强

在社会分工日益细化和专业化的趋势下,消费者对购买的风险感随着选择的增多而上升,而且对"填鸭式"的单向营销沟通日渐感到厌倦和不信任。在许多日常生活用品的购买中,尤其是在一些大件耐用消费品(如电脑)的购买上,消费者会主动通过各种可能的途径获取与商品有关的信息并进行分析比较。这些分析和比较即使不够充分和准确,但消费者却可以从中获得心理上的平衡,以减轻风险感或减少购买后产生后悔感的可能,增加对产品的信任和争取心理上的满足感。消费主动性的增强来源于现代社会不确定性的增加和人们追求心理稳定和平衡的欲望。

3. 对购买方便性和需求与购物乐趣的追求并存

一部分工作压力大,紧张度高的消费者会以购物的方便性为目标,追求时间和劳动成本的尽量节省,特别是对于需求和品牌的选择都相对稳定的日常消费者,这点尤为突出。然而另一些消费者则恰好相反,由于劳动效率的提高,人们可供支配的时间增加,一些自由职业者或家庭主妇希望通过购物来消遣时间,寻找生活的乐趣,保持与社会的联系,减少心理孤独感。因此,他们愿意多花时间和体力进行购物,而前提必须是购物能为他们带来乐趣,能满足心理需求。

4. 价格仍然是影响消费心理的重要因素

虽然很多企业的营销战略倾向于以各种差别化来减弱消费者对价格的敏感度,避免恶性削价竞争,但价格始终对消费心理有重要的影响。例如近来的微波炉大战,虽然作为市场领导者的格兰仕微波炉拥有技术、质量、服务等多方面的优势,但到最后却也被迫宣布重返降价竞争的行列,为市场占有率而战。这就说明了即使在当今发达的营销技术面前,价格的作用仍旧不可忽视。只要降价幅度超过消费者的心理界限,消费者也难免会怦然心动,从而改变自己的购物原则。

企业要想满足消费者的需求和欲望,就必须按照消费者消费心理的变化,运用互联网的特点和优势,更好地为消费者服务。

国际互联网最大的5个特点是:

1. 互动性;2. 虚拟性;3. 私人性;4. 全球性 ;5. 永恒发展

这其中对企业营销来说最重要的一个特性即是网络的即时互动性。这种特性为企业营销开创了一种前所未有的新局面,使企业能够较好地满足消费者消费心理的变化。这种满足主要体现在以下几个方面:

1. 网络营销是一种以消费者为导向,强调个性化消费的营销方式。网络营销最大的特点在于以消费者为导向。消费者拥比以往更大的选择自由,他们可以在全球范围内,根据自己的个性特点和需求寻找自己满意的商品,完全不受地域的限制。他们可以随意进入自己感兴趣的企业网址或虚拟商店,获取产品的信息或选购自己喜欢的商品,完全不受时间的限制。同时,随着计算机辅助设计、人工智能、遥感和遥控技术的发展，消费者可以自己在企业的网址上订购符合自己需要的商品，使购物更显个性化。

与此同时，企业为了适应这种个性消费的发展，必须以消费者的需求为出发点提供产品和服务，这就要求企业具备以较低成本进行多品种、小批量生产的能力。

莱维·斯特劳斯公司希望顾客有机会当时装设计师，在“个人牛仔裤”的旗帜下，为个人量体裁制牛仔裤。莱维·斯特劳斯公司将提供750种牛仔裤，顾客从六种颜色、三种基本款式、五种裤腿、两种式样的前襟中自行挑选，组合成自己理想的牛仔裤。虽然网络的特性和现代科技的发展可以让顾客任意选择自己喜欢的产品，但无限的选择会使企业效益低下。因此莱维·斯特劳斯公司认为大规模的定制并不是无限的选择，而是提供适当数量的标准件，使之进行成千上万种搭配。这既可以给顾客一种无限选择的幻觉，又使复杂的制造程序能够管理。

能够完全从网络提供服务还包括唱片业。Virgin超级商店在美国启用新的服务，让消费者从在线音乐网站，包括Liquid Audio、MP3.com、Songs.com和Noisebox，自行选定要下载的音乐文件。选曲完毕后，通过宽频网络和Red Dot Net的数字传输系统，即可制成消费者自己喜欢的独一无二的CD。

2. 由于网络具有极强的互动性，使企业具备了进行全程营销的能力。完全以消费者为中心的市场营销要求企业必须进行全程营销，即从产品的设计阶段就必须充分考虑消费者的需求和欲望。但在实际中，这一点很难做到，原因在于企业与消费者之间无法进行充分的沟通或是沟通成本太高，消费者只能对现有的产品提出建议或批评，对还处于概念阶段的产品就根本无法涉足。因此，绝大多数的企业也只能根据自己的意愿或参照不充分的市场调查进行产品开发，因此，这种产品开发成功的概率也就很低。

在网络的环境下，这种状况将有所改变。即使是中小企业也可以通过电子布告、在线讨论和电子邮件等方式，以极低的成本在营销的全过程中对消费者进行即时的信息搜集，而消费者也可以有机会从产品的设计到定价（对于采用理解价值定价法的企业尤为重要）以至于服务等所有问题发表自己的见解，这种互动式的沟通方式有效地提高了消费者参与的积极性，更为重要的是它能够使企业的营销策略有的放矢，从根本上提高消费者的满意度。

传统社会调查方式的费用日益增加，而且调查的时间周期也会越来越长，这不仅增加了企业的生产成本，而且由于社会迅速发展变化，调查的结果往往在投入试生产时，消费者的消费观念已经发生了变化，这种生产方式总是落后消费者需求半拍。但网络的即时互动特性，使企业能够通过网络迅速了解消费者需求和欲望的变化，甚至能够了解竞争对手的产品信息，便于企业调整自己的营销战略，调整新产品研发战略，适应市场的需要。

3. 网络营销能够极大地满足消费者对购物方便性的要求，提高消费者的购物效率。现代生活节奏已经使消费者用于外出在商店购物的时间越来越短。在传统的购物方式中，看样选择商品、确定所需购买的商品、结算付款、包装商品、取货等一系列过程，加上往返购物场所的时间，大大延长了购物所需要的时间，这就使消费者在购物上耗费很大的时间及精力。然而在现代社会，随着生活节奏的加快，使得人们越来越珍惜闲暇时间，越来越希望在闲暇时间内从事一些有益于身心健康的活动，充分享受生活，在这种情况下，外出购物的时间必将会日益减少。

然而在网络上购物将简化整个过程：

售前：在企业的网站上向消费者提供丰富、生动的产品信息和相关资料，例如网上书店提供各种书籍的简评，CD的销售商还可以让你免费试听几首音乐，还有的搜索引擎提供同类商品的比较服务，可以使你不费吹灰之力就可以对同类的各种商品进行比较，从而作出适合自己的选择。

售中：无需前往很远的商场，也无需排队交款，同时也不必为联系送货而与商场工作人员进行交涉，你可以在任何时候，点几个鼠标，就可以在家里逛逛虚拟商场，省去了许多麻烦。

在北京，交通日益拥挤不堪，为买到一本书可能要耗费掉一个人半天甚至一天的时间，这还不包括寻找过程的时间耗费，但现在只要进入连邦软件公司的“珠穆朗玛”零售网站（http://www.8848.net），键入你所需要的书名，几秒钟就可以找到你想要的书，并且还可以享受货到付款的服务。可以说，在闲暇之余，就能够轻松获得学习的愉悦。北加州特殊奥运会市场发展副总裁吉尔聚律不无夸张地说：“在网上，我15分钟可以逛4家商店。”而去传统店铺购物至少要花一个半小时。

售后:在使用过程中出现的问题,可以随时与厂家联系,得到即时的回复与技术支持。

几乎所有企业的网站中都有 FAQs 页面,它的英文全名是 Frequently Asked Questions,即常见问题页面,主要提供顾客有关产品、公司情况等常见问题的现成答案。即使 FAQs 不能解决你的问题,那么只要你给公司发一个 E-mail,24 小时内基本都可以得到答复。

总之,网络营销能够简化购物环节,节省消费者的时间和精力,将购物中的各种麻烦减到最少。

4. 网络营销能够满足消费者对价格的需求。网络营销能够最大限度地减少企业的经营成本,为企业节省巨额的促销和流通费用,使产品成本和价格的降低成为可能。而消费者也可以绕过诸多中间商,从生产者手中直接订货,从而以较低的价格购买。

著名的 Amazon 网上书店 1995 年 7 月才卖出它的第一本书,到 1996 年 6 月其营业额就达到 220 万美元,12 月就达到 840 万美元。它在 1997 年开始打价格战,除大部分特约书和所有绝版书外,它所提供的书的平均价格均低于市价。其特别选定的书将给 40%的折扣,一般精装本打 30%的折,平装本则为 20%。购书总费用 = 商品价格 + 运费(不计销售税)。由于网上购书折扣很多,即使加上航空费也比书店便宜,而且品种很齐全。所以自 1996 年以来,Amazon 的订单就以 34%的增幅上涨,而且有 45%是来自回头客。

总而言之,互联网已经将人们带入了一个崭新的生活环境,企业要适应消费者在这种环境下需求和欲望的变化,就必须充分利用互联网的各种特性,结合企业自身的特点和优势,寻找适合自我发展的道路。"思路决定出路",企业只有在新的环境下,迅速改变自身的发展观念,才能作到永续经营。

我国互联网用户现在已进入每半年翻一番的阶段,2000 年则将突破 1000 万大关。而 1000 万正是一个关口,有分析表明,用户量一旦突破这个关口,则最晚两三年内,大规模赢利将成为可能。我国企业应该怎样适应这种潮流的发展呢?"与其临渊慕鱼,不如退而结网"。

未来国际广告策略运用探析

天津财经学院国际贸易系　李　永

摘要:当今,世界各个跨国公司的广告宣传呈现出一种趋势,即由原来针对不同国家或地区制订不同的广告策略——当地化策略,面向全球制订一种统一模式的广告策略——标准化广告策略转变。当前,电子信息技术和交通运输业的飞速发展及许多新型媒体的出现,也为国际广告的标准化提供了物质条件。但是在实践过程中,文化、市场、经济、与消费者需求等差异的存在阻碍了它的顺利进行。本文正是针对以上问题,以翔实的资料,对现今正在推行国际广告的标准化进行积极而有意义的探索。

关键词:国际广告的当地化、国际广告的标准化、形象导向型广告

自本世纪初至今,国际广告策略经历了一个由分散到统一的发展过程。在初期,一些大型的跨国公司和出口商采用了广告当地化的战略,这也是为了适应各个国家不同的政府限制、地理环境、历史条件与经济发展水平而制定的。因为,消费者不同的购买动机来自于不同的价值观、风俗习惯、消费偏好。不同的民族、不同的文化群体,对色彩、图象、标志和音乐的感知也不尽相同,有时甚至截然相反,这些诉求的差异也使得广告的表达方式也不能千篇一律。

经过多年的实践经验,广告的当地化对于促进产品在特定的目标市场销售功不可没,但是形象不统一、不清晰、成本高也是其不可避免的缺憾。同时在当今这个现代科技高度发达的信息化社会,因特网、卫星电视等各种先进的广告媒体相继出现,交通业的飞速发展拉近了人们的距离,尤其是在全球经济一体化浪潮的冲击下,广告当地化的策略显然不能满足各个公司追求统一形象、降低成本的要求。为此,国际广告界开始探索国际广告策略的新途径,经过多年的摸索与实践,广告界的一些专家与学者提出了一种新型广告策略——国际广告标准化策略,即指相同的广告策略、相同的广告构想和信息以及尽可能相同的广告媒体。

一、标准化广告策略对当地化广告策略的冲击

80 年代初,美国哈佛大学商学院营销学教授 T·莱维特总结了可口可乐的全球营销史,称其为全球营销

的典范。莱维特教授认为，廉价的航空旅行和高新电子通讯技术正使世界成为一个共同市场。消费者近乎趋同的品位、需求、生活方式将超越民族、地域、文化的限制。他相信，生产标准化产品并在全世界销售将成为各个跨国公司追求最大利润的一种趋势。尤其是在世界政治经济迅猛变革的今天，国家区域联盟成为一种趋势，区域市场的形成可能使这一理论在某一区域内提前实现。产品的标准化带来的是公司营销的标准化，作为营销一部分的广告宣传也将实现标准化。莱维特教授这一理论引起了国际广告界长期不休争论，并非每个人都同意他的观点，不少人认为，广告与产品的设计应视不同的国家需求而定，标准化广告是未来的事。但无论如何，跨国公司的广告实现了标准化具有以下优点：

1. 实现了生产与分销的规模经济。由于广告实现标准化的前提是产品的标准化，即在世界各国市场以同样的产品生产与销售，这就不再需要针对不同需求设计不同的产品，建立不同的生产线，采取不同的分销手段。针对标准化产品进行的广告宣传能够满足消费者的共性，扩大了产品的生产与销售，使得产品的生产与销售在原有基础上进一步扩大成为了可能。

2. 大大降低了广告的制作与宣传成本。标准化广告实现了在不同市场实行相同或类似的广告策略，不用再花费大量的人力、财力、物力进行不同广告的美术设计、文字撰写、排版、印刷、制片等，这就大大的节省了广告的成本。例如，可口可乐公司使用了一种形象导向型的广告在全世界销售，公司估计这一策略将节省超过 8 千万美元的费用。高露洁公司通过全球化广告将产品销售给超过 40 个国家，在使其包装标准化以后，总公司只提供两种不同的广告，地区经理只能从中任选一个。公司估计，这将节省至少 1 至 2 千万美元。这些全球品牌的形象清晰、统一，它们能针对全球需求的共性，不仅使公司节省了巨额的广告费用，而且获得了巨大的利润。

3. 可以形成一个清晰的品牌形象。所谓品牌形象是指品牌在消费者心目中的印象和认识程度。消费者往往根据它去作为判断所属公司的形象，甚至作为自己购买动机的标准。所以，追求清晰、健康、和平的品牌形象是每个公司的目标。标准化广告的实施，使得公司以一种声音、一种形象出现在消费者面前，再通过良好的广告宣传树立清晰的品牌形象并创造出了自己品牌的标准化的个性和独特的文化内涵，能够获得不同的消费者的认同，提高消费者对品牌的忠诚度，克服了当地化广告策略带来的不同市场不同品牌形象的尴尬。

4. 有利于产品迅速的进入不同市场。广告标准化的实施大大的降低了产品的成本，也带来了产品价格的下降，这对于公司来说无疑是有利的。价格的降低增强了产品的市场竞争力，扩大了产品的渗透力。另一方面，如果公司实力比较强大，再加上产品、服务的上乘，也增强了消费者的信任感，引致出对品牌的忠诚，产品更容易被目标市场所接受。目前，各个跨国公司纷纷起来探索走国际广告标准化的途径，并希望通过统一的标准把产品介绍给世界。新泽西标准石油公司 70 年代在日本受挫以后，耗资近 1 亿美元搞调研，寻找一个可在全球通用的品牌。他们最后选用了 Exxon。因为通过调研表明，这个新选词的发音和字型，不会在世界各地的语言中引起不良的联想。以往采用多品牌战略的一些公司已经或正在改变策略。马狮(Mars)公司的糖果在美国的品牌名为 M&Ms，而在欧洲曾以曲滋(Treets)之名出售，现在都已统一在 M&Ms 名下。如今，松下电器公司在中国也已开始了把重点集中在了 Panasoic 品牌的宣传工作，而不是像以前对中国市场使用 National 品牌，对欧美用 Panasonic 品牌，也呈现出广告宣传的统一的趋向。

二、实行国际广告标准化带来的问题

由于世界各国的文化、市场、经济发展水平、消费者的需求、法律规范等的不同，很难确定一个适合于世界各国的广告。有些学者反对 T·莱维特的观点，认为各国、各民族文化的变化不是趋同了，而是更加差异化了。国际广告的确能大幅度降低成本，但是不见得能大幅度的提高利润。广告的传播必须放在特定的文化之下，满足不同的市场需求。例如：当雀巢(Nestle)在销售它的一种新产品 Nescafe 速溶咖啡的时候，至少面临以下 4 种情况：1. 在美国，速溶咖啡有很大的市场渗透力，但 Nescafe 的市场份额很小。2. 在欧洲大陆，Nescafe 的市场份额也很小，但饮用速溶咖啡才刚刚开始。3. 在饮用茶的国家，如中国、日本、英国等，速溶咖啡必须面对茶的巨大竞争。4. 在拉丁美洲，人们习惯味道厚重的咖啡，速溶咖啡难以满足这一要求。因为，消费者的购买动机来自于不同的价值观、风俗习惯、消费偏好，消费动机的不同直接影响了对产品的需求，公司应及时调整广告策略，以适应不同市场带来的不同问题和情况。雀巢不得不针对不同国家采取不同的广告策略，适时的修改产品或宣传使其适应某个国外市场。一个统一标准化的广告策略难以满足全部地区的需求，这就给公司的广告宣传带来了巨大的压力，特别是在它的宣传环节薄弱的时候就更难以兼顾各地的市场情况，再加上如果当地政府对产品成分、包装、商标等因素进行控制，这些都将严重的阻碍公司各项标准化策略的实施。

为解决上述问题，许多跨国公司把广告业务集中交给某一两家大型跨国广告公司，由他们全权负责公司全球的广告宣传任务。例如，家喻户晓的可口可乐，得益于麦卡恩·埃里克森这一跨国广告公司几十年统一联贯的服务。为了拟定一定时期适用于全球的中心主题，可口可乐公司与麦卡恩公司组成的调查队伍每年要绕地球三圈，寻求各国各地消费者的共性。他们发现世界各地12—24岁的年轻人之间的共性最多：爱美、爱虚荣、好奇、最易接受新事物，因此一直是可口可乐的目标市场。在上述条件下，可口可乐能在全球各地以一个品牌、一个形象、一个声音出现。与之相类似的是，万宝路香烟的西部牛仔形象是由40年前李奥贝纳广告公司为本国市场创造的。如今，还是李奥·贝纳广告公司作为万宝路公司在全世界的广告代理，仍然是这个牛仔，让人一看就想起万宝路香烟。这样的做法，把公司从复杂的广告宣传中解脱了出来，不仅能够充分利用这些跨国广告公司庞大的宣传网络，而且再也不必为广告的创意等问题大伤脑筋，大大节省了人力、物力与财力。

但是，对广告主体实行标准化是有条件的，并非任何产品都适合广告的标准化。适合广告标准化的产品，必须是各地消费者的需求与期望一致的产品。1. 例如，手提电脑、计算器、电视机等一些高科技、新技术产品。对高科技产品的追求是没有国界的，每个国家和民族都希望拥有尖端发达的科学技术并致力于其中的开发与研究，消费者也都有着几近相同的消费欲望。2. 有的分析家指出，世界各国的富人之间的共同需求，比国内贫、富阶层的共同需求多得多。因此，豪华汽车、裘皮大衣、高档手表、香水、酒类等可采取广告的标准化。如德国大众公司在各地的广告中都强调"德国制造"(German engineering)，由于德国制造产品是高档次、高质量的象征，消费者也都乐于接受。3. 分析家还发现，无论哪个国家，它的12—19岁的青少年对软饮料、运动鞋和口香糖的需求都大体相似。4. 还有人作过调查，对于功能性较强的产品也有着相似的需求，例如洗衣粉无论在任何地方都是清洗衣服，只要牢牢把握这一点，再根据不同地方消费者生活方式的不同，对产品的包装、尺寸、外观等因素加以具体的考虑就可以了。

由此可见，对产品的广告采取全球标准化是有条件的。最近的调查表明，美国的跨国公司只有9%使用了完全的全球标准化的广告策略，37%为完全的当地化，剩余的54%使用了二者结合的策略，即"创意标准化，制作当地化"。也就是事先制订出一种全球统一的广告宣传策略，再以它为中心针对当地情况灵活实施。通过研究表明，各个跨国公司在实施这个策略的时候不尽相同，表现出不同广告的方式。

三、"创意标准化，制作当地化"(Think standardization, act local)广告的分类

1. 翻译式广告

此类广告是根据在国内使用过的广告，用目标国的语言翻译过来，图象、音乐等部分基本保持不变。这样做不仅保持了原广告的原汁原味，而且通过语言上精心的翻译，适合当地的语言特点和美感，更加让人易于接受。以可口可乐公司举例，它在80年代曾推出了一个"Can't beat the felling"为主题的广告，这一口号在我国翻译成"挡不住的感觉"，日文的译文大致为"我感觉到Coke"，意大利的译文为"独特的感觉"，智利的译文为"生活的感觉"……，电视画面同样都是一群青春活泼的男女在跳舞的情景。但是，由于各国语言表达的差异，有时仅仅靠文字的翻译难以把广告的信息准确地表达出来。典型的是法国香水的广告，广告商将法文原作丝毫不变的搬到了国外，以突出正宗法国香水的产品形象。法文的广告词、法国的浪漫情调以及法式的包装，这些正是异国消费者需求的。采取这种方法避免了因语言翻译上的障碍导致的风险，把广告的信息准确地传递给了顾客，从而顺利的打进各国市场。

2. 模板式广告

对于此类广告，公司总部根据从消费国市场调查的共性，设计出一种广告的模式，最终由广告公司根据各地的情况具体制作。如，1998足球世界杯亚洲区十强赛期间，在我国各地电视台上播出的Addidas公司的广告中，画面是两支由世界各国明星组成的足球队在进行激烈比赛，最后射门的任务是由我国的足球明星

完成的，其实，在不同的国家播出的这则广告，都是由本国的足球明星完成最后的射门动作，而其余的广告画面基本上是一致的。这种广告的成功之处在于，它牢牢的抓住了当地顾客的消费心理，通过某种他们所向往事物的表达，引起人们的共鸣，拉近了与消费者的距离，博得了消费者的好感。同时，广告为适应当地市场，只对模板的很小的细节进行了改变，并不影响广告的标准化特点。

3. 指导式广告

此类广告首先由总部对广告的策略、运行、预算及目标提出指导性意见，然后由地区经理或广告商遵照执行。在执行过程中，这些地区经理和广告商有很大自由度，他们可以根据总部的要求自主的设计符合当地要求的广告，比样品式广告有更大的灵活性。例如，柯达(Kodak)总公司为它在世界各地的子公司提供一个中心的广告策略，并以“咨询员”的身分把权力分散给各地的子公司，由它们在当地确定媒体。尽管各个子公司有很大的自主权，但总公司时刻监视着他们广告的质量与谋划。但涉及到一些特殊的活动，如奥林匹克运动会等大型活动时，总部往往会亲自出马。壳牌石油公司曾要求，它的广告宣传应围绕“壳牌帮助你”“壳牌是驾驶员、摩托车手的好帮手”的主题。各地可以依据当地的情形，用不同的方式表现。指导式广告为子公司提供了更大余地的自由度，各个子公司可以充分发挥自己的创作性和主观能动性，制定出更能适合当地需求的广告，最大限度发挥广告宣传的作用，但不能与总公司的总的广告指令相违背。

自80年代国际广告标准化理论提出至今，已引起国际广告界广泛的争论与大规模的实践，无数的成功与失败表明，“创意标准化，制作当地化”既保持了广告的全球统一性，又考虑到了各地区不同要求，克服了广告完全的标准化带来的诸多问题，已成为国际广告宣传的一种趋势。

我国自1978年起在海外投资开展跨国经营以来，已形成以首钢、中化、中国五矿、海尔等为龙头的一大批跨国企业，但总体的广告策略是在低层次上展开的。不注重广告的投入，或只重投入，不重效果的现象广泛存在，严重影响了这些跨国企业的企业形象传播，对于我国跨国经营战略来说也不能不说是一种遗憾。国际广告的“创意标准化，制作当地化”的提出，无疑将为我国企业开展跨国广告宣传，树立企业国际形象，推行国际名牌战略，提供了一种有益的思考和选择。

参考书目：

1. George E. Belch & Michael A. Belch, “Introduction to Advertising and Promotion Management”1990;

2. Anne B. Fisher, “The Ad Biz Gloms onto Global”1995;

3. Terpstra, “International Marketing”1993;

4.【美】菲利普·科特勒著《营销管理：分析、计划和控制》上海人民出版社 1996;

5. 厉以宁、曹凤歧著《中国企业的跨国经营》中国计划出版社 1996 年。

广告发展两面观：国际化与本土化

——兼论中国广告在全球经济时代的发展症结

深圳大学传播系主任　吴予敏

时至21世纪即将到来之际，我们对于中国广告发展的讨论，在背景条件方面，已经有了一些重要的变化。这些变化不是指广告经营额、广告市场容量、广告在国民经济结构中所占比例、国民人均广告量等量化指标所反映的变化，而是指以下带有本质性和结构性特点的改变。归纳起来主要是：由于中国经济的发展越来越进入全球化市场格局，因此，本国广告在行政约束和保护条件下造成的持续高速发展的态势，正在逐渐转变为多国竞争的态势；这一竞争是在全球经济形态变革和产业结构调整的背景中展开的；在中国进入WTO之后，广告所属的第三产业部门势必受到国际资本和成熟的知识经济力量的挤迫和冲击，中国是否还能在广告业维系由本国企业主导的局面将是疑问；随着经济体制改革的深化，在广告业的运作机制中，传统的行政主导和关系主导正在转变为市场主导和知识技术主导；从广告的竞争环境而言，长期形成的由媒介支配广告业的偏倚状态,也正在转变为媒介、企业客户、广告公司和消费社会互相制衡的良性竞争环境;从市场通缩程度和全社会消费水平来说,已经明显地从卖方市场转向买方市场,从注重产品的效能价格比值的消费模式转向了注重产品的质素、品牌、形象比值的消费模式,社会分层和市场分层变得复杂;广告业从追求规模效应、多元化经营效益、强调资金和物质资源投入,转向了追求精细作业、专门服务,强调信息、人才和知识资源的开发;对于中国广告业生存发展关系最直接的莫过于媒介产业化趋势,这势必造成更加激烈的媒介竞争和分化,广告或许就此走出对媒介的依附性经营的阴影;中国大陆将从国际广告竞争的前沿转变为主战场,跨国广告公司在中国市场上将展开战略的进攻。总之,现在讨论中国广告的发展问题,实际上已经是一个国际化背景下的市场竞争问题。

一、亚太地区广告现代化和国际化的规律性

经济全球化的大趋势决定了区域广告的发展。特定国家和地区的社会经济体制、文化传统,使得广告业经历这些发展阶段时表现出某种特殊性,但就总的规律而言,却是不可逆转的。仅以日本、台湾、韩国广告发展为例。

日本广告业从50年代以来完成的现代化大约经历了三个阶段。第一阶段,日本在战后美国占领期间被迫进行了经济体制改革,通过资本重组,反垄断,刺激民族民用工业复苏。经过农业改革和劳动雇佣制度改革,积累了工业起飞的资源。接着利用朝鲜战争的契机,通过美国订单的扶植,恢复了工业经济的持续高速增长。大型企业集团设置了专为本集团服务的市场研究和广告部门。到50年代后期跨国广告公司进入日本市场时,已无法从日本大型企业集团分得广告份额,相反,日本广告公司却从跨国广告公司学得了现代市场研究和广告服务的经验。第二个阶段,在60—70年代,日本广告业通过有条件地与跨国广告公司的合资、合作模式,逐渐将自己转化为成熟的具国际化运作水准的公司。在强化市场研究、信息情报管理的基础上,改进广告创意技术,形成了广告创意水准的控制机制。接着再进一步,发展为现代广告的专户服务体制,广告公司得以在相当丰富广阔的市场理论和分析技术方面提升服务的层次和质量,从而以独立的专业化运作介入企业的市场战略计划。第三阶段,在世界石油危机和日本国内“泡沫经济”呈现颓势之后,已经在内涵建设上实现了现代化转型的日本广告业,成为日本产品向全球推销的有力助手,它先行向周边亚太地区渗透扩张,进而走向了全球化经营之道,发展出强势的跨国广告公司。

台湾广告业从50年代至90年代大约每10年走过一个发展阶段,即50年代的创始阶段,60年代的过渡阶段,70年代的发展阶段,80年代的转型阶段和90年代的稳定阶段。这五个阶段,又以1985年前后划分为两个时期。在这之前是本土广告主导,企业类型、经营服务手法都是传统的(小规模、单一服务、业主决策、本国资本、媒介经营主导),在这之后开始步入国际化。造成转折点的主要因素是跨国广告公司的蜂拥而至。迄今台湾广告市场除联广这样个别的大型本土广告公司而外,主要均为中外合资、中外合作公司和跨国广告公司的分支机构分割。台湾广告业在国际化的进程中,也经过了早期的盲目崇洋、抄袭模仿西方广告,到接受西方规范的创意策略,再到将西方的广告创意策略概念与民族文化内涵形象有机结合的几个层次。本土化因素始终是台湾广告的特点和影响它充分国际化的制约条件。

韩国的社会经济发展以1987年为分水岭。在这以前,因为韩国对于以美国为首的西方资本主义阵营的冷战有重要意义,美国容忍并支持了韩国的军事独裁政治体制和官僚垄断资本的经济体制(其中也包括对传播工业的全面垄断或控制)。此时韩国广告业高度依赖于垄断资本企业,整个广告市场对外封闭。从80年代中期开始,资本主义的经济全球化趋势转化为内外两方面的改革压力,迫使韩国统治集团转向民主政治和自由经济。美国利用贸易最惠国待遇和301条款,最终迫使韩国开放了包括广告业在内的服务业市场。此外,韩国在80—90年代之间,经济增长迅速成为刺激广告业发展的强劲动力。原先韩国广告的依赖性生存方式使它避免了行业恶性竞争、广告客户的流失、资金短缺等风险,但是却造成了效率低下、缺乏创造性和灵活性等弊端。开放广告市场之后,韩国广告业立即受到跨国广告公司的挑战。首先,就是广告客户的流失;其次,是优秀广告从业人员的流失。然而韩国广告业适应挑战的方式是加紧进行广告业自身的现代化改造。改造的范围包括:全面引进现代广告科学;更新广告观念和体制、机制;建立市场和消费研究中心;发展有效率的市场营销模式;积极推动媒介自由化和产业化;配合韩国企业的跨国经营而采用外国语言和

广告形象;加快建立健全广告法律规范、行业自律,并同时促进韩国广告业从与垄断企业的亲缘关系中走向独立自主经营、全面专业服务。因此在90年代,即使跨国广告公司分割了部分市场份额,韩国广告业仍旧占据着主导地位,并取得了在本国市场上与外国公司竞争的能力。

上述例子反映出经济全球化造成了一国(或地区)广告发展的规律性:1. 跨国广告公司介入本国市场是经济全球化趋势的必然现象,开放广告市场无可逆转;2. 开放广告市场使本国广告业面临生死存亡的挑战,唯一有效的适应之道是加速加深广告业的改革;3. 这一改革比片面的追求暂时性的市场增长规模更加紧迫,这涉及到本国广告业的长远利益;4. 广告业的改革必须是整体的、全方位的、配套的,从产权—经营体制、运作理念、管理机制到法规体系、媒介环境、行业规范、公共关系综合协调;5. 现代化、国际化、科学化是广告业改革的根本标准,民族化、本土化是从属的参照系统;6. 广告业自由竞争必须通过政府和行业组织负责任的监控形成良性成长的动力。

二、国际化还是本土化

长期以来,跨国公司一直将它们最大的注意力集中于有着7亿消费者的发达国家和地区。到了80年代中后期,它们意识到占世界人口总数77%的广大发展中国家犹如茂密的消费市场的热带雨林,这已经不是战略估计中的潜在市场。美国《财富》杂志在6年前就指出,中国到2000年将继日本之后成为亚洲最大的市场,印度购买力强劲的中产阶级人口将从100万增至300万,印度尼西亚、马来西亚、台湾和新加坡的年轻人都将成为西方品牌的热切追求者。通过信息传播、旅游、科技交流,世界已经成为全球化的消费村落。多数美国公司意识到本国人口增长缓慢、市场饱和、竞争激烈以及销售限制,已经不是理想的市场环境。例如R. J. Reynolds & Philip Morris公司迫于本国激烈的禁烟运动和日趋严厉的立法限制,将其香烟产品和广告推向亚洲和南美。IBM、Ford、General Motors、Exon、Du Pont等均从国外市场取得了极大的利益。Gillette公司的产品市场超过了200个国家,大批美国品牌已完全渗入世界各地人民的生活。造成美国企业国际化的另一个重要原因是越来越大的进口压力。美国一直处于贸易逆差状态。这迫使美国经济从两个方面寻求出路,一是加紧本国产业结构的转型,集中发展高科技知识密集型产业,谋求知识经济优势和超额利润,二是通过WTO等世界贸易体系加紧全球扩张。因此美国企业在追求国际市场份额方面愈具进攻性。广告国际化是资本国际化的必然需求。在全球经济竞争的格局里广告促销是市场战略极为重要的角色。80年代,美国在国际市场每年支出的广告费是1300亿美元,到了90年代已超过了每年1700亿美元。

面向国际市场的广告促销会遇到许多困难和复杂因素。国际化市场决策对于目标市场的环境分析归纳起来分为:1. 人口环境分析(人口数量、家庭数量、家庭规模、年龄分布、职业分布、受教育水平、就业率、收入水平);2. 经济环境分析(经济发展阶段、经济内部结构、生活水准、资本回报率、财富分配、货币稳固性、汇率);3. 政治法律环境分析(政府政策、法律与限制、政治稳定性、民族主义、对跨国公司的立场态度);4. 文化环境分析(语言、生活方式、价值观、风俗习惯、伦理道德标准、宗教禁忌)。这些因素的综合效应是国际资本评估目标市场投资前景的根据。这些因素也深刻影响到广告的国际化运作。特别是目标市场当地的文化环境和政治环境对于广告的影响更加直接。如Pepsodent牙膏在东南亚的广告推销失败就是典型例子。广告商如常地宣传产品使牙齿保持洁白的功效,未想到在当地发黑和发黄的牙齿却是"威望"的象征。

经济全球化势必包括全球化的市场营销战略。这一战略是指企业制定统一计划,以同样的规格方式在全球销售其产品。广告国际化,或称全球化广告是指在世界各地市场上通过采用基本一致的广告传播方式,实现全球市场营销战略。这种全球化广告给国际资本带来了明显的利益:取得了迅速扩展生产和分销渠道的规模经济效应;降低了为实现市场规划和控制目标所需的营销和广告成本;降低了广告制作成本;提高了在各地市场上迅速推广基本的产品概念的能力;树立了国际性品牌和企业形象;简化了市场和促销计划的协调控制和程序。在这方面,Coca—Cola、British Airways、Gillette、Xerox、Merrill Lynch等都是非常成功的。

因此,我们看到广告的国际化有两个意义。其一是跨国广告业对跨国资本的服务,以全球标准化,同时又适应目标市场特定的社会文化环境的方式促销跨国企业产品;其二是跨国广告业全球化标准协调的大规模作业,实现了对目标市场的广告份额攫取。发展中国家,显然是处在被国际化而不是国际化的阶段。日本的经验说明,只有经过被国际化,才能走到国际化。

同时我们也看到,广告的国际化进程中还包含了本土化过程。从广告用语、符号意义、文化象征、诉求主题、形象组合到广告经营策略、人才组合与培训、管理模式、公共关系建构都有一个与各地本土社会文化相适应的问题。在日本市场运作的跨国广告业,尽量顺应和利用日本文化特质。如在促销计划中适应日本人的"送礼 + 娱乐"两大主要消费习惯,在宣传诉求方式中采用委婉的"柔性销售",避免西方式的直接的"硬性销售";在形象符号运用中充分考虑到日本传统赋予数字、植物、动物的特殊符号意义。在香港运作的跨国广告业,洞悉了香港人口在"东—西方""传统—现代"的两极文化价值认同方面的中间形态和心理情感困境,在广告诉求中顺应并且强化了对香港本土的依恋与认同。台湾的跨国广告公司不仅懂得利用中国传统文化资源、以及日本对于台湾的生活—审美方式的影响,而且对于现代台湾人的生存境况相当关注,诸如政治敏感度、动向选择、社会治安、儿童健康、新新人类等主题均成为广告创意表现的内容。

广告的本土性因素与广告的国际化不是绝对排斥的关系。这不只是表现在广告的表达艺术方面,也体现在广告运作的机制方面。日本本土文化中的群体优先于个体的价值观,社会的互为依赖性,显然有助于广告业人员的稳定、广告商与客户之间长期委托关系的巩固。本土性因素在跨国广告排浪冲击之时,也可能起到一定的市场抗御作用。韩国广告业在与跨国广告的竞争中,多少得益于韩国与外国在语言和文化交往上形成的障碍。韩国有长期被殖民统治的历史,韩国人有着近乎敏感的民族自尊心,从而形成了与外国人沟通的心理屏障。当广告市场开放之时,跨国公司以良好的待遇和工作条件大量吸引本土广告专家。这些人在跨国公司里逐渐感觉受到文化歧视。一位曾经在 McCann—Erickson 韩国公司担任高级客户经理的韩国雇员说:"跨国公司对于想获得国际广告的集中经验的韩国广告人来说是非常理想的地方。但是,韩国雇员没有权力,他们对代理工作的影响没有意义,也非常有限。我们不能参加重要的决策会议,即使参加也只是作会议记录。从而韩国雇员实际上是与公司的运作无关的。这种情形使我的许多在外国广告代理公司工作的同行深感失望,于是我们离开了'理想的广告公司',回到我们韩国人自己的公司。"结果,经过这种专业人员的回流,造成了本土广告公司国际化、国际广告公司本土化的逆向运动。

三、中国广告发展的症结

中国广告在最近 20 年中,经过了恢复重建、宏观调整、规范发展的过程。广告经营额从 1993 年 67 亿元跃增至 1998 年的 537 亿元。从广告环境来说,近几年最重要的进步是宏观管理趋于稳定,法规建设取得成效;消费市场细分化,消费社会走向成熟;媒介市场进一步开放,媒介产业化打开了广告独立发展的空间;国家意识形态对广告的监控逐渐同广告本身的市场经济性质相适应。从广告业自身的进步来看,首先表现为高新技术手段、各种传播媒介的充分吸收利用;其次,广告策划意识和创意水平普遍提升;全行业专业素质有了明显的改善;广告代理和全面客户服务的规模性效益已经显露出来;广告业专业服务的细分化与整合运作已出现,广告服务正在由粗放型向精细型转变。但是,如果说中国广告已经进入到实质的转型阶段,即由本土化转向国际化,似乎还是过高的估计。对比上文所述的日本、韩国、台湾的广告历程,我们发现中国广告的发展仍存在一些症结。这些症结背后有深刻的社会文化根源。

症结之一是谈得最多的所谓"媒介主导"问题。中国媒介的性质和功能组合在今日世界上是独一无二的。撇开政治和意识形态不谈,媒介的专营,在市场经济格局中实际上形成了相对垄断的利益。尽管现在开始了媒介产业化进程,但是这一产业化将带来的是权力垄断基础上的利益扩张,还是公平自由的市场竞争?似乎还有待实践回答。当媒介进入产业化经营,它的实际传播效果、价格是否可能受到社会监测评估?否则难以保证广告客户、广告商和消费者的合法权益。

症结之二是中国广告公司的零散化运作。中国广告公司目前的产权结构是多元化的。大中型国有企业和集体企业,普遍采取内部承包和合资方式摆脱经营困境。中国广告从业人员缺乏如日本、韩国从业人员那样的注重民族和群体生存价值的文化心理,却有强烈的个体创业愿望,凭技能吃饭的自信。这种来源于小生产模式的心理,很难形成长期的契约性雇佣或合作体制。迷信产权利益,看重短期回报,追逐市场投机,漠视行业规范,导致中国广告业不仅不能如日韩两国那样以本民族广告业主导本国广告市场,甚至未能建设起如台湾联广那样的公司。因此中国广告市场份额的民族广告业主导局面实际是依靠媒介垄断经营来保证的,在广告代理方面,已经由跨国公司主导。

症结之三是中国广告服务重技术轻科学,重艺术轻市场,重传播频率轻传播效能。日本广告业的现代化转型恰好是与中国广告业的习惯倾向相反的。中国广告业的迷信氛围相当浓厚,迷信高科技手段、迷信点石成金的天才创意,迷信形象包装的神话,迷信传播魔弹的刺激效果。造成种种迷信或“热潮”的原因在于现代广告科学不发达,广告教育和培训的水平低。

症结之四是中国广告公司的服务与广告客户的市场营销战略相脱节。类似韩国广告业依附企业集团的生存模式出现的弊端(行政化体制干预、唯上决策、创意质量低)在中国广告业中也存在着。然而中国广告业又不像韩国广告业善用儒家文化协调与客户的合作关系,而是更多地依赖纯粹利益的联系,因此难以提供独立的、有效的、可以信赖的专业服务。加上中国企业本身处在成长和改革中,广告代理和全面服务关系难以持久。

症结之五是广告环境监管体系的不完善。总的来说,广告监管仍然是单一的行政监管,缺少行业自律和社会中介监测评估;偏重广告信息内容监管,缺少广告市场机制的调控;偏于政策性监管,缺少专业技术性监管。

症结之六是国家行政管理机构和广告业对于发展本国广告学术研究、提高广告专业教育水平重视不够,或者缺少支持力度。美国和日本广告业成功的一条共同经验是,全力支持本国的非赢利性的广告高等教育和学术研究,刺激才智禀赋优秀的学生对广告的兴趣。日本电通在1946年创办广告研究刊物;1948年创办电通广告奖;1949年创办学生广告论文竞赛,并对高等院校广告教育提供资助;其后又创办了媒介发行量审计机构、日本广告代理协会、日本广告评论组织,出版《电通广告年鉴》、《市场与广告年鉴》、《日本报纸年鉴》。电通也是最先主动向中国高等院校广告专业提供资助、信息资源和师资培训的跨国公司。电通的运作不仅决定了它在日本广告业的领导地位,也体现了跨国资本对中国广告市场的长期战略。

综上所言,中国广告的发展无论其在量的递增上如何神速,在质的方面离现代化、国际化还有很大距离。就发展中国家广告发展的一般规律来看,本土广告国际化和国际广告本土化是逆向互动的过程。目前的情况是,以媒介垄断经营为市场保护条件的广告量的持续增长,并不能完全反映中国广告市场的实际竞争和演变状况。在华的跨国广告公司,本土化的进程迅速。它们的代理服务已经从单纯代理国际品牌转到兼而代理国内品牌;其人才结构已经转向主要依靠本地;广告表达已经追求国际性认同与民族性认同的协调一致;媒介服务已经从单一大众媒介转向多种媒介整合传播服务,从单纯媒介购买转向媒介战略的制定和实施;针对中国的媒介和广告市场的保护主义政策措施,它们谋求建立了行业联合或合作;它们尝试利用中国广告专业人才的零散化、高技能的特点,将中国小型化的专业公司变成相对依附于它们的设计制作单位。与此相反,中国广告业在国际化和现代化的改造转型方面却没有全面的实质性推进。逆向互动的发展格局似乎已经失衡。在未来开放的中国广告市场竞争中,将会出现什么样的局面?这是我们需要走出盲目乐观而加以警省的。

参考文献:

〈1〉Osamu Inoue: Advertising in Japan: Changing Times for an Economic Giant. K. T. Frith (ed.) Advertising in Asia, Iowa State University Press. 1996. pp. 11 – 38.

〈2〉Lee, W – N. and Leu, Y – F. J.: Development of the Advertising Industry in Taiwan. International Communication Bulletin, 1992. 27(1 – 2), PP. 11 – 16.

〈3〉Kwangmi Ko Kim: Advertising in Korea: International Challenges and Politics. Advertising in Asia, pp. 125 – 50.

〈4〉Bill Saporito: Where the Global Action Is. Fortune, Autumn/Winter(Special Issue) 1993, pp. 63 – 65; Rahul Jacob: Asia, Where the Big Brands Are Blooming. Fortune, August 23, 1993, p. 55.

〈5〉George E. Belch and Michael A. Belch: Introduction to Advertising and Promotion: An Integrated Marketing Communication Perspective. Irwin McGraw – Hill, 1995, pp, 618 – 26.

〈6〉Martin, E. F. et al.: Advertising Images Among Hong Kong Chinese: Use of Individual Modernity and Western Orientation Clusters in Determining Market Segmentation. Asian Journal of Communication, 1994. 4(1) PP. 12 – 32

〈7〉Kim, H.S.: Car: Seoul Area 44% Owns "My Car". Chosun Ilbo, 1994 May 14. Advertising in Asia, p.141.

知识经济、注意力经济与网络广告

暨南大学商学系副主任　杨建华

论文提要:知识经济已敲响中国的大门,注意力经济作为知识经济下的一个创新概念也已展开讨论,而网络广告这一新生事物在中国正蓬勃发展。本文着重探讨了这三者之间的关系,提出:知识经济是网络广告的催生婆,注意力经济是网络广告的金科玉律。中国广告业在研究和探讨网络广告以及未来广告业如何发展时,必须重视将其放在知识经济和注意力经济的大背景下去研究。

关键词:知识经济、注意力经济、网络广告。

在人类社会即将进入21世纪之时,以知识自身的扩充和创新为价值和财富增值的载体,以信息产业的崛起为主要标志,计算机网络为知识传播、信息扩散的主要途径的知识经济时代正在向我们走来。这一发展趋势对人们的生活方式、价值观念产生了巨大的影响,也对经济发展产生了巨大影响。而作为信息产业中的重要领域——广告业,也无可避免的要受到知识经济的影响,网络广告就是在知识经济时代出现的一种有别于传统广告的新广告形式。

知识经济与信息产业

在农业经济时代,经济发展的主要要素是土地和劳动力,在工业经济时代,经济发展的主要要素是各种自然资源(如能源、矿产等)和资本(货币),而在知识经济时代,经济发展的主要要素是高新技术和高素质人力资本。这一发展变化的原因是因为农业经济和工业经济时代都是以资源的巨大消耗和浪费以及人类生存环境的不断恶化为代价来换取经济的发展,但是地球的资源是有限的,以人类目前的发展速度,自然资源很快会耗尽,环境很快会变得令人类无法生存。解决这一境况的唯一途径就是可持续发展战略,即通过增加知识资本的投入和提高技术创新能力,在减少对环境破坏的前提下来提高自然资源的利用水平甚至替代自然资源,达到推动经济发展的目的。

正是由于知识经济是以知识创新为核心的经济,所以它与信息产业的发展是息息相关的,因为知识的获得、创新和传播等都依赖于信息技术和信息产业的发展。所以,判断是否进入知识经济时代尽管尚没有统一的标准,但信息产业是否已成为国民经济中的支柱产业,信息技术是否已广泛应用和居于世界先进水平已成为大家公认的基本标准之一。根据现在国际评价知识经济的几个指标来看,我们尚有一定差距:第一、人均GDP达到5000美元。我国1998年人均GDP为6404元人民币,折合美元为773.4美元。第二、社会知识化要达到一定水平,成人文盲率要低于13%,受高等教育人数占同龄人比率不低于29%。而我国第四次人口普查数据表明,15岁以上人口中文盲、半文盲占22.2%,大学以上人口占总人口1.4%。第三、具有比较强的知识和技术创新能力,信息产业在国民经济中已成为支柱产业。我国产业界创新素质较差,1997年中国企业家创新综合素质水平列世界46个主要国家的第41位,信息产业占GDP的比例目前大约为20-25%,而根据世界经合组织的统计,在发达国家信息产业已占GDP的50%以上。但知识经济时代并非是一个时点概念,而是一个渐进的时段概念,所以,虽然我国与世界发达国家相比还有一定差距,但可以说知识经济时代已向我们走来,我们已可以触摸到它的身影。

注意力经济的提出

注意力经济是在知识经济背景下提出的一个革命性新概念,即在知识经济时代,由于信息的广泛传播和数量巨大,所以信息能否抓住公众的注意力已成为关键,而反过来,注意力在知识经济时代则成为稀缺资源,从而具有了价值,因而在经济学上具有了至关重要的地位。这一概念的提出最早见于加州大学学者Richard A.Lanbam1994年发表的一篇题为《注意力的经济学(The Economics of Attention)》的文章,后来,经美国著名理论物理学家Michael H. Goldhaber进一步引伸和发挥,使其引起了各界尤其是IT(信息技术)产业界的充分注意和极大的兴趣。

Michael H. Goldhaber 在 1997 年 1 月于美国哈佛大学召开的"数字信息的经济学"论坛会议上所作的《注意力经济学与网络》的主题演讲是对"注意力经济"最为系统的阐释。他在演讲中提出:赛博空间(Cyberspace)将是未来人类生活和生存的主要模式,而传统经济学的一些经济行为和准则已不适用在赛博空间这一环境下的新经济行为和准则,需要用新的理论来解释。在赛博空间环境下信息已经充分泛滥,不再属于稀缺资源,人们处在大量信息充斥的时代,而注意力反而成为了众多企业争夺的对象,成为稀缺资源,具有了商品的属性。因此,如何研究注意力的属性和特点,在众多泛滥的信息中赢得人们的注意力就成为至关重要的问题。与此相同的观点如英特尔公司前总裁葛鲁夫 1996 年在美国的 Comdex 大展上就曾提出过"未来因特网之争是争夺眼球的战争"的观点,而其他一些学者和企业家也都认为,在知识经济时代,有价值的不是信息,而是人们的注意力。注意力的价值在于它只存在于每个人身上并且不能进行大量的工业化生产,而且同一时间的注意力只能集中于一个对象,不能平均分配于许多对象身上。因此,注意力具有极大的现实价值和潜在价值,是信息社会的重要资源。

Michael H. Goldhaber 所说的"赛博空间(Cyberspace)"一词是知识经济时代一个新造的词,在汉语中没有直接对应的词,它是指由信息技术创新所形成的人们沟通和交往的新信息环境。由于信息技术创新目前主要以电脑和电脑互联网为代表,所以也有将"Cyberspce"译为"电脑空间"的。但"电脑空间"容易理解成为电脑本身,而实际上单台电脑的影响是很小的,只有形成电脑互联网之后才具有了强大的威力。因特网(Internet)就是目前电脑互联网的第一条网络,而现在美国已经有了第二条电脑互联网 - Internet 2,也许以后还会出现 Internet 3、Internet 4、……。电脑及电脑互联网是知识经济时代的集中表现,也是信息社会的突出表现,它通过技术创新,把信息传播、信息获得、信息处理等技术集成在一起,推动了一场信息技术的革命,从而改变了信息社会的信息环境,也改变了一切与信息有关行业的行为,使其一切活动必须与电脑及电脑互联网结合起来,广告业也不例外。这也正是 Michael H. Goldhaber 所说的"赛博空间(Cyberspace)将是未来人类生活和生存的主要模式"的原因。

知识经济、注意力经济对网络广告的影响

1994 年 10 月 14 日,美国的 Wired 杂志推出了网络版的 Hotwired(www.hotwired.com),在其主页上放置了 AT&T 等 14 个客户的旗帜广告,这标志着网络广告这种新型广告的诞生。网络广告的出现标志着广告业一场革命的到来,因为它不仅仅只是增加了一种广告传播的新媒体,而是从各个方面都有别于传统广告的一种新的信息传播方式、新的传播理念、新的传播关系和新的传播环境。从性质上看,网络广告是利用电子计算机联结而形成的信息通讯网络作为广告媒体,采用先进的电子多媒体技术设计制作,并通过电脑网络传播的广告形式;从物理角度看,因特网(作者注:由于目前电脑互联网的主要表现形式还是以 Internet 为主,Internet 2 还未正式进入商业应用,其他新的电脑互联网还是一种设想,所以本文的探讨还是以因特网为对象)及其相关技术构成了网络广告应用的最主要技术环境;从经济角度看,作为信息和内容平台,因特网构成了网络广告有别于传统广告的经济环境;从社会角度看,因特网联接和形成的社会主体间的关系构成了网络广告的社会环境;因而,因特网在做为新的广告媒体同时,也构成了一种新的广告环境,网络广告就是这种新的媒体和环境条件下的产物。

网络广告是知识经济条件下的新兴广告形式,和知识经济有密不可分的关系。如同知识经济催生出了信息产业,使其迅速发展一样,知识经济也催生出了因特网,从而也催生出了网络广告,因此也可以说没有知识经济就没有网络广告。但知识经济是与工业经济有别的经济形态,它对广告业的影响是全方位的,它要求广告业从广告理念、广告方式、广告传播手段等都要进行革命性的改变。首先,知识经济时代信息技术不断进步,信息产业已成为主体,信息传播源和信息数量都大大增加,过去大众传媒一统天下的时代已经过去,尤其是因特网的出现使大众传媒从王座上跌落了下来。因特网的环境是与传统广告不相同的新环境,不能够把传统广告理念和形式原封不动的搬上因特网,必须用新的广告理念和新的广告方式来适应这一环境,而网络广告就是最适合的方式。其次,知识经济时代信息已渗透入整个经济活动当中,广告已经不再只是单一的信息传播工具而要求具有复合营销功能,但传统广告却受技术的制约,无法担当这一重任。网络广告的应运而生把广告的角色由传统的大众营销传播工具演变为代表着新的营销和广告发展趋势的复合的交互营销工具,从根本上改变了商业活动和消费者相互交流的方式。第三,传统的广告传播理论是把其任务界定为面向大众的传播,因此,以单一的信息、密集的频率、单向的渠道向一大群人传播信息;而在知识经济条件下,广告的任务已由单向的信息传播走向双向的信息沟通,因此,要求以多样化、个性、互动性、消费者自主选择的沟通模式完成营销信息沟通目标,这样的任务也唯有网络广告才能完成。

如果说知识经济是网络广告的催生婆,那么注意力经济就是网络广告的金科玉律。第一,因特网就是信息的海洋,在如此浩瀚的信息海洋中网络广告能够赢得网民的注意力是广告发挥效力的前提。第二,报刊、影视、广播等大众传媒的数目、信息类型及信息内容都是有限的,因此争夺注意力是在有限的范围内进行的,而因特网上信息传播源、信息类型和信息内容则是海量,争夺注意力的范围是无限的。所以,从争夺注意力对利用大众传媒传播的传统广告和利用因特网传播的网络广告的重要性来说,它对网络广告更为重要,可以说争夺注意力对网络广告来说是决定生死的竞争。

对我国广告业的启示

虽然我国还不能说已完全进入知识经济时代,但是知识经济的影响已处处可见。作为以"食脑"著称的广告业,应该比别的行业有更强的参与意识,要研究知识经济对广告业乃至整体社会环境产生的影响,学会在数字化和网络化世界中生存,改变旧的观念,以积极的态度进入网络广告的世界,研究网络广告和掌握网络广告,并开发其他新的广告形式,以尽快适应知识经济时代对广告的要求,走在我国进入知识经济时代的前列。

网络广告的崛起是知识经济时代广告业发展的必然,我国广告界要积极参与并努力培育使网络广告迅速发展的环境。目前,我国网络广告从内部和外部环境上来说还不尽如人意。首先是广告主参与态度不积极,以IT业界的广告主为多,而其他行业的广告主多持犹豫和怀疑态度。其次是有关法律滞后。现行的广告法规没有涉及有关网络广告的内容,以至于在法律上来说,现在所从事的网络广告业务无论是其经营行为还是其广告内容却全部是没有经过广告管理机关批准的,即都属于违法广告行为。这样的奇怪现象主要是由于法规的制定落后于现实的发展,但它对我国网络广告的发展却是很不利的。第三,目前我国的网络广告基本上是由IT业界经营,专业广告公司很少参与其中。一个原因是由于网络广告的创作设计要求必须掌握电脑和因特网技术,专业广告公司缺乏这方面的人才;另一个原因是现在网络广告的客户少、市场小、利润低,专业广告公司看不上眼。这样造成的恶果就是一方面目前我国网络广告发展缓慢,水平不高,缺乏创意,广告效果低;另一方面专业广告公司有可能失去一个极有潜力的市场。所以,我国广告业必须认识知识经济时代因特网的重要性,绝不可忽视网络广告这一领域。

尽管注意力经济这个概念是否科学,是否能冠以"经济"这个名称还有待讨论,但它揭示的在知识经济时代信息环境变化的趋势和争夺的焦点对广告业来说却是非常重要的。但目前"注意力经济"这个概念还主要是在我国IT业界流行,而广告业却鲜有谈论,这说明我国广告业对面临生存环境的巨大变化还缺乏敏感,对注意力经济还缺乏重视和研究。而从知识经济、注意力经济与广告业的关系来说,知识经济揭示的是对整个社会的宏观发展变化趋势,注意力经济则揭示的是直接关系广告业生存发展的具体变化趋势。所以,我国广告业应该重视对注意力经济的研究,以迎接知识经济时代对广告的挑战。

打开沟通的心理之门

北京工商大学教授　祁聿民　周筱玲

整合营销传播理论的面世,使"沟通"一词着实时髦起来。然而,要真正做到与消费者沟通,却绝非易事。很多企业标榜"沟通",却仅限于向消费者传达"我生产何种产品,能满足你的什么需要。""沟通"的方式也只是用叫卖式广告把产品信息传达出去。到底消费者需要什么,对哪种沟通方式更有兴趣,企业在面对这个问题的时候却表现得模棱两可,底气不足。其"沟通"的结果必然是传而不通。所以,这不是真正意义上的双向沟通,而只是单向促销。

沟通,是和消费者心灵的交流,但若把消费者的心灵想象成来者不拒的信息接收站便大错特错了。沟通是一种艺术，与消费者沟通不可避免地会遇上三道心理。只有正确找到打开这三道防线大门的钥匙，才能使沟通渠道畅通无阻，最终到达消费者心灵深处，与他进行最直接、最有效的对话。这三道心理之门即沟通的三个层次，分别为沟通的需求层（即消费者产品的利益关注点）、接受层（即消费者对信息接受的文化符码水准）、兴趣层（即消费者对广告创意与表现的趣味点）。只有在这三个层次上获得消费者的认可，才能顺利通过心理之门，完成沟通使命。

一、沟通的第一道心理之门——需求层

需求层是消费者通过使用产品希望满足的需要和欲求。广告与消费者沟通在需求层上打开心理之门的钥匙是利益点。利益点是能满足某种需要的利益承诺。只有广告诉求的利益点和消费者关注的利益点吻合，才能在需求层上引起消费者共鸣。所以，广告诉求利益点的选择必须无条件服从消费者需求的关注点，这一点在沟通过程中至关重要。

不同的消费者有不同的利益关注点，如食品的目标消费者：

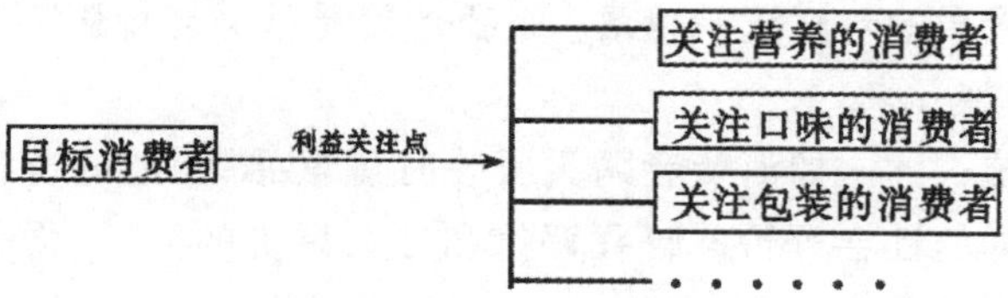

而且，每个消费者的利益关注点也呈现出多样性和有序性。如某消费者购买某产品时利益关注点可能有功能、外观、品牌等。但这三个利益关注点不是平分秋色，而是有一定主次顺序的。如：

高 —品牌 功能 外观 / 利益关注程度→ 低

或其它任一种排列顺序，这将依消费者的消费观念和个性特征而定。

马斯洛的需要层次理论认为，人在满足基本生理需要之后必然产生更高层次的需要。随着经济的发展，人们在解决基本需要之后，对自尊和自我实现的需要日益增强。人们在消费商品的时候越来越明显地受内省式自我评价和外显式社会评价的支配。自我评价是消费者在消费行为过程中期望得到一种良好的自我体验的认定。社会评价是消费者在消费行为过程中期望得到的社会的认定和赞誉。自我评价和社会评价决定了消费者利益关注点的选择及排序。

1. 自我评价

自我评价因人而异，不同个性素质，价值观，生活观的自我评价者，其有意识选择的利益关注点不同。如某消费者在选择洗衣粉时自我评价和利益关注点是：

自我评价	利益关注点
"我是一个爱干净的人"	〈去污力强〉
"我是一个关注自己形象的人"	〈对皮肤伤害小〉
"我是一个节省的人"	〈用量少〉
"我是一个有环保意识的人"	〈无磷（环保）〉

不同的自我评价影响了不同的利益关注点，同样不同的利益关注点也体现了不同的自我评价。自我评价受时间、空间的影响而发展变化。如随着这个消费者社会责任感的增强，他会逐渐把自我评价首先定位于"我是一个有环保意识的人"，从而把无磷作为选择洗衣粉时的主要利益关注点。

广告与消费者沟通时要通过调查分析目标消费者的自我评价，找准主要利益关注点，并对其集中诉求。

自我评价是一种内省式心理体验，和社会评价相比，通常更在意自己的感受。而社会评价是一种外显式心理体验，往往需要通过他人的认可来达到内心的满足。

2. 社会评价

社会评价是在生存和文化环境影响下产生的一种心理需要，在马斯洛需要层次理论中属于较高层次的需要，具有典型的社会性。如某消费者在选择服装时可能考虑的社会评价和利益关注点是：

社会评价	利益关注点
“他是一个细心和讲究的人”	〈质地、做工〉
“他是一个会打扮，懂得美的人”	〈式样美观〉
“他是一个有突出性格的人”	〈款式有个性〉
“他是一个有能力享用名牌的人”	〈品牌〉

从社会评价到利益关注点是消费者为满足这种心理需求来指导自己的消费行为。与消费者沟通就是要从各类特定目标消费者渴望得到的社会评价出发，在广告中着重诉求能满足这种心理需求的利益点，引起消费者的共鸣。

社会评价也是随时间、空间的变化而发展变化的。如文革中人们在着装上趋向统一化，希望得到的社会评价是“革命性”。改革开放以后，服装出现了“改革化”倾向，进入 90 年代，人们努力创造个性，寻找自我感觉，服装的社会评价出现了“性格化”的时髦。

3. 自我评价和社会评价的关系

自我评价和社会评价是矛盾的对立统一关系。自我评价受社会环境影响，期望的社会评价又受消费者个性特征的制约，二者不可割裂开来。

自我评价和社会评价是统一的。如消费者购买服装时注重品牌，他的自我评价是“我是一个有社会地位的人”，同时他希望得到同样的社会评价。自我评价和社会评价的同一，强化了共同的利益关注点，在沟通时就要以这个利益点为诉求的重中之重。

自我评价和社会评价又是对立的。如消费者在选购洗衣粉时就自我评价“我是一个节省的人”来说，他会关注洗衣粉的用量和价格。但若周围的人都使用价格较高的环保型洗衣粉，迫于社会舆论压力，他会希望得到的社会评价是“他是一个注意环保的人”。自我评价和社会评价的矛盾使消费者将二者结合起来，在利益关注点上形成需求组合，即既环保又经济。广告在与消费者沟通时要兼顾这两种需要，以需求组合作为主要利益诉求。

当购买者和使用者是不同消费者时，利益关注点的选择更趋复杂化。如母亲给孩子购买儿童食品。母亲关注的利益点往往是营养和健康，而孩子却关注食品的口味、包装趣味性甚至附赠的小玩具。广告在此时面对两个沟通对象，在需求层上应兼顾二者利益，不可偏废。若忽视购买者的利益关注点，则购买行为可能不会发生，若忽视使用者的利益关注点，则消费行为可能会因使用者的拒绝而不会长久。广告要抓住二者利益结合点进行诉求，才能使消费行为持续下去。

二、沟通的第二道心理之门——接受层

沟通的双向性特点决定其关键在于消费者的接受。接受最基本的条件是信息载体——文化符码的同一。

人类的信息特性由来已久，现代信息社会不过是将载体扩大到电子领域而已。文化符码过去是，现在是，今后将永远是信息传播最基本的手段。所以，广告沟通必须十分重视文化符码的可接受性。从符号学的角度来看，人类是创造符号和进行符号活动的动物(homo animal symbalicon)。在符号创造与活动中存在两种形式：表现符号和推论符号。表现符号如绘画，推论符号如语言文字。在长期的交际实践中，人类建成了这两种符号体系，各司情感沟通和思想沟通，共同完成着信息传播和交流。

商业广告是人类在商品交换中创造的一种重要的符号形式。这种符号有着最明显的信息传播功能，而且同时兼有表现和推论两种符号形式。广告是一种典型的综合性文化符号体系，研究广告的文化符码的同一性、接受性至关重要。

广告文化符码的具体表现为广告的文案和图象。广告与消费者的成功沟通建立在消费者对广告文化符码的客观识别基础上。

文案是广告中的语言文字部分。对文案的识别由浅入深，从一般到特殊可分为两个层次：其一，对字形的识别和对字词基本含义的认知。消费者对字形有一定的认知范围。文案中所使用的文字若超出这个范围，就会超出消费者的文化领域而造成沟通麻烦。如文案中出现消费者不认识的汉字，就会对其正确理解

文案含义造成一定障碍。随着对外交流的深入和发展,在中国的广告中越来越多地出现了外文,尽管其对于丰富文案内容、活跃文案风格起到一定作用,但也要考虑到消费者对外文的认知程度。其二,对特殊语言组织方式的认知,主要是修辞方法、方言、俗语的认知。修辞方法的使用要注意其可理解性。只有被消费者认同和理解,修辞方法才发挥其更贴切地表达语义的作用。否则,运用不当的修辞只会阻碍与消费者的沟通。方言和俗语受时间性、地域性制约。在文案中运用方言或俗语要考虑到消费者的经验领域,如南方方言在北方可能让人费解,北方俗语在南方可能不被人知道,这样就发生沟通困难。蓝天六必治牙膏广告好在创意生活化上,其实文案中的方言很让受众费解。“吃嘛嘛香”一句不要说外地人,就是京津一带的年轻人也难明白,只有那些谙熟本地方言的人才知道“吃什么什么香”的原意。除了文案,广告的文化符码另一个重要组成部分是图象。图象视觉冲击力强,并对准确传递广告信息起重要作用。图象需具有可解读性才能更好地和文案配合,完成沟通的使命。图象的可解读性体现在它和消费者生活经验的结合。生活经验不仅包括消费者对图象本身的识别,还包括对图象特定含义的知解。如果用文房四宝的图象来烘托浓郁的文化氛围,消费者不仅要认识这是文房四宝,还要对文房四宝所蕴含的文化气息有所了解,这样才能准确理解广告图象意图。广告在运用图象的时候要注意消费者的生活经验,要考虑图象及其含义是否其生活经验范围之内 。台湾安迅资讯公司的企业形象广告采用大型玉印和“信而有徵”的广告,高古典雅,对于高文化受众来说,符码的可接受性还是比较强的。但如果将受众面扩而大之,接受率可能急剧下降。

文案和图象在消费者的经验领域内具有可解读性,这是广告与消费者沟通的前提条件,也是顺利通过沟通第二道门的先决因素。

三、沟通的第三道心理之门——兴趣层

一旦消费者关注广告的利益诉求点,同时也能理解和接受广告的文化符码,那么,是否对广告的诉求方式和创意感兴趣,便成了广告与消费者沟通的第三道心理屏障。

广告的总体风格影响了消费者对广告的第一印象。创意在营造总体风格的时候要考虑到消费者在哪种风格下产生何种情绪,在何种情绪中最容易接受产品。选择恰当的风格是诉求方式或创意的氛围和特定产品在特定消费者主观感受上的对位。诉求方式和创意本身都体现一种风格,或严肃、或诙谐、或刺激、或优美。特定消费者对特定产品总是乐于以某种风格接受。如儿童对玩具乐于以活泼、趣味性的风格接受;女性对首饰乐于以温馨浪漫的风格接受,男性对科技产品乐于以严谨、现代感的风格接受。风格是一个广告的感情基调,在合适的基调下传递广告信息,有助于消费者更好地接受产品。

有了恰当的风格作衬托,创意实质上考虑的是用消费者能理解的文化符码,从何种角度,以何种方式切入利益关注点。我们可以用图表示为:

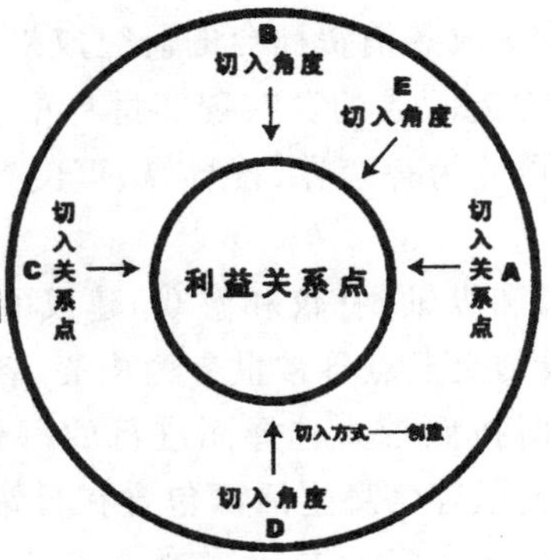

大圆内部是消费者可接受的文化符码范围,创意要在此范围内产生。处于中心位置的是消费者的利益关注点。各箭头表示创意在诉求利益关注点时的切入角度。箭尾上分布的点表示在这个切入角度下的各种切入方式,最终形成一个个创意。

例如一则 VOLVO 汽车电视广告:美术课上,一位老师欣慰地看着孩子们画着他们眼中的世界。突然,她看见一个学生画中的人物都拖着慧星式的长尾巴,而且每张都如此。下课后,她发现这个学生坐着 VOLVO 汽车回家才明白过来,原来在 VOLVO 汽车里看到的窗外景物都拖着长尾巴,可见速度有多快。这则广告的

创意用上图解释为:广告的文化符码都是很容易被受众接受的,如教室、老师、学生、儿童画等;利益关注点是汽车的高速;广告选择的切入角度为窗外景物;在这个角度下,用儿童画这个切入方式来表现,十分准确、有趣。

广告创意水平的高低直接影响着沟通的效果。消费者希望看到构思新颖,创意独特的广告,以获得心理愉悦。创意要创新,来自两个方面:一是新的切入角度。上图中,A、B、C、D是传统的切入角度,已被人熟悉。如诉求汽车高速的汽车身影、汽车过后景象、窗外景物等都是传统的切入角度。如果从新的角度E切入利益关注点,另辟蹊径,给人耳目一新的感觉,产生新的创意。二是新的切入方式。

如上图中切入角度是窗外景物,切入方式是用儿童画直观表现。若同样在窗外景物这个角度下,改变切入方式,如用高速快门照相机仍不能照出清晰的窗外景物影像来体现汽车高速,也是可行的。由此可见,在传统的切入角度下改变切入方式,也可以产生新颖的创意。新的切入角度和切入方式均体现了创意的偶得性原则。创意的创新也要具有时代感,符合现代审美趋势。

不管何种角度,何种方式,切入利益关注点时一定要直接、快捷、准确。现代快速的生活节奏和资讯爆炸的市场,使消费者在购买产品时采用"浅尝资讯式购买决策"。广告与受众的沟通必须清晰,易于理解。寓意复杂、晦涩的创意很可能首先被受众拒之门外,沟通更无从谈起。即使受众努力去理解这类创意,也会由于理解过程中的挫 折感而使沟通效果大打折扣。

打开了第三道门,与消费者的沟通才真正实现。

沟通的道路是曲折的,面临三关的考验广告与消费者的成功沟通关键在于找到打开这三道心理之门的钥匙。在沟通的需求层上找准消费者利益关注点,接受层上考虑消费者的文化符码水平,兴趣层上研究特定消费者对特定产品乐于何种方式接受。只有在沟通的需求层、接受层和兴趣层上"想顾客之所想,给顾客之所求",才能顺利到达消费者心灵深处,最有效地传达广告信息。

21世纪中国广告:以"新生活世界模式"关照消费者

杭州大学　胡晓芸

一、有关本议题研究的两个概念说明

1、新生活世界模式

这是日本生活未来学学者古田隆彦对成熟消费社会的研究成果。他认为,成熟消费社会的生活世界构造,是由日常世界、现实世界、象征世界构造而成的。在现实世界中,生活世界可分为个人界、社会界、游戏界、向上界;在象征世界中,生活世界又可分为眷恋界、符号界、审美界、信仰界。因此,成熟消费社会的生活构造由九个小世界组成。

古田隆彦以一个由横轴(语言和说)和纵轴(礼仪和游戏)建成的坐标系来论述"新生活世界模式"。模式中,横轴与纵轴贯穿三个世界,两轴线的交汇点日常世界为中心,各世界按层次向外展开。处于中央位置的日常世界是人们受社会常识支配,同时按照个人选择而进行的每天生活的世界。从衣食住行的方便、安全、舒适、空间扩大到文字、图象、计算、通讯等信息生活都包含在日常世界之中。日常世界可分为个人世界和家庭世界。与家人共同生活时,人们处于家庭世界,而作为单身人在个人方式中过日常生活时,属于个人世界。

日常世界外围是现实世界。在这里,以横轴发展的是个人界和社会界。社会界指的是以社会这个"人的集团"及其共同主观为前提的世界,其中包括经济交换,因互惠性而进行感情交换的馈赠、请客等象征交换;个人界指的是个人的独自生活、在纯私人性的生活场所中属于个人的、不受社会规范约束、不定型的生活世界。在这里,以纵轴发展的是向上界和游戏界。游戏界位于日常界的下方,指的是人们松懈语言和礼仪所创造和进入的世界,是心情快乐、游戏状态的、运动的世界;向上界位于日常界的上方,它与游戏界截然相反，正好是语言和礼仪所创造和进入的世界，它以教育、礼仪活动等为表现。

现实世界外围是象征世界。它与日常世界之间有现实世界相隔，是一个完全脱离日常世界仅靠语言和象征建立的世界。在这里的四个小世界由现实世界的四个小世界各自延伸、纯化，个人界延伸为眷恋界，社会界延伸为符号界，向上界延伸为信仰界，游戏界延伸为审美界。眷恋界是人们自恋、恋物、寻求自我、回忆、补偿及收藏的世界，符号界是人们寻求权力感、阶层、流行、时尚等的世界，信仰界是人们寻求信仰、宗教等象征的世界，审美界是人们追求艺术追求美的世界。

古田隆彦认为，在成就消费世界里，人们在象征世界中的活动、对在象征世界中的各种活动的欲望，成了一个非常重要的世界和欲望。这些欲望不是指来自于人们的生理性愿望和感觉性愿望而形成的需要，而是建立在人们的语言活动、象征活动之上的欲望，它是一种文化性愿望。

2、消费者消费形态

消费者消费形态指的是消费者进行消费选择、消费决定，产生消费行为时的表现形态。它是众多潜在因素在消费者进行消费选择、消费决定、发生消费行为的外在显现。这些众多的潜在因素包括：消费者各种来自于生理性的、感觉性的、文化性愿望的需求（需要和欲求），消费者的消费心理、文化层次、性格特征、气质内涵、审美倾向、价值取向、购买行为习惯及其模式、经济支持力等生活方式内容。这些因素，是消费者对某种商品产生购买行为的内、外在驱动力，是消费者对某种商品能否形成消费的直感力，是取决于消费者对某种商品的价值评价、审美评价、意义评价的向心力。消费形态由于其众多潜在因素的作用而构成特殊的背景，表现其特殊性。因此，可以说，没有一个完全相同的消费者，也没有完全相同的消费形态。

在研究界，一般把消费者消费形态划分为两种：感性消费形态、理性消费形态，也有研究者因此把消费时代划分为：感性消费时代、理性消费时代、后感性消费时代。笔者曾提出过低层次的理性、感性、高层次的理性三种消费形态的划分，并认为：由低层次理性消费形态向感性消费形态、高层次的理性消费形态发展，是一个渐变的过程。由于潜在因素的影响，低层次的理性消费形态到一定的层次后会发生分化，一部分演变进入感性消费形态，一部分进入高层次的理性消费形态。在这里，低层次的消费形态，指的是基础于消费者各种因素，只对商品的功能性、实用价值进行消费选择的消费形态，对商品的首要要求是价廉、实用；高层次的理性消费形态，其消费特征为：选择和消费高功能、高品质的商品和服务，它须有相当的经济基础作为后盾才能实现，大量的高层次理性消费形态的出现，要在消费社会进入相当的成熟期之后才能产生。而感性消费形态是与理性消费形态相对立的，它注重的不是商品的物质本身，而是附着在商品物体上的属于意义性、符号性的成分。

理性的消费随着商品的物质存在的消亡而完成消费过程，而感性的消费也许早在商品的物质消亡之前，就将消费过程进行了终止。如流行消费，当流行风过后，对某物质的消费就已经结束了，其消费行为不是和物质的消亡同时进行的。属于符号消费的礼品消费，是在将礼物馈赠送给了对方之后，消费行为就完成了，而无须等到对方在物质上将礼品消耗掉。

对消费者消费形态的研究，是市场营销与广告界一直重视的问题，但对消费形态的研究标准、研究结论，并不一致。而“高度成熟消费社会的生活者，已从功能、效率等功能性的层次超越至游戏及符号等感性的层次，且再进一步寻求多样化生活世界了。”与消费成熟的时代相符合的消费者是一些具有“日常性、现实性和非日常性、幻想性并存的整体的、综合的形态”的、“在工作及日常生活中还包括游戏、礼仪、审美、眷恋、符号等整体性的人”。意义的消费已经超越功能性消费和单纯的符号消费而成为重要的消费形态。因此，要研究和分析 21 世纪中国消费者的消费形态，应该有一个科学的标准和科学的依据来针对。而“新生活世界模式”应是一个科学的依据。

二、“新生活世界模式”是对消费社会趋势的科学概括和科学预测

“新生活世界模式”认为，成熟消费社会的生活者，有九个角度的消费需要和欲望。这个观点和结论，向我们展现了人类在成熟消费社会中的新生活模式。在这个模式中，因为有现代文化的支撑，不仅具有和过去一脉相承的日常生活世界，更有属于个人的、眷恋的、游戏的、审美的世界，社会的、符号的世界，向上的、信仰的世界。日常生活已渐渐地离开了它原本十分重要的或者是唯一的位置，而其余的生活世界，特别是

象征世界的各个小世界,都正在新的生活模式中占据越来越重要的位置。

此模式的建立和提出跨越了我们历来作为重要的行为科学根据的马斯洛理论,并结合和运用了新学院主义,形成了一个富有现代性、未来性的模式:

1、超越了马斯洛的需要层次理论

马斯洛的需要层次理论,以其分明的层次性而取胜。其主要观点为:人的需要可分为五大层次。五大层次中,各类需要由低到高,依次上升,最低为生理需要,最高为自我实现需要。人总是在满足了低层次需要后,才能依次产生高层次需要。自我实现需要只有在其余的需要得到满足之后,才有可能产生和获得满足。人的需要不可能产生高层次需要满足后向低层次需要的逆转。

此理论的阐释存在着许多不合人的需要特别是现代人的本质需要的产生及其发展的结论:1)人的需要并不一定要先满足了低层次需要之后才能产生高层次需要。人们可以在没有得到生理需要满足的基础上,产生信仰、精神,自我实现方面的需要。在生理极限状况下,仍能顾全自我尊严者,自古有之。2)人的生理、安全需要得到满足后,除了产生和满足尊重、自我实现等需要之外,也可能产生进入游戏与审美状态的走向。古人曾言"仓禀实,知荣辱",也曾言"饱暖思淫欲"。3)如果人的需要层次只有由低到高的提升,那么,当人满足了自我实现需要之后,将何去何从?

因此,马斯洛的需要层次理论,尽管具有分明的层次性,但有机械之嫌。广告人如果只将它作为体察消费需求、观照消费形态发展演变的圭臬,是不能针对真正的消费状态的。而"新生活世界模式"无论在完整性、人性适应性、现代性、未来性等方面,都超越了马斯洛的需要层次理论。

2、科学应用了新学院主义理论

在古田隆彦看来,"新学院主义思想基础中,有着超越以往的功能性、实用性、世界观之符号、象征等更深层意义论的世界观。""它绝不是单纯的一时性流行现象,而是近代西欧哲学的正统传人,是寻求社会及生活的看法,与现代密切结合的哲学。""应用它来整体地掌握现代人的生活构造及生活欲望,可说是最适合不过了。"因此,他经过对现象学、象征人类学及社会符号学的研究得出了一系列结论,又在此结论前提下,提出了"新生活世界模式"。

1)考察现象学得了结论:现实生活世界是由多层结构构造而成的。现象学认为:我们周围的世界可以分成物质、感觉、象征、现实、日常及理论世界六个阶层。物质世界即物体本身的世界,感觉世界是感觉和象征所掌握的事物中确定自我实在的世界,日常世界则是在现实生活中借着日常常识而经营日常生活的世界,而理论世界,即是把以上五个世界定位在客观世界的理论化世界。

这个结论至少给了我们以下启示:生活世界中,物质世界是一个最基本的世界,除此之外,尚有更多复杂的、渗透人性因素的多重世界存在。而这些世界是更接近于我们的生活现象的,同时也是更具理性的、智性的世界。人类在日常生活中生存并营造日常世界,但不能也不会沉溺于此,因为在日常世界海面之下有感觉和象征世界的海底火山。

2)考察符号学得出结论:个人与社会之间处于一种互动的关系,个人消费与社会市场之间也处于互动关系。在索绪尔的符号学理论中,有一个关于"语言"和"说"的关系解释。即"语言"是一种关系,是超越个人的社会规约,而"说"是个人操纵这个语言体系的行为,即以人与人之间的对话、人的思考为形式的掌握和运用语言的行为。在"语言"和"说"之间,"语言"具有一种社会性价值,通过"说"满足了个人。而"说"又同时约定俗成,使"说"变成了"语言",两者之间处于相互依存的互动关系。

将符号学中"语言"与说"的互动关系运用于个人消费和社会市场之间的关系,可以得出结论:社会市场给予个人消费的内容,而个人消费又在消费的同时为社会市场提出新要求。依据这个新的要求,社会市场又生产出新的消费品。因此,个人消费和社会市场之间是一种互动的关系,而在这之间,消费者不断发展的需求是个人消费发展的根源。

3)考察象征人类学关于游戏和礼仪的主张得出结论:生活形态中,日常性与非日常性相辅相成。研究游戏和礼仪构造的贝特逊和韩得曼认为,游戏和礼仪都是超过日常交流的超交流。与游戏相对立的是礼仪,因为礼仪模式的超信息表示:"这个界限以内的所有信息都是真实的。"而游戏模式的超信息则表示:"这个界限以内的所有信息都是不真实的。"也就是说,游戏和礼仪所发出的是真实与不真实完全相反的信息。贝特逊在此所说的“日常交流”，指的是那些有关衣食住行的功能性、实在性的交流，之所以将游戏与礼仪称之为“超交流”，是指这些交流都不是源于功能性的、实在性的交流。人们生存在游戏、礼仪相关的日常生活中，在这种生活里，人们总期待有一天能达到游戏和礼仪中的世界，因此而建立了日常社会秩序和日常生活。

“新生活世界模式”就是在超越了马斯洛的需要层次理论的前提下，得到新学院主义各种主张的启示而建构的。

因此，我认为，既然作为消费形态的内在构成因素的消费需求会在此模式基础上发生，那么，现代人的消费形态也将会在此基础上展开。

三、21 世纪中国广告：要以“新生活世界模式”考察消费者

从“新生活世界模式”出发，观照中国消费者消费形态，可以较全面地得到消费者目前及其未来相当时间内的主流性消费形态：

主流形态之一：实有功能

在我国，持需求功能性、实用性消费形态的消费者仍然占绝大多数。功能性、实用性消费形态指的是消费者对商品的最根本的需求点，是商品能给予自己的实际利益。持此种消费形态的消费者对商品的物性最为关注。但具体可分两种情形：1)处于小康水平以下的农民阶层、低工薪阶层等消费者仍然延续着属于日常传统的、物性的消费形态。他们仍然将衣食住行等日常生活世界领域中的生活需求作为唯一的或者是重要的需求。具体表现为：消费选择着重于商品的持久性、耐用性、价格的经济性。平价消费是他们最欢迎的利益诉求点，折扣优惠和样品赠送是他们热衷的消费方式。2)由于消费者收入差距，与处于完全的低消费层次截然相反的有一批高收入者存在。他们对商品的高功能性需求十分突出。在消费选择时，只是注重高功能本身的利益点。

主流形态之二：便利与舒适

具有这种消费形态的消费者，其生活方式已渐渐地从传统的、日常世界的生活方式中超脱出来，接近了处于纯粹的物与纯粹的象征之间的生活世界——现实世界。这种需求便利和舒适的消费形态，在具体表现中，呈现为两方面的内容：1)环绕着家庭生活方式所需求的便利与舒适性消费。如在家庭生活饮食方面方便的需求对象为电子炊具、微波炉等；洗涤方面的需求对象为全自动洗衣机烘干机等。这一部分的消费者，他们对商品的需求，主要是为了满足家庭生活方式中的便利，在获得便利同时获得身心的舒适。因此，他们虽然也有经济性考虑，但更执著于消费行为所能带来的便利、舒适，而这种便利、舒适性的追求，是经济收入和消费水平处于我国中等层次以上的消费者才能具有的，其需求往往带有一定的时尚与流行性。2)环绕个人生活世界而展开的便利、舒适性消费形态。传统的大家庭形式和建组家庭的观念已被挑战，单身化现象出现。即便是在家庭形式上还是属于传统型的，由于生活自由度扩大，且各个年龄层次都出现了游离于家庭群体之外的观念和生活方式，个人世界越来越丰富。在这些个人生活空间里，他们需求有对于建立个人生活空间带来便利性、舒适感的商品与服务。如对速食食品、微型医疗装备、洗被褥等服务项目的需求。

建立个人化生存形态的本身是为了能有个展现个性化特征的空间，环绕个人生活世界而展开的消费形态中，除了对个人生活空间带来便利、舒适之外，还表现着如何反映自身个体特征、自我参与、在环境中获得自我印记的需求。如对自我组合家具的需求，实际上是对自我能力、自我特征、自我审美观念的发散和投射，属于实现自我、表现自我、观照自我的范畴，但在形式上还是以遵从方便性、舒适性需求原则为前提。

主流形态之三：眷恋与符号

生活方式决定人们的需求趋向，随着我国环绕家庭开展的生活方式逐渐向环绕个人化或者社会化方向发展的生活趋势展现，人们对于自身与社会之间的沟通需求正在进一步扩大，并在两方面得到表现：1)人们在个人界中的活动，虽然获得了个性的自由化，但同时也失去了家庭意义上的情感渲泄、情感沟通的机会。在个人界里，人们不免会产生出孤独、寂寞等心理反映，也会对家庭因素中的一些内容产生眷恋。而孤独感的排解、家庭意义上的亲情因素的获得，可以由眷恋对象的寻找和获得来达到，如将眷恋附着于物或人并借着这些物件和人来排解孤独获得慰藉，宠物消费、偶像崇拜、初恋回忆等。这种需求与消费形态，实际上取

决于人们在个人界和眷恋界的生活。2)在社会界中进行个人与社会之间、人与人之间的交换、交往、沟通。如体现某个阶层归属的服装消费礼品消费,都是个人与社会之间、人与人之间获得某种心理归属的需求而产生的消费。这实际上是人们在社会界和符号界的存在而产生的需求与消费表现形态。

主流形态之四:超越紧张状态

现代生活的快节奏、高度竞争性使消费者在日常世界中处于高节奏、高竞争状态。而这个整体的高竞争状态,又使得人们产生超越日常竞争状态、松懈竞争状态达到调剂、平和的需求。需求超越日常竞争状态的消费状态,取决于人们在游戏界的活动。人们通过在游戏界中的活动,使自己进入游戏状态忘却日常生活世界中的紧张感。并且,属于现代型的模拟游戏,可以让消费者在游戏过程中获得参与和意识替代(在游戏中将自身想象成棋盘中一将、游戏机中一坦克、卡拉 OK 中的明星)。通过这种参与、意识替代,消费者超越了日常状态,并获得了非日常性、幻想性生活形态与日常性生活形态之间的整体结合。人们在游戏界中的消费活动,一方面使自己处于松懈状态,另一方面使自己得到对紧张状态的补偿。如看电视、热衷于美食等消费活动,达到消遣目的的同时,进一步地进入了审美界的消费活动,在审美活动中获得身心的陶冶、美的享受。

主流形态之五:向上与信仰

这种消费形态的形成,取决于人们在"向上界"和"信仰界"中的活动。面对竞争激烈、社会发展变化迅疾的现状,消费者也时时感受到了生存与竞争的压力。在压力面前,人们常常有两种截然不同的表现方式:或进入游戏和消遣、审美的领域,以其得到对日常状态的松懈;或使自己处于更紧张的状态之中,以期使自身适应社会的发展,获得生存和发展的更大的空间。处于后一消费形态中的消费者的具体消费区域为:提高知识、智能水平的商品消费,包括购书、上学、消费健脑食品;提高身体机能和健康水平的消费,如购置运动器具、上健身课、减肥等。

主流形态之六:整体性发展

这些消费者最明显地表现了现代性的消费形态。他们在现代社会环境中,已不是一个单纯意义上的物质消费者,更是一个整体性的、完整的消费者。他们的消费行为将随着客观环境的变异而产生较大的变异。在现实社会中,消费者除了消费物质获得生存和安定的保障之外,更重要的是借助消费实有的物质、具有一定意义的符号获得自我个性在社会整体中的表现和发展。具有这一消费形态的消费者,他们的消费行为既重视个性又追随流行和时尚,既显现感性又崇尚理性。他们借助消费化妆品等塑造完善的外型,借助对文学、艺术的欣赏获得美感,借助共同的信仰进入一个共同的群体并使人生完满。在此消费形态中,消费者已经完全摒弃了对物质功能性、实有性的消费需求,即使是消费物质,也只着眼于附着在物体、物质之上的符号性、象征性、意义性内涵。

由此可见:在中国当前与未来相当时间的消费环境中,属于功能性、实用性的消费形态仍然占重要比例;由于消费形态的个人化和个性化倾向的出现和发展,消费者自主地要求参与生产者工序以投射个性因素的消费倾向正在发展;属于象征世界的符号性、意义性的价值需求正成为一些消费者消费物质产品的重要的甚至是唯一的原因,许多消费者已不再仅仅从商品的物质性而只是从它的意义来进行消费了。中国消费者已慢慢从"消费者"(大量地消费大量生产商品的消费者)、"生活者"(商品的生产要符合消费者的个性需求,比单纯的"消费者"走向整体性、富有个性的消费者)、走向了"生活人"(消费行为更加多角化、多面化,整体性和综合性的消费者)。

因此,21 世纪的中国广告,要运用"新生活世界模式"来观照我国消费者。因为,中国消费社会在 21 世纪将走向成熟,中国的消费者在 21 世纪将是成熟的消费者——生活人。

21世纪品牌行销新主张

罗文坤

唯有顾客满意才是真的商品，而如何才能让品牌达到顾客满意，正是21世纪的品牌新挑战之一。

不知从何时起，就有人开始对公元2000年倒数计时了。未来学家曾指出，每一个世纪即将结束的10年(last decade of each century)，人类文明都有一种加速冲刺的现象，这种现象有一点像是马拉松赛跑选手即将抵达终点站前的冲刺。而我们此刻正处于这种决胜的关键时点；21世纪产业的企业经营，将会面临全球化(globalization)与自由化(deregulation)的两大挑战。

加入WTO(世界贸易组织)之后，台湾产业所面对的竞争压力，不只来自国内，也来自国际；不仅来自同业，更来自异业。

过去的观念中，货物只要在工厂制造完成、装送出去，就可称为[商品]的时代已经成为过去！面对多元多变的竞争环境，唯有顾客满意才是真的商品，而如何才能让品牌达到顾客满意，正是21世纪的品牌挑战之一。

50年代，McCarthy(1964)提出4P：产品(product)、价格(price)、通路(place)、促销(promotion)。到了90年代，Lauterbourn(1991)强调4C：消费者需求(consumer's needs & wants)、满足消费者需求的成本与价值(cost to satisfy consumer's needs & wants)、便利(convenience)、沟通(communication)。我本人则于'94年提出4V主张：产品之多样性(versatility)、价格之价值性(value)、通路之复合性(variation)、推广之互动性(vibration)。诚然，较新的行销理论都主张：行销在为顾客创造价值，而顾客就在利益(benefits)与成本(cost)之间追求最大的相互平衡的价值，就如同天平一般。

所谓[利益]包括体验、个人、社会、功能……等方面的获得；而[成本]则包括行为、身体、心理、时间、金钱……等方面的付出。如同天平原理一般，顾客如果觉得其所获得远超过其所付出，就会感到满意，并且认为这是[超级价值]；但如果顾客觉得其所付出超过了其所获得，就会感到不满，并认为这是[低级价值]。因此，行销可以说是[价值导向的行销](value-driven marketing)。

如果把以顾客为核心的行销观念，依年代作一演进可以发现：50年代强调的是品质管理(quality control)；70年代强调的是品质保证(quality assurance)；80年代强调的是全面品质管理(total quality management)；80—90年代间则有全面品质服务(total quality service)提出：90年代起，顾客满意的经营管理理念(customer satisfaction management)就慢慢地浮到台面上来了。

简而言之，50—70年代是[理性消费]的年代，消费者重视的是数量、价格，利用的感官是味觉与触觉，评估准则是产品(严格来说，只能称为货品/货物)的数量多寡和产品的生产技术。

70—80年代则为[理性消费+感性消费]的年代，消费者追求品质、性能，利用的感官是嗅觉与听觉；相较之下，评估准则是产品的好坏，也就是产品品质的知觉与认同。

80—90年代的特色是现代主义的[感性消费]时代，欧格威(David Ogilvy)最常说的就是[商品愈趋向同质化，消费者购买时所愿意付出的理性成分愈少]，品牌的魅力逐渐受到重视，消费者追求品牌形象，逐渐以视觉为主要的感官来知觉商品，品牌的评估准则在于品牌偏好与品牌象征。

90年代以后则可称为后现代主义的[感动消费]年代，也就是[品牌与顾客互动]的时代，消费者更加重视品牌所能带给他们的满足感与喜悦感，品牌必须设法与顾客之间建立[罗曼史](Romance)，消费者开始以心灵感官的满足来知觉品牌，顾客满意(CS)成为这个年代的评估准则。

21世纪品牌经营将面临更加自由化、全球化的剧烈竞争的挑战。面对多元的社会、分众的时代、与善变的顾客，品牌经营者必须花费更昂贵的投资，所能达到的却只是不确定的结果，往往要以有限的预算去完成无尽的目标。

21世纪品牌经营所面临的挑战可概分为三大类：传播(communication)挑战、配销(distribution)挑战、互动

(interaction)挑战。

就传播(communication)方面而言,品牌经营者所面临的挑战包括:

1.传播媒体的日益增多,导致传播效果的分化与稀释。

2.传播媒体费用的日益高昂,降低了传播的相对效益。

3.传播工具的日益多样分歧,造成品牌印象难以统一。

4.传播讯息格式的日益纷乱,致使传播效果难以累积。

这些传播上的挑战都与品牌的[情报流通]有密切关系,因此,为迎接并因应这项挑战,其解决方案可以用[情流]来表示。

所谓[情流],就是指要让品牌的传播情报与顾客保持绝对顺畅的流通。大致说来,品牌的[情流]包括:企业与品牌沟通效益之提高、企业与品牌沟通界面畅通化以及企业与品牌传播讯息整合化。因此,对于21世纪的品牌经营者而言,CI不仅是指[企业识别](Corporate Identification)而已,应可更广泛地延伸其涵义到品牌的[沟通界面](Communication Interface)或行销的[传播整合](Communication Integration)。

在商品配销方面,品牌经营者面临的挑战包括:

1.企业竞争日趋白热化,配销通路争取不易。

2.通路形态日趋复合化,卖场规划创意难求。

3.卖场店面日趋业态化,品牌优势难以凸显。

4.顾客行为日趋多样化,客户关系维系不易。

这些通路配销的挑战都是与[物流]有关。

因此,21世纪的品牌经营者所要考量到的[物流]课题,不但应该包括:通路形态创意化、卖场气氛活性化、卖场动线效率化、卖场环境主题化等通路结构与管理;更应该扩及顾客来店意向增强、来店效率提升、购买金额提高、关连性购买增加、以及顾客关系热络化等顾客管理。简而言之,未来的[物流]要兼顾通路管理(channel management)及顾客活化(customer mobilization)。如图4之示意。

对于大多数品牌经营者而言,21世纪所将面临的最重要考验与挑战,应该是如何与顾客达到的[互动](interaction),具体落实[顾客满意](CS),也就是要能打动顾客的心,并且与顾客交心,因此又可称为[心流]。

21世纪将会是一个市场占有率的竞争时代,新顾客的开创不易,既有顾客之维系与强化成为品牌致胜的关键因素,建立顾客忠诚度的需求日益殷切,顾客关系增强的重要日益提高;然而,相对而言满意续购链之维系与强化却日益艰难。品牌经营者必须设法与顾客建立[罗曼史],设法巩固既有顾客,建立其终生价值,也就是要与顾客畅通[心流]。因此,21世纪顾客心流至少应该包括:顾客满意度强化、顾客关系系统化、心灵互动密切化。

总之,在这个21世纪的非常时代,品牌经营者面临许多非常挑战,必须要具备非常行销方案。而这些挑战分别可以运用上述方案来因应与解决,也就是结合企业识别系统(Corporate Identification,CI)、通路管理(Channel Management,CM),来达成顾客满意(Customer Satisfaction,CS)。

这些解决方案也可以解释为:藉由沟通界面活性化(Communication Interface,CI)、与顾客关系热络化(Customer Mobilization,CM)来达成顾客满意的极大化。

因此,我个人认为,面对21世纪的非常经营环境下的经营挑战,可以将上述的应对方案加以整合并浓缩为一个新的品牌行销概念,我把他称为[CISM](姑且称为C主张),CISM的意义便是CI(Corporate Identification/Communication Interface)、CS(Customer Satisfaction)、以及CM(Channel Management/Customer Mobilization)。CS是最终目标,CI和CM都是达成CS的必要手段。CISM的要素包括:CI(企业识别)、CS(顾客满意)、CM(通路管理)的完全整合。

在传统观念中,CI(企业识别)只包括企业的VI、MI与BI。对于21世纪的品牌经营者而言,这样的界定似乎有些不足。具体而言,新的CI观念在企业识别系统(Corporate Identity System)这个领域里,还可以包括到下列几个层面:

1.使命界定(Mission Statement):企业使命、愿景之界定与陈述。

2.理念认同(Mind Identification):企业的真心、企业理念的认识与认同。

3.行为认同(Behavior Identification):企业的善行、企业作为的认同与识别。

4.视觉认同(Visual Identification):企业的美观、企业视觉系统的识别与认同。

5.声音认同(Audio Identification):企业的知音、企业听觉系统的识别与认同。

6.形象管理(Image Management);企业及品牌形象之建立、维护与捍卫。

除此之外,对于21世纪的品牌经营者而言,CI更可全面扩大到沟通界面活化(Communication Interface)的领域,近而延伸包括下列几个层面:

1.整个行销传播效果极大化(Maximize the Effectiveness of Integrated Marketing Communication)

2.沟通界面之强化与活化(Optimize Communication Interface)

3.企业形象之诊断与治疗(Corporate Image Diagnosis & Therapy)

4.企业文化之形塑与传播(Corporate Culture Communication)

对于21世纪的品牌经营者而言,CS(顾客满意)更是品牌成功的关键因素。顾客满意是指顾客在惠顾前对产品或服务之期望与惠顾后实际体验评价之间的缺口确知。

具体而言,CS顾客满意度之应考量之课题可以包括下列几项:

1.经由行销研究分析,界定顾客对产品服务之评价标准。

2.透过深入审慎判断,确认顾客期望与实际体验之缺口。

3.根据顾客需求动向,发展提高顾客满意度之具体作为。

4.规划标准作业系统,落实为提升服务品质之全员礼仪。

5.掌握市场竞争动向,推动顾客满意为导向之经营规范。

6.凝聚员工高昂士气,扩大顾客满意至公司之各个层面。

我个人强烈感受到,21世纪,卖场会是品牌决胜的重要战场之一!因此,通路管理已经日益受到品牌经营者的普遍重视。

具体而言,CM通路管理可以包括下列一些课题:

1.流通与物流系统决策规划:通路之选择、整合与新通路之开发……等。

2.商圈设定与立地条件规划:商圈之评估、界定与商圈潜力预测……等。

3.店头活性化卖场陈列规划:环境规划、动线最适化、店中店及POP……等。

4.商店气氛营造与顾客互动:卖场活性化、卖场Event以及气氛规划……等。

5.无店铺行销策略实物展开:型录直销、网络行销以及电话行销……等。

我相信对于21世纪的品牌经营者而言,CISM将会是一种非常有利的行销工具。而CISM之间的相互关系是乘法关系,也就是CISM = CI x CS x CM。因为我认为,CI、CS、CM必须全面考量,缺一不可,如果其中有任何一项的绩效为零分时,则总绩效将会是零分。CI、CS、CM三者必须具有互补性及完整性才能相辅相成,满足需求。换句话说,CI可以视为CISM之理念普及;CM可以视为CISM之演出舞台;CS则可以视为CISM之最高境界(目的)。

我曾经借用佛家波若波罗密多心经中的[五蕴],来解释行销传播对消费者的[注意、接受、态度、行为、满意]等五个阶段影响过程。

色——用出色、精致、具吸引力的广告创意表现来引人注意;

受——用清晰、简明、容易理解的广告讯息内容来令人接受;

想——用攸关、重要、饶富意义的广告概念主张来牵动欲求;

行——用催促、胁迫、有冲击力的广告诱因诉求来促成行动;

识——用周延、主动、亲切自然的顾客满意行动来达到共识。

如果将CISM容入五蕴与行销传播的模式中,我个人认为:CI在色(注意)、受(接受)、想(态度)等三个阶段中的影响最为深切;CM则在想(动机)、行(行为)、识(满意)等三个阶段中发挥最大的作用,尤其是在促使行动的关键时刻,而CS则是行销传播的最终目标,必须先让顾客满意才能与顾客建立共识,进而达到[识]的境界,并且有下次再次购买的续购意愿。这些都是21世纪品牌经营者在拟定行销传播的目标时所必须优先考虑的。

如果有人要问我:顾客满意的最高境界如何?,我想我的回答会是日文中的一个汉字[旬]。在日文的解释中,人们的情绪每十天为一个周期,[旬]所指的就是人们情绪最激昂、最兴奋的高潮状态。顾客满意的最高境界就是随时让顾客都维持在[旬]的状态。

我绝对相信,面对21世纪各种经营挑战,品牌经营者必须[民之所欲,长在我心]。精确掌握市场动向与消费需求用心去经营品牌,根据CISM的行销新主张,以[诸法皆空,自由自在]的创新精神,积极进行下列行动:

落实CI,使[情流]畅通,让顾客情报沟通;

强化CS,使[心流]无碍,与顾客心灵互通;

配合CM,使[物流]活络,加速商品畅通。

有了三[流]与三[通],品牌经营者应该可以很快地引发顾客的认知与认同(identification),有效促使顾客采取行动(mobilization),进而获致顾客的最高满意(satisfaction)而达到的[旬]的境界。

广告讯息理解研究

中国广告协会学术委员会委员　范亚刚

摘要　近几年,研究广告讯息理解的视角颇多,诸如讯息增附、理解层次、理解与投入的关系等,但以往研究没有明确什么讯息能误导受众。本研究通过问卷来检验中、西方学生对广告事实讯息和渲染讯息的理解是否均存在差异。实验表明,具有不同文化背景的人在理解事实讯息和渲染讯息时都存在差异。这从某种程度上否定了在国际广告中推行讯息统一的理论。

关键词　广告讯息理解、广告事实讯息与渲染讯息

一、引言

广告讯息理解,同其他语篇理解一样,是个积极的认知过程。这个过程不仅仅是受众对广告字面意义的理解,而且是他们依照自己的知识结构和阅历,增附额外讯息的过程。

国外对广告讯息理解的研究是先从事实讯息着手的。随着语用学的发展,了解消费者读广告时如何增附额外讯息便成为了焦点。Preston(1967)是最早从事广告讯息增附研究的。他的假设是人们在阅读广告时容易犯逻辑错误,即他们常常能推断出广告没有明说而又不合逻辑的讯息。譬如,一则广告说某个品牌的香烟比其他品牌的香烟含焦油和尼古丁少,若消费者由此推断出抽这个牌子的香烟对身体无害,则犯了逻辑错误。该项研究以大学生为受试对象,让他们阅读各种杂志广告,每则广告下有五项选择,一项是原广告内容的正确复述,一项与原广告内容不完全相符,一项与原广告内容无关,一项是符合逻辑推断,一项是不符合逻辑的推断。之后,让他们说出这五项选择那些准确地反映了原广告的内容,那些没有正确反映原广告内容。结果,有三分之二的人接受不符合逻辑的说法。Preston由此推断,消费者读广告时可能会收罗逻辑上不存在的讯息。搞类似研究的 有Harris(1977)和Shimp(1978)。他们用其他类型广告(如电台广告和电视广告)验证了Preston的发现,即人们理解广告时易犯"错误",常常把推断出的主观讯息当作客观讯息。

在研究广告理解的层次上,Mick(1987,1992)所做的研究引人注目。他认为人们理解广告有三个层次:第一个层次是句法上的和部分语义上的;第二个层次主要是语义上的但也有部分是语用上的;第三个层次是语义上的,但更多的是语用上的。他假设人们对第三层次理解往往比第一层次的更容易记住。Mick认为深层次的理解与广告的可信度和人们对广告的态度直接相关。

对于投入与讯息理解的研究(Petty和Cacioppe,1986;Johar,1995)表明,消费者理解广告讯息时投入越大,越可能做出错误推断,因而,越有可能被误导。

总之,对于广告理解与讯息增附,广告理解层次以及理解与投入的关系等问题,我们似乎能从以往有关的定性、定量研究中找到一些答案,但是这些研究有个共同的弱点,即它们没有阐明广告中什么样的讯息容

易误导受众。如果说广告中的主观性、评价性的讯息能误导受众,那么,事实性的、客观性的讯息能不能引发错误推断?或许把这个问题放到跨文化背景中能看得更为明了,而这方面的研究以往是个空白。笔者认为,研究广告理解我们不能混淆主、客观讯息,尤其在跨文化广告的制作和翻译中,事实讯息可能带来“错误”的讯息增附,这个问题不容忽视。

二、目的

本研究是想了解中、西方人的读解广告中的事实讯息和非事实讯息的过程中是否在讯息增附、间接讯息推断以及内涵理解等方面存在差异。具体讲,本研究欲:

〈1〉了解中、西方人在理解广告中事实讯息和非事实讯息时存在的异同,进而在讯息增附上进行跨文化比较;

〈2〉检验中、西方人由于文化差异所带来的内涵差异,进而了解内涵与品牌偏爱的关系;

〈3〉用心理语言学、语用学、语篇分析和符号学的理论观点解释广告讯息理解的一些现象;

〈4〉突出广告的“客观讯息 + 主观讯息”的模式。

以往跨文化广告研究集中在广告的内容分析上,很少有涉及讯息理解的,或许我们赞同主观讯息受文化影响的观点,但是,当谈到中、西方人理解客观讯息时是否一致时,我们就难以确定。因此,我们假设:H1:假设中、西方人没有品牌偏爱意识,他们对含客观讯息的广告语篇(如以下 A1 到 A8)的理解完全相同,没有讯息增附;H2:假设中、西方人没有品牌偏爱意识,他们对含主观讯息的广告语篇(如以下 A9 到 A12)的理解有明显不同,并有讯息增附成分;H3:假设中、西方人在挑选质量相同但品牌不同的某种产品时,他们因对品牌内涵的理解不同而对品牌的选择有所不同。

三、方法

1. 受试者

该研究受试对象为就近任选的大学生,共选 416 人,其中中国学生 206 人,西方留学生 210 人,他们来自北大、人大、北外、中央民族大学和北京语言文化大学。研究初期本想对比中、美/英学生,但发问卷时有些欧洲学生(N = 24,他们来自德国、法国、荷兰和比利时)参加,故改为中、西方学生比较。

2. 材料

该项实验使用一份问卷,上面写有 12 个摘自中美印刷广告的语篇(或句子),其中有 8 篇是以客观讯息为中心,4 篇是以主观讯息为中心。另外,上面还写着为两种产品取的 4 个品牌的名称。所有汉语广告语篇或句子都有英文译文。每个广告语篇或句子都提供几个可能产生的言外之义讯息,供受试者选择。在这些带有言外之义的选项中,有些是在设计问卷前与小范围内的受试者讨论后写出的,有些则是作者个人推断的。

3. 设计和过程

该项研究采用传统的问卷阅读理解手段来检验研究假设,但与以往不同的是本实验强调主、客观讯息分别带来的讯息增附。虽然本研究采用的是“读后选择”而不是“在线反馈”的检验手段,但读后的选项除了有既定的以外,还有自由发挥项。

问卷在课上或在课下分发。中外受试者先阅读问卷上的广告语篇(或句子)和品牌名称,然后选择与自己推断相近的讯息增附选项。没打勾的并不意味他们不同意。

问卷选项没有选用“对—错—不清楚”的方式,而是采用多项选择的形式,这较接近消费者阅读广告后的反映。消费者在选择品牌时也是“非此即彼”的情形。

四、结果

该项研究表明具有不同文化背景的人在理解相同讯息时存在跨文化差异,这是企业在策划跨国广告时特别要注意的。通过 T 检验,总的看来,假设 1 被否定了,假设 2 和假设 3 虽然部分被否定了,但基本上得到了肯定。

1. 主、客观讯息理解研究

为便于讨论,问卷上的所有语篇或句子都逐一列出。

问卷要求一如下:The following sentences are taken either from Chinese advertisements or from American advertisements. What meanings do you infer from them beyond their literal meanings? You may tick as many choices as possible for each advertising claim.(以下句子选自中国广告或美国广告。除了字面意义以外,你能推断出什么意义来?对于A,B,C或D,你同意的就可打勾,打勾的数目不限。)

A1. 本机只卖$586。(This machine is only $586.)———(计算机广告)

A. The price is reasonable/cheap.

B. The price cannot be higher than $586.

C. The price cannot be lower than $586.

D. Other implied meaning (excluding A,B or C).

E. I cannot infer any extra-implied meaning.

表1 五项选择同意率

组类	受试人数	A(%)	B(%)	C(%)	D(%)	E(%)
中国学生	206	79.1	17.1**	1.9***	3.4	8.7
西方学生	210	71.0	29.1**	15.7***	3.8	6.2

注:2-tail significant level: $**p<0.01$ $***p<=0.001$

"本机只卖$586。"这句话至少传达两条产品的事实讯息:1)该产品在出售;2)其价格。可是,句中的副词"只"(only)却能产生额外讯息,其中之一就是价格便宜/合理。该言外之义普遍被两组受试者接受(中:79.1%;西:71%),并无明显差异。但是,对于第二选项,中、西方受试者的答案存在明显差异(2-tail sig = 0.005)。从选择人数上看,西方人比中方人多(西:29.1;中17.1)。对于"价格不能低于$586。"的选项,中、西方受试者的答案差异显著(2-tail sig = 0.000)。中国学生只有1.9%的人同意这个选项,而西方受试者却有15.7%的人同意它。在自答项中,有的西方学生写道,"该价格不多不少,正好$586,暗示便宜。"由此可见,消费者受当地购买经验的影响对广告语句中的一些副词言外之义的理解是不同的。

语言学家Dwight Bolinger曾指出:"英语有些副词能促使听话者对说话者所讲的话持这样或那样的态度。"(1980:82)他举这样一个例子,把"It costs ten dollars"这句加进几个副词就变成:

It costs only ten dollars.

It costs all of (no less than) ten dollars.

It actuall costs ten dollars.

Sure enough, it costs ten dollars.

It even costs ten dollars.

It clearly costs ten dollars

他认为这些副词加入后,可能出现的言外之义分别如下:

它值10美元,

这个价格并不怎么高。

这个价格挺高的。

尽管有不同的推断,就是这个价儿。

这个价格是预料中的。

这比预想的还过分。

这毫无疑问。

尽管以上的推断可能会引起一些争议,但它们代表一种趋势。

A2. Master of color since 1958.(油漆广告)

A. "Since 1958" implies the long history of production/tradition.

B. The sentence implies that the color is of excellence and high quality.

C. The color is better than any other brand of the category.

D. Other implied meaning (excluding A, B or C).

E. I cannot infer any extra-implied meaning.

表 2　五项选择同意率

组类	受试人数	A(%)	B(%)	C(%)	D(%)	E(%)
中国学生	206	88.8＊＊＊	42.2＊＊＊	13.6＊＊＊	9.7＊	0.4
西方学生	210	66.2＊＊＊	62.4＊＊＊	31.4＊＊＊	4.3＊	—

注:2-tail significant level: ＊p< =0.05　＊＊＊p< =0.001

中、西方学生对 A 到 C 的反馈存在显著差异(2-tail sig = 0.000)。中方学生比较注重生产历史和生产传统,因而,广告语中的“since 1856(自从 1856 年以来)”很容易使他们选择 A(88.8%打勾),这与中国文化的化有关——“姜是老的辣”。尽管西方大多数受试者也选了 A,但其比例相对低些(66.2%)。对于第二项含义,中、西方受试者由于对广告语中的“master(大师,能工巧匠)”一词 所持的态度不同,选择也有明显差异。当今,中国消费者比较注重官方认可或奖项,说自己是“master”,有“王婆卖瓜,自卖自夸”之嫌,所以,中方受试者选择这项的(42.2%)比西方的(62.4%)少。一些西方受试者在问卷上写道“master 一词只表明生产方是最大的油漆公司,这个词并不能保证产品质量高。对于第三个选项,受试双方选择率都很低,但西方学生选择略高一些(31.4%)。从该广告语推断出的其他含义有:

The company was founded/began in 1858.(公司于 1858 年成立。)

It means they have been experts in their business for a long period of time. So not only do they have expertise but also experience.(它意味着公司从事该行业很久了,其成员堪称专家。他们不但有专长而且有经验。)

A3. 不用安装立即使用。(The air-conditioner can be used immediately, No installation necessary.)—(空调广告)

A. This sentence implies that the product is convenient.

B. This sentence implies that the advanced technique.

C. This sentence implies that other brands of the same kind should be installed before use.

D. Other implied meaning (excluding A, B or C).

E. I cannot think of any extra-implied meaning.

表 3　五项选择同意率

组类	受试人数	A(%)	B(%)	C(%)	D(%)	E(%)
中国学生	206	79.1	21.8＊	23.3＊＊＊	11.7＊＊＊	0.5＊
西方学生	210	71.2	13.8＊	43.8＊＊＊	3.3＊＊＊	4.4＊

注:2-tail significant level: ＊p< =0.05　＊＊＊p< =0.001

大多数中、西方受试者都同意第一项含义,即方便(中:79.1%;西:71.2%),两者无明显差异。不用安装,意味着少做一些事情,这与人类惰性相吻合。对于第二项含义,两组选择率存在明显差异。中方学生比西方学生选择这项更多一些,这是因为西方受试者对产品的微小改进或革新已习以为常,但是在中国,由于市场经济刚刚建立人们对广告中的一些宣传特别认真,他们容易以为革新代表高科技。第三个选项与受试者的经验有关。西方学生选这项比中方学生多(西:43.8%;中:23.3%),可能是因为西方接触空调比较早,有一定使用经验,而中方学生对空调的了解还是近几年的事。一位美国的受试者对这个广告语的评价是,“这个广告语毫无意义,所有空调都需要安装一下。”看来这是她使用空调的经验之谈。受试者提供的其他一些含义有:

Once purchased, no further work is required, no further expense.(一旦购买,不用再忙活,也不需再花钱。)

It implies the product is crudely made.(它表明该产品做工粗糙。)

A4. 主要原料及配方均由日方投资提供。(Both the main raw materials and prescription are provided by the Japanese investor.)——(药品广告)

A. The sentence implies that the product is of high quality and advanced technique.

B. The sentence implies that the product is better than other brands of the same category at home.

C. The sentence implied that the medicine has been produced in Japan and was popular there.

D. Other implied meaning (excluding A, B or C).

E. I cannot infer any extra-implied meaning.

表 4 五项选择同意率

组类	受试人数	A(%)	B(%)	C(%)	D(%)	E(%)
中国学生	206	25.7	27.7 * * *	18.0 * * *	12.6	23.3 * * *
西方学生	210	45.7 * * *	43.8 * * *	4.8 * * *	16.7	6.7 * * *

注:2-tail significant level: * * * p < = 0.01

该广告语引起不少争议。很多中方学生拒绝选择 A 至 C 的含义。从一个侧面,这反映了中国学生的爱国精神。他们反对盲目崇拜洋货。他们认为日方提供的原料及配方不一定是最好的。一个英国留学生写道:“在英国不可能有这样的广告语。尽管日本产品好,我们的也好。”因为这个广告是中国广告,西方受试者选择 A 和 B 相对比中方受试者多些。两组选项存在明显差异(2-tail sig = 0.001)。

A5. The beer is brewed with natural spring water.—啤酒广告

A. The sentence implies that the beer is clean and pure.

B. The sentence implies that the beer is nutritious.

C. The sentence implies that most of the other brands of the same category are not brewed with natural spring water.

D. Other implied meaning (excluding A, B or C).

E. I cannot infer any extra-implied meaning.

表 5 五项选择同意率

组类	受试人数	A(%)	B(%)	C(%)	D(%)	E(%)
中国学生	206	71.6	10.7 *	32.0	1.9	1.9
西方学生	210	66.2	17.6 *	4.3	2.8	3.8

注:2-tail significant level: * p < = 0.05

大多数中、西方受试者都同意 A 项含义,即该啤酒纯净。两组无明显差异。但对于第二项含义,说该啤酒由泉水酿制就暗示它有营养,两组选项存在显著差异(2-tail sig = 0.042)。10.7% 的中方学生同意此项;而同意此项的西方学生有 17.6%。看来,“泉水 = 纯净”对全世界的大多数人都能接受,但是,对于中国人来说,“天然的东西 = 营养的东西”难以让人接受。西方人选择这项比中国人高,可能与西方媒体的宣传有关。美国一项消费者调查表明“天然”一词对于美国消费者来说几乎等于“营养”的意思(Rozen, 1978)。另一项类似的调查得出同样的结论,三分之二的消费者认为天然的食品比其他食品吃了健康(Shoppers contradictory, 1978)。在广告中频频使用“天然”来暗示“营养”,于是在消费者大脑中就形成了这样的概念。

A6. 本营养口服液不含任何性激素。(The nutritions oral liquid does not contain any sex hormone.)——(保健品广告)

A. The sentence implies that sex hormone is harmful to the human body.

B. The sentence implies that other brands of the same kind contain sex hormone.

C. The sentence implies that the product functions in some ways the same as sex hormone does though it does not contain sex hormone.

D. Other implied meaning (excluding A, B or C).

E. I cannot infer any extra-implied meaning.

表 6 五项选择同意率

组类	受试人数	A(%)	B(%)	C(%)	D(%)	E(%)
中国学生	206	52.9	56.8	24.8 * * *	1.5	8.7
西方学生	210	51.4	59.1	4.3 * * *	4.3	9.1

注:2-tail significant level: * * * p< =0.001

表 6 显示两组在选择 A 和 B 项时极其相似,无显著差异。这里涉及语用问题。消费者都清楚,广告一般都说产品的优点。既然广告说口服液中不含性激素,那说明性激素一定对身体有害。另外,广告为什么偏偏说这种产品不含性激素,那说明同类产品的其他品牌含性激素。对于第三选项,两组存在明显差异。中国学生选择的比西方学生多(中:24.8%;西:4.3%),这也许是因为近几年中国市场上流行各种口服液。中国消费者时而能听到儿童喝了某口服液长胡子的报道,而西方人对营养口服液比较陌生。

A7. The #1 Doctor Recommended Source of Nutrition ------(营养药广告)

A. This sentence implies that the nutrition medicine is very popular.

B. The sentence implies that the statement is based on investigation.

C. The sentence implies that the product is the best source of nutrition so far.

D. Other implied meaning (excluding A, B or c).

E. I cannot infer any extra-implied meaning.

表 7 五项选择同意率

组类	受试人数	A(%)	B(%)	C(%)	D(%)	E(%)
中国学生	206	27.2 *	65.5 * * *	26.2 * * *	8.1	2.9
西方学生	210	18.6 *	37.1 * * *	51.4 * * *	12.4	2.9

注:2-tail significant level: * p< =0.05 * * * p< =0.001

中方学生有一半以上的人(65.5%)选择 B,而西方人有一半人(51.4%)选择 C,这两项两组均存在明显差异。A7 不是统计数据,但中国学生常常会把它看作是官方认可的,这种思维模式可能受多年计划经济的影响。西方学生选择 B 项的很低,原因是在西方广告中经过调查的东西都会指明。对于西方受试者,C 项含义却是可以接受的。既然医生推荐这种药,它一定不错。当然,有一个西方学生评论说:"一些医生可能受贿,违心提出这种药是首选的。"

A8. 本产品畅销美国、意大利、新加坡和泰国等国家。(This product sells well overseas in the USA, Italy, Singapore and Thailand.)——(鞋广告)

A. The sentence implies the high quality.

B. The sentence implies that the product is popular.

C. The sentence implies that many of the other brands in the same category cannot find foreign markets.

D. Other implied meaning (excluding A, B or C).

E. I cannot infer any extra-implied meaning.

表 8 五项选择同意率

组类	受试人数	A(%)	B(%)	C(%)	D(%)	E(%)
中国学生	206	41.8 * * *	60.2	11.2	14.6 * * *	9.7
西方学生	210	22.9 * * *	83.3	8.6	3.8 * * *	5.2

注:2-tail significant level: * * * p< =0.001

该结果充分说明事实讯息对来自不同文化背景的人能产生不同的额外讯息。

中国产品要在国外找到市场很不容易。因而,在中国人的心目中能出口的产品质量一定好。而在发展中国家产品只要在国外能找到销路就能出口，所以西方人看到“出口”很难联想的“高质量”，所以对于 A 项，两组差异显著(2-tail sig = 0.000)。对于 B 项，西方人更容易接受。尽管中国学生选择 B 项的比西方人少，但也过了半数。

A9. 任何仿制品都无法保证具有德诺相同的质量、疗效和安全性。(Any imitation is unable to gurantee the same quality, curative effect and safety as De-Nol does.)——(药品广告)

A. The sentence implies that the medicine is of high quality, has a strong curative effect and guarantees safety.

B. The sentence implies that the other brands of the same kind of medicine do not have the same quality, curative effect and safety as De-Nol does.

C. The sentence implies that De-Nol has imitations.

D. Ohter implied meaning(excluding A, B or C).

E. I cannot infer any extra-implied meaning.

表 9　五项选择同意率

组类	受试人数	A(%)	B(%)	C(%)	D(%)	E(%)
中国学生	206	60.2	83.5 * * *	36.4	3.9	2.9
西方学生	210	64.8	29.5 * * *	32.4	6.7	1.9

注:2-tail significant level: * * * p < = 0.001

表 9 显示只有 B 项两组存在明显差异(2-tail sig = 0.000)。83.5%中国学生同意此项，而只有 29.5%的西方学生同意此项。该广告语只说了仿制品不具备相同的质量、疗效和安全性，其实并没有说同类产品的其他品牌不具备这些。仿制品不等于同类产品的其他品牌。当然，仿制品若注了册，能在其列。但是我们不能说同类产品的其他品牌都是仿制品。显然，中国学生被该广告语误导的情况比西方学生严重 。这也许是因为中国学生品牌意识很弱。对于 A，中、西方学生大多数被误导了。A 的说法不一定正确。说某产品的仿制品不具备这些特点并不表明该产品质量好、疗效显著。然而，读广告的人一般都是期待好的讯息(preston, 1983; Pateman, 1983)。

A10. 给气管炎患者一个有如雨过天晴的感觉。(Gives a bronchitis patient such a feeling as one would have when the sun shines again after the rain.)——(药品广告)

A. The sentence implies that the medicine has magic effects.

B. The proposition of the sentence is even stronger than the simple statement——“The medicine is effective.”

C. The sentence cannot indicate the effectiveness of the product.

D. Other implied meaning(excluding A, B or C).

E. I cannot infer any extra-implied meaning.

表 10　五项选择同意率

组类	受试人数	A(%)	B(%)	C(%)	D(%)	E(%)
中国学生	206	31.6 * * *	36.9 * * *	32.5 * * *	5.3 *	6.3
西方学生	210	48.6 * * *	67.6 * * *	6.2 * * *	1.0 *	3.8

注:2-tail significant level: * P < = 0.05 * * * p < = 0.001

A10 是一个间接劝导消费者购买产品的句子，其功能就是“请买 X!”。A10 传达的不是事实讯息，而是主观讯息，因为人们无法验证“有如雨过天晴的感觉”到底是什么样的。对于“有神奇效果”这一项，西方学生比中国学生选择的多，两组存在明显差异(西:48.6%; 中:31.6%; 2-tail sig = 0.000)。尽管一些西方受试者认为该比喻奇怪，不恰当，但这种说法还挺吸引他们的。他们一方面批评这个广告语，说它“孩子气”、“听起来很天真”，另一方面，有更多的西方受试者认为该广告语比单说“该药有效”更有说服力(西:67.6%; 中:36.9%; 2-tail sig = 0.000)。

该广告语选自中国广告，但它更吸引西方受试者。一些中国学生指出该广告语避开谈论药的实效，不可取。西方受试者在批评该广告语的同时,似乎对这个比喻很感兴趣。这种责怪又钟情的反映在促发购买行动上到底效果如何还有待深入研究。

A11. These safety measures prove that our company cares about your security.——(汽车广告)

A. The sentence implies that the car is safe.

B. The sentence implies that other car companies do not care about your security more than our company does.

C. The sentence implies that other brands of cars do no have these safety measures.

D. Other implied meaning(excluding A, B or C).

E. I cannot infer any extra-implied meaning.

表 11 五项选择同意率

组类	受试人数	A(%)	B(%)	C(%)	D(%)	E(%)
中国学生	206	72.3	37.9	31.6 * * *	1.5	2.4
西方学生	210	69.5	36.2	9.5 * * *	2.8	3.3

注:2-tail significant level: * * * p< =0.001

从表 11 的数据可以看出,除了 C 项外两组无明显差异。C 项是个语用含义问题。为什么 31.6%的中国学生同意此项,而只有 9.5%的西方学生选择这项?这也许与不同的商业传统有关。在西方,消费者被视为上帝。“我们公司关心您”、“我们是帮助您的人”等广告语到处可见。因而,当西方人看到“我们公司关心您的安全”语句时,没觉得有什么特别,而在中国,大多数企业是国营的,他们的广告很少使用“我们关心您的……”的语句,除非他们有什么独特之处。

盖斯曾用一家旅馆的广告语说明语用含义(Geis, 1982:49):

(1) We're building a reputation, not resting on one.(我们在树立信誉,而不是躺在荣誉簿上吃老本。)

盖斯认为该句有两层意思:一是字面意义;另一层是语用含义,即:

(2) Some leading competitor of Ramada Inn is resting on its reputation.(Ramada 旅馆的竞争对手正躺在功劳簿上吃老本。)

(3)一旦被读者读解,比直接说更有说服力。盖斯在分析广告方使用间接语句的动机时指出广告方对间接语句的含义不用负责任,因为它们是消费者自己理解的。然而,对间接含义的理解不一定相同。

A12. 妈妈,我又梦见了村边的小溪,梦见了奶奶,梦见了您。妈妈,我给您捎去样好东西。(Mum, once again I dreamed of the stream running through the village, dreamed of Grandma, dreamed of you Mum, I shall bring you something good.)——(洗衣机广告)

A. the connotation of the sentence is to show piety to one's parents by giving presents to them.

B. The sentences contain no connotations but a simple narration.

C. The sentences are more persuasive to you than the direct expression——“Please choose X washing machine!”

D. Other meaning you can think of (excluding A, B or C).

E. I cannot infer any extra-implied meaning.

表 12 五项选择同意率

组类	受试人数	A(%)	B(%)	C(%)	D(%)	E(%)
中国学生	206	35.0 *	31.6 * * *	15.1 * * *	9.2	15.1 * * *
西方学生	210	25.7 *	10.0 * * *	71.0 * * *	6.2	4.3 * * *

注:2-tail significant level: * p< =0.05 * * * p< =0.001

A12 是威力洗衣机的广告语。该广告语没有直接介绍产品,而是采用女儿对母亲的一般独白。广告的结尾是“威力洗衣机,献给母亲的爱。”

孝敬父母是中国人的美德。在中国,儿女长大成人以后,时而送给父母礼物,以示孝敬,这是中国的传统。笔者选择A12的目的是想验证一下中国学生看到这则广告后是否能联想到孝敬的含义。但令人出乎意料的是,中国学生选择这项含义的只有35%,但毕竟比西方受试者多些(25.7%)。

该广告语主要是想沟通消费者的情感世界,但是许多西方受试者评道这则广告在中国可能行得通,可在西方不一定有效,原因是西方人没有送礼给父母以示孝敬的传统。尽管该广告语的文化内涵很难被西方人理解,但是70%以上的西方受试者认为该广告语比直接说"请选择X牌洗衣机!"更有说服力。令人吃惊的是,有30%以上的中国学生认为该广告语无内涵。难道中国学生对某些具有文化内涵的语句习以为常,感到没有新义了?相反,一些西方受试者倒觉得这个广告语有新义,有内涵。如一位西方学生写道:"该广告语的内函是纯洁、美好、新鲜。它让他联想在山村小溪边洗衣服的情景。"新颖是广告的灵魂。现代广告方一方面收罗文化内涵,另一方面挖空心思寻求新义。

五、结论

本研究验证了这样的观点,即全球统一的理论在国际广告中过于简单化,是很危险的。同时,它也支持了这样的假设,即不同的文化背景和环境因素能塑造对广告理解的差异。实验表明,消费者的社会经历包括他们的所见所闻对理解广告起关键作用。在诸多因素中,消费者的阅历、市场环境、群体意识、语言的修辞手段和语言内涵对广告的理解至关重要。当然,这些因素可以用"文化"一词概括。

从问卷结果上看,对于假设1,4个以事实为中心的语句(如A1,A2,A4,A7)完全被否定,2个以事实为中心的语句(如A3,A8)基本上否定,2个以事实为中心的语句(如A5,A6)部分被否定;对于假设2,2个以渲染讯息为主的语句(如A10,A12)完全得到了肯定,2个以渲染讯息为主的语句(如A9,A11)部分得到了肯定。从中我们可以得出这样的结论,即带着不同文化背景的人不仅在理解广告渲染讯息上存在差异,而且在理解事实讯息上也存在差异,尤其在讯息增附方面更是如此。因此,在国际广告宣传中,避免讯息统一,对不同文化背景的人进行适当的讯息增减是十分必要的。

参考书目:

1. Bolinger, Dwight 1980. Language——The Loaded Weapon. London: Longman.

2. Harris, R.J. 1977. "Comprehension of pragmatic implications in advertising," in Journal of Applied Psychology, 1977, 62, 603 - 608.

3. Mick, David Glen 1992. "Levels of subjective comprehension in advertising processing and their relations to ad perceptions, attitudes and memory," in Journal of Consumer Research, 18, 411 - 424.

4. Pateman, Trevor. 1983. "How is understanding an advertisement possible?" in David, Howard and P. Walton (eds.) Language, Imange, Media. Oxford: Basil Blackewell.

5. Pettty, Richard E. and John T. Cacipoppo 1983. "Cenral and peripheral routes to advertising: Application to advertising," in Percy, L. and A. G. Woodside (eds.) Advertising and Consumer Psychology. Lexington, MA: D.C. Heath and Co.

6. Preston, I.L. 1967. "Theories of behavior and the concept of rationality in advertising," in Journal of Communication, 1967, 17, 211 - 222.

7. Preston, I.L. 1983. "Research on deceptive advertising: Commentary," in Harris, Richard Jackson (ed.) Information Processing research in Advertising. London: Lawrence Erlbaum Associates, Publishers.

8. Rizen, L. 1978. "Marketers cautious about capitalizing on nutrition," in Advertising Age. October 30, 1978

9. Shimp, T.A. 1978. "Do incomplete comparatives mislead?" in Journal of Advertising Research, 1978, 18, 21 - 27.

10. "Shoppers contradictory, frozen food meeting told," in Advertising Age, November 27, 1978, 38.

我国广告设计与欧美广告之比较

中国广告协会学术委员会委员 王亚非

广告圈一直在谈论我国与欧美广告之间的差距,长长短短,众说纷纭,通过近两年对欧美各国的访问和考察,耳闻目睹,眼见为实,我谈点关于广告设计与制作方面的个人看法。

一、我国设计师的纯艺术设计水准不低于欧美,然而实用型商业广告设计水平不高

说起纯艺术设计,我国一些优秀中青年设计师的设计水平应该说不比欧美设计师差,他们从未放松过对国内外设计时尚的追求和研究,我国南方一些设计界名家、新人的作品也曾有在国际上参展和获奖的记录,第十八届布鲁诺国际平面设计双年展和第十六届华沙国际海报双年展上我国设计师毕学锋、陈放、陈少华、韩家英、王粤飞等均有作品入选;东北哈尔滨的设计师沈海河和大连的韩玉春也曾几次获得世界包装设计大会"世界之窗"大奖;我觉得与国外设计新潮,特别是一些自选主题(展览型)的作品相比没有什么差距。但是,我们回过头来看看商业(实用)广告,去过欧美的我国广告人都有这样深刻的印象:那里的广告主题创意鲜明,设计表现新颖,形象贴近生活,物美价廉实用。比较之下我们要比欧美的商业广告差得很多,大多表现在:主题模糊、难解难识;创意低俗、歧意不断;形式单调、千篇一律;制作粗糙、杂乱无章。在我国的一些大城市,广告非但没有为美化城市添色,反而渐渐形成新的城市中的视觉污染。如果在百姓中搞一次民意测验,恐怕是真正喜欢广告的人不多。在这种广告大跃进的特殊阶段里,作为当代广告设计师,是不是应该多思考自我表现与服务受众,主观设计与市场需求,社会效益与经济效益之间的关系,对实用性商业广告的设计多投入精力,多关注质量,最好不要把设计费的高低与设计质量好坏等同起来,我们不能只抱怨百姓的接受现状,还要戒备面对现实的清高和沉溺,超凡而不脱谷。设计师理应主动去适应市场,而不大可能市场来适应设计师,如果我们的设计师都能十分敬业的对待每一件"大作品和小设计",再加上政府有关部门的正确引导和管理有序,人们对广告的逆反心理才有望慢慢转变,我们的大众广告文化才能健康发展起来。说的高一点,当代广告设计师应该是有社会责任感和实际工作能力,能适应社会各层面动态需求及设计文化在我国发展的排头兵。可喜的是,一些城市已注意到劣质广告对城市环境的破坏,纷纷出台了一些管理法规加以限制,北京的长安街两侧就已开始禁止设置大型商业性路牌广告了。

二、我国设计师的创造性思维能力不低于欧美,然而有些广告却是创意多多,歧意多多

我国设计师的创造性思维能力不低于欧美设计师,他们思维活跃、创意超前,紧跟设计时尚,然而有些设计师的作品却是创意多多、歧意多多,特别是在商业性广告中经常出现消费者的不解与客户的常见报端。这类广告大多表现为:标题怪异、文不对题;形象荒诞、莫名其妙;多层重叠、眼花缭乱;人们总是要费些脑筋去分析研究,可还是常常不得其解,或者表面看懂了,实际却产生歧意和误导。今年6月笔者应邀参加了某市的广告设计评比,在对一件参赛作品进行评审时,七人评委对该作品竞分两种理解,最后不得不查出作者并与其勾通后才弄明白。说实话,该作品的视觉效果不错,但对内容的理解却着实给了评委们一次"考试"。相比之下,欧美的商业广告在创意方面要比我们解决的好得多。所到之处,无论是路牌、车体、报刊等各类商业广告,尽管你外文不通,尽管国情、商情与我们不同,通过形象你仍可以看懂所要传播的广告信息。广告的第一大功能就是传播信息,玩纯艺术、玩高品味的创意不适合广告传播,除此之外,还要注意广告用语,广告上不是什么话都可以说的,广告语斟酌不当是要伤害消费者的。

我们应尽量防止对作品创意表现时采取的"一语多义"与"一型多义"之间的多元素简单罗列和牵强组合,因为这种缺乏情理的依附关系必然产生歧意,不顾客观条件的随意组合,必然是牵强附会、弄巧成拙,当然在广告中也就无传播、无美感而言。

三、我国设计师的综合水准不低于欧美,然而一些客户的鉴赏能力尚有差距

从近两年对欧美商业广告的全面考察研究和与我国广告设计作品的综合比较看,我觉得我国优秀设计师的综合设计水准并不低于欧美,至少没有大的差距。尽管我国的优秀作品在国际上获奖不多,但并不说明我国设计师的水平低。因为国际性评奖中有好多相关因素无法与我们完全匹配,比如国情民俗、题材导

向、风格流派、评委因素等等,因此,单纯以国际上是否拿奖来论高低是不合适的。把我国和欧美的广告设计案例拿来比较,如果说有差距,我觉得我们的差距倒是我国的一些广告客户审美鉴赏水准较低,艺术素养与广告设计意识不强,他们往往只是形式上委托广告公司代理,实际上每一步怎么走都要加以严格具体的"审查",广告公司不得不从,我接触过不少设计师(有些是很不错的设计师),他们都无一例外的遇到过客户的"指教",不得不以客户的意志为转移,创造性思维受到极大限制,常搞得设计师哭笑不得,很难正常发挥设计师的创作水平,甚至自暴自弃只是做点美工活而已。致使具有一定水准的好创意很难面市,成功率很低,参与国内外大赛的竞争实力自然受到影响,真心希望我们的上帝(客户)能够多理解和尊重设计师的创作劳动,在不断增强广告营销意识的前提下,多与设计师在创作思维上进行沟通与交流,爱护设计师的创作热情,尽量减少非原则性的"指导",是否能经常的换位思考一下,如果你是设计师,你需要的是什么?创意设计是设计师的专长,他们是专家,不能等同于一般的美工,应尽可能为他们营造一些相对自由的创意空间,多引导、鼓励他们的创作热情,真正的好作品的产生与客户的理解和支持是分不开的。

四、我国设计师独自完成设计的能力不低于欧美,然而相互协作设计的意向较差

前边谈过我国优秀设计师的综合设计水准不低于欧美,笔者在设计师协会身兼一职,经常接触一些设计师,我认为他们的综合实力都不差,大多可以独立完成设计项目,如市场调研、构思定位、设计制作,甚至制版印刷一包到底。辽宁地区的各类广告就经常出现在广告画面中设计者署名的现象,这显然说明是由设计师独立完成的,署名现象当否先暂且不议,我觉得这种复合性多功能设计人才的发展模式有喜有忧,喜的是此类人才社会急需,文武双全样样全能,放在哪里都好用。美术院校的设计学科就应该多培养这样的人才,面向社会,一专多能,与本专业相关的学科都应了解、学习、掌握,因为绝大多数毕业生是要面对社会的挑选的。另外,一些小公司也要实惠,既省人力又节约开支,两三个人的小公司不在少数。忧的是个人能力再强也很难把握和解决与广告密切相关的诸多问题,一个人的能力是有限的,那种单兵作战的方式只能是一时的成功,长久下去大脑资源必将枯竭,比一比国内外成功的广告案例,看一看国内外成功的广告公司几乎没有一人独创的。广告是一门由多方面专门学科构成的大学科,除了艺术造型设计外还要有传播学、广告心理学、市场营销学、文学等多种学科的配合。严格讲,没有各学科的前期支持,就没有成功的视觉形象设计。一个健康发展的广告公司,就应当具备各方面的专门人才,面对案里各方面专家集体参与,各尽所能,各负其责。整体协作,共同完成,这样的作品才能周全,才能站得住,才能经得起市场和大众的检验。我曾访问过总部设在巴黎的著名的法国黑方块设计公司,黑方块设在全球20多个分公司里的两千多员工中就含有方方面面的专家,工、农、商、医、外交、军事、体育等等无所不有,法国前总统密特朗的总统竞选就曾请黑方块设计公司参与策划,群策群力,战无不胜。我国的一些小广告公司应当加强协作共建意识,养不起专家可以聘请兼职顾问,广告设计可不同于纯绘画创作,设计师一人忙活,是很难多出精品的。

五、我国设计师的电脑辅助设备投入不低于欧美,然而对应用软件开发使用的水平一般

通过考察纽约、达拉斯、洛杉矶、米兰、巴黎、布鲁塞尔、法兰克福等世界大城市中的广告设计公司,我觉得我国设计师的电脑软、硬件设备投入不低于欧美,甚至还高于他们。以专业设计公司的电脑配置为例,新一代苹果G3系列电脑刚刚问世一年,我国的大部分设计公司就已更新换代,1998年苹果G3系列在中国的销售额高达40亿人民币 ,新机型的普及率之高令苹果电脑公司也为之惊叹,而笔者在比利时巴克公司、意大利托马斯设计学院和法国黑方块设计公司机房所见到的苹果电脑却还是90年代中期的7300、8500、9500等型号,远低于我国设计公司的配置水平。但是,欧美设计师是很讲实际的,一元钱能办的事决不花两元钱。硬件如此,软件也是一样,举比较流行的图片处理软件Photoshop为例,我国设计师已纷纷升级使用5.5版,而欧美设计师却大多还在用Photoshop4.0,有些知名的佳作实际上还是Photoshop3.0处理的。苹果电脑公司最新推出的OS8.51中文操作系统,该系统使用手册的设计,使用排版软件Page Maker4.5(我国印刷业使用Page Maker6.5),图片制作用Photoshop4.0(我们用的是Photoshop5.0),由此可见世界上大牌电脑公司操作系统手册的制作也并未使用最新软件,只要实用就好。我国设计师和电脑操作员能百分之百掌握和使用最新图形软件全面功能的不多,而欧美设计师却能把常用基本软件使用发挥得淋漓尽致。尽管我们的软硬件投入不低于欧美,但应该承认在应用软件的开发使用水平上还有一定差距。电脑如此,照相机(录像机)设备更是胜欧美一筹。在我们的公司里,有几架高档名牌相机算不上什么,有些广告公司都能有几百万元的摄录

和编辑设备,而欧美的同类设计公司配备的摄录设备大都是90年代初水平,可见人家是相当实际的,不求高档名牌,只求经济实用。

六、我国的广告制作材料档次不低于欧美,然而信息传播的有效覆盖率较低

拿我国的广告制作材料与欧美相比,我觉得我国的材料档次不低于美国,略高于欧洲,以路牌广告为例,眼下我国的路牌制作已基本升级到大型电脑喷绘,在大中城市很少见到人工绘制的路牌广告,这一点与美国路牌基本同步,但是欧洲则不同,在那里大型电脑喷绘很少,除特大型路牌用电脑喷绘以外,绝大部分路牌广告是用纸张印刷完成后再张贴到路牌上。还有一点,欧美的路牌广告更新周期一般在一个月,我国则是一年左右,相关因素暂且不谈,成本是个原则问题。我国的路牌制作费用一般也得10万元左右,面积大的上百万。这样大的投资中小企业哪里承受得了,即使作了,一个城市也只能作一两块,相反欧洲的印刷招贴则不同,用很少的钱就可以印几千张,一旦发布张贴,整个城市中的广告栏都要见到。信息传播的覆盖面远远高于单兵作战的大型喷绘路牌。在我国却相反,印刷几乎无人问津,不论路牌大小都热衷于电脑喷绘,其结果是花了大价钱,传播效果并不理想。我认为印刷招贴不比彩喷效果差,经济实惠且信息传播的有效覆盖率高,由于成本大大降低,很适合我国的国情,又可减轻客户的负担,肯定会受到欢迎,只要加强管理,杜绝随意张贴,招贴广告还是应该大力提倡的。

"回扣"是中国广告业健康发展的主要障碍之一

北京电子广告信息公司　王少东

没有市场经济就没有广告。中国现代广告史的起源若从1979年算起,迄今也该有21年了。要说我国改革开放以来发展最快的行业是广告业,可能谁都不会相信。但统计数字表明我国广告业21年来总经营额增加了近500倍。请问,还能有其他发展速度能与之媲美么?要说广告业是最缺少实际成果的行业,肯定也没有人会相信。既然增长速度大得惊人,怎么能说她缺少实际成果呢?但无情的事实告诉我们,21年来,我国广告业既没有产生一个资金和技术力量雄厚、信誉卓著、能与外国的跨国广告公司相抗衡的大型广告公司或集团,也没有一件获得国际最高奖项的广告作品,更没有造就出一个能称之为"大师"的广告人。1999年我国36,000家广告公司的总经营额只相当于美国500家广告公司总经营额的百分之几,这些无争的事实还不能说明中国广告行业的前途堪忧吗?

我国社会主义市场经济是从计划经济转轨演变过来的,我国的广告行业当然也不可避免地带着计划经济的烙印。其中,最不易抹掉的就是回扣。回扣是一个极具中国特色的低级市场运作手段,它是交易中弱势一方向强势一方进行贿赂的方式。回扣长期以来在中国广告业相当盛行。从它一出现起,就如同打开了潘多拉盒子,什么妖魔鬼怪都放出来,搅得广告业昏天黑地。它牵涉到广告主、广告公司和媒体三方。

一、回扣与广告主

1、主动索取

俗话说,有坐轿子的就有抬轿子的。最近几年,某些广告主代言人已经由隐蔽转向公开向广告公司或媒体提出回扣要求。他们主要是主管广告经费的市场主管、市场总监及副总一级的负责人。而一般不提回扣的人有:①私企老板,他们看重折扣,而不是回扣;②大企业的最高领导,因为他们不接触广告。由于市场总监、市场主管、市场人员有决定几十万、几百万、上千万广告费用的生杀大权,也就有了指挥和调动广告公司和媒体的巨大能量。他们一方面压广告公司、媒体的价格,向老板夸大自己的工作成果,另一方面则同广告公司或媒体订立回扣的口头协议,两头捞好。至于媒介选择、创意活动、策划等重大广告宣传则一概不管。不少老板直到公司倒闭都没有搞清楚是怎么回事。在业界,有的市场主管、市场总监在某个公司干了不到两年,就买车、买房,还能存上一笔开公司或者出国留学的经费。因此,某些做市场的挑公司并不是看这家公司有多好的发展前景,而是看该公司有多少广告费需要支出。再好的公司,没有广告和公关费的投入，他们都不会感兴趣。难怪他们之中流传一个选公司的条件："一百万（公司广告支出费）看一看，三百万算一算，五百万值得干，一千万金不换。"

最近两年，有的公司已觉察到广告、公关的回扣问题，也采取了一些措施：

A 设立市场部、采购部，实行广告款、权分离。结果非但杜绝不了回扣，反而因增设机构产生矛盾，出现决策延误、互相扯皮。

B 频繁更换市场总监或市场主管。新来的人要经过一段时间熟悉，方可做好工作，频繁更换的结果就是市场工作滞后，还有可能出现虎去狼来现象。C 外聘顾问或亲朋好友来做市场。这些人要么是一心二用、脚踩两只船，要么是因缺乏专业知识与技术导致广告工作一团糟，实践证明鱼和熊掌不可兼得。

2、下有对策

在销售人员和代理商强烈声讨下，老板向市场人员发出改善广告宣传的最后通牒。于是他们立即装出公允的样子，煞有介事地向几个乃至十几个广告公司发出竞标的帖子，也装模作样对这些公司的业绩、内部结构（人才和设备）考察一番。如果广告公司有实力，也有回扣，那是再好不过。如果广告公司有实力，却没有回扣，那上报给老板的结论是这家公司有很多问题，不宜采用；如果该家广告公司没有实力但有回扣，那可能采用很多方法：如找一家创意能力强的公司做创意，买断后交由另一家做代理；也可向老板报告，这家公司返点多（即折扣多）、服务好，特别是服务态度一流。许多老板到此也就不再深究了，毕竟工作还得让别人去做，闭一只眼算了。

二、回扣与广告公司

中国的广告公司是一个很奇怪的行业群体，企业平均寿命最短。有的广告人"死"了几次还活跃在广告行业。他们的广告公司倒闭后就改头换面再成立一个。有些广告公司既无设计能力、策划能力，又不懂广告运作规程和如何服务客户，但他们却善用高回扣笼络、收买广告主的市场主管人员。他们挂着广告公司的招牌，但功夫不下在广告上，于是就出现了广告公司在竞标时高薪聘请"枪手"的怪现象。只要"枪手"命中目标，一年之内广告公司就可以高枕无忧。多少广告人的尊严都是葬送在他们手里。

其实，许多吃回扣者都不知道"出卖"他们的就是那些曾同他们称兄道弟的广告人。这也不是什么出卖，当你有广告投入时，那当然是兄弟，回扣让你拿，吃喝任你挑。你没有广告投入时，那就对不起了，"上帝"也不是白当的，于是又演绎了许多反目为仇的悲剧。

三、回扣与媒体

过去媒体处于卖方市场时。多少人可能还能清楚地记得抱着数万现金去求媒体登广告的"上帝下跪"情景。在那个时期，不是媒体给广告主回扣，而是广告主、广告公司给媒体好处费。现在那种好日子对媒体来讲已不多见了。

现在媒体竞争非常激烈，为了争夺广告客户都各有高招，回扣就是招数之一。不过各家的方法略有些区别，那些级别高、有影响的媒体做这种事时，还要考虑一下影响，通常会采用以下的方法，如：

A、折扣代回扣

过去媒体在处理广告公司和客户关系时，还为广告公司留有 5% 的利润空间。现在这 5 个点也不给广告公司了，有时媒体给客户的折扣价格比广告公司一分钱不挣的价格还要低。

B、牵线搭桥

有的市场主管提出回扣要求时，媒介中会有人站出来为这样的市场主管推荐有回扣的广告公司。这样便形成了一种"铁三角"关系。三者攻守同盟，任你广告主老板怎么查，都可以不留任何痕迹，真正是"踏雪无痕"。当然了，广告公司对这样的媒介人员是有回报的。

四、堵住源头

广告主、广告公司、媒介三者均卷入回扣之中。那谁为主体，谁为协从呢？答案是肯定的，那就是广告主。近来，我们公司在多次竞标中功亏一篑，就是因为"不灵活"而与夺标无缘。但公司仍然坚持自己的原则,即"正规、全面优质服务"。"正规"二字历来是我公司对外交往、对内管理的行为准则。几年以来我们赢得了越来越多客户的信任和支持。在杜绝"回扣"方面,我们有很多共识。一位业绩相当不错的公司老板说:"要解决广告回扣问题很简单,只要选择不给回扣的广告公司就什么都解决了。"要做到这点,公司老总要亲自抓,不能什么事情都靠秘书,靠听汇报,一拍脑袋就行。还有的公司老板站在更高的层次上来看回扣问题。形容回扣如同瘟疫,它不单是一个"钱"的问题,更主要的是它腐蚀人,把人们变成唯利是图的小人。此外,也向外界暴露了本公司管理中的弱点。值得庆幸的是仍有多数公司的市场总监和市场主管非常敬业,尽心尽力做好公司广告宣传工作。有个公司的市场总监就曾气愤地告诉我,他对一个明确告诉他有回扣的广告公司业务员说:"这是在侮辱我的人格",并从此不再往来。

我想,只要堵住了回扣,我国广告业就有了公平竞争的土壤,就有了游戏规则。中国广告业的春天也就真正到来了。

告别广告的恐龙时代

——新广告的环境、资源与系统

吴晓波

古生物学告诉我们,恐龙是在距今6500万年前后突然灭绝的。围绕这一次物种的突变,科学家做出了许多假设。这里我们且不去展开对这些假设的讨论,但是环境突变造成的物种断裂及随之而来的新生代的跳跃,似乎会给我们某种启发。

取一个大一点的景别来看事物,是想让我们从日常的视野中跳出来。同样,当我们以更大的时间跨度来观察与思考广告的问题时,也许会得出全然不同的答案。

从现代广告到当代广告满打满算不过200年的历史。广告作为一种产业是工业革命的直接结果。大量的需求、大工业化生产、大众化的媒体,自然生成了大规模的"广而告之"。随着工业经济的发展进步,广告业的兴旺、辉煌以及演变占据了整个20世纪。然而,这个历史跨度还是太小了。广告业其实还没有跨越产业革命的经历和经验。面对新的产业革命,广告充满了不确定性。

我们仅仅从工业革命到信息革命这样一个时间跨度来考察就足以发现,广告已经进入了一个突变的时代。任何只在技术层面试图解决广告业所面临的问题已显得愈来愈困难。那么,以信息革命为背景的新广告(也许不叫广告),将会有哪些特征呢?可以从环境、资源和系统三方面加以概括。

一、新广告的环境特征

1、消费者由"大众"到"分众"最后到"个人"。

2、媒介由传统媒介的集中形态到新兴媒介的网络形态。

3、传统广告业赖以生存的佣金体制正在瓦解,致使工业时代的广告巨人面临严峻的挑战。

4、依靠"比特"构建的全球化正在冲击着依靠"原子"构建的全球化。

市场的细分化(甚至个人化)、需求的多样化、媒体的多元化(进而网络化)以及利润的零散化都是这场新产业革命给广告业带来的具体表现。西方的广告业早在80年代末90年代初就已经开始应付这些挑战。但也仅仅是以一种非主流的方式产生于广告业的边缘。工业经济制造的广告恐龙太庞大了。有些人有心去撼动它,而更多的人故意不愿它被撼动。但不管怎样,今天新广告的环境已不是工业革命的延伸而是信息革命的跳跃。其环境特征带有强烈的突变性。如果我们无视这种产业革命带来的突变,仅从技术上去修修补补,其命运可想而知。

二、新广告的资源特征

1、人才和信息在新广告中愈来愈成为核心资源。

2、信息革命派生出的新兴产业对传统广告业中的资源有巨大的吸引力。

3、人才资源由过去的业内流动向业际流动转化，致使传统广告业资源短缺的危机愈加严重。

4、广告业是距信息经济最近的行业之一，但对信息收集加工处理的优势已不像以前那样明显。

5、随着信息技术的发展，企业对信息处理的要求进一步提高，由信息的充分化（数量）到信息的时效性（速度）进而提升到信息的整合度（质量）。

新广告在留住人才和吸引新兴的优秀人才上应该实施更大胆的策略。新广告在优化知识管理提升信息优势上也要尽快采用新技术。对于传统广告业中不想坐以待毙的有识之士来说，网络化是必由之路。对传统广告业进行网络化改造要比直接进入网络产业更重要。当然网络化改造并不意味着只做网络广告。而网络化改造是广告业吸引人才、留住人才、优化人才资源和信息资源的最有效方式。

三、新广告的系统特征

1、整体框架由垂直模式向水平模式转变。

2、系统之间的联系由传统的商务方式向电子商务方式转变。

3、系统内部结构从"等级制"向"团队"最后向"网络"转变。

4、"新组织更应被看作是粒子（或人）与波（交易）不断变化的混合关系形态。"（查尔斯·汉迪）

5、新系统不依赖垄断资源而依靠整合资源。"我们正在迈向网络社会而非雇员社会"。（彼得·杜拉克）

在过去的十多年中，西方的主流广告并未停止对系统的创新，但这种创新大多是改良性的而非革命性的，其创新的理论基础仍是"进化论"而非"突变论"。

WPP 总裁马丁·索耶在 1996 年的 IAA 广告世界会议上发表演说时表示："以西方社会文化为系统的广告代理商极端保守。管理结构陈旧不堪，缺乏弹性，而且对客户的需求反应迟钝。"他认为，若代理商希望能在未来的营销新世纪里继续保有自己的客户的话，他们必须策略性地思考，而不是只会在创意上玩花样。

BDDP 集团董事长 Jean－Marie Dru 说："广告公司必须想办法去除所有阻碍它们进步的传统，重拾自己策略顾问的地位。尽管近年来广告公司已失去在策略咨询上的地位，但是，我们必须明白，广告公司不仅可以做广告方面的顾问，还可以在其它方面提供意见。在这个信念背后的逻辑很清楚：如果你想作出有效的广告，就需要有足以鼓舞人心的策略。""广告公司应该重新让自己成为一个专业顾问，这里指的不是泛泛的顾问，而是一个有想象力的顾问。"

托马斯·柯林斯和斯坦·瑞普合著的《超营销赢家》一书中提到："平心而论，广告代理商的经营者从未忘怀'好的旧广告'（good old advertising），他们总认为那才是真实的广告。在广告代理商重新定位为整合营销服务商之际，麦迪逊大街却为了重振往日雄风而走回头路从事创意广告。""但如此眷恋过去的结果只会导致成长的障碍，并增加客户的不满。"

以上这些西方广告业中的顶尖人物同样看到了传统广告存在的问题。他们在认真地思考、积极地呼吁和大胆地实践。但是除了在本土广告和非主流广告上有些亮点，从全球化的广告业中，我们并没有看出有什么根本性的变化。也许真是积重难返，"尾"大不掉吧。

处于突变的时代，只从技术层面去改良传统产业是绝无出路的。过于注重细节复杂性而忽视动态复杂性的广告技术精英，他们抱着复兴广告的理想，仍试图通过传统广告的系统优势和系统规模去迎接新经济，也许是在浪费时间。

其实，在信息革命和媒体革命的新经济平台上，传统广告业建立起来的系统可能真要留在广告的恐龙时代。旧的国际化与本土化之争也无非是"肉食龙"和"素食龙"之争罢了。

我们应该沿着"突变"→"机遇"→"系统跳跃"的逻辑来思考新广告。在环境突变的时代，"决定生物生死存亡的将是机遇而不是以往的优越性"，这对主流广告是一个警钟而对非主流广告是一线希望。

原载《国际广告》2000 年 7 期

进步:广告主 > 广告公司

沙宗义

思考广告主的快速进步现象,我们不妨对中国广告20年三个发展阶段对市场的作用稍加回顾,1979至1986年是企业回报率最高阶段,特点是只要企业花钱做广告就有回报;1987年至1994年企业只要花足够的钱做广告就有回报;1995年至今,企业花足够的钱做广告也未必有钱赚,这是广告主与广告公司今天共同面临的困惑。

为什么花足够的钱构筑的品牌、市场占有率、营销网络的壁垒会发生动摇?由于市场环境大变,相对过剩经济时代的到来使暴利不复存在,造成中国消费者接受新品牌的能力罕见,在市场占有率背后的利润代价,新经济动摇传统经销商的根基,这些都使得企业随时面临洗牌。为规避风险,企业努力调整营销战略,市场这只无形的手将广告主推向进步的"快车道"。

进步一:引进高才管广告

谁在企业管广告?一直是广告公司关注广告主的热点。如今,享有"名牌的天空"美誉的珠江三角洲主流企业,广告领导层和执行层人员都发生了质的变化。首先表现为企业内部广告机构的"清理门户"卓见成效,近年来主管广告人员已由前些年"市井百态"般的非专业人员向广告行家转化。广告专业毕业的本科生、研究生纷纷效力企业,乃至国际广告公司的一些精英也改换门庭,摇身变为广告主。广告公司院校派的新生代实际上是向他们的师兄、师姐交功课,广告公司实力派的中生代穷于招架曾是同一条战壕战友的"飞刀"。今年来,珠江三角洲主流企业提出"人才国际化战略",对人才的引进作出了"高层次,国际化"的明确规划,着手大规模"买脑",营造出企业的老总"交班",新一代企业家登上"前台"的新经济景观。年初,营销专家屈云波出任"科龙"营销副总裁,近期又有上百名硕士生汹涌流进广东"美的"大门。广告主的高素质使其广告和市场知识及经验迅速提升,逐步弱化了对代理广告公司的依赖。随着企业对营销战略和品牌战略越来越高的要求和期望值,广告主抛弃知识不足的代理公司,转向专业咨询公司已露端倪。

进步二:潜心研究消费者需求

广告主开始反省把"炒作"或急于求成的"点子"和"策划"当成提升品牌知名度的误区,将品牌更多看作是一种企业与消费者的关系,对品牌是由企业、市场环境及消费者共同建立的有了深刻认识,从而注重培养消费者对品牌的忠诚度,努力拉近与消费者的距离,实行亲情化策略。

以家电行业为例,由于目前空调技术上差异并不大,但质量与售后服务有很大差异,后者短时间看不出来。TCL从远期市场出发,耗资380万元培训安装服务人员,认为"服务好了,就是好的广告"。

"美的"则投资10亿元巨资"触网",筹建国内第一家专业家电信息服务与销售网站,开展直接面对消费者的业务。这于广告公司而言是一种预警,企业直接面对消费者也就意味着企业可能抛弃中介机构,广告公司的伙伴地位也就岌岌可危。

伊莱克斯在中国冰箱行业坚如磐石的壁垒中,直逼传统四强(海尔、容声、美菱和新飞),其中重要的因素就是伊莱克斯从来没有根据成本定价,首先考虑的是消费者的接受程度,考虑要不要进入这个目标消费群,从消费者立场出发,实施反向操作。

新飞冰箱以箱体内活动升降格的细节改进,说明企业熟知消费者心理,寻找市场机会,组织资源,提供能够满足用户需要的产品、服务。

进步三:与世界大环境迅速对接

新经济正在改变整个人类的经济,包括传统的农业经济和工业经济,使整个人类经济步入了一个崭新的时代。当广告人还在沸沸扬扬地讨论中国加入WTO后的对策时,广告主已经步入国际接轨,走在全球化新经济的前沿。

前不久,海尔总裁张瑞敏为来自"哈佛"等68所世界著名大学百余位教授上课,提出"创新就是创造资源"、"只有淡季的产品没有淡季的市场"。这与广告公司习惯性将市场划分为淡旺市场截然相反,创新意识卓越超群。

由于高技术改变了人类获得物质的方式，变得更容易、更方便、更便宜、更快捷，广告主开始寻求物质产品概念包装升华为满足消费者高层次的精神需求。广州奥林匹克花园董事长郭梓文认为“家”不是居住的最高境界，倡导一种先进的生活方式才是开发房地产的最高境界，在“卖的就是生活方式”的理念下，奥园在“丽江花园”、“广州碧桂园”这些明星楼盘板块中脱颖而出，演译了中国房地产最精彩的商战。这种高智创新是一种只可意会，不可言传的东西。

可以说，广告公司面临一个对话资格问题，广告公司与广告主必须处在同一个对话平台，倘若仅凭广告套路的“三板斧”与高手对话，将会失去对话资格。一旦出现这种局面，广告公司的命运极有可能沦落为广告策划执行公司乃至广告完稿公司。

业界资深人士将广告主与广告公司的关系喻为“一条绳上的蚂蚱，一起跳才能跳得高”。现实中广告主与广告公司之间的关系是利益大于价值。广告主认为广告公司过多计较经济上利益，往往忽视有形和无形的价值。由于广告主的进步，客观上促使广告公司“提速”。

其一，创造市场的根基源自市场。广告公司为广告主的策划要防止创造市场激情有余，调研市场深入不足。为此广告公司应着眼于由“AE”向“AP”的角色转换，由客户为中心向消费者为中心转换，熟知消费者，为消费者进行广告策划。广告公司在为企业策划前，深入市场往往蜻蜓点水，凭直觉主义不乏其人、其事，不少广告公司创意人员标榜自己的策划是依据消费者的角度来构思创意的，可是在实际中却并没有这样做，一接触到产品就会有意无意把消费者抛到一边去，纯粹为创意而创意。曾有位广告人为客户提案，话匣子一开就分析市场部分，客户请其打住，“市场我们比你更清楚”。最近，以变频空调机起家的海信强势推出五款更先进、更高品质的特价机。此举一开始就站在空调发展趋势的前沿，奠定了竞争优势也是对广告公司遵循低价对品牌伤害理论的否定，佐证理论的东西要在市场接受检验，发现真理。

广告策略能否务市场实效，将成为广告主选择广告公司的标准。业界流行的比稿，不再是广告主选择广告公司的最佳途径。

其二，赋予服务概念新的内核。广告主对广告公司的要求越来越高，范围也不仅仅局限于广告领域，而延伸至促销、公关、营销等领域。服务概念的延伸，要求广告公司服务能力的扩张。广东省广告公司近期对中国家电销售通路作了一次全国性调研，拟写了 18 份调研报告，涉及广告领域之外的通路模式、销售政策、通路管理等，为广告主提交了宝贵的前沿销售情报，有力地支持了广告有效策略。

其三，提升销售与提升品牌兼容。一般认为企业追求的就是把产品转化为品牌，这是广告主青睐有加至高无上的价值。但是中国市场环境造成了市场竞争以价格为主，而且，企业如果没有销售就不能生存，品牌和销售这两者关系到底是一种什么状态？珠江三角洲企业家认为没有销售主义企业就活不到明天，只有销售主义那么企业的明天跟今天一样，没有进步，仍然生活在低层次。一方面企业要今天活着，另一方面企业又要追求明天的进步，让明天更美好，所以，企业既要销售主义又要品牌主义。这既是中国企业面临生存与发展的双重任务，又是对广告公司能否实现“两个提升”的检验标准。广告主的进步从一个侧面印证如何因应充满变数的市场，同时也警示广告公司谋略生存变幸存之道。

原载《国际广告》2000 年第 9 期

策略混乱：网络广告发展的瓶颈

厦门大学新闻传播系　李　森

从全球来看，网络广告仍处于雏形阶段——网络营销的出现打破了建立在大规模、大批量、标准化的工业生产方式基础之上的传统营销理论体系，然而，把传统的理论套用到以准确定位的超垂直经济为基础的虚拟经济上往往难以奏效。但网络经济又过于年轻、多变，至今尚未来得及建立一套科学完善的理论框架体系。因此,人们对网络广告的应用也正处在一个探索阶段,广告主及广告从业人员对网络的应用常步入误区。

1.网站选择上的误区

目前,广告主多凭借网站的知名度来选择网络媒体。据网络营销最新公布的一份网络调查报告显示:50家顶尖网站集中了95%的广告收入,这些网站多集中在搜索引擎类和ISP类网站,此类网站往往拥有较高客流量、到访人数及广告经营收入。广告主多依据各网站提供的未经第三方认证机构检验、核实的数据来选择网站。数据的可靠性有多大?水分有多少?这是其一;另外,网络广告奏效在很大程度上取决于用户的构成结构,而并非越大的网站越好。有远见的广告主甚至努力避免把广告暴露给不必要的受众。

网络营销开辟了一个超垂直经济时代,而网络媒体的真正优势就在于它能帮助广告主找到最符合的广告目标,并向他们传递信息,进而和目标消费者进行互动交流,并实现直效行销。

搜索引擎及门户类网站,知名度高,拥有无可比拟的客流量,其网友结构较为一般化,容易被广告所吸引,广告的点选率较高。因此,门户网站往往有较高的曝光率和点选率,但因其访问者的随意性较强,故而,以广告促进销售的实际效果较差,广告实现销售的命中率低。

反观中小网站,由于有独特的内容,易于吸引独特的族群。尽管此类网站客流量不高,但网站具有较高的忠诚度。中小型专业性网站的访问者多半持特定目的而来,对广告无甚兴趣,广告点选率较低,然而一旦点选,广告实现销售的命中率则很高。

网络广告行销的目的不外乎品牌塑造和直效行销,广告主在网站的选择上也应该以自己的行销目的作为网站选择的依据。大型门户类网站及中、小型专业化网站各有优势,一般来讲,大型门户类网站在品牌塑造上有其特有的优势,而中、小型专业化网站则在直效行销方面技高一筹。

2.网络广告评估效果上的误区

在传统广告理论中,对广告效果评估多以广告的传播效果、销售效果及社会效果三者结合,作为评估广告效果的机制。由于广告仅仅是销售促进的一个因素而已,且广告效果有一定的滞后性和间接性,在目前的条件下广告销售效果的测定还没有一个精确的方法,因而传播效果的测定被认为是较为准确和客观的:即从注意程度、理解程度、记忆程度、反应程度等心理因素来考察广告信息的传播效果。在传统媒体广告效果的评估中,多采用抽样统计方法来推测整体观众的规模及心理效应,对此广告主采取了极为宽容的态度而广泛接受。但对于网络广告这一新生事物的效果评估,多数行销人员则采取了较为苛刻的标准去审视它。这种苛刻突出表现在网络广告计费模式和效果评估的多重标准上。

目前,国内网络媒体的计费方式大致有三种:

A.按广告在网页上发布时间的长短收取费用(按月收费、按年收费等);

B.按网页被访次数多少(广告曝光率)确定广告费用(CPM——Cost Per Impression);

C.将点击次数纳入报价系统(CMP + CPC + CPS——Cost Per Impression + Cost Per Click + Cost Per Sale)。

与计费方式的多重模式相似的是网络广告效果评估的多重标准,如按千人曝光率或千人点击率或实际销售额等。

在网络广告的评估中,笔者较为倾向于按照广告主的不同的广告目的进行广告效果的评估。如果广告主的目的是建立品牌形象,则点击率(Click Through Rate)将不是主要评估标准,而优质有效的曝光(Impression)才是广告评估的重点;若广告的目的为收集目标受众资料名单,建立资料库,则广告回应的人数应作为衡量广告效果的主要因素;若广告的目的是实现直效行销,则网上销售额将在广告评估中占主要地位。

总之,广告效果的评估应依据是否实现广告的目的而设定不同的评估标准。

3.网络广告设计创意上的误区

据统计,上网者在一个网络广告版面上所花的耐性和注意力不会超过5秒种。如何在这短短的5秒钟之内吸引目标消费者,并让他们送你一声清脆的Click?广告创意设计者为此绞尽脑汁:摆上一个“Click Here”(点这里),或者放个“Free”(免费),然后用大红色的粗体字,再加上一闪一闪的动画效果,是创作人员惯用的雕虫小技,但早已不足以吸引消费者。为了增加网络广告的点击率,广告创作者利用动画效果在横幅广告上设计了一些“看起来跟真的一样”的按钮、表格等“吸引”网友点击,网友们称之为“恶作剧式广告”

(Trick Banner)。大多恶作剧式广告的点选率都极高，超过10%是常有的事，有的甚至高达20%～30%。访问者在“不小心”点选了这些“恶作剧广告”之后有的一笑置之，除了佩服广告主创意之外，也许顺便看看广告主的网页；但多数人的反应则是难以容忍的上当受骗之感，即而对媒体及广告主产生了极大的抵触情绪。以“杀鸡取卵”来形容此类广告也不为过。

随着网络经济的来临，消费者的地位有了空前的提高，尊重消费者的网络礼仪(Netiquette)是网上一切行为都必须遵守的规则。网络营销是一种“软营销”，其最大特点就在于软营销的主动方是消费者。他们不喜欢不请自到的信息，更不习惯在网上遭受“戏弄”。网络广告的创意断不能一味贪图消费者对广告的注意率、点击率而违背了广告礼仪。

原载《现代广告》2000年第7期

美国网络广告考察随想

国家工商行政管理局广告监管司　王培章

2000年12月笔者随国家工商局网络广告考察团赴美国考察，对目前国际最先进的网络广告技术、网络广告发展状况及网络广告监管等情况有了基本了解。现将美国网络广告的发展及监管情况作简要介绍，以飨读者：

美国网络广告发展现状

1.网络广告经营额增长迅速。美国网络广告诞生于1994年，到1995年，网络广告费已达5500万美元；到1999年更达46亿美元。预计2000年底，美国网络广告费将达到100亿美元。而亚太地区1999年网络广告费仅达到2亿美元。美国的网络广告表现形式也日益丰富多彩，由最初的旗帜广告，发展到纽扣广告、浮动广告、赞助广告、互动游戏广告、电子邮件广告等十几种形式。但美国网络广告的进一步发展也受到诸如网络隐私权的保护、网络媒体与传统媒体的互动程度、网络广告效果评估审计、消费者和广告主对网络广告的认知程度等因素的制约。

图一　美国1995—1999年网络广告发展图

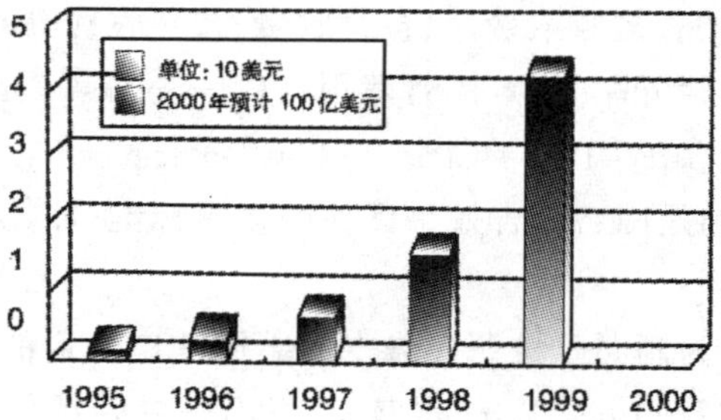

2.网络广告技术日益发达。就传统媒体来讲，广告发布是有数量限制的，广告的内容也相对固定，广告受众处于被动状态；而网络广告的数量几乎是没有限制的，其广告内容也丰富多彩，广告受众基本处于主动地位。网络广告发布的个性化十分明显，广告效果更加突出。

网络广告的本质性变化依托于最先进的网络技术，可以说网络广告对广告业人才密集、技术密集的高新技术产业特点体现的更加生动、更加充分。以世界著名的网络广告公司双击公司为例，在经广告经营活动中拥有一套完整的用户网络行为跟踪(cookie)技术、广告整合配送(DART)技术、广告效果报告自动生成系统、广告数据库中心等，在经营活动的每一环节，都充分借助于高科技手段，追求广告宣传的有效化、效率化和效益化。

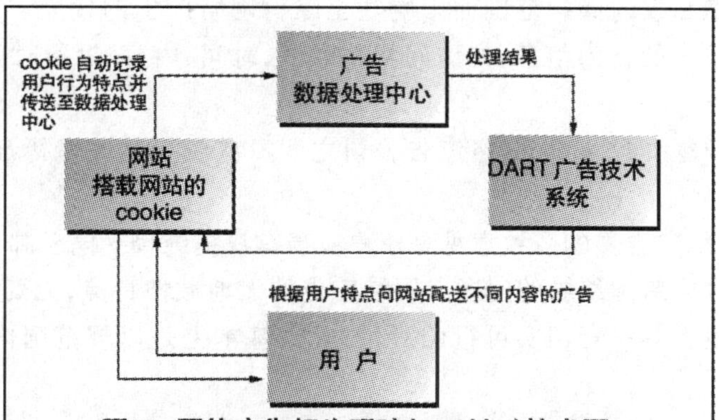

图二 网络广告行为跟踪(cookie)技术图

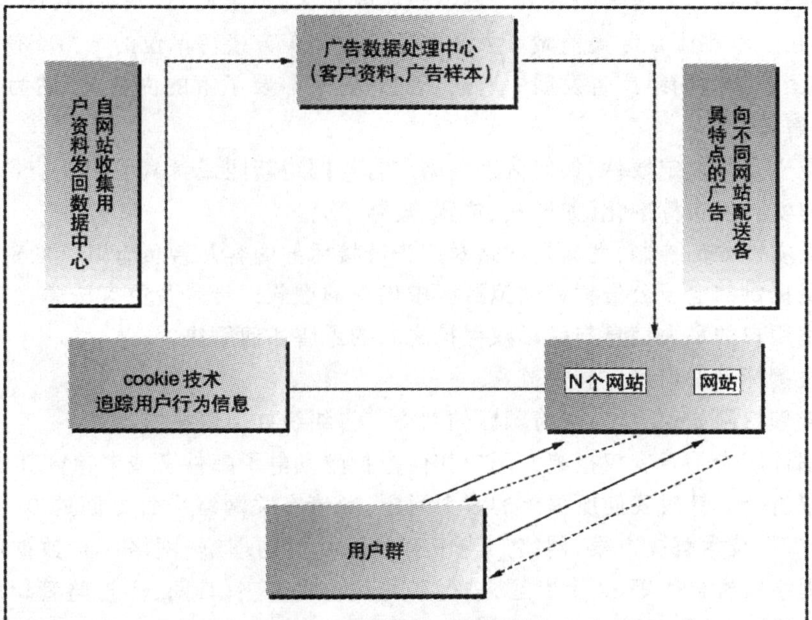

图三 DART技术示意图

3.美国网络广告监管体制及监管现状。目前美国网络广告基本上是以行业自律为主、政府干预为辅。美国网络广告局是由网络广告界自发组成的自律性组织,并结合网络特点制定一系列网络广告自律准则。美国联邦贸易委员会(FTC)只对严重虚假欺诈的网络广告进行查处。

①关于网络广告的定义及表现形式。网络广告同传统广告一样,是通过网络推销商品或者服务的商业宣传活动。网络广告应当与网络中的其他信息作明显的区别,避免引起他人误解。网络广告一般由标志性广告和其直接所链接的广告内容组成。

②广告的真实性问题。所有参与网络广告的活动主体,均有责任和义务保证网络广告内容真实、合法;如果网络广告违法,则所有参与者均应承担相应的法律责任。

③广告标准问题。美国网络广告局作为网络广告的自律组织,对网络广告的表现形式和规格作出统一规定。如整幅的横幅广告规格为468×60象素;半幅横幅广告规格为234×60象素;1号按钮广告规格为120×90象素;2号按钮广告规格为120×60象素。网络广告规格、标准的统一,对促进网络广告规范化发展起到积极的作用。

④电子公告牌和电子邮件广告,仍然是网络广告自律和监管中的难点,目前还难以规范。

⑤关于网络广告中涉及的隐私权问题。网络广告中的隐私权问题,是目前大家均感到棘手的问题,也

是网络广告广告公司竭力回避的敏感区。从实际运作情况看,网络广告公司尽量避免侵犯用户的隐私权,但同时也不希望无限扩大隐私权的保护范围而影响甚至阻碍网络广告的发展。如双击公司目前应用的飞来器(cookie)技术,只收集用户的行为信息,如访问网站频率、时间、内容、逗留时间、用户的IP地址等,对用户的其他私人信息则不收集。

⑥网络广告收费标准问题。各网站、网络广告公司之间没有统一的收费标准,基本上是视具体情况由当事人协商确定。

⑦对电子邮件广告,网络广告界的一致意见是用户应当有权拒绝接受电子邮件广告。

⑧关于如何解决网络广告跨国纠纷的问题。网络广告的无地域性特点,无疑对解决跨国性的网络广告纠纷带来难题。目前美国也没有一套切实可行的对付办法,基本上是以规范国内的网站为基础,处理国内纠纷为主。

几点感想和思考

这次赴美考察培训,时间短、内容多、涉及面广,其中不少是涉及目前网络广告中尖端技术方案,可以说是高难度、高密度、轰炸式培训。考察团成员普遍反映收获很大,不虚此行。我感到这次考察培训之所以能达到预期目的,关键在于考察团在赴美前做了大量准备工作和美方接待单位的全力支持配合。

在赴美前,考察团就国内网络广告发展中所遇到的问题及需要了解的内容,归纳为8个问题,希望美方有关单位予以介绍、解答:

①网络广告的定义及其认定要件,如何区别网络广告与网络新闻或者其他网上信息?

②网络广告如何实行发布标准化(如形式、位置、规格等)?

③网络广告的真实性如何控制,尤其是网站对广告链接后的内容是否负有审查的责任?

④网站对其免费提供的电子公告栏或虚拟社区中出现的虚假广告是否负有法律责任?

⑤网络公司搜集用户的私人信息与隐私权保护之间的矛盾如何解决?

⑥网络广告的收费标准如何确定和规范?

⑦网络广告的管理权限如何界定,对跨国性的网络广告纠纷如何解决?

⑧用户对电子邮件广告是否有权拒绝?用户如何查找滥发电子邮件者或者追究其责任?

美方接待单位双击公司针对我们所提出的8个问题,邀请有关网络广告方面的专家、教授,从国际网络广告发展趋势、网络广告技术解决方案、网络广告中有关隐私权的理解、网络广告数据库、网络广告配送技术、网络无线广告、网络广告自律等14个专题,进行系列互动式讲座;其间,广告监管司屈建民司长就"中国网络广告的发展现状及前景"作了专题讲座,引起美方同行的浓厚兴趣。双方的良好沟通和交流,是取得考察成效的又一重要原因。

网络广告具有与传统媒体迥异的特点,不但对我们传统的监管模式和手段提出了新的挑战,也迫使我们不得不对中国的网络广告如何规范和发展进行思考:

网络广告发布内容的可变性、发布数量的无限性、发布地域的不可控性、发布空间的无限制性等特点,同传统广告相比,均有实质性的差异。传统广告在传播形式上是单一的、覆盖性的,从影响受众购买行为上是靠广泛的覆盖面和同一内容的反复重播。而网络广告则是多重的、放射性,在影响受众购买行为上有着极强的选择性和针对性。从技术含量上看,网络广告是以最先进的科学技术为支撑,最大限度地追求科学技术的效率化和效益化。随着网络媒体与传统媒体互动的逐步发展,网络广告将克服许多传统广告中难以逾越的难题。

1.网络广告是以高科技作为基础和平台,对网络广告的监管必须摆脱传统的广告监管模式,提高监管手段的科技含量。尤其是在监测网络广告、如何防范虚假欺诈广告方面,必须借助于高科技手段。

2.目前以双击公司、24/7互动传媒等为代表的国际知名网络广告公司,均实现了网络广告配送自动化和广告经营规模化。尤其是双击公司所依靠的DART技术,在国际上具有领先地位。中国网络广告如何应对和发展,走高起点、规模化之路,参与国际网络广告市场的竞争,是个非常现实的问题。

3.目前尽快完善我国有关互联网络的法制建设,对促进网络整体健康发展具有至关重要的作用。就网络广告管理来讲，在网络广告发展初期，管理的重点主要应放在理顺经营体制和打击虚假欺诈广告方面，以此规范、促进网络广告健康发展。

4.在网络广告发展初期，必须重视和和强网络广告的自律。通过自律，配合工商行政管理机关加强对网络广告的规范和监管。

5.由于我国有关网络的整体技术基础同国外差距较大，因此，如何利用国外先进技术促进国内网络广告的发展，以适应入关形势的需要，无论是政府有关部门或是网络广告界，均亟需从整体上予以考虑。

原载《现代广告》2001 年第 2 期

媒介广告公司何去何从？

刘智勇

无论有多少非议和责难，媒介广告公司作为中国广告业的独特现象，已是不争的事实。媒介广告公司与其他专业广告公司一样，面临着随广告市场的变化不断调整自己的经营方针，不断发展的问题。本文拟从市场的角度对媒介广告公司发展的问题进行一些探讨。

客观看待媒介广告公司

如何看待媒介广告公司，从哪一个角度看待更加客观？作为一个市场经营的主体，从广告市场的角度，更能客观反映媒介广告公司的优势与局限。

谈媒介广告公司，不能不谈中国的广告市场的问题。自改革开放以来，中国广告市场重开，各种市场要素逐步建立起来。企业广告意识苏醒，广告公司如火如荼地建立，媒介重新开始刊播广告，整个广告市场处在逐渐建立和完善的历史进程之中。而媒介广告公司的产生正是这个特定历史阶段媒介广告资源没有完全进入市场的结果。中国广告市场是媒介主导的市场，在媒介资源紧缺的情况下，媒介代理需求不充分，媒介广告公司是媒介应对代理制的一种手段，同时也是媒介参与广告市场竞争的重要工具。媒介投资创办广告公司，由于得先天之利，拥有资源优势，自然在瓜分广告市场份额方面处于优势地位。

媒介广告公司的优势是明显的，但从市场的角度看，媒介广告公司的主要问题在于其市场主体地位的模糊。媒介广告公司远远不是说只是媒介投资创办的广告公司那么简单。按理说，媒介广告公司应属广告公司的范畴，但媒介广告公司又充当着媒介的某种职能的角色。这种模糊带来了媒介广告公司自身经营的一些悖论。

第一，媒介广告公司的优惠与媒介广告经营的损失。媒介广告公司与其他广告公司相比，取得媒介广告资源更容易也更便宜，这是媒介广告公司与别的公司竞争时重要的筹码。但这种优惠，是否造成媒介广告经营上的损失？同时，媒介广告公司作为代理，也会带来媒介广告经营的风险，一旦不能按期交款，就会造成损失。

第二，媒介利益与客户利益的矛盾。媒介选择与投放，是保障广告到达目标受众的关键步骤。媒介广告公司作为客户代理，很难站在客观的立场协调媒介利益和客户利益的矛盾，不免就会陷入两难境地。

媒介广告公司应顺应代理制的趋势

广告市场能否健康发展，关键是其中各相关活动主体专业素质的共同提高。代理制是广告市场成熟的标志，从某种意义上说，媒介广告公司既是推行代理制的产物，同时又是代理制的对立物。正因为如此，媒介广告公司被批评为阻碍代理制的实施，扰乱广告秩序。其实从深层次上看，代理制实行与否，实行到何种程度，完全受广告市场供求关系的制约，而媒介广告公司的出现正是由于代理制的条件和土壤还不完全具备。但随着中国广告市场逐渐发育成熟，代理制是大势所趋。作为经营主体之一的媒介广告公司必须顺应这一市场趋势。

首先是媒介生态的变化，使媒介产生代理的需要。由于媒介形态的复杂化和媒介的分众解构趋势，大众媒体"独大"的地位已经动摇，新的媒介生态已经形成。电视频道的增多，报纸数量的激增，使得每个媒介的受众群减小，广告的效益减弱。新型的广告媒介不断开发出来，媒体种类不断丰富，网络、直邮、户外等媒体为广告公司所看好。特别是网络媒体，将使受众接触媒介的行为结构产生显著变化。媒介广告资源紧缺的局面已得到缓解，并出现资源卖不出去，寻找客户的情况，媒介代理的需求越来越高涨。

其次，广告主对媒介广告投放效果的追求，成为其寻求代理的动力。在代理制没有理顺的情况下，存在着媒介给企业的折扣比给广告公司多的现象，有很大一部分的广告投放由广告主来决定媒介的选择与运用，这在媒介环境相对简单的情况下还是有效的。但随着媒介环境的复杂化，广告主广告意识的提高，媒介的科学投放，已成为广告策划的关键一环。而在媒介计划安排、媒介的选择与使用上，广告公司比客户更专业。广告公司在为客户制订媒介计划的时候，为了使广告投入能得到最佳的效果，往往要综合考虑许多因素。特别是随着媒体创意时代的来临，媒体概念引起整个广告运作流程的改变：用媒体概念主导创意概念，由先创意后媒体选择，到现在的先媒体选择到后创意。

在90年代代理制的土壤逐步形成和代理制的徐徐导入的背景下，媒介广告公司必须在顺应代理制的趋势中找到自己的方位。

媒介广告公司的发展在于突破自我

前面谈到了整个中国广告市场发展的趋势，这个趋势对媒介广告公司的冲击就是其资源优势开始逐渐丧失。因为媒介广告公司的优势来自于媒介在广告市场中的主导权。而媒介的强势地位是由于中国媒介特殊的体制属性，以及政府行政性管制赋予广告资源的垄断性经营所带来的。但从90年代以来，媒介的强势地位开始了弱化的倾向，强媒介时代走入尽头。从媒介自身来说，由于媒介产业化的发展，大媒介或媒介集团已在孕育之中。媒介集团化的背后的动力是重新配置自身资源和强化竞争优势。媒介广告公司能否获得这种资源优势以及资源空间有多大还是个未知数。同时，跨国广告公司通过专业媒介购买公司争取市场主导权，成为整合广告市场的重要力量，它们依托其国际大客户和国际大资本，对媒介广告公司的优势地位构成威胁。

说媒介广告公司是中国本土广告公司的希望，未免太偏颇。成就一个与跨国广告公司相媲美的广告公司，本不是只靠垄断一部分媒介资源就可以了的。笔者认为媒介广告公司要发展，就必须突破自我，找到一条适合自己的路，走综合广告代理商或媒介购买公司的道路。媒介广告公司拥有媒介广告资源，在发展上已占先机，积累了实力，占有了一部分市场。但随着媒介资源优势的丧失，要实现成为大广告公司的目标，必须实现两个突破：

一是突破媒介自身的限制。媒介广告公司要求得发展，必须充分进入市场，跳出自身媒介的局限，在市场中实现资源的优化配置。

二是突破单纯媒介代理的限制。媒介广告公司若只是充当一个媒介广告批发商的角色，是不可能做大的。电通、博报堂等虽也是从媒介做起，但后来都成为了综合代理商。

总之，媒介广告公司要发展，只有通过市场竞争才能确定其地位和存在价值。

原载《现代广告》2000年第8期

书业广告弊端批判

新蕾出版社　樊　卿

广告宣传对于产品销售的重要作用是毋庸置疑的。在市场经济日渐发展的今天,我们随时可以感觉到广告大战的硝烟。为寻求名人作形象代理,商家们一掷千金,为争夺中央电视台黄金时间段广告,企业主更是开出了天价。前两年以1.8亿元争得标王的"秦池",甚至被业界称为"酒疯子"。然而,静观这厢,书业界却似乎很有"免疫力",没有沾染上这股疯狂劲儿,一直显得风平浪静,惟有科利华公司对于《学习的革命》一书的炒作在业界掀起了阵阵涟漪。据说《学习的革命》在美国并非畅销书,只卖了3万册左右(美国畅销书的指标为100万册),而在我国却号称销售800多万册。相信曾翻阅过这本书的人都应该知道,该书并没有像书名说的那样有着多么革命的内容,绝非是人人必读书,而800万对于一大批出版社来说绝对是一个天文数字。这只能验证这样一个事实:广告宣传、媒体炒作是畅销书产生的一个重要因素,或者说是最重要的一个因素。

诚然,我们的出版企业是没有实力去跟家电、烟草等行业叫板的,毕竟图书的利润额是比较低的,科利华的炒作也似乎是"醉翁之意不在酒",是为其教学软件的推出打了个漂亮的前哨战。但是我们至少应该分配出一定比例的资金为我们的出版企业,为我们的图书产品作一些广告宣传。

应该说,现阶段我们出版业在这方面的意识还是很不够的,或者说才刚刚萌芽。那么我们首先要解决的问题就是要建立并强化这样一种商业广告意识,意识到花钱做广告是一个有意义的行为。我们可以借鉴一下美国著名图书营销咨询顾问罗伯特·A·卡特在谈到美国的出版社如何做广告一文中列举的做书业广告的五大理由来帮助我们认识广告的必要性。

首要的理由是要将书卖到发行销售环节上去。我国每年出版图书10多万种,发行商面对这一片浩瀚书海,他不可能去逐本翻阅,如果我们能针对某种书的优点做一些广告宣传,这样就增加了发行商关注这本书的可能性。

第二个理由是广告有助于更多的读者购买一本书,这个理由是显而易见的。《中国图书商报》的一份读者调查表结果表明,43%的人仍觉得买书难,在接下去的一问"为什么会出现买书难"中,40%的人回答"我不知道出版社是否出了这本书",另40%的人回答"也许出版社出了这本书,可我不知道上哪儿去买"。这充分表明了我们出版企业没有把广告宣传做到位,如果我们做宣传,就会有更多的读者知道。有个消息,也就增加了一份购买可能性。

第三个理由是广告有助于推销其他形式的版权。

第四个理由是引起作者或版权代理商的注意。由于我国的版权贸易及邻接权的开发都还很少到位。所以目前三、四这两个理由不是很重要。

第五个理由,广告可以树立出版社的形象。目前我国书业尤其是少儿图书方面有一个很严重的问题,就是选题雷同,那么在这种情况下,树立自己的形象,宣传自己的品牌是很重要的。

在建立商业广告意识中还有一个需要克服的问题,就是急功近利的心理。有的人在对待广告的效应上,总觉得我今年投入多少,就一定要在当年收回多少,甚至更多的盈利。其实广告的效应通常不是炸弹式的,而是一种品牌价值、形象的累积。举一个简单的例子,即使全世界的可口可乐制造业在一夜之间全被摧毁,可口可乐公司照样能在第二天东山再起,何也?可口可乐400亿美金的品牌价值在有力支撑着可口可乐的存在!书业界的"老大"——商务印书馆在其发展历程中,也是经过了很多次劫难,甚至整个固定资产、人员毁于一旦,但是就因为"商务"长期以来形成的品牌价值使其能重新走向辉煌。所以在看待广告的效应上,正确的态度应该是觉得每一次广告行为都是对品牌形象的树立有所裨益的,对品牌的累积效应具有作用。只有采取这样的态度来对待广告,才可能自发地萌发一种广告宣传的意识,否则,就总会有一种得不偿失的感觉,从而将广告意识扼杀。

当我们有了这样一种意识后,下一步就该考虑怎样做了。下面我将从我国目前书业广告的弊病入手,阐释这个问题：

1.在广告宣传上，没有选择一个很好的定位，或者说没有一个比较好的市场切入点。我们可以看到，如今出版业的广告文案在诉求点上，总是把书与该企业所在的地理环境联系在一起。如豫版书的广告语“燕赵风光秀，豫版图书精”，湘版书的广告语“湖南人能吃辣椒会出书”，等等，缺乏真正深层意义上的广告创想。毫不客气地说，这里面有一些诉求点跟我们的书业简直就是风马牛不相及，但就是这种广告语在它初一面世时，也给了业界一种耳目一新的感觉，因为它毕竟比起“××出版社，社长××率全体员工向新华书店系统同仁致意!”之类的广告语来说是一个很大的突破了。相对而言，辽宁教育出版社是做得比较好的，他们的广告语是“为建立一个书香社会而奠基”。总体来说，我们的书业广告是比较幼稚的。借鉴其他一些广告操作比较成熟的领域，我们可以发现，他们的广告是在表达、传播一个概念，以这个概念作为诉求点。如耐克服装早期的一个成功广告是由代表和象征嬉皮士的著名甲壳虫乐队演奏著名歌曲《革命》，在反叛图新的节奏、旋律中，一群穿着耐克产品的美国人正如痴如醉地进行健身锻炼……这则广告并没有一味宣传产品技术性能和优势，而只是向人们传播一种反叛、健康、活力的新概念，以迎合当时人们的心理。最近，男模胡兵为摩托罗拉手机拍的广告TV也是一个很好的例子。整个广告TV中，仅仅出现了几次他手持手机的镜头，以及一些手机的商标。由于胡兵可以说是“时尚”的最佳代言人，因此这则广告就传达了这样一个概念：“拥有摩托罗拉手机是很时尚的。”这正迎合了一大批青年的消费心理，这才是真正的广告，通过选择一个概念作为诉求点，同目标顾客进行沟通，广告才能达到其说服的目的。

当然，由于图书内容的复杂多样性，要选择一个准确的诉求点是一件比较困难的事。有一点要指出的是，诉求点必须与整个出版社的市场定位、选题出书方向一致，或者可以说这个诉求点就是市场定位的高度凝炼。

2.在广告宣传上，读者被忽略了。我们书业广告选择的媒体范围比较狭窄，多是一些专业性报刊杂志，发行商接触这些报刊比较多，而广大的读者却较少接触。《中国图书商报》可以说是书业界的一份信息量很大又比较权威的报纸，而在各大、中城市的报刊亭上，却难觅其踪。因此这种广告宣传对于读者基本上没起到什么作用。诚然针对发行商的广告是相当重要的，但是直接针对读者的宣传更是不容忽视，上面提到有43%的人觉得买书难，其中一个重要原因就是读者没有得到关于出版社出了哪些书，可以在什么地方买到的消息。实际上，读者才是我们真正的顾客，这也是我们出版企业长期忽视的问题，把书销到发行商那里就算完成了任务，如果读者没有得到信息，他们不关注这本图书，发行商知道得再多也是白搭。

国外一些专业出版社就建立有读者档案，若有新书出版，就会给这些潜在的读者发出信息。还有一些出版社和连锁店联合出资在书店店堂内作一些广告宣传，这样就能取得很有效的宣传效果。在这方面可以做的有很多，我们可以根据我们出书的内容，选择目标顾客接触较多的媒体进行有针对性的宣传。比如在儿童乐园、幼儿园，或者发行量较大的幼儿报刊做少儿图书的广告，在大学校园或大学生接触较多的杂志上做学术书籍广告，等等。另外还要注意开发一些新兴媒体，如在Internet网上建立网站，发布有关图书信息。因为我国网民数在迅速增长，同时这又是一批既有购买欲望又有购买力的潜在顾客。这种对读者的广告宣传主要就是有针对性，要事先调查清楚目标顾客接触紧密的媒体是哪些，然后再加以选择。

3.广告的种类比较单一，也可以说广告的目标不明确。我们常见的广告是列出一部分书目和一些封面图片，再加上曾获得的奖项，千篇一律。实际上，由于有不同的广告目标，广告的种类可以有很多。根据宣传针对的对象分：有针对发行商做的，有针对读者做的。根据宣传的内容分：有宣传企业的，有宣传图书产品的。根据宣传选择的时期分：有销售前期的通知性广告，竞争期的说服性广告，成熟期的强化广告，等等。如果总是用同一种广告反复地做，效果就不是很理想。针对不同的时期，不同的对象，不同的宣传内容，广告也应有所区别。比如针对发行商的广告就可以以比较简单的书目形式出现，加以简要的介绍，还有一些发货折扣，销售政策，售后服务等等。而针对读者的单个品种的图书广告就要抓住读者的心理，找出书中所谓“卖点”，加以诉求。另外对于宣传整个企业的广告就应在广告文案上下功夫，总结出一些比较凝练又能代表本企业文化的广告语，加以诉求。总而言之，应该有所区别，有各自的针对性，这样效果就会更加显著。

原载《出版发行研究》2000年第6期

广告宣传方案的设计与评估

人民教育出版社 王志刚

广告宣传是企业市场营销的重要手段之一。有效的广告宣传可以促进图书销量的增加,也利于树立企业形象;但如果广告宣传搞得不好,不仅不能达到预期的目的,而且可能损害企业利益。因此,出版企业为了在广告宣传活动中取得好的效果,必须面向市场制订有效的广告宣传方案。一般来说,出版企业制订广告宣传方案主要应考虑以下几个方面。

一、广告宣传的信息内容

广告宣传信息内容的确定,必须通盘考虑产品、市场和消费者的情况。比如从市场上看,本社的图书是独家产品(独特选题),还是有相类似的图书?如果市场有同题材的图书,那么大概有多少种,它们的质量如何,销售情况怎样?同题材图书是哪些出版企业的产品,这些企业的竞争力强不强?在掌握了市场情况后,出版企业就可据此考虑广告宣传的信息内容、诉求重点及表达方式。

广告宣传的最终目的是促进销售,是让消费者购买更多本企业的图书,因此广告宣传信息内容的确定最重要的是考虑消费者的情况,如消费者每月购书的费用有多少,经常购什么样价位的图书,影响消费者选择购买图书的因素有哪些,消费者了解新书的途径是什么?等等。广告信息内容力求与读者的需要相吻合,并注意突出特色,以触发消费者的购买欲望。但应注意的是广告内容应实事求是,不要有过分的溢美之词,以免引起读者的反感,广告宣传信息内容的确定还应考虑影响购买决策的人,如儿童类图书广告内容的确定,不但要考虑儿童的求知欲和好奇心,还要考虑到这类图书购买的决策者往往是家长,要让家长看到该书的价值,并设法打动他们的爱子之心。另外,广告宣传信息内容还应随消费者需求的变化而改变。比如消费者购买图书主要注重书的内容和价格,随着人民生活水平的提高,读者对图书的外在形式(设计、装帧等)的要求在不断提高,图书宣传在信息表述时就应考虑这些变化。

精明的营销专家都知道,广告宣传的效果不仅取决于它说什么,还取决于怎么说,要使读者正确地理解广告的信息,恰当的表达方式就变得非常重要。广告的定位(理性定位,情感定位),广告的诉求重点,以及广告的标题、文字(表达、语气)、图案等均能对广告效果产生不同的影响,而且要求这些因素密切配合,才能实现与读者的良好沟通。比如青年类图书的广告就应考虑到青年的特点,在信息表达时注意运用说理,运用权威(名人),且应正面赞赏和肯定。当前我国出版企业的广告宣传,较少注意广告信息内容的表达。当然,这方面的工作可以依靠专门的广告公司来完成。关键是我们出版企业的管理者,特别是市场营销人员,要重视广告宣传信息内容的表达形式。

二、广告宣传的媒体选择

广告媒体是指介于企业和目标市场(特定消费者)之间,用于复制和传递广告信息内容的物质设施和传播渠道。为什么企业要对广告宣传的媒体进行选择?就是希望在广告费用预算之内,使广告信息能够得到有效的传播。一般来说,广告媒体的选择包括决定预期的触及面、频率及影响;决定使用媒体类型;决定传播时间及在地理位置上的媒体分配等内容。

触及面是指一定时期内,某一特定媒体最少能触及的不同的人或家庭数;频率是指一定时期内平均每人或每个家庭见到广告信息的次数;影响是指使用某一特定媒体发布广告所产生的影响,如体育类图书广告登在《中国体育报》上的影响要比登在《中国老年报》上好得多。在具体的广告费用预算下,这几个因素对于广告宣传的最终效果是非常重要的。

决定媒体类型就是考虑各主要媒体在触及面、频率和影响等方面所具备的能力。总的来说媒体均具有扩展信息、强化信息和延续信息的功能,但这些功能在不同的媒体有不同的体现。报纸的时效性强,发行面广,能广泛地被接受,但保存质量较差,传阅较少;杂志印刷精美,信息容量大,针对性强,保存期长,且有一定的权威性,但出版周期长,时效性较差;电视综合视听效果好,感染力强,能引起高度注意,触及面广,但成本高,信息量不可能很大,瞬间即逝,观众选择少;广播不受时空限制,收听便利,时效性也较强,成本低,但表现形式单调,信息不易保存;户外广告(路牌、霓虹灯、橱窗等)展露时间长,引人注目,费用低,但由于不能移动,传播和影响面小。此外,邮寄宣传品、公交车体、公关小礼品等都可成为广告宣传的重要媒体。出版企业在广告宣传时,必须对各媒体的特点做到心中有数,选择具体媒体时还要注意媒体的地域分配等问题,这也取决于其广告预算。

还有一点非常重要的是,广告媒体的时间安排,出版企业应该根据其图书出版计划、季节、广告的延续力等因素来确定使用何种媒体及在什么时间进行广告宣传,以求得最佳广告效果。当然,在广告媒体选择的具体操作过程中,出版企业可借助于广告专业人士的支持。

近年来,随着计算机技术和国际互联网(Internet)技术的发展和广泛运用,诞生了一种新的广告形式——电子广告,国际互联网就成了一种新的广告媒体。与传统的广告相比,电子广告具有宣传范围广、信息量大、交互性、发布和获取反馈信息及时、广告宣传和销售可同时进行、成本低、广告效果易测量等特点。虽然国际互联网作为一种广告媒体,尚未形成一套成熟的广告运作模式,在国内上网还不普及,网上购物也存在一定困难,但国际互联网蕴含的无穷商机,特别是网上图书宣传和售书的易操作性,不能不引起各出版企业的重视。

三、广告宣传费用预算和效果评价

广告是一种企业付费的经济活动,它是用一定数量的资金投入换取一定数量的经济收益,用经济学术语来说,广告的作用就在于将产品的需求曲线向上移动。因此企业必须认真地对广告宣传费用进行预算,对广告宣传的效果进行评价,使企业的广告宣传活动更合理,更有计划性,以求得费用较少的投入,获得较大的产出。

通常人们认为,广告宣传的费用就是支付给广告媒体的费用,其实这只是广告费用的一部分(但一般情况下是大部分),除此之外广告费用还包括制作费(用于设计和制作具体广告的费用)、调研费(对市场情况进行调查分析的费用)和广告行政费(用于企业广告部门行政事务性开支)等。广告宣传费用预算一般有4种方法:定率计算法——即企业按照其销售额或利润的特定比例来确定广告宣传费用;量入为出法——企业在扣除了经营费用和目标利润后,根据剩余资金来作广告宣传的费用预算;竞争对策法——企业按照竞争对手的广告费用水平来安排其广告宣传费用的预算;目标达成法——企业按照其欲达到的营销目标确定广告宣传费用预算。出版企业可根据市场环境并结合自身情况,选择不同的方法进行广告宣传费用预算。另外还要考虑广告宣传费用的分配,可按不同地区或不同媒体分配,也可按不同的战略阶段进行分配。但无论采取何种分配方式,出版企业的广告宣传费用预算都应考虑符合本企业的整体营销规划,还需要注意广告费用不宜平均摊派。

如果说我国大多数出版企业对广告宣传费用预算较少重视的话,那么很少有企业对广告宣传的效果进行过评价。其实,广告宣传效果的评价应是广告宣传方案制订中的重要一环。广告宣传效果评价主要包括对广告沟通效果的研究和对销售效果的研究,这项工作不仅可以在广告之后进行,也可以在广告之前和广告之中进行。应该注意的是,从道理上讲广告宣传效果评价这项工作的任务较为明确,但要得出具体的测量结果(特别是真正符合实际的结果)却并不是容易的事。尽管这样,出版企业仍要重视这项工作,因为广告宣传的效果评价不仅在一定程度上能说明企业本期广告方案制订的成功与否,还是企业下期广告预算的基础性资料,对于企业制定广告宣传方案有很大的影响。由于广告宣传效果评价工作的专业性,这项工作通常不是由企业亲自来做,而是由广告专业人士进行的。关键是企业对这项工作应有足够重视。

原载《出版发行研究》2000年第6期

依法反思电视直销

广东有线电视台广告部主任 罗云斌

一、电视直销:属不属广告

根据《广告法》的定义,所谓广告,是指商品经营者或服务提供者承担费用,通过一定媒介和形式直接或间接地介绍自己所推销的商品或所提供服务的商业广告。

依法规定,认定商业广告必须至少具备三个方面的特征:

(1)广告费用由做广告的商品经营者或服务提供者承担;

(2)广告的发布需要通过一定的媒介和形式;

(3)广告的目的是直接或间接地介绍所推销的商品或所提供的服务。

电视直销全面符合以上三方面特征,将其认定为商业广告,即日常简称为"广告"的范畴,似乎是毫无疑问的了。

国家对电视直销的认定及统一管理的文件,似乎最早见诸于1998年9月20日所发的《关于加强电视直销广告管理的通知[工商广字(1998)第203号]》和1999年5月17日的《关于对电视直销广告进行检查的通知[广字(1999)第016号]》。在这两份文件中,"电视直销"与"广告"合二为一,并明确提出了"电视直销广告"这一概念。电视直销属广告监管司的监管范畴,检查监管的依据就是《广告法》及其相关法律、法规。因此,电视直销属于"广告"也具备了法理基础。

二、电视直销:实际上并未完全属于广告

电视直销虽然从特征和法理上属于"广告",但从多年来的实践和现行适用的法律规定等诸多方面来看,它并未完全属于"广告"。

● 与广告播出总量规定相矛盾

根据国家规定,广东省工商局曾于1991年6月12日下文:《关于进一步加强电视广告宣传、经营管理的通知》,通知规定"各电视台播出广告总量不应超过当日播出时间的15%"。1997年,原广电部又发出《关于进一步加强广播电视广告宣传管理的通知[广发编字(1997)76号]》,进一步明确:广播电台、电视台每套节目播放广播电视广告的比例,不得超过该套节目每天播出总量的15%;18:00至22:00之间不得超过该时间段节目总量的12%。1998年8月23日,国家广电总局再次发出《关于坚决制止随意插播超量播放电视广告的紧急通知》,重申了广告播出12%—15%的总量限制,并明确要求各广播电视台自查自纠,对违反规定者应责令立即纠正。如不停止的,要依法给予处罚直至吊销许可证。

紧急通知下发的第二天起,中央电视台及各地方电视台的广告总量均以此为据作出调整与编排。时至今日,各广播电视台标准商业广告的播出基本上能依此规定进行。但电视直销广告呢?一方面它属于"广告",另一方面却又根本无需受广告播出总量的限制,而且实践上也确实难以按总量限制的规定予以播出。

冲突——电视直销广告与现行管理规定的冲突已显而易见。

● 与广告播出方式规定相矛盾

原广电部(1997)76号通知明确规定:播放广播电视广告应保持广播电视节目的完整,不得随意中断节目插播广告;广播电视广告应与其他广播电视节目有明显的区分。由产品的生产者或服务的提供者承担费用,以宣传其产品或服务为内容的广播电视栏目,应标明为"广告栏目"。

根据此规定,各广播电视台的广告播出,均为每隔一段节目时间(约20分钟左右)播出一组广告,每组广告由多条长度不等(诸如5秒、15秒或30秒的广告)、不同种类商品的广告组成,且每组广告位总长度多为3—5分钟以内,并有明显的标志区分广告与节目的播出。

而电视直销则是在与客户约定的直销时间反复连续播出。对一种或有限几种商品作详尽介绍,时间短

者往往在几分钟，长者达半小时以上。国内不少广播电视台已申请开办了电视直销频道——购物频道。整个频道短则几小时，长则24小时滚动播出电视直销节目。此时，电视直销已不可能再被视为“广告”，而只能被视为“直销节目”了。如电视直销属于“广告”，理应按广告的播出方式播出，并标明“广告栏目”，电视直销(或电视购物)频道似乎也就可更名为“广告频道”了，但实际并非如此。因为根据《广告法》和广电总局的有关规定，“广告频道”的审办几乎不可能，企业和观众也难以接受。因此，是否可以据此推测，国家工商局对电视直销的认定与管理，和广电总局对电视直销的认定与管理，在本质上还是存在很大的差异？

● 与《广告法》及其相关法规不完全一致

根据《广告法》及其相关法规，我国广播电视台的广告经营均要求实行广告代理制，代理费为15%。广告价格为按收视率及覆盖范围大小等因素定价，按播出次数计费。广告公司不得垄断媒体版面与时间，不得以高出媒体的公开报价转卖广告版面与时间。

而电视直销则一般采用媒体与商家按销售收入分成，或商家承包时段(即垄断媒体某个版面与时间)等多种办法从事经营。代理制不复存在，广告播出次数不再是计费的依据，也无须按15%代理费计提给直销产品的代理公司。如果商家销售状况不理想，电视台就无法取得相应的收入回报而白做宣传。电视直销就变成了传统意义上的“产品宣传”，而非“广告宣传”了。

同时，由于电视直销广告尚未制定统一的审查标准，因而出现了各地执行标准不一致和执行监督不到位的情况。根据国家工商局《关于电视直销广告检查的通报》，电视直销广告违法违规情况比一般性的商业广告严重。主要问题表现为：(1)政治性错误；(2)内容明显虚假；(3)演示和现身说法不客观、不科学；(4)药品、医疗器械、医疗服务广告未经审查或出证，使用医生、专家、患者的名义和形象；(5)贬低他人和使用绝对化用语等。

这些问题，虽然多次检查，仍难完全按照商业广告的执法标准进行监督。特别是在电视台直销广告中，允许在真实性的前提下，消费者以现身说法的形式进行宣传。而这一点，对于标准商业广告来说，现行《广告法》则是明令禁止的。

三、电视直销：属于一种特殊形式的广告

电视直销属于“广告”，应纳入《广告法》及其相关法规的统一管理，这是不容置疑的事实。但同时它又确实是一种特殊形式的广告，与传统、正常标准的商业广告有很大不同，因而需要政府及各有关职能部门尽快统一认识，制定和完善电视直销广告的各项法令法规，以便各广播电视台和电视直销商能依法办事，各执法机关能依法监督与检查，从而使电视直销这一新生事物能在较为完整的法律规范下顺利成长与发展。

原载《国际广告》2000年第11期

世界广告费统计排名

范鲁彬

据最新资料，1997、1998年两年中每年世界总广告费大体约3600亿美元，比1996年略有下降。这些年，美国、日本、德国、英国、法国的广告费一直稳居排名前6位。其中美国广告费不仅长期名列前茅，而且近几年广告费更呈现逐年上升态势，至1998年已超过世界总广告费一半以上，达到52.8%。其他5国分别(依序)占世界总广告费9.3%、5.5%、4.1%、2.7%、2.3%。现将两年来世界广告费排位前20名的国家与地区，以及人均广告费、广告费占国民生产总值比重的情况列表以供参阅。所列数据，为各年度统计时根据当时汇率折算美元数。

中国(不含港、澳、台地区)广告费折合美元后，1996年、1997年与1998年分别排第9位、第13位与第11位，广告费分别占世界总广告费的1.4%、1.0%与1.0%。从人民币统计数字看，三年广告费分别达到366.63亿元、461.96亿元与537.83亿元，各较上年增长34.2%、26.0%与16.4%，增幅不小，但人均广告费仅分别达到30元、37元、43元人民币，约折合4—5美元，而美国已达到691.8美元，日本也达到261.9美元。再从广告费占国民生产总值比重看，中国只达到0.548%、0.632%与0.699%，而波多黎各则达到3.94%、美国达到2.22%，其差距之大，是可观的。

近十年来，世界各国与地区广告费增幅也出现强劲势头。1997年与1988年相比较，阿根廷增长率最高，达到4425.1%；中国排位第二，为1954.4%（按人民币计算增长率为3601.5%，由于外国资料无具体对比数字，难以核实，但并不影响排位）。排位第3—10的依序为委内瑞拉1667.1%，印度尼西亚1282.7%，希腊726.2%，哥伦比亚676.2%，菲律宾652.4%，葡萄牙513.5%，印度496.4%，泰国463.6%。1998年与1997年比较，广告费增长率达到20%以上的国家有哥斯达黎加57.4%，波兰39.8%，捷克33.2%，丹麦32.9%，委内瑞拉29.4%，匈牙利25.9%。

1997年度世界部分国家与地区广告业发展情况

顺序	广告费（排名前20位）			人均广告费（200美元以上）		广告费占国民生产总值比重（1%以上）	
	国家或地区	金额（亿美元）	占世界广告费比重（%）	国家或地区	人均费（美元）	国家或地区	所占比重
1	美国	1749.47	48.9	美国	653.0	捷克	8.89
2	日本	374.90	10.5	香港地区	418.0	苏里南	7.02
3	英国	190.16	5.3	波多黎各	332.1	波多黎各	3.94
4	德国	189.16	5.3	瑞士	330.9	多桑尼加	3.57
5	法国	92.77	2.6	英国	323.4	巴拉圭	3.09
6	巴西	86.73	2.4	冰岛	305.0	哥伦比亚	2.59
7	韩国	67.28	1.9	日本	298.0	黎巴嫩	2.58
8	意大利	65.05	1.8	挪威	282.2	美国	2.16
9	墨西哥	57.53	1.6	澳大利亚	265.0	巴拿马	1.89
10	澳大利亚	49.02	1.4	卢森堡	255.0	秘鲁	1.88
11	加拿大	47.72	1.3	新西兰	241.0	危地马拉	1.65
12	西班牙	43.98	1.2	丹麦	237.0	香港地区	1.53
13	中国	36.94	1.0	新加坡	232.7	韩国	1.52
14	台湾地区	36.62	1.0	德国	231.0	英国	1.48
15	荷兰	32.84	0.9	—	—	墨西哥	1.43
16	阿根廷	27.04	0.8	—	—	新西兰	1.40
17	香港地区	26.36	0.7	—	—	—	—
18	哥伦比亚	24.84	0.7	—	—	—	—
19	瑞士	23.49	0.7	—	—	—	—
20	俄罗斯	19.83	0.6	—	—	—	—
—	合计	3241.70	90.6	—	—	—	—

1998年度世界部分国家与地区广告业发展情况

顺序	广告费（排名前20位）			人均广告费（200美元以上）		广告费占国民生产总值比重（1%以上）	
	国家或地区	金额（亿美元）	占世界广告费比重（%）	国家或地区	人均费（美元）	国家或地区	所占比重
1	美国	1885.77	52.8	美国	691.8	波多黎合	3.94

顺序	广告费（排名前20位）			人均广告费（200美元以上）		广告费占国民生产总值比重（1%以上）	
	国家或地区	金额（亿美元）	占世界广告费比重（%）	国家或地区	人均费（美元）	国家或地区	所占比重
2	日本	331.04	9.3	香港地区	412.9	苏里南	3.79
3	德国	194.93	5.5	瑞士	369.4	哥伦比亚	3.14
4	英国	147.58	4.1	波多黎各	343.8	巴拉圭	3.08
5	法国	97.85	2.7	挪威	320.6	多米尼加	2.76
6	巴西	83.28	2.3	丹麦	315.1	美国	2.22
7	意大利	69.89	2.0	日本	261.9	塞浦路斯	1.75
8	西班牙	48.28	1.4	英国	250.1	巴拿马	1.72
9	加拿大	47.69	1.3	德国	237.7	马尔他	1.70
10	澳大利亚	44.41	1.2	冰岛	237.0	香港地区	1.62
11	中国	37.16	1.0	澳大利亚	236.2	波利维亚	1.59
12	荷兰	37.02	1.0	荷兰	235.8	秘鲁	1.57
13	韩国	32.75	0.9	瑞典	218.3	匈牙利	1.45
14	黑西哥	31.20	0.9	芬兰	203.3	委内瑞拉	1.38
15	哥伦比亚	29.15	0.8	奥地利	202.7	新西兰	1.35
16	阿根廷	27.00	0.8	—	—	葡萄牙	1.29
17	香港地区	26.84	0.8	—	—	澳大利亚	1.22
18	瑞士	26.23	0.7	—	—	希腊	1.16
19	瑞典	19.43	0.5	—	—	捷克	1.12
20	台湾地区	19.34	0.5	—	—	—	—
21	—	—	—	—	—	南非	1.10
22	—	—	—	—	—	英国	1.06
23	合计	3236.85	90.6	—	—	韩国	1.02

原载《现代广告》2000年第11期

消费者搜寻信息努力与影响因素的实证研究

——以广告媒体为中心＊

南开大学市场营销系副教授　李东进

摘要：在被假设的广告媒体搜寻信息努力与五个影响因素之间关系中，四个因素即搜寻态度（＋）、自我卷入（＋）、产品知识（－）、时间压力（－）与广告媒体搜寻信息努力之间有关系。而消费者感知风险与广告媒体搜寻信息努力之间没有关系。

关键词：消费者搜寻信息努力，影响因素，广告媒体。

＊本文是教育部“留学回国人员科研启动基金项目”——“我国消费者搜寻信息行为研究”的部分研究成果。

一、引言

随着现代市场经济突飞猛进的发展,企业之间的竞争越来越激烈。企业为了生存和发展,不断开发新产品、新品种,这样,产品市场生命周期不断缩短,产品的特性也越来越复杂化和高度化,这些一方面给消费者以更多的选择产品机会,但另一方面又给消费者以选择产品难度。另外,由于WTO等国际新贸易格局的形成,消费者不仅选择国内产品,而且还可以选择国外产品。加上,电视购物、网上购物等新交易方式的出现,向消费者提供更多的交易机会和方式。

既然产品丰富,交易机会增多,但消费者的认知容量(cognitive capacity)以及搜寻信息的时间、能力、动机是有限的。在这种情况下,对要做出购买决策的消费者来说就面临着各种购买决策的不确定性(uncertainty)或者风险(risk)。而消费者尽量减少这些购买不确定性或风险的方案之一就是在购买产品之前搜寻相关信息。所以,消费者的搜寻信息努力直接关系到消费者的购买决策。消费者的购买决策就包含着产品的选择。因此,对企业来说把握消费者搜寻信息行为是非常重要的。

消费者搜寻信息过程大致分为两个过程,即单纯依靠过去使用产品经验的消极的内部搜寻过程和访问商店、听取周围人的意见、搜寻广告媒体信息等积极的外部搜寻过程。而在外部搜寻过程中,广告是企业可控制的、并向消费者提供信息的一个重要的信息源。随着现代媒介的发展,更多的企业重视广告的作用,从而大幅度地增加对广告的投入。那么,企业如何通过广告有效地向消费者传递信息?这就在客观上需要把握消费者如何搜寻广告媒体信息问题。

本研究将以广告媒体为中心,对消费者搜寻信息努力与影响因素进行实证分析。其目的为,一是对消费者外部搜寻搜寻努力进行比较,从而把握广告媒体搜寻信息努力在整个搜寻努力中所占的比重;二是通过分析把握消费者广告媒体搜寻信息努力与影响因素之间的关系,从而揭示对广告媒体搜寻信息努力的消费者行为模式(pattern)。

二、理论背景

1.消费者搜寻信息类型

搜寻信息(information search)是指有意图地激活记忆里所储存的知识或者在周围环境中获得信息的过程。或者说,为解决消费问题而在自己记忆中或者在外部信息源中搜寻各种必要信息的努力(Engel,Blackwell and Minard,1986)。

消费者搜寻信息类型可以从不同角度去分类。

Engel and Blackwell(1993)分析在各不同购买决策方式下的消费者搜寻信息特点。在他们看来,购买决策方式可分为习惯性的购买决策、有限的购买决策和扩张性的购买决策,而在习惯性的购买决策方式下,消费者经常购买低卷入产品,所以主要搜寻内部信息。在有限的购买决策条件下,消费者不仅付出内部搜寻信息努力,而且还在一定程度上付出外部搜寻信息努力。在扩张性的购买决策形态下,消费者一般购买高卷入产品,所以为了评价复杂的各种方案,不仅搜寻内部信息,而且还积极地搜寻外部信息。

不少学者从市场细分的角度,分析消费者搜寻信息的类型。

Claxton,Fry and Porti(1984)把家具购买者(287名)和家电产品购买者(259名)作为研究对象进行分析。他们按搜寻信息的程度把消费者分为三种类型,即(1)主要访问商店的积极搜寻者,(2)均衡的积极搜寻者,(3)消极的搜寻者。均衡的积极搜寻者和消极的搜寻者又再各分为在时间上慎重地搜寻信息的消费者和迅速搜寻信息的消费者。在这些类型的消费者中,以家具产品购买者来看,均衡的积极搜寻者(44%)最多,以家电产品购买者来看,消极的信息搜寻者(65%)最多。

Westbook and Formell(1979)以购买家电的购买者(236名)作为研究对象,根据信息源的利用程度把搜寻信息的消费者分为四种类型,即(1)客观的信息搜寻者,(2)中间的信息搜寻者,(3)商店集中的信息搜寻者,(4)人接触的信息搜寻者。分析结果,集中搜寻商店信息的搜寻者(30.5%)最多,然后依次是中间的信息搜寻者(28.8%)、人接触信息搜寻者(21.6%)、客观的信息搜寻者(19.6%)。他们的研究结果还表明,中间的信息搜寻者所利用的信息源是不明确的,并且总体来看,中间的信息搜寻者利用各信息源的程度比较低。

Kiel and Layton (1981)研究对汽车购买者(194 名)的搜寻信息行为问题。他们根据商店搜寻、人接触搜寻、媒体搜寻、搜寻时间等四个信息搜寻方面分类不同的三种搜寻信息类型的消费者,即(1)低搜寻消费者,(2)高搜寻消费者,(3)选择性的搜寻消费者。并且把选择性的搜寻消费者再分为商店集中型搜寻信息消费者、人接触信息搜寻以及慎重的搜寻信息消费者三种。其中商店集中型信息消费者(31.2%)最多,然后依次为低搜寻信息的消费者(23.7%),高搜寻信息消费者(18.5%)。

Midgley(1983)以男服装购买者(354 名)作为研究对象,以人接触搜寻为主进行搜寻类型的分类,其结果为,(1)外部信息搜寻少、但深思考的群体(26%),(2)外部搜寻信息少、而迅速做出购买决策的群体(22%),(3)主要受配偶帮助的群体(21%),(4)广泛地搜寻外部信息的群体(17%),(5)主要受同事帮助的群体(14%)。分析结果,在男服装购买者中,外部信息搜寻少而主要受配偶帮助的消费者多。

Furse, Punj and Stewart(1984)以汽车购买者为对象研究消费者的搜寻信息方式。他们根据搜寻信息的时间提出访问商店的数目、商店外搜寻因素、别人的卷入程度、商店内搜寻因素等五个标准,然后又根据这五个标准分类出六种搜寻信息类型。即(1)低搜寻群体(26%),(2)得到购买同事帮助的群体(19%),(3)高搜寻群体(5%),(4)单独积极地搜寻信息的群体(12%),(5)别人卷入的商店集中性的搜寻信息群体(5%),(6)中间的搜寻信息群体(32%)。其中中间程度搜寻信息的群体最多,然后依次为低搜寻群体、受购买同事帮助的群体。他们研究的一个特点是考虑了别人卷入程度。

Herrman、Warland and Mothersbaugh(1989)分析食品购买者(457 名)的搜寻信息方式。他们根据各种信息源的利用程度把搜寻信息的消费者分为六个群体,即(1)几乎不利用信息的消费者(17%),(2)以观察产品的方式利用选择性信息的消费者(25%),(3)主要利用印刷媒体信息的消费者(9%),(4)一般地利用各种信息源的消费者(21%),(5)频繁地利用各种信息源的消费者(13%),(6)有选择性地频繁地利用几种信息源的消费者(15%)。

另外,蔡贞淑(1992)对家具产品购买者(231 名)搜寻信息行为进行分析,她根据各信息源的搜寻信息量、搜寻时间、内容搜寻程度把搜寻信息类型大致分为,(1)低搜寻群体(48.6%),(2)一般搜寻群体(45.0%),(3)高搜寻群体(6.4%)。并且又把低搜寻群体分为,(1)一般的搜寻群体(21.4%),(2)主要搜寻信息源的低搜寻群体(27.2%)。把一般搜寻群体分为,(1)主要人接触以及媒体搜寻的群体(27.0%),(2)回避媒体搜寻的一般搜寻群体(11.7%),(3)主要搜寻商店或者家具种类的一般搜寻群体(6.3%)。

Bloch, Sherrell, and Ridgway(1986)把搜寻信息过程分为购买前的搜寻(prepurchase search)和购买中的搜寻(ongoing seasrch)。购买前的搜寻信息努力受购买卷入程度的影响,购买行为中的搜寻信息受产品的卷入程度的影响。

Bettman(1979)指出,从购买决策过程的角度来看,消费者购买产品的行为出发点是问题的认识阶段,消费者认识消费问题以后,为解决问题就搜寻信息,如果购买对象高卷入产品,消费者就充分地搜寻信息,这时搜寻过程分为两个阶段,即内部搜寻过程和外部搜寻过程。

2.消费者搜寻信息努力的概念及测定

搜寻信息努力是指为购买特定产品而从外部环境中获得相关知识或者信息的努力程度。

在内部搜寻信息阶段,消费者为更多地了解购买对象产品,首先搜寻在记忆里储存的过去的经验或者知识等。这些内部搜寻努力受以下因素的影响。(1)记忆里储存的信息量。内部搜寻信息的主要信息源是过去购买经验和过去的产品信息搜寻内容。储存的信息量越多,内部搜寻信息努力也越大。(2)储存信息的适合性。内部搜寻信息努力还取决于储存信息的适合性。信息的适合性是指过去购买经验的满意程度和购买决策的时间间隔。

在一般的情况下,消费者的搜寻信息过程首先从内部搜寻开始。当提取记忆里信息比较充分的时候,消费者再不搜寻信息。但是,如果所提取的信息不充分或者记忆里的信息之间有冲突的时候,就从外界搜寻相关的信息。内部搜寻是在没有时间和费用负担的条件下消极地进行的,而外部搜寻信息是在有时间和费用负担的条件下为获得更佳的搜寻利益而积极地进行的。

所以,搜寻信息努力一般意味着消费者购买产品之前所进行的外部搜寻活动的量。通过对消费者搜寻信息努力的测定可以把握消费者外部搜寻活动的广度和深度。先行研究一般以消费者购买产品之前所进行的外部搜寻量来测定搜寻信息努力。在早期研究中,以访问的商店数、与家庭成员或亲戚对话或讨论过的次数、接触过的媒体数、考虑过的品牌数等单一项目来测定消费者搜寻信息努力。但是,这些单一项目不能正确地反映复合的搜寻信息行为,从而一些研究者就开始利用同时考虑多种因素的复合性的测定方法。第一次利用复合性测定方法的研究者就是 Katona and Mueler(1955)。他们利用读过杂志等印刷品的数目、与家庭成员及亲戚对话或讨论过的次数、观察别人产品的次数、访问商店的次数等多种指标来测定消费者的搜寻信息量。

后来,Kiel and Layton(1981)为找出搜寻信息活动的因素,对各种搜寻信息行为进行因子分析。结果发现,搜寻信息活动是由商店搜寻、媒体搜寻、人接触搜寻、搜寻时间等四个因素来构成的。Punj and Staelin(1983)认为,消费者的搜寻信息行为由对信息源的搜寻活动与花费在搜寻上的时间来构成。Furse,Punj and Stewart(1984)认为,搜寻信息包括五个方面的因素,即商店的访问、商店外的搜寻、人接触搜寻、商店内的搜寻、别人的卷入等。Betty and Smith(1987)则认为,消费者搜寻信是由商店搜寻、媒体搜寻、人接触搜寻、中性信息源的搜寻等指标来能测定的。Blodgett and Hill(1991)认为,除了 Betty and Smith(1987)提出的四种因素以外还可以包括销售员搜寻。

搜寻信息努力的测定因素在研究者之间也有一定的差异。其中代表性的研究结果概括如表 1:

表 1　外部搜寻信息源的测定项目

Kiel & Layton(1981)	Punj & Stewart(1983)	Beatty & Smith(1987)	Blodgett & Hill(1991)
1.商店搜寻因素 商店的访问次数 访问过的商店数 访问商店时所花费的时间 2.媒体搜寻因素 回忆的广告数 利用出版物信息考虑过的品牌数 3.人接触搜寻因素 交谈过的使用者数 交谈过的意见主导者数 4.搜寻时间因素 考虑信息的时间 总搜寻时间	1.商店访问因素 商店的访问次数 访问过的商店数 2.媒体搜寻因素 收看广告的时间 阅读报纸/杂志的时间 3.商店内搜寻因素 购物时间 打听过的产品数 与售货员对话的时间 4.人的搜寻因素 与周围人对话的时间 与购买者对话的时间	1.商店搜寻因素 用电话打听商店的次数 访问商店的次数 观察过的品牌数 2.媒体搜寻因素 回忆过的电波媒体广告数 回忆过的印刷媒体广告数 3.人的搜寻因素 交谈过的朋友、亲戚、邻居数 4.中性搜寻因素 消费者杂志或者类似的中性出版物	1.商店搜寻因素 访问过的商店数 观察过的品牌数 2.人的搜寻因素 交谈过的朋友、亲属、邻居数 3.中性搜寻因素 消费者杂志等中性刊物 4.销售员搜寻因素 打听过的店员数 5.媒体搜寻因素 能回忆的电视、广播、报纸、杂志广告数 能回忆的产品介绍书、传单等数

既然,这些外部搜寻信息努力的测定项目在研究者之间有一定的差异。但是从大体上看,外部搜寻信息努力的因素(或信息源,information source)包括商店搜寻因素、广告媒体搜寻因素、人的搜寻(personal search)因素和中性搜寻因素等四个方面。这些因素概括起来表现为:

1)商店搜寻因素:用电话打听商店的次数、商店的访问次数、商店访问时间。

2)广告媒体搜寻因素:能回忆的电视广播以及印刷广告数,利用过的产品宣传单和说明书。

3)人的搜寻因素:自己所认识的产品所有者数、咨询过的周围人(朋友、同事、亲戚、邻居等)数。

4)中性搜寻因素:相对于企业的有关产品或者购买信息方面的刊物数。

3.影响消费者搜寻信息努力的因素

据 Engel,Blackwell and Miniard (1990)来看,消费者搜寻信息努力受以下几方面因素的影响:

市场环境:包括方案数(number of alternatives,如可选择的品牌数),方案的复杂性(产品之间的差异)、对方案的市场营销组合、方案的完全性(新方案的出现)、信息的可用性、商店的分布等。消费者能利用的备选方案(品牌、产品、商店等)数越多,消费者就搜寻更多的信息。但是在方案之间的类似性大的时候或者商店之间的距离比较远的时候,消费者就不努力去搜寻信息。

状况因素:这里包括时间、空间或财政方面的因素和利用信息源的可能性以及其他精神上的或物理上的条件。如果在较短的时间内需要解决消费问题,消费者来不及搜寻更多的信息。如果为赠送礼品而购买产品的时候,消费者为减少可感知的风险搜寻更多的信息。

产品因素:在这里包括价格、可感知风险、方案之间的差异以及重要属性的数字等。产品的价格越贵,消费者可感知的风险也越大,所以为减少或消除这些风险就搜寻更多的信息。在产品之间有显著差异的时候消费者也搜寻更多的信息。在一般的情况下,消费者购买感知风险大的产品(例如,价格昂贵、社会象征性高、技术上复杂的产品)的时候寻找更多的信息。

个人因素:这里包括过去经验与知识、解决问题的接近方法、搜寻信息方法、卷入程度以及人口统计特性(如收入水平、教育程度等)等。

Moor and Lehmann(1980)把消费者外部搜寻信息努力的影响因素分为产品特性、对搜寻信息的消费者特性、市场及状况特性这三个因素,然后指出,在这些因素的影响下,消费者的搜寻信息努力具有以下特点:第一,一般消费者对高价产品可感知风险大,所以购买时更多地搜寻信息。第二,搜寻信息努力程度受对搜寻的感知利益(perceived benefits of search)以及产品知识的影响。第三,搜寻信息努力程度受象商店的位置等市场状况和搜寻时间的影响。

研究家中购物(in - home shopping)消费者搜寻信息努力的 Sundaram and Ronald(1998)概括了在家中购物中搜寻信息努力的影响因素(见图 1)。

图 1 在家中购物中搜寻信息努力的影响因素

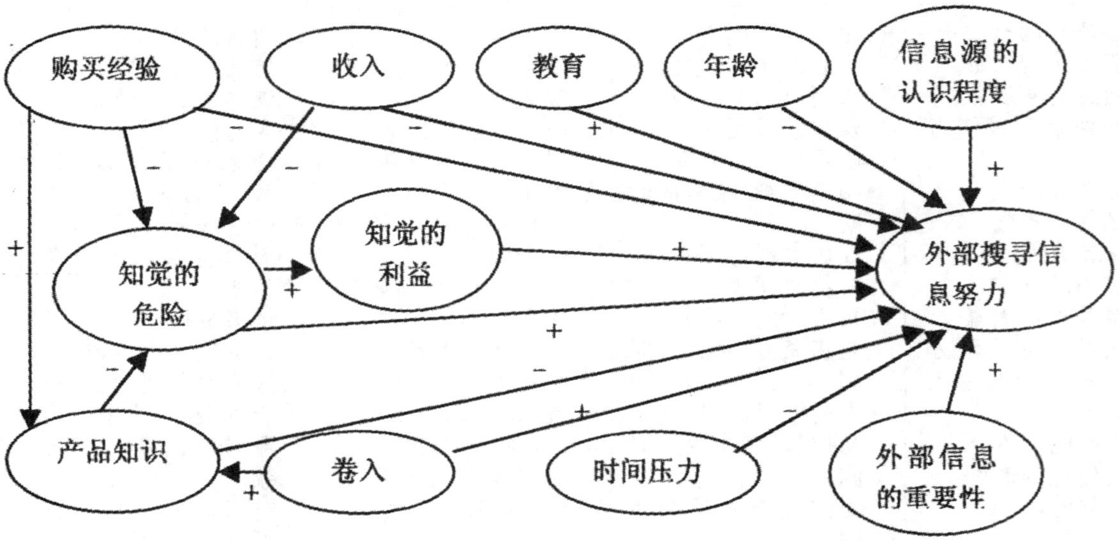

资料:Sundaram, D. and Ronal D.(1998),"An Investigation of Exteranl information Sesarch Effort: Replication in In - home shopping Situations", Advances in Consumer Research, Volume 25, pp.440 - 445.

从搜寻信息努力的角度来看,每个消费者个人的内部搜寻信息过程有很大的差距。所以根据消费者内部搜寻过程很难找到适用于所有消费者的理论模型,实际上,企业也为销售产品而传递信息的时候更多地关心消费者的外部搜寻信息过程。所以本研究的研究对象仅限于消费者的外部搜寻信息努力。

三、研究问题与研究假设

消费者通过广告媒体搜寻相关信息的时候比较被动,并且市场因素或者产品因素方面的影响相对来说不大,而消费者特性或者消费者所处的状况方面的影响比较大(Punj and Wtewart, 1983)。因此本研究确定广告媒体搜寻信息努力的影响因素为自我卷入程度、对产品的原有知识、对购买的卷入程度、对搜寻的态度等消费者个人因素和与消费者个人因素密切相关的时间压力。

这些因素的定义如下；

1)自我卷入(ego involvement):消费者根据自己的价值、信念,对产品重要性的认识程度。

2)产品知识(prior - knowledge):消费者对产品的知识以及对搜寻信息的理解程度。

3)购买卷入(purchase involvement):在选择或者购买产品时所感知的风险或者忧虑程度。或者也叫感知风险(cognitive risk)。

4)搜寻态度(attitudes toward searching):也是购物的卷入程度(shopping involvement),是消费者对产品信息的搜寻活动或者购物活动的价值或者利益的信念程度,或者说,对产品购物的吸引程度。

5)时间压力(time pressure):或叫时间约束(time constraints),是可用于搜寻上的时间不足的状态。在时间不足的状态下,消费者不能把很多的时间用于搜寻信息上。

根据上述理论考察和分析,设以下研究问题和假设。

研究问题 1:在整个搜寻信息努力中广告媒体搜寻信息努力所占比重多少?

研究问题 2:哪些因素影响广告媒体搜寻信息努力?

假设 2 - 1:自我卷入与广告媒体搜寻信息努力之间有正(+)的关系。

假设 2 - 2:产品知识与广告媒体搜寻信息努力之间有负(-)的关系。

假设 2 - 3:感知风险与广告媒体搜寻信息努力之间有正(+)的关系。

假设 2 - 4:搜寻态度与广告媒体搜寻信息努力之间有正(+)的关系。

假设 2 - 5:时间压力与广告媒体搜寻信息努力之间有负(-)的关系。

四、研究方法

1.样本的抽出

首先把调查产品确定为需要搜寻信息努力的高卷入家电产品即空调和微波炉。调查对象确定为最近一年内购买过空调和微波炉的天津市的家庭。

然后在天津市几家大百货商店、超市、经销店所提供的 1600 多户一年内购买过空调和微波炉的消费者名单中,随机抽出空调购买家庭和微波炉购买家庭各 150 户(共 300 户)。根据随机抽出的消费者名单,南开大学市场营销系的 10 名学生于 2000 年 5 月 12 日—6 月 3 日进行入户调查。

对 300 份问卷进行审查的过程中发现,13 份问卷不符合分析的要求,所以实际用于研究的问卷为 287 份,其中空调问卷为 142 份,微波炉问卷为 145 份。

2.统计分析方法

在本研究中主要使用的统计分析方法为交互分析法(cross - tabs)、Cronbach's α 值的检验法、主成分因子分析法(principal components factor analysis)、多重回归分析法(multi - regression analysis)(自变量为五个影响因素的因子分数,因变量为广告媒体搜寻信息努力)。

五、实证分析结果

1.外部搜寻信息努力中广告媒体搜寻信息努力所占的比重

由于目前我国还没有可供消费者利用的中性消费者刊物,所以在本研究中除了商店、周围人、广告以外还补充了新闻媒介报道或公告这一因素。分析结果发现,在消费者外部搜寻信息努力中占最大比重的信息源为周围人,其所占比重为 45.6%,其次是商店,其所占比重为 28.9%,然后是广告,其所占比重为 25.1%。而消费者搜寻信息时几乎不利用新闻媒介的报道或公告。这说明,在我国,消费者购买家电产品(空调和微波炉)的时候,搜寻信息的渠道主要是周围人,然后是商店和广告。

这种结果与国外的先行研究结果可以进行比较。分析汽车购买者搜寻信息行为的 Bennett and Mandell (1979)发现,购买汽车的消费者在购买之前搜寻信息时利用广告信息源比重为 17%。分析电视机购买者搜寻信息行为的 Duncan and Olshavsky(1987)发现电视机购买者利用广告信息源的比重为 25%。黄炳一和金和东(1998)的研究结果发现购买笔记本电脑与携带式录音机的购买者利用广告信息源的比重分别为 20% 和 40%。而在本研究中发现,空调和微波炉购买者利用广告信息源的比重分别为 21% 和 29%。从这些比较中可以看出,由于产品的卷入程度不同,消费者在购买之前搜寻信息时对广告媒体的利用程度就不同。就是说,消费者为购买低卷入产品时,更多地利用广告信息源(见表 2)。

表 2 对外部搜寻信息因素的先行研究结果与本研究结果的比较 (单位:%)

搜寻因素	Bennett& Mandell	Duncan & Olshavsky	黄炳一、金和东		本研究结果		
	汽车	电视机	笔记本电脑	录音机	微波炉	空调	全体
商店	37	41	38	28	26.9	30.0	28.9
周围人	22	10	24	19	50.0	40.1	45.6
广告	17	25	20	40	21.4	28.6	25.1
中性刊物	24	24	18	13	.7		.3
总和	100	100	100	100	100	100	100

2.假设检验

为检验广告媒体搜寻信息努力与影响因素之间关系的假设,首先进行把多个测定项目转换为少数几个变量的因子分析,并且对测定项目进行置信度检验。然后把通过这些分析而得出的影响因素作为自变量,把广告信息搜寻努力作为因变量,进行回归分析。

1)因子分析

因子分析的目的是用少量因子代替多个原始变量,选择提取多少个因子由本组选择项决定。在问卷中有关影响广告信息搜寻努力的 15 项问卷项目进行因子分析时,采用主成分分析法(principle component analysis),因子的旋转方式利用了直交旋转即方差最大旋转方式(varimax)。其结果提取 Eigen 值超过 1 的五个因子(见表 3)。并且这五个因子的负荷值,分别反映在前边理论考察中提到的广告媒体搜寻信息努力的影响因素的特征。所以命名〈因子 1〉为搜寻态度,命名〈因子 2〉为感知风险,命名〈因子 3〉为产品知识,命名〈因子 4〉为自我卷入,命名〈因子 5〉为时间压力(见表 4)。

表 3 对影响因素测定项目的因子分析结果

因子	Eigen 值	方差比率(%)	累积方差比率(%)
因子 1(搜寻态度)	6.893	45.952	45.952
因子 2(感知风险)	1.768	11.787	57.740
因子 3(产品知识)	1.291	8.604	66.343
因子 4(自我卷入)	1.171	7.804	74.147
因子 5(时间压力)	1.052	7.016	81.163

表 4 因子负荷值(Factor Loading)

项目 \ 因子	因子 1	因子 2	因子 3	因子 4	因子 5
搜寻信息有助于选择最满意产品	.832	.211	-.256	.144	-4.213E-03
通过搜寻信息获得更多的信息	.821	.255	-.132	.198	-.273

项目＼因子	因子 1	因子 2	因子 3	因子 4	因子 5
通过搜寻信息获得对购买必要的信息	.798	3.812E－02	3.168E－04	.305	－.213
通过信息搜寻能够掌握各种品牌优缺点	.791	.284	－.214	4.364E－02	－.106
搜寻信息是太麻烦的事	－.688	－.233	.392	－.218	.166
我选择的产品没有相当于价格的实际价值	.119	.854	.142	－.144	－9.174－02
担心选择的品牌不如其他品牌	.355	.793	－.248	.235	－6.350E－02
担心购买产品以后市场上会出现更好产品	.391	.759	－.227	.262	－3.585E－02
我能够向别人说明产品方面的情况	－.227	－.182	.784	－.363	4.982E－02
我非常了解产品	－.171	－.221	.774	－.234	.124
我所掌握的信息不会引起购买信心	－.182	.267	－.642	.173	.214
产品对我家来说是非常重要的	.149	.124	－.224	.874	－.130
在日常生活中产品是有用的	.384	8.734E－03	－6.860E－02	.854	－.101
节约时间对我来说是非常重要的	－.110	－.9743E－02	6.696E－02	－7.789E－02	.931
我没有充分的时间去搜寻信息	－.346	－4.692E－02	.315	－.175	.760

2)置信度的检验

由于通过因子分析所提取的五个影响因素是由针对消费者而设计的测定项目来构成的,所以有必要对这些测定项目进行置信度(reliability)检验。用于因子分析的变量一般利用 Cronbach's α 值来检验其置信度。但是 Cronbach's α 值没有统一的标准。一般在社会科学研究中 Cronbach'sα 值达到 0.5 以上时就可以用(Nunally,1978)。在本研究中,进行置信度检验的结果,Cronbach's α 值都超过 0.5。这表明,问卷的测定项目比较满意地反映了 5 个影响因素的特征(见表 5)。

表 5　影响因素测定项目的置信度检验结果

影响因素	置信系数 a	项目数
搜寻态度	.6037	5
感知风险	.7748	3
产品知识	.5035	3
自我卷入	.7165	2
时间压力	.5640	2

3)回归分析

为检验广告媒体信息搜寻努力与其影响因素之间关系的假设,并为分析这些影响因素的相对的影响程度,把通过因子分析所提取的5个影响因素负荷值作为自变量,把广告媒体搜寻努力的测定值作为因变量,进行多重回归分析(multi - regression analysis)。其结果如表6。

表6 广告媒体搜寻努力与影响因素的回归分析结果

信息源	R Square	F (p)	影响因素	beta 系数	t	Sig.
全体	.487	12.339 * (.000)	搜寻态度 感知风险 产品知识 自我卷入 时间压力	.538 .174 - .209 .279 - .200	6.053 1.957 - 2.351 3.131 - 2.253	.000 * .055 .022 * .003 * .028 *

* p≤ .05

从表6中可以看出,对广告媒体搜寻努力的回归式在95%的置信区间内具有显著性。在各自变量置信度检验中,感知风险因素没有显著性,而搜寻态度、产品知识、自我卷入、时间压力具有显著性。

根据这种结果,可以拒绝假设2-3(感知风险与广告媒体搜寻信息努力之间有正(+)的关系)。而可以接受假设2-1(自我卷入与广告媒体搜寻信息努力之间有正(+)的关系)、假设2-2(产品知识与广告媒体搜寻信息努力之间有负(-)的关系)、假设2-4(搜寻态度与广告媒体搜寻信息努力之间有正(+)的关系)、假设2-5(时间压力与广告媒体搜寻信息努力之间有负(-)的关系)。也就是说,感知风险因素与广告媒体的搜寻努力之间没有关系,而搜寻态度、自我卷入与广告媒体搜寻努力之间有正(+)的关系,产品知识、时间压力与广告媒体搜寻努力之间有负(-)的关系。

这种结果说明,消费者购买家电产品(空调或微波炉)的时候,感知风险并不影响广告媒体搜寻信息努力。这是因为,目前在家电产品质量相当提高的情况下,家电产品之间的质量、售后服务甚至价格上的差距不大,所以消费者所感知的品牌风险度有所降低,并且对消费者来说搜寻广告媒体信息是比较被动的,这就使消费者无意中受看电视广告。但是消费者对搜寻信息重要性或必要性的认识程度高的时候,或者消费者对产品重要性的认识程度高的时候,就积极地搜寻广告媒体所提供的信息。而消费者对产品的知识越多、或者消费者越感觉到时间压力的时候,就消极或者不努力去搜寻广告媒体所提供的信息。

另外,各因素的影响程度来看,搜寻态度的影响程度最大(.538),然后依次为自我卷入(.279)、产品知识(- .209)、时间压力(- .200)。就是说,搜寻态度因素与自我卷入因素比产品知识因素与时间压力因素对广告媒体信息搜寻努力影响更大。

六、结论

本研究的目的是两个方面的,一是,对消费者外部信息搜寻努力进行比较,从而把握广告媒体搜寻努力在整个搜寻努力中所占的比重,二是,对广告媒体搜寻努力与理论上5个影响因素的假设进行检验,并分析这些因素的影响程度,从而把握对广告媒体搜寻信息努力的消费者行为模式。

在这些研究目的下所进行的本研究结果可以概括如下:

第一,在整个外部信息搜寻努力中,周围人信息搜寻努力占最大的比重。这说明,目前我国消费者购买家电产品(主要是空调和微波炉)的时候,主要通过自己周围人搜寻有关产品方面的信息。因此,企业在开展营销活动的时候,应注意消费者的“口碑(word of mouth)”效果。在一般的情况下,“口碑”效果是在使用过产品的消费者向其他消费者传递有关使用经验信息的时候产生的。而在这种传递信息的过程中,有些信息是肯定的信息,有些信息是否定的信息。所以,对企业来说,在消费者中间如何形成肯定的“口碑”效果是非常重要的。所以企业应尽量更好地满足消费者的各种需求,不仅在产品的内部属性方面满足消费者的需求,而且在产品的外部属性方面也要满足消费者的需求,从而在消费者中间树立良好的形象。另外,目前我国消费者几乎不利用新闻报道或者公告的信息。在这里值得注意的是,目前在我国几乎没有相对于企业的社会公共部门所提供的中性信息源(如“消费者杂志”等),这就说明,我国的“消费者信息生产体系(consumer information production system)"还不够合理。因为商店、广告的信息来源是企业,并且在没有中性信息的情况下,周围人信息来源也归根到底还是企业。所以,消费者做出购买决策的时候就偏向地依赖企业的信息,而企业信息被扭曲传递给消费者的可能性也比较大,甚至有虚伪的信息。这就会误导消费者,影响消费者的合理购买决策。因此,在我国有必要建立和完善包括社会公共部门的中性信息源在内的"消费者信息生产体系"。

把本研究结果与先行的研究结果比较起来看,产品的卷入程度越低,消费者搜寻广告媒体信息的努力程度越高。就是说,消费者购买低卷入产品的时候就更多地利用广告媒体所提供的信息。所以,企业向消费者传递有关产品方面信息的时候,应根据产品的卷入程度,采取相应的促销组合策略。

第二,本研究通过分析发现,搜寻信息努力与消费者感知的风险之间没有关系,而与搜寻态度、自我卷入之间有正(+)的关系,与产品知识、时间压力之间有负(-)的关系。这种结果表明,消费者购买家电产品(空调和微波炉)的时候,可感知风险对广告媒体搜寻信息努力的影响程度不大。但是认识搜寻重要性或必要性的时候,或者认识到产品重要性的时候,消费者就努力通过广告媒体搜寻相关信息。而消费者掌握的有关产品方面知识越多,所感觉到的时间压力越大,就越不努力去搜寻广告媒体所提供的信息。所以,企业制定广告计划时,应考虑这些影响消费者搜寻信息努力的因素,并强调产品的特点或重要性。

第三,本研究通过分析也发现,影响广告媒体搜寻信息努力的各因素的影响程度不同。消费者的搜寻态度与自我卷入程度的影响程度大于产品知识、时间压力的影响程度。就是说,既然消费者的产品知识与时间压力影响消费者对广告媒体的搜寻信息努力,但其影响程度低于搜寻态度与自我卷入的影响程度。所以,企业要利用广告媒体有效地向消费者传递有关家电产品信息的时候,更多地考虑消费者的搜寻态度和自我卷入程度。就是说,尽量少作情感迁入广告,而提供消费者真正所需要的信息,如质量、性能以及价格等,特别是与竞争企业产品不同的有效信息,从而使消费者认识到搜寻信息有助于做出合理的购买决策。或者多作比较广告。

既然本研究对广告媒体搜寻信息努力及其影响因素进行比较系统的实证分析,但本研究把广告媒体搜寻信息努力的影响因素仅限于搜寻态度、感知风险、产品知识、自我卷入、时间压力这五个消费者特性方面的因素。其实影响搜寻信息努力诉因素并不仅仅是这五个因素。并且研究对象的产品也确定为卷入程度类似的空调与微波炉,所以,不能从产品卷入程度角度解释广告媒体搜寻信息努力。

今后在这方面研究中要注意以下方面。首先,有必要系统地分类影响搜寻信息努力的因素。当然,这些影响因素的量化过程本身难度很大。其次,有必要开发测定消费者搜寻信息努力的新工具。目前在这方面研究中所使用的工具一般为调查问卷。而这些工具本身有一些缺点。再次,有必要把研究对象的产品多样化,并且有必要比较和综合先行研究结果,从而使这方面的研究结果更具有普遍意义。最后,有必要系统地研究网上搜寻购物信息的消费者行为研究。因为目前我国消费者也开始通过网络搜寻相关产品信息。

参考文献:

Bettman, James R. and Robert, M. Mandell (1979),"Prepurchase Information Seeking Behavior of New car Purchasers", Journal of Marketing Research, 16(November), pp.430 - 433.

Betty, Sharon E. and Scott M. Smith (1987),"External Search Effect: An Investigation across Seveal Product Categories,"Journal of Consumer Reseasrch, 14(June), pp.83 - 95.

Bloch, Peter H., Daniel L. Sherrell, and Nancy M. Ridgway (1986),"Consumer search: An Extended Framework,"Journal of Consumer Research, 13(June), pp.119 - 128.

Blodgett, J. and D. Hill(1991),"An Exploratory Study Comparing Amount of Search Measure to Consumer' Reliance on Each Source of Information,"Aduances in Consumer Research, 18(September), pp.773 - 780.

Claxton, J.D., J.N. Fry and B. Porti (1984),"A Taxonomy of Pre - Purchase Information Gathering Patterns", Journal of Consumer Research, 1, pp.35 - 42.

Engel J.F. and R.D. Blackwell (1993), Consumer Behavior (7th ed), Chicago: The Dryden Press, pp.321 - 323.

Engel J.F., R.D. Blackwell and P.W. Miniard(1990), Consumer Behavior, The Dryden Press, p.498.

Furse, D.H., G.N.Punj and D.W.Stewart (1984),"A Typology of Individual Search Strategies Among Purchasers of New Automobiles," Journal of Consumer Research, 10, pp.417 - 431.

Herrmann, R.O.,R.Warland and D.Mothersbaugh (1989),"Patterns in the Acqistion of Food Information," The American Council on Consumer Interests, pp.80 - 86.

Katona G.and E.Mueler(1955),"A Study of Purchase Decisions",in Lincoln H. Clark, ed., "Consumer Bahavior - The Dynamics of Consumer Rearch", New York, New York University Press, pp.30 - 87.

Kiel, Geoffrey and Roger A.Layton (1981),"Dimensions of Consumer Information Seeking,"Journal of Marketing Research, 18(May),pp.233 - 239.

Midgley,Davie F.(1983),"The Dimensions of Advertising Involvement", Advanced in Consumer Research, 8,Kent B. Monroe(ed),Ann Arbor, MI:Association for Consumer Research, pp.25 - 30.

Moor, Willianm L.and Donald R.Lehmann(1980),"Individual Differences in Search Behavior for a Nondurable,"Journal of Consumer Research, 7(December),pp,296 - 307.

Nunally, Jun C.(1978),Psychometric Theory, New York, Mc Graw - Hill,p245.

Punj Girsh N.and Richard Staelin (1983),"AModel of Consumer Information Search Behavior for New Automobiles,"Journal of Marketing Research, 9(March),pp.366 - 370.

Sundaram, D. and Ronal D.(1998),"An Investigation of External Information Search Effort:Replication in In - home Shopping Situations", Advances in Consumer Research, Vol.25.pp.440 - 445.

Westbook.R.A. and C.Formell(1979),"Patterns of Information Usage Among Durable Goods Buyers", Journal of Marketing Research, 16,pp.304 - 312.

蔡贞淑,"消费者搜寻信息类型研究",《消费生活研究》,1992年第10期,pp.37 - 49.

黄炳一、金和东,"对于品牌选择时搜寻信息努力的实证研究",《广告研究》,1998年春季号,pp.42 - 56.

原载《南开管理评论》2000年第4期

网络广告的效果测定

北京大学现代广告研究所

陈　刚　刘立丰

广告效果,即广告作品发布后所产生的经济作用、心理作用和社会作用。所以广告效果可以分为广告的经济效果、广告的心理效果和广告的社会效果。同样,网络广告效果,即广告通过网络媒体发布后所产生的作用。本文探讨的网络广告效果测定主要是测量上网者对网络广告所产生的反应。比如对于旗帜广告来说,上网者有如下三种选择:没注意,浏览但不点击,点击。网络广告效果监测在收集以上数据的基础上,再综合上网者的其他变量,从而得出一系列指标,作为衡量网络广告效果好坏的标准。

网络广告效果测定的标准

依据网络广告受众与广告赞助商互动程度的高低,一般网络广告效果测定的标准主要可以分成如下几个层次:被动浏览、主动点击、交互和销售收入。

被动浏览　被动浏览的效果评估主要有两种标准:一是被动浏览的时间;二是被动浏览的次数。前者以上网者在广告页面上的停留时间为标准,后者则以浏览者进入广告页面的次数为标准。这两种标准既不考虑受众的反映,也很少考虑广告发布的时机和发布的位置,仅以时间为效果度量的标准。这种标准不太适用于网络媒体,但在其它标准没有应用之前,这无疑是一种最经济方便的,也是网络广告最早使用的一种标准。CPM 是采用浏览次数标准的一种常用的收费方法。但是,CPM 的突出缺点是不能真实的反映广告的效果,每个浏览者可以创造多个 pageviews,而且访问者是否注意到了赞助商的广告还不得而知。基于这些问题,有人提出了独立访客(unique host)的概念,这样,单个浏览者重复访问一个页面的问题就解决了,但是网络媒体与传统媒体最大的区别在于它是多对多的传播方式,而传统媒体是一对多的传播方式,在网络的这种多对多的传播模式下,CPM 过多地关注像 banner 这样的被动广告,而广告主真正想实现的传播目标,广告真正要达到的目标受众却被忽视了,至少我们不知道这些浏览者是否对赞助商的广告感兴趣。

主动点击 这种效果评估标准是指网络广告效果的好坏关键要看浏览者是否点击了该广告(BANNER 或赞助商链接),点击的次数有多少,广告的收费标准就依据点击的次数。据 Double Click 1996 年的一份报告,首次看到网络广告(banner)的浏览者中,有 4%的人会去点击该广告,即点击率为 4%。前 25%的赞助商的广告的平均点击率为 8%,最高的点击率达到 12% - 15%,点击率随着 banner 对浏览者展露的次数的增加而下降,当广告展露次数达到 2 - 3 次时,广告的点击率下降到 2%左右。从以上关于展露次数与点击率的关系的研究报告可以看出,仅仅依靠展露次数来评估广告效果是不准确的,以点击率为标准就能更准确地测量广告效果。但是,主动点击的衡量标准也存在着一定的缺陷。有人认为浏览者点击 banner 的原因不应仅仅归结为他们对这些广告的内容感兴趣,banner 的制作水平和创意也起很大的作用,如果仅仅因为广告做的好,而不是因为浏览者对广告的内容感兴趣,那么就说明广告没有达到预期的目标受众,因而这种广告效果的评判标准也不是最理想的。

交互 交互是网络媒体与传统媒体的又一重要区别,网络广告就应该体现交互这一特点,浏览者仅仅看到网络广告或仅仅点击这个网络广告是不够的,浏览者还要与广告赞助商形成信息的交流,这样的网络广告者才是有效的。这说明广告找到了合适的目标受众,并且引起了目标受众的关注。广告效果的好坏就主要看目标受众主动与广告赞助商联系次数的多少。单从这一点来看,交互的衡量标准较主动点击更能准确地反映广告的实际效果。但是,这种标准也有其自身的缺陷。首先,目标受众的反映很难进行量化的衡量,且衡量的成本很高;同时,这种方法更适于衡量那些具有促销性质的广告,而对于那些网上的的企业形象广告或品牌广告则不太适合。因为这些广告的主要目的在于引起消费者对企业或品牌的好感,从而实现企业长期的销售目标。这就又引起了一个老话题,销售效果是否是广告的衡量标准? 网络广告当然也面临这样一个问题。那么我们就来探讨一下网络广告效果评估的另一个标准。

销售收入(OUTCOMES) 广告能引起销售收入,那么广告当然是有效的。问题在于销售收入在多大程度上要依赖于网络广告。因为引起销售的因素是很多的,包括促销、公关、产品、价格、销售渠道、消费者的消费行为特性等。所以,如果要以销售效果为标准来衡量网络广告的效果,目前最棘手的问题在于建立网络广告投入和发布与销售收入之间的相关关系模型。这个模型必须是在占有大量数据的情况下得出的,而且必须得到网站经营者和网络广告主的一致认可。然而,要做到这一点是十分困难的,传统媒体广告发展了上百年的时间,这个问题还一直没有得到有效的解决。网络广告作为新兴的广告形式,当然面临更多的困难。

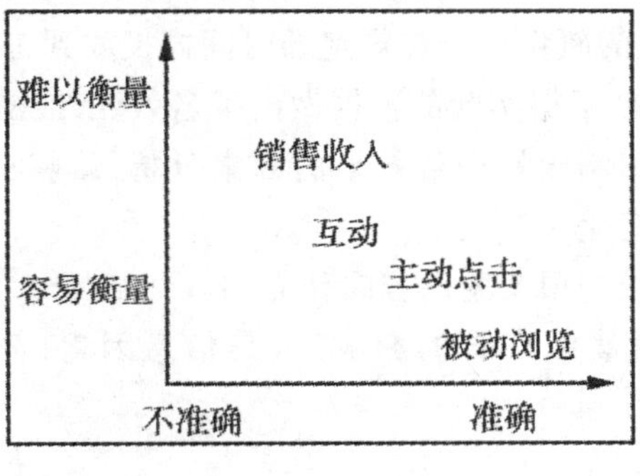

总结以上四种衡量标准,我们可以得出如下结论:

1.一般来说,达到四种衡量的标准的难易程度与广告衡量的准确程度是正相关的。即衡量广告效果的标准越易达到，这种衡量的准确程度就越低。如下图所示：

2.所谓衡量效果的准确与否都是相对的概念，对于不同类型、不同目的的广告要选择不同的测量方法，如衡量企业形象广告效果，就应该用浏览率或点击率作为标准，采用销售效果为标准就不太适合。

3.每种效果测定的标准都要通过具体的试验以及实践的经验来最终确定。试验是尤其重要的手段。比如，对于BANNER广告来说，研究点击率和广告的面积、文件类型、广告与页面内容的相关性关系是非常有意义的。

网络广告效果测定的方法

认知测定法

这种方法与传统媒体广告的测定方法很相似。传统媒体如报纸在测定广告的认知测定法主要是测定受众的注目率、阅读率和精读率。网络广告的认知测定主要是测定网络广告受众的浏览率和点击率。我们可以将网络的访客行为(VISITOR)分为如下三类：1.看到该广告但没有点击；2.看到该广告并点击；3.点击该广告并进一步与广告赞助商联系。这样，我们就可以通过服务器中的COOKIE或LOG文件来记录一段时间内访客的对该网站所有页面的综合浏览量(pageviews设为N)，第1、2、3类访客各自的数量。这样，我们就很容易的得出如下数据：

浏览率=第1类行为的数量/N；

点击率=第2类行为的数量/N；

交互率=第3类行为的数量/N。

从以上的数据中，我们可以大致分析出网络广告对受众认知态度的影响。消费者认知态度的变化主要有如下几种：注意(attention)、兴趣(interests)、记忆(memory)、行动(action)。依次表示认知态度的逐步加深。我们可以通过浏览率来考察受众注意的程度，通过点击率来考察受众的兴趣，通过交互率来考察受众的记忆程度和行动的可能性。通过网络广告的测量，将这些心理因素量化，从而给网络广告赞助商和网络媒体经营者提供了重要的参考资料。目前的主要问题在于，要通过考察多家网站的多个广告，在这个基础之上，提出各个认知态度变化的具体尺度。例如：把注意又分为三个层次：当浏览率小于5%时为轻度注意；当浏览量大于5%，小于8%的时候为注意；当浏览率大于8%的时候为非常注意。这样，就进一步细化了注意这个模糊的概念，并使之更容易让人把握。

实验法

国内目前关于网络广告效果方面的试验是很少的。但在国外实验法是网络广告研究的重要方法。比如日本广告协会早在1997年就进行了BANNER效果测定的试验，并发表了题为《INTERNET BANNER广告效果检测实验报告》的论文。目前在日本从事这方面研究的机构主要是日本广告协会(JAA)的WEB ADVERTISNG BUREAU(简称WAB)。WAB旨在研究与网络广告有关的各项内容，其中网络广告效果测定是其中的重要一项。

1997年9月WAB着手进行了一项旨在研究旗帜广告效果的实验。该项实验得到了资生堂、丰田等5家大广告主的支持。他们把自己公司的旗帜广告在规定的时间内投放到INFOSEEK JAPAN搜索网站的指定位置。实验经历了近1年的时间，WAB根据实验的数据做出了名为《INTERNET旗帜广告效果验证实验报告》。

实验主要包括如下三个内容：影响旗帜广告效果的因素分析；旗帜广告的到达率和到达频次的关系分析；点击率随旗帜广告投放时间的变化。

由于篇幅有限，本文只将其中第一项实验内容略作介绍。

该实验作的主要是两个因素对旗帜广告的影响：一是信息因素(简称Inf)，另一个是区隔因素(简称Seg)。

首先看Inf对旗帜广告的影响。

Inf又可以简化为如下两种：

旗帜广告的面积：主要有三种实验类型——标准旗帜广告(S)，标准旗帜面积的一半(S/2)和标准旗帜广

告面积的三倍(3S):

旗帜广告的格式:静止的 GIF 格式,动画 GIF 格式和 HTML(交互)格式。

实验时主要收集每种尺寸和面积广告的点击次数和 pageview(简写为 pv)的数据。从而得出每种广告的点击率 ctr = 点击次数/pv。

面积和点击率的关系是:

把 S/2、3S 的点击率分别和 S 相除,得到的比值作为纵轴(Y);把 S/2、3S 的面积再与 S 相比,得出比值设为横轴(X)。这样,Y 就是 X 的函数。从而得到一条二次回归曲线。Y 即为相对于 S 的点击率,X 即为相对于 S 的面积。该实验得到的二次回归方程是:Y = 0.09436X * X + 0.286X + 0.6197,从而得出如下结论:

旗帜广告面积是标准广告面积的一半的时候,其点击效果是标准广告点击效果的 3/4;

旗帜广告面积是标准广告面积的 2 倍的时候,其点击效果是标准广告点击效果的 1.6 倍;

旗帜广告面积是标准广告面积的 3 倍的时候,其点击效果是标准广告点击效果的 2.5 倍。

这个结论作为 INFOSEEK JAPAN 网站的广告效果的测定是很有借鉴意义的,对于广告主而言更是能够从量上了解各种尺寸广告的效果。

广告格式(F)也采用与 S 类似的方法来验证,只不过把静止的广告作为标准型广告。从而得出如下结论:

同样尺寸的广告,如果是动画形式,是静止广告的效果的平均 1.16 倍;

同样尺寸的广告,如果是 HTML(交互)形式,是静止广告的效果的平均 1.95 倍。

下面再看看区隔因素(Seg)对旗帜广告效果的影响。

Seg 则是把相同的广告放到不同的位置,主要分为如下几种区隔方式:

基准区隔,即随机投放的方式(无区隔);

栏目区隔,即按网站的不同内容来区隔(中度区隔);

新闻区隔,在 INFOSEEK JAPAN 的新闻页面投放广告(中度区隔);

搜索关键字区隔,根据特定的关键字来投放不同的广告(高度区隔)。

如果把上述各种区隔量化的话,就是用网站总的 pageview(GRPV)/每个区隔广告的 pageview(PV),然后为了研究方便,再取对数。即:

X = LOG10(GRPV/每个区隔分别的 PV);

Y 则为每个区隔广告的点击率与基准区隔点击率的比值。

这样就可以得到 X 和 Y 的线性回归方程。该实验的线性回归方程是:

Y = 0.9419X + 1(R2 = 0.0528)

由此得到如下结论:

区隔达到 1/10 的时候,即 X = 1/10 的时候,广告效果是基准区隔的 2 倍弱;

区隔达到 1/100 的时候,即 X = 1/100 的时候,广告效果是基准区隔的 3 倍弱;

区隔越高,效果越大;

对于复杂购买行为的商品(如汽车),区隔的效果大;对于一般购买行为的商品(如快餐),区隔效果较小。

这样就得到了广告效果和广告区隔的关系。

同时,1999 年,WAB 还作了有关旗帜广告认知效果的实验。该实验主要测定在上网者不点击网络广告的前提下,网络广告是否会产生认知效果。这个实验把旗帜广告的效果研究又推进了一步。

交互效果测定法

这种方法是指以网络广告受众同网络广告主的交互行为标准来衡量广告效果的好坏。这种交互行为可以是受众向网络广告主的咨询或索要相关资料,也可以是受众通过网络主动提供的个人资料。这种测量方法主要是用于测量促销性质的广告。因为促销广告具有很强的时效性,尤其在网上的促销行为能更加方便的观测到受众的反应。

例如某电脑公司为推销其新款电脑,在网络上作广告,并提示受众“详情请访问某某网站”。这样我们就可以通过测量访问这个网站人数的变化来初步测定广告的效果。但是,上网人数变化的原因是多种多样的,不一定都能归为广告的作用。所以,如果在网站上再进一步展开促销策略,会更准确的测量广告的效果。比如在网站上列出消费者信息的表格,让上网的受众来填写(可注明有奖,以鼓励受众的积极填写),通过统计有效填写表格的人数来测定广告的效果。同时,通过电话和信函进行的交互活动也可以被列为评估网络广告效果的因素。

要更准确的测定这种交互的效果,最好只在网络上作广告,而不要在传统媒体上作相同的广告,以免受传统媒体广告的影响,从而得出不准确的测量结果。

软件测定法

网络和网络广告测定软件的出现大大提高了效果测定的效率和准确性。这种效果测定主要有两种方式:

一是网站请第三方来测定其网站和广告的效果。如美国的 I/PRO 专门提供这样的服务。网站需要与这些网站签订一定期限的合同。由网站定期把其 LOG 文件的内容传给第三方认证机构,由他们分析出最终的结果。这种做法得到了广大广告主的赞成,因为这样他们可以得到有关网站和广告更公正评价和准确评估结果。

还有一些网站依靠从别的公司购买效果测定软件由自己来进行网络和网络广告的测定。下表列出了美国一些主要的测定软件及使用这些软件的客户。

软件测定虽然提高了测定的效率和准确度,但是,我们也不能笃信数据本身。软件本身还存在很多技术问题,对于有些效果的测定(如网络广告认知的测定)就很难单凭软件完成,这就需要以上几种方法的综合运用。

设想和建议

根据国内外网络广告效果测定的现状,我们认为目前网络广告效果测定研究的重点有二:一是网络广告效果测定的标准化;二是测定方法的科学化。前者主要是指效果测定的术语、效果测定标准的统一,以及能被广泛的接受;后者是指测定方法要简单易行,同时能够准确地反映网络广告的实际效果。由此我们提出如下设想和建议:

一、选择若干有代表性的网站进行监测,验证到底是哪些因素在影响访客对网络广告的点击,并且试验各个因数影响的权重。

二、网络广告生命周期的研究。即研究网络广告从投放之日起,其点击率随时间的变化规律。这对于网络广告主和网站经营者决定网络广告的投放事件、投放时机、投放位置具有十分重要的意义。

三、建立一套有一定适用性和科学性的网络广告效果测量的标准,有必要联合各主要网站和网络广告主及国家广告管理部门成立网络广告效果测定联合会,成为制定网络广告效果测定行业规范、提供测定方法、解决效果测定问题的专门组织,进一步促进网络广告的发展。

网络和网络广告测定软件

软件公司	产品线	客户
Marketwave (www.marketwave.com)	Hit List Pro Hit Llist Commerce Hit List Enterprise Hit Lis Live	Micrtosoft, Intel, IBM, Apple, Disney, AT&T
I/PRO(www.ipro.com)	NetLine	Dell, Infoseek, NBC, USAToday, Excite, Netscape, Geocities, Kraft
Net. genesis (www. netgenesis. com)	Net. Analysis	Lucent, Sun, 3COM, Xerox, Astra

软件公司	产品线	客户
Webtrends(www,webtrends.com)	WebTrends Log Analyzer(popular inexpsensive product),WebTrends Enterprise Suite, WebTrends Professional Suite, WebTrends for Firewalls and VPNs	IBM, Netscape, Microsoft. Compaq, Novell
Andromedia (www.andromedia.com)	Aria 2.5	U.S.Postal Service, 3Com, Sony, Oline, Earthlink
Accrue Software Inc. (www.accrue.com)	Accrue Insight 2.5	Warner Bro., FedEx, Hearst New Media, Sun, Qualcomm, Motorola

资料来源:Advertising on the Internet(second edition), Robbin Jeff&. Brad Aroson. Willy Computer Publishing, 1999, p103.

原载《现代广告》2000 年第 12 期

商业广告的文化功能与文化责任

辽宁大学广告系副教授 宋玉书

内容提要 商业广告既是一种促销工具,也是一种社会文化现象,具有文化的特征和功能。广告文化不断地渗透,不但影响受众的文化心理,改变受众的文化观念、价值取向,示范、引导受众变革生活方式,而且推动文化的变迁,促进文化的交流与整合。今天,商业广告已经成为一种重要的文化传播渠道。广告文化既可在社会精神文明建设中发挥积极的作用,也能对受众产生不良影响。广告主、广告公司和媒体都应该认识到这一点,在广告活动中不能重利轻义,而要兼顾经济与社会两方面的效益,自觉地承负起文化服务、文化教育和文化建构的责任。

商业广告是商品促销的重要手段,具有鲜明的功利特征和强大的经济功能。商业广告也是一种社会文化现象,是社会文化的组成部分,因而也具有文化的特征和功能。我们在利用商业广告经济功能的同时,还应当把广告纳入社会文化的系统中加以考察,充分认识商业广告的文化功能及其所担负的文化责任,以便更好地利用它,使之在社会精神文明建设中也能发挥积极的作用。

一

商业广告中包蕴着丰富的文化内涵。广告向人们所传递的有关商品、服务、企业等经济、科技、文化诸多方面的信息,本来就是人类所创造的物质文化和精神文化的反映。而广告主体采取"文化攻心"策略,利用文化的力量号召受众,在广告中注入文化内容,又为广告增加了文化含量。所以我们可以看到,现代商业广告不仅介绍各种商品和各类服务项目,说明广告商品的特点、功能、作用,向消费者作出利益的承诺,而且传播各种文化意识,展示纷纭的文化景观,介绍发达国家的时尚,说明广告商品与文化的关系。这些内容为广告商品增加了文化附加值,增添了文化吸引力,商业广告因此成为一种社会文化现象,呈现出商业功利和社会文化双重色彩,具有了经济和文化两方面的功能,不再是简单的卖什么就吆喝什么的促销工具。

广告文化既代表一定物质文化、行为文化,又属于观念文化、精神文化。在商品无差异、同质化造成市场竞争异常激烈的今天,广告文化的影响力往往大于广告商品自身的竞争力。如果受众认同了广告文化,那么也就可能会接受广告商品或服务,成为商品的消费者、服务的利用者。例如,许多受众就是认同并接受了休闲文化才去选购休闲用商品。所以,广告主把文化当做市场竞争的一张大牌,对商品及其品牌进行文化包装。广告创作者提出了"创意跟着文化走"的理念,并在这种理念的指导下进行创作。美国万宝路香烟广告就是通过原野、骏马、牛仔为表征的西部文化(即男子汉文化)来激发消费者对广告商品的兴趣。我国的孔府家酒广告同样利用传统的家文化、酒文化引起人们对该产品的关注。每逢西方情人节、圣诞节到来之际,商家大作广告介绍西方节令习俗及其文化意义,展现新奇多彩的异域文化情境,诱导消费者跟随世界文化潮流。于是西风东渐,情人节、圣诞节等这些洋节日在我国城市几乎和传统三大节日一样受到重视,尤其受到青年一代的青睐。由此可见,广告中的文化内容,特别是其中的价值观念、生活方式,无论是传统的还是现代的、积极的还是消极的,经过传播都会渗透到生活中,对受众的思想、行为产生影响。而反复发布广告,借助科技的艺术手段强化广告视听冲击力以及"设置议题"制造轰动效应,又能使其渗透力、影响力更强。正如联合国的一份报告《多种声音一个世界》中所指出的"广告作为一种交流形式,已被批评为对人的感情施加影响,把人的现实情况简化为固定的框框,利用人的急切心情以及运用密集劝说的技巧达到相当于操纵的地步。"[1]该书批评广告滥用文化操纵受众,今天的消费者确实已经基本习惯于跟着广告选择商品,选择商品所表征的文化。消费者的购买常常是文化选择的实践行为。这些选择有的是理性的,有的则是盲目从众,但它们都能说明商业广告一边改善着人们的物质生活和行为方式,一边深入到人们的心灵,冲击人们的文化心理,影响人们的思想意识。

如果把商业广告当作一种传播符号,那么广告包含着意义符号和文化符号两个方面。前者表现为显性,明晰地传达广告主所要传达的经济信息;后者通常表现为隐性,是说明意义符码的手段或载体。受众在解析、接受意义符码的同时,也在自觉不自觉地解读着传播符号中的文化符码。因此可以说,广告不仅是生产与消费之间的桥梁,而且是一种文化中介。广告与受众不仅构成价值关系,而且构成一种文化关系。虽然广告中的文化是一种附加值,文化传播的功能是非主导功能,而且单一广告的影响似乎也很有限,但广告总量极大,传播速度快且范围广,充斥于我们的生活时空。城市每人每天接触的广告至少有数十则,日积月累,信息不断迭加,由此不仅想象广告的社会影响力该有多大!广告文化就在长久而反复的传播过程中行使文化功能,作用于人的精神,作用于社会意识形态。

广告文化的影响作用深远,不容低估。首先,影响受众的文化心理,改变人们的文化观念、价值取向。广告对文化意识、价值观念的宣传,无论是直接诉求还是借助形象间接表达,只要受众解读并接受了都会引起心灵的波动,并对原有的观念形成冲击。有些观念就在不断冲击下发生变化。,如近几年广告大力宣传西方现代消费文化观念,"及时消费"、"超前消费"、"个性消费"、"高消费"等观念及其物化形态,通过人们的视听之窗进入心灵,人们心中一直压抑的消费欲望被唤起,消费热情陡然高涨,加之有社会生产力快速稳步发展作保障,结果中华民族几千年传承下来的崇尚节俭、艰苦朴素的生活观念开始动摇,"新三年、旧三年、缝缝补补又三年"的传统被"追求高质量的生活"新观念所代替。许多人把高消费当作物质生活目标,就连大学生也表示在有较强经济能力的情况下,消费首选国际名牌商品。《国际广告》在一份关于大学生品牌消费观的调查报告中分析,这种品牌选择固然和某些外国品牌的商品质量上乘、款式新颖有关,但主要还是广告宣传的结果。"外企在十年前就开始对中国消费者进行品牌形象的文化渗透。大量的广告宣传,各种传播渠道的配合,使人不知不觉地接受了外来的品牌及其所代表的那种生活"。[2]广告文化不仅改变人们的消费文化观念,而且会影响社会整个价值观念体系,包括人生价值观、道德价值观、经济价值观、知识价值观、审美价值观、自然价值观等。《国际广告》曾作过一次《老百姓心目中"英雄"的价值观取向》的问卷调查。结果表明,京、沪、穗、渝四大城市的被访者对名牌商品、明星的认知度、认知正确率都高于对先进人物的认知度、认知正确率。[3]被访者的心灵空间已经多被名牌和明星占据,其中又以名牌为最。认知度排名反映了人们今天的价值取向、价值观念的转变。这种转变和广告宣传不无关系。这份报告在分析转变的原因时指出:对名牌、明星的宣传很有策略性,能注意到受众对信息的需求。只要名牌、明星还存在宣传价值,对他们的宣传就会持续下去,以给认知受众一个持续的记忆刺激,人们自觉不自觉地对名牌、明星表现出极大的关注。[4]这份调查报告用数字有力地证明了广告文化的功能及对价值观念的影响,提醒我们进行当代文化建设，建立新的正确的价值观念体系，决不能忽略广告文化的力量。

其次，提供现代生活信息，引导人们进行生活方式的变革。商业广告展示商品世界日新月异的变化，给人们送来改变物质生活的信息，对全新的现代生活方式进行生动的描述，为人们变革生活方式提供了可资借鉴的参照。广告展示的那些能够为人们改变生活方式提供物质条件的先进商品和满足人性需要的体现文明的生活方式，不但对受众具有很大的吸引力，而且具有示范和引导作用。人们跟随社会前进的脚 步，模仿着广告和其他传播媒介中的范式，不断改变着自己的物质生活、精神生活。这种改变不是旧物更新的改变，而是方式的改变。如改革开放以来，我国的家庭生活方式已从自给型转向商品型，从物质型转向文化型，从单一型转向多样型，从传统型转向开放型，在吃、穿、住、行许多方面不再固守传统一成不变，而是追求文明、科学的高标准。农村参照城市，都市参照西方社会发达国家，既保留民族地域特色，又显示现代化、国际化趋势。固然我们今天生活方式的变化必须以社会生产力发展、社会保障制度为前提条件，但大众传播尤其是广告提供的有关现代生活方式的信息确实开阔了人们的眼界，敞开了关闭的心扉。今天，人们跟着广告购物，看着广告安排自己的生活，已成为一种现实。广告既是生活信使、推销员，又扮演生活导师的角色，拿着令人眼花缭乱的新奇商品，告诉人们应该怎样生活。虽然人们有时讨厌它的喋喋不休，或许也不理睬它的广告商品，但最终还是接受了它的诱导，难以摆脱广告的操纵。

广告在社会文化传承、文化整合的过程中也显示了极强的功能。文化具有运动性质，既纵向传播，又横向扩散，与不同文化碰撞，始终处于流变状态。文化的运动有其内在动力，也依赖外部力量的助推。广告作为一种外部力量，由于传播的量大面广，所以助推效果十分显著。广告在实施文化攻心战略时，一方面根据人们的民族文化情结弘扬传统文化，促进传统文化增值；另一方面也宣传西方文化，促进了多元文化的交流融合。50年代日本商人为推销巧克力而大作广告介绍西方的情人节，把情人节这一西方节令习俗引进东瀛。近几年我国一些商家也通过各种广告把西方文化移植到本土。由于广告不断宣传、信息不断迭加，人们对西方文化的接触增多，心理障碍逐渐清除，这样就使中西文化磨合时间缩短，整合速度加快。当然，文化变迁、文化整合是在世界经济一体化和文化趋同的大背景下进行的，有其政治、经济、文化、社会诸多方面的原因和动力，但广告对文化交流整合确实起到了推波助澜的作用。如商家利用广告“炒作”情人节、圣诞节，这两个节日及其所代表的文化很快就被我国人民接受。情人节这天鲜花和礼品的销售额大幅度攀升，圣诞之夜北方一省城百万人涌上街头参加商家举办的庆贺活动。[5]而对愚人节，商家认为无法利用它促销来获取更多的利润，因而态度冷淡不予以宣传，人们对愚人节知之甚少。尽管商业广告对传统文化和西方文化的传播只是出于商业功利目的，商家和广告人都很少自觉地站在文化的层面或政治的高度去认识广告的传播作用及其所带来的社会效益，但毋庸置疑，商业广告已经成为现代世界文化传播的通道之一，是推进文化变迁的一股重要驱动力。

总之，我们必须清醒地认识到，商业广告的文化功能决定了它的作用已不仅仅是导购，广告所带动的也不仅仅是工商企业的经济效益。广告文化犹如一股强力冲击波，能够进入人们生活的深层，冲击人们的心灵，改变人们的精神文化，甚至影响整个社会文化的建构。所以不能不把它当做一种社会意识形态予以高度重视。如果只把它当做促销手段，那么就会忽略了它的文化功能，就不可能利用它，让它在精神文明建设中发挥积极作用，也难以避免其不良影响的产生。

二

既然广告活动是一种文化行为，是具有文化意义的信息传播过程，那么无论广告主还是广告创作者及发布媒体都应有广告文化意识，充分认识广告的文化传播作用，自觉地负起文化责任，对广告进行正确的文化定位，让广告在传递商品信息的过程中，产生积极的文化影响，成为精神文明建设的重要工具。我国的《广告法》对此提出了要求，制定了规范，强调广告要“符合社会主义精神文明建设的要求”。[6]这是广告活动的基本准则。《国际商业广告从业准则》同样要求广告“应遵守所在国家之法律规定，并应不违背固有道德及审美观念”，“所有电视广告制作之内容除真实外，应具有高尚风格……应特别注意其是否具有高尚道德水准，不使触犯观众尊严。”[7]美国、日本等国家的广告规范中也都要求广告“情趣高尚”、“重视品格，必须为建设光明、健康的生活做贡献”、“讲求美学，给人以美的享受”。[8]台湾的广告自律中亦有“注意教育意义，更不违背教育原则”的内容。[9]以上无论是法规还是自律，都要求广告要有高尚的文化品格，要求广告主、创作者、媒体必须具有高度的文化责任感，正确处理利与义的关系，兼顾经济与社会两个方面效益，以保证广告发挥积极的社会文化作用。

但在现实的广告活动中，注重经济效益而忽视社会效益，制造轰动效应却不管负面影响的现象仍然存在，追求商业功利目标和建设社会文化这两者常常不能协调一致。国外有许多广告宣扬利己主义、享乐主义，甚至用“性”刺激受众以引起注意。我国广告也有这种倾向，如乱改成语熟语，传播伪科学，误导青少年消费，肆意贬低传统文化，吹捧西方文化，污辱消费者人格尊严等。这些不良广告文化犹如病菌侵害人们的心灵，对少年儿童的危害尤其严重。这些问题令人忧虑，因而对广告不良文化影响的批评不断见诸报刊，社会强烈呼吁广告要引导社会文化健康发展。对于广告活动的主体来说，应该处理好自身利益和社会责任的关系，遵从法律和道德规范的要求，按照公众的愿望奉献真善美的广告作品，自觉地担负起广告的文化责任。

(1)承负文化服务责任。商业广告除向受众传递有关经济信息外，还要提供文化服务。这种文化服务首先就是传递有关文化活动的信息。虽然看起来这仍然属于信息服务，而且是有偿的，但毕竟有利于丰富受众的精神文化生活，能够满足受众对文化信息的需求。这种服务对于刚刚解决温饱问题、渴望提高精神文化生活水平的我国人民来说非常必要，而且很有意义。其次，传授与人民群众生活工作相关的或人们感兴趣的科技文化知识、生活知识。这不但有利于促销，而且能够帮助受众更多地掌握知识，利用知识，提高他们的文化素质、认知能力。如在推销电子产品的广告中介绍相关的电子知识及电子科技最新动态；在医药广告中告诉人们病因及防治方法；在旅游广告中谈文论武、说古道今、讲述风土人情等等。由于这种广告不是单纯“卖”商品，因而具有较强的亲和力，能够消除受众与广告之间的障碍，缩短两者的距离，颇受欢迎。但如果广告告诉孩子及家长“喝了××精，肯定变聪明”，“喝了××液，考试100分”，那就不是文化服务而是文化欺骗了。除此，广告还要根据所传商业信息的特点，在作品中展示丰富健康的文化生活和文化水准，弘扬积极的文化精神，开阔受众的文化视野，提高受众的文化情趣。简言之，以高质量高品位的广告为受众提供有利于心灵健康的文化快餐。虽然这不是广告的主要职责，属于间接性服务，但是广告主体应当把它当作应尽的职责，主动地进行这种服务。如果认为广告只应提供信息服务，只关注“买”与“卖”，那么所作的广告可能会把商品信息真实、准确地传递到位，可是文化质量不高，不能给受众提供良好的文化营养，广告所产生的经济效益和社会效益失衡不能构成正比。如某丰乳用品广告，广告词“没什么大不了的”一语道出了产品的功效，但其文化品位不高，令人蹙眉。还有一些广告不恰当地运用“情”、“色”、“性”进行渲染，格调低下，创意庸俗，受众对此非常反感，指责颇多。有文化责任心的广告人是不应该反映低级趣味的生活情境，奉献给受众的应是信息价值、文化价值、审美价值俱高的作品，让受众——上帝满意。

(2)承负文化教育责任。大众传播学用大量事实说明，大众媒介在传递各种信息的同时，会对受众的知识构成、思维方式、价值取向、审美标准及对现实世界的看法产生很大影响，具有教育引导甚至控制作用。这种影响既会变成社会进步的动力，也会成为阻力。商业广告是大众媒体传播的主要内容之一，广告宣传虽然对人们思想意识的形成不能起决定作用，却能左右人们对问题的思考。广告突出宣传、有意强化的文化意识，确实能在社会成为一时的舆论导向，成为人们追求的目标和社会风尚，甚至成为社会群体的行为准则。正如美国历史学家大卫·波特指出的：“现代广告的社会影响力可以与具有悠久传统的教会及学校相匹敌。广告主宰着宣传工具，在公众标准形成中起着巨大的作用。”所以美国人把广告公司云集的纽约麦迪逊大道称为“学校”，这所学校教育人们按照麦迪逊大道所包装的生活方式去生活。尽管有人批评这所学校的课程，提醒“西方文明的命运将取决于我们和麦迪逊大道所代表的一切作斗争的结果”，但事实却是人们还是接受了麦迪逊大道的教育，在它的指导下生活。中国目前没有自己的麦迪逊大道，但可以充当生活教科书的广告比比皆是而且传播迅速、广泛，几乎一直到达社会全体公众。广告应对受众进行有益的教育渗透，不要给他们造成认知误区，避免误导的后遗症出现。尤其是面对少年儿童做广告，更要意识到教育责任的重大，一定要保证广告内容有利于少年儿童的心理发育和生理发育，传播先进的科学知识，进行正确的价值导向，弘扬高尚的道德品质，展示积极健康的生活方式，帮助他们树立正确的文化观念，并努力把广告的负面减少到最低程度,创造良好的广告教育环境,让每天接受广告熏陶的孩子们健康成长。如果广告因为经济效益而误人子弟,这将是广告最大的并永远难以弥补的过失。

(3)承负文化建构责任。广告作为社会文化的构成部分及在现代文化格局的地位,广告作为强有力的传播手段及其作用,都决定广告负有文化建构的责任。履行这一责任就要积极发挥广告文化传播作用,把文化传播当作题中之义,以丰富文化内涵,推动文化的传承、交流与整合。同时在文化传播过程中,保证广告作品的高尚文化品质和积极向上的文化精神,使广告成为现代社会文化中最活跃、最有动力、最有号召性的一部分。当前由于世界经济的一体化和传播手段的高科技化,文化传播活动异常活跃。在这种情况下,广告无论是利用传统文化还是西方文化进行商品促销,都要特别注意所宣传的文化要有利于我国社会主义现代化建设,有利于社会主义文化建设。广告主、广告制作者及媒体不仅应有开放的思维和强烈的市场意识,发挥广告的各种功能,还要站在文化建设的层面和政治的高度认识广告、利用广告,一方面弘扬优秀传统文化,一方面客观引介西方文化,既保证优秀传统文化的独立身分和有效传承,又以开放的姿态吸纳西方文化中先进有益的部分,使广告文化既不失优良传统,又有时代色彩,体现当代文化的选进性,从而为我国文化建构做出贡献。

当前我国经济快速稳步发展,广告业也进入大发展时期。广告投入大幅度增加,广告发布数量倍增,质量明显提高。国际较大的著名广告公司几乎都派出有较强战斗力的分队开进中国市场。广告业的发展及激烈的竞争,意味着广告文化的成分更丰富更复杂,广告的文化渗透性更强,影响力将更大。我们应比以往更加注重广告文化及其传播带来的社会文化振荡,要通过教育和法律手段不断强化广告主及创作者、传播者的文化意识和文化责任感,让广告为我国两个文明建设做出贡献。

注释

〔1〕联合国科教文组织国际交流问题研究委员会:《多种声音一个世界》,中国对外翻译出版公司,1982年版。

〔2〕《谁将征服新一代》,《国际广告》1998 年第 1 期,11 页。

〔3〕《老百姓心目中"英雄"的价值观取向》,《国际广告》1997 年第 9 期,4 页。

〔4〕《老百姓心目中"英雄"的价值观取向》,5 页。

〔5〕《辽沈晚报》1997 年 12 月 26 日。

〔6〕许小君主编:《广告法律与案例》,中国广播电视出版社,1995 年版,147 页。

〔7〕许小君主编:《广告法律与案例》,113 页、115 页。

〔8〕许小君主编:《广告法律与案例》,119 页、121 页。

〔9〕许小君主编:《广告法律与案例》,112 页。

〔10〕卢泰宏等著:《广告创意 100》,广州出版社,1995 年版,170 页。

原载《新闻与传播研究》2000 年第 4 期

论电视广告的美感形态

吉林大学广告学系主任 姚 力

我国电视广告自 1979 年诞生以来,迄今只不过 20 多年历史,但却经历了由简单到复杂,由幼稚到成熟的飞速发展历程。由最初的告知性、叫卖式广告,已经发展成为一种艺术。能够借助于电视媒体特有的艺术形式和表现手段,通过精心塑造的屏幕形象,成功地传播商品、服务信息或某种观念主张,形成了功利性与艺术性辩证统一的美学特征。既是一种信息传播载体,又是一种带功利性的审美欣赏对象,并成为人们物质文化生活中不可或缺的重要组成部分。因而,我们有必要从审美角度,对其进行探讨和总结。由于其艺术形象千姿百态,艺术形式千变万化,审美类型和美学特征千差万别,因而给人们的审美感受就有所不同,从而形成不同的美感形态。这里,我们研究电视广告的美感形态,并非主张把电视广告拍成专供人们欣赏的纯艺术品,而是为了研究掌握电视广告不同美感类型的特点和艺术规律,更好地提高电视广告的创作水平,进一步增强广告效果,实现既定的广告目标,进而全面地促进社会主义广告事业的发展与繁荣。

一、温馨美

电视广告的温馨美,即美学著作中普遍谈到的优美,古典文论中提到的阴柔之美。具有温柔、和谐、平衡、玲珑、秀丽,以及形式上的小巧、光滑、曲线、对称等特点。古典文论中对这种美的描绘是:“其得于阴与柔之美者,则其文如升初日,如清风,如云,如霞,如烟,如幽林曲涧,如沦,如漾,如珠玉之辉,如鸿鹄之鸣而入廖廓;其于人也,漻乎其如叹,邈乎其如有思,暖乎其如喜,愀乎其如悲。”[1]“柔可绕指,轻若兜罗,欲断欲连,似轻而重……似惊蛇之入春草,翩翩有态,俨舞燕之掠平地,天外之游丝,未足易其逸,舞窗外之飞絮不得比其轻……此尽笔之以柔德者也。”[2]总之,电视广告艺术中的温馨之美,是主客体矛盾趋于统一、和谐、平衡的状态,因而“色彩柔和而不浓烈,调子优美而不高亢”。似抒情诗,又像风俗画,主要以浓浓的情意、款款的深情来感染受众。在满足受众情感的需求中达到信息的传播目的。这类广告数量较多,涉及范围较广,广告效果也比较理想。

像“南方黑芝麻糊”广告:“一股浓香,一缕温暖”;“春兰空调”广告:“只要你拥有春兰空调,春天将永远陪伴着你”;“古井贡酒”广告:“古井贡酒,清如水晶,香如幽兰,甘美醇和,回味悠长”;“贵州习酒”广告:“听说呀,好酒出贵州,一踏上这块神奇的土地,习酒会给你带来难忘的回忆……尝尝吧,一口一个故事,一口一分情意”……这些广告的共同特点是:通过抒情性的语言,与精心描绘的富有诗意的画面相结合,构思出一种富于情感色彩,具有戏剧性的情节片断(如婆媳情、母子情、民族情、人与人的真情,以及久经考验的爱情等),从而创造一种情景交融的艺术境界,给产品或服务罩上一层温馨、甜蜜、柔美、舒适、亲切的情感色调,具有人情味儿,富于人性美,使人陶醉,令人神往,从而,在情感愉悦的审美享受中接受信息宣传。

这类广告在外国也比较多,母爱是这类广告永恒的主体。比如有一则“系好安全带”广告是这样表现的:汽车正在行驶中,一个小女孩坐在汽车前面座位上,一双母亲的手从靠背后面伸过来,紧紧地搂住了小女孩的腰。接着,母亲的手化成了黑色的安全带。于是,汽车安全带,母亲般的关情,主题被形象地体现出来了。母爱是世界上最伟大的情感,以母亲的手来比喻安全带,产品便被赋予了人世间最崇高的情感,体现出温馨的美感,很能唤起母亲的共鸣。哪个母亲不愿接受这样的广告诉求呢!

可见,电视广告艺术的温馨之美,离不开优美的艺术形象和人类最美好的情感的抒发。

二、壮美

电视广告中的壮美形态,类似美学论著中的“崇高”。又如古代文论中描绘的“阳刚之美”:“其得于阳与刚之美者,则其文如霆,如电,如长风之出谷,如崇山峻崖,如决大川,如奔骐骥;其光也,如杲日,如火,如金镠铁;其与人也,如冯(凭)高视远,如君而朝万众,如鼓万勇士而战之。”[3]又如“挟风雨雷霆之势,具神工鬼斧之奇,语其坚则千夫不易,论其锐则七札可穿……如剑锈土花,中含坚实,鼎包翠碧,外耀光华,此尽笔之刚德也。”[4]电视广告艺术中的壮美,是数量的众多,力量之强大的展示,它往往以巨大的规模,恢弘的场景,磅礴的气势,雄浑的旋律,给人们以惊叹、敬仰、赞美和振奋之美感。形式上往往以“直线、锐角、方形、粗糙、巨大”等为特点。

比如,有一则“润讯寻呼”电视广告,作者巧妙地借鉴西周末年周幽王“烽火戏诸侯”的故事,精心构思了一位古代女王诏令天下的情节,诏书一下,各处烽火台接二连三,烽烟四起,顷刻间各路诸侯亲率大军,从四面八方前来朝圣,形成千军万马浩浩荡荡,齐聚麾下的恢弘壮观场面,以此比喻“润讯寻呼”、“润讯通信”“一呼天下应”的神奇功效。化无形为有形,将现代科技原理,寓于受众十分熟悉的喜闻乐见的历史故事之中,既宣传了产品的本质特征,又创造了十分壮美的意境,满足了人们的审美需求。

再如,“太阳神”企业广告,首先采用黑白镜头,表现雄狮、猛虎、熊豹在漫漫长夜里沉睡、苏醒、寻找、求生的过程,顷刻间电闪雷鸣,奔腾的黄河激起千重良,蜿蜒雄伟的长城烽烟滚滚……以此象征一个强大的民族千年寻梦,“英雄气吞吐万里”的历史传统,但却始终没有走出黑夜;接着,用彩色镜头,表现阳光灿烂,晴空万里,庞大的舞狮方阵,震天动地的擂鼓声,奔流不息的滔滔黄河水,以及睡狮的猛醒、跃起、长啸、日出

——红光普照大地等场景，象征“一个严峻的挑战、一次腾飞的机遇”，一个重振民族雄风时机的到来。从而体现出太阳神企业集团，愿与全国人民“携手同行，跨越雄关，振兴中华民族经济”的企业精神。创造的意境十分壮美，令人振奋，给人以鼓舞。人们自然会对该企业产生信赖和好感。企业形象长久地刻在了人们心目中。另外，还有“TCL女皇彩电”广告、“乐华雷霆大彩电”广告、“凤凰可乐”广告（成龙篇）、“爱多 VCD”广告（成龙篇）、“步步高 VCD”广告（李连杰篇），以及国外的耐克球鞋”广告（地球人与外星人足球比赛篇）等，都具有类似的美感。

这类广告多属于大场面、大制作，视觉冲击力强，震撼力大，广告效果大多比较理想。

三、幽默美

幽默是一种“美”的艺术，也是世界广告中选用最多的一种美感形态。幽默，作为一种美学范畴，不是对客观事物所作的照相式的反映，而是对生活中的一些不协调的事物所作的饶有情趣、违背常规，甚至歪曲的反映，从而使事物呈现出滑稽可笑的美感形态。幽默又是善于对不和谐的事物采取达观态度的一种智慧，它往往使一触即发的矛盾轻松地缓解，使恼人的苦闷变成微笑。它既引人发笑，又耐人寻味，惹人喜欢，使人愉快。因此，是最受观众欢迎的一种美感形态。

幽默的广告艺术，是一种特定的美学追求。它以喜剧的方式，往往采用不相干的对比、夸张、怪诞、颠倒、变形等表现手段，通过奇思异想，把风马牛不相及的事物巧妙地焊接在一起，使艺术形象产生诙谐的情趣，或离奇古怪的滑稽感，以迷人的魅力，引发观众千姿百态的笑。使人在笑声中，对广告信息产生注意和好感。比如“双汇火腿肠”广告：

葛优：（沉思状）

冯巩：冬宝，想什么呢？

葛优：想戈玲。

冯巩：甭想了，我给你介绍一位新朋友。

葛优：（接过新朋友）双汇火腿肠，还是中国名牌产品。

冯巩：还想戈铃吗？

葛优：戈铃是谁？

冯巩：双汇、省优、部优、葛优。

这是一则典型的给人以幽默美感的广告小品。其幽默感的产生因素有以下四点：

1.广告巧妙地利用了明星效应，让冯巩与葛优这两个家喻户晓的笑星与丑星结成搭档，一出场就给人以幽默感。

2.广告利用一度轰动全国的电视剧《编辑部的故事》中李冬宝与戈玲微妙的感情关系，将角色（冬宝）与演员（葛优）混为一谈，再显幽默。

3.广告巧妙地将食品——双汇火腿肠，与电视剧中的女主角——戈玲两个毫不相干的符号硬联系到一起，进行对比，让对戈玲一往情深的冬宝，一见火腿肠而忘了戈玲是谁，十分可笑，是一种夸张，造成荒诞效果，更为幽默。

4.广告利用汉字谐音，将省优、部优与葛优并列在一起，十分滑稽。葛优，又使人联想到“国优”，巧妙地宣传了产品质量，提高了知名度和美誉度，幽默之感尽出。

这确实是一则既重效果，又能给人以幽默美感的广告。

幽默美是外国人最喜欢的广告美感形态，数量最多。比如，在戛纳广告节上有一则“可口可乐”的电视广告是这样表现的：在一片美丽的海边沙滩上，一个小男孩手捧带有“可口可乐”商标的瓶子，用塑料管拼命地吸着里边的饮料。吸着吸着，突然，男孩的耳朵前后搧动起来（镜头推成特写），一下子连人被吸进瓶子里去。接着，瓶子腾空跃起，在空中折了个筋斗，又落在海滩上。透过透明的玻璃瓶，可以看到小男孩正坐在里面。在不远处玩耍的小女孩飞跑过来，拿起瓶子，拼命地往出倒着，怎么也倒不出来，急得小女孩大喊：“妈妈，弟弟又不受控制了！”

这则广告采用极度夸张，甚至变形的手法，通过特技摄影，形象地强化了“可口可乐”诱人的魅力，既滑稽又幽默。

总之,电视广告艺术的美感形态千变万化,绝不止上述几种。每种美感形态之间并没有截然界限。有的广告兼具几种美学特征,很难归类。比如,“100年润发”电视广告,采用意识流的手法,讲述了一个曲折坎坷而又美丽动人的爱情故事,道出了一种人生真谛:如果说人生的离合是一场戏,那么百年姻缘也是早有安排。无论经历多少磨难,人间的真情永恒,爱情永恒。“百年好合”的主题,加上周润发的名字,恰与“100年润发”的产品名称相吻合,从而给产品罩上一层似真似幻、美妙动人的传奇色彩,并产生一种象征意义。很能唤起青年消费群体的购买欲望,不仅可以满足物质需要,而且可以满足精神上的需求。既富于哲理性,又不乏温馨美,同时兼具明星效应,体现出一种综合化的美学特征。是一则促销与审美有机统一的广告佳作。

事实证明,具有审美价值的电视广告,观众会一见生情,百看不厌,从而对产品产生好感,以实现理想的广告效果。而缺乏艺术性的广告,枯燥乏味,会使观众一见生厌,甚至反感,势必会波及对产品的态度,广告效果就会大打折扣。因此,电视广告的经济效益与审美效应是相辅相成,密不可分的。本文强调广告的美感,原因正在于此。

注:

〔1〕〔3〕清姚鼐《复鲁絜非书》,载《中国历代文论选》下册,第204页,中华书局1963年版。

〔2〕〔4〕转引自王朝闻主编《美学概论》第48页,人民出版社1983年版。

商品生命周期与消费符码的转换

吉林大学广告学系　鞠惠冰

有关商品生命周期的论述大都认为,一般商品的销售历史即商品在商场上的生命表现为四个阶段,即介绍期、成长期、成熟期和衰退期。虽然并非所有的商品都经历这样一种标准的生命状态,但是我们可以确切地说,每一种新产品一旦推出,都要经过一个以不断变化的问题和机会为标志的商品生命周期。由于某些因素的作用,有些商品会跟不上时代的潮流而被淘汰;相反的,有些商品看似进入衰退期,甚至表现出将要死亡的特征,却又出乎意料的复活了。在影响商品生命周期的因素之中,“消费符码”似乎还未受到应有的重视,本文试从这一角度予以探讨。

一、商品生命周期与消费符码的转换

一般来说,消费者的商品选择已在符码化,从事选择时,大都处于无意识的状态之中。我们会很自然地把“秋天”与“树叶落了”联系在一起,而绝少想到“花儿开了”。在商品的领域也是同样道理,我们可以举出很多符码化的例子。在餐饮方面,如面包与果酱,牛奶与饼干,豆浆与油条等;在服装方面,如T恤搭配牛仔裤,西装配衬衫领带等。

对于我们来说,这些符码是可以理解而且绝对自然的。但是这些符码有没有绝对必要的组合理由?它们是不是一直不变?意大利学者蒙勃托·艾柯在《符号学原理》一书中,举出下面一个值得玩味的事例:在1969年和此前的许多岁月里,美容食品在美国市场大做其广告。这些广告大肆宣传,劝人使用“塞克拉美”(Cyclamate,俗称“糖精”),因为糖被认为能引起肥胖,而肥胖又和几种疾病联系在一起,其中包括心脏病,所以,美容食品将糖排除出去,并以糖精取而代之。但是,1969年11月,一项医学研究计划发现糖精能致癌。因此,主要成分标明含有糖精的所有美容食品停止出售,不含糖精而含糖的美容食品便取而代之,开始上市。糖这种物质原被普遍当作致肥因素,但现在含有糖的食品竟被当作美容食品来销售,真是矛盾。尽管如此,消费者却能接受。艾柯把这种符码转换予以图示化:

1969年前:糖 = 肥胖 = 心脏病 = 死亡 = (-)

　　　　　糖精 = 瘦 = 无心脏病 = 生存 = (+)

1969年后:糖 = 不会致癌 = 生存 = (+)

糖精 = 癌症 = 死亡 = (-)

尽管糖本身完全被视为一种物品,但作为一种商品,糖在美容食品市场的生命周期却有了回转的机会,这种事态正是基于消费的符码转换。我们的符码化消费,由于未意识到各商品相关意义的表现,所以有时也觉察不到它们本身的相关矛盾。很少有食品加工商能像巴黎的时装设计师一样,开创一个新时尚就能影响下季大众市场的风格。食品时尚大都体现了神秘的消费符码转换,这与其商品生命周期休戚相关。而消费符码的转换又与整个社会文化的走向是一致的。80年代,医学研究证明,胆固醇会引起心脏病、糖尿病、心血管疾病、癌症和早逝。当时,有钱的美国人花80多美元买双跑鞋,每星期沿着公路气喘吁吁地跑上20英里,期望健康长寿。他们纷纷放弃鸡蛋黄油,以免前功尽弃,新鲜蔬菜和低脂肪肉类以及面食成为雅皮士家庭的主食。各食品公司立即做出反应,他们为无胆固醇的食品大做广告。在这种背景下,"奶油"与"人造奶油"的消费符码又发生了戏剧化的转换:

原来:奶油 = 高价 = 营养高 = 健康 = (+)

人造奶油 = 低价 = 营养低 = 不健康 = (-)

现在:奶油 = 营养高 = 含胆固醇 = 不健康 = (-)

人造奶油 = 营养低 = 不含胆固醇 = 健康 = (+)

同样的情形再如美国车与日本车的符码转换,这个事例在日本较为明显。在石油危机前,美国车因为车体大、马力强、价格高,可以象征性的表现社会地位,因而具有正面价值(+)。通用汽车的"卡迪拉克"一时之间成为日本一流企业的公司用车。但是石油危机后,较轻、较小、燃料费较低的日本车摇身一变而具有正面价值。

对香烟的消费也具有正面价值与负面价值互相转换符码重组的特点。

"一个轻骑兵必须吸烟,不会吸烟的骑兵是糟糕的士兵",这是一位拿破仑式的英雄——拉塞尔将军曾经说过的。事实上,正如美国学者理查德·克莱恩在《香烟》一书中所分析的,每当社会处在瓦解、战争或经济崩溃的危机时刻,香烟便充分展示出它的价值和功用,香烟消费量的突然增长和公众对它态度的突然转变便充分证明了这一点。20世纪的历史中不乏例证,每当政局紧张,社会遭受压力的期间,人们普遍对吸烟非常容忍甚至视其为爱国主义的象征。约翰·珀尔兴将军在给战争部长的信中这样说:"你问我赢得战争需要什么。我要告诉你,我们需要香烟,更多的香烟——甚至比食物更多。"乔治·华盛顿在写给大陆会议代表的信中说:"如果你们无法送钱来——就送烟草吧。"香烟在战争中是深受宠爱的,在那种情况下,长寿不太可能是一种选择。因此,吸烟不仅被容忍,而且成为一种消除紧张和减轻忧虑的非常有效的工具。由于香烟所能引起的特定的心理安慰效果,它经常成为出征士兵不可或缺的良伴。他们依靠香烟,而对难以忍受的压力环境仍能持续保持勇气和毅力。因此,香烟在战争与危机时期是具有正面价值的,这种正面价值显然不能把生理意义的健康考虑在内,而是注重其心理及美学意味。

目前的禁烟运动与日渐鹊起的国际性的对健康的呼吁声步调一致,这与历史上需要进行大规模动员的时期(如战争和经济萧条)对香烟的态度形成鲜明对照。香烟的美好和益处,正在被压抑和遗忘,而其对健康的不利及造成的危害却日益受到人们的重视。近年来,已没有人能在任何地方听到赞美烟草的声音,而在战时人们常常听到对香烟的赞美,赞美香烟多重的社会心理学价值、文化价值,或者它的美学力量。整个社会对烟草的谴责把香烟具有的负面价值植入人心。

但是现在要预见香烟寿终正寝也许还为时过早。更为可能的是,社会正处于鼓动吸烟与禁止吸烟、放松与压制的循环运动的最高峰,这种循环因为时代社会的原因已重复了若干次。

富有意味的是,与禁烟运动联系在一起的香烟的负面价值使香烟这种商品在市场上的生命周期进入"衰退期";但与此相对的是,与女权运动联系在一起的香烟又为衰退的香烟市场注入生机,吸烟是女性解放运动的胜利成果,它标明一种与男人平等权利的取得,当吸烟成为她们的武器时,香烟又具有了正面价值。当男人们从战争中平息下来并企图重新加强他们古老的统治地位时,越来越多的女人便加入到一场反对男权社会体系的战争中来。禁止吸烟的立法与女性解放运动的兴起碰巧出现在同一个历史时期——历史似乎一贯如此巧合。东边不亮西边亮,烟草公司从阴影中(禁烟运动)看到了希望(女权运动),香烟的生命周期与消费符码在同一时空具有了双重性。以全球最大的烟草生产商菲利普·莫里斯为例,它迅速将目标瞄准潜在的新顾客，对他们发起猛攻，希望以之取代那些戒烟者。烟草公司把女性视为其最有前途的发展市场，他们并没有失望。年龄在18—24岁之间的女性烟民抽万宝路的占48%。菲利普·莫里斯专门推出了弗吉尼亚纤细型作为女性专用烟，口号是："你已走了一段长路，宝贝儿。"弗吉尼亚纤细型的广告和万宝路牛仔一样，都推销一种自由，它们具有同样的魅力；吸支烟吧，主宰你自己的生活。年轻女性现在代表了美国增长最快的吸烟人群。60年代，美国1/3的吸烟人群是女性，到80年代早期，女性已占烟民的一半。

从上面的这些例子中可以理解到，符码化的"选择"和"结合"的结构，未必是一成不变的。关于商品的符码组合会发生变换，这就是"符码转换"。商品本身毫无改变，但有时会由于"符码转换"而跟不上时代潮流；相反，有的商品看起来已经进入衰退期而濒临死亡，却又出乎意料的复活了。

二、作为消费符码的品牌形象

消费符码的转换与重组依循一定的结构，这种结构大致在两个方向。其一是商品本身没有变化，然而，由于时代原因或其它商品的变貌，商品的意义即消费符码发生变化。其二是随着商品本身的变貌而发生变化。

我们不难看出，无论商品本身变化与否，消费符码是超越商品本身而存在的价值体系，它的价值在于为消费者提供象征性的符号意义而非具体的使用价值。消费者对商品的理解并不局限于功能上，往往根据自己的感受性给商品塑造意义。正如辛迪·莱瑞在《销售的象征》中所言："现代商品被认为本质上是一种心理事物，既象征着个人的属性及目标，也象征着社会的模式及竞争……所有的商业物品都具有象征性特点，而进行采购则涉及到评估——无论是含蓄的还是明确的——以便决定这种象征适合与否。"实际上，品牌形象就是这样一种消费符码。品牌形象的塑造即是引用文化与自然中现有的符号，加以变形，或者搭配组合。广告在这里就是将某种特殊的涵义从外部世界传达给品牌。而后，当消费者购买和使用这一品牌时，相同的涵义又从品牌传达给了消费者。

既然商品具有使用价值和符号价值的两面性，那么商品生命周期也应该是商品本身与消费符码两者的演进。在这个过程中，作为消费符码的品牌形象发挥着至关重要的作用。

最为经典的例子要属万宝路品牌形象的"变性"手术。万宝路香烟当初上市的时候，是被塑造为女性化的形象，销路一直未见佳绩。1954年李奥·贝纳着手对万宝路香烟的广告形象加以改造。西部牛仔的形象一经推出，万宝路香烟的销售量和市场占有率急剧上升。产品本身并没有做任何改变，但品牌的意义却大不相同。这是经由作为消费符码的品牌形象的改变而把不畅销商品转型成功的。

品牌形象一经塑造成型便具有相对的稳定性，作为消费符码，品牌形象成为生产者与消费者之间交流和交换的对象。商品的"功能性"被视为理所当然，而"符号性"成为同质化商品之间寻求差异性的手段，成为满足消费者心理文化层面需求的价值形式，这种价值即被称为"附加价值"。当消费者购买商品时，比起商品本身的普遍的使用价值，将更加重视它是否符合自己主观上的需求与爱好的问题。

将产品或品牌冠上一个正确的形象可以增加它的价值感，非理性的感情因素及其它替代补偿效果往往很容易把产品卖掉。法国结构理论家声称："商品物化的最后阶段的形象，商品拜物教的最后形态是将物转化为物的形象。"在这样的文化背景下，人们的消费心理也从物的消费转向形象消费。广告文化本意应当是"信息"或"信息传播"，但是，符码化的广告运作必然是"增值"活动，即实现"超信息传播"。在这种机制下，商品有了新的含义，即商品已经不仅仅是物质的对象了，商品中也包含了一些观念性的东西。当人们消费商品的时候，他们不只是在"使用"对象，用萨特的话来说，"他们同时也买进了一个观念，而且对这个观念进行了奇怪的处理。"

人们消费的过程，也是解读符码的过程。通过对符码的解读，受众获得了商品之外的东西，把握到了品牌的"形象"。换言之，商品并不是完全依靠物质性使人满足，广告无时无刻不联系着人们最简单的欲望。80年代巴黎大街上随处可见这样一张海报，在碧海背景下，站着一位穿比基尼泳装的妙龄女郎，边上的一行文字使这张海报与众不同："在9月2号，我会脱掉上面的衣服。"巴黎众多先生女士期待着9月2号的到来。9月2号，在新的招贴画上，果真不见了美丽胴体上面的两点，女郎身边的文字变为："9月4号，我会脱掉下面的部分。"全巴黎都为这张海报激动着。9月4号，在新的广告画中，女郎果然一丝不挂，但只是一个远远的曲线优美的背影。广告文字俨然是："××保险公司，说到做到。"

整个事件仿佛是现代广告的缩影：为了引发消费欲望，必须同时提供另一种欲望的影象。广告人古迪说的好:“广告所反映的,并非总是人们正在进行的活动,倒是人们的遐想总出现在广告里。就某个意义来说,我们所做的,正是把你的情绪包装起来,然后卖回给你。”

广告优秀作品获奖名单

第七届全国优秀广告作品展

前　言

在这世纪交替，千年更迭的历史时刻，素有“太湖明珠”之称的美丽城市无锡，又一次迎来了中国广告界的盛会——第七届中国广告节。

本届参展的作品，是1999年6月至2000年7月刊播的广告，共1760件(2387幅)作品。其中：平面广告1166件，影视广告468件，广播广告126件。这些作品经15名评委的评选产生入围奖作品538件，各等级奖在广告节前夕进行评选，获奖情况于颁奖晚会上现场公布。部分省、市广告协会荣获了组织奖。

本届获奖作品水平同前几届相比略有提高。在入围奖作品中，有的气势磅礴，有较强的视觉冲击力；有的以强烈的生活气息来打动消费者的情感，对消费者具有一种亲和力；有的简洁明快，诉求单一，突出品牌效应；有的幽默含蓄，使人印象深刻……。

总之，所有入围作品的共同之处就是力图通过精彩的创意巧妙地传达信息，虽然离国际水平尚有一定的差距，但我们可以从参赛的作品中感受到了中国广告人的孜孜追求。

随着改革开放的不断深入和社会主义市场经济秩序的建立和完善，广告作为连接生产和消费，引导消费趋向，提高人们生活水平和审美取向的特殊行业，已越来越得到全社会的重视。一个国家广告业的发展程度，取决于经济发展程度，而广告业的发展，又可以促进经济的发展，特别是在全球经济一体化的今天，在中国即将加入WTO之际，我国的产品要想在国内市场继续称雄甚至到国际市场争锋，广告的作用不容忽视。

21世纪是一个充满希望和挑战的世纪，全球化和信息化的浪潮带给我们更广阔的发展空间、同时也带来了更严峻的挑战。直复营销广告、网络广告的异军突起不仅带来广告形式上的变革，更预示数字化、网络化时代的到来。中国广告人任重而道远。我们必须坚定信心，作好准备，抢抓机遇，迎接挑战，在市场竞争中掌握主动权，成为经济全球化的真正受益者。

从今年起，“全国广告优秀作品展”改名为“中国广告节”，第七届中国广告节内容精彩纷呈，它不仅是中国优秀广告展示的舞台，更是对中国广告业全面的自我审视和未来发展方向思索的良机。

让我们携起手来，共同迎接崭新的21世纪！

主任：武高汉

副主任：黄清河　莫康孙

委员：项建中　朱月昌　刘是　劳双恩　丁邦清　丁俊杰　乔钧　董立津　朱维理　高峻　招嘉宁

第七届全国优秀广告作品展全场大奖名单

作品内容	作品名称	获奖单位
药品、保健用品	油条骨头	桂林华顿广告策划公司

第七届全国优秀广告作品展获金奖名单

作品内容	作品名称	获奖单位
个人用品	耐克心跳	智威汤逊—中乔广告有限公司
公益	欢欢喜喜过个年(青花瓷篇)	北京桑夏广告有限公司
其他	索易网	上海龙天广告有限公司(PPI)
企业形象	酷必得企业形象系列“团结篇”	灵智大洋广告有限公司
企业形象	酷必得企业形象系列“兄弟篇”	灵智大洋广告有限公司
企业形象	酷必得企业形象系列“姐妹篇”	灵智大洋广告有限公司
药品、保健用品	油条骨头	桂林华顿广告策划公司
公益	足球流氓	智威汤逊—中乔广告有限公司
公益	足球流氓	智威汤逊—中乔广告有限公司
公益	足球流氓	智威汤逊—中乔广告有限公司
公益	支助山区失学儿童	达彼思上海分公司
公益	支助山区失学儿童	达彼思上海分公司
公益	支助山区失学儿童	达彼思上海分公司
公益	蛛蛛网.文胸篇	达彼思上海分公司
公益	蛛蛛网.内裤篇	达彼思上海分公司
公益	“一心不能二用”	河南人民广播电台交通台

第七届全国优秀广告作品展获银奖名单

作品内容	作品名称	获奖单位	作品形式
企业形象	中国移动通信企业形象广告片《牵手》篇	广州市九易广告有限公司	影视作品
家用电器	舞蹈篇	广州市天进广告有限公司	影视作品
食品	荷氏洒水车篇	智威汤逊—中乔广告有限公司	影视作品
食品	荷氏雪球篇	智威汤逊—中乔广告有限公司	影视作品
食品	荷氏海浪篇	智威汤逊—中乔广告有限公司	影视作品
饮料	酒鬼酒之“故事”篇	北京凯普九歌广告有限公司	影视作品
家庭用品	龙	盛世长城国际广告有限公司广州分公司	影视作品
个人用品	耐克香蕉球	智威汤逊—中乔广告有限公司	影视作品
办公设备、通讯服务	日光浴篇(系列1)	麦肯光明广告有限公司	影视作品
办公设备、通讯服务	话筒篇(系列2)	麦肯光明广告有限公司	影视作品
办公设备、通讯服务	紧身裤篇(系列3)	麦肯光明广告有限公司	影视作品

作品内容	作品名称	获奖单位	作品形式
办公设备、通讯服务	发胶篇(系列 4)	麦肯光明广告有限公司	影视作品
药品、保健用品	九华痔疮栓——办公室篇	广东黑马广告有限公司	影视作品
药品、保健用品	九华痔疮栓——酒楼篇	广东黑马广告有限公司	影视作品
公益	“3.15”—“明明白白消费”	河南电视台都市频道	影视作品
公益	“3.15”—“明明白白消费”	河南电视台都市频道	影视作品
公益	国际禁毒日公益广告——剃头篇	广州泓一广告传播有限公司	影视作品
企业形象	茶杯篇—麦肯自我形象之一	麦肯光明广告公司上海分公司	平面作品
企业形象	石磨篇—麦肯自我形象之二	麦肯光明广告公司上海分公司	平面作品
企业形象	炖盅篇—麦肯自我形象之三	麦肯光明广告公司上海分公司	平面作品
企业形象	在广州,每个人都有机会发光!	广州市天进广告有限公司	平面作品
家用电器	金霸王电池(插座篇)	麦肯光明广告公司上海分公司	平面作品
家用电器	净水篇	致诚广告有限公司	平面作品
交通	优良品质,超级润滑(泥鳅)	安徽不夜城广告公司	平面作品
家庭用品	柔丽衣物柔顺剂系列(毛毛扳手)	电扬品牌传播	平面作品
家庭用品	柔丽衣物柔顺剂系列(绒绒铁锤)	电扬品牌传播	平面作品
个人用品	前驱型牙刷系列(过山车道篇)	电扬品牌传播	平面作品
个人用品	前驱型牙刷系列(弯路篇)	电扬品牌传播	平面作品
办公设备、通讯服务	感触.时尚—脚篇	泉州蓝道广告公司	平面作品
办公设备、通讯服务	感触.时尚—手篇	泉州蓝道广告公司	平面作品
办公设备、通讯服务	减负运动系列之一“话费不是重担”篇	广东省广告公司	平面作品
办公设备、通讯服务	减负运动系列之二“减负”篇	广东省广告公司	平面作品
药品、保健用品	邦迪创可贴《暗恋篇》	麦肯光明广告公司上海分公司	平面作品
金融保险	中国银行长城借记卡《超级钱包篇》	麦肯光明广告公司上海分公司	平面作品
旅游、商业服务	就怕你不来篇(系列 1)	麦肯光明广告公司	平面作品
旅游、商业服务	再多也不怕篇(系列 2)	麦肯光明广告公司	平面作品
旅游、商业服务	不怕你乱来篇(系列 3)	麦肯光明广告公司	平面作品
旅游、商业服务	来了漏不掉篇(系列 4)	麦肯光明广告公司	平面作品
旅游、商业服务	早晚等你来篇(系列 5)	麦肯光明广告公司	平面作品
公益	儿童教育	智威汤逊—中乔广告有限公司	平面作品
公益	儿童教育	智威汤逊—中乔广告有限公司	平面作品
公益	儿童教育	智威汤逊—中乔广告有限公司	平面作品
公益	希望工程	智威汤逊—中乔广告有限公司	平面作品
公益	希望工程	智威汤逊—中乔广告有限公司	平面作品
公益	希望工程	智威汤逊—中乔广告有限公司	平面作品
公益	去掉多余之口,还它本来面目(“权”字篇)	贵州民航广告公司	平面作品
公益	去掉多余之口,还它本来面目(“官”字篇)	贵州民航广告公司	平面作品

作品内容	作品名称	获奖单位	作品形式
公益	珍惜自我	杭州风巢企划广告有限公司	平面作品
公益	“带”动	上海美术设计公司	平面作品
其他	苏州印象	南京卓越形象创意公司	平面作品
商品	中央花园	四川人民广播电台广告中心	广播作品
商品	崇智商城	吉林人民广播电台广告中心	广播作品

第七届全国优秀广告作品展获铜奖名单

作品内容	作品名称	获奖单位	作品形式
企业形象	养生堂龟鳖丸《生日》篇	上海尖兵广告制作有限公司	影视作品
家用电器	容声冰箱声音篇	广州市白羊广告有限公司	影视作品
交通	广州本田电视广告“移动的梦想”	广东省广告公司	影视作品
交通	上海大众(帕萨特)	上海奥美广告有限公司	影视作品
食品	家乐牌快熟汤—好汤在哪里	盛世长城国际广告有限公司上海分公司	影视作品
食品	KFC 脆皮甜筒促销	上海奥美广告有限公司	影视作品
饮料	王老吉《健康篇》	广州市思源广告有限公司	影视作品
饮料	怡宝纯净水“说唱篇”	深圳市高小龙影视广告制作有限公司	影视作品
家庭用品	《奇龙牌》万能胶	徐州电视台华荧广告广播中心	影视作品
个人用品	康奈皮鞋——佐罗篇	长城国际广告(广州)有限公司	影视作品
个人用品	“对面的女孩看过来”篇	广东广旭广告有限公司	影视作品
办公设备、通讯服务	中文短讯《钓鱼篇》系列之一	中山市飞途创意广告有限公司	影视作品
办公设备、通讯服务	中文短讯《钓鱼篇》系列之二	中山市飞途创意广告有限公司	影视作品
药品、保健用品	沙滇行舟篇	智威汤逊中乔广告有限公司广东分公司	影视作品
药品、保健用品	蓝田银杏茶《雨中篇》	广州市黄埔唐都广告有限公司	影视作品
金融保险	金盛人寿《母爱》	上海永怡传播公司	影视作品
旅游、商业服务	五枕篇	盛世长城国际广告有限公司广州分公司	影视作品
旅游、商业服务	美食篇	盛世长城国际广告有限公司广州分公司	影视作品
旅游、商业服务	电制篇	盛世长城国际广告有限公司广州分公司	影视作品
旅游、商业服务	蓝图篇	盛世长城国际广告有限公司广州分公司	影视作品
旅游、商业服务	海南航空“云篇”	中国对外贸易广州广告公司、希望广告有限公司	影视作品
房地产	万科金色家园“我的爸爸妈妈篇”	深圳市高小龙影视广告制作有限公司	影视作品
文教	新闻晨报系列之一	上海丽人广告公司	影视作品

作品内容	作品名称	获奖单位	作品形式
文教	新闻晨报系列之二	上海丽人广告公司	影视作品
文教	新闻晨报系列之三	上海丽人广告公司	影视作品
文教	新闻晨报系列之四	上海丽人广告公司	影视作品
公益	科技让生活更轻松系列一	北京桑夏广告有限公司	影视作品
公益	科技让生活更轻松系列二	北京桑夏广告有限公司	影视作品
公益	科技让生活更轻松系列三	北京桑夏广告有限公司	影视作品
公益	科技让生活更轻松系列四	北京桑夏广告有限公司	影视作品
公益	保护野生动物	致诚广告有限公司	影视作品
公益	活在美丽的小事中系列“冰棒篇”	金鹏国际广告有限公司	影视作品
公益	活在美丽的小事中系列“图书馆”	金鹏国际广告有限公司	影视作品
公益	活在美丽的小事中系列“照相篇”	金鹏国际广告有限公司	影视作品
公益	小帐不可细算	云南有线电视台广告部	影视作品
其他	脉搏网系列:枕头篇	盛世长城国际广告有限公司上海分公司	影视作品
其他	脉搏网系列:花瓶篇	盛世长城国际广告有限公司上海分公司	影视作品
其他	脉搏网系列:篮球篇	盛世长城国际广告有限公司上海分公司	影视作品
其他	脉搏网系列:冰淇淋篇	盛世长城国际广告有限公司上海分公司	影视作品
其他	脉搏网系列:功夫篇	盛世长城国际广告有限公司上海分公司	影视作品
企业形象	炎黄在线……	广东省广告公司	平面作品
企业形象	APC“子商务”形象系列广告——子商务篇	灵智大洋广告有限公司	平面作品
企业形象	APC“子商务”形象系列广告——股民篇	灵智大洋广告有限公司	平面作品
企业形象	APC“子商务”形象系列广告——度假篇	灵智大洋广告有限公司	平面作品
企业形象	APC“子商务”形象系列广告——CEO 篇	灵智大洋广告有限公司	平面作品
企业形象	思科形象广告系列“喇嘛购物篇”	灵智大洋广告有限公司	平面作品
企业形象	思科形象广告系列“地铁看报篇”	灵智大洋广告有限公司	平面作品
企业形象	思科形象广告系列“花店订单篇”	灵智大洋广告有限公司	平面作品
企业形象	《福建日报扩版形象系列》之一	福建日报广告总公司	平面作品
企业形象	《福建日报扩版形象系列》之二	福建日报广告总公司	平面作品
企业形象	《福建日报扩版形象系列》之三	福建日报广告总公司	平面作品

作品内容	作品名称	获奖单位	作品形式
企业形象	《福建日报扩版形象系列》之四	福建日报广告总公司	平面作品
企业形象	灵光闪现	西安国际广告公司	平面作品
家用电器	超强吸力	桂林华顿广告策划公司	平面作品
家用电器	说起TEL,就想到TCL	重庆金朝广告有限公司	平面作品
交通	维珍航空(21频道)	上海TBWA李岱艾广告公司	平面作品
交通	维珍航空(酷哥篇)	上海TBWA李岱艾广告公司	平面作品
交通	维珍航空(十指篇)	上海TBWA李岱艾广告公司	平面作品
食品	老蔡高汤粉汤匙篇	智威汤逊—中乔广告有限公司	平面作品
食品	老蔡高汤粉汤匙篇	智威汤逊—中乔广告有限公司	平面作品
食品	老蔡高汤粉汤匙篇	智威汤逊—中乔广告有限公司	平面作品
食品	老蔡高汤粉破罐而出	智威汤逊—中乔广告有限公司	平面作品
食品	老蔡高汤粉破罐而出	智威汤逊—中乔广告有限公司	平面作品
食品	统一(不许吃)	上海奥美广告有限公司	平面作品
食品	统一(不许吃)	上海奥美广告有限公司	平面作品
食品	统一(不许吃)	上海奥美广告有限公司	平面作品
饮料	维维豆奶"预言篇"候车亭灯箱广告系列一	广东省白马广告有限公司	平面作品
饮料	维维豆奶"预言篇"候车亭灯箱广告系列二	广东省白马广告有限公司	平面作品
饮料	维维豆奶"预言篇"候车亭灯箱广告系列三	广东省白马广告有限公司	平面作品
饮料	王宝和酒系列之一	上海隆图广告创意策划公司	平面作品
饮料	王宝和酒系列之二	上海隆图广告创意策划公司	平面作品
饮料	王宝和酒系列之三	上海隆图广告创意策划公司	平面作品
饮料	王宝和酒系列之四	上海隆图广告创意策划公司	平面作品
饮料	王宝和酒系列之五	上海隆图广告创意策划公司	平面作品
饮料	开启新生活	安徽不夜城广告公司	平面作品
家庭用品	毛笔篇	广州市良品堂广告有限公司	平面作品
家庭用品	呵护靓丽　芳梳自然	廊坊画院装潢广告艺术部	平面作品
个人用品	爱茉莉防晒霜系列广告	沈阳瑞克广告策划有限公司	平面作品
个人用品	爱茉莉防晒霜系列广告	沈阳瑞克广告策划有限公司	平面作品
个人用品	爱茉莉防晒霜系列广告	沈阳瑞克广告策划有限公司	平面作品
个人用品	爱茉莉防晒霜系列广告	沈阳瑞克广告策划有限公司	平面作品
个人用品	舒舒服服,干干净净(枕头篇)	麦肯光明广告有限公司广州分公司	平面作品
个人用品	舒舒服服,干干净净(浴缸篇)	麦肯光明广告有限公司广州分公司	平面作品
办公设备、通讯服务	求救	青岛天马广告有限公司	
办公设备、通讯服务	中联通130系列二:"情话"篇	广州市蓝色创意广告有限公司	平面作品
办公设备、通讯服务	中联通130系列二:"编网"篇	广州市蓝色创意广告有限公司	平面作品
办公设备、通讯服务	中联通130系列二:"难题"篇	广州市蓝色创意广告有限公司	平面作品
办公设备、通讯服务	中联通130系列二:"跳伞"篇	广州市蓝色创意广告有限公司	平面作品
办公设备、通讯服务	广东全球通手机移动新服务系列之WAP"鼠标篇"	广州奥美广告公司	平面作品

作品内容	作品名称	获奖单位	作品形式
办公设备、通讯服务	广东全球通手机移动新服务系列之三理财通“算盘篇”	广州奥美广告公司	平面作品
办公设备、通讯服务	广东全球通手机移动新服务系列之二秘书服务“秘书篇”	广州奥美广告公司	平面作品
办公设备、通讯服务	奇声无绳电话防盗打系列之一《连环锁》篇	长城国际广告(深圳)李文创作中心	平面作品
办公设备、通讯服务	奇声无绳电话防盗打系列之二《木盒》篇	长城国际广告(深圳)李文创作中心	平面作品
办公设备、通讯服务	奇声无绳电话防盗打系列之三《保险柜》篇	长城国际广告(深圳)李文创作中心	平面作品
药品、保健用品	止痒神功(第一式)	无锡市柏圣广告传播有限公司	平面作品
药品、保健用品	止痒神功(第二式)	无锡市柏圣广告传播有限公司	平面作品
药品、保健用品	止痒神功(第三式)	无锡市柏圣广告传播有限公司	平面作品
药品、保健用品	止痒也可不练功	无锡市柏圣广告传播有限公司	平面作品
药品、保健用品	好胃口不忌口系列之一	湖南博创广告有限公司	平面作品
药品、保健用品	好胃口不忌口系列之二	湖南博创广告有限公司	平面作品
药品、保健用品	好胃口不忌口系列之三	湖南博创广告有限公司	平面作品
金融保险	平安保险系列之一《天鹅篇》	麦肯光明广告公司上海分公司	平面作品
金融保险	平安保险系列之二《凤凰篇》	麦肯光明广告公司上海分公司	平面作品
金融保险	平安保险系列之三《老虎篇》	麦肯光明广告公司上海分公司	平面作品
旅游、商业服务	红皮鞋	苏州市点津堂设计工作室	平面作品
旅游、商业服务	马桶	桂林华顿广告策划公司	平面作品
旅游、商业服务	家乐红星店开业闹钟篇(之一)	世纪座标广告有限公司	平面作品
旅游、商业服务	家乐红星店开业出租篇(之二)	世纪座标广告有限公司	平面作品
旅游、商业服务	家乐红星店开业冰箱篇(之三)	世纪座标广告有限公司	平面作品
房地产	光大花园“叶”系列	广州市白羊广告有限公司	平面作品
房地产	光大花园“叶”系列	广州市白羊广告有限公司	平面作品
房地产	光大花园“叶”系列	广州市白羊广告有限公司	平面作品
房地产	光大花园“叶”系列	广州市白羊广告有限公司	平面作品
房地产	光大花园“叶”系列	广州市白羊广告有限公司	平面作品
房地产	光大花园“叶”系列	广州市白羊广告有限公司	平面作品
房地产	光大花园绿篇	广州市白羊广告有限公司	平面作品
房地产	开元山庄　山水篇	山东最后企业策划咨询有限公司	平面作品
房地产	开元山庄　画篇	山东最后企业策划咨询有限公司	平面作品
文教	老张篇	麦肯光明广告有限公司	平面作品
文教	阿姨篇	麦肯光明广告有限公司	平面作品
公益	吹气球	嵊州市现代广告装潢服务部	平面作品
公益	深圳小海沙——别让孩子像瓶里的鱼篇	BOB 深圳市尽致广告有限公司	平面作品
公益	深圳小海沙——孩子的生活需要更多的色彩篇	BOB 深圳市尽致广告有限公司	平面作品
公益	深圳小海沙——让孩子的梦想变为现实篇	BOB 深圳市尽致广告有限公司	平面作品

作品内容	作品名称	获奖单位	作品形式
公益	远离毒害,拒绝毒品	电通扬雅品牌传播	平面作品
公益	远离毒害,拒绝毒品	电通扬雅品牌传播	平面作品
公益	远离毒害,拒绝毒品	电通扬雅品牌传播	平面作品
公益	关心失学儿童——卖鱼女篇	厦门市路桥广告公司	平面作品
公益	支持希望工程,让全社会都来关注	厦门市路桥广告公司	平面作品
公益	保护文物	重庆新海广告公司	平面作品
公益	3.15 并非游戏	盐城市湖海广告有限公司	平面作品
公益	消灭“核武器”	广东省广告公司	平面作品
公益	尊重规则,游戏才会更精彩(哨子篇)	麦肯光明广告有限公司广州分公司	平面作品
公益	平等相待,用行动去关怀	济南唐人广告传播公司	平面作品
公益	平等相待,用行动去关怀	济南唐人广告传播公司	平面作品
公益	加强权力制约,防范腐败	自由广告人	平面作品
公益	剥光她?——小心!我们仅有一个地球!	广西科嘉艺营销广告有限责任公司	平面作品
公益	压榨她?——小心!我们仅有一个地球!	广西科嘉艺营销广告有限责任公司	平面作品
公益	吸干她?——小心!我们仅有一个地球!	广西科嘉艺营销广告有限责任公司	平面作品
公益	伤害她?——小心!我们仅有一个地球!	广西科嘉艺营销广告有限责任公司	平面作品
公益	鱼米之乡之工业文明	苏州大学艺术学院	平面作品
公益	环保公益广告《小鸟篇》	海润国际广告公司黑龙江分公司	平面作品
公益	环保公益广告《蝴蝶篇》	海润国际广告公司黑龙江分公司	平面作品
其他	e 龙候车亭灯箱广告系列一	广东省白马广告有限公司	平面作品
其他	e 龙候车亭灯箱广告系列二	广东省白马广告有限公司	平面作品
其他	e 龙候车亭灯箱广告系列三	广东省白马广告有限公司	平面作品
其他项	TORIN 爱犬屋之生气篇	无锡市汇美艺研设计有限公司	平面作品
其他项	TORIN 爱犬屋之交配篇	无锡市汇美艺研设计有限公司	平面作品
其他项	TORIN 爱犬屋之求爱篇	无锡市汇美艺研设计有限公司	平面作品
公益	环保篇:回收废旧电池	武汉交通广播电台	广播作品
公益	别把污水倒进自己碗里	江西人民广播电台	广播作品
商品	“酷必得”广播广告	灵智大洋广告有限公司	广播作品
商品	TCL 美之声清晰型无绳电话	深圳广播电台(声图广告公司)	广播作品
商品	泰元双农牌营养杂粮	山西人民广播电台广告部	广播作品
商品	香巴拉牛肉干	新疆西意广告公司	广播作品

第七届广告作品展组织奖获奖名单

（此奖为表彰地方广告协会）

江苏省、广州市、安徽省、山东省、武汉市、河北省、山西省、贵州省、哈尔滨市、青岛市、南京市、新疆维吾尔自治区、四川省、厦门市、福建省、上海市、浙江省、无锡市

第七届全国优秀广告作品展各省、市、区获奖情况表

序号	地区	送评作品数	入围作品数	全场大奖作品数	金奖作品数	银奖作品数	铜奖作品数	入围奖作品数	评委推荐奖作品数	获奖作品总数
1	北京	54	33	0	1	3	2	27	0	33
2	上海	182	93	0	5	9	15	64	2	95
3	天津	30	6	0	0	0	1	5	0	6
4	重庆	16	6	0	0	0	2	4	0	6
5	河北	53	2	0	0	0	1	1	0	2
6	山西	21	1	0	0	0	1	0	0	1
7	内蒙古	0	0	0	0	0	0	0	0	0
8	辽宁	0	0	0	0	0	0	0	0	0
9	吉林	5	2	0	0	1	0	1	0	2
10	黑龙江	5	2	0	0	0	0	2	0	2
11	山东	76	14	0	0	0	1	13	0	14
12	江苏	212	53	0	0	0	6	47	3	56
13	安徽	47	11	0	0	1	2	8	0	11
14	浙江	86	21	0	0	0	1	20	1	22
15	江西	14	6	0	0	0	1	5	0	6
16	福建	34	5	0	0	1	1	3	0	5
17	河南	18	6	0	1	1	0	4	0	6
18	湖北	0	0	0	0	0	0	0	0	0
19	湖南	21	4	0	0	0	1	3	0	4
20	广东	119	43	0	0	1	9	33	1	44
21	广西	37	16	1	1	0	3	12	1	18
22	海南	0	0	0	0	0	0	0	0	0
23	四川	39	11	0	0	1	0	10	0	11
24	云南	18	4	0	0	0	1	3	0	4
25	贵州	31	5	0	0	1	0	4	0	5
26	西藏	0	0	0	0	0	0	0	0	0
27	陕西	0	0	0	0	0	0	0	0	0
28	甘肃	0	0	0	0	0	0	0	0	0
29	宁夏	3	1	0	0	0	0	1	0	1
30	青海	0	0	0	0	0	0	0	0	0
31	新疆	60	6	0	0	0	1	5	1	7
32	沈阳	3	3	0	0	0	1	2	0	3

序号	地区	送评作品数	入围作品数	全场大奖作品数	金奖作品数	银奖作品数	铜奖作品数	入围奖作品数	评委推荐奖作品数	获奖作品总数
33	大连	5	3	0	0	0	0	3	0	3
34	长春	0	0	0	0	0	0	0	0	0
35	哈尔滨	31	10	0	0	0	1	9	0	10
36	济南	10	2	0	0	0	1	1	0	2
37	青岛	31	10	0	0	0	1	9	1	11
38	南京	60	16	0	0	1	0	15	1	17
39	杭州	26	6	0	0	1	0	5	0	6
40	宁波	0	0	0	0	0	0	0	0	0
41	厦门	39	18	0	0	0	2	16	0	18
42	武汉	45	5	0	0	0	1	4	0	5
43	广州	262	95	0	1	9	16	69	2	97
44	深圳	47	15	0	0	0	5	10	0	15
45	珠海	0	0	0	0	0	0	0	0	0
46	汕头	0	0	0	0	0	0	0	0	0
47	成都	0	0	0	0	0	0	0	0	0
48	西安	20	4	0	0	0	1	3	0	4
合计		1760	538	1	9	30	78	421	13	552

全国青年广告设计大奖赛

为展示和提高青年人的广告创意设计制作水平，选拔推荐青年广告人，在第七届中国广告节中决定举办全国青年广告设计大奖赛（以下简称“大奖赛”）。此次“大奖赛”是面向青年广告创意、设计、文案人员的专业性大赛，也是本届广告节活动中的一个重要内容。74名参赛者均由各地广告协会选拔产生。

一、参赛要求

1、以省、市为单位选派一组（2人，一名文案、一名设计）代表省、市参加“大奖赛”（获成都广告周比赛前4名者可直接进入此次“大奖赛”）；

2、参赛人员年龄在35岁以下（含35岁）；

3、参赛人员能熟练使用电脑广告设计软件；

4、现场统一命题，在24小时内现场进行设计制作；

5、每组创作一件平面广告作品。规格为A4(297mm×210mm)背面张贴一张作品创意说明及参赛人员单位、姓名。

二、参赛设备及相关软件

1、比赛采用联想电脑（PC机）；

2、参赛人员需自备要图、排版软件和字库，并在以下规定软件中选定一项。

.Adobe Photoshop4.0　　做图软件

.Adobe Photoshop5.0　　做图软件

.方正飞腾 Fit3.1　　排版软件
.Free Hand3.1A　　排版软件
.Adobe PageMaker6.5C　　排版软件
.Adobe PageMaker6.0C　　排版软件
.Corel DraW6.0　　做图、排版软件
.Corel DraW8.0　　做图、排版软件
.字库 汉化字库(通用)

三、奖项设置

金奖一名,颁发奖杯、证书
银奖一名,颁发奖杯、证书
铜奖三名,颁发奖杯、证书
入围奖:若干
参赛人员均获组委会颁发的参赛证书。
作品的版权归大赛组委会。

全国青年广告设计大奖赛获奖名单

奖项	作者	参展单位
金	曹少军、冯大鹏	麦肯光明广告公司广州分公司
银	刁勇、赖伟	广州蓝色创意广告公司
铜	江东华、廖靖琳	厦门市路桥广告公司
铜	李春润、高巍岳	北京北岛广告公司
铜	冯方宇、夏建军	南京卓越形象创意公司

浙江省专栏

蓬勃发展的浙江广告业

在改革开放大潮的推动下，广告这一古老而又年轻的行业，正以其勃勃生机活跃在促进生产、搞活流通、指导消费、更新观念的崭新舞台上。据不完全统计，浙江省1983年广告营业额只有426万元，人均不到0.11元，而2000年已跃升为46.8亿元，人均达13.68元，名列全国前茅。广告业已成为我省第三产业发展最迅速的行业之一。通过广告迅速反映飞跃发展的时代脉搏，表现日新月异的产品品质，其覆盖的领域和内容广泛且丰富多彩。广告已成为公众关注的焦点之一。

浙江省广告监测咨询中心

一、 企业广告意识明显增强。

以科技、质量、服务、信誉为基础，依托广告这一中介抢滩占市已成为我省企业经营的一大显著特点，娃哈哈、青春宝、雅戈尔、杉杉……等企业和品牌的创业历程已成为企业发展与广告联姻的成功典范，同时也正吸引着我省越来越多的企业重新审视自己的营销策略。

二、 媒体广告日新月异。

广告业的发展主要依托新闻传播媒介和城市视觉媒体。随着时代的发展，我省广告媒体不断发展和变化，形成了一个千姿百态、百花争艳的广告世界。2000年底，全省拥有321家媒体，营业额达到23.4亿元，以信息技术，微波电子技术、新材料为基础的高科技，促进了广告媒体的发展，荧光屏、光导纤维、喷绘等等使广告世界变得更加亮丽，伴随网络革命进

浙江省广告监测咨询中心

程的加快，网络广告拥有了更大空间。

三、 广告公司日超专业化。

繁荣的商品经营需要广告人，同样广告人也离不开市场经济。如今浙江拥有4180家广告公司和34279广告人，据统计，其中78.6%的人拥有大专以上的学历，已有11498人取得了广告专业岗位技术证书，在这部分人中的59.2%还不到35周岁，中、高级专业技术人员达7569人，占22%，为浙江广告业注入了新的活力，对广告市场格局产生了巨大影响。浙江广告公司的发展与浙江本土企业的发展是唇齿相依，同步发展的。浙江没有规模巨大、实力雄厚的广告公司，但却拥有一批专业性、协作性、有效性十分强的广告公司，这个特点，随着市场分工的细化正充分发挥其优势。

四、 广告监管日益规范。

没有规矩难成方圆，在市场的发展过程中，各级管理部门从未放松过对广告的监管。特别是《广告法》颁布以来，广告监管的力度进一步得到了加强。据统计，2000年，我省各级工商行政管理机关，共查处违法广告6060起，罚没金额798万元，收缴的违法印刷品广告达2110万份。在加大监管力度的同时，浙江省工商部门积极探索有效的广告监管方式，将广告监测手段列入监管领域。目前，全省各市广告监测机关已基本成立，并已正常运作，为监管好广告市场打下了良好的基础。

温 州 市 广 告 协 会

温州市广告协会成立于1989年，在上级有关单位的指导和全体会员的共同努力下，从成立初的33家会员单位、从业人员226人，发展到目前的425家会员单位、从业人员3682人、2000年广告经营额54403万元的规模。

协会自成立以来，利用报纸、广播、电视、招贴等媒介和讲座、知识竞赛、咨询服务等形式，积极向社会宣传广告方面的法律、法规。协会多次组织优秀广告作品评选活动，并先后开展“争创广告行业精神文明先进单位”活动、广告经营单位资质等级认定活动，出台了《温州市广告经营行为自律准则》，提高了广告经营单位的整体素质。会员单位作品曾多次在全国、全省各类广告作品评比中得奖。

协会还协同政府有关部门在我市城镇主要街道，如鹿城区人民路、学院路、瓯海振中街等，开辟了霓虹灯一条街和公益广告一条街，为渲染温州现代都市气氛，弘扬温州精神文明建设作出积极的贡献。

步入新的世纪，协会将继续贯彻改革开放以及“百花齐放、百家争鸣”的方针，团结全市有志于广告行业的工作者，结合我市“二次创业”的时代特征，积极探索我市广告业的发展规划和经营体制，传播广告界的信息及先进的科学技术，以促进温州经济建设和精神文明建设新的腾飞！

地址：温州市水心十七中路13号　　邮编：325028　　电话：0577-8523054

精心打造服装节
第五届宁波国际服装节
时间：2001.10.18—2001.10.22
地点：浙江·宁波
电话：0574-7321818-8003

杭州电力广告公司 祖龙成 经理

简　　介

杭州是浙江省省会，同时也是全省经济、文化、旅游中心。以“西湖”而闻名遐迩的杭州，自古便有“上有天堂，下有苏杭”美誉。改革开放的今天，杭城的广告业犹如雨后春笋般迅猛发展，竞争也日益激烈。杭州电力广告公司犹如一匹黑马，在众广告公司中脱颖而出，占据广告界一席不容忽视的地位。

杭州电力广告公司是杭州市电力局下属企业，具有设计、制作、发布国有广告之能力。公司自1993年成立以来，响应市政府创建文明城市的号召，重要在杭城路灯杆、电力杆、马路人行道上发布中小型灯箱、路牌，并拥有杭城高层建筑广告牌等其他广告媒体。公司大量引进和使用户外广告新材料，短短几年时间，灯箱式样推陈出新，从单一的长方形、圆形到如今开发出20余种款式。先后在杭城许多主要街道上成功发布大批量群体灯箱，在广告界引起较大反响，并受到市政府主管部门好评。公司在发展广告业务的同时，积极在杭城主要街头设置公益性广告，从而大力弘扬了中华好风尚。

一个好产品需要一个好广告为其宣传，一个好广告需要一个好媒体来展示。几年来，杭州电力广告公司本着“客户至上，真诚服务”的企业精神，先后与娃哈哈、海尔电器、小天鹅、东方通信、可口可乐、肯德基、麦当劳等一批国内外知名企业愉快合作，都取得了客户肯定。在已拥有一大批稳定客源的今天，公司不满足现有成绩，承揽广大客户，希望通过挚诚的合作，换来满意的回报。

黄龙路灯箱实景

杭州电力广告公司 地址：解放路102号 电话：（0571）7071418 7261637 传真：（0571）7025830

常州市专栏

发展中的常州广告业

2000年，我市经济建设取得伟大成绩，全市国民生产总值超过600多亿元。随着改革开放的不断深入和社会主义市场经济的不断完善，企业市场竞争越来越激烈，全社会的广告意识越来越强，从而带来了我市广告业的迅猛发展。目前，我市有广告经营单位412户，广告从业人员3148名，分别比上年度增加3%和20.6%，总体发展势态呈稳中求进，日趋兴旺。其主要表现为：

1、广告市场经营主体呈现多元化。随着我市企业改制工作的深入进行，私营有限公司形式的广告企业发展很快，给广告队伍增添了新生力量和活力。在现有队伍中，国有企业25户，集体企业36户，均有较大幅度下降，而个体和私营有限责任公司为206户，比上一年增长62.2%。

2、行业结构得到有序调整，经营规模越来越大。现有专业广告经营单位311户，其中，综合型广告公司146户，专业公司比上一年增长36%，兼营广告企业72户，比上一年下降14.3%。全市共有13户新闻媒介广告公司，常州电视台年广告经营额达8000万元，常州日报发行量达8.2万份，年广告经营额为4900万元。在我们的支持和指导下，我市产生了一些经济实力较强、跨行业经营的广告企业，全市广告经营额超过500万元的企业达15户，1000万元以上的有6户，2000年全市广告经营额达到2.8亿元，比上一年增加8%。

3、广告媒体多形式。从单一的广播、报纸、电视、杂志发展到印刷品、灯箱、霓虹灯、电子显示屏、车辆、候车亭、气模、气球等十几种。其中，以报纸、电视、户外为主体的广告媒介，构成了我市广告的基础。我市日报、晚报相继扩版增量，电台、电视台也纷纷增加频道，增加播出时间，目前共有7份地方报纸、7套电视频道、5个广播频道。在户外广告中，路牌、灯箱、霓虹灯、车身、显示屏、条幅等遍及全市，形成媒体多样、门类齐全、多方位、多视角的宣传格局，特别是我市延陵西路霓虹灯一条街，为全省第一条霓虹灯广告街，已成为我市夜景之一。

4、广告从业人员素质不断得到加强。产生了一批广告设计、制作人员，现全市持有广告专业技术岗位资格证书的人员1125名，户均3名，广告审查员512名，户均1.2名，大专以上学历的从业人员超过了70%。

5、广告市场宣传主题社会化。参与广告宣传的不仅有工业、商业，近几年来娱乐业、金融业、旅游业、房地产等新兴行业的发展，广告投入量增加。其中药品、食品、化妆品、房地产及家用电器的广告费投入增多，2000年广告费投入前六位分别是食品（含保健食品）6743万元，药品3667万元，家用电器2986万元，化妆品2848万元，房地产2080万元，服饰2005万元。

6、广告创意、设计、制作水平不断提高。每年，我们都举办全市优秀广告作品展，并积极组织我市广告单位参加全国、全省广告节活动，我市有多件广告作品曾获全国金、银、铜奖，在江苏省第六届优秀广告作品评选活动中，《诚信》、《鞋油一指甲油篇》、《山水牌麻油》三幅作品获铜奖。《新大洲摩托车》、《二000年，我们放飞希望》等10幅作品获优秀奖，同时经省广告协会推荐，有9幅作品报送中广协，参加中广协第七届优秀广告作品展评。广告公司的服务质量越来越好，技术装备有了改进，广告“四新”不断运用，电脑、喷绘设备不断增加更新。

与此同时，为了加强我市广告管理工作，规范经营行为，我局建立了市、县、区及工商所四级广告监管网络，全市广告市场监督机制进一步完善，行业建设和行业自律进一步加强，虚假违法广告得到有效抑制，公平、公正、有序的竞争环境已基本形成，从而保证了我市广告业的“健康、有序”发展。

常州著名广告经营者

常州电视台

常州日报社广告中心

常州有线广播电视台

中国剪报社

常州市英才广告设计有限公司

常州环球公共关系公司

常州东亚广告策划有限公司

常州中体广告有限公司

常州金利广告有限公司

常州参天广告有限公司

常州艾力特广告装饰有限公司

常州市日强广告有限公司

广告发布者介绍目录

常州市华灯广告有限公司

常州市通力达信息传播有限公司

博闻广告（常州）有限公司

常州格美广告公司

常州市江南广告装潢有限公司

常州市腾龙广告有限公司

常州市美凯龙国际文化广告公司

常州市霓虹广告有限公司

常州市开来广告有限公司

常州市霞峰广告创意装饰有限公司

常州市时空广告有限公司

常州市工商行政管理局

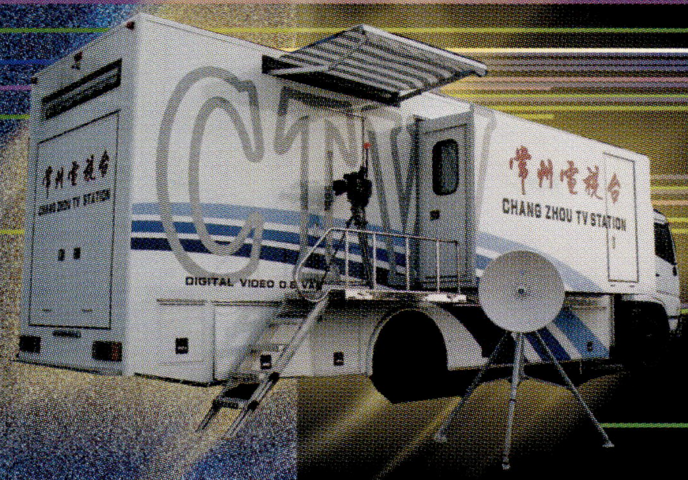

常州电视台
CHANGZHOU TV STATION

常州电视台建台已二十五周年，是常州新闻系统唯一的省级文明单位。人才、技术、设备、实力雄厚。电视信号覆盖常州全境及邻近部分地区，可收视人口达1500万人。自办两套节目，转播三套节目，全天候播出。节目容量大、节奏快、时效强、信息量大；影视剧内容新、质量好、品位高，99年黄金时段平均收视率达22.74%。在常州可收看到的三十几套节目中名列第一。

自办的一套(九频道)及二套节目，形成了《常州新闻联播》、《社会写真》、《法庭内外》、《新闻播报》、《晚间新闻》、《英语新闻》、《今日常州》、《共度好时光》等各具特色的名牌栏目。

常州电视台技术装备水平居全国城市台前列。具有两个功能先进、技术指标一流的电视播出传输中心。有五个演播室，其中新闻演播室、社教节目演播室已实现全部数字化，一个600M² 演播室配备有80只进口变色灯，40台进口电脑灯，最新型的GRANDMA调光台。大型8讯道数字转播车既作600M² 演播室的节目录制，又可外出录像，车内配置有12比特数字摄像机，DVW数字录像及SONY数字切换台，EVS慢动作重放机等世界最先进的数字设备。全台有五套配置先进的SGI OCTANE工作站及MAYA、JALEO、SOFTIMAGE等世界先进的三维动画、非线性编辑软件，可制作精良的广告、片头等节目。摄录编设备采用DIGITAL-S及DVW数字格式，自制节目已基本数字化。

发射机总功率18.6千瓦，包括播出自办两套节目及转播上级台三套节目。

常州日报社广告中心

常州日报社广告中心全面负责《常州日报》、《常州晚报》的广告事务，全方位地为广大企事业单位和广大读者提供服务，承担广告的设计制作、发布。同时，还代理国内各大媒体广告、制作产品样本、户外灯箱广告，承接礼品馈赠广告、承办各种信息发布活动等。

《常州日报》是中共常州市委机关报，也是全市人民心目中极有影响力的一份大型综合性日报，她已有40多年历史。多年来以其准确、及时、鲜明的报道，树立了自己严谨、真实、权威的形象，先后摘取了“全国好新闻奖”、“中国新闻奖”一等奖的桂冠，堪称省内一流的地方报刊和常州新闻界的主导媒体。

《常州日报》日发行量8. 23万份(其中星期四《服务导刊》发行量达10. 2万份)，直接进入家庭的61%以上，人均占有报纸率在全省各市名列前茅。

《常州晚报》从1994年1月1日正式创刊以来，一直坚持“深入生活，反映生活，服务生活”的办报宗旨，并逐步形成了“信息量大、开放度高、参与性强、服务面广”的风格和特色，深受广大读者喜爱，2000年日发行量为7. 1万份，其中周一发行量高达14. 1万份，成为常州单日发行量最大的新闻类报纸。

常州日报社广告中心人才荟萃、设计水平先进、策划创意一流，下设客户部、市场部、专版代理部、设计出版部四个分部。广告年收入近5000万元，进入中国媒体广告经营一百强，广告作品曾在全国性广告评比中获得银奖、铜奖。我们竭诚为广告客户提供全面、周到的服务，为提高企业知名度，树立企业美好形象，拓展产品销售渠道尽心尽力。

地址：江苏常州市大庙弄口
电话：(0519)6603740、6681812、6626118
传真：(0159)6624880
邮编：213003

常州有线广播电视台 简介

超前一步，精彩尽显常州有视

常州有线广播电视台于1994年10月28日正式建台，目前自办3套电视节目，传达31套电视节目，网络覆盖常州市区和所辖武进、金坛、溧阳三市，拥有用户52余万户，直接受众340万。

常州有线广播电视台自办新闻频道、生活频道、图文信息频道三套节目。

新闻频道以新闻节目为主，自办有《常州报道》、《有线播报》、《有线大视角》、《警方传真》等节目；生活频道以生活服务为主要特色，自办了《生活百事》、《龙城旅游》、《环球音乐》、《相聚在荧屏》等栏目；图文信息频道开设了《股市行情》、《房信交流》、《人才劳务市场》、《求职信息》、《调剂市场》、《金融财经信息》等20个信息窗口。节目以丰富多彩的内容，鲜明浓郁的特色，生动活泼的风格，赢得了广大市民的喜爱，达到了较高的收视水平，我台还先后拍摄了上、下集电视剧《太阳底下》、10集电视连续剧《戏梦人生》、20集电视连续剧《围城内外》、电视电影《生死兄弟情》等。建台以来，已有60多件作品获得省级以上大奖。

新闻频道广告收费标准

时间	节目内容	5秒	10秒	15秒	30秒
8:00—17:30	D 广告	75	100	150	300
17:30	幽默剧场				
18:00	电视导看				
18:03	动画乐园				
18:28	B1 广告	500	800	1100	1600
18:30	LC 630剧场插				
18:59	A2 广告	1000	1400	2200	3200
19:00	每日财经				
19:14	A3 广告	1000	1400	2200	3200
19:15	中国娱乐特快				
19:28	B2 广告	1000	1400	2200	3200
19:30	常州报道（周一至周六） 警方传真（周日）				
19:38	J 广告	2000	2800	4000	5800
19:40	有线大视角（周一至周六） 警方传真（周日）				
19:43	T 广告	2000	2800	4000	5800
19:45	天气预报				
19:50	T1 广告	1000	1400	2200	3200
20:00	TA 电视剧(1)插（周一至周六） 江南人家（周日）	1600	2000	3000	4800
20:50	有线播报（周一至周六）	重播			
20:55	有线大视角（周一至周六）				
21:00	天气预报				
21:04	T2 广告	1000	1400	2200	3200
21:15	TB 电视剧(2)插	1600	2000	3000	4800
21:55	T3 广告	1000	1400	2200	3200
22:05	TC 电视剧(3)插 周日至周五 周末影院（星期六）	1200	1800	2600	4000
22:45	T4 广告	600	900	1200	2000
22:55	TD 电视剧(4)插 周日至周五 周末影院（星期六）	800	1200	1600	2400
23:35	每日财经	重播			

2000年10月28日起执行

常州有视 强势媒体
Changzhou Cable Television Station

江苏省常州市西横街10号 广告部电话／传真：0519-6611266 6611268

設計 英才 YINGCAI ADVERTISING

YINCAI ADVERTISSING CO.,LTD

个性空间　无限创意

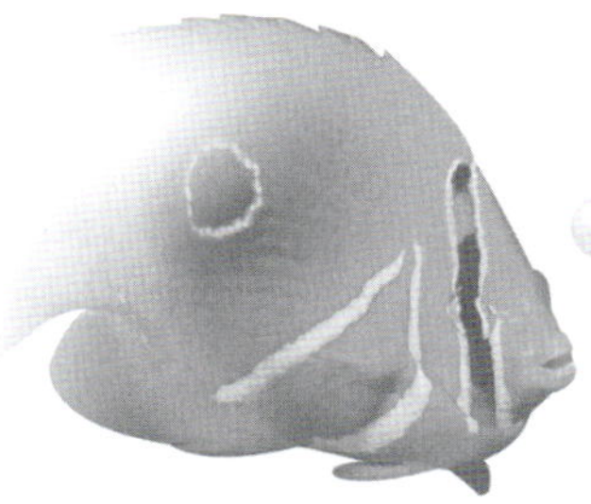

ADVERTISING

英才广告

灵活简便　美观大方

常州英才广告设计有限公司是江苏省广告协会理事会单位，公司成立迄今七年，形成了集专业设计、制作、代理、发布、展示产品开发、广告材料销售为一体的多方位发展的广告公司。公司除了重视员工队伍建设，还积极投资教育事业，在常州两所大专院校设立“英才奖学金”，为不断充实专业设计人员奠定了基础。

近年来，英才广告将发展重点定位在展览展示工程方面，开发研制了一系列展览会用广告器材——Hawk（鹰牌）展示系列。

拉网式展架：集束成捆的网架几分钟内形成一个大型框架，制的磁吸贴画技术令展品陈列光彩夺目，一个带轮包即可轻松携带，来去自如。

易拉得系列：30 秒钟，三个步骤，图像立即展示，重量低于 5 公斤，可随身携带。

动感灯箱：赋于静态的广告灯箱生命力，带给沉闷的广告环境新契机，令人耳目一新。

上述产品广泛应用于展览广告、巡回展示、商业促销、会议演示等方面。英才广告不断汲取国外广告同行的先进经验，运用于自己的产品，不久将有科技含量更高的专业广告器材和展示器材面世。

目前，公司在南京、上海、广州设有办事处，并在全国大部分省、直辖市有代理商，能以最迅捷的速度为广大广告同行和广告客户提供臻于完美的服务。

诚征地区代理

地址：江苏省常州市双桂坊 70 号
电话／传真：0519-6634632 6600338-301
免费电话：8008286616
网址：http://www.yingcai.com
E-mail:sales/yingcai.com

易拉宝－
展示新视点

Hawk
鹰牌展架

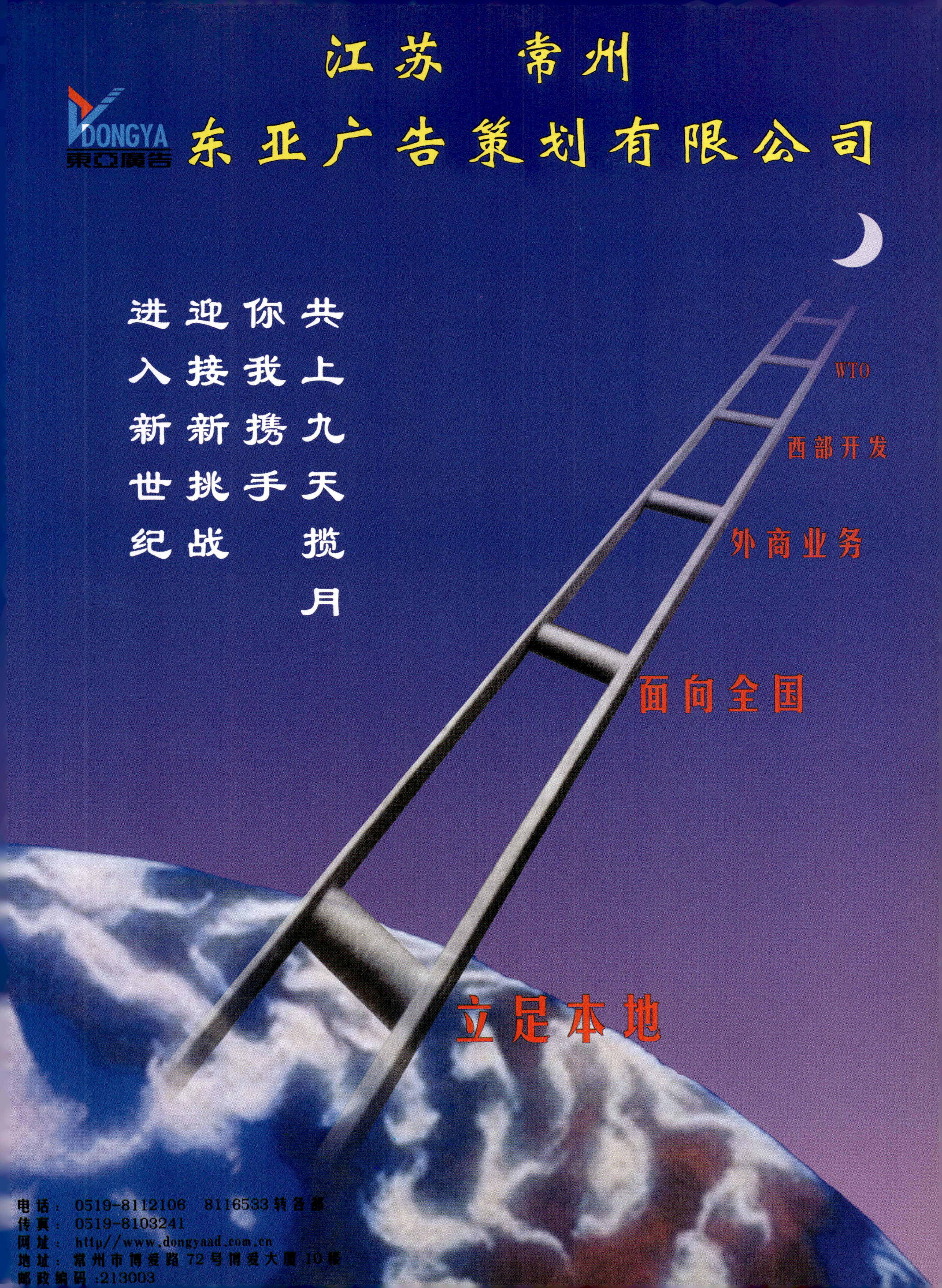
江苏 常州
DONGYA
東亞廣告
东亚广告策划有限公司
共上九天揽月
你我携手
迎接新挑战
进入新世纪
WTO
西部开发
外商业务
面向全国
立足本地
电话：0519-8112106　8116533转各部
传真：0519-8103241
网址：http//www.dongyaad.com.cn
地址：常州市博爱路72号博爱大厦10楼
邮政编码 :213003

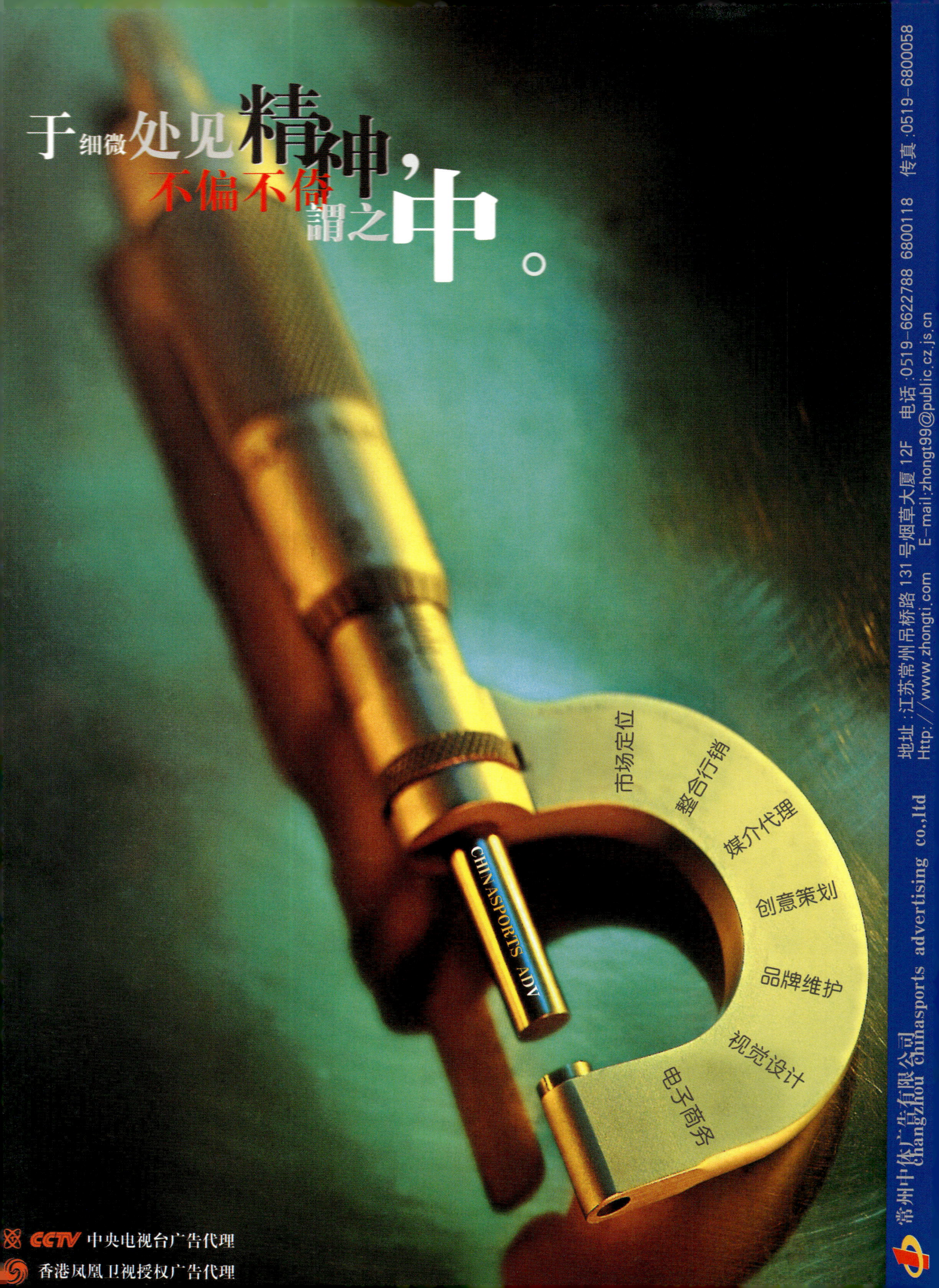

于细微处见精神，
不偏不倚谓之中。
CHINASPORTS ADV
市场定位
整合行销
媒介代理
创意策划
品牌维护
视觉设计
电子商务
CCTV 中央电视台广告代理
香港凤凰卫视授权广告代理
常州中体广告有限公司
changzhou chinasports advertising co.,ltd
地址:江苏常州吊桥路131号烟草大厦12F 电话:0519-6622788 6800118 传真:0519-6800058
Http://www.zhongti.com E-mail:zhongt99@public.cz.js.cn

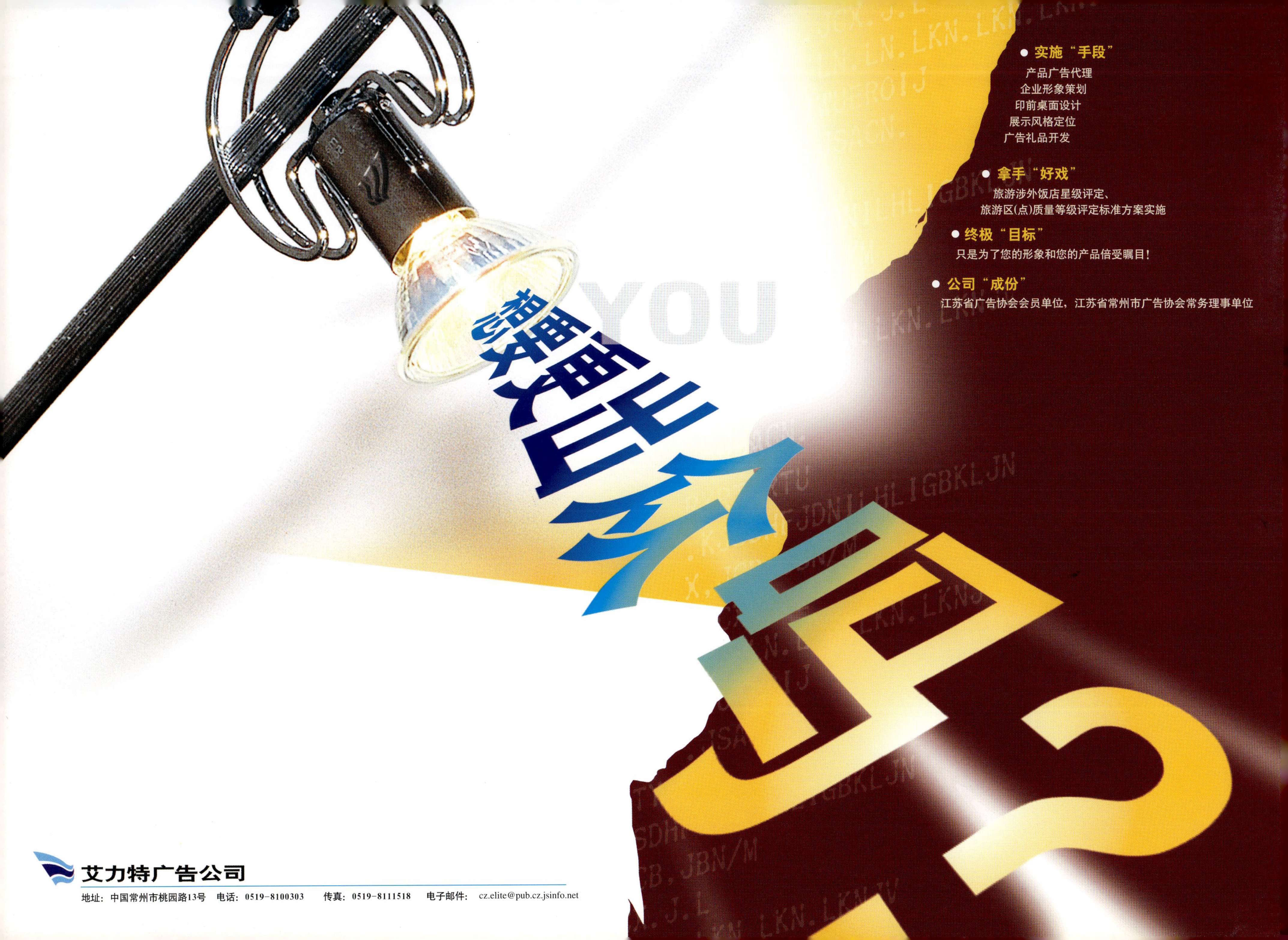
想要更出众吗？
YOU
实施“手段”
产品广告代理
企业形象策划
印前桌面设计
展示风格定位
广告礼品开发
拿手“好戏”
旅游涉外饭店星级评定、
旅游区(点)质量等级评定标准方案实施
终极“目标”
只是为了您的形象和您的产品倍受瞩目！
公司“成份”
江苏省广告协会会员单位，江苏省常州市广告协会常务理事单位
艾力特广告公司
地址：中国常州市桃园路13号　电话：0519-8100303　传真：0519-8111518　电子邮件：cz.elite@pub.cz.jsinfo.net

华灯广告

常州市华灯广告有限公司

CHANG ZHOU HUADEN ADVERTISING CO., LTD

本公司是专业的户外媒体广告公司，七年多来，我们已成功地为电子、家电、纺织、服装、通信、家具、房地产、饮食、饮料、食品、化妆品等行业几百个企业作出卓越的形象和品牌宣传，赢得了广大客户的认可和信赖。

公司为广大客户提供各种广告的审批、设计、制作、安装维修等一体服务，并拥有自己的跨度为16米的龙门架、立杆式及落地式等各种灯箱广告媒体。

常州市华灯广告有限公司愿与广大客户真诚合作，共创未来。

- 地址：江苏省常州市博爱路124号
  Add:124 Boai Road Changzhou,Jiangsu,China
- 电话：（0519）8128074 8103297
  Tel:(0519) 8128074 8103297
- 传真：（0519）8128074
  Fax:(0519) 8128074
- 邮编： 213003 Post card: 213003

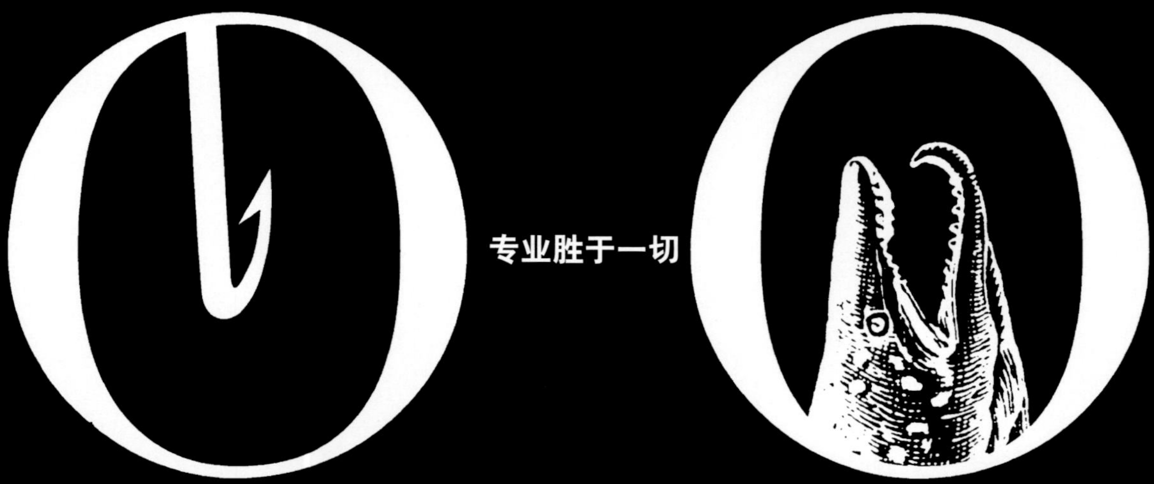

我们知道：用什么钩，钓什么鱼

不管是在房地产业，还是广告业，作为专业的房地产广告代理商，格美以做增进销售的广告而闻名，因为他们遵循如下原则：

■在演出的舞台上，广告不是独角戏，它是营销活动这个集体演出中的一员。■建立服务关系的唯一坚实基础，在于彼此信任与尊敬。除非一开始就如此，否则客户将以赔钱与失望收场。■广告无法为一个人们不需要、不渴望拥有的产品塑造奇迹。但是，一位专业而有技巧的广告人可以将产品原被忽略的特点表现，从而激起人们拥有的欲望。■广告作品应是温暖的、人性的，它触及人们的需求、欲望、希望和梦想

Grand Magic
格美广告

常州市新闻大厦924-926　电话：6629922

公益广告专栏

关于开展2000年“树立新风尚，迈向新世纪”主题公益广告宣传活动的通知

各省、自治区、直辖市及计划单列市文明办、工商行政管理局：

为充分发挥公益广告在宣传党的路线、方针、政策，传播精神文明方面的重要作用，中央精神文明建设指导委员会办公室和国家工商行政管理局决定在2000年组织开展“树立新风尚，迈向新世纪”主题公益广告宣传活动。现就有关问题通知如下：

一、2000年是历史性、标志性的一年，“树立新风尚，迈向新世纪”主题公益广告活动的宣传要紧紧围绕党中央、国务院确定的中心工作，把握时代脉搏，唱响主旋律，唱响祖国颂、社会主义颂、改革开放颂。讴歌全国人民在以江泽民同志为核心的党中央领导下，高举邓小平理论伟大旗帜，同心同德、艰苦奋斗所取得的成就；展示中国人民万众一心、众志成城、不怕困难、顽强拼搏、坚韧不拔、敢于胜利，以昂扬的姿态迈向新世纪的精神风貌；激励社会各界坚定信心，勇于探索，大胆实践，振兴国有企业，开创改革和发展新局面；宣传尊重知识、尊重人才、实施科教兴国战略的重要性；倡导人民群众积极参与精神文明创建活动，努力提高公民素质和城乡文明程度；营造讲文明、树新风，弘扬科学精神，反对迷信愚昧，抵制各种歪理邪说的健康气氛；呼吁全社会爱护我们的家园，自觉保护资源和环境，实施可持续发展战略，造福子孙后代等。各地也可结合当地实际确定具体内容，使活动更有针对性。

二、各级文明办和工商行政管理机关要充分认识公益广告对于建设社会主义精神文明的重要意义，增强使命感和责任感。积极发挥公益广告的社会教育、文化传播、舆论导向功能，以科学的理论武装人，以正确的舆论引导人，以高尚的精神塑造人，以优秀的作品鼓舞人。坚持以培育有理想、有道德、有文化、有纪律的公民，提高全民族的思想道德素质和科学文化素质为目标，使公益广告为促进社会主义精神文明建设作出贡献。

三、各地文明办和工商行政管理局要按照《关于进一步做好公益广告工作有关问题的通知》（工商广字〔1999〕第273号）精神，密切合作，认真做好公益广告内容的政治思想导向引导和公益广告活动的组织协调及监督管理工作。要高度重视，加强领导，精心组织，结合本地实际情况制定具体实施方案。

四、各地要通过新闻媒介等多种形式，深入广泛宣传开展“树立新风尚，迈向新世纪”主题公益广告活动的意义。要广泛动员广告主、广告经营者、广告发布者出资、制作、发布公益广告。鼓励社会各界积极参与主题公益广告活动。新闻媒介要严格执行中央宣传部、国家工商行政管理局、原广播电影电视部、新闻出版署《关于做好公益广告宣传的通知》（工商广字〔1997〕第211号）的规定，在电视黄金时间或报纸主要版面按规定刊播主题公益广告。在城市的繁华地段或主要交通要道，要有一定比例的户外公益广告。

五、中央文明办和国家工商行政管理局，将在2000年底组织1999年至2000年度公益广告活动的评选、表彰工作，有关具体事项届时另行通知。

六、请各地文明办和工商行政管理局接到本通知后，即行组织实施，并将实施方案分别上报中央文明办和国家工商行政管理局。各地要做好此项活动的总结工作，将活动情况分别上报中央文明办和国家工商行

政管理局。

中央精神文明建设指导委员会办公室
国 家 工 商 行 政 管 理 局
2000年1月5日

2000年度公益广告获奖作品名单

公益广告平面作品

奖项	作品名称及编号	创作单位
金奖	灭顶之灾(149)	广州市旭日广告有限公司
银奖	1、酒后别开车(39)	苏州市亚太广告有限公司
	2、出入平安(29)	扬州新星广告公司
铜奖	1、好好学习,天天自卫(42)	扬子晚报
	2、今天你上学了吗(208)	厦门市路桥广告公司
	3、不喜欢烟囱,就不要当烟囱(7)	达彼思(达华)广告有限公司
优秀奖	1、新北京 新奥运(1)	北京市始创国际企划有限公司
	2、爱是相互的——父子篇(2)	宫英勋
	3、海的女儿(6)	邬建安
	4、祖国不容分裂(8)	肖虎
	5、都说防人之心不可无(32)	江苏盐城商业大厦股份有限公司
	6、栅栏(34)	金陵饭店广告公司
	7、转变观念(143)	牡丹江日报社广告部
	8、一样的价格 不一样的价值(72)	昆明风驰广告有限公司
	9、春天在那里(101)	贵州民航广告公司
	10、去掉多余之口还它本来面目《官》、《权》(113)	同上
	11、在广州每个人都有机会发光(150)	广州天进广告有限公司
	12、少了这一点都不是完整的中国(189)	江西东方广告有限公司
	13、注意孩子教育——鸡毛掸子(245)	智威汤逊中乔广告有限公司上海分公司
	14、不会摇的跷跷板(262)	杭州思美广告公司
	15、地球真小(267)	湘潭市美术广告有限公司
	16、蜘蛛网 内裤 文胸(250)	达彼思(达华)广告有限公司

公益广告影视作品

奖项	作品名称及评奖编号	创作单位
金奖	理解、支持、关爱(103)	北京凯普九歌广告有限公司
银奖	1、环保,在你我一举一动(107)	北京未来广告公司
	2、知识改变命运(106)	中央电视台
铜奖	1、保护树林(102)	广电局电影卫星频道节目制作中心
	2、远离网络毒害,健康网上行(95)	上海影视广告有限公司
	3、科技让生活更美好(21)	深圳电视台
	4、国际禁毒日——剃头篇(19)	广州市泓一广告传播有限公司
	5、计划生育(10)	福建东南电视台
优秀奖	1、科技让生活更轻松(146)	桑夏广告有限公司
	2、祖国需要你,参军最光荣(152)	同上
	3、保护水资源(94)	上海影视广告有限公司
	4、别让噪音摧毁音乐(105)	国家广电总局电影频道节目制作中心、北京英特华视广告公司
	5、青青的草,拳拳的心(115)	吉林市电视台广告部
	6、老马系列(161)	广而告之有限公司
	7、藏羚羊篇(162)	同上
	8、实现理想(139)	北京桑夏广告有限公司
	9、请节约用水(104)	北京有线广播电视台
	10、欢欢喜喜过个年(144)	北京桑夏广告有限公司
	11、珍惜生命,远离毒品(28)	黄石有线广播电视台
	12、不要轻易点击法网(53)	辽宁雅威广告有限公司
	13、我是一只小小鸟(158)	广而告之广告有限公司

公益广告广播作品

序号	作品名称及编号	创作单位
金奖	保护野生动物(79)	深圳市广播电台
银奖	一心不能二用(85)	河南交通广播电台
铜奖	1、言传身教,做孩子的好榜样(73)	中央人民广播电台
	2、常回家看看(31)	天津人民广播电台
优秀奖	1、敬业爱岗(13)	广东韶关人民广播电台
	2、别把污水倒在自己碗里(16)	江西人民广播电台广告部
	3、称盘上的洞(17)	同上
	4、职业道德(36)	吉林人民广播电台
	5、一个都不能少(43)	镇江经济广播电台
	6、别让乐曲停顿(50)	福建南平广播电台
	7、关心老人篇(54)	重庆人民广播电台
	8、为下岗工子女捐资助学(56)	重庆北碚人民广播电台
	9、申办奥运——出租汽车司机篇(72)	北京人民广播电台

序号	作品名称及编号	创作单位
	10、尊师重教(80)	深圳人民广播电台
	11、保护水资源(81)	同上
	12、"九五"成就(86)	湖南人民广播电台经济频道
公益广告单项奖		
奖项	类别	作品名称及编号
最佳创意奖	广播	言传身教做孩子的好榜样(73)
最佳摄影奖	影视	国际禁毒日——剃头篇(19)
最佳设计奖	平面	出入平安(29)
最佳音效奖	广播	一心不能二用(85)

廉政广告风暴

——宝安杯廉政公益广告设计竞赛侧写

《国际广告》杂志记者 常 月

借助朗朗上口的广告语,形象生动的广告画面,使党风廉政教育入耳、入目、入心。广告形式进入党务工作,其观念、内容、方式、方法、手段不止是一种新的尝试。深圳市宝安区纪委今年2月向全社会推出征集廉政主题的广告语、平面设计竞赛活动,反响空前热烈。《国际广告》杂志社在第一时间以协办单位形式加入并推进了这项活动进程。至5月31日止,竞赛组委会收到全国各地人士创作的广告语5087条,平面设计稿718件,称得上成绩喜人。

广泛发动,公开征稿,开风气之先

党风廉政教育如何取得实效,扩大传播与影响;如何强化注意力,推广社会正义;如何突破形式,超越正面宣传、反面典型现身说法等格局?竞赛组委会决定打一场"人民战争",公开征集、评选廉政公益广告。

一个基层纪委,体现的反腐倡廉的责任感和创新精神,立刻获得广泛关注。新华社、中央电视台等数十家中央级、地方级媒体竞相报道。《中国工商报》评论道:"廉政公益广告竞赛,将反腐倡廉这一关系民族振兴、祖国前途的严肃问题明确为广告设计大赛的惟一命题,这不仅使广告大赛成为很有意义的社会活动,而且也将使这个活动作为一个创举而名留中国广告史。"

各地群众纷纷来函致电,盛赞这项活动切中了当前群众最为关心、最痛恨的问题,适应不同阶层群众的文化状况,由此迸发出创作灵感,激发反腐热情。参赛作者既有11岁的小学生,也有八旬高龄的离退休老干部;既有农民、工人,也有博士、广告人;既有私营企业主、打工仔,也有在监狱服刑的罪犯。通过这一活动,既为群众表达意愿和心声建立了良好沟通,又为党和政府了解群众呼声开辟了一个直接渠道。

群众评选,专家复议,摘累累硕果

6月26日,竞赛组委会在《深圳特区报》、《深圳商报》、《宝安报》的支持下,分别动用整彩版,刊发初选选出的优秀作品,请群众当评委。同时开通专门投票网站,利用网络这一新兴媒体与传统媒体互补,提高效率。由此产生群众喜爱的十佳广告语和十佳平面作品。

获奖作品中的广告语,尤其折射了群众不同角度的观点和不同层次的认识水平。既有"倡导廉政新风,营造美好家园"的殷切期望,又有"历览古今多少官,成由清廉败由贪"的淳淳告诫;既有"松竹梅,岁寒三友,廉正清,为官三要"的由衷赞语,又有"大节不可失,小节不可纵"的善意提醒;既有"权是双刃剑,荣辱一挥间"的含蓄表达,又有"不占不贪,理得心安"的直接表白。无论是采用"政声人去后,民意闲谈时"的古韵,还是运用"党风正无风不正,官风廉无风不廉"的今声,都为深入研究民意提供了第一手资料。

8月4日,来自北京、广州、深圳、厦门的7位专家评委相聚宝安,针对入围的35件优秀平面作品和50条优秀广告语,评审出专家奖。评审规程设定用分段筛选、投票和讨论相结合的方法评选出平面作品、广告语的金、银、铜及优秀奖。评委们在一、二、三轮评审中,分别遴选出《我的一家》、《去腐存府》、《手势篇》、《币乎?毙乎!》、《这堆苹果你能放心去吃?》、《倡廉,共建美好社会》6件平面作品。在评审金奖的讨论中,评委们产生了不无意义的探讨与争论。国家工商局广告司调研员贾玉斌认为《我的一家》采用一老一小人物为主要构图视线,以人性诉求直陈腐败犯罪给家庭带来的毁灭性打击,感染力强。而且这件作品针对中国群体,从社会的细胞一个家庭入手,其震撼效果比较符合中国人的心理,有启发意义。

《国际广告》杂志社社长兼主编刘立宾则认为《手势篇》力求简洁、单一明了,《去腐存府》有琢磨头。广告强调的是震撼、通俗易懂以及易于传播。他相信从反面警醒来看胡长青被头带钢盔的法警押送刑场的那件作品比《我的一家》更令人振聋发聩。另外,《我的一家》明显可以延伸,像新闻连续报道一样,这样的累积可以达到震撼,后劲很足。但这件作品的严重不足是它的观点太狭窄,强调了犯罪分子家庭、亲情的破坏、异化、伤痛,但是其背后广大受害人、国家所遭受到的摧残、践踏和给党造成的恶劣影响则被淡化。

暨南大学新闻系教授胡文虎认为《我的一家》的内容综述以上的教育、警示作用强过《手势篇》。

北京广播学院广告系主任黄升民则认为,恰好是《我的一家》的广告元素太过复杂,削弱了广告接受度和一针见血的力度,其广告语言不直接,需要转述。他认为看广告是一瞬间的反映,并没有剩余空间留待回味。

深圳大学文学院新闻传播系主任吴予敏认为,广告的感染力在于作品提供的交流气氛。《我的一家》情感意味很深,黑白照片,有批判性。

深圳大学艺术系主任蔡强从公益广告的警示作用谈起,以此判断《手势篇》的警示性更准确、更大众化。

这场颇具有学术气的论争,不仅反映了评委的求实精神,同时也反映评审尺度与方向。是从人文感受的丰富性,还是从广告传播的专业性出发,其判断结果将不尽相同。

广告语评选也说明了这个问题。群众评选,只要切题并能代表自己的思想,言为心声就行,不会多考虑是否直白、套话等技术性含量。评委们欣赏的"政声人去后,民意闲谈时",因为太过含蓄以及文化深味,只得服从于广告语就是流行语的说法而舍金求银。再三相较之下,"一身正气敢碰硬,两袖清风不染尘"以落点有新意而折桂。

专家评审组组长吴文虎代表评委发表感言。他认为,这次活动的社会影响已经远远超出活动本身。从作品的内容上看,主题集中,但参赛作品的创意空间不够开阔,表现层面多集中在比喻、警示、惩戒、劝谕等元素上,手法与力度多在反面与恫吓诉求上而稍嫌单薄不够深化。他寄期望于下届在创作高度上有个明显攀升。刘立宾还向竞赛组委会建议,从下届起由全国部分大专院校轮值担当初选工作。利用社会资源,发动社会力量,动用社会智慧,将这一活动办成更专业、更持久的品牌工程,以起到舆论监督、强化法制观念,长期不懈的教育作用。评委们在评选过程中一再强调,廉政公益广告只能是一种辅助的宣传手段,目的在于营造一种良好的社会氛围,真正的立足点还应放在正面的法制建设上。

专家奖广告语评选结果

金奖

一身正气敢碰硬　两袖清风不染尘
作者:杨松标(广东省电白水东镇)

银奖

绊人的桩不在高　腐败的事不在小
作者:秦中伦(山东省成武县教育局)

政声人去后　民意闲谈时
作者:毕洪国(西安市新城区西一路)

铜奖

罪恶源于贪婪　拒腐在于自律
作者:朱　俊(深圳市石岩镇人民政府)

历鉴古今多少官　成由清廉败由贪
作者:刘业明(河南省扶沟县包屯)

百姓心中有杆秤　孰廉孰贪最分明
作者:文松国(深圳市宝安区石岩镇)

专家奖平面广告作品评选结果

金奖

娘,我好悔!

作者:徐振光、梁英(深圳市罗湖区翠竹大厦)

我的一家

作者:徐振光、梁英

银奖

手势篇

作者:张秀华、窦含(上海市 TBWA 李岱艾广告公司)

倡廉,共建繁荣社会

作者:张思静(深圳市宝安区教育科学研究培训中心)

铜奖

币乎?毙乎!

作者:王非(福州市外贸中心展览厅)

这苹果你能放心去吃?

作者:赵磊(扬州市新星广告公司)

去腐存府

作者:王伟(深圳市宝安区新安街道办)

广告教育

广告教育动态

中广协与北京广播学院合办研究生课程进修班

为进一步提高我国广告从业人员的专业理论水平，适应“入世”以后对广告高级人才的需求，满足广告业对高级专业人才的需要，给广告从业人员提供进修研究生课程并取得硕士学位的机会，中国广告协会与北京广播学院联合举办研究生课程进修班。

进修班学制两年，经入学考试，采取业余学习为主，面授为辅的学习方式。学习内容为研究生硕士学位的必修课程。

2000 级研究生进修班（广告学方向）于 2000 年 10 月 22 日在北京广播学院开学，共有 27 名学员参加了进修班学习。

台湾著名广告人到辽宁大学讲学

2000 年 11 月 1－2 日，台湾著名广告人、广告学者何清辉、杨夏蕙、林磐声、林采霖四人应辽宁大学之邀到该校文化传播学院讲学。何清辉等为广告系学生做了专题报告。讲学活动安排如下：

11 月 1 日台湾黄禾广告公司总经理何清辉做报告。报告题目：广告创意与广告营运整合策略。

11 月 2 日上午台湾形象策略联盟策略总监杨夏蕙做报告。报告题目：本质化与生活化的形象策略。

11 月 2 日下午台湾师范大学美术系教授林磐声做报告。报告题目：从千禧年国际大型活动谈 21 世纪设计趋势；台湾形象策略联盟营企总监林采霖做报告。报告题目：企业文化与形象行销的竞争优势。

何清辉等人的报告深受学生欢迎。沈阳市一些广告公司的广告创意，设计人员和大众媒介广告部的工作人员也参加了报告会。

辽宁大学聘请何清辉等四人为文化传播学院名誉教授。何清辉等向文化传播学院赠送了几十部广告专业书籍。

浅析中美高校广告学专业设置的差异

河南大学广告学系主任 杨海军

据90年代初期的一项统计资料,美国共有116所大学开设了广告学专业课程及广告主修课程。在美国高校,广告学专业本科教育占较大比重,也有相当数量的院校在心理学、营销学、传播学等与广告学交叉的学科中设立了研究生课程,另外,也有少数高校设立了广告学博士学位课程。从总的情况看,美国高校广告学专业教育发展较为成熟,且学历教育层次较为齐全。

中国高校第一个广告学专业1983年在厦门大学设立。到2000年底,全国已超过100所高校设立了广告学专业或专业方向。1993年,北京广播学院新闻系广告专业开始招收广告研究方向的硕士生。2000年,北京广播学院新闻传播学院招收广告理论方向的博士生。短短的十余年里,我国高校广告学专业已初步形成了包括博士研究生、硕士研究生、本科、双学位、专科、函授、自学考试、新高职等学历层次较为齐全的教育体系。

从拥有专业教育学历层次和开设广告学专业高校的数量看,中美广告学专业教育都已达到一定规模,但如果仔细比较一下,就会发现,中美高校在广告学专业的设置上还是存在着较大的差异的。

其一,从广告学专业设置所属的院系来看,美国高校的专业设置似乎较为规范,而中国高校的广告学专业设置似乎过于宽泛,甚至给人一种无所适从的感觉。从本文附表所列的中美高校广告专业所在的院系图表中不难看出,美国高校的广告专业集中设置在传播、新闻、商业、广告院系之下。而中国高校广告学专业则表现出很强的适应性,从中文、历史、新闻,到社会学、人文、艺术、企业管理、商业文化等院系,凡是能够设立广告学专业的院系都设立了广告学专业。

其二,美国高校广告学专业设置的概念与中国高校的专业设置概念有一些差别。许多高校不仅开设有广告专业课程,还开设有广告主修课程。因此,美国高校的专业设置有时是指专业课程设置,这和美国高校普遍实行学分制的大环境相适应。中国高校的广告专业设置和中国高校普遍实行的校、院、系三级管理体制相适应,广告专业设在什么院系,就由这些院系来进行管理和安排教学,由于许多高校并没有实行真正意义上的学分制,许多院系对课程安排有较大的自主权,学生的专业学习主要是在院系这个小环境里完成的。同时,由于中国高校多是依托传统专业来开办广告学专业,其课程安排要么是传统专业课程加上几门广告学专业课程便构成教学课程体系,要么是作为一个新专业在行政上归院系领导,在课程安排上则另起炉灶。因此,在院系这样的建制里很难实行广告专业课程主辅修制,专业设置缺乏灵活性和延伸的余地。

其三,专业设置下的运行模式不同。美国高校的广告专业一般设于大众传播和新闻系,设在商业系的为数不多,但设在独立的广告学系的则有一定数量。但从总量上看,以传播和新闻为主。这和美国广告业的繁荣很大程度上得益于大众传播手段先进、新闻事业发达的背景有关。广告专业课程凡是设于大众传播或新闻系的,较注重传播理论的研究,往往把广告作为一种信息传递方式、作为大众传播系统的一个组成部分来看待,强调广告信息传播过程的创意及制作技术;广告课程设于商学院的,多把其课程视为市场学课程的一部分,侧重于市场营销与市场推广,注重于广告策略与广告的经营管理,在这些院系里,广告技术往往不被看重。中国高校的广告学专业多注意对学生进行专业理论和专业技能的双重培养,有些高校还提出了专业理论、专业技能、综合素质三条腿走路的办学方针,但在人才培养的方向上,则根据各个高校的具体情况和传统专业的优势,创造出了“策划型”、“传播型”、“经贸型”的人才培养模式。

从表面看,中美广告高等教育在不同专业设置下培养出不同类型的广告专业人才的确有异曲同工之妙,但实际上在运行模式上存在着较大的差异。由于美国高校实行广告专业课程的主辅修制,成为什么类型的广告专业人才,学生有较大的主动性,选择权在学生,学生可以根据自己的兴趣和爱好及优势来决定今后的发展方向。中国高校所谓的“传播型”、“策划型”、“经贸型”人才培养模式则带有明显的人为成分,学校要使学生成为什么样类型的专业人才,学生则被动地不得不成为某种类型的人才,缺乏选择的余地和决定自己努力方向的机会，这一点，也许是中美广告专业教育最大的不同，其根源就是不同教育背景下的专业设置的巨大差异。

附表Ⅰ 中国部分高校广告学专业设置一览表

高校名称	所属院、系
厦门大学	新闻传播系
北京广播学院	新闻传播学院广告学系
中国人民大学	新闻学院
复旦大学	新闻系
郑州大学	新闻传播学院广告装潢系
四川大学	新闻系
武汉大学	新闻学院广告学系
河北大学	新闻系
兰州大学	新闻系
湘潭大学	新闻系
深圳大学	文化传播系
河南财经学院	文化传播系
广西大学	文化与传播学院新闻系
中南民族学院	文化与传播系
南京大学	文学院新闻传播学系
暨南大学	文学院新闻系
浙江大学	文学院
苏州大学	文学院新闻传播系
宁波大学	文学院广告学系
岳阳师大	中文系
云南大学	①中文系新闻专业广告方向
山东大学	文学院新闻传播系
上海师范大学	中文系
天津师范大学	中文系
青岛化工学院	文学艺术系
西北大学	文学艺术传播学院新闻学系
吉林大学	①文学院广告系
北京大学	艺术系
广州体育学院	艺术设计系
西安美术学院	艺术设计系
云南大学	②艺术设计学院广告设计专业
吉林大学	②装潢艺术设计系
云南师范大学	艺术系
杭州商学院	文化艺术学院广告学系
湖北大学	人文学院广告学系
浙江工业大学	人文学院
浙江林学院	人文学系
河南大学	历史文化学院广告学系
北京联合大学	应用文理学院管理系
青岛大学	社会学系
河海大学	国际工商学院企业管理系
南开大学	法政学院社会学系
兰州商学院	商业文化系
湖南财院	管科系
南京经济学院	营广系

附表Ⅱ　美国高校广告学专业（具有硕士学位）设置一览表

高校名称	所属系别
亚拉巴马大学	广告
加州大学—富来顿分校	传播
科罗拉多大学	大众传播
丹佛大学（科罗拉多州）	大众传播
南佛罗里达大学	大众传播
乔治亚大学	大众传播
西北大学	广告
罗斯福大学（伊利诺州）	商业
伊利诺大学	广告
德雷克大学（艾奥瓦州）	大众传播
堪萨斯大学	大众传播
堪萨斯州立大学	新闻
默里州立大学（肯塔基州）	传播
路易斯安那州立大学	新闻
马里兰大学	新闻
明尼苏达大学	新闻
波士顿大学（马萨诸塞州）	大众传播
密芝根州立大学	广告
密苏里大学	新闻
内华达大学	新闻
纽约市立大学	商业
锡拉丘兹大学（纽约州）	新闻
俄亥俄大学	新闻
奥克拉荷马大学	新闻
宾夕法尼亚州立大学	大众传播
南卡罗莱纳大学	新闻
田纳西大学	新闻
德州科技大学	大众传播
北德州大学	新闻
德克萨斯大学	广告
杨伯翰大学（犹他州）	大众传播
华盛顿大学	传播
华盛顿州立大学	传播
马歇尔大学（西弗吉尼亚州）	新闻
西弗吉尼亚大学	新闻
马凯特大学（威斯康辛州）	广告
威斯康辛大学	大众传播

比较中美高校广告学专业设置的差异，对于我们进一步搞好广告学专业建设具有什么样的借鉴意义呢？笔者认为，至少在以下几方面对我们有所启示。

第一，首先应规范高校的院、系建制。

中国高校院系建制本身就不那么规范。90年代初期，随着中国高校改革步伐加快，高校合并也逐渐升温，在这种情况下，高校的建制也发生了较大变化。过去，高校的专业多设置在系下。一个时期，为了追求形式上的校、院、系三级管理模式，多将相关或相近系拼合在一起，组合成院，这里院是虚设、系是实体。这种状况没有维持多久，经过摩擦、碰撞，一部分院将所属系进行实质性合并，院成为教学实体，系则成为基础教学单位；另一部分院则因专业差距较大，所属系不得不分开，这些分开的系又逐渐升格为院。这里，院成为实体，院下面的系多由教研室演变而来，只是一个基本教学单位。在系普遍升格为院后，一些系因为只有一个专业方向，就保留了单列系的建制。

中国高校院系建制不规范，对广告专业的设置有一定的影响。一般来说，广告专业设置有什么院系，就固定在什么院系。有的设在院下、有的设在系下，容易使人产生误解；同时各个高校院系的名称差别较大，即使是相同专业组成的院系，其名称叫法也各异，如以中文专业为主组成的院系，有的称文学院，有的称文化传播学院，有的则称为人文学院，这是造成广告专业设置令人眼花缭乱的直接原因。因此，要规范广告学专业设置，应首先规范高校的院系建制。

其二，应进一步探讨广告学的学科归属。

目前，我国广告理论界和广告教育工作者对广告学的学科归属并无定论，有人认为广告学属于传播学范畴，有人认为广告学属于经济学领域，还有人认为广告是一门艺术。这也是我国许多高校将广告学专业设置在传播、新闻、企管、艺术院系的理论依据。在广告学专业的建设和发展过程中，越来越多的专家学者倾向于广告学是一门独立、正规、综合性的边缘学科。这一认识对于我们规范广告学专业设置具有重要意义。有条件的高校要设立独立的广告学系，条件不具备的可设在相关或相近专业院系，如新闻传播学院、商学院等。专业相差甚远的院系里就不适宜设置广告学专业。一定要按照广告专业教育的规律和特点来发展广告学专业，这也是高校设置广告学专业的一个基本前提。

其三，加大广告学专业教育改革的力度。

广告学专业是适应广告业飞速发展对专业人才大量需求的形势而出现的新专业。广告教育的目的，就是要为社会培养出大量应用性的专门人才。这就要求高校增大面向社会、面向未来的办学的力度，理顺专业关系，培养学生的创新精神和开拓能力，使学生能够在激烈的市场竞争中站稳脚跟。而目前高校广告学专业的设置，还多是以行政建制，即校、院、系三级管理模式为主体，在课程设施、教学管理上都缺乏灵活性，不利于学生学习积极性、主动性和创造性的发挥。因此，实行全面的学分制，设置广告学专业主辅修课程是从根本上解决广告学专业设置过滥和专业发展缺乏科学性的一个重要手段。在条件具备的院校、可开设独立的广告学专业，在条件不具备的院校，可以设在相关或相近专业，但均实行广告学专业课程主辅修制，利用高校综合性多学科优势来为学生提供一个有利于其学习创造性和积极性发挥的氛围，进而达到为社会、为广告业培养复合型应用性人才的目的。

论高校广告学专业教学计划的修订及相关问题

河南大学广告学系　杨海军　张喜珍　杨光辉

近年来，教育部下发了一系列文件，对普通高校本科专业目录进行了重大调整，并要求对重新调整后的普通高校本科专业进行备案。根据教育部的指示精神，调整后的专业应及时修订教学计划。广告学专业原为文学、新闻传播学下的三级学科，专业调整后，新闻传播学上升为一级学科，广告学专业也做出相应调整。调整后的广告学专业所面临的第一个问题，就是教学计划的修订。

修订广告学专业教学计划的指导思想

广告学是一门新兴专业。在专业的建设和发展过程中，国内许多高校根据广告学多学科交叉，综合性强的特点，结合各个高校的情况，确立了各自的办学方向，并根据其办学方向制订出不同的教学计划。使我国高校广告教育呈现出传播型、经贸型、策划型的办学模式，也和我国广告业发展需求多层次人才的现状相适应。但广告学作为一门独立的综合性边缘学科，有其相对完整的学科体系，广告教育也有其自身的规律和特点，从正确认识广告学的学科体系和遵循广告教育的规律和特点这个角度理解问题，修订广告学专业教学计划，应有对高校具有普遍意义的指导思想。具体来说，包括下面几方面的内容。

其一，广告学专业教学计划的修订要吸收广告教育改革的成果，充分体现课程体系整体优化的原则。强调拓宽基础教学的内涵，力图改变本科教育内容偏窄、偏专的倾向，科学处理各教学环节之间的关系，努力体现广告学专业理论和实践结合紧密、应用性强的学科特色。

其二,贯彻办学方向上的"全面发展"原则。本着"教育要面向现代化、面向世界、面向未来"的指示精神,充分利用各个高校综合性多学科的优势,构建文理交叉、结构合理、注重知识和能力双重开发,并把素质教育放到重要地位的新课程体系。同时,加快广告专业教学手段现代化建设,努力培养德、智、体全面发展,具有现代意识、现代技能、现代精神风貌和创新精神的复合型人才。

其三,贯彻基础知识、基本理论、基本技能与素质教育并重的原则。遵照这一原则精神,修订广告学专业教学计划对于四者的关系要重新认识,对组成这四部分课程内容的学分要合理安排,对学生思想品德素质、文化素质、身心素质等方面的要求在教学计划中要得以明确显现。

其四,增加专业适应性。广告学专业只有面向社会,适应广告业飞速发展的需要来培养人才,才具有办学活力和市场竞争力。从这一角度出发,广告学专业教学内容和课程体系也要作相应调整,这就是减少必修课的数目和学时,增加选修课,加强实践性课程和实践性教学环节,拓宽学生就业渠道和社会适应性。

与广告学专业教学计划修订相关的几个问题

在修订广告学专业教学计划时,我们注意到以下几个问题。这几个问题对于开办广告学专业的院系来说,可能具有共性。因此,在这里特别提出来加以讨论。

其一,如何看待广告学专业人才培养目标问题。换句话说,是否允许各个高校通过确定各自不同的人才培养目标来突出自己的办学特色。

在广告专业的建设和发展过程中,许多高校结合自身的实际情况,提出了不同的人才培养目标。有的重基础理论,有的重专业技能,有的提倡理论教育与专业技能教育并重,有的则提出理论教育、技能培训、素质培养缺一不可的三条腿走路方针。在不同的人才培养目标之下,我国高校广告学专业在办学方向上呈现出传播型、策划型、营销型的模式。我们的基本观点是,各个学校发挥传统专业的优势来突出自己的专业特色,无可厚非,不同类型的人才培养模式在某种程度上均能够满足我国广告业发展对不同层次和类型人才大量需求的需要。但广告教育有自身的规律和特点,按照其人才培养目标所培养的人应是适应性较强的复合型高级管理人才,不仅能够到媒体部门从事广告工作,也能胜任广告代理公司或企事业单位的广告宣传工作,并且具有良好的发展潜力。随着广告业的飞速发展和广告教育步入正规,按照广告教育的规律和特点来培养人才应该成为高校广告教育共同遵循的原则。

其二,如何看待教学计划里的特色课程问题。

我国大部分高校都是依托传统专业来发展广告学专业。从专业设置看,所属院系差异较大。新闻、传播、人文、社会、中文、历史、艺术、商业、营销、管理等院系下都设立了广告学专业。在这种情况下,广告学专业的课程不可避免地打上传统课程的烙印,并在教学计划里有所体现。如河南大学广告学系设在历史文化学院,在广告学教学计划里就出现《中国文化史》、《世界文化史》、《民俗学》等特色课程,又因河大地处河南,在广告专业课程中又增加《河南商业广告发展战略研究》等特色课程。对此,广告教育界同行肯定会有异议,但我们认为既然在指导思想上要强调宽口径、厚基础的教育原则,对学生综合素质的培养又提到如此重要的地位,增加学生的文、史、哲功底对学生来说未必不是件好事。实践证明,学生通过学习这些课程,受益匪浅。在了解中国传统文化和世界文化发展的大背景前提下,学生在进行广告创意策划时往往视野开阔,在进行广告设计制作时也往往得心应手。但高校在增设特色课程时应注意两个基本点,要么对培养学生综合素质有利,要么对学生某一方面能力的强化有帮助。

其三,广告学专业毕业生毕业时授什么学位的问题。

专业调整之前,国内大部分广告学专业毕业生被授予文学学士学位,有些高校的毕业生则被授予法学学士学位。新闻传播学上升为一级学科以后,广告学专业学生应该授予什么样的学位,还是一个值得探讨的问题。实际上,这牵扯到广告学专业建设和发展中的一个重大问题,这就是广告学的学科归属问题,国内一部分学者认为广告应归属于传播学,一部分学者则认为其应归属于经济领域,大多数学者倾向于广告学是一门独立的、正规的、综合性的边缘学科。正因为广告学的学科归属问题尚无定论,对广告学专业毕业生授什么样的学位问题就显得日益突出,进而引起我国广告教育理论界的高度重视。在广告学专业教学计划的修订中,这一问题也必须有一个明确的交待。

对广告学专业教学计划中课程性质的认定与说明

按照教育部有关文件精神,广告学专业教学计划里的课程按其性质分为四大类,即公共必修课、专业必修课、限制性选修课和任意性选修课。

公共必修课和专业必修课是为了实现专业培养目标而规定学生必须学习和掌握的课程。本文所列举的河南大学广告学专业教学计划,公共必修课为学校统一安排设定,专业必修课的确定则主要考虑了以下因素。1.广告学的学科体系应由三大部分组成,即广告学原理、广告史、广告实务。广告专业必修课程安排应是对其学科体系的直观反映。2.传播学、市场营销学、心理学、新闻学是构成广告原理的四大基石,中外广告道德与法规、国际广告的发展及趋势均成为广告理论研究的重要组成部分,因此成为必修课里的专业基础课。广告美术、广告摄影摄像、电脑制作、广告文案写作、广告创意策划、广告效果研究均列入广告实务之列,成为必修课里的专业技能课。

限制性选修课是要求广告学专业学生必须选修的专业性选修课。内容包括本专业范围内未能列入必修的较重要的专门化知识和技能,以及与本专业关系密切相关的学科知识。河南大学广告学专业教学计划里所列举的限制性选修课共14门,分为两类,一类与培养学生综合素质有关,如普通话口语、社交礼仪等;一类对广告专业学生必修课的学习直接有帮助,如西方经济学、决策学、消费者行为学等。

任意性选修课允许学生根据个人专长、兴趣和个人知识结构而设计任意选修的课程和公共艺术类课程。河南大学广告学专业教学计划中属于前者的为世界文化史、中国文化史、中国民族与民俗等。属于后者的则包括书法与鉴赏、文学欣赏导引、中外音乐作品欣赏等。其中的整合营销传播、影视广告、广播广告等课程因在传播学、市场营销学、广告媒体研究里重点介绍过,但课程本身又很重要,故放在任意性选修课类别,供学生任选。

这里还需要说明的一个问题是教学计划中课程内容的安排、特别是专业技能课的课程内容安排问题。以河南大学广告学专业教学计划为例:广告美术课程开设两年,第一年主要讲授素描、色彩构成等基础知识;第二年则着重讲授平面广告的设计制作,要求学生掌握一定的广告美术基础就达到了教学目的。广告摄影摄像则分为基础摄影、摄像和广告摄影、摄像两门课,分别讲授,要求学生能够独立操作拍摄广告作品。电脑制作实际上讲授三大块内容,分别是 Corel draw、Photoshop、3DstudioMAX。要求学生从广告创意到设计制作都要独立完成。这些课程内容的设置,是我们在广告专业发展和建设过程中征求各方面的意见,特别是广告经营单位和广告专业毕业生反馈的信息而设定的,是否具有合理性,还应开设那些更合适的课程,也是我们在修订教学计划过程中需要继续探讨的问题。

河南大学广告专业教学计划

一、专业培养目标及要求

本专业培养具有广告学理论与技能、宽广的文化与科学知识;具有良好的道德修养及人品;较高的审美能力及杰出的创造力;能在新闻媒介广告部门、广告公司、市场调查及信息咨询行业以及企事业单位从事广告经营与管理、广告策划创意和设计制作、市场营销策划及市场分析工作的广告学高级专门人才。

本专业学生主要学习马克思主义基本原理、广告学的基本理论与基本知识,受到广告策划、市场营销及实践能力的基本训练,掌握广告实施与经营管理的基本知识和技能。具体讲,广告专业毕业生应获得以下几方面的知识和能力:1.掌握广告学基本理论、基本知识;熟悉广告整体运行程序;2.具有现代广告的策划、创意、制作、发布的基本能力,以及市场调查与营销的基本知识和市场分析、数据处理的基本能力;3.熟悉有关广告的政策法规;遵守广告人道德准则,自觉维护《广告法》;4.具有公共关系的基本知识与活动能力;具有团队合作精神及人际关系协调能力;5.了解中国广告事业的历史现状与发展趋势,了解外国广告事业的发展动态。

二、学制与学位

本科四年。符合《学位条例》规定条件的毕业生授予文学学士学位。

三、课程类别及学分分配

准予毕业总学分:164 学分,其中:

1.必修课 100 学分,占毕业总学分 60%。包括公共必修课 38 学分,专业必修课 62 学分。

2.选修课 45 分,占毕业总学分的 27%。包括限制性选修课 31 学分,任意性选修课 14 学分。

3.实践性教学环节 19 学分,占毕业总学分 13%。包括实习 6 学分,毕业论文 6 学分,专项学分 7 学分。

四、课程设置

各教学环节及各学期的学时(学分)分配

课程性质	课程编号	课程名称	学分	学时总数	学时分配			各学期学时(学分)分配							
					讲授	实验	习题讨论	第一学年		第二学年		第三学年		第四学年	
								上学期	下学期	上学期	下学期	上学期	下学期	上学期	下学期
公共必修课		思想品德修养	2	32				2							
		大学英语	12	340				5	5	5	5				
		计算机基础	6	108				3	3						
		大学体育	4	140				2	2	2	2				
		马列主义哲学原理	3	54					3						
		马列主义政治经济学原理	2	36							2				
		法律基础	2	34							2				
		当代世界经济与政治	2	34								2			
		邓小平理论概论	3	54									3		
		形势与政策	2	36									2		
专业必修		广告学概论	4	64				4							
		市场营销学	4	64				4							
		实用美术与广告设计	8	216				6	6						
		中外广告史	2	36					2						
		传播学概论	4	72					4						
		中外广告法规	2	36						2					
		广告摄影摄像	6	144							4	4			
		电脑广告制作	8	216							6	6			
		企业形象策划	4	72							4				
		广告创意与策划	3	54								3			
		广告文案写作	3	54								3			
		广告经营与管理	3	54									3		
		广告媒体研究	3	54									3		
		广告心理学	3	54									3		
		国际广告	2	32											4
		广告效果研究	2	32											4

课程性质	课程编号	课程名称	学分	学时总数	学时分配			各学期学时(学分)分配							
					讲授	实验	习题讨论	第一学年		第二学年		第三学年		第四学年	
								上学期	下学期	上学期	下学期	上学期	下学期	上学期	下学期
限选		普通话口语	2	32				2							
		社交礼仪	2	32				2							
		公共关系学	3	54					2						
		逻辑与演讲学	2	36					2						
		美学概论	3	54						3					
		消费者行为学	2	32						2					
		新闻学	3	54						3					
		市场调查	3	54						3					
		企业管理学	2	36							2				
		西方经济学	2	36							2				
		统计学	2	36									2		
		决策学	2	36									2		
		广告英语	2	32											4
		河南商业广告发展战略研究	2	30									2		
任选		书法与鉴赏	2	30					2						
		中外影视广告精品欣赏	2	36						2					
		文学欣赏导引	2	30											2
		中外文学名著欣赏	2	30											
		中外音乐作品欣赏	2	30											
		世界文化史	2	36											2
		中国文化史	2	36						2					
		中国民族与民俗	2	36								2			
		事件行销创意策划与案例分析	2	30											
		整合营销传播	2	30									2		
		人员推销艺术	2	30											
		实效促销	2	30											
		影视广告	2	30											
		广播广告	2	30											
		户外广告	2	30											
		产品包装广告	2	30											
		印刷广告	2	30											
		以上任选课学生自选 14 学分													
实践性教学环节	专项学分		7												
	实习		6									4 周		20周	
	毕业论文		6												6 周
总计			164												

全国设有广告专业的高等院校名录

校名全称	北京大学
院系全称	艺术学系
专业全称	广告学专业
专业设置年份	1993 年
专业师资	教授(人) 副教授(2 人) 讲师(4 人)
学制	博士(年) 硕士(3 年) 本科(4 年) 专科(3 年) 函授(年)
1999 年招生人数	博士生(人) 硕士生(5 人) 本科生(30 人) 专科生(80 人) 函授生(人)
1999 年招生对象	☑文科考生 □理科考生 □文/理科考生 □艺术类考生
1999 年招生范围	☑全国 □本省 □本市 □附近省市
1999 年录取分数	☑较高 □偏高 □中等 □偏低 □较低

地　址:北京大学
电　话:(010)62753176　传　真:(010)62761189
邮　编:100871
联系人:陈刚

校名全称	北京广播学院
院系全称	新闻传播学院广告学系
专业全称	广告学、广告艺术设计、公共传播
专业设置年份	1988 年
专业师资	教授(3 人) 副教授(5 人) 讲师(13 人)
学制	博士(3 年) 硕士(3 年) 本科(4 年) 专科(年) 函授(3 年)
1999 年招生人数	博士生(人) 硕士生(10 人) 本科生(46 人) 专科生(20 人) 函授生(人)
1999 年招生对象	□文科考生□理科考生☑文/理科考生☑艺术类考生
1999 年招生范围	☑全国 □本省 □本市 □附近省市
1999 年录取分数	☑较高 □偏高 □中等 □偏低 □较低

地　址:北京朝阳区定福庄北京广播学院广告学系
电　话:(010)65779272　传　真:(010)65779823
邮　编:100024
联系人:汪琴

校名全称	北京工商大学
院系全称	商学院
专业全称	广告学系
专业设置年份	1993 年
专业师资	教授(1 人) 副教授(4 人) 讲师(3 人)
学制	博士(年) 硕士(3 年) 本科(4 年) 专科(3 年) 函授(3 年)
1999 年招生人数	博士生(人) 硕士生(2 人) 本科生(38 人) 专科生(40 人) 函授生(240 人)
1999 年招生对象	□文科考生□理科考生☑文/理科考生☑艺术类考生
1999 年招生范围	☑全国 □本省 □本市 □附近省市
1999 年录取分数	□较高 ☑偏高 □中等 □偏低 □较低

地　址:北京市海淀区阜成路 11 号
电　话:(010)68905937
邮　编:100037
联系人:张翔

校名全称	同济大学
院系全称	经济与管理学院工商管理系
专业全称	广告学
专业设置年份	1995 年
专业师资	教授(人) 副教授(4 人) 讲师(5 人)
学制	博士(年) 硕士(3 年) 本科(4 年) 专科(年) 函授(年)
1999 年招生人数	博士生(人) 硕士生(2 人) 本科生(40 人) 专科生(人) 函授生(人)
1999 年招生对象	□文科考生 □理科考生 ☑文/理科考生 □艺术类考生
1999 年招生范围	☑全国 □本省 □本市 □附近省市
1999 年录取分数	☑较高 □偏高 □中等 □偏低 □较低

地　址:上海四平路 1239 号
电　话:(021)65982230
邮　编:200092
联系人:王肖生

校名全称	上海工程技术大学
院系全称	艺术设计学院广告系
专业全称	广告学
专业设置年份	1997 年
专业师资	教授(人) 副教授(2 人) 讲师(4 人)
学制	博士(年) 硕士(年) 本科(4 年) 专科(年) 函授(年)
1999 年招生人数	博士生(人) 硕士生(人) 本科生(26 人) 专科生(人) 函授生(人)
1999 年招生对象	□文科考生 □理科考生 ☑文/理科考生 □艺术类考生
1999 年招生范围	□全国 □本省 ☑本市 □附近省市
1999 年录取分数	☑较高 □偏高 □中等 □偏低 □较低

地　址:上海市仙霞路 350 号
电　话:(021)62759779-5003 传　真:(021)62758481
邮　编:200233
联系人:潘惠德

校名全称	河北师范大学
院系全称	广告传播系
专业全称	广告学专业、广告设计专业
专业设置年份	1994 年
专业师资	教授(1 人) 副教授(4 人) 讲师(8 人)
学制	博士(年) 硕士(年) 本科(4 年) 专科(年) 函授(3 年)
1999 年招生人数	博士生(人) 硕士生(人) 本科生(62 人) 专科生(人) 函授生(人)
1999 年招生对象	□文科考生 □理科考生 ☑文/理科考生 ☑艺术类考生
1999 年招生范围	□全国 ☑本省 □本市 □附近省市
1999 年录取分数	□较高 ☑偏高 □中等 □偏低 □较低

地　址:石家庄市桥西新石南路 247 号河北师大西校区西院
电　话:(0311)3826742、3834262-63227
邮　编:050091
联系人:冯智敏

校名全称	重庆大学
院系全称	人文艺术学院 艺术设计系
专业全称	艺术设计专业
专业设置年份	1998 年
专业师资	教授(4 人) 副教授(11 人) 讲师(8 人)
学制	博士(年) 硕士(3 年) 本科(4 年) 专科(年) 函授(年)
1999 年招生人数	博士生(人) 硕士生(3 人) 本科生(46 人) 专科生(人) 函授生(人)
1999 年招生对象	□文科考生 □理科考生 □文/理科考生 □艺术类考生
1999 年招生范围	☑全国 □本省 □本市 □附近省市
1999 年录取分数	□较高 □偏高 ☑中等 □偏低 □较低

地　址:重庆大学(A 区)人文艺术学院艺术设计系
电　话:(023)65106165
邮　编:400044
联系人:袁恩培

校名全称	辽宁大学
院系全称	文化传播学院广告系
专业全称	广告学
专业设置年份	1993 年
专业师资	教授(3 人) 副教授(6 人) 讲师(3 人)
学制	博士(年) 硕士(3 年) 本科(4 年) 专科(年) 函授(年)
1999 年招生人数	博士生(人) 硕士生(人) 本科生(36 人) 专科生(人) 函授生(人)
1999 年招生对象	☑文科考生 □理科考生 □文/理科考生 □艺术类考生
1999 年招生范围	□全国 ☑本省 □本市 □附近省市
1999 年录取分数	☑较高 □偏高 □中等 □偏低 □较低

地　址:辽宁省沈阳市皇姑区崇山中路 66 号
电　话:(024)86832860 传　真:(024)86842852
邮　编:110036
联系人:宋玉书

校名全称	吉林大学
院系全称	文学院广告学系
专业全称	广告学专业
专业设置年份	1994 年
专业师资	教授(1 人) 副教授(3 人) 讲师(10 人)
学制	博士(年) 硕士(年) 本科(4 年) 专科(3 年) 函授(年)
1999 年招生人数	博士生(人) 硕士生(人) 本科生(30 人) 专科生(48 人) 函授生(人)
1999 年招生对象	☑文科考生 □理科考生 □文/理科考生 □艺术类考生
1999 年招生范围	☑全国 □本省 □本市 □附近省市
1999 年录取分数	☑较高 □偏高 □中等 □偏低 □较低

地　址:(长春市朝阳区前卫路 10 号)吉林大学文学院
电　话:(0431)5166160
邮　编:130012
联系人:姚力

校名全称	南京林业大学
院系全称	人文社会科学学院
专业全称	广告学
专业设置年份	1996 年
专业师资	教授(人) 副教授(2 人) 讲师(5 人)
学制	博士(年) 硕士(年) 本科(4 年) 专科(3 年) 函授(年)
1999 年招生人数	博士生(人) 硕士生(人) 本科生(37 人) 专科生(30 人) 函授生(人)
1999 年招生对象	☑文科考生 □理科考生 □文/理科考生 □艺术类考生
1999 年招生范围	☑全国 □本省 □本市 □附近省市
1999 年录取分数	□较高 ☑偏高 □中等 □偏低 □较低

地　址:南京林业大学人文学院
电　话:(025)5427141、5427309　传　真:(025)5428241
邮　编:210037
联系人:杨杰

校名全称	南京大学
院系全称	新闻传播学系
专业全称	广告专业
专业设置年份	1993 年
专业师资	教授(2 人) 副教授(4 人) 讲师(4 人)
学制	博士(年) 硕士(年) 本科(年) 专科(2 年) 函授(年)
1999 年招生人数	博士生(人) 硕士生(人) 本科生(人) 专科生(35 人) 函授生(人)
1999 年招生对象	□文科考生 □理科考生 ☑文/理科考生 □艺术类考生
1999 年招生范围	□全国 ☑本省 □本市 □附近省市
1999 年录取分数	☑较高 □偏高 □中等 □偏低 □较低

地　址:南京市汉口路 22 号
电　话:(025)3593551　传　真:(025)3593690
邮　编:210093
联系人:胡翼青

校名全称	无锡轻工大学
院系全称	设计学院
专业全称	广告学
专业设置年份	1998 年
专业师资	教授(1 人) 副教授(2 人) 讲师(2 人)
学制	博士(年) 硕士(2.5 年) 本科(4 年) 专科(年) 函授(年)
1999 年招生人数	博士生(人) 硕士生(人) 本科生(45 人) 专科生(人) 函授生(人)
1999 年招生对象	□文科考生 □理科考生 □文/理科考生 ☑艺术类考生
1999 年招生范围	☑全国 □本省 □本市 □附近省市
1999 年录取分数	☑较高 □偏高 □中等 □偏低 □较低

地　址:无锡市线荣路 68 号
电　话:(0510)5501491　传　真:(0510)55011307
邮　编:214064
联系人:虞海良

校名全称	浙江工业大学
院系全称	人文艺术学院新闻传播系
专业全称	广告学
专业设置年份	1999年
专业师资	教授(人) 副教授(2人) 讲师(8人)
学制	博士(年) 硕士(年) 本科(4年) 专科(年) 函授(年)
1999年招生人数	博士生(人) 硕士生(人) 本科生(61人) 专科生(人) 函授生(人)
1999年招生对象	□文科考生 □理科考生 ☑文/理科考生 □艺术类考生
1999年招生范围	□全国 ☑本省 □本市 □附近省市
1999年录取分数	☑较高 □偏高 □中等 □偏低 □较低

地　址：杭州浙江工业大学人文艺术学院新闻传播系
电　话：(0571)8320187　8317787
邮　编：310014
联系人：张雷

校名全称	杭州商学院
院系全称	艺术设计与文化传播学院
专业全称	广告学专业
专业设置年份	1999年
专业师资	教授(1人) 副教授(4人) 讲师(4人)
学制	博士(年) 硕士(年) 本科(4年) 专科(年) 函授(年)
1999年招生人数	博士生(人) 硕士生(人) 本科生(87人) 专科生(人) 函授生(人)
1999年招生对象	□文科考生 □理科考生 ☑文/理科考生 □艺术类考生
1999年招生范围	☑全国 □本省 □本市 □附近省市
1999年录取分数	□较高 □偏高 ☑中等 □偏低 □较低

地　址：浙江省杭州市教工路29号
电　话：(0571)8071024－8365、8367、8368
邮　编：310012
联系人：程大荣

校名全称	宁波大学
院系全称	传播与艺术学院传播系
专业全称	广告学
专业设置年份	1995年专科，1996年开始招本科
专业师资	教授(2人) 副教授(4人) 讲师(8人)
学制	博士(年) 硕士(年) 本科(4年) 专科(2年) 函授(年)
1999年招生人数	博士生(人) 硕士生(人) 本科生(42人) 专科生(34人) 函授生(人)
1999年招生对象	□文科考生 □理科考生 ☑文/理科考生 □艺术类考生
1999年招生范围	☑全国 □本省 □本市 □附近省市
1999年录取分数	□较高 ☑偏高 □中等 □偏低 □较低

地　址：宁波大学传播与艺术学院
电　话：(0574)7600441　传　真：(0574)7604286
邮　编：315211
联系人：贺雪飞

校名全称	江西财经大学
院系全称	新闻传播系
专业全称	广告学专业
专业设置年份	1999年
专业师资	教授(2人) 副教授(人) 讲师(4人)
学制	博士(年) 硕士(年) 本科(4年) 专科(年) 函授(年)
1999年招生人数	博士生(人) 硕士生(人) 本科生(33人) 专科生(人) 函授生(人)
1999年招生对象	□文科考生 □理科考生 ☑文/理科考生 □艺术类考生
1999年招生范围	☑全国 □本省 □本市 □附近省市
1999年录取分数	☑较高 □偏高 □中等 □偏低 □较低

地　址：南昌北郊江西财经大学新闻传播系
电　话：(0791)3816915　传　真：(0791)3802344
邮　编：330013
联系人：曹小英

校名全称	厦门大学
院系全称	人文学院新闻传播系
专业全称	广告学
专业设置年份	1984年
专业师资	教授(2人) 副教授(5人) 讲师(2人)
学制	博士(年) 硕士(3年) 本科(4年) 专科(3年) 函授(3年)
1999年招生人数	博士生(人) 硕士生(11人) 本科生(72人) 专科生(人) 函授生(45人)
1999年招生对象	□文科考生 □理科考生 ☑文/理科考生 □艺术类考生
1999年招生范围	☑全国 □本省 □本市 □附近省市
1999年录取分数	☑较高 □偏高 □中等 □偏低 □较低

地　址:厦门大学新闻传播系
电　话:(0592)2180475　传　真:(0592)2186382
邮　编:361005
联系人:郭婉玲

校名全称	株洲工学院
院系全称	传播系
专业全称	广告学
专业设置年份	1999年
专业师资	教授(1人) 副教授(2人) 讲师(5人)
学制	博士(年) 硕士(年) 本科(4年) 专科(3年) 函授(年)
1999年招生人数	博士生(人) 硕士生(人) 本科生(60人) 专科生(26人) 函授生(人)
1999年招生对象	□文科考生 □理科考生 ☑文/理科考生 □艺术类考生
1999年招生范围	☑全国 □本省 □本市 □附近省市
1999年录取分数	□较高 □偏高 ☑中等 □偏低 □较低

地　址:湖南株洲工学院传播系
电　话:(0733)8100632
邮　编:412008
联系人:王志

校名全称	湘潭大学
院系全称	中文系
专业全称	广告学
专业设置年份	1997年
专业师资	教授(1人) 副教授(3人) 讲师(5人)
学制	博士(年) 硕士(年) 本科(4年) 专科(年) 函授(年)
1999年招生人数	博士生(人) 硕士生(人) 本科生(40人) 专科生(人) 函授生(人)
1999年招生对象	☑文科考生 □理科考生 □文/理科考生 □艺术类考生
1999年招生范围	☑全国 □本省 □本市 □附近省市
1999年录取分数	☑较高 □偏高 □中等 □偏低 □较低

地　址:湖南湘潭大学
电　话:(0732)8292167、8292169
邮　编:411105
联系人:沈国清

校名全称	湖北大学
院系全称	人文学院新闻传播系
专业全称	广告学专业
专业设置年份	1993年
专业师资	教授(1人) 副教授(2人) 讲师(4人)
学制	博士(年) 硕士(年) 本科(4年) 专科(3年) 函授(3年)
1999年招生人数	博士生(人) 硕士生(人) 本科生(40人) 专科生(人) 函授生(人)
1999年招生对象	☑文科考生 □理科考生 □文/理科考生 □艺术类考生
1999年招生范围	□全国 ☑本省 □本市 ☑附近省市
1999年录取分数	□较高 ☑偏高 □中等 □偏低 □较低

地　址:湖北武汉市武昌区学院路11号
电　话:(027)86741842　传　真:(027)86741267
邮　编:430062
联系人:胡远珍

校名全称	中南民族学院
院系全称	文学院广告学系
专业全称	广告学
专业设置年份	1996 年
专业师资	教授(人) 副教授(4 人) 讲师(8 人)
学制	博士(年) 硕士(年) 本科(4 年) 专科(3 年) 函授(年)
1999 年招生人数	博士生(人) 硕士生(人) 本科生(30 人) 专科生(人) 函授生(人)
1999 年招生对象	☑文科考生 □理科考生 □文/理科考生 □艺术类考生
1999 年招生范围	☑全国 □本省 □本市 □附近省市
1999 年录取分数	□较高 ☑偏高 □中等 □偏低 □较低

地　址:湖北省武汉市洪山区民院路 5 号
电　话:(027)87532864
邮　编:430074
联系人:张贤平

校名全称	河南大学
院系全称	历史文化学院广告学系
专业全称	1、广告学专业 2、广告创意与艺术设计专业
专业设置年份	1、1996 年 2、2000 年
专业师资	教授(人) 副教授(2 人) 讲师(3 人)
学制	博士(年) 硕士(年) 本科(4 年) 专科(3 年) 函授(年)
2000 年招生人数	博士生(人) 硕士生(人) 本科生(56 人) 专科生(48 人) 函授生(人)
2000 年招生对象	☑文科考生 □理科考生 □文/理科考生 □艺术类考生
2000 年招生范围	☑全国 □本省 □本市 □附近省市
2000 年录取分数	☑较高 □偏高 □中等 □偏低 □较低

地　址:河南省开封市明伦街河南大学历史文化学院广告系
电　话:(0378)2866484
邮　编:475001
联系人:杨海军

校名全称	武汉大学
院系全称	新闻与传播学院广告学系
专业全称	广告学
专业设置年份	1994 年
专业师资	教授(1 人) 副教授(4 人) 讲师(4 人)
学制	博士(年) 硕士(3 年) 本科(4 年) 专科(2 年) 函授(3 年)
1999 年招生人数	博士生(人) 硕士生(6 人) 本科生(40 人) 专科生(80 人) 函授生(人)
1999 年招生对象	☑文科考生 □理科考生 □文/理科考生 □艺术类考生
1999 年招生范围	☑全国 □本省 □本市 □附近省市
1999 年录取分数	☑较高 □偏高 □中等 □偏低 □较低

地　址:湖北省武汉市武汉大学新闻与传播学院广告学系
电　话:(027)87682653 传　真:(027)87882135
邮　编:430072
联系人:张金海

校名全称	河南财经学院
院系全称	文化传播系
专业全称	广告学专业
专业设置年份	1997 年
专业师资	教授(1 人) 副教授(5 人) 讲师(8 人)
学制	博士(年) 硕士(年) 本科(4 年) 专科(年) 函授(年)
1999 年招生人数	博士生(人) 硕士生(人) 本科生(88 人) 专科生(人) 函授生(人)
1999 年招生对象	□文科考生 □理科考生 ☑文/理科考生 □艺术类考生
1999 年招生范围	□全国 ☑本省 □本市 □附近省市
1999 年录取分数	□较高 □偏高 ☑中等 □偏低 □较低

地　址:河南省郑州市文化路 80 号
电　话:(0371)3738983
邮　编:450002
联系人:王鲁昌　丁松莉

校名全称	深圳大学
院系全称	文学院传播系
专业全称	广告学
专业设置年份	1989 年
专业师资	教授(1 人) 副教授(6 人) 讲师(5 人)
学制	博士(年) 硕士(年) 本科(4 年) 专科(3 年) 函授(3 年)
1999 年招生人数	博士生(人) 硕士生(人) 本科生(58 人) 专科生(人) 函授生(人)
1999 年招生对象	□文科考生 □理科考生 ☑文/理科考生 □艺术类考生
1999 年招生范围	□全国 ☑本省 □本市 □附近省市
1999 年录取分数	□较高 ☑偏高 □中等 □偏低 □较低

地　址：广东省深圳市深圳大学文学院传播系
电　话：(0755)6536124、6535207　传　真：(0755)6534442
邮　编：518060
联系人：吴予敏

校名全称	四川大学
院系全称	广告学系
专业全称	广告学
专业设置年份	1992 年
专业师资	教授(1 人) 副教授(3 人) 讲师(8 人)
学制	博士(年) 硕士(3 年) 本科(4 年) 专科(年) 函授(3 年)
1999 年招生人数	博士生(人) 硕士生(2 人) 本科生(45 人) 专科生(人) 函授生(人)
1999 年招生对象	□文科考生 □理科考生 ☑文/理科考生 □艺术类考生
1999 年招生范围	☑全国 □本省 □本市 □附近省市
1999 年录取分数	☑较高 □偏高 □中等 □偏低 □较低

地　址：成都市望江路 29 号
电　话：(028)5412309　传　真：(028)5406429
邮　编：610064
联系人：李杰　田桂英

校名全称	广西艺术学院
院系全称	设计系
专业全称	广告学专业
专业设置年份	1993 年
专业师资	教授(人) 副教授(1 人) 讲师(3 人)
学制	博士(年) 硕士(年) 本科(4 年) 专科(年) 函授(年)
1999 年招生人数	博士生(人) 硕士生(人) 本科生(30 人) 专科生(人) 函授生(人)
1999 年招生对象	□文科考生 □理科考生 □文/理科考生 ☑艺术类考生
1999 年招生范围	□全国 ☑本省 □本市 □附近省市
1999 年录取分数	□较高 □偏高 ☑中等 □偏低 □较低

地　址：广西南宁市教育路 7 号
电　话：(0771)5333271、5333347
邮　编：530022
联系人：汤晓山

校名全称	云南师范大学
院系全称	艺术学院
专业全称	广告学(艺术设计)
专业设置年份	1993 年
专业师资	教授(2 人) 副教授(4 人) 讲师(5 人)
学制	博士(年) 硕士(年) 本科(4 年) 专科(3 年) 函授(3 年)
1999 年招生人数	博士生(人) 硕士生(人) 本科生(40 人) 专科生(30 人) 函授生(50 人)
1999 年招生对象	□文科考生 □理科考生 □文/理科考生 ☑艺术类考生
1999 年招生范围	□全国 ☑本省 □本市 □附近省市
1999 年录取分数	□较高 □偏高 ☑中等 □偏低 □较低

地　址：昆明市一二·一大街云南师范大学艺术学院
电　话：(0871)5817296　传　真：(0871)5817296
邮　编：650092
联系人：施荣华

校名全称	云南大学
院系全称	国际现代设计艺术学院广告设计艺术系
专业全称	广告设计
专业设置年份	1994 年
专业师资	教授(2 人) 副教授(8 人) 讲师(8 人)
学制	博士(年) 硕士(年) 本科(4 年) 专科(年) 函授(年)
1999 年招生人数	博士生(人) 硕士生(人) 本科生(170 人) 专科生(人) 函授生(人)
1999 年招生对象	☑文科考生 ☑理科考生 □文/理科考生 ☑艺术类考生
1999 年招生范围	☑全国 □本省 □本市 □附近省市
1999 年录取分数	□较高 ☑偏高 □中等 □偏低 □较低

地　址:昆明市一二一大街 138 号
电　话:(0871)5033491　传　真:(0871)5172690
邮　编:650091
联系人:农伟

校名全称	西安美术学院
院系全称	设计系
专业全称	装潢艺术设计
专业设置年份	1957 年
专业师资	教授(3 人) 副教授(5 人) 讲师(8 人)
学制	博士(年) 硕士(3 年) 本科(4 年) 专科(3 年) 函授(年)
1999 年招生人数	博士生(人) 硕士生(4 人) 本科生(128 人) 专科生(200 人) 函授生(人)
1999 年招生对象	□文科考生 □理科考生 □文/理科考生 ☑艺术类考生
1999 年招生范围	☑全国 □本省 □本市 □附近省市
1999 年录取分数	□较高 □偏高 ☑中等 □偏低 □较低

地　址:陕西省西安市含光路南段 100 号
电　话:(029)8222106　传　真:(029)8222106
邮　编:710065
联系人:彭程

校名全称	西北大学
院系全称	新闻传播学系
专业全称	广告学专业
专业设置年份	1994 年
专业师资	教授(1 人) 副教授(3 人) 讲师(5 人)
学制	博士(年) 硕士(年) 本科(4 年) 专科(3 年) 函授(年)
1999 年招生人数	博士生(人) 硕士生(人) 本科生(30 人) 专科生(人) 函授生(人)
1999 年招生对象	☑文科考生 □理科考生 □文/理科考生 □艺术类考生
1999 年招生范围	☑全国 □本省 □本市 □附近省市
1999 年录取分数	☑较高 □偏高 □中等 □偏低 □较低

地　址:陕西省西安市太白北路 229 号
电　话:(029)8302525
邮　编:710069
联系人:徐琳

广告出版物简介

2000 年广告类新书简介

书　名:网络广告
ISBN　:7-202-0266-51
作　者:于刃刚　魏　超
定　价:19.00 元
时　间:2000.1
出版社:河北人民出版社

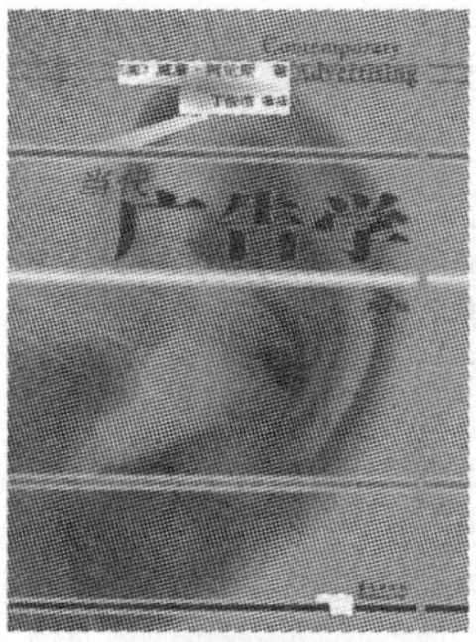

书　名:当代广告学
ISBN　:7-508-0228-90
作　者:威廉·阿伦斯
定　价:398/268.00 元
时　间:2000.1
出版社:华夏出版社

书　名:企业广告经理手册
ISBN　:7-106-0155-04
作　者:罗伯特 W·勃莱
定　价:68.00 元
时　间:2000.1
出版社:中国电影出版社

书　名:广播电视广告教程
ISBN　:7-501-1476-39
作　者:谢里琳·赛格勒
　　　　赫伯特·霍华德
定　价:25.00 元
时　间:2000.1
出版社:新华出版社

书　名:第 11 届欧洲广告
　　　　大赛优秀作品集
ISBN　:7-222-0291-68
作　者:程志方　张　立
定　价:288.00 元
时　间:2000.1
出版社:云南人民出版社

书　名:消费者广告回应学
ISBN　:7-806-5501-94
作　者:李曲波
定　价:13.00 元
时　间:2000.2
出版社:广州出版社

书　名:中国广告作品年鉴
ISBN　:7-800-0736-53
编　者:《国际广告》杂志社
　　　　北京广播学院广告
　　　　学系 IAI 国际广告
　　　　研究所
定　价:360.00 元
时　间:2000.3
出版社:中国摄影出版社

书　名:中国商业摄影年鉴
ISBN　:7-533-0140-22
编　者:《中国商业摄影年鉴》
　　　　编委会
定　价:238.00 元
时　间:2000.3
出版社:山东美术出版社

书　名:第46届嘎纳国际广告节获奖作品集
ISBN　:7-222-0293-62
编　者:程志方
定　价:298.00元
时　间:2000.3
出版社:云南人民出版社

书　名:大检阅
ISBN　:7-800-0741-02
编　者:中国国际影视广告大奖优秀作品集编委会
定　价:198.00元
时　间:2000.10
出版社:中国摄影出版社

书　名:奥美的观点Ⅰ
ISBN　:7-80147-405-8
作　者:宋秩铭　庄淑芬等
定　价:32.00元
时　间:2000.10
出版社:企业管理出版社

书　名:奥美有情
ISBN　:7-80147-407-4
作　者:庄淑芬
定　价:29.60元
时　间:2000.10
出版社:企业管理出版社

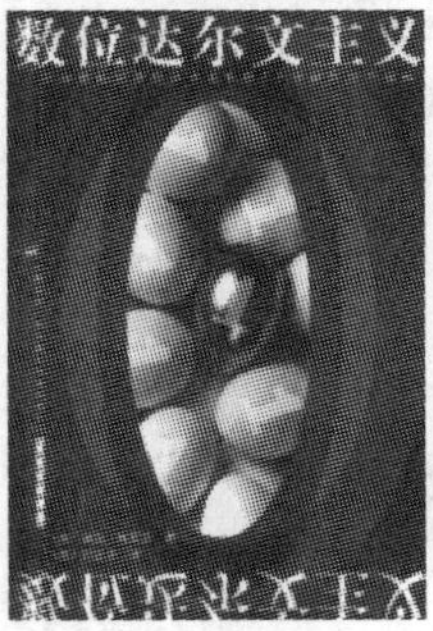

书　名:数位达尔文主义
ISBN　:7-80147-404-X
作　者:埃文·施瓦茨
定　价:19.80元
时　间:2000.10
出版社:企业管理出版社

书　名:公司广告运作:如何做好你的广告
ISBN　:7-506-6216-57
作　者:(英)罗德里克·怀特
定　价:24.00元
时　间:2000.3
出版社:中国标准出版社

书　名:世界经典广告案例评析
ISBN　:7-307-0295-88
作　者:张金海
定　价:14.00元
时　间:2000.10
出版社:武汉大学出版社

书　名:奥美的观点Ⅱ
ISBN　:7-80147-406-6
作　者:宋秩铭　庄淑芬等
定　价:36.00元
时　间:2000.10
出版社:企业管理出版社

书　名:网络广告第一课
ISBN　:7-50114-991-7
作　者:(台)刘一锡
定　价:19.80元
时　间:2000.10
出版社:新华出版社

书　名:许可行销
ISBN　:7-80147-403-1
作　者:塞思·马丁
定　价:19.80元
时　间:2000.10
出版社:企业管理出版社

书　名:如何做创意
ISBN　:7-80147-376-0
作　者:(美)劳伦斯·明斯基
　　　　埃米莉·桑顿·卡沃
定　价:29.60 元
时　间:2000.10
出版社:企业管理出版社

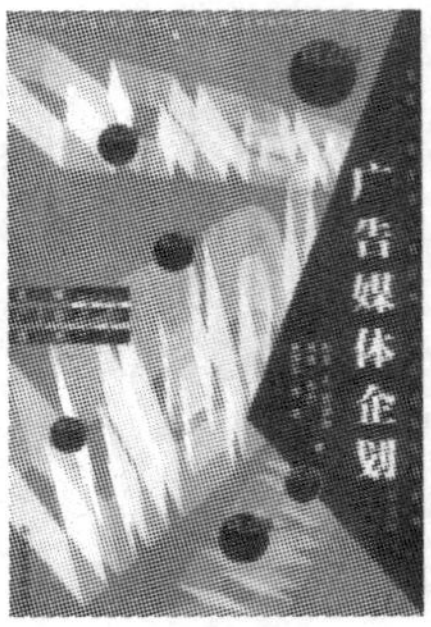

书　名:广告媒体企划
ISBN　:7-80147-377-9
作　者:(美)杰克 Z 西瑟斯
　　　　林肯·布巴
定　价:48.00 元
时　间:2000.10
出版社:企业管理出版社

书　名:'99 中国广告年鉴
ISBN　: 7-501-1488-56
编　者:《中国广告年鉴》编辑部
定　价:220.00 元
时　间:2000.5
出版社:新华出版社

书　名:广告四新大全
ISBN　:7-500-8238-51
作　者:穆　红
定　价:328.00 元
时　间:2000.5
出版社:中国工人出版社

书　名:龙玺(第二集)
ISBN　:7-5388-3715-9
编　者:龙玺创意奖有限公司
定　价:200.00 元
时　间:2000.7
出版社:黑龙江科技出版社

书　名:出卖广告人
ISBN　:7-806-3267-31
作　者:吴海明
定　价:25.00 元
时　间:2000.7
出版社:广东经济出版社

书　名:从分析作品开始学
　　　　做广告
ISBN　:7-504-3351-93
作　者:何　辉
定　价:60.00 元
时　间:2000.7
出版社:中国广播电视出版社

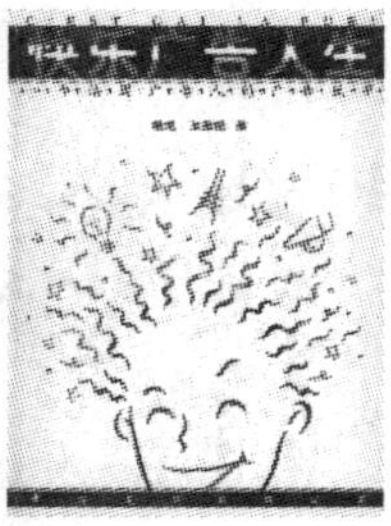

书　名:快乐广告人生
ISBN　:7-505-7162-98
作　者:雅克·塞盖拉
定　价:126.00 元
时　间:2000.7
出版社:中国友谊出版公司

书　名:中国创意五十人
ISBN　:7-80627-609-2
作　者:苏维尔·贝姬 毛立锋
定　价:125.00 元
时　间:2000.8
出版社:东方出版中心

书　名:策划人启蒙
ISBN　:7-801-5010-04
作　者:沈小君
定　价:16.00 元
时　间:2000.9
出版社:军事出版中心

书　名:中国广告摄影年鉴
ISBN　:7-538-8375-58
编　者:中国广告协会
定　价:200.00 元
时　间:2000.9
出版社:黑龙江科学技术出版社

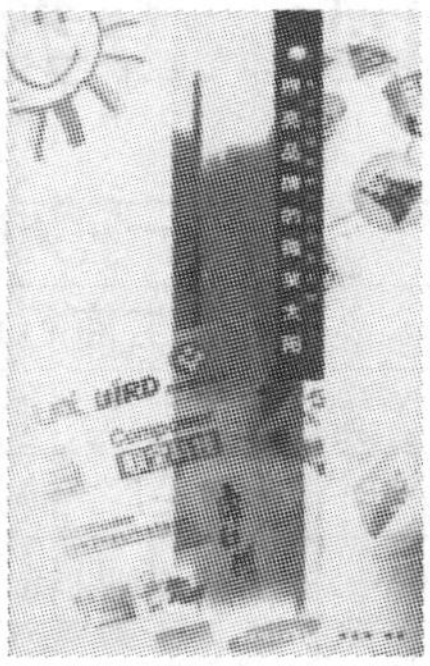

书　名:照亮品牌的微笑太阳
ISBN　:7-5388-3762-0
作　者:张百清
定　价:150.00 元
时　间:2000.10
出版社:黑龙江科学技术出版社

书　名:创世企业
ISBN　:7-505-7166-62
编　者:(英)安迪·劳
定　价:22.00 元
时　间:2000.11
出版社:中国友谊出版公司

书　名:中国广告业二十年
ISBN　:7-503-7339-93
编　者:《现代广告》杂志社
定　价:48.00 元
时　间:2000.12
出版社:中国统计出版社

书　名:广告效果测定技术
ISBN　:7-208-0353-18
编　者:樊志育
定　价:14.00 元
时　间:2000.12
出版社:上海人民出版社

名　称:'99 嘎纳国际广告节获奖影视作品(VCD)
音像编码:CN-E14-99-0105-0/VZ
定　价:120.00 元
时　间:2000 年
出版社:浙江文艺音像出版社

名　称:龙吟卷 97 (VCD)
音像编码:CN-A12-00-0010-0/V·J9
定　价:80.00 元
时　间:2000 年
出版社:中国录音录像出版总社

名　称:龙吟卷 98 (VCD)
音像编码:CN-A12-00-0010-0/V·J9
定　价:100.00 元
时　间:2000 年
出版社:中国录音录像出版总社

名　称:龙吟卷 99 (VCD)
音像编码:CN-A12-00-0010-0/V·J9
定　价:120.00 元
时　间:2000 年
出版社:中国录音录像出版总社

全国广告类报刊名录

报刊名称(中/英文):	现代广告/Modern Advertising
主管单位:	国家工商行政管理局
主办单位:	中国广告协会
编辑出版:	《现代广告》杂志社
地址:	北京市西城区阜外大街36号鼎新潮商务中心515室
邮编:	100037
电话:	010-68513106
传真:	010-68513106
网址:	http://www.cnad.com.cn
国内发行:	北京市报刊发行局
国内发行代号:	82-685
订阅:	全国各地邮局
国内刊号:	CN11-3168/F
国际刊号:	ISSN1007-2888
开本:	大16开
期次:	月刊
定价(期/年):	¥12.80/期,¥153.60/年
广告经营许可证号:	京西工商广字365号

报刊名称(中/英文):	国际广告/International Advertising
主管单位:	中国对外贸易经济合作部
主办单位:	中国对外贸易经济合作企业协会 中国对外经济贸易广告协会
编辑出版:	《国际广告》杂志社
地址:	北京建国门外大街12号4层
邮编:	100022
电话:	010-65681637
传真:	010-65681942
国内发行:	北京市报刊发行局
国内发行代号:	82-705
订阅:	全国各地邮局
国内刊号:	CN11-2487
国际刊号:	ISSN1000-4122
创刊年代:	1985年
开本:	大16开
期次:	月刊
定价(期/年):	¥10.00/期,¥120.00/年
广告经营许可证号:	京朝工商广字0088号

报刊名称(中/英文):	中国广告/CHINA ADVERTISING
主管单位:	中华人民共和国新闻出版署
主办单位:	东方出版中心/上海市广告装潢公司/上海市广告协会
编辑出版:	《中国广告》杂志社
地址:	上海市延安东路274号
邮编:	200002
电话:	021-63230702 63233766
传真:	021-63612080
电子邮件:	China—ad@online.sh.cn
国内发行:	上海市报刊发行局
国内发行代号:	4-408
订阅:	全国各地邮局
国内刊号:	CN31-1174
国际刊号:	ISSN1005-9156
创刊年代:	1981年
开本:	大16开
期次:	月刊
定价(期/年):	¥10.00/期,¥120.00/年
广告经营许可证号:	01061

报刊名称(中/英文):	包装与设计/PACKAGE DESIGN
主办单位:	中国包装进出口广东公司
编辑出版:	《包装与设计》杂志社
地址:	广州侨光路2号五楼
邮编:	510116
电话:	020-83341674
传真:	020-83341694
电子邮件:	Gzpndm@public.guangzhou.gd.cn
国内发行:	自办发行
国内刊号:	CN44-1262/TB
国际刊号:	ISSN1007-4759
开本:	大16开
期次:	双月刊
定价(期/年):	¥25.00/期,¥150.00/年
广告经营许可证号:	粤010237号

报刊名称(中/英文):	艺术与设计/ART AND DESIGN
主管单位:	中华人民共和国新闻出版署
编辑出版:	《艺术与设计》编辑部
地址:	北京市西城区学院胡同39号
邮编:	100032
电话:	010-66058049 66058123

传真：	010－66058107
电子邮件：	Conart@etang.com
国内发行代号：	82－273
订阅：	全国各地邮局
国内刊号：	CN11－3909/J
国际刊号：	ISSN1008－2832
开本：	大16开
期次：	双月刊
定价(期/年)：	¥25.00/期，¥150.00/年

报刊名称(中/英文)：	销售与市场
主办单位：	河南省轻工业厅
编辑出版：	《销售与市场》杂志社
地址：	郑州市文化路任寨北街1号
邮编：	450003
电话：	0371－3832050(编辑部)3832054(发行部)
传真：	0371－3824875
电子邮件：	Cmmo@ha.net.cn
网址：	http://www.cmmo.com.cn
国内发行代号：	36－96
订阅：	全国各地邮局
国内刊号：	CN41－1210/F
国际刊号：	ISSN1005－3530
开本：	大16开
期次：	月刊
定价(期/年)：	¥6.00/期，¥72.00/年
广告经营许可证号：	豫工商广字229号

·本专栏部分内容由北京龙之媒广告文化书店提供

广告经营单位介绍

北 京 市

公 司 类

中国广告联合总公司

地 址:北京市宣武门西大街甲 97 号新华社发行楼 9 层
邮 编:100031
电 话:(010)63074228(24 小时值班)
63072160(总机)
传 真:(010)63074227
总 裁:令狐完成
机构及电话:
总经理办公室:63074228
经营管理中心:63076209
客户服务中心:63074229
创意制作中心:63074653
媒介服务中心:63074218
户外广告中心:63074518
社会活动中心:63073695
互动媒体中心:63074224
财务结算中心:63073904
人力资源中心:63076423
经营开发中心:63073077
《中国广告年鉴》编辑部:63074320

·新华通讯社直属企业,成立于 1981 年 3 月 18 日;
·中国第一家集团性专业广告公司;
·中国本土最大的广告公司之一;
·中国广告协会副会长单位;
·中国广告协会广告公司委员会主任委员单位;
·现有成员公司、分公司、子公司、合资公司 79 家,分布于全国 60 个大、中城市;
·在业内率先倡导了“以创意为中心、策划为主导,为客户提供全面优质服务”的经营指导方针;

企业精神:团队意识、艰苦奋斗、不断创新、敢为人先
企业理念:客户至上、人才为本、质量第一、创新发展
企业目标:全国一流 走向世界
经营范围:

主营:承办、代理国内外各类广告,承办广告公关活动和室内外装饰工程;广告印刷品的设计、制作和销售;展览展销会的设计、布置和劳务服务;广告业务的市场调查和咨询服务;广告礼品、纪念品的设计、制作;户外广告材料及其制品的生产、销售;广告时装模特表演;商业摄影。

兼营:文体用品、日用百货、家用电器的销售;室内外装饰工程材料的批发、零售;商标及包装装潢设计、印刷(国家有专项专营规定的除外)。

中国民航宣传广告公司

地 址:北京市东城区东四 11 条 31 号
邮 编:100007
传 真:(010)64046592 64046496 64027097
负责人:邓有池
联系人:孙建民
电 话:(010)64027097 66039513 64046717
《中国航空旅游指南》编辑部:64046496

中国民航宣传广告公司是经国家经济委员会、中华人民共和国对外经济贸易部和国家工商行政管理局批准于 1984 年 1 月 1 日正式成立的全国性专业广告公司,其主要职责和经营范围是:

一、负责中国民航系统的对内、对外业务宣传和国际、国内广告业务。

二、设计、制作、代理国内外各类广告;中国民航出版物及所属公共场所的广告发布。

三、编辑出版、发行《班期时刻表》、《中国航空旅

游指南》等刊物及其他印刷品、宣传品。

四、制作中国民航各种纪念品、展览品、礼品；承办国内外的中国民航展览业务。

五、承办国内外印刷业务和各种高质量的彩色印刷、设计、包装、装璜、书刊、商标印刷等业务。

凡经中国民航宣传广告公司承办的广告业务由本公司负责向客户免费提供咨询服务。

央视调查咨询中心

地　址:北京海淀区羊坊店路 9 号京门大厦八层
邮　编:100038
电　话:(010)63950076
传　真:(010)63950078
电子邮件:info @ cvsc.com.cn
负责人:陈若愚
联系人:徐　波

央视调查咨询中心是媒介与市场研究的专业机构,其经营理念是——植本实事,持论公允。中心的服务包括:广告监测,全国读者调查,电视收视率,电视观众满意度调查,电视剧播前预测,个案研究,快速消费品、耐用消费品连续及年度调查,网络固定样组调查等。

其中,央视的广告监测网络覆盖全国 136 个城市的 400 个频道、294 份报纸及 114 份杂志,广告监测是广告投放的写真集,并可与全国读者调查、电视收视率的数据交叉分析,综合评价广告媒体投放的质与量,从不同角度服务于广告主、广告商和媒体。央视的全国读者调查在全国 30 个城市进行,总样本量 71500,它连续提供报纸、杂志的阅读率报告,促进平面媒体广告交易。电视收视率由央视与 TNSOFRES 集团共同组建的央视—索福瑞媒介研究有限公司独立运作。

博达大桥国际广告传媒有限公司

地　址:北京市西长安街 88 号首都时代广场 8 层 808 室
邮　编:100031
电　话:(010)83915088
传　真:(010)83915188
负责人:伍穗平

设计、制作、代理、发布国内外各类广告;承办与上述业务相关的展览会、学术交流、公共关系服务及人才培训。

北京电子广告信息公司

地　址:北京市海淀区阜成路 42 号(临街白楼五层)
邮　编:100036
客户部:(010)88110502/03　88132035　88132039
互动部:(010)88120254
公关部:(010)88132036
创作部:(010)88132037
媒介部:(010)88132040
企管部:(010)88113676
传　真:(010)88131639
成都办事处:(028)5234875　5244193
传　真:(028)5234875
深圳办事处:(0755)3287109
负责人:王少东

风车需要风才能转动
市场需要动力才有发展

北京电子广告信息公司(北电广),自成立十几年来,始终致力于 IT 营销市场的探索,以向客户提供全面营销解决方案为己任,能为客户塑造成功品牌,实现战略目标提供强大源动力!

北电广以客户利益为自己的最高利益,为客户提供正规、全面、优质的服务。目前已与全国 200 多家媒体建立了良好的合作关系,并独家代理《计算机世界》、《网络世界》、《计算机网络世界》的特殊版位,连续四年被评为《计算机世界》金牌代理。北电广能以最佳策略让客户信息与受众亲密接触;拥有高水准的创意水平、全面的公关、策划能力,并以作用于消费者心智的策略沟通,事半功倍帮客户赢得市场。北京电子广告信息公司,推动您走在 IT 市场的最前沿。

北京时刻广告中心

地　址:北京市宣武区右安门西街 8 号
邮　编:100054
电　话:(010)63583183(客户部)
　　　(010)63223345(市场部)
传　真:(010)63583199
电子邮件:shike-ad@sina.com.cn

北京时刻广告中心系中国铁道出版社所属的综合性专业广告公司,具有设计、制作、代理、发布国内及外商来华广告的经营权限,全权负责中国铁道出版社出版的《全国铁路旅客列车时刻表》及铁路车站、列车刊物等媒体的广告业务。

《全国铁路旅客列车时刻表》是为铁路客运营销

服务,向广大旅客公布铁路旅客列车运行时刻的实用性工具书,每年发行量在200万册左右。在《时刻表》上发布广告,是打开铁路旅客市场的有效途径。

北京燕兴昊驰广告有限公司

地　址:北京市东城区台基厂大街18号

邮　编:100005

电　话:(010)65125275　65597528

传　真:(010)65225398

负责人:王学玲

联系人:张建生

北京燕兴昊驰广告有限公司是一家综合性的专业广告公司。主要为客户提供整体的广告策划方案及媒介代理业务。

公司设有客户、市场、创作、媒介、公关、促销、制作、影视等作业部门,并与相关服务部门结合成完整的广告服务体系。能够提供市场、媒介信息咨询服务;具有专业的策划、创作、代理等广告作业及广告执行能力。

公司在广告策划和创意制作等方面具有较高水平和丰富的经验,在家电、电脑、移动通信等行业具有多年的广告服务经验和专业广告作业及执行能力。

我们的理念:坚持以人为本,发挥团队精神;以业务为基础,以创意树形象。

公司将以专业服务精神和作业能力为客户提供优质的广告服务。

北京保康广告公司

地　址:北京市丰台区方庄芳群园三区三号楼

邮　编:100078

电　话:(010)67617312　67605754

传　真:(010)67605753　67027446

负责人:徐月朋

联系人:孙　杰

人民卫生出版社所属北京保康广告公司,为我社出版的《中国医刊》、《中国临床医生》、《生活与健康》、《中国卫生年鉴》承揽广告。以上"三刊一鉴"是国内外中西药品、医疗器械、医疗卫生保健用品、医药卫生书刊及各类生活用品等生产经营单位的首选广告媒体。作为中央级专业出版社的期刊,其编委会由全国一流医学专家组成,发行量列医学专刊之首,属于"国家队"的品牌,对您提高企业和产品的知名度,拓展产品销售渠道将起到不可估量的作用。

"三刊一鉴"的主要栏目有:著名专家论疾病、临床各科论著与经验交流、药物与临床、合理用药、中医与中西医结合、心理健康、疾病康复等。

中化国际广告展览公司

地址:北京复兴门外大街A2号中化大厦

邮编:100045

电话:(010)65597350　65278866－30805

法人代表:王明科

联系人:周克陈

中化国际广告展览公司作为中国外经贸系统首家广告公司,面向国内外市场,奋力开拓,历经12年的辛勤耕耘,其综合实力已跨入中国广告业的前列。公司以策划、设计、制作、代理、发布国内外各类广告和组织、承办国内外展览为市场促销的主要手段,与国内外数百家生产企业、贸易公司和数十家著名媒体建立了良好的业务合作和代理关系。公司以广告全面代理和传播营销的优秀业绩,以真诚、热情、完善的服务,赢得了客户的信赖,在广告业界树立了良好的企业形象和信誉。

北京市阳光广告展览艺术公司

地　址:北京东长安街12号

邮　编:100742

电　话:(010)63081157(办公室)63081149(业务)

传　真:(010)63081753

负责人:左其友

北京市阳光广告展览艺术公司是经国家工商行政管理局核准注册的专业从事经营、代理国内和外商来华广告业务的全民所有制企业。

公司实行总经理负责制,下设客户服务部、媒介工程部、创意设计部、市场情报部、计划财务部和行政事务部。部门间缜密配合,组织实施了许多大型有影响的社会活动。同时,公司拥有过硬的广告自有媒体,广告阅报栏构成长安街沿线、各大购物中心、地铁沿线、主要交通干线四大网络,新型的灯箱广告贯穿首都著名商业街——西单大街东西两侧和朝内大街南北两侧,并拥有大型单柱式广告路牌,为中外客户提供了宣传企业形象及产品的沃土。

北京市阳光广告展览艺术公司愿把"一样的阳光献给一样热爱阳光的人们!"

北京环宇广告公司

地　址:北京市宣武门西大街甲97号

邮　编：100031
电　话：(010)63071136　63076045　63072779
传　真：(010)63074494　63074263　63071104

北京环宇广告公司是新华通讯社参考新闻编辑部所属的综合性专业广告公司，经营并代理国内和外商来华广告业务。

公司全面代理《参考消息》报广告业务，并拥有新华社编辑出版的报纸杂志的广告版面。公司还与中央各大报纸及电台、电视台有业务往来，并在世界主要国家和地区以及国内主要城市设有广告代理机构。

营业范围：

一、经办全国报纸、杂志、电视、电台等各种媒体广告业务；

二、承办各种策划活动及广告创意制作；

三、代理外商来华广告业务；

四、为国内外客户提供市场调查、直销及经济信息咨询服务。

公司将本着认真、细致、负责的态度竭诚为广大客户服务。

北京市华融广告公司

地　址：北京市西城区展览路北露园小区2号楼4层北厅
邮　编：100037
电　话：(010)68320207、68328818
传　真：(010)68320030
负责人：孟宪岭
联系人：陈健梅

北京市华融广告公司系综合型广告公司，拥有先进的广告制作设备，聚集了一批具有卓越创意才能和丰富营销经验的广告人才。能为客户提供市场调研、广告策划、平面设计、印刷品制作、广告摄影、霓虹灯及灯箱制作、大型广告活动策划、展览展示制作、广告代理及发布等项业务。

现已成功开发宣武门至西单大街沿线繁华地段户外广告媒体122处、动物园地区管理处户外广告媒体31处、北京市通州区繁华街区户外广告位19处。路牌广告总面积千余平方米、楼体广告面积200多平方米。

成功地发布了“百事可乐”、“科龙电器”、“中国石化”、“顺美西服”、“东芝电器”、“乔治白服装”、“LG空调”等多家户外广告。

我公司本着“服务客户、讲求信誉”的宗旨，愿与国内外客商精诚合作，共展宏图。

北京市世纪海威广告有限责任公司

地　址：北京市石景山区鲁谷路74号
邮　编：100040
电　话：(010)68153390　68221122-2143
负责人：孙鹏章
联系人：李晓于　胡晓华

北京市世纪海威广告有限责任公司隶属于信息产业部电子科技情报研究所鑫海威信息中心，具有设计、制作、代理、发布国内及外商来华广告的经营权限，旗下聚集了一批广告策划、企业管理、市场调查、创意设计、生产制作等方面的专业人才，并与北京及全国的各大新闻传媒有着良好的合作关系。特别与中美合资《计算机世界》报、《网络世界》报（原《国际电子报》报）、《微电脑世界》杂志、《IT经理世界》杂志等众多国内IT行业权威的媒体有着良好的合作伙伴关系。同时，北京市世纪海威广告有限责任公司还承办国内外各大公司的新闻发布会、技术研讨会以及全国巡展会等。

北京大潮广告公司

地　址：北京市石景山区八角北里开发公司四层
邮　编：100043
电　话：(010)68847955　68826638
　　　　88912361　88910809
传　真：(010)88915360
负责人：李岩柏

我公司自成立以来，本着服务于客户，服务于品牌的宗旨，不断拓展业务，努力探索，使客户范围不断扩大，营业收入逐年增加，在开展业务的同时也培养、锻炼了一批专业广告人员，聚集了一批具有卓越创意才能和丰富营销经验的专业广告创意策划人员。能为客户提供市场调研、产品推广、营销策划、专业影视制作、媒体实施、平面设计等一系列服务。

我公司曾先后为“汇源果汁”、“希玛保龄”、“日上集团”、“海尔集团”、“智强核桃粉”策划了一系列营销活动，得到了企业的好评，给产品的销售、品牌的推进起到了积极的推动作用。

我们认为：您的成功才是我们的成功，有实力的广告公司不该是销售自已，而应该是销售品牌，选择一家优秀的广告公司是企业领导者的责任。利用无限的创意空间为品牌找到最佳的市场定位，是我们的义务。

当然,彼此间的信赖还需要我们之间进一步的了解,我们愿与有实力的企业精诚合作,为品牌敲响市场的大门。

北京中影蒙太奇广告公司

地　址:北京市新街口外大街25号
邮　编:100088
电　话:(010)62259443　62210661
传　真:(010)62210662
负责人:关迎时
联系人:徐　东　许勇岚
经营范围:

北京中影蒙太奇广告公司系中国电影集团公司的直属子公司,经营广告设计、制作、代理、发布国内和外商来华广告业务。本公司具有雄厚的经济实力、技术实力和良好的商业信誉。并拥有属于我们自已的电影媒体——在全国范围内的城市电影院做35mm映前电影胶片广告、在广大农村做16mm电影胶片广告;拥有属于我们自已的电台媒体——与北京文艺台合办《蒙太奇影院》栏目,并独家代理其广告;拥有属于我们自已的户外媒体——在本市一些繁华地带做各种广告牌。此外,我们还可为客户提供集市场调研、创意设计、媒体策划、产品促销、制作发布等一条龙综合性服务。

加盟于MONTAGE的一批优秀人员,组成了MONTAGE的一支专业队伍,这是我们引以自豪的主要资源。我们愿以专业的态度为广大客户创造奇迹。

北京实兴太阳人企划广告中心

地　址:北京市石景山区苹果园海特花园海特饭店内
邮　编:100041
电　话:(010)68862079
传　真:(010)68862031
负责人:潘京蓉

北京实兴太阳人企划广告中心是北京实兴经济技术开发总公司的子公司,成立于1994年8月,注册资金100万元。本中心以经营八角西街60个灯箱和众多路牌等户外媒体为主。由于传统原因,石景山区的广告宣传及消费潜力的挖掘显得力度不够。为此我们在区内最繁华的文化商业街——八角西街建立灯箱广告,为您的企业及产品打开这一诱人、极具潜力的庞大消费市场,提供绝好的机遇和有力的推动。

北京泽洋广告有限公司

地　址:北京市石景山路22号万商大厦1216室
邮　编:100043
电　话:(010)68836388　68836370
传　真:(010)68836370
联系人:邱雪波

北京泽洋广告有限公司是一个年轻的企业。在北京市石景山区区政府的支持下,在玉泉路至古城6公里长的道路两侧,投资兴建了全市独一无二的广告长廊"亮丽工程"。

"亮丽工程"由单立柱、矩形灯箱、交通护栏、擎天柱、报栏灯箱、弧型牌6种类型的广告牌组成,灯箱总数近800个,整个发光面积近10000平方米,总投资额为1500余万元人民币。

整套方案的设计和灯箱的排布,将造型和自然背景有机结合,外形设计线条流畅、错落有致。在设计水准和制作工艺上力求符合市政建设标准。这些外观豪华端庄的灯箱构成了蔚为壮观的新街夜景。

目前,大型电器交通护栏广告长廊,分布于玉泉路口、高检西路、万商路口、京原路口、太阳岛路口、古城路口等6个主要路口,在京西这亮丽的风景线上成为闪光的一点。

北京市体育广告公司

地　址:北京工人体育馆南楼
邮　编:100027
电　话:(010)65042111
总经理:王　桦
联系人:王品熙

体育事业近十几年来在我国得到长足的发展,而其独具魅力、卓有成效的传播功能也日益被国内外著名企业所认知,众所周知,凡世界级大型企业、公司无不与体育有着千丝万缕的联系,参与、投资体育事业可为企业带来超级效益已是不争的事实,做为首都唯一的专业体育广告公司——北京市体育广告公司始终坚持以弘扬中华体育精神,展示体育风采,扶持中国体育名牌产品为宗旨。借体育之魅力,助企业之腾飞,是本公司的最终追求。

公司拥有多年参与体育赛事组织与策划的经验,曾成功地策划并举办了北京三资企业足球赛、"姚记扑克"杯名人桥牌赛、"钓鱼扑克"杯名人桥牌赛、"希玛保龄"杯八城市中青年业余保龄球大赛、

"安踏鞋业"北京青少年国际时尚运动冠军赛、"爱立信"杯四城市保龄球电视大赛等都取得良好的社会效益,记者桥牌赛、台球赛、保龄球赛等均已举办多届。其中北京三资企业足球赛被列入北京市政府批准的长年赛事,现已形成一定规模。因参赛队队员国籍各异,被京城的三资企业员工戏称为"我们的世界杯赛"。本公司曾组织的"步长药业"专家座谈会、"燕山地毯"产品介绍会为企业发展做出了贡献。特别是近几届奥运会、亚运会期间,为"505"集团策划并实施的嘉奖体育健儿的系列宣传活动均得到企业的好评。我公司策划并举办的北京体育好新闻评选受到社会的赞誉。这些赛事及活动均得到首都数十家新闻单位的及时报道。

我公司现有《体育博览》杂志、《模型世界》杂志等媒体可直接宣传企业文化、扩大企业知名度。

北京市体育广告公司竭诚为企业服务,致力于为企业与体育的合作架起友谊的桥梁。

北京北辰广告公司

地　址:北京朝阳区安定路25号南楼一门三层
邮　编:100029
电　话:(010)64917089　64917123
传　真:(010)64917765
负责人:德秀成
联系人:桂　玮

北辰广告公司是北辰集团所属的一家专业广告公司。公司成立十年来,业务不断发展。曾在1993年荣获国家工商局首届中国广告公司综合实力排序第41名,首届中国广告公司营业额排序第47名,是1993年获得北京广告协会向海内外推荐的九家优秀广告公司之一。

历经十年,本公司深谙市场及消费者状况,拥有完备的广告作业运筹系统。我们将为您的品牌和企业提供高策略性和高执行力、高创造力的广告服务。本公司独家经营亚运村户外媒体广告;全面代理报纸、电视广告;制作电视广告片,承揽展览及展板制作、平面设计及印刷等相关服务。

我们将以优秀创意、优良效果、优质服务为您的成功而努力。

麦肯·光明广告有限公司

地　址:北京市朝阳区建国门外南郎家园1号楼
邮　编:100022
电　话:(010)65930300
传　真:(010)65077555
负责人:牛爱国
联系人:申红艺

广告的代理、设计、制作、印刷、发布及相关的咨询服务。产品的造型设计及包装设计。

北京国佳广告公司

地　址:北京市西城区月坛北街25号
　　　(国家国内贸易局三号楼)
邮　编:100834
电　话:(010)68392795　68391590
负责人:张莉莉
联系人:徐少青

北京国佳广告公司是《中国物资报》社直属广告公司。《中国物资报》是为全社会生产资料生产、流通、消费提供政策和信息服务的经济类行业大报,主要刊载物资产销政策、产品供求状况、价格动态、市场趋势、企业营销谋略及有关方面热点、焦点问题的研讨等,在全国产业市场上具有广泛的影响力,被广大读者公认具有:权威性高、信息量大、报道面宽、专业性深、实用性强、服务性好六大特色。

北京国佳广告公司为《中国物资报》广告总代理,并与中央在京各报刊、电台、电视台均有业务往来。公司可代理中外广告、影视广告,并可为企业和产品宣传进行策划及广告制作。

北京全景视拓图片有限公司

地　址:工体北路新中西街2号新中大厦405、406
邮　编:100027
电　话:(010)65087911　65087922
传　真:(010)65088071
负责人:吕　辰

全景正片库

全景视拓图片有限公司系专业从事国外正片租赁业务的中外合资公司,拥有德国、日本、西班牙、比利时、美国、英国、荷兰等数十家图片公司的在华独家代理权,是目前国内最大的商业图片库之一。

全景图片库拥有数十种题材的20万张正片,专为广告公司、出版社及大型企业的创意设计人员提供图片支持。

全景设计制作公司,以全影图片库为支持,提供最优秀的图片和最佳的设计。承接海报、画册,产品包装、广告挂历的设计印刷。

代理销售国外原版图片样册及光盘。

1994年起建立中国图片库,代理销售中国摄影师的图片,通过全景公司的销售网络推动中国图片进入商业市场。

上海:陕西南路345号斯必克商务楼202室
邮 编:100020
电 话:(021)64712305 传 真:(021)64712359
广州:广州大道359号东方花园A座6层C室
邮 编:510600
电 话:(020)87381595 传 真:(020)87381595

北京市三原色广告制作有限责任公司

地 址:北京市宣武区槐柏树南里3号楼
北京市宣武区广安门内广义街甲3号楼106、107室
邮 编:100053
电 话:(010)83151116 63184204 83151118
传 真:(010)63184204
董事长:卓良芳
总经理:高群利

本公司的专家可以在广告策划、创意;广告设计、制作;广告代理、发布等方面为您提供周到的服务。

本公司所属的三原色画廊,以艺术家、收藏家、鉴赏家及广大消费者为知己,以优秀的艺术作品,使您居室、厅堂增辉。不同风格的作品定能满足您的不同需要。

本公司所属万福村食品分公司,代购代销并开发各种优质食品,为丰富市场、丰富人民生活,欢迎与国内外同行真诚合作,共同发展。

海峡广告有限责任公司

地 址:北京市西城区阜外大街36号商务中心501室
邮 编:100037
电 话:(010)68575875 68585606
传 真:(010)68575875
法定代表人:吕德利

海峡广告有限责任公司是国务院台湾事务办公室海峡经济科技合作中心所属的专业广告公司。

经营范围:设计、制作、代理、发布国内及外商来华广告以及与广告有关的咨询服务。

海峡广告有限责任公司自1994年11月创办以来,为企业界特别是台商、台资企业提供了热忱、周到的广告服务。

海峡广告有限责任公司凭籍自身对广告市场的独到认识,新颖而具魅力的创意设计,迅捷而丰富的传媒手段,周到而严谨的运作实施,从而达到为企业传达良好形象,为产品流通架构桥梁之目的。海峡广告有限责任公司面向企业提供精良服务的同时,不忘成立之初的"宗旨",为海峡两岸经济、科技交流活动提供广告方面的咨询和服务,并致力于两岸广告界的合作与交流,及为台商、台资企业作企业形象、产品信息传播。为促进祖国的和平统一大业尽一份力量。

中国机电广告公司

地 址:北京市西城区百万庄大街22号
邮 编:100037
电 话:(010)68326282
传 真:(010)68326295
总经理:秦洪继
联系人:白凤鸣

中国机电广告公司(CACME)是中国机械装备(集团)公司直属公司,是全国性、综合型专业广告公司,是以中国机械制造产业为依托,广泛服务于国内外各类企事业单位的专业广告制作及代理机构。

公司创办以来,积极开展广告策划,市场调查、设计制作和发布、代理业务,多次举办全国性和国际性大型展览会和促销活动,为国内外数以千计的企业提供了展销服务。经营能力、经营手段和综合实力不断增强,已跻身于全国50家最具实力的广告公司之列。

公司拥有精通业务、经验丰富并富有创新精神的广告策划、创意、美术设计、制作、经济管理和工程技术等各类专业人员,建立起规范、科学、高效的经营管理机制,能为客户提供系统化、全方位、多层面的广告服务。

主要经营范围包括:发布、代理国内外各类广告,代理营销策划、市场调查、CIS设计、公共关系事务,组织国内外各种类型的展览会、展销会,承接广告摄影、装璜及印刷品设计制作业务,并提供经济技术信息咨询服务。

公司全体员工遵奉"团结、创新、开拓、务实"的敬业精神,恪守公司利益、客户利益、社会利益三位一体的企业宗旨,竭诚为各界客户提供完美、高效的服务,不断追求和实现事业发展的更新、更高的境界。

北京北奥广告公司

地　址:北京市朝阳区东土城路8号林达大厦A座20层
邮　编:100013
电　话:(010)64295999
电子邮件:boac@.cn
总经理:陈少云
联系人:康胜军

北京北奥广告公司成立于1991年,现隶属于北京北奥有限责任公司。1995年被国家工商局、中国企业评价协会评为"中国50家最大广告公司"之一;1996年至1998年连续被北京市委宣传部、市工商局、市广告协会评为"首都广告业精神文明先进单位";1998年,被北京市工委评为"北京市规范化管理示范单位"。

北京北奥广告公司具有雄厚的户外媒体实力。拥有北京市机场高速路、机场辅路、白颐路、东单银街、二、三、四环路、体育场馆周围及350个加油站等众多位置好、效果佳的户外媒体。

北京北奥广告公司汇聚了一批卓越的管理人才和优秀的广告人才,可以为客户组织策划各种大型文体活动,能提供出色的广告创意、科学的媒体实施及周密的市场调研等全方位服务。

北京山顶广告有限责任公司

地　址:北京市海淀区中国人民大学新图书楼首层
邮　编:100872
电　话:(010)62513440　62513437
传　真:(010)62513437　62513440
负责人:吴益他
联系人:孟　航

北京山顶广告有限责任公司成立于1994年12月,注册资金100万元人民币。企业性质为股份制民营企业。北京山顶广告有限责任公司脱胎于中国人民大学新闻学院现代广告研究中心,员工大都毕业于新闻和经济管理专业,有着独特的社会资源背景和良好的员工队伍,最值得公司骄傲的是公司工作的效率和员工勤恳认真的作风。

公司主要侧重于市场品牌的策划、媒体投放的研究和执行、大型社会活动的组织宣传方面。多年来公司与中央、地方媒介一直保持友好合作的关系,公司目前为多家国内外知名企业提供服务。

公司下设客户部、调研部、创意制作部、媒介部、户外及展示部,分工协作,共同完成对客户的服务。公司的目标是利用媒介的优势和全体员工的努力与智慧,将公司建设成为特色鲜明、富有效率、与客户同喜同忧的大中型广告公司。

营业范围:设计、制作、代理、发布国内和外商来华广告。

公司关联组织:

中国人民大学新闻学院	合　作
荣格国际广告有限公司	合资公司(瑞士)
CCTV桥牌协会	赞助发起

北京市京伦霓虹灯厂

地　址:北京海淀区西三环北路82号院5号楼一层
邮　编:100037
电　话:(010)88432812
传　真:(010)88452810
负责人:丁万立
联系人:郭杰青

京伦霓虹灯厂为中国霓虹协作会主任委员厂家。

本厂技术力量雄厚,产品质量可靠,是集设计、制作、安装为一体的专业实体。1992年曾荣获全国霓虹灯大奖赛优质奖。由本厂设计制作的大型霓虹灯广告有:

福特汽车广告牌、雪铁龙汽车、玫瑰天涯夜总会、和平"HOUSE"、长安大戏院、丰联广场、亚运花园、硬石餐厅以及华威大厦、北京演歌台、爱立信手机广告等。

京伦霓虹灯厂愿与广告界朋友携手共进,推动霓虹灯广告更好、更快的发展。

北京标正电脑图文有限公司

地　址:北京安定门内(北锣鼓巷)千福巷3号
邮　编:100009
电　话:(010)64066806　64066807
传　真:(010)64067290
总经理:吴　伟

北京标正电脑图文有限公司系中国黄金总公司与加拿大吴祖投资公司共同出资兴办的大型专业广告制作公司。自1995年率先引进美国威特公司3200型双面彩色喷绘机以来,以其精湛的技术,高品质的制作,完善的服务,赢得了国内外广大客户的信赖,在广告制作领域享有很了高的声誉。作品遍及全国六十多个省市。1997年又引进美国LASER-MASTER公司DME设备,实现了大型户外喷绘与高清晰度户外喷绘的完美结合。1998年隆重推出美国威特公司最新研制的高清晰高超大型宽幅5300型喷绘机，使广告喷绘效果更加鲜艳、亮丽。

现在，无论您需要的是户外大型广告远观的整体效果还是近在咫尺逼真的图像；无论是户外灯箱、室内外装饰图，还是广告招贴及车身广告，标正公司都可为您提供高品质的产品。

标正恪守："客户的利益就是标正的利益"。我们深深懂得没有客户的信任和支持，就没有标正的一切。重守信誉永远是标正的生命之本。

北京恒美广告有限公司

地　址：北京市朝阳区雅宝路丙12号
邮　编：100020
电　话：(010)65913565－72
传　真：(010)65911797
负责人：陈以聪
联系人：车硕知

凭借创意的引领，成就了客户，也成就了恒美广告的今日。

北京好心专递广告有限责任公司

地　址：北京市朝阳区工体东路14号
邮　编：100020
电　话：(010)65007966　65007996
　　　　65855406　65855038
传　真：(010)65007996

北京好心专递广告有限责任公司，是经北京市工商行政管理局批准成立的一家专业广告公司。由数家具有市场运作经验的实体共同投资组成。为北京市广告协会会员单位之一，注册资本120万元。

公司不但拥有北京数十家寻呼台联建而成的北京"好心专递"中文寻呼广告网，而且得到了中央电视台、北京电视台、北京人民广播电台、法制日报、北京日报、北京晚报、北京广播电视报、北京青年报、精品购物指南报等首都各大新闻媒介的鼎力支持，并专项代理《中国经营报》通讯时空版广告。客户涉及房地产、金融、家电、汽车、机械服务、医药等各个行业，先后曾为国内及美澳等国的通讯、电子、食品及其他行业企业进行优质服务，并收到了很好的效果。

北京京路广告公司

地　址：北京市西城区东太平街36号
邮　编：100031
电　话：(010)66032820
总经理：刘铁军
经营范围：

设计、制作、代理和发布国内和外商来华广告业务。

总代理北京市公路局占地范围内公路、高速公路的各种广告业务。

北京歌华广告艺术公司

地　址：北京市西城区宣武门西大街甲129号金隅大厦15层
邮　编：100031
电　话：(010)66079912
传　真：(010)66079920
电子邮件：gehua@gehua.com.cn
负责人：郑谊军

北京歌华广告艺术公司是北京歌华文化发展集团的全资子公司，成立于1956年，其前身为北京广告艺术集团。

歌华广告熟谙中国本土文化，了解本土市场，采用科学的操作方法，规范的作业流程，严谨的品质管理，致力于对中国本土消费者进行科学研究和广告传播，积累了丰富的经验。

歌华广告曾服务过海内外多家知名的工商企业创造了许多成功案例，为众多企业，提供了包括企业识别系统导入、市场调查、营销策划、广告整体策划、广告媒介发布、公关实施在内的全方位的广告代理服务。

歌华广告曾被国家工商行政管理局等权威机构评估为"中国最大的五十家广告公司"之一，并屡获国家工商行政管理局、中国广告协会所颁发的"全国广告业重信誉，创优质服务先进单位"奖牌。信誉卓著，美名远播。

歌华广告全面代理运作了以消费大众为读者对象的新热点媒体《北京晨报》主要版面的广告。

歌华广告多年来一直跟踪海内外户外广告媒体在造形、体量、照明、材料、技术上的发展，并与之保持同步。

歌华广告与北京广播学院合作编辑出版了《1997－1998 IMI消费行为与生活形态年鉴》。

歌华广告在北京地区的黄金路段，拥有包括路牌、霓虹灯、三面翻转看板、灯箱、一柱看板在内的各式户外广告媒体21000平方米。

北京京视广告公司

地　址：北京市海淀区西三环北路甲3号
邮　编：100081
电　话：(010)68421431/32/33/35
传　真：(010)68421432
负责人：朱荣民

北京京视广告公司（简称京视广告公司）成立于1993年，隶属于北京电视台。作为北京电视台唯一的广告公司，已逐步发展成为一家功能齐全，能够为国内外大型客户提供全面服务的综合性全能型广告公司。尤其在电视媒体方面，将显示其鲜明的特点和较强的实力。这主要体现在为客户提供市场调查分析、广告策划、创意、媒体计划、监测、收视调查等全方位服务的能力。同时，电视节目交换也是公司业务的重要组成部分，并同全国各地电视媒体单位保持了良好的合作关系，这也为公司更广泛的服务客户、拓展业务打下了良好的基础。

公司人员专业从事电视台编辑工作或长期服务于大型外资广告公司，具有较强的专业知识及广告行业经验，保证了对于各类客户提供可靠的服务。在公司经营管理过程中，严格推行国际化广告公司的先进管理方式，服务水平赢得了众多国际国内品牌客户的认可。在电视媒体上的创意、摄制、编播及广告策划方面具有较强的专业水平。

京视广告公司代理北京电视台新闻标版广告及独家代理《北京特快》、《北京您早》栏目广告。京视广告公司始终坚持积极、严谨的态度，不断完善提高对于客户的服务质量水平，真诚希望和更广大的客户朋友共同合作。

中国精信广告有限公司

地　址：东城区朝阳门北大街8号富华大厦A座2层
邮　编：100027
电　话：(010)65541363
总经理：陈志明
联系人：李建江　曹向红

中国精信广告有限公司是由美国Grey广告公司与中国国际信托投资公司旗下的国安集团合资组成的广告公司。凭籍着Grey在全球87个国家内的网络优势，我们为客户创造了众多的成功品牌，如：潘婷、达能、LG电子、芬必得、康师博、箭牌口香糖等都是家喻户晓的中国市场第一品牌。

北京电通广告有限公司

地　址：北京市东城区朝阳门北大街8号富华大厦F座11层
邮　编：100027
电　话：(010)65542193　65542205
传　真：(010)65542098　65545550
总经理：山村正一
常务副总：金子泓
副总经理：冈敬二　刘　哲

全方位信息传播服务的四大领域：

①广告方面作业：广告计划、广告创意、媒介方案、媒介购买

②促销活动方面：促销手段、促销活动、展览会、大型会议

③市场营销方面：调查、分析、市场营销策划

④企业信息交流作业：公关、CI、体育、文化活动

北京万隆广告公司

地　址：北京市海淀区增光路45号7号楼二层
邮　编：100037
电　话：(010)68483214　68483215　68429850
传　真：(010)68429850　68483214
总经理：郑　治

主要服务项目：①国内外电视广告的策划、创意、制作、代理。②美术设计、广告摄影制片。③年历、目录、样本、画册的印刷。④国内外展览业务。⑤广告媒介咨询、广告礼品、市场调查。

北京杰威广告公司

地　址：北京市朝阳区亚运村安慧里四区16楼
邮　编：100723
电　话：(010)64949074　64915484
64914455－2264/2247/2463
传　真：(010)64949084

经营范围：

营销策划、CIS设计、电分制版、印刷发行、广告摄影、装饰装璜、展示展览、公关策划、礼品开发、媒体代理；

中国长城电子展览公司

地　址：北京市海淀区学院路丁37号
邮　编：100083
电　话：(010)62013363　62057073
传　真：(010)62013361

负责人:王树华
联系人:许晓江

中国长城电子展览公司是经中华人民共和国电子工业部批准具有法人资格的国营展览专业公司。业务以组办国内外展览为主,兼营广告、资料制作和展具租赁业务。公司宗旨是为电子与计算机行业服务,组织开发产品市场。推广应用、交流技术、传递信息,为产、供、销和广大用户架设金桥。

中丝广告有限公司

地　址:北京市北河沿大街 105 号
邮　编:100006
电　话:(010)65137601　65120379
传　真:(010)65137601
负责人:陶孝娴
联系人:俞剑平

中丝广告有限公司拥有自己的媒体——《中国丝绸》(ELEGANCE CHINA SILK)杂志,因此具有较强的整体运作能力,能为广告主提供全面的广告服务,并具有良好的信誉保证。欢迎各界朋友与我们携手努力,为我国经济贸易的发展开拓一条通向世界的新丝绸之路。

人民画报广告艺术公司

地　址:北京海淀区车公庄西路 33 号
邮　编:100044
电　话:(010)68412387
传　真:(010)68412387
负责人:徐　卫

本公司经营国内外广告,代理外商来华广告,可承接拍摄、编辑、设计、印刷等全套业务。在《人民画报》中文版刊登,可发行到全国各个省、市、自治区;在各外文版《中国》画报上刊登,可发行到世界五大洲 180 多个国家和地区。

北京通成推广公交广告有限公司

地　址:北京市朝阳门外大街 18 号丰联广场 2001－4 室
邮　编:100020
电　话:(010)65881066　65881071－1075
传　真:(010)65881076

北京通成推广广告有限公司是香港通成推广集团在中国的合资机构,目前在国内近 20 个大中城市中投资经营双层公共汽车和空调车车身媒体网络,为中国公交和广告事业的发展做出了巨大努力和贡献。

中诚证券广告公司

地　址:北京海淀区西苑饭店 5423 房间
邮　编:100044
电　话:(010)68312719　68341296
传　真:(010)68313128
负责人:陈立群
联系人:许　静

中诚证券广告公司是中国诚信证券评估有限公司的全资子公司。注册资金 200 万元,具有国内外广告设计、制作、代理、发布权。

本公司拥有一流的广告、策划、创意、制作人员。公司成员来自知名度很高的合资广告公司、中央新闻单位及西影、科影等电影制片厂。中诚证券广告公司成立以来,已有多项为企业策划的成功经历,并长期代理数家国内知名企业的广告业务。在企业界和广告界具有了良好的服务记录和一定的商誉,而与媒介的良好关系更是我们服务于企业的有力保证。

中诚证券广告公司与深圳证券登记公司合资建立了深圳亚星证券广告公司,在海南、湖南、湖北、广州、上海、宁波等地设立了业务代表处。

北京华艺广告公司

地　址:北京市海淀区紫竹院路 10 号
邮　编:100044
电　话:(010)68456232　68456234　88495680
负责人:杨旭霞
联系人:浦　瑛

一滴水可以折射出太阳的光辉

北京市西京广告中心

地　址:北京市朝阳区工体东路 8 号
邮　编:100020
电　话:(010)65093183　65074201
传　真:(010)65074201
联系人:潘良明

西京网印适用于灯箱、路牌、车体、看板、海报、挂历、彩旗、地面等户内外广告。

西京的服务宗旨是:质量第一、客户至上、价格合理、交货迅速。

北京爱童广告公司

地　址:北京市朝阳区团结湖中路南一条5号小楼
邮　编:100026
电　话:(010)65985404　65985938
传　真:(010)65985938

爱童广告在高档电器、电子、机械产品、房地产以及医药、保健品等产品的整体广告企划及代理、公关和促销活动、展览展示会的设计、制作方面有丰富的经验和实实在在的服务。

北京汉仪科印信息技术有限公司

地　址:北京海淀区翠微路2号
邮　编:100036
电　话:(010)68285008/5561/5996
负责人:方　猛
联系人:李　菁

汉仪公司是专业的造字公司,设有管理、业务、技术、造字、质量管制、字型开发等部门。其汉字字型的生产规模、生产效率及产品质量堪称同行之冠。遵照国家有关印刷字体字型的知识产权保护政策,公司开发汉仪字库的原字稿经合法授权使用。

北京金通达广告有限责任公司

地　址:北京北三环中路27号福尼特大厦608室
邮　编:100029
电　话:(010)62073732
传　真:(010)62073756
负责人:田长江

北京金通达广告有限责任公司是一家在北京地区专业从事DM直递广告业务的公司。1998年度公司每月将几百万份彩色印刷广告通过夹报和其它方式分发到公司、机关、厂矿和居民手中。公司是1998年唯一签约代理北京青年报夹报投递广告业务的广告公司。

中国广告商情网(WWW.CNAD.COM.CN)

地　址:北京台基厂大街18号
邮　编:100005
电　话:(010)65125275
负责人:张　彬
联系人:赵　友

中国广告商情网是中国广告协会领导下的行业信息站点,将为业界同仁提供全面迅捷的增值信息服务,同时开展网络广告的策划代理业务。我们期待着您的浏览与合作,共同促进internet在全行业的应用,对网络与我国经济生活的结合过程,起到广告人的推动作用。

服务项目:

- ■广告行业信息增值服务,为您在cnad上发布信息,为您在internet上收集信息,并进行分析整理。
- ■Cnad Web Site上的网络广告发布,与相关单位合作,共建栏目;
- ■企业站点建设咨询及作用、推广宣传;
- ■网络广告的策划、创意及代理发布;
- ■建立开发其它行业网上站点;
- ■网页设计制作。

北京金海岸广告公司

地　址:北京市海淀区复兴路乙12号608室
邮　编:100814
电　话:(010)63975588－6081/6082
传　真:(010)63965383
总经理:张春甫
联系人:卢幸子　马永平

本公司现已接受中国有色金属报社委托代理其广告业务。有要在中国有色金属报上刊登广告的客户,请与我公司联系,本公司愿竭诚为您服务。

北京海德广告公司

地　址:北京东城区海运仓2号
邮　编:100702
电　话:(010)64013619
传　真:(010)64013619
负责人:李　军

北京海德广告公司是中国青年报创办的专业性广告公司。

经营范围:

承揽、代理国内和外商来华各类广告业务。

中国国际广告公司

地　址:北京市建国门外大街12号(5层)
出　编:100022
电　话:(010)65686175
传　真:(010)65683327
负责人:陈孝文
联系人:迟　伟

经营代理国内外广告业务

——为企业提供以营销目标为中心的广告总体策划,包括市场调查、广告策划、创意设计、媒介代理、广告监测及销售信息反馈;

——配合企业导入市场营销体系,包括确定发展目标、市场营销机构,建立营销网络,推进人员培训;

——企业 CI 策划及导入过程。

举办国内外展览,组织国际商贸洽谈、科技交流;

——作为外贸企业,在海内外举办各类展览会;

——组织国内企业参加在世界各地的大型国际博览会及商贸洽谈;

——组织国际学术研讨及技术交流活动。

组织国际广告交流及文化、体育等大型活动,拥有一流的时装艺术表演团。

经营代理进出口贸易,形成从市场调查、展览促销及至外贸进出口的"一条龙"服务。

北京回之声企划管理(顾问)有限公司

地　址:北京 1448 信箱
邮　编:100013
电　话:(010)64296060　64203636　64283636
　　　　64286060　64213636　64293636
传　真:(010)64206060
董事长:尹延京
总经理:李文江

平面设计、制作印刷:企业形象策划与实施;展览展示制作;大型户外广告制作;商贸代理、营销服务;技术推广及应用;信息咨询服务;设计、制作、代理、发布各类广告。

北京佳易广告公司

地　址:北京市阜成路 51-2 号银谷湾大厦 6 层
邮　编:100037
电　话:(010)68417260　68417262
传　真:(010)68417228
负责人:刘贵增
联系人:刘渠金　魏小玲

北京佳易广告公司创立于 1992 年,是第二炮兵投资主办的全民所有制综合型专业广告公司。北京佳易广告公司拥有训练有素的市场营销、整体策划、影视创意、电脑制作和美术设计队伍。在短短几年中,佳易人经不懈努力,已逐步向市调、策划、创意、制作、传播的整体运作和综合服务体系发展,取得令人瞩目的成果。

公司下设的制作部——佳易电子艺术中心,拥有美国 SGI 高级图形工作站、Wavefront 三维动画全套软件,并配备了广播级后期编辑和数码制作设备。经多年实践,已在计算机图像处理、三维动画、电视节目数字特技等方面积累了丰富的制作经验,成为北京地区较有影响的专业制作中心之一。

北京国风广告公司

地　址:北京海淀区花园东路 8 号
邮　编:100083
电　话:(010)62010787　62047015
传　真:(010)62010788
负责人:欧阳旭
联系人:上官禾

国风广告鼎力助您与市场良好连接。

北京金达顺电子技术有限公司

地　址:北京市海淀区白石桥路 3 号友谊宾馆雅园 64314 室
邮　编:100873
电　话:(010)68498702　68498766
传　真:(010)68498702
负责人:褚　琦
联系人:纪海彤

名牌信誉　行家推崇
全新美国奥莱 IOLINE 超级 88 型刻字机
雕刻能手　尽显天工
美国 MultiCam 专业雕刻机
欲索详细资料,敬请接洽。

北京科利达广告有限责任公司

地　址:北京市海淀区苏州街 78 号
邮　编:100080
电　话:(010)62551531-3052
传　真:(010)62551531-3052
联系人:郭春景　张雅玲

广告主要承接内容:设计、制作、代理、发布国内和外商来华广告。

广告主要运作部门:财务部、媒介部、客户部、策划部、创作部、影视部、市场调研部。

广告传播的根本:我们与客户、消费者沟通,并让客户与消费者沟通。

国人广告公司　国人印刷公司

地　址：北京市海淀区白石桥路 32 号
邮　编：100081
电　话：(010)62179146　62185309
传　真：(010)62185310
负责人：康瑞鑫

北京笔克展览服务有限公司

地　址：北京市朝阳区洼里南口甲 1 号笔克办公楼
邮　编：100012
电　话：(010)64940999
传　真：(010)64916591
董事长：郑心民
总经理：朱世熙
经营范围：

1992 年 9 月 2 日正式合资后，本公司成为目前在国内展览行业里一家具有现代化的加工技术设备及具有科学管理水平的大型合资企业。公司拥有近二万多平方米的仓库，所存放的展架可以承建 8000 平方米面积的展台。该公司能够独立作为主办单位指定的承建商，以优惠的价格、便捷的服务为参展商提供设计，搭建各种类型的展台，该公司也经营室内装修、广告牌制作，家具及电器租赁等业务。

北京天哲国际旅游广告公司

地　址：北京市朝阳区定福庄南里一号
邮　编：100024
电　话：(010)65767912　65778408
传　真：(010)65778406
总经理：胡　斌
联系人：姚　晖

北京天哲国际旅游广告公司是北京第二外国语学院校办企业，为全面代理型广告公司。市场调研，创意策划，设计制作，广告发布，为国内外企事业单位拓展国内外市场提供广泛服务。

得天独厚的人才优势，使公司的各类服务精良、周到、入微。文人下海，以诚为先。多年来北京天哲国际旅游广告公司真诚为广大客户服务，已得到满意的社会效益和经济效益。

朋友，北京天哲国际旅游广告公司真诚期待与你共创繁荣！

信龙国际广告公关公司

地　址：北京市朝阳区新源南路 6 号京城大厦 13 层
邮　编：100004
电　话：(010)64665032　64660088－1356、1319
传　真：(010)64662047
联系人：盖　凡

信龙国际广告公关公司隶属于中国国际信托投资公司(集团)，是中国国际经济咨询公司的全资子公司，于 1993 年正式成立。

我们为您提供：

·策划、代理、发布国内外各类广告业务；

·平面、影视设计及制作服务；

·承办组织各类国际会议(研讨会、开业式、洽谈会等)和商务公关活动；

·承办外公司首脑或商务团体来华接待。

北京文心堂广告艺术有限公司

地　址：北京朝阳区惠新东街 6 号乡企大厦 1005－1009 室
邮　编：100101
电　话：(010)64968341
负责人：杨小平
联系人：郝德萍

北京文心堂广告艺术有限公司是一家综合性专业广告公司。成立以来，文心堂与众多客户携手共进、共求辉煌，建立了亲密无间的合作关系。

如今，文心堂已聚集了一批专业广告人，在设计、全案企划、媒体实施等方面皆已积累了丰富的经验，并多次成功地策划、组织了产品促销公关活动和大型文体活动。文心堂人始终深信“诚信、坚定、踏实、奋进”是立业之本。相信文心堂人定能超越自我，向未来挑战。

北京市公交广告公司

地　址：北京市东城区交道口东大街
邮　编：100007
电　话：(010)64030529
传　真：(010)64049428
总经理：宋瑞波
我们的承诺：

整体策划：一步到位

设计发布：双管齐下

北京地下铁道通成广告有限公司

地　址：北京市朝阳门外大街 18 号丰联广场 2001 室

邮　编:100020

电　话:(010)65881066　65881071－1075

传　真:(010)65881076

经营范围:

本公司独家发布北京地铁全线月台灯箱、车厢内广告牌、通道及梯旁海报等。

北京华讯广告艺术公司

地　址:北京海淀区黄庄大泥湾乙9号

邮　编:100086

电　话:(010)62563322－208

传　真:(010)62540864

法人代表:王恩生

北京华讯广告艺术公司每年成功的完成报刊、电视、广播、印刷等广告代理业务10000多项。承担户外广告的方案设计、项目审批、结构架施工、版面代理制作100多项,并圆满通过各级部门的验收。

我们将帮您打开通向市场的大门,伴您在市场竞争中走向成功。

北京火车头广告有限责任公司

地　址:北京市丰台区丰台镇文体路5号

邮　编:100071

电　话:(010)63855510

传　真:(010)63855521

总经理:何培民

联系人:索凤利

北京火车头广告有限责任公司,是由北京铁路局和铁路分局等13家股东出资600万元人民币组建的专业广告公司。她以北京铁路局的车站媒体影响力大、传播效果好、辐射能力强的优势,为国内外客户提供全方位的广告策划、设计、制作、代理和发布。

北京公交候车亭广告有限公司

地　址:北京市新街口外大街八号鹰冠庄园写字楼 201－212室

邮　编:100088

电　话:(010)62011963

传　真:(010)62055035

负责人:张锦升

联系人:芳　冬

经营范围:

公司是亚洲公共设施广告有限公司和北京市公交广告公司共同组建的中外合作经营企业。

公司总部亚洲公共设施广告有限公司,在中国是系列化中外合作经营企业形式的广告公司。公司业务从投资、设计、生产、安装、照明,公交候车亭网络媒体和灯箱媒体,到定期清洁维护,从广告创意、制作、印刷、运输、广告发布到广告发布前后的广告效应市场抽样调查,实行"一条龙"综合服务。公司的宗旨是:国际水准中国特色,力求创新与众不同,使客户的广告投资获得最佳效益,同时向中国公众提供公交候车亭设施的公益性服务。

北京通产广告公司

地　址:北京市朝阳区安苑路11号

邮　编:100029

电　话:(010)64962936　64962969

传　真:(010)64963001

负责人:李学文

联系人:刘少华

北京通产广告公司隶属人民邮电报社,是人民邮电报社专门从事通信业广告业务的经济实体。

《人民邮电》报是中国通信业第一大报,发行遍布全国邮电系统内外,发行量达20万份。北京通产广告公司全权代理《人民邮电》报广告业务。

北京通产广告公司立足通信行业,依托人民邮电报社,除受理通信产品广告,企业形象广告外,还办理各种供求信息、牵线搭桥等各方面的分类广告,同时为社会其它报刊及全国二十多家省市邮电报代理各类广告业务。

北京通产广告公司追求的最高目标是让客户满意,公司真诚愿为通信产、供、销企业的发展助一臂之力。

北京意必达公关广告公司

地　址:北京市东城区安定门外胜古中路1号光大蓝宝大厦312室

邮　编:100029

电　话:(010)64436445　64434411－3322

电子邮件:cinc@public.bta.net.cn.

负责人:谢　文

联系人:纪红、柳松、余宁

服务范围:公共关系,广告代理、策划、制作,彩色印刷,展览展示工程设计、制作,商务咨询,目标市场开发,网络信息服务

天和广告有限公司

地 址:北京朝阳区西坝河东里底商 7 号
邮 编:100028
电 话:(010)64636832 64633505
传 真:(010)64633503
电子邮件:gsp @ cenpok.net
负责人:王建明
联系人:林汉文

·提供市场调查、营销企划、广告策划、创意、制作、组织促销公关活动。

·全国性媒体代理(报纸、电视、广播、杂志)。

·承接国内外展览制作,室内外装修,路牌、灯箱、POP 制作。

协助企业进行 CI 系统工程,VI 设计,电脑化作业,承制印刷品广告。

·公司下属实体可提供各种玻璃深加工服务及其系列钢玻家具产品。

北京捷先广告公司

地 址:北京市海淀区北三环中路 67 号中央新影
邮 编:100088
电 话:(010)62040125 62366145
负责人:徐 建
联系人:王家平

捷先广告公司的业务范围:设计、代理、发布国内和外商来华的影视、广播、报纸、平面、户外广告。

我们是广告的终身发烧友。

北京龙歌广告公司

地 址:北京东城区东顺城街 22 号
邮 编:100007
电 话:(010)64069192 64069190
传 真:(010)64070115
董事长:卢绍平
总经理:武 征

北京中润广告艺术公司

地 址:东城区东二环大雅宝路一号
邮 编:100730
电 话:(010)65220415 65220640
传 真:(010)65220415
负责人:路 荣
经营范围:

设计、制作、代理、发布:国内和外商来华广告。设计制作广告礼品、彩色印刷、产品包装盒(袋)、工艺美术品等等。

中国电子技术应用公司

地 址:北京市海淀区花园路 B3 号迪蒙大厦 10 层
邮 编:100083
电 话:(010)68474945 68474934 62388170
传 真:(010)68474934 62388171
负责人:丁诗武
联系人:于晓初
经营范围:

中国电子技术应用公司(CEA)是以拓展电子技术应用为己任,集技、工、贸为一体的新型高科技国有企业。

我公司可为广告、城建、印刷、服装、医疗及金融等行业提供先进实用、价廉物美的电子应用产品与系统,并提供良好的售前售后服务。

北京飞梦电脑图片制作有限公司

地 址:北京建外大街 1 号国际贸易中心 B102、103
邮 编:100004
电 话:(010)67646718
传 真:(010)67646719
负责人:刘惠雁
经营范围:

北京飞梦电脑图片制作有限公司是中外合资大型专业广告制作公司,拥有良好的设计制作能力及创新的策划创意水平。国贸中心的展示厅,作为公司的窗口,向人们展示飞梦,让人们了解飞梦。设立于芳庄的制作部厂房为 1200 余平方米,拥有各种先进的进口设备,适应各种小型、中型及大型喷绘需求。

目前,飞梦已成为中国广告联合总公司电脑喷绘制作的合作单位,在北京广告协会及同业支持下,经过四年的开拓,飞梦公司已逐步发展成为较具规模的综合性专业广告制作企业。

北京图形开发中心

地 址:北京市朝阳区惠新西街 17 号 1207 室
邮 编:100029
电 话:(010)64915566 转 3207
传 真:(010)64948823
负责人:刘兆平
联系人:马红艳

经营范围：

企业CI设计、VI设计、商标标志设计、产品包装设计、路牌广告设计、展示设计、建筑效果图、插图。此外，还承接展览、装璜、印刷、制作。

北京市奥飞达科技公司

地　址：北京市海淀区北四环西路21号(216房间)
邮　编：100083
电　话：(010)69734504　69737224
传　真：(010)69737224
负责人：李化勤

本公司是海淀区科委直属企业，是北京地区最早从事广告彩球及充气模型制品的专业性公司；多年来凭着丰富的经验，先进的设备，精良的制作工艺，在同行业中独树一帜。

北京天琴之声广告有限责任公司

地　址：宣武区广安门外鸭子桥路29号大金都写字楼300室
邮　编：100055
电　话：(010)63440829
负责人：邹庆怡
联系人：李　红

广播电视类

中央电视台广告部

地　址：北京复兴路11号彩电中心
邮　编：100859
电　话：(010)68509505　68522561　68509311
负责人：郑加强

中国中央电视台是中华人民共和国国家电视台，于1958年5月1日试播，同年9月2日正式播出，标志着中国电视事业的开端，1978年5月1日正式改为中央电视台。1973年开始采用PAL－D制式播出彩色电视节目，英文简称CCTV。目前，中央电视台开办9套节目，分别播出新闻、经济、戏曲音乐、体育、电影、少儿、军事、科技、农业、文艺等节目。2000年9月25日英语频道正式开播。节目通过卫星(其中第一套节目还通过全国微波干线)传送覆盖全国，覆盖率约85.8%，观众超过10亿人。第四套国际频道和第九套英语频道通过卫星基本实现全球覆盖。2000年广告收入53.5亿元。

中国中央电视台广告部成立于1979年。从1995年开始，销售实行全面代理制。目前在国内拥有1500余家广告代理公司，全面承揽在中央电视台播出的国内外广告业务，依照收视制订价格，使企业可根据产品特点有选择地安排广告。2000年在中央电视台9个频道中平均每天播出的广告节目时间(只包括正式时段广告、插播广告、电视剧前后广告)达439.8分钟，有3000余家中外企业在中央电视台投播商业广告。在收视率最高的一套黄金时段，采取广告时段投标方式，这一举措在中国广告界、企业界、新闻界中受到普遍关注和认可。1997年以后，海外企业也开始关注中央电视台的广告投标活动，已有几十个代表团与中央电视台广告部进行了洽谈。

在社会公益事业方面，中央电视台广告部从1987年起，在全国首家推出了专门播放公益广告的《广而告之》栏目，以“提醒、批评、倡导”为宗旨，以树立社会良好风尚为已任，并探索新的机制，广泛调动社会力量，播出了《知识改变命运》等一系列精品公益广告，获得了社会各界的关注和赞誉。

为扶植农业生产，中央电视台曾于1997－1998年期间推出电视扶贫广告，为贫困地区免费播放农副产品广告，在社会上引起了极大的反响，受到广大农民朋友的欢迎。

1998年6月1日，中央电视台推出了《电视购物》栏目。目前，与中央电视台合作的几家直销公司在电视直销业内均较有影响。

“实力创造价值”是中国中央电视台广告部的宗旨，让企业和观众满意是广告部的追求。

中央人民广播电台广告部

地　址：北京复兴门外大街2号
邮　编：100866
电　话：(010)66092522　66092255
传　真：(010)68045591
负责人：赵晓林
联系人：张　农

倾力开播七套精彩节目，每日向全国播出128个小时。

中央人民广播电台——中国最大最权威的广播广告媒体，世界了解中国的窗口，全中国都在倾听的声音。

一流的广告制作专业设备，出色的专业人才，杰出的广告作品。中央人民广播电台广告部——中国广播广告的开拓者，十八年来精心策划运作，为客户提供品质卓然的广告服务，为客户带来了丰厚的经济效益，同时推进广播广告事业的发展。得到业内同行和社会各界的积极肯定。

今天，中央人民广播电台广告部，追求不变，诚信依在、精彩纷呈的套播广告，选择灵活的插播广告，信息充足的专题广告，全面提升企业形象的协办和赞助广告，为客户提供一个广阔的选择空间。

好节目，好时段，低投入，高回报。

天涯咫尺，真情无限。我们愿与各界朋友携手合作，共创未来！

北京电视台

地　址：中国北京海淀区西三环北路三号
邮　编：100089
电　话：(010)68419587　68429587
传　真：(010)68429120
联系人：赵智江

北京电视台自1979年始创至今，历经20年发展，业已成为全国最大规模的传媒资讯产业之一。

北京电视台现已开通包括卫星频道、无线频道、有线频道在内的四套电视节目，每周播出420小时，每日自制节目能力达22小时。第一套节目(6频道、卫星频道)是以新闻为主的综合频道；第二套节目(21频道)为文体频道；第三套节目(27频道)为科教频道；第四套节目(有线频道)为生活频道。北京电视台以强大的播出功率覆盖整个北京并辐射周边地区，面积近5万平方公里，综合覆盖人口达2500万。卫星频道已于国内40家地市以上电视台落地接收，入户超过600万，覆盖人口超过2400万。

北京电视台关注首都观众的特殊要求，精心制作和组织丰富多彩的节目，使不同年龄、不同爱好的观众均有收获。因此，多套节目广受欢迎，收视率一直居于北京地区领先地位。

北京电视台追求国际水准，引入国际运作。拥有高水平、全功能的技术设备，可提供安全高效的国际间电讯传送、大型文体实况直播及后期特效处理。目前已与全球50多个国家和地区的电视机构建立了交流合作关系，与数百家海外影视机构签订了业务协议，并多次派出记者赴国外采访，所作节目在10多个国家和地区电视媒体定期播出。

北京电视台身处商家必争的首都市场经济环境，一直致力于创造良好的机制，积极支持全国乃至全球工商企业界在北京的宣传与发展。自1984年以来，已有上万家企业因为选择北京电视台而取得了可观的经济效益。

深谙资讯时代要义，实践现代传播理念。

北京电视台向所有参与者开放，并使之受益匪浅。

引领视线，创新生活。北京电视台与发展中的中国、与发展中的北京同步。

中国教育电视台广告部

地　址：北京市复兴门内大街160号
邮　编：100031
电　话：(010)66032233-1501
传　真：(010)66084299

中国教育电视台是隶属于国家教育委员会的专业电视台，通过亚太一号卫星播出两套节目，各地有线电视台、教育电视台转播。北京地区通过35频道播出一套教育电视节目。

中国教育电视台广告部，经国家工商部门批准，可在中国教育电视台、《中国教育电视报》上发布国内广告及外商来华广告，承办分类广告。拥有制作、发布等基本技术设备和一定数量的广告管理人员。遵循“教育为本、服务社会”的宗旨，在积极承揽、发布广告业务的同时，还开办了《中国高校之窗》等二类广告栏目，为社会主义精神文明建设服务，为社会主义市场经济服务。

中国教育电视台广告部将以质量高，传播快，影响广，得到您的信赖和支持。

北京人民广播电台

地　址：中国北京建国门外大街14号
邮　编：100022
电　话：(010)65159129
传　真：(010)65159129
负责人：徐志红

北京人民广播电台创建于1949年2月2日，是中国建立比较早的省级地方电台。

北京人民广播电台总播出功率171千瓦，现用7套频率播出。共办400个固定挂牌节目，每天播音128小时，是中国实力比较强的电台之一。

北京人民广播电台的覆盖范围除北京市以外，还可覆盖河北、天津、内蒙古、山西、山东、辽宁等省市的部分地区，服务人口达5000万左右。

为了适应改革新形势的需要，根据广播特点，

1990年进行了以主持人直播为主要形式的专业化系列台为龙头的改革，目前已经建有7个专业台。

广告从业人员从1979年的4人，发展到40多人，还成立了一家合资广告公司。广告收入从1992年的800万元，增长到1998年的1个亿。

报刊类

人民日报

地　址：北京市朝阳区金台西路2号
邮　编：100733
电　话：(010)65092216、1316、1016、2116

《人民日报》广告可信度高，广告效果显著。《人民日报》广告部拥有近30名从业人员，对广告的策划、编排、设计、制作具有丰富的经验，刊登的广告一向以真实、庄重、可信度高著称。特别适宜各行业中影响较大、实力雄厚的大中型企业进行广告宣传。

《人民日报》广告部承办《人民日报》国内外客户的广告发布；向客户提供报刊广告创意和设计、制作业务及信息咨询。

人民日报(海外版)

地　址：北京市朝阳区金台西路2号
邮　编：100733
电　话：(010)65092816　65091903
传　真：(010)65092816
广告业务负责人：乔小宝

人民日报海外版1985年7月1日创刊，是具有权威性的综合性中文报纸，国内外发行。创刊十几年来，以内容翔实、栏目众多、图文并茂、雅俗共赏、印刷精美、注意时效等特色受到海内外各界人士的喜爱。

人民日报海外版国内编排，发行辐射全球。除北京地区印刷外，在香港地区、美国旧金山和纽约、日本东京、法国巴黎以及加拿大多伦多等地均采用当今先进的远程传版技术，当日印刷，向世界八十多个国家和地区发行。

人民日报海外版的广告，编排新颖、设计庄重、制作精良、印刷精美。作为中国在海外发行量最大、具有权威性的中文报纸，是企业开拓国际、国内两个市场，把中国优质企业和名牌产品推向世界的极佳广告媒介。

中国知识产权报社

地　址：北京市海淀区蓟门桥西土城路6号
邮　编：100088
电　话：(010)62385212
传　真：(010)62384878
电子邮件：cipnews@sina.com
负责人：胡　倬
联系人：丁燕涛

面向知识经济时代
读《中国知识产权报》

中国知识产权报社是由国家知识产权局主管的具有独立法人资格的事业单位，从事《中国知识产权报》及《世界发明》杂志一报一刊的编辑、出版、发行工作。

《中国知识产权报》注重对社会大众的正确定位、注重普及性的知识宣传、贴近生活、联系百姓，特别是在我国加入WTO方面，为广大企业就知识产权管理运作献计献策。报道内容以专利为主体，商标、著作权为重要内容，兼顾信息社会知识经济的主要要素、给读者以全新的感受和有益的启迪。

《中国知识产权报》对开4版，每周三、五出版，每期定价0.50元，全年订价48元，全国各地邮局均可破季订阅，邮发代号1—158。

《世界发明》创刊于1978年4月，是鼓励发明创新，报道国内外最新发明成果，普及知识产权知识的月刊，是关注科技发展的各界人士的好朋友。

《世界发明》杂志为16开，彩色4封。每期定价2.50元，各地邮局均可订阅，邮发代号2—652。

计算机世界

地　址：北京万寿路翠微中里16号3号楼4层
邮　编：100036
电　话：(010)68259401-08
传　真：(010)68259409-10
网　址：www.ccw.com.cn

中国报业十强媒体
中国报业唯一合资媒体
中国读者阅读率最高的专业媒体
中国经营规模最大的专业媒体
中国IT业首选媒体
中国发行量最大的IT媒体
中国信息版面权威的IT媒体
中国广告效果更佳的IT媒体

《计算机世界》报创刊于1980年，由信息产业部电子科技情报研究所与美国国际数据集团(IDG)合作出版，是中国第一份面向计算机与信息产业领域的行业报纸。作为中国 IT 媒体的开创者,《计算机世界》报秉承国际传媒的出版经验,将国际化、市场化的经营理念融进办报实践,凭借 IDG 国际传媒资讯优势,伴随中国信息产业的不断发展迅速崛起,以信息全面、迅捷、准确、权威而成为目前中国 IT 领域的第一大媒体,并以骄人的业绩迈入全国报业十强的行列。

创刊以来,《计算机世界》报一直致力于科技与产业、销售与市场、厂商与用户之间的信息沟通,20 年的锐意创新,精心锤炼,使它成为国内外厂商推介产品、各界用户和读者获取信息的首选媒体:每周 300 余版以上的精选信息吸引了 22 万订户和 150 万忠实的高素质读者,读者阅读率居全国专业媒体首位(新生代公司"中国媒体与市场调查"结果);厂商、经销商的认同使《计算机世界》在中国信息产品广告的占有率达到 50%,是同类媒体总量之和(中国研究公司"中国计算机类报纸市场分析报告"结果)。

20 年服务于 IT 行业的资深经历为《计算机世界》的进一步发展奠定了坚实的基础。在以信息技术为主体的知识经济新时代,《计算机世界》将继续发挥先入为主而形成的品牌优势和权威媒体的影响力,搭建畅通的信息之桥,和广大读者一道步入数字化生活的美好明天。

2001 年,《计算机世界》推出六大版块,供您选择:

《综合新闻》《产品与技术》《应用与方案》《网络与通信》《市场与渠道》《IT 职场》

网络世界

地　址:北京海淀区万寿路翠微中里 15 号楼 1 层 5 号
邮　编:100036
电　话:(010)68251061 - 1066
传　真:(010)68251067
网　址:www.cnw.com.cn

聚焦于最新网络技术和网络应用

全面面向网络领域的 IT 专业周报

读者大部分为行业/企业中的信息主管、技术主管、网络管理人员和应用人员,以及 IT 顾问和有技术背景的企业主管,他们在企业采购中对设备选型和品牌选择起着决定性的作用。

设有"新闻与述评"、"技术与产品"、"行业与应用"和"互联网时空"四大版块,以技术为特色,以应用为重点,全面面向网络及相关领域,为广大读者提供详实、专业的信息服务。

发行量 92000 份,范围覆盖全国,是目前国内仅有几家通过国际权威商业报刊发行量审计机构——美国 BPA 公司审计并认证的 IT 专业媒体。

秉承"服务至上"的宗旨,为广大读者和客户服务。

北京电子报

地　址:北京市东城区史家胡同 90 号
邮　编:100010
广告部:(010)65252116
发行部:(010)65255241
传　真:(010)65251990
电子邮件:bjdzb@public.bta.net.cn
社　长:张慧芳
总　编:李士平

《北京电子报》创刊已近二十年,现为周报,每期四开八版,月末十六版。

《北京电子报》的读者对象为:广大电子爱好者,大、中专电子专业师生;电子职业教育学生;从事电子技术及相关专业的工程技术人员;从事家电修理、通讯设备、计算机行业的维修人员等。

《北京电子报》的宗旨:为广大电子爱好者服务。

《北京电子报》的特点:短、新、快、易懂、适用。

《北京电子报》是国内发行量最多的电子报刊之一,20 余年培养了大批电子技术优秀人才,随着时代的发展,《北京电子报》也在不断自我完善和进步。2001 年版的《北京电子报》将会给您一个惊喜!

《北京电子报》合订本集全年报纸为一册,便于保存,方便查找。附加资料收集了当前最新产品维修资料和数据,是工程技术人员、电子爱好者实用方便的工具书。

欢迎订阅 2001 年《北京电子报》,全国各地邮局均可订阅,订阅代号 1 - 48,全年订价 19.20 元。

为满足偏远山区广大读者订阅,本报发行部继续办理邮购订阅,全年价 24.00 元。

欢迎邮购《北京电子报》历年合订本:

《北京电子报》合订本:95 年 ………… 26.00 元
《北京电子报》合订本:96 年 ………… 28.00 元
《北京电子报》合订本:97 年 ………… 32.00 元
《北京电子报》合订本:98 年 ………… 32.00 元
《北京电子报》合订本:99 年 ………… 32.00 元

文摘报

地　址:北京永安路106号
邮　编:100050
电　话:(010)63082386　63082388
传　真:(010)63177386
负责人:周连启

《文摘报》是光明日报报业集团主办的综合性文摘类报纸,自1981年创刊以来,一直深受各界读者的欢迎。《文摘报》集全国报刊之精华,成一家之特色;思想性、学术性、知识性、趣味性并重。《文摘报》设有要闻、社会广角、法制纵横、健康之友、文体时空、人物长廊、学林漫步、环球博览、人间万象等专版及微型论坛、要闻集锦、观察与思考、举案谈法、首案传真、大众保健、医生札记、赛场内外、人在旅途等几十个专栏。《文摘报》在手,国事家事,尽收眼底。

《文摘报》四开八版,周二刊,逢周四、日出版,分别在北京、上海、武汉、沈阳、西安、济南、郑州、广州、兰州等地同时印刷,国内外公开发行。

《文摘报》以其丰富的内容、快捷的时效赢得了社会各界读者的好评,因而拥有广大的读者群。

国内邮发代号1-4

国外发行代号:D1340

中国国门时报

地　址:北京朝阳区麦子店街22号
邮　编:100026
电　话:(010)64194022
传　真:(010)65936567
电子邮件:gwd@china.com
负责人:范咏戈
联系人:潘斌祥

中国证券报

地　址:北京市西城区宣武门西大街97号
邮　编:100031
发行部电话:(010)63072288-321至330
传　真:(010)63071293　63072288-325、328

《中国证券报》是新华通讯社主办的全国性证券专业报纸,也是中国证券监督管理委员会指定刊登上市公司信息披露的报纸。自1993年1月3日创办以来,在各地读者的支持、厚爱下,取得了长足发展。在国家统计局中国经济景气监测中心与新生代市场调查公司所作的"1998年中国城市居民消费形态"调查中,《中国证券报》经常阅读率位居全国性报纸第四位,居经济类报纸之首,表明了众多投资者对《中国证券报》的重视程度和《中国证券报》在证券市场的影响力。

《中国证券报》在报道证券市场、国际国内经济形势、宏观政策的同时,还系统报道期货、银行、保险、基金、房地产、产权、外汇、金融高科技等市场情况。在全国各地设立26个分印点,每日在各地同时印刷发行,是每天最早进入各地读者手中的报纸之一。

国家统计局中国经济景气监测中心与新生代市场调查公司所作的"1998年中国城市居民消费形态"调查显示,本报读者呈现"两高一低"的特征,即受教育程度高、平均收入高、年龄低,大专以上学历的读者占50.3%,月收入在1,000元以上的的读者占32.8%,年龄在25-34岁的读者占38.3%。可见,《中国证券报》的读者不仅消费能力强,而且消费潜力大,是消费市场上不可忽视的重要阶层。

根据央视调查咨询中心自1998年6月以来的逐月报纸广告动态监测报告,《中国证券报》在邮电通讯、房地产、计算机和金融服务四大类产品的投放次数、投放面积和投放费用上,一直稳居中央级报纸前五名之列。这表明众多的广告主与广告公司已经意识到了《中国证券报》的广告价值。

《中国证券报》——拥有中国消费中坚力量的媒体。

中国石化报社

地　址:北京朝阳区惠新东街甲6号
邮　编:100029
电　话:(010)64999348　64999350
负责人:何绍改
联系人:许维周

《中国石化报》、《中国石化》杂志内容丰富、信息量大,可读性强、发行量大,服务性好、广告宣传效果佳。欢迎订阅,欢迎赐稿,欢迎刊登广告。

《中国石化报》为对开四版,每周二、三、五、六出版,周六为朝阳彩刊。全年定价61.5元,月价5.13元。邮发代号:1-136

中国民航报

地　址:北京朝阳区十里河2264信箱《中国民航报》广告部
邮　编:100021
电　话:(010)67335210　67318866-6039

传　真:(010)67337302
广告负责人:任　娟
联系人:陈娟娟

《中国民航报》是由中国民航总局主办的综合性行业大报,也是中国民航总局唯一指定的机上必配报纸。目前,本报发行于世界五大洲39个国家、98条国际及地区航线、630条国内航线和国内各机场。中国民航每年近6000万乘客,每两人配发一份,全国16万民航员工每3人拥有一份。同时还向国务院各部委、新闻单位、旅游部门、航空航天企业、航空客货代理公司、外国驻华大使馆、商社、外国航空企业驻华办事机构及中国民航各航空公司驻外办事处发行,《中国民航报》对开八版,彩色印刷,每周一、三、五、日出版,每期发行量18万份。

中国电子报社

地　址:北京市石景山路23号
邮　编:100043
电　话:(010)68861801
传　真:(010)68861805
负责人:梁喜英

《中国电子报》创刊于1984年,由信息产业部主管。

《中国电子报》是为电子信息产业服务的一张具有权威性的经济技术类报纸,对与国民经济信息化有密切关系的计算机、通信、微电子和基础电子产品等产业以及系统工程和各类电子技术应用的发展情况进行跟踪报道,对与人民生活息息相关的消费电子新产品以及对市场商情及时宣传介绍。除了《行业综合新闻》外,辟有《计算机与通信》、《微电子与基础产品》、《家电周刊》等专刊。

《中国电子报》是在当时任电子工业部部长的江泽民同志的热情关注和倡导下创办的。十几年来,在政府主管部门领导下,积极宣传党和国家关于发展电子工业的方针、战略,反映和报道电子行业改革与发展中出现的新情况、新问题、新经验,及时刊登各类电子产品的发展趋势和市场动态,为电子信息产业的快速健康发展提供信息,做好助手,为领导机关正确决策提供依据,当好参谋。近年来,为适应市场,进一步贴近读者,服务于企业,坚持了"开门办报"的工作方针,多次进行调整和改革,提高了报纸的针对性和实用性。中央各大媒体经常转发、转播该报的消息和报道,使报纸在行业内外的影响逐步扩大,受到电子行业领导机关、企事业单位和各应用部门的欢迎。

电脑商报

地　址:北京复兴路乙24号豪轩商务会馆
邮　编:100036
电　话:(010)68176429－35(报社集团)
　　　(010)68176428(广告部)
传　真:(010)68176439
电子邮件:ccrw@ccrw.com.cn
网　址:www.ccrw.com.cn

《电脑商报》是中华人民共和国信息产业部主管,国家新闻出版署批准,中国电子报社主办,独家引进IDG全球25家渠道媒体版权,国内第一张以渠道为主导,促进信息化和网络经济发展的IT商业报纸。

《电脑商报》是一份全国性的大型媒体。每周一出版,四开彩色印刷,全国定向发行,目前已在除北京外的上海、广州、深圳、武汉、成都、沈阳、南京、西安、长沙、济南等33个中心城市设立了记者站工作部。

《电脑商报》作为中国信息产业部下属报刊,同国务院有关部委、省市信息化主管机构、中关村、沈阳等高新区及相关协会、商会有着良好的合作关系。

检察日报社广告部

地　址:北京市石景山区鲁谷西路5号
邮　编:100040
电　话:(010)68630301
负责人:韩　红
联系人:涂铁英

《检察日报》由中华人民共和国最高人民检察院主办。是面向国内外公开发行的国家级法制类综合大报。对开八版(周六、日为四版),期发行量40万份,全国有十四个省、市印点,卫星传版,同时印刷。《检察日报》是国内惟一一份向全国各级人大代表赠阅的报纸。

检察日报社的广告业务,以一报两刊为载体,凭借信誉度高、发行量大、覆盖面广、读者爱看、阅报传递频率高等特点,赢得了很多广告客户和广告代理公司,业务逐年扩大。

《检察日报》广告信条是:"所有广告客户都是我们的朋友!热烈欢迎每一位朋友,真诚善待每一位客户"。

体育快报社

地　址:北京市宣武门西大街57号
邮　编:100803
电　话:(010)63072510　63072515(编辑部)
　　　(010)63074846　63072537(发行部)
　　　(010)63071270　63074561(广告部)

《体育快报》是新华通讯社主办的综合性体育报纸。她利用新华社遍布国内和世界的记者网和信息网,为广大读者提供大信息量、全面生动、准确快捷,新颖活泼的体育新闻。《体育快报》在手,体坛新闻尽有。

《体育快报》辟有"甲A快递"、"国际足坛"、"国内篮球"、"棋牌天地"、"NBA"等专版,并设有"专家评球"、"秉烛夜话"、"视点"等一批优秀栏目。《体育快报》博采众长,兼容并蓄,创办以来深受广大读者喜爱。《体育快报》套红印刷,4开16版,卫星传版,全国发行。

《体育快报》为周三刊(遇重大国际、国内赛事出版特刊),其中"明星周刊"以文学写作形式为主,广泛报道活跃在国内外体坛的明星。是国内惟一一份体育人物彩报,辟有"英雄本色"、"真情告白"、"掼篮高手"、"情报驿站"、"新新人类"等十多个特色栏目,信息量大、覆盖面广。有了"明星周刊",您便拥有了全世界的体育明星。

中国青年报广告部

地　址:北京市东城区海运仓2号
邮　编:100702
电　话:(010)64033961　64013619
传　真:(010)64033961
负责人:李　军

《中国青年报》是当代中国具有重大影响的中央级大报,是具有鲜明青年特色的综合性日报。她创刊于1951年4月,现为对开八版,每期发行量近百万份,发行面遍及全国各省区市及海外40余个国家和地区。

《中国青年报》广告版具有较大吸引力,在日益激烈的市场竞争中,《中国青年报》是众多商家开拓消费者市场的理想媒体。据调查,每一份《中国青年报》的读者平均传阅率为1400%,有16.9%的读者对在本报刊登的广告几乎都看,80%的读者看一部分,58.5%的读者在购物时受过本报广告影响。

在《中国青年报》上刊登广告,就意味着走向中国最大的消费群体。

轻轻松松的投入
意想不到的收获

北京青年报社(广告处)

地　址:北京朝阳区东三环南路66号(潘家园立交桥东侧)
邮　编:100021
电　话:(010)67333716
传　真:(010)67333714
负责人:左其友
联系人:朱伟京

一、本社负责发布《北京青年报》、《中学时事报》、《星星火炬报》、《北京青年周刊》杂志国内广告和外商来华广告,承办各项分类广告。

二、尊重广告主和代理公司的意愿,精诚合作,继续发展广告代理制。

三、本社广告业务执行统一计划、统一价格、统一审核发稿的"三统一"广告管理模式。

四、《北京青年报》1997年(日报)期发行量50万份,在国内外公开发行,"白领化"是北京青年报读者群的主要特点,其稳定读者占目前《北京青年报》读者总数的94%。

五、《中学时事报》是一张四开八版、面向全国广大中学生的周报、1996年发行量达100万份。

六、《星星火炬报》为四开八版,面向中、小学生的周报,1996年发行量达60万份。

七、《北京青年周刊》是一份以新闻为主题的周刊杂志,每期公开发行。

精品购物指南报社

社　址:北京市海淀区民族学院南路甲19号
邮　编:100081
电子邮件:cbmcjsb@ht.yol.cn.net
电　话:(010)68422754~59
传　真:(010)68422979
联系人:岳　炜、李勇鹤

《精品购物指南》创刊于1993年1月8日,主办单位为《中国经营报》。彩色印刷,每周二、周五出版,是一份迄今为止最成功的生活服务类报纸。发行范围为北京市及远近郊区、县。

《精品购物指南》每周二出版88版,每周五出版100版,及时传递市场信息,捕捉最新消费时尚,倡导科学消费观念,其广告范围几乎涵盖了包括文体、足球、休闲、家电、物业、汽车、家园、旅游等所有生活领域，读者群体主要为25～45岁（男性：43.2%；女性：56.8%），大专学历以上的读者占52.7%。

《精品购物指南》以广告量大而全、反馈效果明显、印刷精美、覆盖行业广而受到各类广告主、广告经营单位的青睐，同时为服务于读者，僻有分类信息、个人非商务广告，业已成为各类工商企业宣传自己产品的最佳媒体之一。

中国有色金属报

地　址：北京复兴路乙12号(6层)
邮　编：100814
电　话：(010)63975588－6082/6081
传　真：(010)63965383
广告业务负责人：卢幸子、马永平

经营范围：

在《中国有色金属报》上，发布国内和外商来华广告，承办分类广告。

中国少年报社广告部

地　址：北京市东城区北新桥草园胡同76号
邮　编：100007
电　话：(010)64053633　64073397
传　真：(010)64053633
负责人：王国祺

在中国，大人有大人的报纸，孩子有孩子的报纸。大人的报纸随处可见。而面对一亿三千万少年儿童的权威综合性报刊只有：

《中国少年报》、《中国儿童报》、《中国初中生报》、《中国儿童画报》、《中国少年文摘》杂志。

中国少年报社所属的四报一刊，均开辟广告专栏，刊登各类与全国少年儿童有关的广告。

占领未来市场是企业家明智的选择。

科技日报社广告部

地　址：北京市复兴路15号
邮　编：100038
电　话：(010)68514042　68515544－4740
传　真：(010)68514042
负责人：王建中
联系人：王志成
网　址：www.stdqily.com

《科技日报》承揽国内外报纸、广播、电视、杂志、展览会等多种形式广告，是工商企业，高新技术企业，民办企业及名优产品进行广告宣传的最佳媒体。《科技日报》广告部热诚欢迎广大客户及广告公司来我报办理广告业务或代理广告，共同为中国科技事业的发展和经济腾飞贡献力量。

经济日报社广告部

地　址：北京市宣武区白纸坊东街二号
邮　编：100054
电　话：(010)63539411　63510762
社　长：徐心华
总编辑：武春和
负责人：解廉廉
联系人：张苏生

经营范围：

在《经济日报》上发布各类广告（含外商来华广告），承办分类广告。

经济参考报社广告部

地　址：北京市西城区宣武门西大街57号
邮　编：100803
电　话：(010)63072611
传　真：(010)63071930
负责人：郑晓东

在《经济参考报》上发布国内外各类广告，承办分类广告。

海外文摘杂志社

地　址：北京西四北五条26号
邮　编：100034
电　话：(010)66182207　66185814
传　真：(010)66185814
邮子邮件：hwwz@midwest.com.cn
负责人：肖顺天
联系人：任晓敏

《海外文摘》杂志社出版发行《海外文摘》、《海外广角》两种月刊。

《海外文摘》杂志创刊于1984年，是一份贴近生活、透视海外的综合性中文月刊。它专门介绍国外以及台湾、香港、澳门的社会万象和风土人情，以传播知识、开阔眼界、陶冶情操为宗旨。设有环球采风、经营之道、海外亲历、名人轶事、影视歌坛、科技知识、台湾万象、西方社会掠影等20多个栏目和8页彩色插图。文字凝练、图片精美，知识性、趣味性兼具。各行各业、各种年龄的人都能从中找到自己喜爱的天地。

《海外文摘》现设北京、上海、广州、重庆、兰州五个分印点，每月18日在全国同时与读者见面。发行量每月50万份以上，在海内外有百万忠实读者。

《海外广角》画刊是《海外文摘》姊妹篇，2000年9月创刊。

《海外广角》画刊是一份品位高雅，贴近生活的彩色月刊。设有看世界、国人在海外、老外在中国、世界漫游、图片故事、海外军警、影视歌坛、摄影日记、环球论坛、名人热线、专题报道、衣食住行、生活情趣、文学窗、艺术宫等二十多个栏目。我们将分别按不同时间、不同地域、不同角度隆重推出。以耳目一新的画面、美丽而强烈的冲击力、伴随着广大读者去周游世界。

大广角，新视野，全景看世界的《海外广角》带着广大读者的关爱，沐浴着新世界的春风、走向千家万户！

《海外广角》每月25日出版，大16开本，96页，全彩色印刷，定价10元。向国内各大中城市、港、澳、台及海外发行。订阅者请汇款至《海外文摘》杂志社。

电影创作杂志社

地　址：海淀区北三环中路77号(北影厂内)
电　话：(010)62011606　66031188-89086
传　真：(010)62012059
负责人：刘毅龙

北影厂主办的《电影创作》创刊于1958年。它系国内外发行的大型电影刊物(双月刊，逢单月6日出版)。它精选中外影视文学剧本，具有高质量、高水平，并保证首次发表，特别是中国电影文学剧本，既供摄制，也供阅读，更是初学写作者和观众的良师益友。

本刊特聘文学界专家撰写影人传记、明星特写、新星专访；约请影视专家撰写具有中肯分析的影视评论、理论专著等；发表电影界创作人员的创作谈和心得体会，以及报道影人近况、拍摄花絮。摄制组信息皆来自生产第一线，最新、最快、最准确。

全国各地邮局均可直接订阅《电影创作》。邮发代号：2—317。保证按期送刊到户。国外总发行：中国国际图书贸易总公司(北京399信箱)。

本刊为减轻读者的经济负担，2000年仍不减篇幅，保持原价：每册3.50元，全年21元。本刊编辑部也可办理邮购。

农家女百事通杂志社

地　址：北京市地安门西大街103号
邮　编：100009
电　话：(010)66118728
传　真：(010)66163507
电子邮件：NJNBST@ihw.com.cn
负责人：耿　欣
联系人：孙　佳

《农家女百事通》杂志是全国惟一面向乡镇、农村妇女发行的刊物，1993年创刊，读者群基本是农村中最活跃的16—40岁的青年女性，目前月发行量达20万册。

《农家女百事通》主要内容有五个方面：政策法律篇、人生解惑篇、生活指导篇、脱贫致富篇、广告信息篇。开设的主要栏目有："主编的活"、"第一视线"、"创业"、"专题讨论""封面人物"、"精彩人生"、"情感岁月"、"生活"、"生育与健康"、"产业资讯"、"农博士咨询台"等。另外，杂志社还开展了一系列推动和影响中国农村妇女进步与发展的小型项目。《农家女百事通》作为乡村女性的惟一刊物，已覆盖了除台湾以外的乡村。乡村是未来巨大的商品市场，有远见的企业家已经认识到这一点，先走一步，决胜千里。本刊准确的广告定位与优质的广告策划定能为您打开农村市场。

IT经理世界杂志社

地　址：北京阜外大街7号国投大厦2层
邮　编：100037
电　话：(010)68095877　68095898
传　真：(010)68095878
网　址：www.ceocio.com.cn.
负责人：王　超
联系人：刘　洁

新经济　新管理　新媒体

《IT经理世界》自1998年3月创刊之日起，就立志成为中国最好的商业性管理杂志，成为"面向更复杂商业环境，更快速的市场变化，更残酷的市场竞争"的跨世纪经理人的益友。

在新世纪中，《IT经理世界》将针对企业高层管理者和新兴产业的创业者以及政府机构专家学者所关注的新经济带来的种种变革进行报道与评论，"深入探讨面向新经济的企业经营管理问题"的特色将更加突出，立意严肃、内容充实、观点前卫的报道风格也会更加鲜明。

《IT经理世界》出刊日期为每月5日、20日，零售价：每本10元，订阅价：每本8元，全年24期订价192元。邮发代号：2－188。

计算机与应用化学广告部

地　址：北京市中关村北2条1号
邮　编：100080
电　话：(010)62558482
电子邮件：hwang@lcc.icm.ac.cn
联系人：王　红

中国硅酸盐学会

地　址：北京百万庄
邮　编：100831
电　话：(010)68311144－3269
传　真：(010)68313364
电子邮件：jccsoc@public.sti.ac.cn
联系人：余瑞萍

计算机自动测量与控制杂志广告部

地　址：北京849信箱26分箱
邮　编：100830
电　话：(010)68372068　68767886
传　真：(010)68372068
联系人：荀永明　白春安

建筑技术杂志社

地　址：北京市复兴门外南礼士路19号
邮　编：100045
电　话：(010)68033966　68015033
传　真：(010)68033576
负责人：许庆相
联系人：闻　睿

本社编辑出版《建筑技术》和《建筑工人》两本月刊。《建筑技术》以建筑业的中上层科技人员和管理人员为主要读者对象，本刊荣获全国优秀科技期刊评比一等奖，连续四届被评为北京市优秀期刊，连续二届评为华北地区十佳期刊，发行量在科技期刊中名列前茅。《建筑工人》是以建筑业全员职工和建筑爱好者为读者对象，发行量连续19年居全国建筑类刊物之首。两本杂志以推动我国建筑业技术进步为办刊宗旨，受到建筑职工的普遍欢迎。

《建筑技术》和《建筑工人》杂志承接与建筑业有关的产品广告，信誉可靠，效果显著。

中国花卉盆景杂志社

地　址：北京市地安门内大街41号
　　　（北京市少年宫对面大院）
邮　编：100720
电　话：(010)64059573
传　真：(010)64017312
负责人：苏本一
广告业务负责人：张世藩

经营范围：

承办《中国花卉盆景》杂志有关国内广告业务。

《中国花卉盆景》是中央级专门介绍花卉盆景知识的科普月刊，也是国内同类刊物中发行量最大的，集科学性、知识性、实用性、文学艺术性于一体，内容充实、图文并茂、风格新颖、印刷精美。16开本，内文48页，彩页12页。全国各地邮局均可订阅，每册4.80元，邮发代号2－573

有色金属广告部

地　址：北京西直门外文兴街1号
邮　编：100044
电　话：(010)68333366－6410
法　人：孙传尧
联系人：朱穗玲

北京矿冶研究总院编辑出版《有色金属》(矿山、选矿、冶炼三个双月刊)和《有色金属》国外版中文季刊以及《国外金属矿选矿》、《中国无机分析化学文摘》、《矿冶》。

《有色金属》涉及采、选、冶、加工等诸多专业，是全国中文核心期刊，本系统最主要的科技期刊之一，拥有众多国内外订户和读者，已跻身国际矿冶类核心期刊之列。

有色金属生产是技术含量、工艺流程十分复杂的工业部门，举凡采矿、选矿、运输、装卸、通风、破碎、研磨、筛分、过滤、冶金炉窑、收尘、浸出、净化、板管棒丝箔等加工设备，炸药、爆破器材、选矿药剂、抗蚀防腐材料、众多的无机及有机化工产品，测量、计量、分析化验，遥控、自控等仪器仪表及电子设备。有色金属工业需要的生产资料及工具可谓遍及电子、机械、交通运输、化工、轻工等领域。

以上各刊辟有广告专栏，欢迎各界广为利用！

航空知识杂志社

地　址：北京学院路37号
邮　编：100083

电　话:(010)82317056
传　真:(010)82328259
负责人:谢　础
联系人:袁曙红

本社出版《航空知识》月刊和《航空模型》季刊两种公开发行的科普杂志。《航空知识》全面报道国内外航空航天领域的新发展和新知识,目前发行量居国内航空航天报刊之首,曾连续两届荣获全国优秀科技期刊评比一等奖。《航空模型》为目前祖国大陆创刊最早的普及航模、海模、车模制作的科技刊物。

中国电子学会广告经营部

地　址:北京市海淀区玉渊潭南路普惠南里13号楼
邮　编:100036
电　话:(010)68278572
传　真:(010)68278572
负责人:张景燕
联系人:蔡土根
经营范围:

承办中国电子学会主办的《电子世界》、《电子学报》和《电子科技导报》杂志国内广告,发布外商来华广告。

《电子世界》是电子类科普月刊,1979年创刊。以普及电子科技知识,培养电子科技人才,推广电子技术应用,为社会主义建设服务为宗旨,以知识性、实用性、资料性为特色。2000年扩版至72页,大16开胶印,四封128克铜版纸精印,国内外公开发行,邮发代号2-892,定价3.00元。编辑部电话:(010)68278179。

《电子学报》是高级学术性月刊,1962年创刊。刊载电子与信息领域论文、技术报告、综述评论,报道理论及应用技术成果、科研通信和学术动态。1999年起改大16开144页,国内外公开发行,邮发代号2-891,定价20元。编辑部电话:(010)68285082。

《电子科技导报》是电子类技术月刊,1994年创刊。以先进性、导向性、信息性、实用性为特色,2000年起主要刊登电子商务方面的相关技术与产品;传播电子商务市场信息;介绍电子商务的成功经验;推广应用计算机网络技术。大16开胶印,正文44页,国内外公开发行,邮发代号82-594,定价:8.80元。编辑部电话:(010)68284975。

北京机电研究所

地　址:北京市海淀区学清路18号
邮　编:100083
电　话:(010)62922277-310或318(热)、253(锻)
传　真:(010)62920623
广告负责人:樊东黎　曹敏达
联系人:周　莉(热)　刘辛荷(锻)
经营范围:

在《金属热处理》、《锻压技术》杂志上承办国内与本专业有关的广告,刊登上述范围的外商广告。

广告服务收费价目表(元/次·页)

	彩色(铜版纸)	单色(铜版纸)
《金属热处理》	5000-7500	2400-3300
《锻压技术》	2400-4000	1300-1900
	单色(胶版纸)	分类广告(1/8版)
《金属热处理》	1600-1800	350-450
《锻压技术》	800-1000	200-400

中医杂志社

地　址:北京市东城区北新仓18号
邮　编:100700
电　话:(010)64035632　64014411-3036
传　真:(010)86472013
负责人:王炳岐
广告业务负责人:刘振海
经营范围:

在《中医杂志》上承办国内与医学有关的广告及发布上述范围的外商广告。

《中医杂志》创刊于1955年,由中国中医药学会和中国中医研究院联合主办。《中医杂志》英文版、日文版、西班牙文版、意大利文版、比利时文版、德文版和韩文版的出版,促进了中医药学术的国际交流,扩大了中医药在国外的影响。

商业文化杂志广告部

地　址:北京市阜成路33号综合楼602
邮　编:100037
电　话:(010)68391177　68417832
传　真:(010)68391178
经　理:王　辉

《商业文化》是由国家国内贸易局主管、中国商业文化研究会主办、国内外公开发行的大型经济、文化综合性期刊,是中国唯一以商业文化为视角的大型期刊。由于基本读者群为全国商业企业的经营管理人员,因此是消费品生产企业让商家了解自已产品的最佳媒体,是产品进入商家、走向消费者的桥梁。

新版《商业文化》为大16开本,64页,全彩色铜版纸精印。本杂志以传播权威性商业文化学术观点,讨论商业领域热门话题,反映最新商业动态,介绍商业企业科学管理经验和新型管理理念,分析商业法规及案例,提供轻松的阅读氛围,推介厂家产品为宗旨,与商业企业、消费品生产企业携手冲浪商潮,共同发展。

新版《商业文化》从不同的角度与层面剖析纷繁的商业现象,给读者奉上商业与文化的完美拼盘。主要栏目包括:"商海风云"、"业界骄子"、"中国企业家世纪论坛"、"学术殿堂"、"文化超市"、"国际商务"、"专业辞典"、"时代感言"、"广角镜"、"轻松一刻"、"商业网讯"、"经理俱乐部"等。

《商业文化》杂志广告部为客户服务热诚周到,对工作严谨务实,对设计精益求精,受到客户的一致信赖,建立了良好的信誉与形象,是客户进行企业形象和产品推介广告策划、实施的好参谋。由于我们的努力,《商业文化》杂志已成为消费品生产企业进行企业形象与产品推介广告宣传的明智选择。

欢迎投稿,欢迎订阅,欢迎刊登广告。

中国水产杂志社广告部

地　址:北京西单民丰胡同31号
邮　编:100032
电　话:(010)66012857
传　真:(010)66012857
负责人:马为军
联系人:欧京义

《中国水产》杂志是农业部唯一面向全国的水产综合性月刊,她已成为数十万读者的忠实朋友,多年来一直以宣传党和国家关于发展渔业的方针政策和渔政管理法规、介绍渔业的成就、传授渔业各方面的先进实用技术,传递市场信息、反映渔民和渔区新貌、推动渔业的发展为宗旨。主要读者对象是:水产战线各级干部、职工、渔(农)民、养鱼专业户、科技人员和大专院校的师生等。《中国水产》杂志是全国水产行业发行量最大、发行面最广的刊物,深受广大读者的欢迎。

《中国水产》热诚为国内外水产和与水产业有关的工商企业做好产品广告宣传,多年来,已有众多企业通过《中国水产》的广告宣传,打开了产品的销路,扩大了知名度。《中国水产》广告设计新颖、彩色广告采用进口铜版纸、印刷精美、服务周到、收费合理,在《中国水产》杂志上刊登广告是您的最佳选择!

商业周刊/中文版(月刊)

BusinessWeek/China

地　址:北京安定门外大街东后巷28号
邮　编:100710
电　话:(010)64269733
传　真:(010)64219392
负责人:严卫京
联系人:张　桦

《商业周刊/中文版》(月刊)创刊于1986年,由中国对外经济贸易出版社与美国麦格劳·希尔公司(McGraw - Hill Inc.)合作出版。

本刊内容全部选译自美国《BusinessWeek》杂志原版文章,旨在传播介绍世界经济贸易、金融、科技及先进管理经验等权威信息。它特别有助于决策者掌握世界经济动态和提高企业管理水平,是中国工商管理人员、经贸界人士及专家学者不可多得的参考读物。

本刊采用进口高级铜版纸彩色印刷,图文并茂,装帧精美。

本刊愿成为中国企业参与国际、国内市场竞争,走向世界的得力助手。

中国制浆造纸工业研究所

《中国造纸》编辑部

地　址:北京市朝阳区光华路12号
邮　编:100020
电　话:(010)65060022 - 3105
传　真:(010)65005677
广告业务负责人:李　萍

经营范围:

《中国造纸》双月刊承办国内广告,发布外商来华广告。

大众电影杂志社

地　址:北京市北三环东路22号
邮　编:100013
电　话:(010)64217845
传　真:(010)64216415
主　编:蔡师勇
联系人:侯立军

《大众电影》月刊由中国电影家协会主办,《大众电影》编辑部编辑，本杂志社出版，国内全国各地邮局发行，国外由中国国际图书贸易总公司发行。

《大众电影》侧重普及电影知识，报道影视动态，为介绍中国电影和促进国际电影文化交流服务。设有银座、银海短波、影人行踪、银河之星、新片评介、新片橱窗、外景地、外面的世界、导演之页、台港娱乐圈、影迷天地、世界电影、读者点登等栏目。图文并茂，全部彩色铜版纸精印，每期68面。

中国循环杂志

地　址：北京市西城区北礼士路167号
邮　编：100037
电　话：(010)68331758
广告业务负责人：朱燕嫣
经营范围：

《中国循环杂志》承办国内外与医疗卫生有关的产品广告，发布外商来华广告。

民主与法制社

地　址：北京西城区新街口航空胡同32号
邮　编：100035
电　话：(010)66182025　66121209
负责人：王强华
联系人：刘　巍

民主与法制社出版发行《民主与法制》杂志（半月刊）和《民主与法制》画报（周报）。此一报一刊均为全国发行量最大的法制类报刊之一。愿与全国各地广告公司、新闻媒介机构建立密切的协作关系，并力争提供高质量的广告服务。热诚欢迎国内外广告客户在本社一报一刊刊登广告。

无线电杂志社

地　址：北京崇文区夕照寺街14号
邮　编：100061
电　话：(010)67129317　67134094
负责人：王维民
联系人：郭莉莎

《无线电》是青少年的良师益友，无线电技术人才的摇篮。以普及无线电电子技术知识，培养电子科技人才为宗旨。每月11日出版，国内外公开发行，全国各地邮局均可订阅。

《高保真音响》科学地、正确地引导"发烧"，介绍国内外音响技术、音响知识，荟萃国内外音响、音乐精品，提高广大音响、音乐爱好者的音响技术水平和音乐欣赏水平。每月8日出版，全国各地邮局均可订阅。

中国企业家杂志

地　址：北京市王府井大街277号
邮　编：100746
电　话：(010)65131207，65131206
传　真：(010)65125046

创刊于1985年的《中国企业家》杂志，是由经济日报社主办、国内外公开发行的大型综合性月刊，主要读者是企业的经营管理者、决策者。多年来，《中国企业家》以培养、造就一批职业企业家为己任，成为经济界、企业界、新闻界公认的一本高品质杂志。

1997年，《中国企业家》以崭新的面貌，精彩的内容赢得了广大读者的厚爱。特别是"封面故事"、"特别策划"、"本刊观察家"、"观点新闻"、"昨日星辰"、"名牌故事"、"案例分析"等权威性栏目几乎篇篇赢得读者喝彩。1998年，《中国企业家》将再上一层楼，除保持一批精品栏目的风格和特色外，每期都将放出"重炮"轰掉企业家心中的块垒，每期都有各色佳肴供品尝。

中国农村杂志社

地　址：北京市海淀区复兴路61号
邮　编：100036
电　话：(010)68271373
社　长：王文德
总编辑：周鸿飞
联系人：董祐明

中国农村杂志社（原名农村工作通讯杂志社）是全国性的新闻出版单位，目前编辑出版面向全国农村干部的政策性月刊《农村工作通讯》、面向全国农民的文摘性月刊《农民文摘》和外向型农村期刊《中国农村》（双月刊）三种刊物。目前，月发行量近300万份。

中国农村杂志社广告部承办《农村工作通讯》、《农民文摘》和《中国农村》杂志国内广告，发布外商来华广告。

《石油炼制与化工》

地　址：北京学院路18号
邮　编：100083
电　话：(010)62311582
传　真：(010)62311290

负责人:李孝斌
联系人:刘迎春

《石油炼制与化工》(原名《石油炼制》,创刊于1957年)是国家科委批准出版的全国性石油炼制和石油化工专业科技期刊。主要报道炼油、石油化工科学研究和工程技术开发的新成果及其应用;交流工业企业技术革新改造和提高经济效益的经验;介绍国外新技术和发展动态等。选用文稿注重实用性,兼顾学术性。刊物被国家科委定为"中国核心期刊",被国外著名检索性刊物:Ei、CA和API等收录,收录率达80%以上。在CA1995年"千名表"中列第515名,在进入该"千名表"的国内71种期刊中,排名第16位。1992年获第一届全国优秀科技期刊二等奖,1997年获第二届全国优秀科技期刊一等奖。

北京广告人书店

地　址:西四北大街太平仓胡同甲16号
邮　编:100600
电　话:(010)66164526
传　真:(010)66164526
负责人:徐智明

广告专业书籍,工具书,理论专著,经验结晶,个案汇总等。

广告人智慧快餐车　广告学经典美食城

上　海　市

公　司　类

上海广告有限公司

地　址:上海市中山南路600号
邮　编:200010
电　话:(021)63668828
传　真:(021)63668318
电子邮件:sacgroup@public.sta.net.cn
网　址:www.shanghai-adv.com
负责人:郭丽娟
联系人:于素贤

上海广告有限公司成立于1962年,曾独家代理全国进出口商品的广告业务。改革开放以后,又率先恢复开拓中国的外贸广告事业。现已形成市场调研、客户服务、创意制作、媒介发布、公共关系、展示促销、信息咨询、商标注册等门类齐全的服务体系,拥有九家专业子公司和上海奥美广告有限公司、上海博报堂广告有限公司等五家中外合资公司,在全国广告公司综合实力排序中两次名列第一。1997年被评为上海市外经贸系统文明单位、全国广告行业文明单位和全国外经贸系统先进单位。1999年被评为上海市文明单位。

上海市广告装潢公司

地　址:上海巨鹿路417号
邮　编:200020
电　话:(021)62720973
传　真:(021)62713651
负责人:王永林
联系人:许章荣

上海市广告装潢公司成立于1956年。四十余年来,上海市广告装潢公司与中国广告业共同成长的不凡经历,炼就了一家深悉传统与现代广告精髓、经验丰富、深具专业化水准的本土广告公司,形成了集市场调查、策划、创意、制作和传播服务于一体的现代广告整体运作体系。通过公司近百名具高、中级技术职称的专业人才以及负有社会声望的专家和全体员工的不懈努力,以"给消费者带来利益、给企业带来市场"为服务宗旨,根植本土文化,尊重客观,凭借对市场动向、受众需求和传统规律的熟知,通过多元有效的广告运作,令企业品牌与产品在中国市场出色舞动。

上海美术设计公司

地　址:上海市漕溪路258弄23号
邮　编:200235
电　话:(021)64836488　64836699-9
传　真:(021)64849530
电子邮件:shart@online.sh.cn
负责人:王濂洪
联系人:杨新生

上海美术设计公司成立于1956年5月,是一家专业从事广告传播、陈列展示及建筑装饰等综合服务的机构，在中国行销传播业界颇具规模和实力。公司是国际广告协会(IAA)会员、中国广告协会(CAA)会员和上海市广告协会(SAA)常务理事。

公司秉持“品质第一”的行动哲学，以内部丰沛资源和外部庞大代理网络不断引进最新理念、资讯和技术，致力于创造极具创意和销售力的广告。

身为百分之百的本土广告公司，我们追求朴实、崇尚卓越、刻意求新，通过国际化的规范运作，向客户提供高品质的、综合性的专业整合传播服务，开创有中国特色的综合广告服务的全新境界。

上海奥美广告有限公司

地　址:上海市南京西路1038号梅龙镇商厦31楼
邮　编:200041
电　话:(021)62183009
传　真:(021)62184199　62184191
负责人:熊景华　宋秩铭
联系人:屠玉华

奥美是一家国际性全方位服务的行销传播公司，隶属于全球知名的WPP集团。奥美为全世界各地的客户提供全方位的服务，包括广告、直效行销、公共关系、促销、健康发展、行销规划与研究、企业识别管理与设计等。奥美笃信其创办人大卫·奥格威(David Ogilvy)一贯坚持的理念:“我们所做的一切，都是以充满创造力的方式，协助销售客户的产品，并建立品牌”。上海奥美广告有限公司是国际奥美集团与上海广告公司的合资公司。成立于1991年10月。上海奥美服务的客户有:上海大众、联合利华、旁氏、柯达、肯德基、健力士、西门子、东方通信、三金药业、太太乐、麦斯威尔、泠酸灵、安联大众、BP(英国石油)、味全、凯泉、夏士莲、金纺、统一企业、东盛科技、万基药业、摩托罗拉、好时等。

上海灵狮广告有限公司

地　址:南京西路1168号12楼
邮　编:200041
电　话:(021)52984428
传　真:(021)52984343
负责人:沈赞臣
联系人:朱继红

来，让创意火起来。

上海博报堂广告有限公司

地　址:上海市淮海中路918号12F
邮　编:200020
电　话:(021)64156776
传　真:(021)64156778
电子邮件:h.hanlp@sh.cngb.com
负责人:稻垣正实
联系人:朱学海

对于我们来说，生活者不是一位接受我们居高临下、堂堂说教的听众，而是与我们平起平坐的谈话对象。

在过去很长一段时间里，顾客仅仅被视为普通的“消费者”，他们只不过是一个具有购买习惯的群体，然而，在博报堂的眼里，每一位顾客都是生活中独具个性的“生活者”。他们有着不同于他人的价值观，有自己的光荣与梦想。正是这一独到的广告宣传与营销宗旨，使我们能够深入了解每一位顾客的心理。

上海博报堂创立于1996年底，它扎根于日本第二大广告公司博报堂历经百年风雨浸润的丰沃土壤中，将生活者的概念充分应用到中国市场上，提供广告市场调查、策划、媒介和创意的全方位代理服务。上海博报堂已先后在北京、广州设立分公司，其势正锐不可挡。

您正在寻求促销与广告资讯的途径吗？请您先找博报堂！

上海旭通广告有限公司

地　址:淮海中路887号永新大厦9楼
邮　编:200020
电　话:(021)64674118
传　真:(021)64747803
负责人:韩金科
联系人:陈慰慈

上海旭通广告有限公司成立于1993年2月18日，是由日本株式会社旭通信社与上海市广告装潢公司合资组建的全面代理型广告公司。公司奉行“真诚、务实、创新”的企业精神，贯彻“全员经营”的方针，提倡“科学技术+信息服务”的经营理念，不断引进国际广告业的先进技术和先进管理经验，使公司拥有一批稳定的国际著名品牌与广告主。形成了较具特点及竞争力的服务项目:全国范围内的电视和报纸媒体投放、市场调查、整体策划、影视广告与平面广告的创意制作、大型的公关促销活动等。新的世纪，我们将追求世界标准，成为您广告创意的战略伙伴！

上海大广贸促广告有限公司

地　址:南京西路1515号嘉里中心19－8
邮　编:200040
电　话:(021)52985050
传　真:(021)52985151
电子邮件:daiko@quomai.sh.cn
负责人:冈本祐治
联系人:顾国庆

某种意义上我们也是“商品”
我们是“商品”的服务者
想要做好每一个项目—“商品”
我们首先会去了解它的使用者—“消费者”
因为他们是世界上最复杂、最聪明的群体
想让他们有所改变
我们就要了解他们的方方面面
这是我们大广之“本”

上海东方日海广告有限公司

地　址:漕溪北路18号实业大厦6楼C座
邮　编:200030
电　话:(021)64272468
传　真:(021)64272467
电子邮件:dfrihai@online.sh.cn
负责人:野中靖介
联系人:帅俐敏

电通集团上海东方日海广告有限公司拥有一批洞悉中国市场、积极敬业、富于创新的专业广告人才,能够提供创意、策划、媒介、市调、公关促销等全方位服务。主要客户包括夏普、Za、美能达、久保田、资生堂、美仕唐纳滋、APP集团、无锡健宏等。上海东方日海将继续以电通集团为强大资讯后盾,深刻研究中国国情和市场发展,为品牌提供更出色、更令人满意的服务。衷心希望与您在成功路上,旭日东升、携手并进。

上海大西洋贝尔黄页广告有限公司

地　址:上海市延安东路618号东海商业中心16F
邮　编:200001
电　话:(021)63520000
传　真:(021)53854104
负责人:Daniel Kohler
联系人:徐　俊

1998年4月美国大西洋贝尔信息集团全球号薄服务公司与上海市电话号薄公司合资成立上海大西洋贝尔黄页广告有限公司。

立足于黄页媒体,公司积极将国际先进的市场和广告理念融入中国黄页市场,为每一位黄页广告客户提供耐心、细致、周到的服务。公司目前独家代理上海黄页、厦门黄页,并努力在全国进一步拓展业务范围,谋求广泛合作。

借鉴美国号薄百年运作经验,公司不断开拓、锐意进取、决心在中国黄页广告市场闯出自己独有的天地。

上海市公共交通广告公司

地　址:上海市威海路48号8F
邮　编:200003
电　话:(021)63729698　63271222
传　真:(021)63598846
电子邮件:cspta@public2.sta.net.cn
总经理:刘学坤
联系人:王永明

当您穿行在市区繁华街道间的时候,扑入您眼帘的除了熙来攘往的人群,高耸入云的大厦,恐怕还有在您身边的一道新的城市风景线——公交车身广告。这些城市的流动风景不但让您置身于色彩斑斓的户外广告之中,而且同时也让公交广告公司有了一个与您亲近的机会。

上海市公交广告公司成立于1988年,至今已有十余年的历史。作为全市最早的专业公交广告经营单位,其已拥有涵盖全市400余条公交线路的媒体网络,10000余辆公交车,2000多个公交站点,10余种不同形式的发布样式。公司全体员工通过多年的努力,不断对公交车车身广告的媒体特征与发布质量进行探索与改进,在引进新设备吸收先进经验的同时,作为一家车身广告专营公司,他们着力于探索与开发公交媒体本身的巨大优势与发展潜力,并积极在媒体规模上寻找突破口,在不断充实专业队伍的同时,努力使自己发展成多元化,全方位,高素质,集媒体发布,设计,制作,代理为一体的专业广告公司。1999年跻身于中国广告公司100强之列。

上海东湖广告装饰有限公司

地　址:新乐路167号四号楼
邮　编:200031
电　话:(021)64737022　64157763
传　真:(021)64156934
电子邮件:Donghuf@online.sh.cn

负责人:宣　勤

联系人:胡颐斐

公司成立于1988年。94年在中国广告行业首次综合实力评比中列42位,曾连续八年被评为上海市"重信誉、创优质服务"先进单位。

公司制作、代理和发布国内外各类广告,公司先后成功地为众多大型企业和著名品牌制作、发布了各类广告业务并与全国各大主要城市的广告同行和新闻媒介建立了长期的合作关系。

进入新世纪,公司立足户外广告,并合资组建多家专业公司,如以策划代理购买电视媒体为主的东安广告有限公司,以本市高等级公路网为主要媒体的彩虹广告装潢有限公司,以浦东国际机场为依托辐射浦东的华洲东湖广告有限公司,与马来西亚合资的康纳—东湖广告有限公司。每个公司都有独特的定位,形成资源共享的经营格局,从而为广告主提供更为全面和优质的服务。

上海运筹国际广告公司

地　址:上海市零陵路800号东亚大厦16楼

邮　编:200030

电　话:(021)64391220　64391381

传　真:(021)64390993

负责人:徐国亮

联系人:周　奋

上海运筹国际广告公司系东亚(集团)有限公司国有全资子公司,注册资金1000万元,主要承接各类广告设计、制作,代理、发布国内外广告业务,承接大型文化、体育活动的广告及推广。1994年成立至今营业额连年递增。

公司以东亚运动会广告委员会为班底,主要成员来自当年全国最大的广告公司,其中有从事广告业三十年的资深专家,也有八十、九十年代加盟广告业的中坚骨干。他们曾经为世界名牌"雀巢咖啡"、"松下电器"、"吗丁啉胃药"等进行过整体策划和全面服务,并在新公司成立后组织策划实施了各类大型活动,如"郁金香电脑展示会"、"创新的澳大利亚"、"迎八运全市沙龙保龄球大赛"、连续四届的"上海桥牌八强赛"、"全国A类桥牌俱乐部锦标赛"、"中国上海国际艺术节"等上海地区、全国乃至世界性的广告活动。1997年成功地为我国二十世纪规模最大的体育盛会——第八届全运会进行整体广告策划及运作,圆满完成市政府下达的广告集资指标,并为体育产业化开辟了一条探索之路。1999年,公司又承接了四年一度的第五届全国残疾人运动会的广告集资及推广活动。

上海运筹国际广告公司现设国内客户、国际客户、国内媒介、国际媒介、广告创作、广告制作、市场调查等部门,现有员工90%为大专以上学历。高效率的运转,高质量的筹划,始终是运筹人创业的宗旨。

电扬广告有限公司上海分公司

地　址:上海市淮海中路333号瑞安广场1802室

邮　编:200021

电　话:(021)63867770

传　真:(021)63362088

电子邮件:dyrshc@online.sh.cn

负责人:刘真津

联系人:于乾正

利器藏身、不轻易示人,一击则必中!

电扬创意,追求如此锐利的锋芒与精准的方向!

上海华智地铁广告有限公司

地　址:上海市康平路18号

邮　编:200030

电　话:(021)64748058

传　真:(021)64712976

电子邮件:Mtrads - Angela@citiz.net

负责人:曹　耘

上海地铁贯穿市中心,联结主要商业区、住宅区及政治文化中心,大大缓解了上海拥挤的交通状况,成为新上海发展的重要标志。每天近百万人使用这种快速、舒适的交通工具。灯箱广告是乘客在地铁中唯一能使他们驻足观赏的文化景观,故广告效果非常好。

国际众多著名大公司如:日本索尼、日立、东芝、夏普、佳能、松下;美国可口可乐、杜邦公司、耐克、阿迪达斯、英特尔电脑公司;荷兰菲力浦公司等都在地铁发布灯箱广告。

上海华智地铁广告有限公司拥有地铁站内所有灯箱广告的最终发布权,我们在地铁内提供了车厢、车体内柱面特别位、站台及站厅大小籍位、梯旁广告牌、电话亭、产品展览及时钟系统的广告位。无论在环境或是在质素方面,上海地铁广告位可能是当今上海最好的媒体选择。希望将来每天出入地铁的百万乘客能天天看到贵公司的形象。

巍珂—庆余广告有限公司

地　址：南京西路128号永新广场17楼
邮　编：200003
电　话：(021)62897777
传　真：(021)63593000
董事长：许　坚
总经理：Jack Dodds
联系人：朱　辉

1996年，有着60多年美国户外广告经验的巍珂国际企业发展公司来到中国上海，与庆余实业发展总公司合作，创立了上海巍珂－庆余广告有限公司。巍珂－庆余的诞生，不仅带来了先进的管理模式，也带来了先进的户外广告理念，在短短的两年时间内，巍珂－庆余以一流的服务和创新精神博得好评，并迅速成为上海著名的户外广告公司。

巍珂－庆余借助美方的经济优势、先进技术和中方良好的社会关系，已经在上海各区开发大量的大型户外媒体，显示出强劲的开发能力。

巍珂－庆余在注重发展广告业务的同时，同样热心参与公益广告宣传。1996年，公司取消开业庆典，将70万元资助普陀区花卉节；1997年，公司出资600万元为50家国有名牌企业在杨高路做免费宣传；为"八运会"捐助2000万元。1998年，巍珂－庆余公司同时被评为国家级和市级公益广告活动先进单位。同年，为发扬抗洪救灾精神而在百乐门制作的大型公益广告，得到中央电视台的报导。

上海杰英广告有限公司

地　址：金茂大厦2502室
邮　编：200121
电　话：(021)50470111　50471415
传　真：(021)50475777
负责人：林建潮

杰英京、沪、穗机场灯箱网络

上海杰英广告有限公司，同时经营管理着中国北京首都、上海浦东、广州白云三大国际机场的灯箱媒体，拥有成熟的客户群以及经验丰富，敬业的工作人员，并且已经在北京、上海、广州和香港建立了销售办事处。

公司以为客户尽早提供一个范围更广，质量更高，广告效力更强的中国机场媒体网络为宗旨，专职从事国际机场媒体的开发和管理，是中国目前最大的机场媒体经营公司。通过杰英的媒体网络，广告的受众群体可占中国航空总客流数的40%，即每年4800万高质量，高收入的消费决策群体。

为了帮助您达到更好的广告效果，公司除提供正规灯箱媒体投放服务，还可为您量身定制各种机场媒体的宣传展示计划。

上海彩龙广告实业有限责任公司

地　址：浦东新区浦三路157弄1号705室
邮　编：200125
电　话：(021)68737662
传　真：(021)68737662
负责人：刘荣宝
联系人：周志英

上海彩龙广告实业有限责任公司成立于1996年8月。公司注册资金为108万元人民币，广告经营许可证号3101151000134。

法人代表刘荣宝具有40余年广告经营和制作经验，公司成立以来业务不断上升，能认真搞好与客户间的沟通和售后服务，得到了上海夏普电器有限公司中日双方领导的好评，为上海的市容建设作出了贡献。

公司经营范围是承接各类广告设计、制作、发布、代理国内广告业务。

本公司热诚希望与社会各界建立长期的合作伙伴关系，欢迎前来联系业务。

上海丽人广告公司及"创想企业"

地　址：延安东路55号34楼
邮　编：200002
电　话：(021)53580276
传　真：(021)63373385
电子邮件：liren 168@public3.sta.net.cn
负责人：唐可爱
联系人：陈　晓

环环相扣　紧握胜机

创想企业(丽人广告、中润广告、桑桥广告、丽成广告)实行整合营销传播服务，旗下子公司各具专长又紧密协作、无论市场调查、广告策划还是创意设计、媒介服务皆环环相扣。创意精彩，执行到位，让品牌紧握致胜的机会。

上海杨子广告有限公司

地　址：上海市北京西路1277号国旅大厦1609室
邮　编：200040
电　话：(021)62894670　62899211　62897397

传　真:(021)62470139
负责人:邹大为
联系人:姚　奋

创意专家　专版大师

杨子广告是沪上知名的广告专营企业,拥有媒介部、发展部、服务部、设计部等各大部门为客户服务,是文新报业集团、解放报业集团所属各大报,如《新民晚报》、《上海星期三报》、《房地产时报》等的一级代理商,并成为进驻上海新世纪广告交易中心的著名广告企业之一。

媒介代理、平面设计、形象包装、营销企划是杨子广告的主营业务。其创意能力特别强大,在沪上有"创意专家"之称。

杨子广告作为"专版大师",也一直被业内外人士所称道。3 年前,公司率先在《新民晚报》上开设了沪上第一个装潢专版——《家居装饰》,是沪上少有的经营专版的专业公司。继《家居装饰》专版成功创办之后,本公司又先后在《上海星期三报》、《房地产时报》等媒体上开设了《家居装饰》、《汽车世界》专版,并将按市场消费热点的需求,发挥本公司擅长专版经营的特色开设不同类型的专版。

上海华亭广告装潢合作公司

地　址:上海市延安中路 839 号 1202 室
邮　编:200040
电　话:(021)62476396　62476202
传　真:(021)62476202
负责人:吴彩玉
联系人:李　俊　尤　敏

专业策划化妆品、保健品、药品,特别擅长上海市场策划,自 1985 年以来,成功案例多多。

本公司策划特点:花费少,见效快、效果好。

拥有多家权威发布阵地,配合销售灵活自如;自创活性广告,针对性强,独具一格。

具备在全国范围内的策划能力,多次策划全国市场并与全国各大媒体保持常年合作的良好关系。

上海志上广告有限公司

地　址:上海市江宁路 1415 弄 47 号 10 楼
邮　编:200060
电　话:(021)52892095　52892751
传　真:(021)52892423
负责人:安　琦
联系人:严忠玲

上海志上广告有限公司成立于 1992 年,经过几年的努力,公司迅猛发展,已成长为拥有近 60 名员工,7 个部门(客户部、创意部、媒介部、媒体代理部、项目开发部、财务部、人事部),并具有先进的管理体系及严密组织的广告公司。公司营业额多次进入上海市广告公司百强之列。

上海海联广告有限公司

地　址:上海市延安中路 839 号新世纪广告交易中心 507 室
邮　编:200040
电　话:(021)62477105(总机) 62477343　62477232
传　真:(021)62476475

1999 年年初,上海海联广告有限公司和上海志上广告有限公司合作,并以海联广告有限公司的名义成为由新民文汇报业集团主办的、上海最知名、也是历史最悠久的专业体育类报纸——《新民体育报》的广告总代理,并在第一年就使《新民体育报》的广告状况发生了质的变化。广告营业额从代理前的不足 300 万人民币,一跃突破 800 万人民币。

上海创亚广告有限公司

地　址:上海市南京西路 1266 号 12 楼
邮　编:200040
电　话:(021)63509156
传　真:(021)63500863
电子邮件:creasia@sina.com
负责人:杨慧文
联系人:陶传丽

可能,你不认识我们,但我们的这些作品(或克隆品),想信你一定不会陌生!

详细介绍请看上海专栏彩色广告。

上海乔思广告有限公司

地　址:上海市打浦路 1 号金玉兰广场 803 室
邮　编:200023
电　话:(021)53960808　64661110
传　真:(021)53961206
电子邮件:choice@online.sh.cn
负责人:马　勇
联系人:陈怡庆

创造您的品牌,中国之品牌,我们就是您的选择。

上海新生代广告社

地　址：上海斜土路 2669 号 21F
邮　编：200030
电　话：(021)64398684－118
传　真：(021)64398687
电子邮件：afnadv@shiuot.cn.net
负责人：陈　燕
联系人：张以琳

我们不是斯巴达克斯，广告公司也不能单单只凭创意赢得消费者，我们做的是新广告，是用更为先进更为全面的整体战略去打赢每一场战役。

上海新生代广告社成立于 1994 年 8 月，在国内广告公司中首创策划，行销互动运作模式，是集各类广告创意、设计、制作、代理国内外广告业务的综合型广告公司，新生代有严密的专业分工，齐全的部门，发挥每个人的潜能，为客户不遗余力的塑造品牌。

中国消费者有中国式的欣赏习惯与审美观。中国广告应该有中国式的广告风格，在掌握中国消费者的心理上，新生代所特具的本土文化更有优势。

如果说替客户销掉一片果园的果实是所有广告公司的快乐的话，新生代更擅长做的则是与客户一起将一棵果树发展成一片果园。

新生代广告追求的原则是精准的策略和出众的创意二者合一，不追求能获得大奖，只追求广告实效。如何让广告客户具备原子弹的威力，是新生代广告新一族的共同追求，也是五粮液、昂立、日立等国内外品牌与新生代相伴成长到今天的真正原因。随着中国广告逐步走向成熟，新生代广告势将为中国广告业插上一面鲜艳的旗帜。

上海广集广告有限公司

地　址：打浦路 1 号金玉兰广场 2010 室
邮　编：200023
电　话：(021)53960811
传　真：(021)53960818
负责人：宋　颂
联系人：李　萍

我们广集天下的精英；
我们广集头脑的力量；
我们广集沟通的渠道；
我们广集百川与小溪；
我们精通传播的媒体；
我们寻找正确的定位；
我们整合市场与营销；
我们创造经典的案例；

上海东方电视台 5 秒套装广告总代理。电视、网络同步发布广告，独辟蹊径开创全新载体制作与发行电视节目，开发全国网络。

上海博策广告有限公司

地　址：上海市雁荡路 109 号复兴广场 410 室
邮　编：200020
电　话：(021)63582623
传　真：(021)63582605
电子邮件：OLUAD@public7.sta.net.cn
负责人：王学军
联系人：沈　佩

上海博策广告有限公司出售头脑和智慧。这并不是说我们比客户更聪明，而是对于广告这个行当来说，我们做得更专心一点，了解更多一点，想得更远一点，手段更丰富一点。

公司成立至今已为许多国内外著名品牌提供各种广告服务。在赢得客户信赖的同时，积累了大量的经验，建立了一整套严格有效的服务体系和方式。我们相信我们的服务与创意既非常中国也非常国际。

我们的广告哲学叫做“为之所动”。我们独特的创意手段可以保证我们为客户所做的创意更有效，更能令广大消费者为之心动，为之行动，从而使我们客户为之感动。

哦！还有。

就是我们在为您提供头脑和智慧的同时，也为您提供清茶、咖啡和点心。当然，这些全都是免费的。

上海联业广告有限公司

地　址：上海市武宁南路 195 弄 8 号 206 室
邮　编：200042
电　话：(021)62319238
传　真：(021)62317573
负责人：魏荣根
联系人：谢冠如

全面代理由上海市人民政府新闻办公室、上海市国际文化传播协会主办的《今日上海》杂志及国内外广告业务。

我们是广告界的航空母航，集创意设计、发布，推广于一体，为您提供全方位服务。与您联手，共创伟业。

上海博洋广告有限公司

地　址：延安中路839号1502室
邮　编：200040
电　话：(021)62476909
传　真：(021)62473719
负责人：励　珺
联系人：施　孔

多点连接一直是我们追求的梦想。

上海嘉怡广告有限公司

地　址：上海宛平路38号
邮　编：200030
电　话：(021)64671666
传　真：(021)64720316
负责人：笙　鸣
联系人：丁　蕾

将，帅也。相，乃谋士！

我们出售我们的"出谋划策"。

因为我们的睿智、煽动力、想象力与创造力，

是建立在对商品所面临的需求上。

因此我们将牢记：

坦诚而不武断，

热情但不冲动……

所有这些——

只是为把您的广告尽可能的做得了不起！

如果您是将，那么我们就是相。

上海美景广告传播有限公司

地　址：延安中路839号1803室（新世纪广告交易中心）
邮　编：200040
电　话：(021)62793868　62791234-365
传　真：(021)62895172
负责人：朱　剑
联系人：徐　蓉

美景，不一定只是自然的灵感，我们所能执行的工作，更不止于简单的陈述，而是诚恳踏实的对待每一件作品；观看美景，因为有我们提供的最佳切入点，拥有成功的开始；欣赏美景，因为我们的灵活和执着使您时刻心情舒畅；拥有美景，我们全面专业的服务助您达到事业颠峰。

上海雅视广告有限公司

地　址：打浦路1号1207室
邮　编：200023
电　话：(021)53960848
电子邮件：vpawyc@online.sh.cn
负责人：周晓鹏
联系人：吕士英

虎视眈眈，不放过任何对客户有益的创意和良机；

虎威凛凛，挟稳居上海广告百强之实力；

关爱所有的客户，关注所有的媒体；

时时刻刻，为客户寻找最合适的媒体切入；

兢兢业业，向客户提供全面的代理、发布服务。

上海桦楠广告有限公司

地　址：上海市常德路812号德安大厦B-801
邮　编：200040
电　话：(021)62997481　62997420
传　真：(021)62987060
电子邮件：HUANANGS@online.sh.cn

枝繁叶茂，生命无限。

桦楠树在经历了无数风雨的洗礼后，已成长为一棵枝繁叶茂的大树，并在广告的土壤里占有了一席之地。桦楠的业绩与形象赢得众多朋友的好评。并于98—99年度荣获上海市广告先进单位。

我们善于为良好的种子提供令人鼓舞的催化剂，策划、创意、设计，让果实充满生机。

我们善于为朋友提供果实亮相的舞台，拉近与消费者的距离，让果实产生绝佳的效应。

我们善于创造一个美妙的境界，让果实得到充分的展示。由我们设计、制作的天安门国庆50周年游行彩车——"沸腾的钢水"得到了中央及部委领导的表扬。

我们更善于为果实亮相提供优秀的媒介组合计划，与准确、到位的实施。连年来，桦楠的媒介代理量始终名列上海广告界的前列。

桦楠树在不断壮大。

桦楠愿与更多的朋友一起，培育更多令人兴奋的胜利果实。让美好的果实挂满我们的枝头。

上海天波广告策划事务所

地　址：延安中路839号1201室
邮　编：200040
电　话：(021)62476191

传　真:(021)62476007
负责人:陆云帆
联系人:凌　捷

上海天波广告公司策划事务所是一家全民所有制的国有企业,在广大客户中享有颇高的声誉,得到各大媒体信任与支持,成为天波的坚实后盾。

天波凭借精确有效的媒体策划能力、周密的媒介渗透力和强劲的媒体亲和度,在全体员工不懈的努力下,天波的经营状况得到了持续、稳定、快速的良性发展,经营额逐年上升,1997年以来,每年广告经营额均达数千万元。2000年广告经营额已达6000余万元,预计在数千家广告公司中将跻身前30名,列入全国百强。目前,天波拥有"诺基亚""施乐""默沙东"等驰名品牌的广告代理权,与广告客户保持着良好的合作关系,在上海及全国的媒体中已有一定知名度。

2001年天波广告公司拥有了自己的媒体,已成为《东北亚开发报·现代都市》周刊的广告总代理。

《东北亚开发报·现代都市》周刊是新近推出的以休闲、娱乐、消费为主要内容的现代都市报,2001年1月5日创刊,首期发行量已达到15万份。《现代都市》周刊4开32版,彩色印刷。立足上海、北京等各大城市,面向全国与世界,在全国设有17个记者站与通联站。《现代都市》周刊反映都市市民生活,促进大众消费,以现代都市青年为主要读者对象。

上海圣峰广告有限公司

地　址:四川北路1318号1608室
邮　编:200080
电　话:(021)63937558
传　真:(021)63075129
电子邮件:shsfgs@online.sh.cn
负责人:朱　骏
联系人:朱持英

为了您的品牌,我们永无止境……

上海焦点广告传播有限公司

地　址:徐家汇路550号宝鼎大厦29层
邮　编:200025
电　话:(021)63050555-61
传　真:(021)63052333
电子邮件:focus adv@sh163.net
负责人:徐　丽
联系人:陈秉慧

当竞争愈来愈激烈,选择愈来愈困难的时候,仅有独特的产品够吗?仅有大把的预算够吗?仅有好创意够吗?快速在市场占位,企业最需要什么?

FOCUS是目前上海卓为成功的全行销公司,是与广告主进行产品定位研究、行销代理、整体广告推广的全程策略伙伴。

FOCUS认为:市场是由活生生的消费者构成的,你抓住的消费者愈多,市场才愈大。广告公司光有一把"经营品牌"的榔头是不够的,还一定要有"善卖产品"这把有力的榔头。因为FOCUS知道,广告主只相信销售数字的改变。

为了使广告运作在整个行销中起到直正的作用,早在五年前,FOCUS设立专业的市场策略研究部门,专业的销售公司,直接介入销售行为。FOCUS的所有工作,从产品的概念发想、取名、包装设计、价格策略、通路选择、直效行销、广告推广等等,每一环节都为了一个目的——赢得愈来愈多的消费者,占有大市场。

站在市场最前沿,和消费者面对面接触,使FOCUS对产品和市场的了解有时超出了广告主的预想。正因为如此,许多广告主不仅冲着FOCUS的广告策略和表现而来,甚至还把销售都交给FOCUS。不难想象,如果一个产品在广告的作用下持续几个月都能以40%的势头攀升,那么其中的奥秘就在于FOCUS有"两把榔头"。

上海伊斯顿广告有限公司

地　址:上海市南京西路555号13F
邮　编:200041
电　话:(021)62558285
传　真:(021)62556615
电子邮件:eastern2@online.sh.cn
网　址:www.eastern-china.online.sh.cn
负责人:黄德明
联系人:郑海成

上海伊斯顿广告有限公司成立于1994年。短短的数年,从一个单纯的媒介代理公司发展为上海著名的全面代理广告公司,广告业务量突破亿元。上海伊斯顿具有国内外代理资质,为诸多的外商及国内外著名品牌提供服务。1999年,跻身上海全面代理广告公司排名十强,全国广告行业30强。

上海伊斯顿与上海乃至全国各大媒体建立和维持了良好的协作关系,近三年来,在全面代理的业务方面又取得了很大的进展。上海伊斯顿先后取得了三得利啤酒,上海北医大生物科技有限公司雷震子胶囊,阿尔卡特等品牌的全面代理业务,并为惠而浦、立邦漆、通用照明、耐克、吉列派克笔、AT&T 等世界著名品牌,以及清华紫光、吴太药业等国内品牌提供创意、制作、媒介购买等各类广告业务。

上海伊斯顿相信,基于对本土市场,本土文化和本土消费者的洞察以及对现代传播规律的熟悉,我们将和客户一起,预知并创造未来。

上海东部广告有限公司

地　址:延安中路 839 号 1801 室
邮　编:200040
电　话:(021)62894099 - 804
传　真:(021)62894078
负责人:陈约瑟
联系人:杨　平

上海东部广告有限公司成立于 1996 年,属国内合资企业,注册资本为 325 万元人民币,是一家以全面代理媒体发布为主导,兼有雄厚制作能力、承办大型公关、公益活动策划能力的综合性广告公司。总部设在上海虹桥商务区。所属实体企业为青鸟商务印刷有限公司、吉田纸品有限公司、啄木鸟企划设计有限公司、青鸟——施乐数码文印中心。

公司服务宗旨:您信任,使我们做得更好。

公司经营范围:各类广告的代理、发布、制作、创意设计、策划大型公关活动及承办展览业务。

公司的优势:员工广告意识强、有事业心、各具专长、工作热情勤奋、创意独特。与各媒介建立了良好的关系。

公司在"上海市'99 公益广告作品评选"中荣获公益广告(平面类)二等奖。

公司竭诚欢迎广大新老顾客洽谈业务,我们将尽心尽力提供优质的服务。

上海昂立广告有限公司

地　址:上海市虹桥路 811 号 B202 室
邮　编:200030
电　话:(021)62810808 - 222
传　真:(021)52540242
负责人:陈　莹
联系人:吴　激

上海昂立广告公司是一家真正具有全面代理实力的专业广告公司。我们可以为客户提供专业的整合传播服务,包括市场调研、广告策划、创意设计、媒介计划及购买,公关促销活动的策划与监控以及各类广告宣传品(包括电视广告片)的制作。尤其突出的是我们的媒介实力。我们的媒介网络密布全国,与媒体有着良好的合作关系。因此,在确保广告投放计划严谨实施的同时,我们可以为客户提供最为合理的媒体价格,更重要的是我们拥有权威的收视率数据。结合产品在当地的实际情况,我们可以为客户制定出最为科学有效的媒介计划。

上海申空广告有限公司

地　址:上海市徐家汇蒲西路 166 号
邮　编:200030
电　话:(021)64695272
传　真:(021)64388672
电子邮件:shskac@online.sh.cn
负责人:张建荣
联系人:徐健华

上海申空广告有限公司是一家集策划、创意、设计、制作、发布于一体的专业广告公司。公司的技术优势、卓越的设计创造理念、科学合理的广告操作模式、优良的服务态度,在激烈的市场竞争中赢得了众多客户和媒体的信赖与支持,连续多次获得上海市广告业"重信誉,创优质服务"先进单位称号。

公司独家代理上海电视台,东方电视台,上海有线二台天气预报栏目广告。

同时还推出气球、遥控飞艇、过街横幅、路牌灯箱、杂志广告代理,成套礼仪服务等多种广告经营项目,并与全国 100 多家省市级气象广告代理公司建立了良好的业务联系,形成为客户提供全方位、多层次、高质量、高效益的广告促销体系和信息传播体系。

上海彩虹广告装潢有限公司
上海现代高速公路广告有限公司

地　址:会文路 50 号 18 楼
邮　编:200071
电　话:(021)66531197(总机)　66530776
传　真:(021)56632026
负责人:黄西辰
联系人:陈莉萍

上海彩虹广告装潢有限公司、上海现代高速公路广告有限公司分别成立于 1992、1996 年,是二家专业从事开发、经营高速公路户外广告媒体的专业户外广告公司。公司投资2000余万元兴建了巨型跨街灯箱4座、大型立柱式灯箱80余座，各类小型灯箱170余座，公司资产规模达3500多万元，媒体覆盖上海所有高速公路沿线。

公司本着一流的服务，为中外客户树立企业形象，宣传产品品牌提供一流的广告媒体。

上海梅迪派勒广告有限公司

地　址：中山西路1800号兆丰环球大厦13F
邮　编：200233
电　话：(021)64401568
传　真：(021)64401569
网　址：www.mpil.com
负责人：杜碧珊

您的伙伴就在于户外广告。

上海白马开成广告有限公司

地　址：上海市黄陂北路227号2602－2604室
邮　编：200003
电　话：(021)63758789
传　真：(021)63758768
电子邮件：whkc@sohu.com
负责人：王海生
联系人：徐晓春

白马广告是一个在中国广告界充满生命力和传奇色彩的名字。1996年率先建立了由16个城市组成的候车亭广告网。

1998年白马与目前全球最大的户外广告公司Clear Channel合资，推出中国候车亭广告网的强势品牌－风神榜(Adshel Network)。

发展到今天，风神榜已遍布全国26个重点城市，拥有10,000多个候车亭灯箱，累计发布了食品，饮料，日用化妆品，电信/通讯，电器，互联网，服装等诸多行业中400多个品牌的广告，取得了令客户满意的发布效果。

上海美亚文化传播有限公司

地　址：上海市仙霞路8号仲盛金融中心二楼
邮　编：200336
电　话：(021)62782222
传　真：(021)62785555
电子邮件：jameshu@cnmaya.com
负责人：胡炯亚
联系人：吴　莹

上海美亚文化传播有限公司成立于1999年1月。

公司在成立之初，就确立了以深厚的文化底蕴为基础，致力于开拓信息科技时代的新型广告公司为目标的发展方向。公司主要从事各类广告的设计、制作、代理、发布以及音像制品的制作等业务，包括美亚投资有限公司、美亚在线宽频网络有限公司、美亚音像连锁经营有限公司、长乐花苑餐厅的整体形象设计和营销活动的策划。

作为美亚投资有限公司的下属子公司，亚美文化传播凭借其强大的信息网络，始终站在时代的尖端。曾多次配合国内外重大政治事件的报道工作策划了《中国人今天说不》、《法轮功大起底》等纪实专题片的首发仪式。同时，还多次策划了韦唯、刘若英、萧亚轩等众多海内外歌星的签售活动。

2000年7、8月，在香港举行的美亚在线与策略性伙伴结盟签约仪式及在北京钓鱼台国宾馆召开的"美亚业务、技术成果展示会"中，由亚美文化传播设计制作的美亚机构业务网络动态模型得到中央各级领导、各界来宾及中外媒体的高度评价。

上海浦东新区浦欣传播有限公司

地　址：威海路755号文新大厦26楼
邮　编：200041
电　话：(021)32184630(总机)
电子邮件：pxnet@soim.com
负责人：殷伟民
联系人：乌　江

浦欣传播，本土广告业先锋，六年来行情一路看涨，强调广告人的智慧，整合各路大脑，显仁显智，点石成金。在浦欣，个个都是小才神，有功力，让你的钱途更看好。

上海邮政广告有限公司

地　址：武定路458号11楼洪安大厦
邮　编：200041
电　话：(021)64336499　62728999
传　真：(021)62722257
电子邮件：YZSHJ@online.sh.cn
负责人：费　雄
联系人：窦丽萍

创建于1984年，是全国邮电系统第一家颇具实力的专业广告公司。为适应当前广告市场的竞争，建立现代企业制度，1996年1月正式转制。

转制后的邮政广告有限公司严格按有限责任公司的要求进行运作，加强管理、理顺关系，贯彻以人为本的管理思想，充分发挥邮政网络优势，开拓广告市场，竭诚为社会各界提供多种新型邮政广告专送业务，使公司走向稳定健康有序的发展道路，取得了理想的社会效益和经济效益。

"邮政专送"广告是经上海市工商局审核批准发布的印刷品广告，是通过强大的邮政网络来传递市场信息的一种新颖、独特的广告媒体，日发布量高达300万份。

现在，"邮政专送"凭借其辐射面广，价格低等优势得到越来越多的消费者和广告客户的青睐，拥有坚实的基础。

公司注册资金200万元，1999年跻身中国广告公司100强，名列第41位。

公司主要业务有《中邮专送》专版、单页投送广告、霓虹灯、灯箱、路牌。《中邮专送》单页投送广告实行国内联网全国派送，户外广告媒体遍及上海闹市。

上海电气(集团)广告装潢公司

地　址：雁荡路6号21室
邮　编：200020
电　话：(021)63728407
传　真：(021)63728408
电子邮件：dianqiad@online.sh.cn
负责人：吴玉珍
联系人：冯　丽

上海电气(集团)广告装潢公司成立于1993年3月，隶属上海电气(集团)总公司，拥有强大的资方依托，完善的管理体制、纵深的服务理念和成熟的业务网络。公司在不断学习国际广告规范以及与国内企业产品共同成长的过程中，探索出了一条本土广告公司的发展道路。

1996年，投资成立上海苏伊克包装印务公司；1996年，成立上海电气广告公司江苏分公司；1998年，成立上海思博市场推广服务有限公司。更多的投资是为了更好的为客户服务，提供更稳妥快捷的流程，抓住更多的商机。我们始终保持积极进取的作风，不断致力于提高业务水平和服务质量，汲取4A公司的广告经验，定期收集媒介、市场调研的分析资料，在迅速成长的上海广告市场中独树一帜，大有作为。

在新的世纪里，公司已逐渐形成可以提供品牌全面代理、品牌管理、企业形象设计、媒介代理发布、房地产营销策划、公关活动、展示展览，提供从市场调研、产品定位、形象包装到市场推广方案实施等全面服务的规模。

上海国际机场股份有限公司广告分公司

地　址：上海市虹桥路2550号虹桥机场内
邮　编：200335
电　话：(021)62688899－48610　62688952
传　真：(021)62688952
电子邮件：shiaad@online.sh.cn
负责人：林　海
联系人：高　峰

上海虹桥国际机场是中国最大的航空运输基地之一，年进出港旅客1770万人次，年飞机起降16万架次。

上海浦东国际机场于1999年9月落成通航，一期工程能满足年12.6万架次飞机起降、年2000万人次旅客吞吐量和年75万吨货邮吞吐量的要求。它的建成标志着上海已成为中国第一个拥有两个大型民用航空港的城市。

上海虹桥国际机场股份有限公司广告分公司负责经营和管理虹桥和浦东两个机场范围内灯箱、霓虹灯、路牌、龙门架、实物展示、航班时刻表、闭路电视、行李手推车等多种广告媒体。

公司给一批优秀的客户如日本丰田、金杯汽车、爱普生、伊都锦、英特尔奔腾、上海宝钢、东方航空等国内外著名企业进行了广告宣传，并为上海大众、美国摩托罗拉成功代理了广州白云机场、武汉天河机场、内蒙古机场、昆明机场的系列广告。多年来，我们以优质高效的服务在广大客户中赢得了良好声誉，也使得公司业务迅速发展，实力日益增强，在全国民航机场广告公司中雄居榜首，并连续获得上海市工商局、市广告协会认定的"重信誉、创优质服务"先进单位和工商部门颁发的"重合同，守信誉"荣誉称号，1999年中国广告公司百强排名第62位。

上海西南广告有限公司
上海飞帆广告公司

地　址：上海中山南二路777弄2号楼14层DEF座
邮　编：200032
电　话：(021)64569451　64564074
传　真：(021)64578300
电子邮件：xifei@online.sh.cn

负责人:应曙光
联系人:王伟成

西南广告、飞帆广告融策划、代理、设计、发布、制作为一体,凭借多年底蕴,在广告创意领域容纳百川,吸取精华,不断完善和提高自身的专业素质和服务水准,使广告运作更趋规范化和专业化。多年来公司同仁经过不懈努力,经营规模、经济效益直线上升,目前拥有户外广告媒体总量达8000平方米以上,分布在市商业中心、机场、人民广场、外滩等地。公司配备有先进的“苹果”设计系统与大型喷绘写真设备并汇聚了广告、设计、营销、工程等方面的中高级专业人才。与国内外广告同行、媒介及有关部门建立保持着良好的合作关系。

以霓虹灯、大型灯箱、灯光招牌户外广告的制作发布是公司广告业务的传统强项,享有良好的声誉。近年来制作、发布了一批品质优秀的霓虹灯广告,如奥林巴斯、可口可乐、日立等分别在各项评比中获奖。

精信广告有限公司上海分公司

地　址:上海市南京西路128号永新广场1804室
邮　编:200003
电　话:(021)63508660
传　真:(021)63508655
电子邮件:cechen.sh@grey.com.hk
负责人:劳家颂
联系人:陈　越

我们想传达的意图是:“也许别的、其他的广告公司只是向客户提供最安全、最平常的创意表现,就好像任何产品都是用之前(Before)是怎么样,用之后(After)会怎么样。精信广告显然不是这样,我们会打破框框,为客户提供之外的、不同的、独特的,甚至是神奇的idea。这也是上海精信全力去实现的目标。因为我们相信,这才是一个好的广告公司应该去做的事情。”

顺便为您提供精信信念如下:

我们相信,2000年世界最举足轻重的市场是中国。

风云际会,举世瞩目;

而精信将跻身跃飞中国最顶尖的广告公司之列。

以大胆勇敢的步伐,
创新境,攀高峰,
创造破格而出的广告,
以前所未有的方式,与消费者的心沟通。

我们相信,二十一世纪中国广告,将有自己的语言和游戏规则。精信,将会参与改写。

上海联美广告有限公司

地　址:北京西路1277号18楼
邮　编:200040
电　话:(021)62898829(转各部)
传　真:(021)62898827　62898829
负责人:虞哲挥
联系人:张锡成　陈　越

脑袋瓜里想些什么? 不懂? 怎么干广告?

上海联想国际广告有限公司

地　址:西藏南路748号1208—1210室
邮　编:200011
电　话:(021)63863937　63867469　63868131
传　真:(021)63867469
负责人:舒　缨
联系人:王伟芬

你的口味,我们最关心!

上海联想国际广告有限公司是一家现代化的中外合资企业,公司拥有精锐的创意策划设计人员、先进的广告制作设备和现代化的办公环境。公司注册资本为182万美元。公司主要从事广告发布、代理、策划、咨询、创意、设计和制作等业务。

为企业及其产品进入市场策划各种促销活动和广告运动。

为成长中的企业提供企业形象(CIS)设计。

为社会团体及企业组织策划各类庆典仪式。

承办各种展览、演示的设计及布置。

各种新材料灯箱、广告牌、户外照明及霓虹灯的设计、制作、发布。

代理报刊、电视等媒介的广告发布。

承接企业广告样册、产品包装及各种广告宣传品设计印刷。

组织大型演出活动。

代理国内外各类广告业务。

上海东视广告有限公司

地　址:上海南京东路627号七重天宾馆6楼
邮　编:200001
电　话:(021)63221000转各部

上海东视广告有限公司是一家由媒体自办的大

型综合广告公司,隶群于东方电视台。公司拥有节目营销中心、衍生产品开发部、风险广告合作部、媒介代理部及《市场明珠》、《国货大视窗》、《东方家园》等一批深受工商企业欢迎的信息类广告栏目。

作为媒体自办的广告企业,公司与全国各地电视媒体保持了良好的合作关系;为国内外客商提供全方位的广告策划、创意设计制作、媒体服务等相关领域的合作。

公司以“重信誉、创优质服务”为宗旨,坚持公正、合理的原则、切实关心客户的利益。

广播电视类

上海人民广播电台(广告部)

地　址:上海市虹桥路 1376 号
邮　编:200051 转 518 信箱
电　话:(021)62788177 转 2040、2041、2042、2043
传　真:(021)62082800　62082840
网　址:www.radioshanghai.com
负责人:张峻华
联系人:郑升庭

上海人民广播电台建立于 1949 年 5 月 27 日上海解放之日,1996 年 10 月从北京东路外滩迁至虹桥广播大厦。精办新闻、经济、交通、文艺、音乐、浦江之声(对台广播)6 套节目,并以中波与调频(或短波)联播的格局播出。广播覆盖上海市和长江三角洲地区,经常性听众约 5000 万人。此外,还在有线 5 频道开办一套戏剧电视节目,每天播出 16.5 小时。

上海电台采用国际先进技术装备采制、传输节目,并积极推进“网上广播”,以扩展广播的传播方式和途径。

上海电台在全国率先播出商品广告节目,广播广告额随着节目的不断创优而逐年递增。上海电台上广广告公司承接的有线 5 频道电视节目广告量连年上升。

上海电台广告部对全台广告实行统一管理,制作和策划能力一流,广告作品连年荣获广播一等奖,全国广告展铜奖,并获得全国和上海市的创优先进集体荣誉。

上海电视台广告部

地　址:上海威海路 298 号、南京西路 651 号
　　　　上海电视台大厦副楼 18 楼
邮　编:200041
电　话:(021)62565899 接广告部
传　真:(021)62550937
网　址:www.stvadd.sta.net.cn
负责人:沈永毅　金万钧　徐　益

上海电视台顺应我国改革开放潮流,在 1979 年 1 月开播的电视广告被光荣地载入祖国大陆广告发展的编年史。

上海电视台广告部的从业人员具有较高的整体业务水平,在媒体发布的品质追求方面有执着的追求,在内部业务流程和对外广告卖点的销售理念上也屡屡提出带有前瞻性的思路,因而在国内电视广告界产生了广泛的影响。

近年来,上海电视台广告部对市场环境下的电视广告业如何经营运作有了新认识,从以往闭门造车做节目,到开始研究观众,研究收视率,研究节目与广告的配合;从以我为主的节目意识向改变工作态度,强化服务意识转变;使上海电视台广告服务越来越完善,运作越来越规范。

上海电视台广告部将继续坚持“三高”:以高品质的节目、高收视率的回报、高效率的服务在为广告客户创立品牌效应的同时,继续创建“上视广告”自己的媒体品牌。

在新世纪来临之时,我们将秉承“上视广告”的鼎之理念,与各界朋友共同迈入广告的鼎盛春秋新纪元。

上海电视台现拥有第一套节目(8 频道),第二套节目(14 频道)和上海卫视频道。

上海东方广播电台(广告部)

地　址:虹桥路 1376 号
邮　编:200051
电　话:(021)62082285
传　真:(021)62082285
电子邮件:ad@eastradio.com
网　址:www.eastradio.com
负责人:贺亚君
联系人:顾亚东

聆听东方　绚丽时光。

上海东方电视台广告部

地　址:上海浦东新区东方路 2000 号 14 楼
邮　编:200125
电　话:(021)58812000 转广告部

浦西分部

电话:(021)63221000 转业务部

地　址:上海南京东路627号七重天宾馆6楼

邮　编:200001

上海东方电视台广告部自成立以来,积极探索广告经营新路子,在宏观上注入市场营销理念,不断拓展市场、逐步建立并完善了整体经营管理体系,规范广告管理,形成比较科学的业务运作程序。

开播至今,东视广告业务蒸蒸日上。尤其是近年来在市场竞争激烈,电视观众日趋分流的情况下,依然保持较高的增长态势。99年以广告创收6个亿在全国省级电视台位居第二,2000年再攀高峰,完成了6.6亿的创收任务,为东方电视台的事业发展注入源源活力。

上海有线电视台广告部

地　址:上海市南京西路651号广电大厦2楼

邮　编:200041

电　话:(021)62154791　62538570

传　真:(021)62588899

负责人:梅利君

联系人:高贵祥

有撤必应,我们努力。

尽管我们有350万用户;

尽管我们有95%的市区覆盖率;

尽管我们有享誉沪上的影视、新闻财经、体育、音乐、戏剧、生活六大专业频道;

尽管我们有4亿元的年广告收入(2000年);

尽管我们有互动电视、有线通;

但我们深知做得还不够、所以……

上海教育电视台(广告部)

地　址:上海大连路1541号

邮　编:200086

电　话:(021)65025106

传　真:(021)65025106

负责人:胡功国

联系人:胡功国

上海教育电视台成立于1994年2月27日,坐落在风景秀丽的和平公园内,是上海电视传媒行业中的年轻成员,是国家广播电影电视总局核准的省级专业电视台;以“交流教育信息,传播科学知识,弘扬优秀文化,提高市民素质”为办台宗旨。建台七年,初步形成了“文化品味高雅,荧屏形象清新”的办台风格,进入了全国教育电视台的先进行列。

上海教育电视台立足上海,辐射江浙,覆盖面积达3万多平方公里,受众面达一亿多人口。目前上海教视全天播出18个小时,每天7:00—24:00播放各类节目,设《学历教育》、《社会教育》、《老年教育》、《家庭教育》四个版块专题教育节目。黄金时段推出特色精品栏目:《教育新闻》真诚展现客观事实,倾力弘扬正义理念,沪上观众最牵挂的教育新闻联播;《招生快讯》招考热线留学指南,教视关注大教育的重头戏,好心态,好信息,就是考生的好福气;《诗情画意》访古问今,陶冶情操,充实内心;《新书快递》以第一速度传递出版信息,书市最新行情,好读书,读好书,新书快递满足您;《生活百事通》,名菜典故、收藏大观、家庭装潢生活样样都精通,沪上观众不可不看的“人间指南”;《汽车时代》上海首档爱车族的好栏目,动感世界,动感人生尽在其中;《天天健康》每日向您传播健康理念,指导生活健康;《卡通天地》,纯真年代的透明思维,孩子开心,家长们放心,幽默一笑,轻松一天;《电视剧场》,每晚八点档电视连续剧,古今中外名剧大展播,告戒世人平安是福,友善是真;《绿叶影院》上海荧屏的王牌栏目,晚九点档汇萃中外经典大片,“百花”争艳,“金鸡”报晓,奥斯卡的光荣与梦想,柏林金熊的可掬憨态,嘎纳棕榈的浪漫爱情在此相会,猛片过瘾,老片温醇,探索片邀您思考,娱乐片让您开怀。

26频道教育电视台关注全民大教育的公共荧屏,满足衣食住行学的新天地。

上海教育电视台广告部员工以高效、有序的工作风格为客户送去高质量、高回报的服务,业务量年年攀升,上海教视已经成为全国教育电视系统经济实力最强的教育电视台之一。

报　刊　类

解放日报广告部
上海解放广告有限公司

地　址:汉口路274号

邮　编:200001

电　话:(021)63521111(总机)　(021)62450472

传　真:(021)63225073

负责人:范幼之

联系人:成雅珍

《解放日报》是中共上海市委机关报,华东地区发行量最大的综合性日报。1949年5月28日创刊，解放日报报业集团出版。每日发行量达55万份，覆盖上海和华东地区，读者遍布全国各地。

2000年10月23日《解放日报》全新改版，改版后的解放日报"面貌新、版面靓、信息多、热点热，专栏跳"。

《解放日报》已成为适应都市发展和市民生活节奏，具有时代特征和上海特色的综合性日报，体现出强劲的创新能力、竞争能力和带动能力。

《解放日报》广告部(公司)立足市场，服务客户，发挥主流媒体优热，开辟广告经营新模式。

文汇报

地 址：上海威海路755号

邮 编：200040

电 话：(021)52921234转

《文汇报》创刊于1938年，是一份在国内外享有盛誉的大型综合性日报，创刊半个世纪以来，因其独特的风格和鲜明的特色，一纸风行，影响广泛。

在新的历史发展时期，《文汇报》立足上海，面向全国，继承好传统，再创新优势，愿与广大读者一道，共创灿烂的明天。

《文汇报》坚持正确的舆论导向，高扬主旋律，坚持多样化，积极反映丰富多彩的经济、社会生活和人们的精神风貌，达到思想性于群众性、知识性、趣味性、服务性的和谐统一。在众多的报刊中独具一格，且以崭新的面貌，高雅的品位，独特的编排，全方位的服务，得到广大读者的好评。

《文汇报》实行全新的版面布局，新闻版和专刊、副刊呈现崭新格局。一报在手、信息全有。《文汇报》在发挥宣传功能的同时，努力向传播、服务、监督、消闲等多功能方向发展。坚持引导性、思想性、重视信息、知识性、服务性、使报纸贴近时代、贴近生活、贴近群众，尽心尽力地为读者服务。

《文汇报》为与立足上海、面向全国、发行世界的大型日报地位相适应，既反映读者普遍关心的作为全国经济、金融、贸易中心的大都市上海的各类最新消息，又突出报道华东地区、长江三角洲和整个长江流域地区的经济和社会发展的新成就，以及科学文化的新成果；报道全国各地改革开放和两个文明建设的新动态、新面貌。同时，充分发挥派驻世界各国家和地区记者的优势的预测，发挥文汇报国际新闻权威性、有深度的特色。

《文汇报》在许多国家派有常驻记者；在全国和各地遍布特约记者、特约通讯员。《文汇报》有现代化的印刷技术装备，在全国十一个城市设立卫星传版印点，很多大中城市及附近城镇，当天就可以看到文汇报。今后，我们将进一步加快投递时效，满足读者对信息的需求，并继续扩大向世界四十多个国家的发行。

创刊半世纪，读者满天下。

新民晚报

地 址：上海威海路755号

邮 编：200040

电 话：(021)52921234转

中国大陆历史最长、版面最多、发行量最大的晚报。

《新民晚报》是中共上海市委直接领导的面向广大市民的综合性报纸。她以"宣传政策，传播知识，移风易俗，丰富生活"为编辑方针，以"飞入寻常百姓家"为鲜明特色。《新民晚报》日出4开32版，主要版面有：要闻、综合新闻、经济新闻、社会新闻、国际新闻、地方(包括台港澳)新闻、体育新闻、文化新闻和《夜光杯》副刊，另外还有各种丰富多彩的专刊。每天轮出25个专版。

《上海星期三》报社

地 址：上海威海路755号

邮 编：200040

电 话：(021)52921234

传 真：(021)62724265

负责人：裘正义

联系人：杨若峥

生活之精彩尽在《上海星期三》。浓缩社会，聚焦时尚，展现多彩人生，上海第一份全彩色报纸。

《中国广告》杂志社

地 址：上海延安东路274号

邮 编：200002

电 话：(021)63230702

传 真：(021)63612080

电子邮件：china - ad@online.sh.cn

负责人：姚能珍

《中国广告》杂志(月刊)，创办于1981年，是国内第一家广告专业杂志。刊物以全面反映中国及华文广告状况及理论研究水平为主要内容，汇萃中国及世界广告精华。杂志辟有"中国广告论坛"、"广告研究"、"聚焦"、"金典精评"、"广告批评家"、"数据市场"、"理论前卫"、"广告广角"、"广告漫漫谈"等栏目及"海外集萃""中国平面""自由创意"等彩色图版栏目。在多年的办刊进程中,《中国广告》以严谨的风格,精良的品质,翔实的内容与实用的知识服务于广告界,赢得业界人士的充分认同,被公认为国内权威性的专业广告刊物。

世界橡胶工业　上海橡胶制品研究所

地　址:上海市番禺路381号
邮　编:200052
电　话:(021)62815008-8473
传　真:(021)62816790
电子邮件:shinrupr@public z.sta.net.cn
负责人:李法华
联系人:张启跃

本刊内容主要报道包括中国在内的各国橡胶加工技术、机械设备和各类橡胶助剂。

天　津　市

公　司　类

天津市广告公司

地　址:天津市河西区绍兴道21号
邮　编:300203
电　话:(022)23321545　23303393　23315444
传　真:(022)23317045
负责人:孙宝成
联系人:李　莉

天津市广告公司隶属天津市对外经济贸易委员会,成立于1979年,在国家工商行政管理局、中国企业评价协会1994年评价中国广告公司实力排序活动中名列第26位。

公司下设三个国际业务部、三个国内业务部和企划部、创作部、客户部、展览部、影视部,拥有一批具有创造活力的广告、外贸、外语、中文等专业人才。公司备有高级电脑、广告专业用照像器材和现代展览专用器材。由于公司专业人才济济,设备先进,经验丰富,服务上乘,已牢固形成了广告策划、创意雄厚实力,具备为企业CI整体策划、市场调查,设计制作、媒介代理、整体运作能力,并承办国内外多种类型展览会,与国内外许多著名企业及广告公司建立往来,代理了国内外一批著名企业广告业务。

天津津工广告公司

地　址:天津市和平区解放北路74号
邮　编:300041
经营地址:天津市河北区民族路86号
邮　编:300010
电　话:(022)24464593
负责人:杨大纯
联系人:郭大成

津工广告公司隶属天津市总工会,1991年成立时原称奥艺广告公司。主要经营范围是:发布、制作、代理国内外各类广告。近几年,我们主要发展户外广告及样本广告,从普通的绘画广告发展到仿真电脑喷绘广告,深受广告用户的欢迎、信任。1995年根据上级领导的要求,广告公司摄影部承担了全市劳动模范事迹宣传中心的工作。同时摄制劳模宣传专题片,承担CI企业形象策划、拍摄影视广告。在全总中央电视台的评选中获一、二、三等奖。受到上级领导的好评。随之广告公司根据总工会领导的指示精神更名,现称"天津津工广告公司"。

天津市金秋广告公司

地　址:天津红桥区西青道47号
邮　编:300122
电　话:(022)27327491
负责人:蒋振兴
联系人:陈　萍

天津市金秋广告公司是致力于社会主义市场经济现代化发展的综合型广告专业公司。设有策划部、制作部、业务部、公关部、装修部、打印部。

经营范围:策划、制作、发布、代理户外路牌、灯箱、旗帜、霓虹灯广告,报刊广告,影视广告,广播广告,样本画册、礼品广告,承办各种会议、室内外装修、喷绘、打字、植字、复印、电传等业务。

天津市正方广告展饰制作公司

地　址:天津市河西区南京路 58 号
邮　编:300042
电　话:(022)23314389
传　真:(022)23191412
负责人:苑志英
联系人:郭海平

本公司隶属于中化天津进出口公司,设计、制作、发布广告,为公共事业、工厂企业进行 CI 设计。

我公司聚集着设计、广告摄影、广告制作方面的专业人才,参与设计了多个国内外大型展览会、博览会,具有承办大型专业及综合性展览会的能力。我公司承揽的海外广告,遍及亚洲、欧洲、美洲,为广告客户带来了极为可观的收益。

天津铁路分局天列广告公司

地　址:河北区民生路 19 号
邮　编:300010
电　话:(022)24467287
负责人:王淑霞

天列广告公司是天津铁路专业广告公司,主要承办全国铁路各车次列车的广播广告、挂牌广告、灯厢广告、电子广告、闭路电视广告、车站霓虹灯广告、镜框广告、餐车广告、卧铺牌广告、旅客列车冠名权及广告载体使用权广告、信息快速印刷广告、馈赠广告等多种形式。同时办理全国铁路各大、中型车站各种广告业务。

我公司 1983 年成立,十多年来已形成具有一定策划能力、良好的办公条件,广阔的发布场地,现代化的录音设备、专业设计制作人员和开拓型的领导班子。我们愿竭尽全力为您服务。

天津市美术广告公司

地　址:天津市南开区东马路 152 号
邮　编:300090
电　话:(022)27350298
传　真:(022)27350298
负责人:王　东

天津市正源广告公司

地　址:天津市南开区鞍山西道风荷园 20 号楼门
邮　编:300193
电　话:(022)27483958
传　真:(022)27485100
负责人:宋金山
联系人:孙　芳

天津晶彩广告冲印有限公司

地　址:天津市和平区西康路 70 #
邮　编:300074
电　话:(022)23288343
传　真:(022)23284750

天津港保税区中广达国际科工贸公司

地　址:天津市和平区卫津路 143 号
邮　编:300070
电　话:(022)23359535
传　真:(022)23359535
负责人:金树华
联系人:刁树杰

广播电视类

天津电视台广告部

地　址:天津市河西区马场道 188 号(干部俱乐部院内)
邮　编:300074
电　话:(022)23539283　23539285
传　真:(022)23537272
负责人:刘红春
联系人:夏益民

充分利用电视媒体,承揽、发布国内外电视广告业务。同时,代理其他宣传媒体广告业务,以及礼品馈赠、车身广告、户外广告等。还为国内外企业和商家设计、制作电视广告宣传片,为客户进行各类广告策划宣传活动,举办大型文艺晚会及电视剧的发行和译制等。

天津市有线广播电视台

地　址:天津市南开区安康路 9 号
邮　编:300074
电　话:(022)23522471　23510959　23525027

天津有线电视台,贴近生活,服务百姓。

一套影视频道,每日播出 16.5 小时节目,二套生活娱乐频道,每日播出 16 小时节目,三套体育频道,每日播出 15 小时节目。

有线电视,无限风光!

报 刊 类

天津日报广告处

地　址:天津市河西区大沽南路873号
邮　编:300211
电　话:(022)28201158
传　真:(022)28201186
负责人:刘家林
联系人:朱　霖
经营范围:

设计、制作、发布国内外报纸广告。

《天津日报》是中共天津市委机关报,国内外公开发行,日发行六十万份,声誉高、影响大。

《天津日报》是综合性地方报纸。纵观时事,报道翔实。宣传党的政策,反映民众呼声。

《天津日报》信息载量大。除要闻、天津、国内、国际、经济、社会、文化、体育等新闻版外,还辟有经济、市场、跨世纪、万象、七色社会,德与法、艺海星河、科学与生活、海外纵横、海河之声、百科之窗、休闲、百姓家事等十几个专版,日理万"讯"。

《天津日报》每日对开八版,广告创意新奇,设计精美,是刊登广告的理想媒介。

《天津日报》可发布外商来华广告。

东南西北情,尽见《天津日报》中。

天津工商报

地　址:天津市河北区庆安街38号
邮　编:300010
电　话:(022)24451982　24469882
负责人:张真铎
联系人:陈　彤

《天津工商报》:传播政策法规、服务市场经济、关注经济热点、引导大众投资。

《天津工商报》是本市工商行政管理局主办的,在我市较有影响的一张经济类报纸,已连续两年荣获我市报界的最高荣誉——天津市一级报纸称号。

《天津工商报》主要版面有:要闻版、经济与法、市场经济学、神州工商、综合新闻、工商史话、财经纵横、消费专刊、企业家论坛。

周末版特有对开彩报奉献,辟有职业体育、放眼环球、大众投资、社会大观、演艺聚焦、广告世界等专版,图片精美,文章诱人。

《天津工商报》刊登中外企业公告、商品广告、公类广告、礼仪广告等,由天津卓越广告发展中心独家代理。

今晚报

地　址:天津市和平区河北路26号
邮　编:300020
电　话:(022)27500778
传　真:(022)27309800

天津老年时报

地　址:天津市南开区南京路358号今晚报社内
邮　编:300100
电　话:(022)2750088

中国书画报

地　址:天津市河西区黑牛城道柳江里16号
邮　编:300061
电　话:(022)88357942

天津市医学科学技术信息研究所

地　址:天津市和平区成都道131号
邮　编:300050
电　话:(022)23302570　23311705
负责人:刘宝祥
联系人:马海燕　陈秀英　郑金荣　李葆林
经营范围:

在《天津医药》、《国外医学妇产科学分册》、《国外医学计划生育分册》、《国外医学临床放射学分册》和《中国计划生育学杂志》五种国内外公开发行杂志上,发布国内、外药品、医疗器械及其它广告。

本所是天津市医学专业信息中心,负责医学信息的收集、整理、分析研究和报道。向卫生系统和社会各界提供文献资料、查验检索、信息研究,科技咨询、编辑出版、声像以及计算机信息网络等信息服务。

重 庆 市

公 司 类

重庆正宗广告有限公司

地　址:重庆市石桥铺渝州路 33 号西亚商务大厦 13 楼
邮　编:400039
电　话:(023)68633144
传　真:(023)68633134
网　址:www.zzads.com.cn
电子信箱:fuwenjun@public.cta.cq.cn
总经理:傅文俊

重庆正宗广告有限公司是集广告策划、CI(MI、BI、VI)策划、市场调查、公关促销、媒体发布、大型户外广告施工等一体的综合型专业广告公司。下设策划、设计、市场营销、媒介开发、制作施工等多个专业部门,拥有一流的软、硬件设施和开放性的战略构想,已步入良性运作的国际化轨道,实行国际化管理和运行代理机制。

重庆市市政广告总公司

地　址:重庆市渝中区中山二路 99 号华安大厦 18 楼
邮　编:400014
电　话:(023)63530008　63539928
传　真:(023)63530006
网　址:www.szads.com.cn
电子邮件:cqszads@163.net
总经理:周豫西
联系人:杨学仿

重庆市市政广告总公司是重庆市市政管理局直属企业,是集各种媒介广告经营、设计制作、策划代理、装饰装修、建材商贸为一体的集团型企业。其下属实体有策划公司、视屏公司、影视公司、材料公司、装饰公司、综合服务部、制作厂、霓虹灯厂等。开拓性的经营,科学化的管理,使公司迅速发展成为重庆市 A 级广告公司,并被授予"重合同,守信誉"称号。公司经济实力及广告经营额等连续几年在重庆市广告公司排序中名列前茅。

公司媒介种类齐全,技术力量雄厚,策划创意新颖,严守信誉合同,先后设计、制作、发布了一大批极具特色的各类广告,策划、组织、实施了若干具有轰动效应的各类大型活动,受到客户的普遍赞赏。我们将始终坚持把"优越的媒介,优秀的创意,优惠的价格,优质的服务"奉献给客户,使客户的产品和企业形象在重庆和全国都留下美好的、难以磨灭的印象,共同为发展社会主义广告事业和社会主义市场经济作出我们应有的贡献。

重庆百货大楼百佳艺术广告公司

地　址:重庆市民权路 2 号
邮　编:400010
电　话:(023)63833796　63713623
传　真:(023)63817483
负责人:刘嗣明

重庆百货大楼百佳艺术广告公司是重庆百货大楼股份有限公司全资子公司,是以营销策划、商品展示、商场促销、POP 设计、产品摄影、媒体代理为优势特长的重庆市 A 级广告公司,为重庆市综合实力较强的广告公司之一。

重庆亚光霓虹广告有限责任公司

地　址:中国重庆渝中区枇杷山正街 233 号
邮　编:400014
电　话:(023)63506844
传　真:(023)63538362
总经理:林永洁
联系人:石明慧

重庆亚光霓虹广告有限责任公司成立于 1987 年,座落在重庆市两路口。它是以设计、制作、发布大型霓虹灯广告、高品位电脑喷绘广告和各类媒介广告代理的实力性型广告公司。公司下设霓虹灯制作工厂,施工安装队;工厂拥有现代化的设备,一流的服务手段和丰富实践经验的广告专业队伍。采用美、日、韩等国家的高档次进口材料,确保广告的最佳效果,并为客户提供从设计、制作、安装、维护等完善的一条龙服务。

我们的宗旨:以更美的设计、更高的品质、更好的服务奉献给各界朋友,助您的事业辉煌。

重庆容易广告有限公司

地　址:重庆市江北区建新西路1号6楼
邮　编:400020
电　话:(023)67720096　67710602
传　真:(023)67710602

重庆容易广告有限公司隶属于重庆容易(集团)有限公司,注册资金500万元,是集广告策划、设计、制作、发布于一体的综合性广告公司。本公司先后为容易集团内外部广大客户制定并实施了企业CI策划、商品促销活动、户外广告、报纸、电视广告等一系列策划方案。公司依托雄厚的经济实力,以"创一流企业,一流服务"为目标,遵循"敬业、智慧、守信、胆略"的企业精神,热忱为广大客户服务,欢迎广大客户来人来函洽谈业务。

容易广告让一切都变得容容易易!

重庆市美术广告公司

地　址:重庆市新华路447号
邮　编:400010
电　话:(023)63842277　63841879
传　真:(023)63825856

经营范围:

路牌、灯箱、霓虹灯、电视、广播、报刊、杂志、印刷、POP广告。

包装装潢、展览陈列、室内外装饰、各类沙盘模型、电动图表、有机玻璃制品等设计制作。

为顾客提供广告咨询及广告全面策划。

代办来华各类广告业务。

3M柔性广告材料。

重庆正点广告有限公司

地　址:重庆市渝中区中山三路155号5层
邮　编:400015
电　话:(023)63876399　63612556
传　真:(023)63607942

正点广告创立伊始,便抱定"我们的目的是销售,否则便不是作广告"这一宗旨,坚定推行现代化管理和运作,深谙"业精于勤"的真谛,孜孜以求,不断进取,为客户进行卓有成效的行销传播。从广告咨询、市场调研、行销策划、创意制作、代理发布、广告监测与评估等全过程,均能提供全面周到的服务。

重庆空港广告有限公司

地　址:重庆市渝北区两路镇江北机场内
邮　编:401120
电　话:(023)67856138转52159　52539
传　真:(023)67712457
负责人:魏东前
联系人:孙先禄　凌　玲

我公司是隶属民航重庆市管理局自主经营的有限责任制企业。公司设有业务部、策划部、美工制作部、财务部、印刷厂等专业工作部门,承接电脑设计、广告策划、制作、发布各种字牌、路牌、灯箱、霓虹灯、登机牌、票袋、航班时刻表、电子显示屏等各类广告,兼营各类社会杂件印刷,代理各类报刊电视广告。

重庆华轻广告公司

地　址:重庆邹容路107号4楼
邮　编:400010
电　话:(023)63837302　63837364
传　真:(023)63837364

重庆华轻广告公司组建于1988年,是一家集广告、装饰于一体的综合性广告公司。

可全方位地为客户策划、代理、制作各类广告及主办大型公关活动。

公司独家拥有全市TAXI顶灯广告媒体发布权。

华轻人的宗旨:把握时代脉搏,创造崭新未来。

重庆铁路宏达广告有限责任公司

地　址:重庆市渝中区中山支路5号
邮　编:400014
电　话:(023)63893666　63855465
传　真:(023)63893666

本公司系重庆铁路分局直属的综合性广告公司。以重庆铁路分局管辖的32对旅客列车和108个车站的广告媒体为基础,拥有水平很高的广告创意、策划、设计、制作、经营、管理人才和现代化的电脑设计系统,在重庆火车站投资500多万元设立长10m,高6m的大型户外LED电子显示屏,能为客户制作电脑三维电视动画广告;具有大型广告宣传活动整体策划和实施能力;对于重庆市场的情况相当熟悉,具有迅速打开重庆市场的营销策划实施能力,与重庆嘉陵集团公司、宜宾五粮液酒厂、杭州娃哈哈集团公司、贵州鸭溪窖酒厂等大型企业保持了良好的合作关系。

重庆索通广告传播有限公司

地　址：重庆市渝中区西来寺4号西南图书大厦14楼
邮　编：400010
电　话：(023)63834265　63837717
传　真：(023)63806922

重庆索通广告传播有限公司1994年初具雏形。1996年，索通广告传播有限公司正式成立。

从创业到现在，索通广告传播有限公司已发展为策划、设计、制作、印务、广告材料五个部门，拥有百事可乐、美孚、壳牌、五粮液等品牌的客户。这种格局，使公司在完成广告传播行为的过程中，更加完善合理、质量优异。

重庆市影视广告中心

地　址：重庆市渝中区中兴路5号(穆斯林大厦4楼)
邮　编：400010
电　话：(023)63811783
传　真：(023)63830728

重庆市影视广告中心是集广告设计、制作、发布于一体的全民所有制广告专业单位。

我中心设备精良、人才荟萃、占有良好的口岸优势，拥有与电视新闻采录、电视广告内、外景制作相应的广播技术设备和系统配备，能摄制高质量、高清晰度的磁带、电影胶片、电视广告、动画广告及各类专题片。并具有设计、制作大型路牌、霓虹灯、灯箱、幻灯广告之能力，同时能拍摄印制各类产品广告和包装广告。

重庆大方广告艺术公司

地　址：重庆市渝中区上清路寺65号(市政综合大厦)4楼
邮　编：400015
电　话：(023)63618004　63618014　63618015
传　真：(023)63868358

重庆大方广告艺术公司是一家区域性综合广告公司，谙熟西南市场，与传媒公共关系良好，在成渝两地的广告策划、代理业务表现不俗，并在黄金路段拥有大型户外媒体。

重庆华汛广告有限责任公司

地　址：重庆市渝中区中华路209号五楼
邮　编：400010
电　话：(023)63816765　63716694
传　真：(023)63836425

重庆华汛广告有限责任公司经过三年多的努力先后投入广告媒体450万元，使城市广告有一个明显的档次。如解放碑中心电杆灯箱一条街、公用磁卡电话亭、市内公共汽、电车站站牌，以及火车站、上清寺等颇有影响的户外广告媒介，多次为市政府及大型企业承办国内外展览及广告印刷品业务，均深得中外广告用户好评。

为华汛广告配合的华汛装饰印刷设计工程有限公司为广告的安装、制作，提供可靠的保证。

重庆火车站华康广告公司

地　址：重庆市渝中区菜园坝火车站
邮　编：400014
电　话：(023)63865113　63851659
传　真：(023)63855261

重庆火车站华康广告公司系重庆火车站直属企业，是集营销策划、广告创意、设计、制作和发布为一体的综合性公司，拥有熟悉重庆市场的市场调研，营销策划、广告创意、设计制作的优秀人才，与各大客户建立良好的关系。重庆火车站华康广告公司广告媒体十分强大，拥有霓虹灯1500平方米，喷绘2500平方米，灯箱5000平方米，本公司机构完整，管理严格，从1987年建立以来，与500多家企业进行非常愉快的合作，为企业形象的宣传和产品进入市场，达到了预期目标，客户非常满意，因此，我公司热情诚邀在重庆发展的企业及各大广告公司与我们共同开发市场，占领市场，我们将和你们携手共进，互相配合，共创辉煌。

重庆华灵广告装潢有限责任公司

地　址：重庆市渝中区捍卫路6号临华大厦1号楼14层
邮　编：400013
电　话：(023)63509342　63509037
传　真：(023)63509489

我们的工作就是筑一座桥，助您到达目的地……

重庆对外广告公司

地　址：重庆市江北区建新北路65号外贸大厦裙楼5楼
邮　编：400020

电　话:(023)67855154　67853147
传　真:(023)67853093
伴您搏击商海
与您共创辉煌

重庆大地广告公司

地　址:重庆市渝中区放牛巷82号
邮　编:400010
电　话:(023)63837658　63706179
传　真:(023)63703737
大地滋生无限创意
长江、长城、黄山、黄河……
大地之光重千斤

重庆黑豹广告公司

地　址:重庆渝中区中一路114号
邮　编:400013
电　话:(023)63512609
传　真:(023)63513756
经营范围:
中国供水行业的广告代理。

新世界广告装璜公司

地　址:重庆渝中区大坪正街140-1号
邮　编:400041
电　话:(023)68810072　68800016

重庆新创意广告有限公司

地　址:重庆市渝州路108号昭华大厦4楼
邮　编:400041
电　话:(023)68616310　68613903
传　真:(023)68616310
重庆市首家民营广告经营单位。
部门设置:
市场部　媒介部　设计策划部　客户部　制作部　财务部　电脑工作室
经营范围:
市场调查、广告策划、设计制作、媒介发布、效果测定、CI设计。

重庆市半岛广告公司

地　址:重庆市鹅岭正街176号
邮　编:400014
电　话:(023)63856678

铁路是我国国民经济大动脉。除西藏拉萨外,各省、自治区有200多个大中型铁路客运站台,每年全国铁路运载中外旅客达12亿多人次。重庆市半岛广告公司与铁道部合作拟向全路数百个大中型铁路客运站台提供万辆流动售货车,并发布企业广告。目前广告业务遍布河南、陕西、湖北、四川、云南、贵州、重庆等省市的30多个大中型铁路客运站台。

重庆长樱广告装璜有限公司

地　址:重庆渝中区解放西路43号金紫门大厦8楼
邮　编:400012
电　话:(023)63822759　63724307
传　真:(023)63822759
经营范围:
电脑设计
大型广告
精美印务
广告礼品
欢迎国内外客商前来洽谈业务。

重庆日升国际广告装饰创意公司

地　址:重庆市渝中区凯旋路19号
邮　编:400012
电　话:(023)63809733　63726709
传　真:(023)63809733
经营范围:
1.CI:运用CI法则塑造当代新的企业整体形象,协助客户在生存竞争中取得领先地位。
2.户外广告:霓虹灯、喷绘灯箱、字牌、橱窗广告、路牌及其他形式的户外广告。
3.印务:各种铜版纸,哑分纸印刷。
4.报刊、电视、广播及其他载体的广告代理。
5.广告制作,各种媒体开发。

广播电视类

重庆人民广播电台广告部

地　址:重庆市渝中区中山三路159号
邮　编:400015
电　话:(023)63851246　63864046
传　真:(023)63851246
电子信箱:99b@cqbs.com
广告部主任:张荣贵

联系人:叶　丽　钟廷远

重庆市是享誉中外的历史名城,中央直辖市,中国西南地区最大的经济中心。重庆人民广播电台是重庆地区覆盖面最广,信息传播速度最快的主要媒体之一。

重庆人民广播电台节目不仅直接覆盖重庆直辖市所属40个区市县,而且还可覆盖四川、贵州、湖南、湖北、广西、云南等部分地区,节目覆盖区域听众超过5000万人。

重庆人民广播电台市区主要发射频率:调频105.5兆赫,中波1314千赫;郊区转播频率:调频立体声102.8兆赫(永川),104.4兆赫(铜梁)、96.5兆赫(万州)、94兆赫(涪陵)、96.8、99.9兆赫(黔江)。

据重庆市统计局城调队、农调队抽样调查统计,重庆人民广播电台的综合收听率达到50%以上。重庆人民广播电台除全天17次正点新闻滚动播出外,收听率较高的节目依次有《重庆新闻和报纸摘要》、《新闻广角》、《时政热线》、《生活新空间》、《五洲乐坛》、《欢乐时光》、《体育天地》、《希望的田野》、《商务广播》、《今夜星辰》和《假日开心族》、《流行音乐榜》、《走进直播室》等。以上节目听众分别为1500万至2000万以上。

听众层次、年龄为:机关干部30—60岁,文化程度为高中——大学;工矿企业职工约为400万人,文化程度以初中——高中为多;农村城镇听众系我台庞大听众群,约有1500多万人,文化程度小学占70%;许多大专院校师生是晚上节目的热心听众,约为8万多人;中学生听众人数约为28万人左右,喜欢收听并参加广告性活动,如广告游戏,竞猜、知识竞赛等。

重庆人民广播电台的广告策划能力较强,拥有一支以高级编辑、记者为主的策划创意队伍。近20年,经过我台创意推广的广告活动数百个,都取得了较好的效果。

重庆电视二台

地　址:重庆市渝州路68号
邮　编:400041
电　话:(023)68612013　68605541
联系人:雷　卫

重庆电视二台创建于1989年,发射频道-14,发射功率30千瓦,覆盖到全市城乡及川东、川南部分地区,收视观众可达1500多万。1992年12月,重庆市统计局对重庆地区电视收视情况进行抽样调查,结果表明,重庆电视二台的收视率达87.6%,雄居榜首。

重庆电视二台除办好自制的数十个节目外,还同时播出全国省级市级电视台及国内外影视进出口公司提供的国内外各类优秀影视节目,节目内容丰富,深受各界观众好评。

广告节目是重庆电视二台的重要组成部分,以讲求信誉、热情服务为宗旨,帮助客户实现"花钱少,效果好"的目的,是各厂家商界在重庆地区开拓市场、推销产品的好伙伴。

重庆经济广播电台

地　址:重庆市渝中区中山三路159号
邮　编:400015
电　话:(023)63616338　63852518　63851612
传　真:(023)63852518　63852128

重庆经济广播电台是全国广播系统第一家靠自收自支生存发展的国家事业单位,是一座大众型、信息型、服务型、娱乐型的数码微波立体声广播电台。建台八年来,以快捷迅速的新闻信息,经典时尚的音乐,轻松休闲的娱乐有奖竞猜,尽善尽美的广告服务受到了山城广大听众的喜爱。据市城调队调查,经济台收听率达到70%,在重庆市各电台中始终居于领先地位。

重庆设立直辖市以后,拥有3002万人口,市场前景广阔。重庆经济台在重庆市新闻界及广播界,广告界的优势地位尽显,成为各企业商家广告宣传首选媒体之一。重庆经济台广告部主要负责代理,发布全国广播广告,拥有强大的策划设计制作业务能力。1997年,重庆经济台荣获重庆市广告行业精神文明单位称号。近年来,广告收入以百万元为单位高速递增,并连续几年位于西南地区各电台广告收入榜首。

重庆商业广播电台

地　址:重庆市渝中区中山三路159号
邮　编:400015
电　话:(023)63883599　63859935
法人代表:詹　卡

重庆商业广播电台是一家坚持党和政府喉舌功能,侧重商业信息传递的专业性电台。开播三年来一年上一个台阶,1996年创收五佰余万元。并在广播行业中率先建立了计算机数字、音频共享系统。三年的努力培养了大批优秀的节目主持人和有社会责任感的记者。不断创造和沉淀了一批颇受欢迎的节目如:《九五五早、中、晚新闻》、《股市沙龙》、《投诉热线》、《红豆点点情》、《佳佳姐姐》、《家庭广场》、《体育大看台》、《商广流行网》以及《空中导向》等等。

重庆商业广播电台的职责任务和服务范围包括:制作、播出广播节目,面向大商业、大流通、大市场,开展咨询信息服务,传播商业经济信息等。

报 刊 类

重庆日报

地　址:中国重庆市渝中区解放西路66号
邮　编:400012
电　话:(023)63845089　63827428
传　真:(023)63836473

小平亲笔题写报名的党报
长江上游经济中心发行量最大的日报
重庆经济协作区覆盖面最广的机关报
西南最大工商业城市的综合性城市报
欢迎刊登广告

重庆晚报广告部

地　址:重庆渝中区解放西路66号
邮　编:400012
电　话:(023)63840626　63833079
传　真:(023)63812350
负责人:石　刚
联系人:邹　蓉

《重庆晚报》是中共重庆市委主办的一张党报。1985年5月1日创刊以来,14年风雨兼程,铸就了它独特的风格和特色,也磨砺出一支精明强干的采编队伍。

《重庆晚报》四开廿四版,是重庆地区发行量最大、版面最多的报纸。日发行量三十万份左右,在重庆地区的读者阅读率和喜爱率均居首位。同时《重庆晚报》发行量、广告收入均居全国晚报前列,已成为全国晚报界中极具影响力的报纸。

《重庆晚报》坚持正确舆论导向,力争把握时代脉博,充分满足读者对各类信息的需求,热情服务大众,努力搭起联系读者与报纸、消费者与商家、重庆与世界的桥梁。

《重庆晚报》愿为企业、商家在重庆地区宣传产品、拓展市场助一臂之力。

《重庆晚报》愿为企业、商家迈向市场搭起金色的桥梁。

重庆广播电视报

通讯地址:重庆市渝中区中山三路159号
办公地址:重庆市渝中区上清寺聚兴村4号乙单元(三楼)
邮　编:400015
电　话:(023)63852963　63875740
联系人:延永康

本报为重庆广播电视局下属单位,全国公开发行的报纸,每周4开24版,彩印4个版,每周星期二出版,阅读期在10天左右,发行量25万余份,覆盖重庆市各区、县、市。刊登所有中央电视台、当地电视台、上星电视台及有线电视台的节目预告表和内容介绍,《重庆广播电视报》是千家万户必备的收视指南,是重庆市阅读率最高的报纸。

在本报上刊登各类广告,将会使您收到不少的收益,是各商家、厂家及广告主的首选媒体,欢迎在本报刊登各类广告,我们将热诚地为您服务,使您在重庆这竞争激烈的市场中占有一席之地。

《重庆广播电视报》广告价目表

版　位	版面尺寸	单位金额
整　版	23.5厘米(宽)×33.5厘米(高)	40000元
半　版	23.5厘米(宽)×16厘米(高)	20000元
通　栏	23.5厘米(宽)×8厘米(高)	节目表版:11200元
		普通版:8400元
五　栏	17厘米(宽)×8厘米(高)	节目表版:8000元
		普通版:6000元
四　栏	13.5厘米(宽)×8厘米(高)	节目表版:6400元
		普通版:4800元
三　栏	10厘米(宽)×8厘米(高)	节目表版:4800元
		普通版:3600元
二　栏	6.5厘米(宽)×8厘米(高)	节目表版:3200元
		普通版:2400元
经济信息专版	整版:20000元　半版:10000元	
报　眼	9厘米(宽)×5厘米(高)	5000元
节目表报眉	17厘米(宽)×1.5厘米(高)	1500元
节目表版中缝	4厘米(宽)×8厘米(高)	2500元
中　缝	整条5000元,半条2500元,不足半条每字4元(含标点符号)	

另:外商广告按国内广告三倍收费。彩版广告加收100%。

重庆晨报

地　址:重庆市解放西路66号
邮　编:400012
电　话:(023)63704684　63820165

《重庆晨报》是由中共重庆市委宣传部主管、《重庆日报》社主办的一张指导和服务市民生活的日报,四开十六版,天天套红,周末彩版。1995年4月28日创刊以来,《重庆晨报》以其贴近生活、贴近市民的特点受到读者的欢迎，1997 年 7 月 1 日由八版扩为十六版，目前日发行量达 15 万份，是重庆地区影响力最大、读者面最宽的三大报之一。“早起看晨报，事事先知道”已成为重庆及其周边地区读者的口碑。

《重庆晨报》热诚为商家服务，在商家与读者之间架起一座连心桥，广告创意独特、设计新颖、刊登及时、服务周到，形成了读者爱看晨报广告、商家爱在晨报刊登广告的良性循环上升的可喜态势。“登广告、找晨报”是来渝发展的客商们的一致看法。

现代工人报

地　址：重庆市渝中区中山三路 157 号
邮　编：400015
电　话：(023)63873472　63850962

《现代工人报》是重庆市总工会机关报，原名《重庆工人报》，创刊于 1950 年。1956 年后因故停刊，1984 年 7 月复刊，仍定名《重庆工人报》，1988 年 5 月始用现名。现为对开周五刊，全国公开发行。

《现代工人报》现有重庆市协和广告公司和重庆市大地广告公司，分别从事报刊广告和户外广告，从业人员 10 余人，年广告营业额数百万元。

《电脑报》

地　址：重庆市人民路 236 号科协大厦 8 楼
邮　编：400015
电　话：(023)63876716
传　真：(023)63876716
负责人：李鹏仁
联系人：翁光萍

为什么那么多人喜欢《电脑报》？因为它是大众化的计算机报。

以“通俗、实用”为特色，适用于办公室、学校和家庭。

联系厂商与用户的纽带，传播知识和信息的通道。

《电脑报》广告，是商家的明智选择，用户的迫切需要。

重庆商报

地　址：重庆市渝州路 126 号
邮　编：400041
电　话：(023)68716640
传　真：(023)68890888

《重庆商报》是由国家新闻出版署批准，重庆市人民政府指导，重庆市新闻出版局，重庆市人民政府财贸办公室主管主办的一张综合性经济类日报。

《重庆商报》突出经济报纸的服务特点，融新闻性、权威性和可读性为一体，每天轮流刊出金融证券专刊；市场纵览专刊；商报视点专刊；消费大观专刊；商贸企划专刊；休闲时尚专刊，天天副刊等。

《重庆商报》四开十六版，国内外公开发行，每周一至周六出版。

国内统一刊号 CN51－0051

科技与经济画报

地　址：重庆市渝中区中山三路 182 号
邮　编：400015
电　话：(023)63878274
传　真：(023)63877173
总　编：刘　见
联系人：王　静　陈　俊

《科技与经济画报》是由国家发展计划委员会主管的中英文、八开本大型综合性画报，国内外公开发行。国内统一刊号：CN51—1409/N，国际刊号：ISSN1005—1333，邮发代号：78—96。画报采用进口铜版纸印刷，图文并茂、雅俗共赏。集权威性、学术性、可读性、实用性于一体。主要栏目有《LOOK 世界》、《改革与发展》、《科技时代》、《世界经济要闻》、《时尚·消费》、《人物星座·社会经纬》、《写字楼》、《艺廊》、《神州》、《绿色视野》等。

本社诚征广告业务代理商，有意者请与本社联系、协商，共谋发展。

《中外交流》月刊

新闻中心：北京市府右街 99 号 4 楼
邮编：100031
电话：(010)66053468
传真：(010)63093628
地　址：重庆市渝中区捍卫路 32 号 8 楼
邮　编：400013
电　话：(023)63509304　63508744
图文传真：(023)63509364

《中外交流》广泛报道国际国内政治、经济、文化、科技、外交、军事等领域重大时事，促进中外经济、文化交流。

《中外交流》辟有“本刊特稿”、“世纪论坛”、“焦点透视”、“环球会客室”、“中国建设”、“科技与经济”、“国际商务”、“海外飞鸿”、“环球经纬”、“港澳台侨”、“东方艺术长廊”、“异域风情”等数十个栏目。

河 北 省

公 司 类

石家庄市广告总公司

地　址:石家庄市平安北大街副17号
邮　编:050011
电　话:(0311)6033709　6033544
负责人:金可源
联系人:马宝珍

石家庄市广告总公司是河北省成立最早、规模较大、实力较强的广告专业公司。有广告整体策划及实施的能力,可承办国内外各类广告业务:路牌、灯箱、霓虹灯、电子显示屏、立杆、护栏、立体模型广告、样本印刷、展览、影视制作、室内外装修、电脑刻字、电脑喷绘、柔性灯箱和公关活动。

本公司是市确定的综合代理的广告公司,承办电视、广播、报纸、杂志、户外等广告的全面代理业务。

河北霓虹电脑图文有限公司

地　址:河北省石家庄市光华路167号
邮　编:050041
电　话:(0311)6681208　6681308　6065141
负责人:王　琨
联系人:盛　捷

河北霓虹电脑图文有限公司成立于九十年代中期,是一家专业从事户外广告及电脑喷绘制作的大型广告公司,公司自成立以来实力不断壮大,现已拥有美国威特3200I型5米双面喷绘机,赛天使Grand-jet 370DPI大型写真喷绘机以及赛天使扫描仪、苹果G3等最先进的前端处理系统。

霓虹公司现已设置山西、北京、天津、河南、湖北、四川等地的十几个办事处,多年来在广大客户的大力支持下,霓虹人的作品已遍布祖国各地,并受到了普遍好评。霓虹人以“诚实做人,认真做事”的处事原则真诚欢迎各界朋友,愿与您共创辉煌。

唐山市美术广告公司

地　址:唐山市路南区复兴路193号
邮　编:063001
电　话:(0315)2861623
负责人:张建国
联系人:张　弦

承德广告总公司

地　址:承德市南营子大街承德剧场院内
邮　编:067000
电　话:(0314)2021753
传　真:(0314)2021753
总经理:王　琳

承德广告总公司地处驰名中外的历史文化旅游名城承德市中心,创办十多年来,以其人才优势和雄厚实力,不断发展壮大。在取得多项获奖及荣誉称号的基础上,走集团化道路,成为与广告主、媒介联合一体的广告代理总公司。

在跨入二十一世纪之际,为迎接新的挑战,承办了“中国国情承德市情网站(www.chengdecs.com)”、“炎黄在线承德连锁服务中心”及CDGG承德广告互联网站(www.cdgg.net)。传统的户外广告,印刷广告、媒介代理广告及大型展览活动等项目也在全面推进。随着承德旅游业的大发展,承德必将成为广告发布的黄金地。承德广告总公司愿与国内外广告公司、媒介和广告主加强联系,沟通交流,联营合作,共同发展。

“承德广告,情系五洲客户;避暑山庄,景飨四海宾朋”。欢迎您到承德来。

河北日报广告公司

地　址:石家庄市裕华东路210号
邮　编:050013
负责人:石银平
总经理室:(0311)6052990　8631118
客户部:(0311)6046753　8631188
财务部:(0311)8631126

传　真:(0311)6046753　6055237

发挥省报优势,服务社会大众——河北日报广告公司是您可信赖的朋友。

河北日报广告公司是由《河北日报》社主办,在河北省工商行政管理局注册,以经办《河北日报》广告业务为主的广告经营公司。

河北日报广告公司以"党报人"的标准,坚守"信誉第一、客户第一"的宗旨,尽心竭力满足各界客户的广告业务需求。

河北日报广告公司可代办全国及国外众多新闻媒体的广告业务,诚望在广阔的广告业务领域与广大客户合作,并提供优质服务。

石家庄市公交广告公司

地　址:石家庄市建设北大街6号
邮　编:050011
电　话:(0311)6033203
总经理:王喜才

石家庄市公交广告公司自1988年创办以来,以至诚的服务、优美的创意、高速度的发展,创出了辉煌的业绩,被列为河北省十强广告单位之一,并连年被省市广协、工商管理部门评为"重信誉,创优质服务"先进单位。现为中国广告协会理事、全国公交委员会副主任、河北省及石家庄市广告协会常务理事单位。

该公司是石家庄市公共交通总公司直属的全民所有制专业广告公司。拥有40多条线路,1000多部营运车辆和市区数百座高档次的候车亭及月票卡的独特广告媒体发布权,并享有全面广告代理权,可为各界朋友提供全方位的专业广告服务。

石家庄市公交广告公司,现已拥有一流的设备、一流的创意设计和一流的调查策划、制作队伍。先进的"大图静电写真喷绘制作系统"可为您提供河北省独家服务。

愿您的企业,您的事业,伴随我们奔驰的车轮一并向前腾飞。

承德市希望广告公司

地　址:承德市西大街路北64号
邮　编:067000
电　话:(0314)2181844(办公室)
　　　　(0314)2183743(业务室)
总经理:冯志忠
联系人:麦源真

承德市希望广告公司是隶属于承德市计划委员会的全民所有制企业,是承德市最具实力的专业广告公司,公司经济效益连续三年名列全市第一。

承德市希望广告公司在省广协"95全省广告公司综合实力排行榜"上名列第8名,是承德市唯一一家进入排行榜的广告公司,被评为省市两级95-96年度"重信誉、创优质"服务先进单位。

承德市希望广告公司创意设计发布的广告作品多次入选国家、省、市广告作品展,并多次获奖。

承德市希望广告公司曾成功地为小天鹅洗衣机、TCL王牌彩电、雪花啤酒、长城酿酒公司、露露集团等全国知名度较高的产品和企业在承德搞广告促销活动。

承德市希望广告公司以"绿色的业务关系、执着的创意追求"为宗旨,愿与客户一荣俱荣、共创辉煌。

业务范围

提供市场调研、广告策划、营销战略、CI形象设计等全面服务。

户内广告:代理制作各类电视广告、报纸广告、广播广告、杂志广告等。

户外广告:设计制作各类广告牌、灯箱、霓虹灯、车身、民墙、路标、展台、橱窗、气模、磁翻转、电子屏幕、POP广告等。

印刷广告:承印各类企业和产品样本、说明书、招贴画、画册、年历、商标、装璜等。

公关活动:组织各类新闻发布会、产品促销会、厂商联谊会及各类公关促销活动等。

广播电视类

河北人民广播电台广告部

地　址:石家庄市裕华东路203号
邮　编:050012
电　话:(0311)6044143
负责人:曹宏耀
联系人:何慧芳

在本台发布各类国内、外广播广告。

保定电视台广告经济信息中心

地　址:保定市东风中路41号
邮　编:071051
电　话:(0312)3032449　3025710
传　真:(0312)3032449

负责人:黄利强　卢小平

保定电视台一、二套节目,覆盖保定市25个县市区及沧州、廊坊、衡水、北京、石家庄、山西等毗邻地区,人口2000多万人。

保定电视台广告经济信息中心是从事经济宣传、传递经济信息的职能部门和合法的广告经营单位,拥有先进的电视采录和节目制作设备,有一支经验丰富,业务素质较高的从业人员队伍。保定电视台广告经济信息中心以"只有您的成功,才是我们的成功"为宗旨,连续六年荣获河北省"重合同、守信誉先进单位"荣誉称号。我单位还是中广协电视委员会委员台、全国城市电视台广告联播成员台,北方五省城市电视台广告协作会理事长台,优惠代理全国近百家及北方50家电视广告业务。

邢台有线广播电视台信息部

地　址:邢台市中兴东大街176号

邮　编:054000

电　话:(0319)3021234

传　真:(0319)3030800

负责人:刘武生

联系人:马春英

邢台有线电视台始建于1993年,目前入网户30万。邢台有线电视台拥有先进的光缆传输系统和完善的制作、播出设备。开办综合频道、经济频道两套节目,栏目丰富多彩,电视剧引人入胜。经济性栏目有《消费时尚》、《七彩驿站》、《广告文体欣赏》等。可视性强、收视率高,为客户提供全方位服务。

邢台有线电视台广告信息部将秉承客户利益至上的原则,竭诚服务。

邢台有线广播电视台广告时段价格

频道	段位	播出时间(位置)	时间(分)	价格(元/次) 5"	15"	30"
综合频道	A	中国音乐风云榜前17:55	5	100	200	400
	B	动画大观前18:28	2	150	300	600
	C	中央台新闻联播前18:55	5	200	450	900
	D	中央台天气预报后19:35	2	400	900	1800
	E	预告节目后19:40	5	400	900	1800
	F	邢台天气预报前20:00	3	400	900	1800
	G	邢台天气预报后20:08	2	400	900	1800
	H	黄金剧场(第一集)/周末剧场/周日影院前20:15	5	400	900	1800
	I	黄金剧场(第二集)21:05	5	300	750	1500
	J	互动娱乐网前21:55	5	150	300	600
	K	有线60分前22:30	3	150	300	600
	L	断剧广告	1	600	1200	2400

频道	段位	播出时间(位置)	时间(分)	价格(元/次) 5"	15"	30"
经济频道	A	《七彩驿站》前18:30	2	100	200	400
	B	《动画片》前19:00	2	150	300	600
	C	第一集电视剧前19:40	4	300	800	1200
	D	第二集电视剧前20:25	5	300	800	1200
	E	《消费时尚》(周一至周五)/《有线报道》(周六)/《生活茶座》(周日)前21:15	5	200	600	1000
	F	第三集电视剧(周一至周五)/《邢台人》(周六)/《百姓》(周日)前21:30	5	200	600	1000
	G	第四集电视剧前22:20/22:30	5	150	400	800
	H	七彩驿站前23:15/23:25	2	100	200	400
	I	特约或断剧播出		600	1200	2000

报刊类

河北日报社广告信息处

地　址:石家庄市裕华东路210号

邮　编:050013

电　话:(0311)8631118　8631021　8631168

负责人:石银平

《河北日报》系中共河北省委机关报,是河北省最具权威性且日发行量最大、覆盖面最广的大型综合性报纸,平日对开八版,周二、周四十二版,周末彩色印刷。发行立足河北,面向全国,日发行量高居河北报业之首,其中省会石家庄达1/5。据权威的河北省新闻调查组统计,《河北日报》受众达230万人,读者涵盖党政机关、群众团体、企事业单位、学校、街道、个体经营者及千家万户。

《河北日报》发布广告以内容翔实、真实可信著称。广告信息处理拥有一流的广告从业人员和先进的设计系统,创意新颖,制作精美,视觉冲击力强,效果显著。《河北日报》除刊发工商广告外,还辟有"名牌纵横"、"消费指南"、"信息传真"、"燕赵楼市"和"旅游"、"电脑"、"汽车"等专栏、专版及分类广告。

《河北日报》广告价格按报纸发行量平均计算,在河北报界极为经济。

《河北日报》是您理想的媒介选择。

《河北日报》愿做您最忠实的朋友。

秦皇岛日报社广告部

地　址:河北省秦皇岛市海港区迎宾路139号

邮　编:066001

电　话:(0335)3064764　9024117

传　真:(0335)3064764

负责人:柳　柏

联系人:于迎冬

秦皇岛市是我国14个沿海对外开放城市之一,

下辖四县五区,总人口300万。秦皇岛港是我国第二大港。北戴河区、山海关区是中外驰名的旅游避暑胜地。每年暑期接待国内外游客1000余万人次,秦皇岛正在向现代化、国际化的旅游港口城市迈进。

《秦皇岛日报》系中共秦皇岛市委机关报,每日对开四版周六刊,是一份读者范围广、时效性强、发行量大的综合性地方报纸,在广大读者中有较高的信誉。

秦皇岛日报社广告部

您的同志、谋士和朋友!

保定日报广告部

保定报业广告公司

地　址:河北保定新华路68号

邮　编:071000

电　话:(0312)2025726　2025739　2024775

传　真:(0312)2024775

经　理:展　宁

联系人:蒋志芬

《保定日报》广告部、保定报业广告公司全面负责《保定日报》、《保定晚报》广告。

《保定日报》广告部、保定报业广告公司现设有接待部、客户部、策划部、出版部,有专业水准的创意、策划和制作出版人员及一流电脑制作系统,可为客户提供图文精良,极具实效的广告方案,并能立足地方市场实际情况,为客户提供切合实际的广告媒体组合策划。

我公司与全国的重要媒体和大型广告公司有着稳定良好的合作关系,可为客户代理各种产品、企业广告的异地发布并能提供市场调研、专项产品促销计划。目前,公司又开设户外广告业务。遍布全市主要街道的80余块高级报栏灯和广告均立于黄金地段。

本公司愿与全国工商企业和广告界同仁交朋友。为您在人口上千万的保定市场发展业务助一臂之力。

中国电梯编辑部

地　址:河北省廊坊市金光道61号

邮　编:065000

电　话:(0316)2040577或2311446

传　真:(0316)2311447

网　址:www.cea-net.org

电子信箱:chinaem@public.Hptt.he.cn

负责人:李增健

《中国电梯》杂志归口建设部主管,由中国电梯协会和中国建筑科学研究院建筑机械化研究分院联合主办,是国内唯一公开发行的专门介绍电梯、自动扶梯、自动人行道和立体停车场设备等内容的综合性期刊。全铜版纸、全彩色印刷,杂志尺寸285mm×210mm,每月15日出版,每册定价16元,国内外发行量6000份。正文80页,另附平均60页的广告信息。广告品种有:封面、封2、封3、封底及插页广告,主要刊登电梯、自动扶梯、自动人行道、立体停车场及配件等内容的广告。

老人世界杂志社

地　址:河北石家庄市裕华西路408号

邮　编:050051

电　话:(0311)7874481

传　真:(0311)7874481

负责人:张玉生

联系人:郝白峰

刊登广告内容:

保健器械,药品,医疗机构。

山　西　省

公　司　类

山西省广告装潢公司

地　址:山西省太原市迎泽大街330号

邮　编:030001

电　话:(0351)2026548　2023306

传　真:(0351)4070592

电子信箱:z-zg@yeah.net

负责人:张中青

联系人:李菊香

经营范围:

路牌、灯箱、霓虹灯等各类户外广告的设计、制作、发布,大型展览设计制作,美术画类与建筑壁画,室内外装饰装潢,代理策划国内广告业务。

山西博翔广告公司

地　址:山西省太原市建设南路168号

邮　编:030012

电　话:(0351)4040712

负责人:博继春

联系人:李博钊

山西博翔广告公司创建于1992年,经过多年的开拓进取,现已成为山西省实力雄厚的大型综合性广告公司,连续三年被太原市政府授予"重合同,守信用"单位,1996年山西省工商局认定"博翔"广告为"山西省著名商标"。山西博翔广告公司成为本省广告行业唯一名牌企业。

公司拥有一批酷爱广告事业的专业人才,具备全方位市场调研、营销企划、CI导入、平面设计、影视制作、代理各类广告及策划和组织各种大型活动的能力。公司硬件设备除性能先进的微机外,还配置了广播档影视制作系统,美国SGI三维动画工作站,日本TT——1作曲系统,电脑平面设计系统等价值400余万元的先进设备及电视演播厅,基本上满足了现代广告的高技术要求。

博翔广告公司自创建以来,创作、发布了大量精品广告,成功策划和组织了多项大型活动,为中央电视台、山西电视台、黄河电视台、太原电视台的栏目和节目制作了大量三维动画片头,并分别与山西电视台、黄河电视台联办了综艺电视栏目。

博翔广告公司的广告媒体覆盖了户外、广播电视、报刊杂志等诸多领域,形成了从各省、市广播电台电视台到各地报刊杂志的互通媒体网络,具备了强大的价格优势,为各地广告主发布广告创造了良好的条件。

山西省国际贸易广告公司

地　址:山西省太原市新建路15号

邮　编:030002

电　话:(0351)4071520　4081458

负责人:黄新智

联系人:杨　毅

经营范围:

设计、制作、发布、代理国内外各类广告。

大同市美术设计院

地　址:大同市迎宾东路21号

邮　编:037008

电　话:(0352)5100551　13903521148

负责人:张广札

联系人:许跃先

经营范围:

本院对外承揽雕塑、壁画、展览、室内设计、广告装潢等业务,大同市繁华区的路牌广告和巨型户外广告,本院参与经营。本院平面广告设计、室内装饰设计的专业人员较全面,配备了电脑设计工作室。

所属企业有大同市装饰建筑公司、大同市广告装饰公司、大同市新大地装饰公司。

广播电视类

山西电视台广告经济部

地　址:太原市迎泽大街318号

邮　编:030001

电　话:(0351)4041592

传　真:(0351)4049644

负责人:王惠跃

联系人:任砚文

山西电视台是通过卫星覆盖全国的省级电视台,每日播出时间为7:00至次日01:20。1998年年底已在北京等20个省会城市落地。在山西省,可覆盖全省85%以上的人口。节目内容丰富,其中"山西卫视新闻"、"记者观察"、"公民与法"、"经济广场"、"黄土地"等深受观众喜爱,是全国名牌栏目。

山西电视台广告经济部经营、发布国内外电视广告并拥有经验丰富的广告设计和制作人员,配备一流的数字特技设备,以重合同、守信誉、发布时间准确、效果好,受到客户赞誉。

大同电视台广告部

地　址:大同市新开南路七号

邮　编:037006

电　话:(0352)234105　2014566

传　真:(0352)2034105

负责人:陈占明

联系人:赵武山

大同电视台拥有最先进的电视摄制设备和发送设备,发射塔高150米,发射功率10千瓦,电视覆盖大同全市及周边地区300万城乡居民。自办节目丰富多彩,富有地方特色,每周播出7次,日自办节目12小时,播转时间近48小时,拥有广泛的观众及稳定的收视率。

大同电视台广告制作重创意和摄制技术的完美结合,努力追求为客户塑造良好的企业形象和商品形象,在全国以及省、市广告节目评比中多次获奖。本台与全国60多家城市台有业务联系,可联播广告。

大同电视台广告部全体人员欢迎您的光临,愿用知识和技术为您提供完美、周到的服务,愿我们的服务能使您的企业和商品如虎添翼,展翅翱翔。

大同人民广播电台二台广告部

地　址:大同市御河北路1号
邮　编:037044
电　话:(0352)6021245　6021203
负责人:耿建贵
联系人:田　林
经营范围:

承办大同人民广播电台二台国内广播广告业务,代理国内广播广告。大同人民广播电台二台由原来的中波节目改为调频立体声节目,同时,大同人民广播电台二台《健康之声》广播现已开播。调频立体声节目、健康之声广播两套节目全部采用直播、录播方式,所有设备均从合资厂家购进,这在全省地、市广播电台中设备是最先进的。大同人民广播电台二台地处市区东门外,覆盖范围包括大同市区、各县、朔州市、忻州北部地区以及邻省河北西部、内蒙丰镇、凉城、乌盟一带。

报刊类

山西广播电视报

地　址:山西太原迎泽大街318号
邮　编:030001
电　话:(0351)4036651
负责人:李蓝翔
联系人:杜晓光

《山西广播电视报》是山西省发行量最大、读者面最广的一张报纸。

本报预告、介绍山西人民广播电台、长城广播电台、山西文艺广播电台、山西电视台、黄河电视台、中央电视台、本省电视台、邻省电视台及上星台的节目内容,并辟有“声屏苑”副刊及文化生活等专版。

本报承办国内商品及服务广告、文化娱乐广告、节日与民俗活动广告、社会公益广告、社团活动广告等。本报彩色印刷,逢周二出版,在读者手中的阅读期长达十天以上,是传播信息的理想媒介。

山西工人报

地　址:太原市精营西边街29号
邮　编:030001
电　话:(0351)3043705
负责人:贺海毅

承办《山西工人报》广告业务,代理国内同行业广告业务。

市场信息报

地　址:太原市迎泽大街229号省贸易大楼市场信息报社
邮　编:030001
电　话:(0351)4042039　4040784
负责人:姜晖明
联系人:胡晓明

本报国内外公开发行,拥有遍及全国31个省、市、自治区的读者,以工商企业、中小企业、乡镇企业、私营企业和个体工商户为主要对象,以信息量大、实用性强、覆盖面广、咨询方便、在读者手中持续时间长为显著特色。

本报除专门辟广告版外,还设有独具特色的收费栏目,如《互通有无》、《商情大世界》、《牵线搭桥》、《招商引资》、《专利柜台》、《合作机会》等,收费不高,效果很好,经济实惠,深受全国商界同仁的欢迎。

大同晚报社广告部

地　址:山西省大同市雁同东路甲1号
邮　编:037044
电　话:(0352)623935
负责人:刘学峰
联系人:姜　敏

《大同晚报》是中共大同市委机关报,以宣传党的路线、方针、政策,促进社会主义物质文明和精神文明建设为己任。坚持时效性、指导性、可读性的统一,立足大同、宣传大同,面向山西,走向全国;富有历史文化名城晚报特色,是一张深受广大人民群众喜爱的综合性报纸。《大同晚报》前身是《雁北日报》,创刊于1958年。《大同晚报》为周七刊,四开十六版。它栏目众多,内容丰富,图文并茂,贴近时代,贴近社会,贴近生活,贴近群众,集思想性、知识性、趣味性、服务性于一体。本报刊登广告迅速、及时、准确,效果颇佳。热诚欢迎国内外朋友来大同投资、开发、旅游,欢迎您在《大同晚报》刊登广告。

山西日报社广告处

地　址:太原市双塔东街124号
邮　编:030012
电　话:(0351)4046561
负责人:吉明清

在《山西日报》上发布国内外各类广告,承办分类广告。

太原日报社(含太原晚报)

地　址:山西省太原市桃园之巷113号
邮　编:030002
电　话:(0351)4227001　4227033
电　传:(0351)4225990
负责人:兰大中
联系人:闫成荣

承办国内报纸广告业务,代理国内报纸广告业务。

三晋工商报

地　址:太原市新建南路239号
邮　编:030012
电　话:(0351)4063350　4062154
负责人:朱云忠

《三晋工商报》是山西省工商局主管、太原市工商局主办的一份具有国内统一刊号(CN14-0059)、面向全国发行的省级行业报纸,对开四版,每周二、五出版。

《三晋工商报》覆盖面广,发行量大,是传播信息的良好媒体。

《三晋工商报》的办报宗旨是:立足工商,面向市场和消费者,采百家之精华,走百家之捷径。宣传工商法规,为市场主体服务,为社会主义精神文明和物质文明鼓与呼。

欢迎广大客户来本报刊登广告,用我媒介,传你美名!

内蒙古自治区

公 司 类

内蒙古益维智业广告有限责任公司

地　址:呼和浩特市如意开发机场路2号211室
联系电话:(0471)4913992
法定代表人:张兰忠
经营范围:设计、制作、发布、代理国内各类广告

内蒙古卡乐广告有限公司

地　址:呼和浩特市新城东街21号
联系电话:(0471)13804718157
法定代表人:刘永忠
经营范围:设计、制作、发布、代理国内各类广告

内蒙古赛马场金马广告中心

地　址:呼市呼伦北路513号
联系电话:(0471)6500657
法定代表人:魏永平
经营范围:设计、制作、发布、代理国内各类广告

内蒙古先行广告有限责任公司

地　址:呼市公园西路先行大厦
联系电话:(0471)6289800
法定代表人:杜德明
经营范围:设计、制作、发布、代理国内各类广告

内蒙古国广广告有限责任公司

地　址:呼市中山路101号
联系电话:(0471)6967071
法定代表人:郭连壁
经营范围:设计、制作、发布、代理国内各类广告

内蒙古东方广告有限责任公司
地　址:呼和浩特市新城北街30号
联系电话:(0471)6285018
法定代表人:王蛟立
经营范围:设计、制作、发布、代理国内各类广告

内蒙古思必达广告有限责任公司
地　址:呼和浩特市新城区北垣街28号北垣大厦2楼
联系电话:(0471)6926781
法定代表人:秘雪峰
经营范围:设计、制作、发布、代理国内各类广告

内蒙古金视大成广告有限责任公司
地　址:呼市新华大街55号
联系电话:(0471)6931973
法定代表人:沈超英
经营范围:设计、制作、发布、代理国内各类广告

呼和浩特市邮电广告经营中心
地　址:呼市新城西街185号
联系电话:(0471)6283646
法定代表人:王少荣
经营范围:设计、制作、发布国内各类广告

民航内蒙古自治区广告公司
地　址:呼市白塔飞机场
联系电话:(0471)4941404
法定代表人:刘宏广
经营范围:设计、制作、发布、代理国内各类广告

内蒙古吉祥广告艺术有限公司
地　址:呼市新城区建设街48号集团楼
联系电话:(0471)6932388
法定代表人:安吉祥
经营范围:设计、制作、代理国内各类广告,发布路牌、灯箱广告

内蒙古佳音装饰装璜广告有限公司
地　址:呼市呼伦南路物资大厦15楼
联系电话:(0471)6952299
法定代表人:王佳音
经营范围:设计、制作、发布、代理国内各类广告

内蒙古金马集团广告有限公司
地　址:呼市钢铁路内蒙建校巷
联系电话:(0471)3971503
法定代表人:李惠香
经营范围:设计、制作、发布、代理国内各类广告

内蒙古三鼎龙广告有限公司
地　址:呼和浩特市新城区水源开源房地产一号楼
联系电话:(0471)6290400
法定代表人:刘选茂
经营范围:设计、制作、代理国内各类广告,发布户外广告

内蒙古维益电脑广告有限责任公司
地　址:呼市昭乌达路284号2楼
联系电话:(0471)4913771
法定代表人:王芳萍
经营范围:设计、制作、代理国内各类广告,发布户外广告

呼和浩特市天下广告有限责任公司
地　址:呼市呼伦南路四千米巷65号
联系电话:(0471)13704783833
法定代表人:董志宏
经营范围:设计、制作、发布、代理国内各类广告

内蒙古印象之美广告有限公司
地　址:呼市如意开发区
联系电话:(0471)4930207
法定代表人:贾　志
经营范围:设计、制作、发布、代理国内各类广告

内蒙古星空广告有限公司
地　址:呼市内蒙古展览馆西路8号楼
联系电话:(0471)13804741168
法定代表人:曹艳冬
经营范围:设计、制作、发布、代理国内各类广告

内蒙古大舜广告有限公司
地　址:呼市贝尔路13号
联系电话:(0471)6297108
法定代表人:吕国舜
经营范围:设计、制作、发布、代理国内各类广告

呼和浩特市海荔广告策划有限公司

地　址:呼市公园南路201号
联系电话:(0471)5961428
法定代表人:倪志平
经营范围:设计、制作、发布、代理国内各类广告

内蒙古正新技术有限责任公司

地　址:呼市如意开发区机场路2号207室
联系电话:(0471)4930207
法定代表人:张兆东
经营范围:设计、制作、国内各类广告,发布灯箱、路牌广告

内蒙古国信寻呼有限责任公司

地　址:呼市如意开发区腾飞路8号
联系电话:(0471)6961965
法定代表人:孙学博
经营范围:利用自有寻呼台发布国内各类广告

内蒙古豪博商标广告咨询服务中心

地　址:呼市新城东街21号内蒙古电子产品检验所302房间
联系电话:(0471)6953527
法定代表人:宝　音
经营范围:广告咨询服务,设计、制作、发布户外广告

内蒙古唯本广告有限责任公司

地　址:呼市公园西路综合楼先行大厦六楼
联系电话:(0471)9021902
法定代表人:王　珂
经营范围:设计、制作、发布、代理国内各类广告

呼和浩特市市政广告公司

地　址:呼市公园西路20号
联系电话:(0471)6917558
法定代表人:王潇涓
经营范围:设计、制作、发布国内各类广告

内蒙古新维广告有限责任公司

地　址:呼市机场东路2号楼
联系电话:(0471)6511188－3083
法定代表人:高一凡
经营范围:设计、制作、发布、代理国内各类广告

呼和浩特市铁鑫美术装潢广告中心

地　址:呼市火车站东侧呼铁多经大厦3楼
联系电话:(0471)6244935
法定代表人:王立伟
经营范围:设计、制作、发布、代理国内各类广告

呼和浩特市报业广告信息有限责任公司

地　址:呼市地质局南街94号
联系电话:(0471)6290540
法定代表人:宋玉玲
经营范围:设计、制作、发布、代理国内各类广告

内蒙古龙媒广告有限责任公司

地　址:呼市新城区乌兰察布路统计局
联系电话:(0471)6511188－3083
法定代表人:王　贵
经营范围:设计、制作、发布、代理国内各类广告

呼和浩特市新创广告有限公司

地　址:呼市大学西路110号
联系电话:(0471)6958844
法定代表人:韩俊田
经营范围:设计、制作、代理国内各类广告,发布户外广告

内蒙古珠达广告有限公司

地　址:呼市车站东街188号三源大酒店五楼
联系电话:(0471)6299946
法定代表人:李洪飞
经营范围:设计、制作、发布、代理国内各类广告

报刊类

呼和浩特日报社

地　址:呼市地质局南街8号
联系电话:(0471)6284957
法定代表人:彭君廷
经营范围:利用《呼和浩特日报》、《呼和浩特晚报》发布国内各类广告

内蒙古经济报社

地　址:呼市新城大街55号
联系电话:(0471)6266852
法定代表人:王学明

经营范围：利用《内蒙古经济报》发布国内报纸广告，承办分类报纸广告业务

内蒙古青年报刊社

地　址：呼市大学东路19号
联系电话：(0471)4929522
法定代表人：阿古拉泰
经营范围：设计、制作印刷品广告，利用《这一代》杂志发布国内各类广告

呼和浩特广播电视报社

地　址：呼市公园西路159号
联系电话：(0471)6926583
法定代表人：崔国庆
经营范围：利用《呼和浩特广播电视报》发布国内报纸广告，承办分类报纸广告业务

实践杂志社

地　址：呼和浩特市新城北街青城巷
联系电话：(0471)4812973
法定代表人：刘玉槐
经营范围：设计、制作印刷品广告，利用本社出版的印刷品发布广告

警察杂志社

地　址：呼市新城区海拉尔东路501号
联系电话：(0471)6511188－3083
法定代表人：张德利
经营范围：设计、制作印刷品广告，利用本社出版的印刷品发布广告

内蒙古妇女杂志社

地　址：呼市呼伦北路36号
联系电话：(0471)6955947
法定代表人：张秀梅
经营范围：设计、制作印刷品广告，利用本社出版的印刷品发布广告

草原税务杂志社

地　址：新城区大台什路
联系电话：(0471)4306657
法定代表人：北朝夫
经营范围：设计、制作印刷品广告，利用本社出版的印刷品发布广告

老年世界杂志社

地　址：呼市兴安南路117号
联系电话：(0471)4913409
法定代表人：张　忠
经营范围：设计、制作印刷品广告，利用本社出版的印刷品发布广告

辽　宁　省

公　司　类

辽宁公路广告公司

地　址：沈阳市和平区太原南街222号
邮　编：110005
电　话：(024)23500849
传　真：(024)23524026
负责人：宋德祥
联系人：赵　微

辽宁公路广告公司是辽宁省交通厅公路管理局下属国有企业，是辽宁省广告协会理事单位，独家代理省内公路沿线广告。

本公司集设计、制作、发布于一体，拥有先进的设备和优秀的设计人员，几年来先后发布大型广告数十个，以可靠的信誉、合理的价格、周到的服务，赢得了客户的信赖。

公司现有大型单立柱、龙门架、电子屏和票据等广告媒体。主要分布在沈大线、沈山线、沈抚线、京哈线等多处干道沿线及沈阳四周主要出入口处。媒体地点优越，广告效果极佳。

愿与各界朋友真诚合作、共创美好未来！

辽宁广播电视艺术中心

地　址：沈阳市和平区云集街18号
邮　编：110003

电　话:(024)23855341　23224778
传　真:(024)23864955
负责人:杨　旭
联系人:蔡丽虹、刘　航、杨　君

广告业的军团行为,媒介执行准确
网络般的控购时段,一流投放能力

辽宁广播电视艺术中心简介

辽宁广播电视艺术中心拥有二十二家全资或控股的广告公司,发挥集团作战的优势,实行严格管理、分工合作、统一政策、统一执行的运作理念。1997年、1998年及1999年在辽宁地区广告业中创造了多项记录,在多家媒体广告代理额均列首席。

辽宁广播电视艺术中心购买辽沈地区主要报纸专版12个,包括旅游、购物、医疗、问药、汽车、商情等。购买电视及广播广告时段18个,有一大批高素质的媒介执行、监控及发布人员为客户服务。深受省内外广告主所信赖。

辽宁广播电视艺术中心拥有400名员工,拥有资产3000万及一流的专业设备——极光动画工作站、极点监控中心、极风电视编辑系统。以一流的专业水准为客户服务。为全国多家知名品牌占领辽宁市场做出佳绩,亦为辽宁产品走向全国而露神奇。

专业发布队伍,专业监控队伍,超群的购买能力,低廉价格,发布科学准确,是广大客户投放广告首选、是外省市广告公司最佳合作对象。

辽宁广告策划中心简介

我们的时间以分秒计算
我们的动作象钟表一样精确!

比较中国现代广告业20年的发展历程,1991年成立的辽宁广告策划中心从起步至今,已在市场中摸索前行了近10年。经过不懈的努力和完善,我们现已创建了良好的媒介环境、拥有了缜密的市场调研、培养了超群的广告创意、积累了可贵的运营经验。经营媒体达10余种,客户遍及全国各地。自1996年以来,在辽宁电视台广告公司营业额中持续排名第一,并同时获得辽沈地区《沈阳日报》等多家主要新闻媒体的甲级代理等,是东北地区最大的综合性广告经营单位之一。我们深信,简洁的媒介通道、理想的媒介组合、有效的媒介执行才能实现精准的广告创意;我们期望,能与客户共同发展;我们的时间以分秒计算;我们的动作象钟表一样精确。

辽宁轻联广告有限公司

政府与媒体携手　共铸广告业辉煌

没有政府与媒体的支持,我们不会发展如此迅速;

仅仅依靠这种支持,我们永远不会壮大。

1997年8月,为繁荣辽宁经济,实施名牌战略,辽宁省轻工总会和辽宁省广播电视厅有关部门联合筹划成立辽宁轻联广告有限公司,扶持以轻工产品为主的辽宁地产名牌产品;

1997年10月,辽宁轻联广告有限公司宣布成立,本着高起点、优质服务的原则,以年轻化、知识化、专业化和科学化武装队伍;

1997年11月3日,辽宁省轻工总会向省政府递交了《关于加强辽宁轻工产品宣传的请示》,要求辽宁轻联广告有限公司买断辽宁卫视等媒体部分时段和版面,以让利于辽宁轻工企业,请求各新闻媒体给予支持。11月5日,郭廷标副省长做出了"请省广播电视厅给予必要的支持"的批复;

1998年1月1日,在辽宁卫视台和有线台开辟轻工产品推荐品牌时段,服务企业,让利轻工。

1998年,公司不断开拓新业务,并获成功;

策划《辽宁轻工名牌榜》栏目;

策划"辽宁轻工改革开放二十周年龙头企业(产品)榜"宣传活动;

成立辽宁轻联创意制作工作室,并免费为省内轻工企业设计企业及产品标识、样本、包装等;

与《辽沈晚报》、《沈阳广播电视报》等媒体建立良好、持久的代理关系,营业额逾千万元……

1999年,辽宁轻联广告有限公司在省轻工总会和广电厅的领导下再创佳债。

沈阳路灯广告公司

地　址:辽宁省沈阳市铁西区北滑翔路6-7号
邮　编:110021
电　话:(024)25916853
传　真:(024)25898766
负责人:郑　军
联系人:姜桂君

我公司承制的广告,以路灯电源为照明广告电源、能昼夜发挥广告的商业经济媒体作用。我公司配有电力、美工、设计、制作、安装等专业技术人员和专业设备。

主要承接照明广告、灯箱广告、户外广告、霓虹灯广告、立体照明广告的设计、制作、安装业务。

为保证广告媒体的效能,不间断地发挥作用,更好地为用户服务,施行全年维护业务。

沈阳国际广告贸易有限公司

地　址:沈阳市沈河区北三经街55号
邮　编:110014
电　话:(024)22844851　22844850　22846808
负责人:李　东
联系人:李克实

沈阳国际广告贸易有限公司集广告、信息、贸易、高新技术开发、国际交流于一体,系经营多元化、国际化的新型企业。1996年被工商局、广告协会评为"广告行业15强。"

主营:各类广告的策划、创意、设计、制作和发布,代理电视、广播、报刊广告、外商来华广告。

国内外商品展览、商务考察、信息咨询、中介服务。

经营国内一般贸易。

沈阳华高国际企业发展企划有限公司

地　址:沈阳市沈河区青年大街215号河畔花园内
邮　编:110015
电　话:(024)23892488　23843288-3406
传　真:(024)23893441
负责人:李业民
联系人:王　群　杨　红

沈阳沙诺国际广告有限公司

地　址:沈阳市沈河区小西路79号4门
邮　编:110014
电　话:(024)22921001　22734948
负责人:王成城
联系人:刘　丹

沈阳沙诺国际广告有限公司是中国和以色列国合资的国际性广告公司,公司机构健全。上设董事会、总经理,下设八部一室。公司坚持合作精神,注重整体运作。

沙诺广告拥有一流的平面设计和三维动画制作系统,又新添高精度电脑喷绘机;沙诺员工平均年龄28岁,全部具有大学学历。充实的硬件、软件,使沙诺的发展健步如飞。

沙诺广告对客户实行全方位服务:市场调查、整体策划,广告创意、执行导入、监督评估等。新颖的创意、周密的策划,清晰明丽的喷绘赢得客户的普遍赞誉。

沙诺广告是辽沈地区颇具经验的大型户外广告代理公司,也是公益广告的热心支持者。1997年在沈阳建造的100个公交车候车亭,既为群众提供了方便,又增添了发布公益广告的媒体,已成为沈城一道美丽的风景。

辽宁省辽广对外经贸集团公司

地　址:大连市中山广场2号省外贸营业楼二楼
邮　编:116001
电　话:(0411)2644619　2644611
传　真:(0411)2644606
负责人:于洪江
联系人:徐晓凤

辽宁省辽广对外经贸集团公司创建于1980年,是经国家对外经济贸易合作部批准,经营国内外广告、展览业务和进出口贸易的辽宁省专业性进出口公司。

公司拥有从事广告、展览、影视、设计、策划制作和进出口等业务经验丰富的各方面专门人才。他们积极活跃于广告代理、策划、设计、影视制作、商品展览以及国际贸易市场。

本公司愿竭诚欢迎海内外各界人士与我公司联手协作,共同开辟更广泛的合作领域,共同创造更加灿烂辉煌的未来。

辽宁广播广告公司

地　址:沈阳市和平区光荣街10号
邮　编:110003
电　话:(024)23867986
负责人:孙立国
联系人:庞志健

主营:路牌,灯箱,霓虹灯广告,立体造型,高空建筑广告,代理广播、电视、报刊、外商来华广告。

兼营:信息咨询服务,产品样本,馈赠广告,美术装璜设计,室内装饰,广告策划。

大连交通广告公司

地　址:中山区解放路812号
邮　编:116013

电　话：(024)2881116

总经理：于兴波

大连交通广告公司是大连市第一公共汽车公司下属的全民所有制企业，以承揽、设计、发布公交广告为主，设置了最新型苹果电脑和大型施乐静电图文写真机相结合的大图制作中心。公司拥有技术精湛的创意人员为客户提供设计服务。

我公司拥有大连繁华市区三十余条线路，千余辆运营车辆的广告发布权，具有宣传效果好、覆盖面强、客流量大、信息传播迅速的特点，是各企业厂商宣传产品知名度，提高企业经济效益和社会效应的良好媒体。

施乐静电图文写真机适应广告业高速发展的需要，可输出幅宽 1.34 米，长度无限，精度达 300dpi 的高品质图像，是制作海报、广告牌、灯箱广告、车体广告、室内外装饰壁画、人物肖像画、展板及精美的 POP 广告的理想工具。

大图制图中心：

精度高　输入精度为 4200dpi，输出精度为 300dpi

质量佳　室内外兼用、防水、防紫外线、三年不褪色

速度快　每小时为 42 平方米

沈阳影视霓虹广告策划制作中心

地　址：沈阳市皇姑区辽河街 65 号

邮　编：110032

电　话：(024)86855844

负责人：尚德威

联系人：杨定文

我中心是沈阳市教委所属的大型广告公司，成立于 1991 年。中心现有先进的电影、电视广告制作设备；电影动画室，300 多平方米现代化的演播厅。中心下设客户部、策划部、创作室及制作部等，能够为客户提供整体策划、创意制作、代理发布等全方位服务。中心拥有精干的广告队伍，对创作满怀热情，力争新颖独特；对制作精益求精、追求完美，创作的广告作品深受客户好评。被沈阳市工商行政部门命名为“沈阳市广告十五强企业”。

1994 年，中心荣获省、市工商行政管理局，广告协会颁发的“重信誉、创优质服务”广告经营先进单位光荣称号。

辽宁廿一世纪广告公司

地　址：沈阳市皇姑区黄河南大街 85 号

邮　编：110031

电　话：(024)86846613　86860239

负责人：黄安石

辽宁廿一世纪广告公司是辽宁教育电视台主办的对外广告经营实体，是融信息、调研、策划、制作、营销为一体的多功能广告公司。

主营：1、代理辽宁教育电视台及其他媒体广告业务。

2、营销策划、市场调研、媒介服务、媒体选择、宣传服务。

3. 创意、编导、摄制现代高档电视广告片、经济专题片、平面广告设计、CI 设计。

公司拥有一流市场调研、广告策划、创意、编导、摄制、美术设计、电脑制作人材，拥有全套 Ikegami HC－390 摄录机、Ailadin 特技系统（亚拉丁特技系统）、AVID MC1000 多媒体工作站、3DS 动画系统，300m^3 现代化拍摄演播大厅，胶片摄影设备等，技术先进、实力雄厚、一流服务。

丹东市美术广告公司

地　址：辽宁省丹东市振兴区十一纬路 3 号丹铁大厦二楼写字间 205 室

邮　编：118000

电　话：(0415)2121218

经　理：艾　青

联系人：尹琳琳

丹东市美术广告公司位于我国与朝鲜毗邻的最大边境城市——辽宁省丹东市。

本公司专业技术人才荟萃，创意策划设计新颖，以策划创意制作发布国内各种广告的专业公司。

承揽三翻转广告，高空广告，彩色喷绘广告，霓虹灯广告，灯箱广告，气体充气广告，路牌广告，招贴广告，包装装璜产品样本广告，挂历台历工作历印刷及室内外装饰装修。

我们将以热情周到的服务，诚实信誉的品格奉献给我们尊敬的客户。

大连北洋广告公司

地　址：大连市西岗区长江路 588 号

邮　编：116012

电　话：(0411)3640928　3634159

传　真：(0411)3640948

负责人:郑永瑾
联系人:高春维

广播电视类

辽宁电视台广告传播中心

地　址:沈阳市和平区光荣街十号
邮　编:110003
电　话:(024)23867736　23866523
负责人:赵　颖
联系人:孔祥林

辽宁电视台1959年建台,是省内唯一可以覆盖辽宁全境的电视传播媒介。辽宁电视台开办两套节目,第一套是辽宁卫视台节目,1997年1月1日起通过亚洲2号卫星向全国乃至亚太地区传送节目信号。现在辽宁卫视台的省内人口覆盖率已达80%以上。辽宁卫视台属综合性电视频道,每天从早6:30到次日凌晨1:00播出18.5个小时。第二套节目是辽宁北方电视台节目,以经济类和娱乐类节目为主。第二套节目可以直接覆盖沈阳地区,同时还进入全省有线网覆盖省内各市,每天从上午9:00到13:00,下午从17:30到24:00播出近11个小时节目。

辽宁电视台广告传播中心(即辽宁电视台广告部),主营辽宁电视台的一、二套节目的广告业务,同时兼营与广告相关的产品经营、信息咨询服务等。法人代表刘凤岐(辽宁电视台副台长),现任负责人赵颖。辽宁电视台广告传播中心是代表辽宁电视台从事广告经营的唯一窗口。

辽宁电视台愿与国内外朋友密切合作,共同开创美好未来。

锦州有线广播电视台广告部

地　址:锦州市中央大街二段58号
邮　编:121001
电　话:(0416)3158357
传　真:(0416)3158127
负责人:肖玉成
联系人:杨　昱

锦州地处辽西走廊,是连接东北与华北的咽喉重镇和交通枢纽。锦州工业基础雄厚,门类齐全,农业物产丰饶,种类繁多;商业繁荣兴旺,颇具特色。锦州是经济贸易,科技文卫比较发达的沿海开放城市,是辽西经济文化中心、是东北地区重要的物资集散地,也是国家重点开发建设的旅游区。锦州有线广播电视台自办节目三套,入网总数18万户,节目覆盖锦州全地区。

报刊类

丹东日报

地　址:辽宁省丹东市十纬路23号
邮　编:118000
电　话:(0415)2124489　2130177
广告负责人:姜宗方

丹东位于辽宁东南鸭绿江畔、黄海之滨,是中国最大的边境城市,人口230万。《丹东日报》已创刊半个多世纪,是一张对开四版、激光照排胶印,发行遍布市区及所辖东港市、凤城市和宽甸县的具有权威性的综合性日报。

收费标准(1998年1月1日起实行)
整版48000元(48cm高×35cm宽)
半版24000元(24cm高×35cm宽)
通栏12000(12cm高×35cm宽)

铁岭日报社

地　址:辽宁省铁岭市银州区银州路22号
邮　编:112000
电　话:(0410)2825614
传　真:(0410)2824804
负责人:徐秀菊
联系人:孙景志

欢迎您在《铁岭日报》刊登广告

《铁岭日报》是中共铁岭市委机关报。四版周七刊,发行量4.7万份。是本市唯一的一张综合性日报。

铁岭市地处辽宁省北部,南、西与沈阳市毗邻;北与吉林省四平市相连;东与吉林省辽源市、我省抚顺市接壤,全市面积近1.7万平方公里,所辖铁岭、昌图、西丰三县;开原、铁法二市;银州、清河二区,总人口310万,是以生产粮食、能源为主的新兴城市,素有“辽北粮仓”之称。交通方便,京哈铁路、京哈、哈大高速公路贯穿全市,旅游景点,名胜古迹颇多。

欢迎各界朋友光临并在《铁岭日报》刊登广告。

卫生与生活报广告部

地　址:沈阳市皇姑区嘉陵街57号
邮　编:110031
电　话:(024)86858435
传　真:(024)86241001
负责人:于国成
联系人:赵青魁

辽宁日报

地　址:沈阳市中山路339号
邮　编:110014
电　话:(024)22829746
传　真:(024)22829872
负责人:姜凤羽
联系人:马振坤

沈阳日报

地　址:沈阳市沈河区北三经街67号
邮　编:110014
电　话:(024)22821115　22921451
传　真:(024)22846147
负责人:裴风安
联系人:倪沁佳

大连日报

地　址:大连市中山区世纪街76号
邮　编:116002
电　话:(0411)2633004
传　真:(0411)2824782
负责人:孙寿洪

沈阳晚报

地　址:沈阳市沈河区北三经街67号
邮　编:110014
电　话:(024)22826007　22859602
传　真:(024)22826007
负责人:胡凤廷
联系人:朱凤仁

辽沈晚报

地　址:沈阳市沈河区中山路339号
邮　编:110014
电　话:(024)22829225
传　真:(024)22830480
负责人:陈学良
联系人:李可筑

辽宁法制报

地　址:沈阳市皇姑区松花江街10号
邮　编:110032
电　话:(024)26226034
传　真:(024)26900900—8809
负责人:端木德民
联系人:邵荣富

中国果树编辑部

地　址:辽宁省兴城市温泉中国农科院果树所
邮　编:125100
电　话:(0429)5152273-320
传　真:(0429)5157700
负责人:翁维义

生产与市场的纽带,企业与果农的桥梁

我刊是中国农科院果树所主办的专业技术期刊。1959年创办,现为双月刊。期发行量16000份。在同类期刊中具有较高的知名度,曾获第一、二届全国优秀科技期刊二等奖和多项省、部级期刊奖。1984年开始兼营广告业务,长期以来,在传播农业生产资料产品信息、繁荣农村经济等方面发挥了积极作用。曾获辽宁省广告业1994年度,“重信誉、创优质服务”先进单位称号。逐渐成为发布果树种苗、农药等产品的重要广告媒体,农业产业结构调整和西部开发为果树生产发展带来了新的契机,欢迎相关企业利用我刊发布广告。

广告收费标准16开彩版:封底5000元,封二、封三、加页3800元,文字介绍:整版1500元,1/2版750元,1/3版500元。

农药杂志广告部

地　址:沈阳市铁西区兴工街沈阳化工研究院内
邮　编:110021
电　话:(024)25617248
负责人:姜雅君

饲料工业杂志社广告部

地　址:沈阳市岐山中路1号
邮　编:110032
电　话:(024)86219263　86864183
负责人:荣立南

联系人:林 勇

铸造杂志社广告部

地 址:沈阳市铁西区云峰南街 17 号

邮 编:110021

电 话:(024)25852311 - 205

电 报:5060

负责人:高维纲

吉 林 省

公 司 类

吉林市环球广告公司

地 址:吉林市吉林大街 105 号

邮 编:132013

电 话:(0432)4650988

传 真:(0432)4656629

负责人:刘艳秋

联系人:于 娜

环球广告公司位于吉林市风景秀丽的松花江畔,中国四大自然奇景—吉林雾凇,每年冬季就出现在这座城市。

公司设有制作部、业务部、策划部三个部门。工作人员全部是具有大专以上文化的广告、策划、制作、设计专业人才。公司组建 12 年来,与中央以及各地的媒体都建立了密切的关系,并有良好的合作。

公司 1992 年承办了"92 中国长春电影节"、1994 年承办了"94 中国吉林雾凇冰雪节"的广告策划和实施;承制了吉林市第一块大型喷绘路牌;投资一百伍拾万元,在吉林市最繁华的街道—河南商业街两侧建立广告灯箱;投资四百余万元制作立式钢制果皮箱广告牌;为美化街道新环境,塑造城市新形象做了很大贡献。

目前公司可承办:媒体新闻发布、媒体广告代理、广告词曲创作、影视广告创意、公关礼仪服务、灯箱路牌制作、霓虹灯制作、市场营销策划、电脑平面设计等。

吉林市环球广告公司将以崭新的面貌、雄厚的实力、优质的服务、更高的效率为您提供尽善尽美的服务。

吉林市广告公司

地 址:吉林市朝阳街 1 号楼

邮 编:132001

电 话:(0432)2432064

传 真:(0432)2432063 2453139 2491151

总经理:鲍长青

联系人:韩丽芬

吉林市广告公司是吉林地区专业性广告公司省级重信誉、创优质服务先进广告经营单位,吉林省广告行业文明单位,吉林省三十强广告公司,成立历史悠久,技术力量雄厚,主要经营彩喷广告、高空广告、印刷品广告,代理电视、广播、报刊等各类广告业务。

吉林省广告公司

地 址:吉林省长春市大经路 156 号

邮 编:130041

电 话:(0431)8757598 8745182 转 332

传 真:(0431)8717687

负责人:冯长春

联系人:郎 枫

本公司是一家具有全面现代管理能力的综合型专业性国有企业。

主营:各类广告的代理策划、创意、设计、制作;新闻发布会、展销定货会、交易会等的组织及广告的代理、会刊制作;塑造企业形象及产品宣传画册、产品说明书、商标的设计、印制;中外广告,包括路牌、路标、街头屋顶广告牌、灯箱及霓虹灯、大屏幕广告的策划、制作;影视制作;以及组织举办大型体育活动及时装表演等。

吉林省国际广告公司

地 址:长青市同志街 88 号

邮 编:130021

电 话:(0431)5696157 5696045

负责人:李长法

联系人:高 明

吉林省国际广告公司成立于1984年，是中国对外经济贸易部批准经营代理外商来华广告和出口广告的专业公司。

长春市美术广告公司

地　址：长春市长春大街100号
邮　编：130042
电　话：(0431)8744766
负责人：王宪臣
联系人：李新宝

长春市美术广告公司是长春市文化局创办的国营专业广告公司，是中国广告联合总公司的成员公司。

公司拥有全面的广告策划、美术设计、广告制作等专业人材和施工队伍。

公司主要经营：企业形象设计、策划，各类户外广告设计、制作。承办国内外广告业务。

吉林省华远广告发展有限责任公司

地　址：长春市同志街72号(大世界北门二楼)
邮　编：130021
电　话：(0431)5666006
传　真：(0431)5666066
负责人：纪小华
联系人：孙红梅

本公司是一家建立在科学的广告策划、广告定位基础上的，集广告策划、设计、制作、发布代理为一体的综合性广告公司，为电视台、电台、报刊代理广告业务。

本公司在影视和三维动画制作上独具特长，拥有一支实力较强的专兼职影视广告创意和制作队伍，并具有较强的CI设计、平面设计和环艺设计能力。同时，以组织、筹划大型活动和企业营销整体策划见长。

本公司1997年被评为吉林省“广告行业三十强”广告公司。

长春市公交广告公司

地　址：长春市红旗街德昌小区7号楼
邮　编：130021
电　话：(0431)5910999　5910666　5912999
总经理：吴凤翔
联系人：黄春艳
经营范围：

车身广告、户外外打灯广告牌、大型路牌灯箱广告、公路桥梁路牌、宣传广告牌、大型招贴画、户外灯箱片、展览会布置、户外广告牌、灯箱图。

专业图文设计：

由Xerox8954、Howtek4500滚筒扫描仪、Seal6000覆膜机、苹果电脑等组成的高档配置，将为您制作出一流的画面。

吉林铁路分局铁笛广告艺术公司

地　址：吉林市中康路5号
邮　编：132001
电　话：(0432)2531945
传　呼：(0432)1275629836
手　机：013904407896
负责人：王　太
经营范围：

路牌、霓虹灯广告，铁路分局管内各站区广告，装潢材料、电脑喷绘、美术装潢、牌匾，电视广告、图片广告制作。

延边广播电视报广告公司

地　址：吉林省延吉市局子街324号
邮　编：133000
电　话：(0433)2620474　2561578
传　真：(0433)2612667
负责人：于　雷
联系人：常运生

延边广播电视报广告公司是延边广播电视报社的下属机构，以广播电视报为基础，为您承办电视、报纸、广播等媒介的广告代理业务，提供广告策划、CI战略等服务项目。本广告公司设有产品经营部，营销代理广告产品。

吉林省梅李美文化包装有限责任公司

地　址：长春市岳阳街52—2号
邮　编：130022
电　话：(0431)5667276
传　真：(0431)5667276
负责人：周志先
联系人：卢　生

长春市邮政局广告邮购公司

地　址：长春市吉林大路202号
邮　编：130031

电　话:(0431)4949394
负责人:康家祝

长春飞龙国际广告装饰工程有限公司

地　址:长春市清华路1号清华宾馆6楼
邮　编:130021
电　话:(0431)5674377
负责人:程绍岩

长春电影制片厂广告公司

地　址:长春市红旗街16号
邮　编:130021
电　话:(0431)5914554
负责人:聂凤伦
联系人:董安阳

长春思特国际广告有限公司

地　址:长春市解放大路80号吉祥酒店三层B区
邮　编:130021
电　话:(0431)5674383
传　真:(0431)5674383
负责人:廖永亮

广播电视类

吉林市电视台广告部

地　址:吉林省吉林市重庆路28号
邮　编:132001
电　话:(0432)2454609　2458656
传　真:(0432)2434921
负责人:刘晓柏
联系人:常一凡

山清水秀的吉林市,位于吉林省中部,是吉林省第二大城市,是国务院批准的全国历史文化名城、全国甲级开放城市和全国30个特大城市之一。全市辖昌邑、船营、龙潭、丰满四个区以及舒兰、磐石、蛟河、桦甸四个县级市和永吉县。面积2.7120万平方公里,市区1748平方公里,总人口达435.4万人,市区人口140.5万人。

吉林市电视台始建于1960年,现已发展成为功能齐全,拥有三个频道能制作各类电视节目,融新闻、娱乐、服务为一体的传播机构。发射功率为32千瓦,每天用一频道、八频道、十六频道播出,覆盖面达到市区人口百分之百及所辖外五县(市)大部分地区。电视台广告部拥有一流的先进设备和一流的设计制作手段及一流的专业人员。1997年广告营业额首次突破千万元,并被中国广告协会评为全国广告行业文明单位。

报刊类

经贸时报社

地　址:吉林省延吉市天池路63号
办事处:北京市丰台区西罗园邮局7712信箱
邮　编:133001
电　话:(0433)2854965
　　　　(010)87283909
负责人:路敦亮
联系人:何亚婷(010－87283909)

《经贸时报》是全国公开发行的商贸类经济大报。她为我国的大经贸、大市场、大流通殚精竭虑地做好宣传服务工作,为企业开拓市场、占领市场、提高知名度起到有效的参谋指导作用。《经贸时报》特开辟格调高雅轻松、内容丰富多姿、版式新颖活泼、读者喜闻乐见的"周末文萃"和"周日大观"。

《经贸时报》为周四刊,每周二、四、六、日出版,全国公开发行。半年价:50.00元,全年价:100.00元。凡订阅全年《经贸时报》者可享受一次性小广告优惠。《经贸时报》热诚承揽国内外广告业务,价格合理偏低。

国内统一刊号CN22—0043　邮发代号11—45
欢迎订阅报纸　欢迎广告业务

吉林市江城晚报社广告部

地　址:吉林市恒山西路58号
邮　编:132013
电　话:(0432)4679206　4679207
负责人:田春发
联系人:徐琳琳

《江城晚报》创刊于1992年6月,是国内公开发行的综合性报纸。目前为周七(日)刊,四开八版(其中周六为十六版、周日为二十四版)。吉林市是吉林省第二大城市,人口425万,环境优美,资源丰富,是旅游经商的宝地。

全国统一刊号:CN 22—0033

吉林市江城日报社广告部

地　址：吉林市松江路 69 号
邮　编：132011
电　话：(0432)2011973
传　真：(0432)2011973
负责人：李延浩　关连芳
联系人：黄　群

《江城日报》是中共吉林市委机关报，对开四版周七刊综合性报纸，日发行量近 10 万份。

《江城日报》是吉林省主要新闻媒体之一，她以刊发报纸广告为主，同时制作分类广告。

时代姐妹杂志社

地　址：吉林省长春市人民大街 61 号《时代姐妹》
邮　编：130051
电　话：(0431)8902692
总　编：王玉洁
联系人：刘　波

《时代姐妹》杂志系大型女性都市生活娱乐月刊，1998 年的发烧栏目：世纪之交、男士免读、时尚 BAZAAR、休闲别墅、家庭幽默录像、男人偏见、校园威风、MARY 小屋、城市故事、女性话题、芳名卡门……休闲娱乐中不失真知灼见，典雅高深中不乏幽默轻松。

经营范围：

承接与发布本杂志的化妆、美容、服装、饰品、医疗、药品、保健、征婚、交友、妇女用品、家庭用品、函授的广告业务。

黑　龙　江　省

公　司　类

哈尔滨远洋广告有限公司

地　址：哈尔滨市南岗区昆仑商城隆顺街 18 号
邮　编：150090
电　话：(0451)2309771　2309772
传　真：(0451)2309773
负责人：高韫韬

我们的信念是“优秀是习惯而不是行为”。

1992 年公司成立以来，我们始终把优秀视为不断超越的目标，形成了以媒介代理为主，策划、设计、调研评估全面并进的综合型代理公司。为追求更大的发展空间，先后在北京、上海、深圳设立了分公司。厚积薄发，依靠多年的合作基础，远洋建立了“以黑龙江省地、市、县媒体整体操作为核心，各外埠公司业务、媒介业务同步拓展”的经营格局。星火蔓延，生息不断，远洋在挑战中把握明天。

主要服务客户及品牌：丝宝集团——舒蕾、柏兰、洁婷、美涛；郑州长甲药业——百消丹；摩托罗拉——宝典 828；索肤特系列保健化妆品；长虹电器等知名企业。

哈尔滨天和广告有限公司

地　址：哈尔滨市平房区建安街 326 楼 45 号
邮　编：150066
电　话：(0451)6503789　13904656210
　　　　6506888－9567(传呼)
负责人：宋国强
联系人：赵欣晶
经营范围：

设计、制作、发布、代理国内外各类广告业务。

哈尔滨装饰广告设计总公司

地　址：哈尔滨道里区石头道街 84 号
邮　编：150010
电　话：(0451)4614944　4670729
传　真：(0451)4670729
总经理：刘长荣
联系人：耿艳玲

哈尔滨装饰广告设计总公司是哈尔滨市商业委员会直属的国有企业。公司辖有装饰工程公司、环境艺术设计公司、商业广告公司、商业文化艺术交流公司、贸易公司及商业旅行社等分支机构，是集装饰施工、艺术设计、商业广告、商业文化艺术交流、装饰材料、贸易及商业旅游为一体，全方位一条龙服务的专业公司。在黑龙江省和哈尔滨市同行业名列前茅。被排入全国装饰广告企业100强行列。

公司的经营范围:承接各类大型环境设计、装饰美术展示设计和装饰工程施工;代理发布制作国内外各类广告,企业整体营销策划,"CI"策划,广告创意效果监测及信息反馈,市场信息联网交流,高空广告,印刷广告,礼品广告;商业文化艺术交流,旅游服务和产品展示、展销,文化艺术品的生产销售以及装饰材料贸易等。

北亚国际广告策划有限公司

地　址:哈尔滨市南岗区红军街26号
邮　编:150001
电　话:(0451)3600736　3600777
总经理:高　驰

北亚国际广告策划有限公司是面向国际市场的专业性公司,以高质量的策划、创意,高效率、快节奏的服务,致力于东北地方产品的推介。

公司聚集了企业形象策划、广告学、管理学、市场行销、平面设计、电脑绘制、影视广告等专门人才,拥有先进的专业平面、三维设计系统和真彩色各种幅面的输出打印设备,为客户策划立体广告宣传攻势,为企业提供整体营销策划设计。

哈尔滨中联广告有限公司

地　址:黑龙江省哈尔滨市道里区经纬街214号
邮　编:150010
电　话:(0451)4224290
传　真:(0451)4213525
负责人:张金声
联系人:张丽霞

中联广告有限公司是由中国哈尔滨市及日本国东京都的两个多年从事广告经营的专业公司共同投资创办的合资企业。拥有一批文化素质较高,富有实践经验的广告专业技术队伍。重合同、守信誉、客户至上、优质服务是公司的宗旨,求实、创新、开拓、进取是公司的追求。

承制、发布、代理国内路牌、霓虹灯、冰灯、摄影、报刊、电视、产品样本、招贴、画册、三维动画等各类广告,承办国外来华广告业务。拥有一流的电脑设备及高质量的CI策划人员。

齐齐哈尔市阔达广告装潢公司

地　址:铁锋区平安南街龙华14号楼A座
邮　编:161000
电　话:(0452)2122690
电　报:0452
负责人:崔启民

我公司是集影美、创意、策划及以多种媒体发布各类经济广告的综合性广告公司。拥有全套采、录、编设备,并在市内最繁华的商业中心区——中心广场设有$80m^2$的电脑磁翻转大屏幕广告显示系统。

松原市新文广告有限公司

地　址:松原市郭尔罗斯大路32号
邮　编:131100
电　话:(0438)2125740
负责人:李思华
联系人:李思华
经营范围:

路牌广告、灯柱广告、车身广告、灯箱广告、报纸广告、霓虹灯广告、电脑喷绘广告、企业形象策划。

广播电视类

哈尔滨电视台经济信息部

地　址:哈尔滨市南岗区满洲里街33号
邮　编:150006
电　话:(0451)3638085　3658959　3658964
传　真:(0451)3630068　3658959
负责人:张　纯　陈晓滨
联系人:何静华

哈尔滨电视台经济信息部拥有现代化的摄录设备、制作力量雄厚,创办了深受广大观众喜爱的《文体广告大观》栏目,每天以十六个段位播出广告节目。因注重信誉,被评为全国广告媒体重信誉、创优质服务先进单位。

真诚欢迎各界朋友合作。

伊春人民广播电台经济信息部

地　址:伊春市区通河路
邮　编:153000
电　话:(0455)3604482-3029
负责人:陈　明
联系人:范千成

伊春,是一座新兴的林业城市,面积3.7万平方公里,人口137万。

伊春人民广播电台1958年12月1日正式播

音，发射功率为10千瓦，可辐射伊春境内各个角落伊春电台自办节目320分钟，所设置的广告类节目有30多分钟，包括"广告"、"经济窗口"、"为您服务"、"信息与服务"等，这些节目安排在每天的黄金时间播出，影响力较强。

报 刊 类

黑龙江新闻社广告信息部

地　址：哈尔滨市道里区经纬二道街97号
邮　编：150010
电　话：(0451)4227407、4214172
传　真：(0451)4223408
负责人：朴秀京
联系人：金丽顺　文金哲

《黑龙江新闻》是黑龙江新闻社编辑出版的综合性朝鲜文日报。对开四版，指导性、知识性、可读性、趣味性较强，深受海内外朝鲜族读者欢迎，是对韩国经贸交流的一大窗口。本报广告信息部承揽、设计、制作、发布国内外报纸广告业务，国内印刷品广告业务。

齐齐哈尔日报社广告部

地　址：黑龙江省齐齐哈尔市劳卫路一号
邮　编：161005
电　话：(0452)2472278
传　真：(0452)2472278
负责人：陈连科

负责经营《齐齐哈尔日报》《鹤城晚报》报纸媒介的国内各类广告业务。

黑龙江农村报广告部

地　址：哈尔滨市道里区地段街2号
邮　编：150010
电　话：(0451)4642392　4619996－247
负责人：韩国丽

我报广告主要对象是黑龙江省及东北广大农村，发布本地域内农业生产、农村生活所需物资、信息供求广告。

牡丹江日报　镜泊晚报

地　址：黑龙江省牡丹江市七星街97号
邮　编：157000
电　话：(0453)6223704　6230572
负责人：李景山
联系人：张春志　李玉宝

《牡丹江日报》创刊于1958年5月1日，是中共牡丹江市委机关报，为对开四版周六刊；《镜泊晚报》创刊于1994年1月1日，由牡丹江日报社主办，为四开四版周六刊。两张报纸在搞好新闻报道的同时，都承担广告的承揽、设计、制作和发布任务。广告设计和印刷在黑龙江省内受到好评，有多幅广告作品获国家及省的优秀奖和二等奖。

双鸭山市日报社广告科

地　址：双鸭山市尖山区
邮　编：155109
电　话：(0454)4226149
负责人：侯晓玲

承办代理《双鸭山日报》国内报纸广告，广告产品销售。

鹤城晚报广告部

地　址：黑龙江省齐齐哈尔市劳卫路一号
邮　编：161005
电　话：(0452)2472278
传　真：(0452)2472278
负责人：陈连科

以报纸媒介经营国内各类广告

中国医院管理杂志社

地　址：哈尔滨市香坊区香顺街41号
邮　编：150036
电　话：(0451)5663359　5663376
传　真：(0451)5663376
广告业务负责人：郝秀兰
经营范围：

以《中国医院管理》杂志为媒介，经营国内广告业务；发布和代理涉外广告单位委托的外商广告。

《中国医院管理》杂志是卫生部主管的综合性国家级核心期刊，它面向全国各级各类医疗卫生机构和卫生行政部门、医学院校，是国内创刊最早、影响最大、发行面最广的卫生软科学期刊。

林业机械与木工设备编辑部广告部

地　址：哈尔滨市学府路374号
邮　编：150086

电　话:(0451)6663021
负责人:李克尧
联系人:白　帆

经营范围:

利用本刊设计、制作、发布、林业与木工机械方面的广告。

江　苏　省

公　司　类

江苏省淮阴市黑马广告有限公司

地　址:淮阴市引河北路18号
邮　编:223001
电　话:(0517)3665688
传　真:(0517)3665688
电子邮件:hy3680087@pub.hy.jsinfo.net
负责人:赵北京
联系人:钱素芹

淮阴市黑马广告有限公司是从事广告整合代理,户外广告设计、制作,各类平面广告设计,展览展示,企业形象策划,CI导入,各类媒介代理发布等业务的综合性专业广告公司。在深圳设有办事处。

黑马广告有限公司人才荟萃,综合实力较强,广告作品多次在全国、省市广告展中获奖,作品入选《第六届全国广告优秀作品展获奖作品集》、《2000年中国广告作品年鉴》、《世界包装》。近年来,整合代理了全国饲料三强的"淮阴正大有限公司"等一些企业集团的广告,成功地为一些著名企业导入了CI,承接了许多企业标识、产品商标及样本、画册、招贴的设计制作。设计的淮阴市有线电视台台标,在全国征集中被采用。拥有市区黄金地段的户外广告媒体。

公司理念:"我们以品质创造未来"。我公司将以精湛的专业技能,丰富的从业经验,高度的敬业精神,为广大客户提供高品质、专业水准的服务。

黑马广告公司愿成为您驰骋市场最得力的助手,最亲密的伙伴。

天地科技股份有限公司常州自动化分公司

地　址:江苏省常州市木梳路1号
邮　编:213015
电　话:(0519)6974971
传　真:(0519)6960492
电子邮件:cari@public.cz.js.cn
负责人:徐　瑛
联系人:王　晖

《煤矿自动化》创刊于1978年,公开发行。本刊为中国科技论文统计源刊、全国中文核心期刊、中国煤炭学会煤矿自动化专业委员会会刊,是唯一集中报道我国煤矿通信、生产自动化、安全监测监控、计算机应用等国内外新技术、新成果、新工艺、新动向的专业技术期刊,在煤矿电工、电子产品领域颇具影响。

本刊以"为煤炭工业生产及现代化服务"为宗旨,从国情出发、从煤炭工业实际出发、从不同层次的矿井条件及特点出发,以针对性、科学性、及时性为原则,以实用性、先进性、科学性,通俗性为特点,设有科研成果、实验研究,问题探讨,经验交流、技术进步、综述、新产品介绍、国外动态报道等栏目,内容丰富、信息量大,可满足不同层次的读者需要,对从事煤炭生产建设、科研、设计的机电工程技术人员、工人及大专院校师生均有参考价值。

本刊承接广告业务,欢迎来人来函洽谈。我们将以全新的创意、完善的策划、精心的制作,为您提供优质的服务。

卓越形象

地　址:南京汉中路180号星汉大厦8楼C座
邮　编:210029
电　话:(025)6799299　13705157156
传　真:(025)6799413
电子邮件:excellen@publicl.ptt.js.cn
负责人:贾丽军
联系人:季华茂

江苏沸点广告传播公司

地　址:南京市新街口羊皮巷24号2楼

邮　编:210002
电　话:(025)4560180　4401930　4527648
传　真:(025)4401930
负责人:孙宝旌
联系人:樊义华

沸点传播有限公司创立于1992年,是江苏省广告协会执行理事单位。

沸点拥有资深影视创意、制作群及专业影棚,运用电影胶片摄制工艺,独立完成前期内、外景拍摄和后期数码视频剪辑、特技合成、三维动画的全程制作,并与香港、广州、上海、北京的电影冲印、胶转磁、数码图形公司有着长期密切的业务往来。

沸点多套高配置 Macintosh 可高效地完成报纸、海报、样本、包装等平面广告的印前设计并提供品质上乘的印刷制作。

沸点与多家大众媒体有着良好的关系,代理各类广告的发布。

徐州市公共交通总公司广告部

地　址:江苏省徐州市淮海西路255号
邮　编:221006
电　话:(0516)5755425
负责人:何彭城
联系人:万矛珊

徐州市公共汽车公司广告部隶属于徐州市公共交通总公司。本部拥有资产80万元〈固定资产30万元、流动资产50万元〉,员工18人。

经营范围:

主营:公共汽车车身广告、招贴广告、站牌、路牌、站亭广告、月票广告、票花、语音广告、灯箱广告。

兼营:装饰工程。批发零售、装饰材料、工艺美术品。

徐州市是淮海经济区的中心城市,淮海经济区拥有人口近亿人,是苏、鲁、豫、皖四省结合部,人口密集、城乡众多、交通发达、市场繁荣。

徐州市位于淮海经济区中心位置,人口近千万,是我国较特大城市之一。徐州市商业网点众多,是淮海经济区的商品集散地和科技、文化、金融、商贸中心。同时还是古代汉文化的发祥地,文物景点众多。本部成立10年来,积极为全国各地厂、商宣传企业,介绍产品,努力做好各厂、商企业的宣传员、服务员,受到广大客户的一致好评。我们将用优质的服务,优良的媒体及创作来宣传全国各地厂、商的企业及产品形象,使我们的事业共同发展壮大,繁荣昌盛。

常熟广播广告服务公司

地　址:江苏省常熟市琴湖路86号
邮　编:215500
电　话:(0520)2725129　13606237296
法人代表:缪　缤
联系人:郑明晓

全国历史文化名城常熟地处长江三角洲上海经济区,毗邻上海、苏州、无锡。人口104万。1998年国民生产总值205亿元,财政收入15.95亿元,为全国十大财神县市之一。其市场购买力之强势在全国县级城市中处于领先地位。

常熟广播广告服务公司隶属于常熟广播电视台。主营代理广告发布媒介为1116千赫、927千赫、调频100.8兆赫,三套频率并有与中波广播1116千赫同步播音的全市有线广播喇叭20多万只,影响遍及长江三角洲。

公司是一家集创意、策划、广告代理、信息采编、热线直播、商务服务为一体的综合性广告公司,代理全国各级电台的广播广告。

全年广告额达280万元。

江苏省电话号簿公司

地　址:南京市中山北路287号
邮　编:210003
电　话:(025)3407788　3413355
负责人:田志仁
联系人:张永明
经营范围:

编辑发行电话号簿,省内电话磁卡的印制、发行,利用电话号簿、电话磁卡设计、制作、发布国内外广告,以及复印服务等项业务。

江苏新闻发展公司

地　址:南京市中山东路46号
邮　编:210005
电　话:(025)4708963
传　真:(025)4716084
法定代表人:杜晓明

经营范围:

代理国内报刊、影视、印刷品广告,承接广告策划、设计、制版业务;

书刊编辑、出版、印刷(领取许可证后经营);

公关、信息咨询服务。

江苏新华文化传播中心

地　址:南京市中山东路46号
邮　编:210005
电　话:(025)4708963
传　真:(025)4707563
法定代表人:杜晓明

经营范围:

设计、制作国内影视、报刊广告、代理自制广告。

南京雷迪欧广告公司

(南京雷迪欧媒介有限责任公司)
地　址:南京市太平南路278号江苏饭店综合楼二楼
邮　编:210002
电　话:(025)4457475、4541108、6644699
传　真:(025)4540055
电子信箱:Radioad@pub.jlonline.com
公司法人:汤永坚
联系人:任永青

南京雷迪欧广告公司是一家综合型广告代理公司,自1992年成立以来,本着与客户共同成长的经营理念,立足江苏暨南京地区,为客户提供营销策划、创意设计、媒介发布、市场推广等全程、全面的综合服务,1996年起,公司连续被评为南京市"十佳"、"十强"广告公司。

公司隶属南京人民广播电台,除承揽本台各系列台广告外,已建立了稳定的县级电台、省内城市台、全国中心城市台广播广告协作网,公司拥有专业媒介购买公司,依托电台及公司的操作实力,在本地及省内电视、报纸媒体业务的综合服务上独树一帜。公司还拥有南京市黄金路段户外媒介3000平方米的广告发布权,可满足客户不同媒介组合之需要。

南通公交广告装潢公司

地　址:江苏省南通市人民东路53号
邮　编:226001
电　话:(0513)5584451
传　真:(0513)5516282
法人代表:程信汤
联系人:吴　艳

南通公交广告装潢公司成立于1988年初,10年来,由小到大,由弱变强,集策划、设计制作发布于一身。成为市区一家较有实力及影响的广告公司。

经营范围:

设计制作、发布国内车身、站牌、亭牌、路牌灯箱,印刷品、条幅广告。

苏州太湖广告有限公司

地　址:苏州人民南路吴中商城底座
邮　编:215128
电　话:(0512)5281519　5281903
传　真:(0512)5620181

苏州太湖广告有限公司始创于1993年初,拥有一批优秀的策划、设计、市调、媒介、制作人才,具备完整的软硬件先进设备。

公司实行先进的企业管理模式,形成了以"献身精神、团队意识和事业心"为主线、以人为中心的企业文化特点。公司本着使客户获得最大效益的宗旨,以"严谨、科学"的运作方式,遵循"创意、效果"的工作准则,竭诚为广大客户服务。

盐城市广告装璜总公司(盐城市广告公司)

地　址:江苏省盐城市解放北路7号
邮　编:224001
电　话:(0515)8327437　8323809
传　真:(0515)8311744
负责人:吕解生
联系人:王生华

盐城市广告装璜总公司专门从事广告创意、策划、制作、发布的专业公司,是盐城市唯一拥有代理、发布国内外各类广告权的全方位经营性公司。公司拥有较高水准的策划、创意及电脑制作专业人才。本公司愿与所有的企业和广告界同仁携手合作,为您的事业,也为我们的事业共创辉煌。

仪征市广告公司

地　址:仪征市亲河路73号
邮　编:211400
电　话:(0514)3452042
负责人:高志生
联系人:王卫红

我们的经营项目有:承接路牌广告设计、制作、发布代理业务,产品包装、样本设计、印刷业务;各类灯箱、霓虹灯制作安装业务。承接室内外装饰工程、环境艺术设计、施工业务。

南京港长江广告音像公司

地　址:南京市下关区江边路 17 号滨江大厦 12 楼
邮　编:210011
电　话:(025)8802803 - 2833　8823607
传　真:(025)8823607
负责人:姚　翔
联系人:张益波

隶属中国内河第一大港,国有大型企业——南京港。

地处津浦铁路线和长江黄金水道两大动脉交汇点,“万贾云集之地”的南京外滩。

拥有实力强劲的人才组合、功能齐配的摄录设备以及印刷、灯箱广告制作中心,配套服务。

从事市场调研、策划创意、设计制作、媒体发布、广告代理等全方位广告活动。

同时拥有一支实力雄厚的商品经销队伍,竭诚为您的产品在市场生辉,为您的企业在长江经济走廊放彩而奉献所有。

吴县市广告公司

地　址:江苏省吴县市东苑路 54 号
邮　编:215128
电　话:(0512)5279792　5625010
负责人:任元孝
联系人:韩桂芳

我公司是集设计、制作、发布、加工、服务为一体的专业广告公司,承办和代理国内外各类广告业务,兼营摄影、摄像、冲扩、打字、复印及零售照相器材。

南京市广告公司

地　址:南京市洪武北路 116 号
邮　编:210018
电　话:(025)4419488
传　真:(025)6641741
负责人:潘祥生
联系人:蒋　明

代理国内外各类广告
CIS 企业形象方略
市场调查及产品销售策略
广告评估及信息反馈
平面广告创意

编导、摄制广告电视片、资料片,制作发布路牌、霓虹灯、立柱灯箱、橱窗等各类户外广告。

承办各类展销会、展览会及室内外装饰的设计施工。

江苏省广告公司

地　址:南京中山路 402 号
邮　编:210002
电　话:(025)4522495
负责人:尹开国

江苏苏荧广告公司

地　址:南京市北京东路 4 号
邮　编:210008
电　话:(025)7713203
传　真:(025)3610077
总经理:马嘉益
联系人:完　嫕

在江苏电视台各套节目中发布各类电视广告。

南通市广告美术公司

地　址:南通市姚港路九号
邮　编:226006
电　话:(0513)5518758　5517319
传　真:(0513)5524010
负责人:蒋晋忠
联系人:韩彐玲
经营范围:

设计、制作、发布、代理国内各类广告业务;CI 设计、举办公关活动。装饰装潢、包装设计、彩照扩放;装潢材料,文教用品、工艺品。

南通市广告美术公司初建于 1957 年,公司设有广告部、策划部、市场调研室、霓虹电器厂、装饰工程经营部、设计室等部门,公司的宗旨是“坚持以创意为中心,以策划为主导,为客户提供全面优质服务。”坚持以“团结、文明、开拓、进取”的企业精神,立足市场,诚挚欢迎各界人士光临!

徐州报业广告公司(徐州日报广告部)

地　址:徐州市中山南路 142 号
邮　编:221003
电　话:(0516)5690469
负责人:王德义
联系人:夏国铨

徐州报业广告总公司是徐州及淮海经济区最具规模的专业广告公司之一。

公司信奉“客户就是朋友、朋友就是智慧、朋友就是力量、朋友就是财富"的经营理念。

目前,总公司除承揽"三报一刊"的广告业务外,还代办全国各地报纸广告及各类印刷业务,开展咨询服务。

连云港市太平洋广告公司

地　址:连云港市新浦解放西路219号
邮　编:222003
电　话:(0518)5456586
负责人:杨书平
联系人:林雪峰

连云港市太平洋广告公司隶属于连云港市广播电视局,系全民所有制法人企业。主要代理连云港人民广播电台、连云港电视台、连云港有线电视台和《连云港广播电视报》的广告发布业务,经营苏、鲁、豫、皖四省淮海经济区城市电视台广告联播网电视广告发布业务,连云港彩电中心及市区其它路段的户外广告发布业务,提供大型公关礼仪活动的全套服务。

太平洋广告公司拥有出色的广告策划、创意、设计、制作人才和先进齐全的摄、录、编等专业设备,可为客户创意制作电视广告片和电视专题片。公司下属综合性商场——太平洋商场,拥有出色的市场营销队伍,可为客户提供从广告发布到市场信息反馈及产品销售的综合代理。

博击商海,太平洋广告愿助一臂之力!

格美广告

地　址:常州市新闻大厦924-926
电　话:(0519)6629922

不管是在房地产业,还是广告业,作为专业的房地产广告代理商,格美以做增进销售的广告而闻名,因为他们遵循如下原则:

■在演出的舞台上,广告不是独角戏,它是营销活动这个集体演出中的一员。

■建立服务关系的唯一坚实基础,在于彼此信任与尊敬。除非一开始就如此,否则客户将以赔钱与失望收场。

■广告无法为一个人们不需要、不渴望拥有的产品塑造奇迹。但是,一位专业而有技巧的广告人可以将产品原被忽略的特点表现,从而激起人们拥有的欲望。

■广告作品应是温暖的、人性的,它触及人们的需求、欲望、希望和梦想。

常州市江南广告装璜有限公司

地　址:常州市清凉路86号
邮　编:213001
电　话:(0519)6648467
经营业务:

电脑包装设计 ●
样本印刷 ●
媒体广告发布 ●
个性化名片设计制作 ●
美国 ENCAD1.5米 ●
Novajet Pro600
写真喷画机
灯箱制作 ●
展板设计制作 ●
展会布置 ●

常州市腾龙广告公司

地　址:常州市格林大厦707、709室
邮　编:213003
电　话:(0519)6868228
传　真:(0519)6868228
负责人:王　勇

腾龙广告公司主要是从事营销企划,国内广告业务的设计、制作、代理、发布及信息咨询服务的专业性广告公司。以"灵感、顿悟、创意、行动"的理念,将努力开拓自身的资源优势,不断提升在广告市场中的竞争力,立志与本土品牌共同成长,为民族企业的再次崛起贡献自身的微薄之力。

美凯龙国际文化广告公司

地　址:常州北环路32号
邮　编:213017
负责人:车建新
电　话:(0519)5318888-5030
传　真:(0519)5319088

美凯龙国际文化广告公司隶属于中国红星家具集团,是一家依托中国红星广告制作、发布为基点,以国内广告代理为核心,从市场调研、制定广告策略到广告设计制作、媒体发布监控的一个完整的服务体系,下设三大部门:客户部、创意部、媒介部,主要骨干均有较丰富的广告工作经验,他们秉怀着先进的广告理念,使每个广告活动都经过全面分析精心策划、严格执行。

美凯龙广告认为:广告的实质既是一种商业活

动,更是一种社会服务,其效益反映在以下三个方面:

■给客户带来效益:不断地增加其产品的销量、建立有利的品牌形象。

■给消费者带来效益:让他们买到更好的产品。

■给美凯龙广告带来效益:从客户的不断壮大和消费者的最大利益中得到快乐和成就感。

常州市霓虹广告公司

地　址:常州市清凉新村商业楼3号
邮　编:213014
电　话:(0519)8832165
传　真:(0519)8832165
负责人:薛　荣
联系人:朱文君

常州市霓虹广告公司主要设计制作电脑喷绘霓虹灯、灯箱广告牌、代理发布各类广告业务,同时经营霓虹灯器材及各类广告器材。

常州市霓虹广告公司自成立以来,本着真诚为客户服务的宗旨,积极拓展业务,努力探索,在开展业务的同时,锻炼了职工的业务能力及素质。

本公司没有经理室、经营部、业务部、工程部、财务部,在常州主要道路都有各类媒体,如龙门架、落地灯箱等,本公司也为常州市的不夜街建设作出了巨大的贡献,改善城市容貌,丰富市民的夜生活,美化了城市夜景。

我们将以精谌的专业技能为各界服务。

常州开来广告有限公司

地　址:常州市劳动西路1-3号
邮　编:213001
电　话:(0519)6981222
传　真:(0519)6981222-808
负责人:徐　翔
联系人:许　云

本公司是一家集营销策划、设计制作、媒体发布于一身的综合型的广告公司,一直致力于各类广告的设计和策划工作。我们以全新的时代理念与务实的业务精神服务于客户,策划并操作过大量广告传播活动。

我们的优势:宏观上,我们拥有积级全新的广告意识;业务上,我们具备丰富的经验与良好的素质;实际操作上,我们有创意先进的技术力量与广告制作;实施推广上,我们更能为客户争取最佳的媒介安排和切实削减市场营运成本。

要是您正在寻找能帮上一把的理想沟通伙伴,我们建议,您所选择的广告公司不仅要有统领全球的眼光,还应具备洞穿市场的策划及创意专长。我们坚信,开来正是您在寻找的另一半。

常州市霞峰广告创意装饰有限公司

地　址:常州市关河西路37号银苑大厦
邮　编:213002
电　话:(0519)6604686
传　真:(0519)6615202
负责人:陆建国
联系人:范剑安

本公司是一家集平面设计、展板灯箱制作、企业形象设计、展台、展位设计搭建、室内设计与施工、户外媒体代理及发布等于一体的综合型广告公司。先进的硬件配置、专业化的人才体系和资深的操作经验,使我们成为众多广告主良好的合作伙伴。

公司现开发、生产展示产品:共分为拉网展架、拉卷展架、折叠展架、转折展架、多向连接展架、易接展架等系列多个品种,可满足各层用户流动展示的各种需求。

丰富的品种、优良的品质、一流的服务,使"霞峰"牌系列展具不但热销国内,同时在较短的时间内还将远销海外市场。霞峰展示企业将不断开拓、锐意进取。为广泛赢得市场的信赖、赢得客户的满意而攀登高峰。

常州市时空广告有限公司

地　址:常州市迎春花园8幢10层C座
邮　编:213003
电　话:(0519)6680512 13906112201
传　真:(0519)6680512
负责人:鲍琴燕
联系人:鲍莉萍

常州市时空广告有限公司是一家专业性、高水准的大型综合性广告公司,公司集营销,策划,创作为一体,代理国内各大媒体的广告业务,秉承永创新高的企业精神服务于各类客户,以优秀的创意作品,全新科学的广告思路满足客户的需求,在广告界享有良好的声誉。

媒体服务范围:华东地区各地方电视台及卫视台、华东地区各大报纸、电台及户外广告牌发布业务。本公司可根据各类产品的不同需求提供符合优秀的设计、策划，为参与激烈的市场竞争奠定了坚实的基础。时空广告以至诚的服务，优异的广告创意开拓美好的未来！

常州英才广告设计有限公司

地 址：常州市双桂坊70号
电 话：(0519)6634632
传 真：(0519)6600338－301

常州环球公共关系公司

地 址：常州市博爱路72号博爱大厦11楼
邮 编：213003
电 话：(0519)8112828
传 真：(0519)8152218

1993年，我们——常州环球公共关系公司昂首进入了公共关系和广告领域，从此和策划、形象、品牌、营销、影视等文化传播事业融为一体。

我们以"做事先做人"为核心思想，凭借快捷的信息通道、专业的复合型人才、先进的设备、业务网络和技术等优势，创造了一系列骄人的业绩。我们的员工具有丰富的从业经验和敏锐的洞察力；我们的信息资源中心、影像与平面制作中心、网络工程部、媒介部以及客户部，都配备了当前最先进的装备；我们采用先进的国际4A管理模式，保证公司有序发展；我们积极地加入国际公关组织，受邀参加各类国际公关大会，并与世界知名公关公司交流；我们拥有充满现代气息的智能代办公楼；我们为每个员工配备了先进的通讯工具……正是凭借这些优势，我们已发展成为本地区最大的专业公关顾问公司。

环球是公关界的一面旗帜，环球的客户来自各行各业，均是业内的杰出代表。

常州金利广告有限公司

地 址：常州市劳动西路90
邮 编：213001
电 话：(0519)6862288、6860018、6861098、6861958
传 真：(0519)6862288

常州新区参天广告有限公司

地 址：常州市劳动中路9号常州教科研活动中心8楼
邮 编：213001
电 话：(0519)6668735
传 真：(0519)6658236

艾力特广告公司

地 址：常州市桃园路13号
邮 编：213001
电 话：(0519)8100303
传 真：(0519)8111518

●**实施"手段"**

产品广告代理
企业形象策划
印前桌面设计
展示风格定位
广告礼品定位
广告礼品开发

●**拿手"好戏"**

旅游涉外饭店星级评定
旅游区(点)质量等级评定标准方案实施

●**终极"目标"**

只是为了您的形象和您的产品倍受瞩目！

●**公司"成份"**

江苏省广告协会会员单位，江苏省常州市广告协会常务理事单位

常州市华灯广告有限公司

地 址：江苏省常州市博爱路124号
邮 编：213003
电 话：(0519)8128074 8103297
传 真：(0519)8128074

本公司是专业的户外媒体广告公司，七年多来，我们已成功地为电子、家电、纺织、服装、通信、家具、房地产、饮食、饮料、食品、化妆品等行业几百个企业作出卓越的形象和品牌宣传，赢得了广大客户的认可和信赖。

公司为广大客户提供各种广告的审批、设计、制作、安装维修等一体服务，并拥有自己的跨度为16米的龙门架、立杆式及落地式等各种灯箱广告媒体。

常州市华灯广告有限公司愿与广大客户真诚合作，共创未来。

常州市日强广告有限公司
常州日强霓虹灯饰照明工程有限公司

地 址：江苏省常州市博爱路124号
邮 编：213003
电 话：(0519)8120102 6976239

本公司是常州市路灯管理处下属企业。主要经营：设计、制作、发布各类霓虹灯、灯箱、看板等广告业务。承建道路照明、室内装饰照明、大楼泛光照

明、电子礼花树等工程。

公司拥有全套国外进口霓虹灯生产设备。确保霓虹灯质量优异。本公司曾多次被常州市人民政府、常州市建委评为灯光建设的先进单位。

常州市通力达信息传播有限公司
常州市通力达摩托车商情网络有限公司

地　址:常州市关河中路143号益丰大厦二楼
邮　编:213002
电　话:(0519)8124203
传　真:(0519)8117465

博闻广告(常州)有限公司

地　址:江苏省常州市清潭路134号四楼
电　话:(0519)6990558 6990798 6990698
传　真:(0519)6990998

我们以"智力"争取客户
我们以"服务"赢得客户

主营推广:

(1)江苏省报纸、电视、广播广告特约代理
(2)新品推介及终端促销企划
(3)常规媒体、户外媒介策划发布
(4)CIS全面导入
(5)广告礼品制作
(6)承办大型户内外活动
(7)承办专业级会议主持、策划
(8)为客户度身定制各类创意文案,提供专业营销顾问

常州市东亚广告策划有限公司

地　址:常州市博爱路72号博爱大厦10楼
邮　编:213003
电　话:(0519)8116533
传　真:(0519)8103241
董事长　法人代表:邵伴鸿
总经理:张军华
副总经理:许志平

东亚广告策划有限公司是常(州)武(进)地区实力雄厚的专业性广告公司之一。公司经营范围为:策划、设计、制作、代理影视、广播及报刊等全国各类广告业务,代理外商来华广告业务。承接霓虹灯、路牌、灯箱、建筑物、墙面、庭园等广告的设计和制作。

公司将以不断完善的创意,高水准的整体创优能力,并以您的目的为目标,成为企业家的真挚朋友,新产品销售的桥梁。您的成功就是我们辛勤劳作的收获。

常州市中体广告有限公司

地　址:常州市吊桥路131号
邮　编:213000
电　话:(0519)6622788　6800118
传　真:(0519)6800058
负责人:姜立新

常州中体广告有限公司隶属于国家体育总局中体广告,主要从事媒介购买、媒介代理以及大型项目的运营操作,有着品牌维护、企业形象整合行销等方面的众多成功案例。主要客户有:云南红河、红塔集团、云南大重九、浙江大红鹰、江苏红杉树等。

常州市天人合一文化传播有限公司

地　址:延陵西路57-61号常信大厦15楼
负责人:宋　江
电　话:6638111

常州市红红火火广告装潢有限公司

地　址:兰洋装饰城A座901室
负责人:辛　俊
电　话:6802200　6802266

常州新区正泰广告公司

地　址:劳动西路47号
负责人:邹建清
电　话:6667188

常州远东国际广告有限公司

地　址:斜桥巷9号楼1402室
负责人:陈学礼
电　话:6644947/8102592

常州市天艺广告公司

地　址:西横街北弄1幢101室
负责人:王友健
电　话:6612048

常州高新技术产业开发区三有交通设施技术开发公司

地　址:荷花池公寓3号—丙——901

负责人:史有明
电　话:6393371/6689191－20928/1296698121

常州市劳武广告公司
地　址:新丰街16号
负责人:盛志强
电　话:8115226

常州市蜻蜓广告有限公司
地　址:局前街天成苑春晖阁305室
负责人:冯　丹
电　话:6685971

常州市顺艺广告装潢有限公司
地　址:南大街142号华侨大厦702室
负责人:钱常华
电　话:6629955

常州市公共交通总公司鹏程广告装潢公司
地　址:红梅路(天宁寺西公交回车场)
负责人:张方铭
电　话:8106782

常州市华安广告装潢有限公司
地　址:戚墅堰中街24号
负责人:王　钰
电　话:8770645

常州市月星广告有限公司
地　址:光华路东
负责人:丁佐勇
电　话:8859918

常州市辉煌广告策划有限公司
地　址:延陵西路121号
负责人:任旭飚
电　话:6633051

常州新区整合广告有限公司
地　址:和平南路金融大厦18楼
负责人:陈　瑜
电　话:8102171

常州市艾力营销策划发展有限公司
地　址:和平南路150号
负责人:钱忠保
电　话:8122988－1802

常州市外事旅游广告公司
地　址:延陵西路65号周线巷金秋大厦
负责人:冯春华
电　话:8150656

常州市海马广告装饰有限公司
地　址:劳动中路30号二、三楼西边
负责人:黄惠斌
电　话:6640101

常州市长城广告公司
地　址:杨柳巷35号
负责人:龚建国
电　话:6623812

常州文化宫广场广告有限公司
地　址:延陵西路2号
负责人:须建航
电　话:8106173

常州市民航广告装饰公司
地　址:博爱路35号
负责人:董纪坤
电　话:8107222－3409/1272380159

常州市骏马广告有限公司
地　址:丽华一村文化站
负责人:万一松
电　话:6621462/13906117724

常州市远航广告有限公司
地　址:北直街13号
负责人:姚林福
电　话:13901501121

常州新区广告公司
地　址:通江大道224号(劳动西路47号)
负责人:王辛波

电　话:6667188/13901500016

常州市万国广告有限公司
地　址:日新街天成苑14号57
负责人:高　鸣
电　话:6631059/9612127/1272356812

常州市报业广告公司
地　址:大庙弄24号
负责人:万忠群
电　话:6680140/6621273

常州新区伊迪广告有限公司
地　址:青果巷302号
负责人:喻迪迪
电　话:6620277/13906119122

常州市通达理广告有限公司
地　址:新民苑5号
负责人:胡友邦
电　话:8106218

常州经济技术开发区鼎卓广告有限公司
地　址:青果巷276号
负责人:陈涤平
电　话:6622613

常州常电集团装饰有限公司
地　址:局前街27号
负责人:陆晋荣
电　话:8103441-2212

常州南风广告公司
地　址:元丰桥1号
负责人:黄金财
电　话:6974616

常州高新技术开发区全景形象设计有限公司
地　址:广化里116号(兰陵印刷厂内)
负责人:潘莉宾
电　话:6640011

常州日报社印刷厂
地　址:大庙弄24号(新闻大厦六楼)
负责人:万忠群
电　话:6600124

常州市中亿企业形象传播有限公司
地　址:博爱路76号
负责人:颜照友
电　话:8124529/13806110806/6680008-8775

常州新区格调广告有限公司
地　址:中山路166号
负责人:朱晓波
电　话:6674121

常州礼品公司
地　址:北直街19号
负责人:汪沅洪
电　话:6683542

常州市正奇广告公司
地　址:双桂坊24号三楼
负责人:刘鸿奇
电　话:6627403/6969588-2129

常州市潇翔广告有限公司
地　址:郊区雕庄村(常锡路东27号)
负责人:杨产林
电　话:8836283/1298313850

常州市摄影广告制作中心
地　址:延陵西路7号楼
负责人:胡乃鼎
电　话:6605867/6601333

常州交通建设投资开发总公司通宇广告公司
地　址:邮电路1号
负责人:谈维平
电　话:6624936

江苏中金彩印厂
地　址:新区天安工业村A座

负责人:刘积放
电　话:5106753/5105533/5106381

常州市利笛广告有限公司
地　址:延陵西路106号
负责人:钱清波
电　话:6686779/13906117021

常州气象科技服务有限公司
地　址:清潭广成路30号
负责人:薛留芳
电　话:6972042/13801507679/1272338882

常州市大帝摄影设计印刷公司
地　址:龙游路12号
负责人:许克宁
电　话:8825420

常州市广信广告有限公司
地　址:新区天安工业村C座四楼
电　话:6969588－91098

常州市国际翻译广告公司
地　址:大庙弄21号
负责人:邱建国
电　话:6631777

常州市天城广告有限公司
地　址:红梅乡田杜村3号
负责人:沈　键
电　话:8834575

常州市先驱广告有限公司
地　址:永宁北路12号(四楼)
负责人:张晓明
电　话:5304112

常州市钟楼区三诺广告有限公司
地　址:西横街61号
负责人:钱蓉蓉
电　话:6633815

常州市经天广告有限公司
地　址:三井乡三井村九里巷71—16号
负责人:张卫国
电　话:13906111380

常州市红日广告印刷设计部
地　址:和平南路37号
负责人:吴红秋
电　话:8107301

常州广播电视信息网络有限责任公司
地　址:河海东路10号
负责人:张　兵
电　话:6673358

常州金帆广告有限公司
地　址:西瀛里76号
负责人:陈正贵
电　话:6600922

南京扬子广告有限公司常州分公司
地　址:广化街281号1301室
负责人:彭　凯
电　话:6621293

常州市电通影视广告有限公司
地　址:西瀛里239号三楼
负责人:朱玉琴
电　话:6620376

常州市成功广告装潢有限公司
地　址:周线巷24号金秋大厦辅楼2楼
负责人:谢鸿志
电　话:8108664

常州市无极广告有限责任公司
地　址:城市花园底层38号
负责人:蒋耀建
电　话:8105810

常州市友人广告有限公司
地　址:关河西路37号银苑大厦703室
负责人:张亚娟

电　话:13706111789

常州市青藤展示艺术广告有限公司

地　址:怀德苑37幢乙单元301室
负责人:戴　洽
电　话:6622063

常州中视广告传播有限公司

地　址:南大街50号812室-816室
负责人:胡明良
电　话:6620358

常州市嘉和广告有限公司

地　址:河海新村8幢甲—101号
负责人:赵剑光　朱红艳
电　话:5104596

常州优视广告传播有限公司

地　址:西横街10号
负责人:张小燕

常州市绿苑广告有限公司

地　址:阳光商业广场
负责人:马普选
电　话:6621982

常州市百事利广告有限公司

地　址:吊桥路18—314号
负责人:孙文进
电　话:8812188

常州市园方广告设计有限公司

地　址:北直街7号
负责人:何　钰
电　话:6688492

常州市远方信息技术有限公司

地　址:劳动中路35号(北二楼)
负责人:丁金生
电　话:6645907

常州市九州广告有限公司

地　址:红梅乡林园村康家塘165号
负责人:毕　军
电　话:5303621

江苏光明国际资讯发展有限公司常州分公司

地　址:广化街7—9号(国税大厦909室)
负责人:周　萍
电　话:6645518

常州市中天广告有限公司

地　址:武青北路5号金隆大厦425—426号
负责人:徐玉华
电　话:8121291　6671291

常州广电广告有限公司

地　址:广视路88号
负责人:蒋雅芬
电　话:3270940

常州友好信息传播有限公司

地　址:吊桥路4号—2
负责人:王宝林
电　话:8100018

常州新世纪房产发展有限公司

地　址:北大街2—8号
负责人:俞可伟
电　话:6635673

常州新区红与黑广告有限公司

地　址:河海街道许家村委内
负责人:朱爱敏
电　话:13901502297

常州市易辰广告有限公司

地　址:劳动西路26号2号房
负责人:杨　俊
电　话:6668311

常州市联通广告有限公司

地　址:邮电宿舍2号楼甲301室
负责人:吴建成
电　话:6858600

常州市空调资讯有限公司

地　址:杨柳巷 50 号七楼(705—706)

负责人:丁　文

电　话:6610873

常州景奇广告有限公司

地　址:城中南路 157 号

负责人:张旭东

电　话:6623691

常州市红雨广告有限公司

地　址:健身路 5 号二楼西北侧

负责人:刘燕萍

电　话:6612626

常州市福特广告有限公司

地　址:青果巷 262 号

负责人:王　诚

电　话:6631581

常州市金秋广告有限公司

地　址:周线巷 24 号 711

负责人:顾东辉

电　话:8120352

常州市华玉广告有限公司

地　址:永宁路 11 号交通大厦 604 室

负责人:王　玉

电　话:8159966

常州市凡盛广告有限公司

地　址:延陵西路 121 号(商业大厦 1004 室)

负责人:蒋　春

电　话:6672242

常州揽月广告有限公司

地　址:通江大道 388 号—108

负责人:梅郁芬

电　话:5100290

常州博奥广告有限责任公司

地　址:武青北路 5 号金隆大厦 511 室

负责人:王　宏

电　话:8161155

常州市贝塔莲花广告有限公司

地　址:常州劳南 11—甲—101

负责人:孙　鉴

电　话:1300443755

常州市新翔广告印务有限公司

地　址:武青北路听松大厦 B 座 303

负责人:朱　弘

电　话:8125199/8125200

常州市超凡信息广告有限公司

地　址:北直街 52—已—302 #

负责人:承来琴

电　话:6631384/8350561

常州市同志广告设计有限公司

地　址:怀德苑 D12

负责人:王惠琴

电　话:6979968

常州家庭装饰服务中心

地　址:延陵西路 8 号二楼

负责人:

电　话:8123123

常州市创艺广告有限公司

地　址:光华路 13 号农业局大楼 312 室

负责人:张鸣宇

电　话:6856310

常州市美林广告有限公司

地　址:关河路农贸市场 2 楼

负责人:何　涛

电　话:1300440565

常州市金洋智达广告有限公司

地　址:常州新区通江大道天安商住楼裙房 3F

负责人:方阿琴

电　话:6689191 - 3388

常州市鸿雁邮电广告印刷公司
地　址:常新路 18 号
负责人:钱广华
电　话:6757113

常州市大禾广告有限公司
地　址:商业大厦十楼 1003 室
负责人:李雪梅
电　话:6630800－8820

常州市金辉广告有限公司
地　址:劳动西路 47－3 号二楼
负责人:欧　晖
电　话:6854316

常州市新视角广告有限公司
地　址:杨柳巷 4—丙—101
负责人:吴建伟
电　话:6605076

常州市久久广告有限公司
地　址:和平南路 150 号
负责人:杨建贵
电　话:8122988－1906

常州市天宇广告有限公司
地　址:吊桥路 18 号 207 室
负责人:范静巍
电　话:13606110521

常州原点广告有限公司
地　址:鲜鱼巷 1 号 401 室
负责人:陈　民
电　话:8120800

常州市蓝海广告有限公司
地　址:常锡路 116 号
负责人:林素萍
电　话:6644680

常州市大地广告信息有限公司
地　址:和平北路 9 号总工会大厦 B 楼 511 室
负责人:刘　波
电　话:8121210

常州市凯旋广告有限公司
地　址:大华路 68、66 号
负责人:邱国锋
电　话:13004378416

常州市歌华广告有限公司
地　址:三井乡巢家村
负责人:徐伯鸣
电　话:6601388

常州市国人广告有限公司
地　址:清潭路 212 号
负责人:杨培成
电　话:13906116771

常州市扬子江广告营销策划有限公司
地　址:广华街 281 号(金都大厦 1304 房)
负责人:冯　娟
电　话:6616907

丹阳市天天广告装璜有限公司常州分公司
地　址:延陵西路 121 号 1002 室
负责人:曹新波
电　话:13801503403

常州市金水商务咨询有限公司
地　址:清潭路 85 号
负责人:盛中克
电　话:6960278/6960441

常州市大手笔创意广告有限公司
地　址:清潭路 102 号(清潭体育馆内)
负责人:赵　红
电　话:6990378

常州市玉人网络广告技术发展有限公司
地　址:煤史村 6 号
负责人:蒋志坚
电　话:6667368

常州市喜洋洋广告有限公司
地　址:通江大道 8 号
负责人:何　理
电　话:5110713

常州市华讯商务广告有限公司
地　址:永宁路 77 号
负责人:刘红梅
电　话:5326759

常州市品墨广告有限公司
地　址:通江大道 240—4 号
负责人:李仁芳
电　话:5112197

常州市慧讯广告信息有限公司
地　址:红梅乡红梅段家村 68 号
负责人:马小宁
电　话:8252056

常州市天地人广告有限公司
地　址:西上园 10 幢丁单元 201 室
负责人:吴　明
电　话:95808 - 906

常州市百盛广告有限公司
地　址:项家弄 8—甲—202
负责人:高建伟
电　话:6619898

常州市金鹰广告印刷设计有限公司
地　址:清凉路 32 号
负责人:谢　琪
电　话:6692093

常州市大运河广告有限公司
地　址:花园路 20 号乙单元 401 室
负责人:姚建华
电　话:6608516

常州市红樱广告有限公司
地　址:清潭新村 117 幢旁
负责人:孙　菊
电　话:6963246

常州市艳阳天广告有限公司
地　址:武青北路 19 号新丰大厦 518 室
负责人:殷毅强
电　话:8101528

常州市光明广告有限公司
地　址:小东门路 166 号
负责人:吴凤珍
电　话:8122333 - 176

常州市和平广告有限公司
地　址:迎春花园 3 幢 13 号
负责人:吉锁英
电　话:5305641

常州市五月社广告传播有限公司
地　址:古村 2 号
负责人:沈红兴
电　话:8150785

常州新区旅游广告有限公司
地　址:新区长江东路东首中华恐龙园内
负责人:沈　波
电　话:13906126100

常州市英杰广告有限公司
地　址:河海东路商业用房 8 号
负责人:度如真
电　话:1272361408

常州市好好广告有限公司
地　址:和平北路 71 号
负责人:王　岗
电　话:8125819

常州经济技术开发区华利装璜广告公司
地　址:红梅乡胜利村 390 号
负责人:卜正亮
电　话:5210125

常州市雨冬广告企划有限责任公司

地　址:邮电路商贸中心四楼

负责人:黄金妹

电　话:6613355

常州新区华艺广告有限公司

地　址:常澄南路 12—16 号

负责人:高强伟

电　话:9650138/5212299

常州市龙辉广告有限公司

地　址:常州新区兰翔新村二村商住房附 1 号

负责人:朱　军

电　话:13004377353

常州市颖珍妮广告有限公司

地　址:木梳路 5—1 号

负责人:刘青霞

电　话:6968181 - 584

常州市美凯龙国际文化广告有限公司

地　址:北环路 32 号

负责人:车建兴

电　话:5311118

常州市霞峰广告创意装饰有限公司

地　址:关河西路 37 号银苑大厦 1504 号

负责人:陆建国

电　话:6604686

常州市华鹏广告装潢有限公司

地　址:西河沿 200 号

负责人:徐建华

电　话:6852970/13901500557

常州市中安商务有限责任公司

地　址:杨柳巷 50 号信息大楼 6 楼 A 座

负责人:徐赓庭

电　话:6800045

常州市美尔快广告有限公司

地　址:罗汉路 2 号

负责人:黄钦

电　话:8107705

常州市原野广告有限公司

地　址:茶山乡常春村委薛家村 39 号

负责人:王兴龙

电　话:13906112955

常州博奥广告有限责任公司

地　址:武青北路 5 号金隆大厦 511 室

负责人:王　宏

电　话:8161155

常州市通力达摩托车商情网络有限公司

地　址:常澄路 55 号

负责人:丁明

电　话:8109457

常州兰洋国际信息技术研究所

地　址:清潭路 212 号

负责人:杨培成

电　话:13906116771

常州市国人广告有限公司

地　址:北直街 37 号

负责人:时列东

电　话:6639004/13706119697

常州市世创广告设计策划部

地　址:勤业新村 132 - 乙 - 301

负责人:闵静倩

电　话:13961155855

常州市来来往往广告有限公司

地　址:常州市吊桥路 36 号

负责人:邹惠琴

电　话:6608316

常州市新翔广告印务有限公司

地　址:武青北路听松大厦 B 座 303

负责人:齐　放

电　话:8125200/8125199

常州市钟楼区大唐企划中心
地　址:常州市化龙巷1#恒利大厦B座305室
负责人:杜庆华
电　话:6627139

常州市医学会
地　址:延陵西路6号科技大楼十楼
负责人:潘福兴
电　话:8101032

常州广电信息咨询有限公司
地　址:大庙弄30号码
负责人:曹德华
电　话:6615087

常州市群艺书社
地　址:人民公园内
负责人:董宝成
电　话:6682731

常州市蓝海广告有限公司
地　址:常锡路116号
负责人:李瑞风
电　话:6644680

常州市互动广告传播有限公司
地　址:翠竹新村52－501室
负责人:徐勘天
电　话:6624560/6969588－2222

常州市霓虹广告有限公司
地　址:清凉新村商业楼3号
负责人:薛荣
电　话:8832165

常州市新视角广告有限公司
地　址:杨柳巷4幢丙101室
负责人:吴春福
电　话:6605076

常州市歌华广告有限公司
地　址:三井乡巢家村
负责人:周玉巧
电　话:6601388

常州市方正广告人工作室
地　址:关河中路65号市场二楼209室
负责人:丁俊成
电　话:8107000

常州市恒昌实业有限公司
地　址:常澄路88号
负责人:杨晓东
电　话:8820096

常州市成是多媒体广告技术应用有限公司
地　址:常州市永宁路11号
负责人:钱　俊
电　话:13004383314

常州市巨禾广告有限公司
地　址:常州市和平大厦1009室
负责人:黄　远
电　话:8122258/13057157203

常州东圣广告有限公司
地　址:浦南路113号
负责人:郭维艰
电　话:6683204

常州求索展示广告有限公司
地　址:怀德中路123号
负责人:顾钰钏
电　话:6609724

常州三元广告有限责任公司
地　址:关河西路66号
负责人:潘　骏
电　话:6631361

常州大一广告有限公司
地　址:常州市红梅南路31号
负责人:屠　娟
电　话:3275248/13506122272

常州市今视广告有限公司

地　址:常州市博爱路118号
负责人:王晓军
电　话:8114247/13961298490

常州电视实业发展有限公司

地　址:广化街1号
负责人:颜晓群
电　话:3332783

常州环宇广告有限公司

地　址:天皇堂弄27号楼
负责人:赵秀珍
电　话:6620108

常州市海润广告有限公司

地　址:常州市博爱路100号405室
负责人:高德华
电　话:8113556

江苏常武新华书店有限责任公司

地　址:常州和平南路151号和平大厦裙楼1－2层
负责人:李志明
电　话:13951235599(陈骏)

常州市顺达广告有限公司

地　址:常州市兰洋装饰城A座三楼
负责人:董国忠
电　话:6603129/13063923529

广播电视类

常州有线广播电视台

地　址:常州市西横街10号
电　话:(0519)6611266　6611268
传　真:(0519)6611268
负责人:张　兵

常州有线广播电视台于1994年10月28日正式建台,目前自办3套电视节目,传达31套电视节目,网络覆盖常州市区和所辖武进、金坛、溧阳三市,拥有用户52余万户,直接受众340万。

常州有线广播电视台自办新闻频道、生活频道、图文信息频道三套节目。

新闻频道以新闻节目为主,自办有《常州报道》、《有线播报》、《有线大视角》、《警方传真》等节目;生活频道以生活服务为主要特色,自办了《生活百事》、《龙城旅游》、《环球音乐》、《相聚在荧屏》等栏目;图文信息频道开设了《股市行情》、《房信交流》、《人才劳务市场》、《求职信息》、《调剂市场》、《金融财经信息》等20个信息窗口。节目以丰富多彩的内容,鲜明浓郁的特色,生动活泼的风格,赢得了广大市民的喜爱,达到了较高的收视水平,我台还先后拍摄了上、下集电视剧《太阳底下》、10集电视连续剧《戏梦人生》、20集电视连续剧《围城内外》、电视电影《生死兄弟情》等。建台以来,已有60多件作品获得省级以上大奖。

常州电视台

地　址:常州市广视路88号
电　话:(0519)3278659　6669008
负责人:颜晓群

常州电视台建台已二十五周年,是常州新闻系统唯一的省级文明单位。人才、技术、设备、实力雄厚。电视信号覆盖常州全境及邻近部分地区,可收视人口达1500万人。自办两套节目,转播三套节目,全天候播出。节目容量大、节奏快、时效强、信息量大;影视剧内容新、质量好、品位高,99年黄金时段平均收视率达22.74%。在常州可收看到的三十几套节目中名列第一。

自办的一套(九频道)及二套节目,形成了《常州新闻联播》、《社会写真》、《法庭内外》、《新闻播报》、《晚间新闻》、《英语新闻》、《今日常州》、《共度好时光》等各具特色的名牌栏目。

常州电视台技术装备水平居全国城市台前列。具有两个功能先进、技术指标一流的电视播出传输中心。有五个演播室,其中新闻演播室、社教节目演播室已实现全部数字化,一个600M^2演播室配备有80只进口变色灯,40台进口电脑灯,最新型的GRANDMA调光台。大型8讯道数字转播车既作600M^2演播室的节目录制,又可外出录像,车内配置有12比特数字摄像机,DVW数字录像及SONY数字切换台,EVS慢动作重放机等世界最先进的数字设备。全台有五套配置先进的SGI OCTANE工作站及MAYA、JALEO、SOFTIMAGE等世界先进的三维动画、非线性编辑软件,可制作精良的广告、片头等节目。摄录编设备采用DIGITAL－S及DVW数字格式,自制节目已基本数字化。

发射机总功率 18.6 千瓦,包括播出自办两套节目及转播上级台三套节目。

无锡电视台广告部

地　址:无锡市湖滨路 4 号
邮　编:214061
电　话:(0510)5807818－3029　5802239
传　真:(0510)5887997
负责人:张　恺
联系人:任政伟
经营范围:

无锡电视台广告部负责本台所有电视广告业务的经营及本台栏目、影视节目特约播出和特别节目的经营管理,是无锡电视台唯一的广告及节目经营窗口。

淮阴电视台

地　址:淮阴市淮海西路 202 号四楼
邮　编:223001
电　话:(0517)3942230　3922588
负责人:王达顺
联系人:徐　海

淮阴地处江苏北部,淮河下游,东濒黄海、西接安徽、南连扬州、北与连云港、徐州毗邻。京杭大运河贯穿全境,是举世敬仰的周恩来总理的故乡。下辖淮安市、清河、清浦两个区和淮阴、洪泽、涟水、盱眙、金湖五个县,全市人口近 700 万。

淮阴电视台是苏北地区的骨干台,拥有 186 米高电视调频塔。使用 4、7、16、22 四个频道,其中 22 频道淮阴电视台使用 10 千瓦发射机(各县市转播)并进入有线电视网,覆盖全市八个县市区,波及连云港、盐城、扬州等一些地区,收视范围的人口达一千多万。凡在我台播放的广告和经济信息,均能收到良好的经济效益。

本台广告服务宗旨。

信誉第一,客户至上

江苏电视台

地　址:南京市北京东路 4 号
邮　编:210008
电　话:(025)647359

南京电视台

地　址:南京市中山东路 28 号
邮　编:210005
电　话:(025)649078

江苏人民广播电台

地　址:南京市中山东路西祠堂巷 8 号
邮　编:210002
电　话:(025)642464

南京人民广播电台

地　址:南京市延龄巷 50 号
邮　编:210002
电　话:(025)643711

连云港电视台

地　址:连云港市新浦解放西路 219 号
邮　编:222003
电　话:(025)5456586　5453886
经济信息部主任:杨书平
联系人:庄建玉

连云港电视台座落在江苏省东北部的海港城市,覆盖范围为 21 个县市。主要经营电视广告,电视资料片。代理同行业广告。

报　刊　类

常州日报社广告中心

地　址:常州大庙弄口
邮　编:213003
电　话:(0519)6603740 6626118
传　真:(0519)6624880
负责人:曹海金

常州日报社广告中心全面负责《常州日报》、《常州晚报》的广告事务,全方位地为广大企事业单位和广大读者提供服务,承担广告的设计、制作、发布。同时还代理国内各大媒体广告、制作产品样本广告、户外灯箱广告、馈赠礼品广告,承办各种信息发布活动等。

常州日报广告中心人才荟萃、设计水平先进、策划创意一流,下设落户部、市场部、专版代理部、设计出版部四个分部。我们竭诚为广告客户提供全面、周到的服务,为提高企业知名度,树立企业美好形象,拓展产品销售渠道尽心尽力。

中国剪报社广告部

地　址:江苏省常州市劳动中路7号
邮　编:213001
电　话:(0519)6645803
传　真:(0519)6645803
联系人:沈　琴　强丽清

宜兴日报广告部

地　址:江苏省宜兴市氿滨南路10号
邮　编:214205
电　话:(0510)7981160
传　真:(0510)7992289　7981540
负责人:徐如升

《宜兴日报》是中共宜兴市委机关报。创刊于1956年,1980年复刊,现为四开八版日报(周六刊)。目前日发行量近5万份。

宜兴人杰地灵,被誉为"陶的古都"、"洞的世界"、"教授之乡"。她地处长江三角洲,居苏浙皖三省枢纽地带,受沪、宁、杭等国际化大都市的经济辐射。全市人口115万,总面积1758平方公里。综合经济实力自1993年以来名列全国百强县(市)前茅。

近年来,《宜兴日报》广告经营额一年一个新台阶。1997年达到600万元,是广大工商企业理想的广告媒介。

新华日报

地　址:南京市中山路55号
邮　编:210005
电　话:(025)741644　647994

南京日报

地　址:南京市解放路53号
邮　编:210016
电　话:(025)412148　412494

江苏工人报

地　址:江苏省南京市中山北路202号
邮　编:210003
电　话:(025)6635238转35308或35309

服务导报

地　址:南京市沈举人巷5号国药大厦七楼
邮　编:210029
电　话:(025)4717979　4701970(广告部)
传　真:(025)4712058
负责人:刘守华

广告大观杂志

地　址:江苏省南通市青年西路39号
邮　编:226006
电　话:(0513)3519039
传　真:(0513)3519039

《广告大观》是面向全国读者的一份融新闻性、知识性、趣味性、实用性于一体的广告专业刊物,是我国目前唯一的一份文摘类广告月刊,可读性强,富含营养与启迪,被誉为广告人案头上的"精美快餐"。《广告大观》目前已成为全国最具影响力的广告刊物之一。

《广告大观》立足传播与交流,实用性与可操作性强。遍采国内外千余种报刊的精华,追踪国内外广告新潮,图文并茂,深受企业界、公关界、经济界及广大广告从业人员的欢迎和喜爱。本刊坚持奉行倡导广告文化、树立广告形象、传播广告信息、普及广告知识、推介广告经验、干预广告生活的办刊宗旨,坚持高起点、高品位、多角度的编辑方针,为广大读者采撷"短、小、精"的上乘文稿。

《广告大观》设有最新动态、独家策划、本刊特稿、典型案例、广告创意、策划舞台、广告技巧、广告人物、广告策略、广告法苑、CI专栏、品牌营销、商标与传播、广告书苑、八面来风、曝光台、问题探讨等数十个栏目。

目前,《广告大观》以其超大的信息量(每期发稿在70篇左右),高品位的文稿质量,独特的市场定位,自成特色的编排在全国广告类杂志中独树一帜。

《广告大观》为月刊,每月1日出版,国际标准16开本,全年订价96元。1999年将全面革新版面,进一步扩展信息,增加彩色插页,全铜版纸印刷,遍及全国31个省市自治区的新闻媒介、广告公司、展览公司、企业企划部门及有关大专院校等。

《广告大观》是广告专家学者的资料库,广告从业人员的参谋部,企业企划部门的智囊团。

一册在手,遍览天下广告精华。

《广告大观》力求在平等互利的基础上,坚持"诚实、信用"的原则,广交海内、外朋友,全方位,多渠道与广告业、展览业等行业交流与合作。

欢迎订阅　欢迎赐稿　欢迎交流合作

科学养鱼杂志社

地　址:江苏省无锡市宝界桥中国水产科学研究院淡水渔业研究中心
邮　编:214081
电　话:(0510)5801424－2116
传　真:(0510)5803304
广告业务负责人:戈贤平
联系人:魏友海
经营范围:
承接与水产有关的各类广告刊登业务。

常州《翠苑》杂志社

地　址:横兴路102号
负责人:冯光辉
电　话:6608200

经济时刊杂志社

地　址:局前街180号(市府大院4号楼4楼)
电　话:6600617

浙　江　省

公　司　类

杭州电力广告公司

地　址:杭州市解放路102号
电　话:(0571)7071418　7261637
传　真:(0571)7025830

杭州电力广告公司是杭州市电力局下属企业,具有设计、制作、发布国有广告之能力。公司自1993年成立以来,响应市政府创建文明城市的号召,重点在杭城路灯杆、电力杆、马路人行道上发布中小型灯箱、路牌,并拥有杭城高层建筑广告牌等其他广告媒体。公司大量引进和使用户外广告新材料,短短几年时间,灯箱式样推陈出新,从单一的长方形、圆形到如今开发出20余种款式。先后在杭城许多主要街道上成功发布大批量群体灯箱,在广告界引起较大反响,并受到市政府主管部门好评。公司在发展广告业务的同时,积极在杭城主要街头设置公益性广告,从而大力弘扬了中华好风尚。

一个好产品需要一个好广告为其宣传,一个好广告需要一个好媒体来展示。几年来,杭州电力广告公司本着“客户至上,真诚服务的企业精神,先后与娃哈哈、海尔电器、小天鹅、东方通信、可口可乐、肯德基、麦当劳等一批国内外知名企业愉快合作,都取得了客户肯定。在已拥有一大批稳定客源的今天,公司不满足现有成绩,承揽广大客户,希望通过挚诚的合作,换来满意的回报。

杭州风巢企划广告公司

地　址:浙江省杭州市莫干山路100号耀江国际大厦B楼七层C座
邮　编:310005
电　话:(0571)8380501　8380521　8380522
传　真:(0571)8380502
负责人:周　青
联系人:梅　蕊

我们引以为豪的是我们能促销的广告
我们拿手的事:
产品促销全案策划
影视广告创意制作
CIS企业形象设计
平面广告设计制作
广告代理发布

我们的优势:我们最了解浙江,而且,我们有许多成功的例子,到浙江做广告,请来找我们。

通达理·宁波广告公司

地　址:宁波市北郊路长安巷20号
宁波市西北街1号
邮　编:315010
电　话:(0574)7363658　7273035　7273908
传　真:(0574)7363658
负责人:乐明行
联系人:张吉祥　乐明律　金一波

通达理·宁波广告公司是由1992年成立的通达理广告有限公司与1979年成立的宁波广告公司于

1994年联合的专业广告公司,拥有股份企业6家,全资企业5家。本公司是中国广告联合总公司理事单位,中国联达广告有限公司股东单位,浙江省广告协会会员单位,华东广告协作创始发起和会员单位,宁波市广告协会常务理事单位,中国霓虹技术协作会委员单位,连续十年荣获“重信誉,创优质服务单位”称号。两家均为浙江省广告实力排序50强广告公司。

本公司拥有现代化专业设备,汇集了创意设计、公关、工程等广告专业人才,是宁波市级最大的两家专业广告AAA级企业。

杭州阳光创意广告有限公司

地　址:杭州市中山北路西湖新城青松阁七层
邮　编:310014
电　话:(0571)5302337　5302338　5302339
传　真:(0571)5300265
电了信箱:youngod@mail.hz.zj.cn
网　址:home.chaozhou.gd.cn/~youngod
负责人:卢　熙
联系人:程　冬

“阳光创意”是目前浙江省最具专业水准的综合性广告公司之一。公司以“植根本土文化,服务中华企业,研究国人心态,创造健康需求”为经营理念,坚持“做事不做秀”的工作原则,坚持策略性创意导向,始终把“给消费者带来利益,为企业带来市场”作为自己的唯一责任。公司经营上的特色是全方位地为客户进行整体策划,制作并代理。公司下属影视制作及节目发行机构,可为国内外各影视机构的电视剧、电影、电视综艺节目提供代理发行及拍摄等方面的服务。1996年公司被评为杭州市30强广告公司及浙江省50强广告公司,并在国内专业广告评比中多次荣获各项大奖。

浙江省国际广告公司

地　址:杭州市体育场路596号
邮　编:310007
电　话:(0571)5150464　5150559　5150937
　　　(0571)5175709　5150592
传　真:(0571)5150444
法人代表:韩明东
联系人:房启余

浙江省国际广告公司系集广告主要经营设计、制作、代理、发布国内外各类广告;承接各类展览、广告(艺术)摄影、装璜业务;经营广告器材、广告礼品、展览用具、轻工业品、工艺品、纺织品进出口业务;广告印刷制作原辅材料、仪器仪表进口业务,及服装出口业务;承办内外销产品包装装璜、商品样本、画册、年月历的设计、印刷业务。兼营对外经济贸易相关的咨询、信息服务、资信调查业务。

南方广告有限公司

地　址:浙江省舟山市定海区环城西路98#
邮　编:316000
电　话:(0580)2038149　2021260
负责人:朱　曦
联系人:林一梅
经营范围:

国内各类广告装饰业务及承接外商来华广告业务。

宁海经纬广告图文有限公司
宁海县广告公司

地　址:浙江省宁波市宁海县人民大道128号
邮　编:315600
电　话:(0574)5582892
传　真:(0574)5582892
手　机:(0)13906603392
总经理:仇海斌

我们善于破坏一个旧世界
我们更善于建立一个新世界

杭州市公交广告公司

地　址:中山北路481号
邮　编:310003
电　话:(0571)5171717　5107537
传　真:(0571)5171717

杭州市公交广告公司隶属杭州公交总公司,是浙江省50强广告公司之一,具有全方位发布资质,拥有在杭城公交车体独家经营广告之特势,集策划创意、客户服务、设计制作、媒体代理、发布监控于一体。所开发的车体、候车亭、灯箱、站牌、路牌等媒体,业务遍布国内外。

用我们庞大的媒体与实力,执行出令人惊喜的作品,为您渲染上不朽的色彩,让您的产品穿梭于杭城东南西北。

宁波海王星装饰广告总公司

地　址:浙江省奉化市大桥镇岳林路东端
邮　编:315500
电　话:(0574)8924441　8924443
传　真:(0574)8924441
负责人:童海啸
联系人:江孝定

本公司创办于1988年7月,是一家融广告、装饰、园林为一体的综合性配套服务的经济实体。企业占地20亩,建筑面积8000m²,自有资产1200万元,年施工能力3000万元以上,拥有数名省内一流的广告、装饰设计师和美工、木工、泥工、油漆工、电工、钣金工、铝合金制品工、玻璃制品工等配套齐全的施工队伍。业务辐射宁波地区各县(市)、大榭岛开发区、杭州、上海等地,已在宁波市区设立分公司。企业是奉化市先进企业,奉化市文明单位,宁波市"重合同、守信用"单位,宁波市AAA级资信等级企业,浙江省"重信誉、创优质服务"先进单位,浙江省广告行业精神文明建设先进单位,1996年列浙江省广告公司50强之一,1997年1月被国家轻工总会评为宁波地区第一家室内装饰甲级施工企业,企业已在宁波地区享有较高的声誉和知名度。

宁波市奥达装饰广告有限公司

地　址:浙江省奉化市惠政西路50号
邮　编:315500
电　话:(0574)8529034
负责人:敖德观
联系人:范大昌

浙江嘉兴市东南广告公司

地　址:嘉兴市中山西路231号,吉明路6-12号
邮　编:314001
电　话:(0573)2079144
负责人:李仁良

浙江日报社广告中心

地　址:杭州市体育场路178号
邮　编:310039
电　话:(0571)5310296　5199301　5310299
传　真:(0571)5151999　5199634
负责人:季　阳
联系人:徐　勇　钟玉林

设计、制作、报刊广告,全权负责在《浙江日报》、《经济生活报》、《钱塘周末》、《美术报》上发布及代理国内外报纸广告。

宁波市广告装潢设计公司

地　址:解放南路62号
邮　编:315000
负责人:林阿云
电　话:(0574)7296457

宁波市友谊广告发展有限公司

地　址:望京路燎原桥3号楼
邮　编:315010
负责人:陆有勇
电　话:(0574)7271618-617

宁波金星广告策划有限公司

地　址:中山东路137号
邮　编:315000
负责人:张利萍
电　话:(0574)7241419

宁波中房广告有限公司

地　址:孝闻街66号
邮　编:315010
负责人:葛介勋
电　话:(0574)7251246

宁波兄弟广告有限责任公司

地　址:迎春街88弄15号
邮　编:315040
负责人:陈旻波
电　话:(0574)7831002

宁波市敦煌影视艺术有限公司

地　址:广济街56号30幢
邮　编:315010
负责人:方　平
电　话:(0574)7321215

宁波航空港广告有限公司

地　址:世贸中心9楼A12
邮　编:315000
负责人:余文明
电　话:(0574)7288658-6912

宁波图文电视公司
地　址:长春路146号
邮　编:315010
负责人:黄培建
电　话:(0574)7320633

长城航空公司广告部
地　址:太古城南柳街4号
邮　编:315040
负责人:曾云祥
电　话:(0574)7708878

宁波市四方广告装潢有限公司
地　址:白沙路96号
邮　编:315000
负责人:许志峰
电　话:(0574)7666028

宁波市音像公司
地　址:兴宁路41号三楼
邮　编:315040
负责人:孙有堂
电　话:(0574)7878609

宁波电力广告装潢有限公司
地　址:兴宁路248弄6号
邮　编:315000
负责人:唐建国
电　话:(0574)7102288

宁波香溢广告策划有限公司
地　址:中山西路53号
邮　编:315000
负责人:董　理
电　话:(0574)7196440

宁波嘉和公交广告有限公司
地　址:联丰民丰街11号二楼
邮　编:315012
负责人:邱珊宏
电　话:(0574)7126666

宁波市长城广告创意公司
地　址:中山东路238号19楼
邮　编:315000
负责人:栾勇安
电　话:(0574)7361088

宁波市旅游文化发展中心
地　址:解放南路62号
邮　编:315000
负责人:陈伟国
电　话:(0574)7312894

宁波四元文化传播中心
地　址:扁担巷2号
邮　编:315040
负责人:陈彩云
电　话:(0574)7719111

宁波市豪邦公关广告有限公司
地　址:南雅新村9弄18号410室
邮　编:315010
负责人:邱　弘
电　话:1923790889

宁波市体育中心广告部
地　址:中兴路360号
邮　编:315040
负责人:仉明华
电　话:(0574)7776933

宁波市三维影视图片中心
地　址:尚书街10号
邮　编:315000
负责人:谢苏红
电　话:(0574)7120998

宁波市银影广告有限责任公司
地　址:毛衙街14号
邮　编:315000
负责人:梁家骥
电　话:(0574)7296313

宁波汇众广告企划有限公司
地　址:和义路104号
邮　编:315000
负责人:姚绪泰

电　话:(0574)7272688

宁波航华广告装饰有限公司

地　址:育才路253号二楼
邮　编:315020
负责人:胡建华
电　话:(0574)7220998

宁波嘉德文化传播有限公司

地　址:甬江新村17幢27号402室
邮　编:315040
负责人:何爱珍
电　话:(0574)7723412

宁波市园美广告公司

地　址:公园路188号
邮　编:315010
负责人:沃建平
电　话:(0574)7362696

宁波市远景广告设计有限公司

地　址:鄞奉路171号
邮　编:315010
负责人:王景行
电　话:(0574)7330243

宁波市新芝广告公司

地　址:大庆南路62号
邮　编:315010
负责人:徐文军
电　话:(0574)7213635

宁波铁路广告有限公司

地　址:南站西路61号
邮　编:315010
负责人:蔡福康
电　话:(0574)7111711

宁波市鸿业企划传播有限公司

地　址:迎春街88弄3—226
邮　编:315010
负责人:宋立平
电　话:(0574)7139981-8010

宁波市太平洋广告公司

地　址:解放南路63号
邮　编:315000
负责人:丁锡明
电　话:(0574)7301785

宁波大自然广告公司

地　址:迎春街88弄29号216室
邮　编:315000
负责人:杨勇斌
电　话:(0574)7135319

宁波新闻发展中心

地　址:柳汀街115号8楼
邮　编:315000
负责人:郑　黎
电　话:(0574)7122646

宁波摄影家协会图片中心

地　址:柳汀街98—1号
邮　编:315000
负责人:郭一清
电　话:(0574)7312093

宁波大学品牌形象设计事务所

地　址:半路张(宁大校内2号楼)
邮　编:315000
负责人:陈月明
电　话:(0574)7604294

宁波风云信息传播有限公司

地　址:气象路118号
邮　编:315000
负责人:徐　元
电　话:(0574)7117104

宁波市展览馆

地　址:药行街117号
邮　编:315000
负责人:傅德伟
电　话:(0574)7195071

宁波华联广告部

地　址:江厦街21号13楼

邮　编:315000
负责人:陈梅秋
电　话:(0574)7367046

宁波国际会议展览中心有限公司

地　址:江东百丈路 168 号
邮　编:315040
负责人:葛建刚
电　话:(0574)7730214

宁波市视广传播发展中心

地　址:永丰西路 98 – 高塘花园 9 号
邮　编:315010
负责人:弭海燕
电　话:(0574)7219824

宁波市甬江新区南方文化新闻发展中心

地　址:西湾路 137 弄 9 号
邮　编:315010
负责人:党国华
电　话:(0574)7276904

宁波市甬江广告企划咨询有限公司

地　址:甬江新区 1 号启动区
邮　编:315051
负责人:邬丽君
电　话:(0574)7305340

宁波三元文化传播有限公司

地　址:灵桥路 473 号
邮　编:315000
负责人:鲍建舫
电　话:(0574)7315187

宁波市甬江新区万达广告有限公司

地　址:王隘路 109 号
邮　编:315040
负责人:文明华
电　话:(0574)7880883

宁波市甬江新区极地传播有限公司

地　址:大沙泥街 99 弄 1 号 413 室
邮　编:315000
负责人:罗悠悠
电　话:(0574)7308669

宁波市海达广告装潢有限公司

地　址:王隘路 47 弄 42 号 2 楼
邮　编:315040
负责人:戴曼丽
电　话:(0574)7880395

宁波蓝图市场调研传播有限公司

地　址:世贸中心 16 楼 A15
邮　编:315000
负责人:李国康
电　话:(0574)7271356

宁波佳德展览服务有限公司

地　址:甬江新区清水桥路 98 弄 4 幢 606 室
邮　编:315051
负责人:常海鹰
电　话:(0574)7707853

宁波高特电视广告发展有限公司

地　址:马园路 70 号
邮　编:315010
负责人:王仁祥
电　话:(0574)7321818 – 6500

宁波市南苑国际文化交流有限公司

地　址:灵桥路 2 号
邮　编:315010
负责人:张宁象
电　话:(0574)7295678 – 3503

宁波恒德广告有限公司

地　址:沧海路 1 号
邮　编:315040
负责人:王国俊
电　话:(0574)7303589

宁波大众媒体传播有限公司

地　址:沧海路 6 号
邮　编:315040
负责人:李　慧
电　话:(0574)7226261

宁波广告公司
地　址:西北街1号
邮　编:315010
负责人:乐明行
电　话:(0574)7280523

宁波市广告联印公司
地　址:中山西路鼎新街1号
邮　编:315000
负责人:曹康林
电　话:(0574)7289471

宁波市华威广告企划有限公司
地　址:华夏巷19号401
邮　编:315010
负责人:胡　炜
电　话:(0574)7318725

宁波市影视公司
地　址:兴宁路94-102号
邮　编:315040
负责人:霍建设
电　话:(0574)7835071

宁波市海曙金鹏广告传播公司
地　址:开明街17号
邮　编:315000
负责人:邱文雄
电　话:(0574)7285679

宁波伟业超越形象策划有限公司
地　址:后河巷19号
邮　编:315010
负责人:徐松勇
电　话:(0574)7285959

宁波思博文化传播有限公司
地　址:吴家塘14号
邮　编:315010
负责人:刘尔忠
电　话:(0574)7261828

宁波市海曙文化广告公司
地　址:高塘四村1幢1号
邮　编:315010
负责人:陈效伦
电　话:(0574)7212791

宁波市鼓楼广告有限公司
地　址:孝闻巷50-3
邮　编:315010
负责人:施阿忠
电　话:(0574)7284233

宁波市求是广告有限公司
地　址:前莫家巷153号
邮　编:315010
负责人:徐尧浩
电　话:(0574)7276902

宁波市飞虹企划广告礼仪公司
地　址:高塘四村商业大楼1号楼
邮　编:315010
负责人:章飞虹
电　话:(0574)7285855

宁波市旗美广告有限公司
地　址:冷静街52号11幢104
邮　编:315010
负责人:陈大磊
电　话:(0574)7314326

宁波永盛文化传播有限公司
地　址:西河街123弄1号103
邮　编:315010
负责人:何良建
电　话:13906688662

宁波银屏传播制作有限公司
地　址:翠柏路筱墙巷150号308
邮　编:315010
负责人:李忠平
电　话:(0574)7280855

宁波蓝剑创意企划有限公司
地　址:解放南路133弄-10号
邮　编:315000
负责人:严雅平

电　话:(0574)7301221

宁波唐成广告装饰设计有限公司
地　址:柳汀新村 1 幢 3 号 103
邮　编:315010
负责人:林　雷
电　话:(0574)7131920

宁波市创昱广告有限公司
地　址:南苑街 229 弄 213 号 208
邮　编:315010
负责人:孙　军
电　话:13805894997

宁波市海洋印务有限公司
地　址:马园路 99 号马园坊 13 座
邮　编:315010
负责人:陈建伟
电　话:(0574)7138218 – 2313

宁波市语规文化广告有限公司
地　址:白云街 16 弄 1 号 3 幢 201
邮　编:315010
负责人:孙友贵
电　话:(0574)7128949

宁波一苇广告策划有限公司
地　址:灵桥路 183 号兴宁大楼
邮　编:315000
负责人:曹红辉
电　话:(0574)7301888 – 806

宁波共鸣广告有限公司
地　址:翠柏路 365 – 2
邮　编:315010
负责人:张　斌
电　话:(0574)7253674

宁波东艺策划设计有限公司
地　址:解放南路 63 号
邮　编:315000
负责人:徐昌华
电　话:(0574)7295801

宁波市星月广告有限公司
地　址:汪弄 14 号 103
邮　编:315010
负责人:徐　健
电　话:(0574)7292162

宁波之行企业形象策划有限公司
地　址:三市路 3 号二楼
邮　编:315010
负责人:赖俊卿
电　话:(0574)7298348

宁波国坚广告有限公司
地　址:博文巷 12 号 604
邮　编:315010
负责人:徐芳英
电　话:13805884573

宁波市甬联广告有限公司
地　址:中山西路 138 号天宁大厦 412
邮　编:315010
负责人:邓敬中
电　话:(0574)7288728 – 1518

宁波金琪广告有限公司
地　址:柳汀街 36 号 301
邮　编:315010
负责人:李如庭
电　话:(0574)7211296

宁波市海曙金利广告企划公司
地　址:高塘二村 20 幢 71 号 101
邮　编:315010
负责人:施　群
电　话:13805883159

宁波市利群广告有限公司
地　址:环城西路南段 299 弄 12 – 13
邮　编:315010
负责人:马宁萍
电　话:13905746630

宁波嘉诚策划传播有限公司
地　址:望京路燎原桥

邮　编:315010
负责人:竺济法
电　话:(0574)7288703

宁波市金马广告企划有限公司
地　址:解放南路38号409
邮　编:315010
负责人:李传廉
电　话:(0574)7307431

宁波市浪涛企划广告有限公司
地　址:望春路490弄28号
邮　编:315010
负责人:魏仲操

宁波市白马广告装潢有限公司
地　址:天一街34号
邮　编:315010
负责人:郑嘉根
电　话:(0574)7726179

宁波钟山广告公司
地　址:冷静街14号
邮　编:315010
负责人:张国平

宁波南光广告有限公司
地　址:高塘二村12弄3号106
邮　编:315010
负责人:章鼎铭
电　话:(0574)7275737

宁波市海曙蓝凌广告装饰设计事务所
地　址:孝闻街171号
邮　编:315010
负责人:叶亦通
电　话:(0574)7281204

宁波明红广告有限公司
地　址:联丰新村国安巷37号408
邮　编:315010
负责人:张仁夫
电　话:(0574)7129256

宁波市多雅设计摄制图片有限公司
地　址:永丰路32号
邮　编:315010
负责人:袁佩良
电　话:(0574)7283009

宁波华讯商情调查策划有限公司
地　址:孝闻街中宪巷8号
邮　编:315010
负责人:刘晓敏
电　话:(0574)7276714

宁波大名字牌制作有限公司
地　址:解放南路10号
邮　编:315010
负责人:陈明伟
电　话:(0574)7318244

宁波一通广告有限公司
地　址:白云街12号2楼
邮　编:315010
负责人:余伟阳
电　话:(0574)7125080

宁波新上游广告策划有限公司
地　址:大沙泥街168号
邮　编:315000
负责人:尹　芳
电　话:(0574)7294347

宁波蓝色天空形象策划传播有限公司
地　址:世贸中心9楼B03
邮　编:315000
负责人:李启明
电　话:(0574)7288658－6923

宁波洛可企业形象策划有限公司
地　址:马园坊B座
邮　编:315010
负责人:廉鹏程
电　话:(0574)7138218－2403

宁波华森文化传播有限公司
地　址:新芝路19－2号

邮　编:315010
负责人:徐国权
电　话:(0574)7245669

宁波汉诺广告有限公司

地　址:联丰路 184 号
邮　编:315010
负责人:李林海
电　话:(0574)7146974

宁波世纪威博文化传播有限公司

地　址:柳汀街 115 号
邮　编:315010
负责人:冯　平
电　话:(0574)7136827

宁波东经广告策划有限公司

地　址:中宪巷 8 号 6 楼
邮　编:315000
负责人:毛美毅
电　话:(0574)7289692

宁波精锐广告有限公司

地　址:苍松路 27 号
邮　编:315010
负责人:谢立本
电　话:(0574)7141414

宁波今日文化传播有限公司

地　址:柳汀街 13 号 602 室
邮　编:315010
负责人:徐银伟
电　话:(0574)7296090

宁波浩博广告有限公司

地　址:药行街 6 号
邮　编:315000
负责人:郑俊毅
电　话:(0574)7275402

宁波市经纬广告传播有限公司

地　址:国丰街 12 弄 12 号 106 室
邮　编:315010
负责人:刘瑶春
电　话:13003730595

宁波银色广告有限公司

地　址:天之海大厦裙楼 B304 室
邮　编:315000
负责人:胡　敏
电　话:(0574)7318524

宁波市东海广告有限公司

地　址:江东太古城别墅 9 号
邮　编:315040
负责人:张贤文
电　话:(0574)7708999

宁波市康琴广告有限公司

地　址:百丈东路 819 弄 2 号 310 室
邮　编:315040
负责人:徐安康
电　话:(0574)7728199

宁波市地平线形象策划有限公司

地　址:彩虹北路虹桥巷 5 弄 1 号
邮　编:315040
负责人:阮　解
电　话:(0574)7338908

宁波市艺晟文化广告传播有限公司

地　址:百丈东路 819 弄 85 号 101 室
邮　编:315040
负责人:何建敏
电　话:(0574)7716012

宁波市升升广告有限公司

地　址:百丈东路 787 号 7 楼 702 室
邮　编:315040
负责人:郑　辉
电　话:(0574)7713769

宁波市广告艺术有限公司

地　址:虹桥巷 2 号
邮　编:315040
负责人:陈虎雄
电　话:(0574)7334275

宁波市新境界广告策划有限公司
地　址:宁徐路191弄7号
邮　编:315040
负责人:叶　莹
电　话:(0574)7724446

宁波市艺虹广告发展有限公司
地　址:四眼矸街20号
邮　编:315040
负责人:孔艺虹
电　话:(0574)7831479

宁波市智美广告有限公司
地　址:百丈东路819弄27号16A
邮　编:315040
负责人:胡光荣
电　话:(0574)7723005

宁波市大公广告有限公司
地　址:彩虹南路132号
邮　编:315040
负责人:徐春妃
电　话:(0574)7879214

宁波金汇广告有限公司
地　址:鄞县大厦B11—08
邮　编:315040
负责人:俞　华
电　话:(0574)7376305

宁波市江东木林森广告发展公司
地　址:鄞信大厦802室
邮　编:315040
负责人:汪梅康
电　话:(0574)7301668－8082

宁波市天盛图文制作有限公司
地　址:中山东路531弄23号222室
邮　编:315040
负责人:陆海波
电　话:13906612264

宁波宝马广告有限公司
地　址:中山东路284弄15号三楼
邮　编:315040
负责人:戴继宏
电　话:(0574)7335590

宁波中联广告有限公司
地　址:兴宁路220号五楼
邮　编:315040
负责人:张芳敏
电　话:(0574)7395909

宁波象岛广告创意有限公司
地　址:江东南路149号－1
邮　编:315040
负责人:秦银辉
电　话:(0574)7889877

宁波启明星广告艺术有限公司
地　址:宁徐路7号
邮　编:315040
负责人:蒋　明
电　话:13003706569

宁波中粤礼品广告有限公司
地　址:百丈路168号A楼18G座
邮　编:315040
负责人:曹希平
电　话:(0574)7712825

宁波大名广告传播有限公司
地　址:现代建筑装潢市场内
邮　编:315040
负责人:吴纪财
电　话:(0574)7875887

宁波广联广告企划有限公司
地　址:宁舟巷68号101室
邮　编:315040
负责人:虞鹏鸿
电　话:998110472

宁波大观企业策划有限公司
地　址:东港大酒店3016房间
邮　编:315040
负责人:邱继明

电　话:(0574)7373188

宁波市信诚广告有限公司

地　址:彩虹南路132号901室
邮　编:315040
负责人:赵清占
电　话:13906680206

宁波金桥广告有限公司

地　址:百丈路168号A楼8层H座
邮　编:315040
负责人:张　宁
电　话:13906681050

宁波市青叶广告有限公司

地　址:桑田路406号
负责人:景涌波
电　话:(0574)7802794/13905742776

宁波市东兴广告有限公司

地　址:宁穿路3号
邮　编:315040
负责人:程健捷
电　话:(0574)7724563/13906624457

宁波文荟广告策划有限公司

地　址:百丈东路787号鄞信大厦703室
邮　编:315040
负责人:王亚芳
电　话:13805877495

宁波起点广告设计有限公司

地　址:会展中心28楼D1
邮　编:315040
负责人:许敏健
电　话:13606582499

宁波赤色飓风广告设计有限公司

地　址:百丈东路815号碧华阁13－D
邮　编:315040
负责人:史　波
电　话:(0574)7717948/13706747346

宁波市江东汤臣文化传播有限公司

地　址:鄞信大厦15楼1505室
邮　编:315040
负责人:周增才
电　话:13003799440

宁波市奥达装饰广告有限公司

地　址:现代装璜市场
邮　编:315040
负责人:敖　亮
电　话:(0574)7842173

宁波市金麒麟文化商务有限公司

地　址:戎家335号
邮　编:315040
负责人:郑英杰
电　话:(0574)7212932

宁波市邦达广告有限公司

地　址:百丈路158号杉杉金贸大厦1105室
邮　编:315040
负责人:王静波
电　话:(0574)7716294

宁波市广告美术有限公司

地　址:江北区清河路1号
邮　编:315020
负责人:蒋国光
电　话:(0574)7355588－1921/7355274

宁波市甬达广告美术公司

地　址:宝鸡巷14号
邮　编:315020
负责人:周国良
电　话:(0574)7356895

宁波市威特广告有限公司

地　址:大闸北路73号
邮　编:315020
负责人:柯国民
电　话:(0574)7665113

宁波举世广告有限公司

地　址:环城北路699号

邮　编:315020
负责人:聂云义
电　话:(0574)7195567

宁波市港城企划广告有限公司
地　址:中马路 202 号(海运饭店)
邮　编:315020
负责人:郑正元
电　话:(0574)7356271 – 5302

宁波市江北区飞白斋广告装潢谋划公司
地　址:槐树路 57 号 109
邮　编:315020
负责人:王呦呦
电　话:1395743367

宁波市彩树广告有限公司
地　址:环城北路 540 号/中山西路天宁大厦 15 楼 1510 室
邮　编:315020
负责人:郑春亮
电　话:1385878685

宁波海鹰广告有限公司
地　址:江北工业区华业街 1 号
邮　编:315020
负责人:马跃定
电　话:1385882818

宁波市江北文教广告公司
地　址:范江岸路 138 弄 9 号 102 室
邮　编:315020
负责人:穆国龙
电　话:(0574)7216281

宁波奥奇广告装饰有限公司
地　址:江北区健业街 273 号(工业区)买鱼路 89 号
邮　编:315020
负责人:洪　平
电　话:(0574)7253657/7253784

宁波成功广告有限公司
地　址:环城北路东段 814 弄 51 号
邮　编:315020
负责人:李慧珠
电　话:(0574)7371451

宁波市文武广告装饰有限公司
地　址:槐树路 86 – 1
邮　编:315020
负责人:谢　斌
电　话:13905742181

宁波市先锋广告传播有限公司
地　址:外马路 25 号
邮　编:315020
负责人:徐嘉文
电　话:(0574)7272301

宁波能达广告策划有限公司
地　址:翠柏西路 207 号 34 幢 308 室
邮　编:315020
负责人:陈安达
电　话:(0574)7224450

宁波市正大企划广告有限公司
地　址:槐树路 6 号海政楼 15F
邮　编:315020
负责人:周雪芬
电　话:13905748426

镇海中亚广告装饰总公司
地　址:城关大西门路 32 号
邮　编:315200
负责人:李　静
电　话:(0574)6252082

镇海非凡广告有限公司
地　址:城关城李衙弄 8 号
邮　编:315200
负责人:郑　凯
电　话:(0574)6270823

镇海威远城广告公司
地　址:骆驼工业区
邮　编:315000
负责人:宋友良

电　话:(0574)6264136

镇海同心广告装饰有限公司

地　址:庄市街151号
邮　编:315000
负责人:张华芬
电　话:(0574)6692641

镇海鑫玱广告装饰有限公司

地　址:骆驼工业区303室
邮　编:315000
负责人:钟明娟
电　话:(0574)6584075

镇海源丰广告装潢有限公司

地　址:澥浦工业开发区
邮　编:315000
负责人:吴力丰
电　话:1396695931

宁波市北仑长城广告装潢有限公司

地　址:新矸新大路新恒公寓5号楼
邮　编:315800
负责人:王青松
电　话:(0574)6880537

宁波市北仑广告装潢公司

地　址:新矸菜场弄
邮　编:315800
负责人:陆思达
电　话:(0574)6882148

宁波市北仑华星广告有限公司

地　址:新矸镇隆顺村
邮　编:315800
负责人:牟嫦灵
电　话:(0574)7317850－3316

宁波市北仑港讯影视传播有限公司

地　址:北仑港埠公司机关大院内
邮　编:315800
负责人:王文晶
电　话:(0574)7697162

亚太传播实业有限公司

地　址:开发区东方贸易城
邮　编:315800
负责人:马　良
电　话:(0574)7324664

正大电视公司

地　址:江东王隘路29号
邮　编:315040
负责人:何良冠
电　话:(0574)7399181－58

中兴广告公司

地　址:开发区东方贸易城
邮　编:315800
负责人:霍文耀
电　话:(0574)7272691

新江厦国际文化发展公司

地　址:中山东路301号
邮　编:315040
负责人:翁启南
电　话:(0574)7372500

宁波日报社印务公司

地　址:开发区东方贸易城
邮　编:315800
负责人:费志军
电　话:(0574)7367333－5116

鸿宇广告有限公司

地　址:开发区商品经营基地
邮　编:315800
负责人:陈曙光
电　话:(0574)9038466

明珠广告公司

地　址:开发区商品经营基地
邮　编:315800
负责人:程　强
电　话:(0574)7707723

宁波一山广告有限公司

地　址:开发区商品经营基地

邮　编:315800
负责人:郁永山
电　话:(0574)7630956

黑猫广告有限公司
地　址:开发区商品经营基地
邮　编:315800
负责人:周熙卓
电　话:(0574)7728576

华夏企划有限公司
地　址:开发区商品经营基地
邮　编:315800
负责人:周信康
电　话:13805863968

花港广告有限公司
地　址:开发区商品经营基地
邮　编:315800
负责人:郑国强
电　话:13906618136

太平洋广告有限公司
地　址:开发区东方贸易城
邮　编:315800
负责人:李伟达
电　话:(0574)6883211

广播电视服务公司
地　址:开发区商品经营基地
邮　编:315800
负责人:颜　放
电　话:(0574)6880649

宁波东富科技广告有限公司
地　址:开发区东方贸易城
邮　编:315800
负责人:周文武
电　话:13905748859

天天广告公司
地　址:开发区商品经营基地
邮　编:315800
负责人:陈　均
电　话:(0574)7272351-12

宁波保税区东亚广告有限公司
地　址:卖鱼路91号
邮　编:315010
负责人:叶黎明
电　话:(0574)7250351

宁波有线电视发展总公司
地　址:开明街4号
邮　编:315010
负责人:邹大鸣
电　话:(0574)7322006

宁波保税区华龙文化传播有限公司
地　址:长安巷4号
邮　编:315010
负责人:余建初
电　话:(0574)7261712

宁波万讯广告装潢有限责任公司
地　址:保税区兴农大厦B-01813
邮　编:315800
负责人:翁孝璋
电　话:(0574)7181012

宁波华能无线传播有限公司
地　址:彩虹南路16号
邮　编:315040
负责人:冯　伟
电　话:(0574)7729735

宁波金港传播有限公司
地　址:宁波保税区
邮　编:315800
负责人:徐艰奋
电　话:(0574)7321616

宁波进口商品展览有限公司广告分公司
地　址:宁波保税区发展大厦
邮　编:315800
负责人:冯　军
电　话:(0574)6888703

宁波保税区金茂国际展览有限公司
地　址:外经贸大厦副楼1楼
邮　编:315010
负责人:任伟国
电　话:(0574)7313854

宁波正立广告装饰有限公司
地　址:大榭南岗小区
邮　编:315812
负责人:李秀瑛
电　话:(0574)7328262

大榭开发区大红鹰经贸有限公司广告分公司
地　址:大榭峙岭山庄别墅11号
邮　编:315812
负责人:金恩伟
电　话:(0574)6768452

大榭开发区黑白装饰广告有限公司
地　址:大榭南岗小区
邮　编:315812
负责人:金润烈
电　话:(0574)7757369

大榭开发区香岛广告装饰有限公司
地　址:大榭樟湾小区1幢506室
邮　编:315812
负责人:史勤勇
电　话:(0574)6873271

大榭开发区海天广告企划有限公司
地　址:南岗商住楼33号105室
邮　编:315812
负责人:曲静萍
电　话:(0574)7361088－1308

大榭开发区明星广告有限公司
地　址:大榭南岗小区
邮　编:315812
负责人:李　萍
电　话:(0574)7726654

大榭开发区金鹏广告装饰有限公司
地　址:大榭西岙
邮　编:315812
负责人:邬忠玉
电　话:(0574)6135609

大榭开发区华厦企划有限公司
地　址:大榭大发新村
邮　编:315812
负责人:戴良维
电　话:(0574)7875384

宁波友谊喷绘制作有限公司
地　址:大榭信谊大厦1207室
邮　编:315812
负责人:陆有勇
电　话:(0574)7271618－615

大榭开发区新视觉策划有限公司
地　址:大榭大发新村商业用房18号
邮　编:315812
负责人:杜　刚
电　话:(0574)7884645

宁波东钱湖广告旅游有限公司
地　址:鄞县东钱湖镇市场南路23号
邮　编:315121
负责人:虞强民
电　话:(0574)8497274

宁波市顺通广告装潢公司
地　址:鄞县东钱湖镇湖西路77弄13号
邮　编:315121
负责人:史佩春
电　话:(0574)8497134

鄞县宁东广告公司
地　址:鄞县东钱湖镇西村
邮　编:315121
负责人:史济宁
电　话:(0574)7499502

鄞县明州广告公司
地　址:鄞县鄞江镇

邮　编:315151
负责人:宁锡达
电　话:(0574)7874727

宁波万国广告发展公司
地　址:鄞县宁波轻纺城
邮　编:315153
负责人:陆有勇
电　话:(0574)7271618

宁波盛达广告有限公司
地　址:鄞县石矸镇
邮　编:315153
负责人:李如成
电　话:(0574)9088769

浙江景宁广告艺术发展有限公司
地　址:景宁梅墟扶贫经济开发区
邮　编:315040
负责人:闻建勇
电　话:(0574)7834787

鄞县时代广告有限公司
地　址:鄞县邱隘镇盛莫路
邮　编:315010
负责人:周慈良
电　话:(0574)8413591

宁波布利杰广告有限公司
地　址:鄞县石矸镇
邮　编:315153
负责人:滕伟杰
电　话:(0574)8443501

鄞县邦达广告有限公司
地　址:宁波市江东潜龙路 82 号
邮　编:315040
负责人:鲁海波
电　话:(0574)7888933

宁波国脉广告有限责任公司
地　址:景鄞扶贫经济开发区梅墟
邮　编:315101
负责人:罗海涛
电　话:(0574)7181046

鄞县日出广告装潢有限公司
地　址:鄞县姜山镇东新西街 36 号
邮　编:315191
负责人:张静江
电　话:(0574)8455860

宁波奥克斯广告有限公司
地　址:鄞县龙观乡桓村
邮　编:315166
负责人:黄龙飞
电　话:(0574)7322678

鄞县草原皇广告有限公司
地　址:鄞县东吴镇天童街
邮　编:315113
负责人:陈智民
电　话:(0574)8480628

宁波市南北企业营销策划有限公司
地　址:宁波市江东百丈东路 928 号
邮　编:315040
负责人:王　伟
电　话:(0574)7729348

鄞县全盛电脑喷画广告有限公司
地　址:宁波市江东百丈路 101 号
邮　编:315040
负责人:全盖军
电　话:(0574)7715179

鄞县雄狮广告有限公司
地　址:鄞县五乡镇镇南路 1 弄 6 号
邮　编:315111
负责人:胡利峰
电　话:(0574)8485141

鄞县米兰广告有限公司
地　址:鄞县高桥镇长乐村
邮　编:315174
负责人:徐明娜
电　话:13008990998

宁波远方广告有限公司
地　址:鄞县石矸镇
邮　编:315153
负责人:陈　辉
电　话:13905740773

余姚市广播电视广告有限公司
地　址:余姚镇世南西路 152 号
邮　编:315400
负责人:朱云楚
电　话:(0574)2703512

余姚市广播电视传播有限公司
地　址:余姚镇世南西路 152 号
邮　编:315400
负责人:沈敖忠
电　话:(0574)2710788

浙江帅康集团余姚广告有限公司
地　址:余姚镇北滨江路 80－81 号二楼
邮　编:315400
负责人:邹国营
电　话:(0574)2638989

余姚市公关策划中心
地　址:余姚镇三官堂路
邮　编:315400
负责人:王新福
电　话:(0574)2662641

余姚市大地广告有限公司
地　址:余姚镇新建路 55 号
邮　编:315400
负责人:金佐是
电　话:13905841101

余姚市大众广告公司
地　址:余姚镇阳明西路 107－109
邮　编:315400
负责人:严冠群
电　话:(0574)2633306

余姚市广告公司
地　址:余姚市大黄桥路 16 号
邮　编:315400
负责人:黄一江
电　话:(0574)2705683

余姚市东方广告有限公司
地　址:余姚市新建路候青门桥旁
邮　编:315400
负责人:戚盖章
电　话:(0574)2639156

余姚市信诚广告有限公司
地　址:余姚镇北河沿路
邮　编:315400
负责人:王吉江
电　话:(0574)2643425

余姚市金马广告有限公司
地　址:余姚市舜南新村计生委大院内
邮　编:315400
负责人:蒋启明
电　话:(0574)2708085

余姚市兄弟广告发展有限公司
地　址:余姚镇大黄桥南路 23 号
邮　编:315400
负责人:熊　杰
电　话:(0574)2718060

宁波市飞时达广告设计有限公司
地　址:余姚镇阳明西路 16 号
邮　编:315400
负责人:劳钊刚
电　话:(0574)2705683

余姚市世通信息广告有限责任公司
地　址:余姚镇南雷路 138 号
邮　编:315400
负责人:周荣根
电　话:13805840087

慈溪广告公司
地　址:浒山镇峙山路 173 号
邮　编:315300
负责人:陈吉彪

电　话:(0574)3815678

慈溪市鸿达广告有限公司
地　址:浒山镇新城大道北路
邮　编:315300
负责人:茹宏迪
电　话:(0574)3828741

慈溪市国脉信息广告有限公司
地　址:浒山镇天九街44号
邮　编:315300
负责人:郑松华
电　话:(0574)3818787

慈溪浒山镇张沛伦广告事务所
地　址:浒山镇环城南路100号
邮　编:315300
负责人:张沛伦
电　话:(0574)3811988

慈溪市新世纪装饰工程有限公司
地　址:浒山镇环城东路171号
邮　编:315300
负责人:方伟军
电　话:(0574)3811039

慈溪市奔达展示艺术有限公司
地　址:浒山镇朱家桥路6号
邮　编:315300
负责人:王建江
电　话:(0574)3894765

慈溪市东方广告有限公司
地　址:浒山镇孙塘新村9幢
邮　编:315300
负责人:丁聪儿
电　话:(0574)3018790

慈溪市金手指广告有限公司
地　址:浒山镇东山路235号
邮　编:315300
负责人:裘雪红
电　话:(0574)3101638

慈溪市大恒数码科技有限公司
地　址:浒山镇青少年宫路199号
邮　编:315300
负责人:施　展
电　话:(0574)3880065

慈溪市中房广告装饰有限公司
地　址:浒山镇乌山路300号
邮　编:315300
负责人:胡　杰
电　话:(0574)3019956

慈溪市现代广告有限公司
地　址:浒山镇新市路97号
邮　编:315300
负责人:郑惠玲
电　话:(0574)3814395

宁波海王星装饰广告总公司
地　址:奉化市大桥镇岳林路东端
邮　编:315500
负责人:童海啸
电　话:(0574)8924441

宁波海涛广告有限公司
地　址:奉化大桥镇广南商城1区1幢219室
邮　编:315500
负责人:陈海涛
电　话:(0574)8521595

奉化市灵通广告有限公司
地　址:奉化市大桥镇南山路49号
邮　编:315500
负责人:陆国芳
电　话:(0574)8526372

奉化市电力装饰广告公司
地　址:奉化市大桥镇中塔路11号
邮　编:315500
负责人:江岳平
电　话:(0574)8594933

奉化市新世纪装饰有限公司
地　址:大桥桥东岸路247号航管所内

邮 编:315500
负责人:袁杏国
电 话:(0574)8928964

奉化市神马广告社有限公司
地 址:奉化市大桥镇前方路南三弄1幢
邮 编:315500
负责人:马国成
电 话:(0574)8912683

奉化市华东广告装潢设计公司
地 址:大桥镇南山路162号国税局内
邮 编:315500
负责人:张乐行
电 话:(0574)8522541

奉化市沧海广告装饰有限公司
地 址:大桥镇南山路65号
邮 编:315500
负责人:刘遵义
电 话:(0574)8596783

奉化市天龙装饰广告有限公司
地 址:大桥镇南山路84号
邮 编:315500
负责人:郑孝裕
电 话:(0574)8521595

奉化市万胜信息产业有限公司
地 址:大桥镇新丰路7号
邮 编:315500
负责人:范祝安
电 话:(0574)8922868

奉化市公交广告服务有限公司
地 址:大桥镇南山路5号公交公司内
邮 编:315500
负责人:王裕方
电 话:(0574)8910020

奉化市商函广告有限公司
地 址:奉化大桥南山路145号
邮 编:315500
负责人:方永刚
电 话:(0574)8524544

宁海县雁苍山广告企划有限公司
地 址:城关桃源中路
邮 编:315600
负责人:蒋思元
电 话:(0574)5580106

宁海县金桥策划有限公司
地 址:城关中山中路29号
邮 编:315600
负责人:竺济法
电 话:(0574)5589166

宁海县丽星广告公司
地 址:城关体育巷1号
邮 编:315600
负责人:潘泉海
电 话:(0574)5563117

宁海县福泉广告有限公司
地 址:城关兴宁中路147号
邮 编:315600
负责人:葛政学
电 话:(0574)5518987

宁海县经纬广告图文有限公司
地 址:城关人民路128号
邮 编:315600
负责人:仇海斌
电 话:(0574)5582892

宁海县春天广告有限公司
地 址:城关气象北路
邮 编:315600
负责人:李 菁
电 话:(0574)5588006

宁海广播电视台广告部
地 址:宁海大厦14楼
邮 编:315600
负责人:黄人广
电 话:(0574)5592598

宁海县广播电视台广告部
地　址：城关人民路5号
邮　编：315600
负责人：陈炳寿
电　话：(0574)5584392

宁海志清广告装饰有限公司
地　址：城关中山路140号二楼
邮　编：315600
负责人：陈志成
电　话：(0574)5581088

宁海县大地广告装饰有限公司
地　址：城关兴宁中路164号
邮　编：315600
负责人：吴仁安
电　话：(0574)5511140

宁海县稻草人广告装潢社
地　址：城关经大街18号
邮　编：315600
负责人：杨象富
电　话：(0574)5585225

宁海县逢春设计有限公司
地　址：城关气象路
邮　编：315600
负责人：王逢春
电　话：(0574)5592678

象山石浦镇广播电视站
地　址：石浦荔港路18号
邮　编：315700
负责人：潘宝华
电　话：(0574)5963472

象山石浦高源企划工作室
地　址：石浦渔港南路1号
邮　编：315700
负责人：高　源
电　话：(0574)5983427

象山石浦艺术广告部
地　址：石浦人民路27号
邮　编：315700
负责人：顾红霞
电　话：(0574)5982560

象山大方广告工作室
地　址：石浦渔港中路165号
邮　编：315700
负责人：方卫国
电　话：(0574)5982515

象山东升广告装潢公司
地　址：石浦人民路70号
邮　编：315700
负责人：毛旭东
电　话：(0574)5982288

象山汇一广告有限公司
地　址：西周镇西瀛348号
邮　编：315700
负责人：张风雷
电　话：(0574)5837537

象山县博大广告公司
地　址：丹城镇广场路15号
邮　编：315700
负责人：励和军
电　话：(0574)5725904

象山创新广告装潢有限公司
地　址：丹城镇步峰路28号
邮　编：315730
负责人：何国平
电　话：(0574)5729834

象山天龙广告装潢有限公司
地　址：丹城长寿路4号
邮　编：315700
负责人：奚振析
电　话：(0574)5727459

象山县电力广告有限公司
地　址：丹城天安路173号
邮　编：315700
负责人：周永宝

电　话:(0574)5722426

广播电视类

舟山人民广播电台

地　址:浙江省舟山市昌国路137号
邮　编:316000
电　话:(0580)2026462
传　真:(0580)2026462
电　报:2330
负责人:傅禹淦
联系人:周国强
经营范围:

本台广告信息部承接各类广播广告,舟山人民广播电台使用调幅684千赫播出,节目内容丰富,收听率高,覆盖面广,广告收费合理,欢迎社会各界通过我台广播传媒发布广告。

温州人民广播电台广告信息部

地　址:浙江省温州市县学前19号
邮　编:325000
电　话:(0577)8223530
传　真:(0577)8223530
负责人:杜奇迅
联系人:邵天京　林小梅

温州人民广播电台建于1950年,是我国华东地区开播较早的一家地区电台。目前拥有三个频率,中波1575.801千赫,调频94.9兆赫,信号覆盖温州地区及浙南、闽北地区。全天播出18小时,其中11档节目近11小时为直播节目。

1996年8月开辟的系列台——温州经济广播电台,频率为87.3兆赫。节目内容以经济、交通信息为主干,以音乐节目为载体,以直播为主要形式,信号覆盖与人民台同样广大。

电台广告信息部主要负责经营温州人民台和经济台的广播广告业务,电台的广告价格按时间及节目分类为甲类、乙类、丙类,广告收费以30秒为单位,分别为30秒/300元、30秒/200元,30秒/100元。同时还可为各地客户代理全国各地广播电台、电视台、报刊等新闻媒介的广告业务。

宁波电视台广告部

地　址:长春路146号
邮　编:315000
负责人:任元君
电　话:(0574)7364730

宁波有线电视台广告部

地　址:开明街4号
邮　编:315000
负责人:杨桂松
电　话:(0574)7322071

宁波电视台电视剧制作中心

地　址:环城西路南段599号
邮　编:315000
负责人:张晓东
电　话:(0574)7463124

宁波人民广播电台广告部

地　址:广济巷3号
邮　编:315000
负责人:王国平
电　话:(0574)7312305

宁波市江北区人民广播站广告部

地　址:新马路61弄3号楼
邮　编:315020
负责人:孙　炎
电　话:(0574)7664987

镇海有线电视台广告部

地　址:城关城河西路213号
邮　编:315200
负责人:陈　央
电　话:(0574)6272871

镇海人民广播电台广告部

地　址:城关大西门路32号
邮　编:315200
负责人:李　静
电　话:(0574)6272156

宁波市北仑区广播电视台广告部

地　址:新矸星中路6号
邮　编:315800
负责人:黄海伟
电　话:(0574)6882703

鄞县人民广播电台

地　址:宁波市江东潜龙路86号
邮　编:315040
负责人:卢世泽
电　话:(0574)7334706

鄞县电视台

地　址:鄞县中心区宋诏桥
邮　编:315040
负责人:何剑秀
电　话:(0574)7728564

慈溪电视台广告部

地　址:浒山镇峙山路173号
邮　编:315300
负责人:邹达坤
电　话:(0574)3815678

慈溪人民广播电台广告部

地　址:浒山镇峙山路阳光花园
邮　编:315300
负责人:兰　云
电　话:(0574)3897633

浙江省广播电视广告中心奉化分中心

地　址:奉化市大桥镇惠政西路26号
邮　编:315500
负责人:周宁科
电　话:(0574)8523928

奉化人民广播电台

地　址:大桥镇公园路37号
邮　编:315500
负责人:任茂昌
电　话:(0574)8529007

奉化电视台

地　址:大桥镇广南商城1区5幢2楼
邮　编:315500
负责人:任茂昌
电　话:(0574)8522329

宁海广播电视台广告部

地　址:宁海大厦14楼
邮　编:315600
负责人:黄人广
电　话:(0574)5592598

宁海县广播电视台广告部

地　址:城关人民路5号
邮　编:315600
负责人:陈炳寿
电　话:(0574)5584392

象山人民广播电台广告部

地　址:丹城靖南路342号广电大厦4楼
邮　编:315700
负责人:陈秉飞
电　话:(0574)5723061

象山有线电视台广告部

地　址:丹城靖南路广电大厦4楼
邮　编:315700
负责人:胡安平
电　话:(0574)5716053

报 刊 类

宁波日报广告部

地　址:浙江省宁波市公园路19号
邮　编:315010
电　话:(0574)7274009
传　真:(0574)7274783
电子邮件:nbdaily@163.net
负责人:周定华

《宁波日报》为中共宁波市委机关报,是一张综合性大报,在浙东沿海享有较高的声誉和影响。《宁波晚报》和《东南商报》是她的子报,《宁波经济》和《文学港》杂志是她联办的刊物。《宁波日报》现为对开12版彩报。版面分布为:一、二版,要闻版;三版,国内新闻;四版,国际新闻;五版,体育新闻;六版,读者之声和证券投资专版;七版,浙江新闻和社会新闻;八版,摄影作品、汽车专版、国际副刊等专版;九至十二版分别为社会、经济、理论、文娱、生活周刊。《宁波日报》2000年发行量14.8万份,遍及城乡,覆盖宁波城区和宁波所辖慈溪市、余姚市、奉化市、鄞县、宁海县、象山县。《宁波日报》新闻容量大,面目新,时效快,可读性强,获得了广大读者的青睐与厚爱,为宁波市第一大报,是本地最权威的报纸媒体,连续几年被评为浙江省优秀报纸,在全国、全省同行中有较大的影响。

《宁波日报》近年来硬件设备日趋先进,先后引进德国罗兰公司的轮转胶印机二组八台,并拥有先进的激光照排系统和广告创意设备,1998 年开始实现了采编电脑化。日印量可达 100 万对开张,印刷质量历年来全省第一,全国名列前茅。随着报业经济的迅速发展,广告和多种经营收入 1999 年已达 1.6 亿元人民币,近几年投入 3 亿元人民币新建了办公大楼和印务中心。

《宁波日报》锐意革新,开拓进取,正以崭新的时代气息,热情讴歌社会主义现代化国际港口城市。

浙江广播电视报社广告部

地　址:杭州市长生路 31 号
邮　编:310006
电　话:(0571)7079079
传　真:(0571)7080353
总编辑:王建人
联系人:李玲娟
经营范围:

设计、制作报刊广告,在《浙江广播电视报》上发布国内报纸广告。

台州日报

地　址:浙江省临海市石林路 6 号
邮　编:317000
电　话:(0576)5111643
传　真:(0576)5310322
总编辑:林晓鸣
广告部主任:钱飞鸿

台州市位于浙江沿海中部,北连宁波南接温州,辖椒江、黄岩、路桥、临海、温岭、玉环、天台、仙居及三门等 9 县(市、区),总人口 530 多万。台州属浙江经济发达地区,经济总量位居全省第 3 位。《台州日报》是中共台州市委机关报,每天对开 4 版,周五出 8 版,发行量近 8 万份,是台州市唯一一份综合性日报。

茶叶编辑部

地　址:杭州凯旋路 268 号浙江大学华家池校区
邮　编:310028
电　话:(0571)6971256
传　真:(0571)6971704　6971263
电子邮件:yrliang@public1.hz.zj.cn
负责人:刘祖生
联系人:胡月龄　徐梅生

《茶叶》是经国家科委批准,由浙江省茶叶学会和中国茶叶博物馆联合主办的一种普及与提高相结合的科技刊物。本刊立足本省,面向世界,国内外公开发行。本刊曾荣获浙江省和华东地区优秀期刊奖。主要报道茶的栽培、育种、加工、机械、生理生化、品质检验、包装贮藏和茶叶经贸、食品和医疗、茶叶历史与文化、饮茶与健康以及中外茶讯等。可供茶叶工作者和茶叶爱好者阅读。本刊为季刊,每期 56 页,每季末月 10 日出版。国内统一刊号 CN 33 - 1096/S,国际标准连续出版物刊号 ISSN 0577 - 8921。每期定价国内 4.5 元,全年 18.00 元。自 2000 年起本刊自办发行,订阅者可直接汇款到本刊编辑部。

宁波晚报社广告部

地　址:永寿街 8 - 1 号
邮　编:315010
负责人:张业文
电　话:(0574)7243217

浙江农村机电编辑部

地　址:宁穿路 128 弄 9 号 103 室
邮　编:315040
负责人:吴华贤
电　话:(0574)7734283

消费者导报宁波新闻中心经济广告部

地　址:羊行巷 34 号、宁舟巷 72 号
邮　编:315040
负责人:董双麟
电　话:(0574)7776933

宁波广播电视报社广告部

地　址:县学街 91 号
邮　编:315000
负责人:钟一通
电　话:(0574)7320934

人民日报社宁波新闻中心

地　址:小梁街 26 弄 4 号

邮　编:315000
负责人:范伟国
电　话:(0574)7193030

宁波侨乡报社广告部

地　址:尚书街4号
邮　编:315010
负责人:陈　寅
电　话:(0574)7240824

宁波信息总社广告部

地　址:县前街61号
邮　编:315000
负责人:王建华
电　话:(0574)7319229

鄞县日报社

地　址:宁波市江东潜龙路82号
邮　编:315040
负责人:张祥仙
电　话:(0574)7376551

余姚日报社广告部

地　址:余姚镇大黄桥路16号
邮　编:315400
负责人:邹嘉俊
电　话:(0574)2713008

慈溪日报社广告部

地　址:浒山镇三北大街443号
邮　编:315300
负责人:邵　丹
电　话:(0574)3014454

奉化日报社

地　址:大桥东门路112号
邮　编:315500
负责人:夏幼卿
电　话:(0574)8976614

山海经杂志

地　址:杭州市建德路9号
邮　编:310006
电　话:(0571)7020669
传　真:(0571)7020779
联系人:钱荣根　摇美莲

家庭教育杂志社

地　址:杭州市延安路皇亲苑
邮　编:310003
电　话:(0571)5065218
传　真:(0571)5065220
负责人:蔡国群

文学港杂志社

地　址:柳汀街98号
邮　编:315010
负责人:李建树
电　话:(0574)7312087

宁波日报社广告部(报友广告公司)

地　址:公园路19号
邮　编:315010
负责人:周定华
电　话:(0574)7274966

宁波出版社

地　址:苍水街79号
邮　编:315000
负责人:李振声
电　话:(0574)7248444

宁波经济杂志社

地　址:县前街61号市府新大楼
邮　编:315000
负责人:陈建章
电　话:(0574)7182556

温州市广告协会

地　址:温州市水心十七中路13号
邮　编:325028
电　话:(0577)8523054
会　长:曾云传
秘书长:余振华

温州市广告协会成立于1989年,在上级有关单位的指导和全体会员的共同努力下,从成立初的33家会员单位、从业人员226人,发展到目前的425家会员单位、从业人员3682人、2000年广告经营额

54403万元的规模。

协会自成立以来，利用报纸、广播、电视、招贴等媒介和讲座、知识竞赛、咨询服务等形式，积极向社会宣传广告方面的法律、法规。协会多次组织优秀广告作品评选活动，并先后开展"争创广告行业精神文明先进单位"活动、广告经营单位资质等级认定活动，出台了《温州市广告经营行为自律准则》，提高了广告经营单位的整体素质。会员单位作品曾多次在全国、全省各类广告作品评比中得奖。

协会还协同政府有关部门在我市城镇主要街道，如鹿城区人民路、学院路、瓯海振中街等，开辟了霓虹灯一条街和公益广告一条街，为渲染温州现代都市气氛，弘扬温州精神文明建设作出积极的贡献。

步入新的世纪，协会将继续贯彻改革开放以及"百花齐放、百家争鸣"的方针。团结全市有志于广告行业的工作者，结合我市"二次创业"的时代特征，积极探索我市广告业的发展规划和经营体制，传播广告界的信息及先进的科学技术，以促进温州经济建设和精神文明建设新的腾飞！

安 徽 省

公 司 类

金鹏国际广告有限公司

地　址：安徽省合肥市濉溪路251#

邮　编：230041

电　话：(0551)5611111/22/33/44/55/66/77/88/99

传　真：(0551)5611100

电子信箱：jinjuan@public.hf.ah.cn

网　址：www.jinjuan.com

负责人：徐建国

联系人：胡　伟

金鹏的"创意突围"

从屡获大奖的广告作品到综合代理的整合营销传播，金鹏以"创意突围"为立业之本，不断创造出令人称道的市场绩效和品牌神话。创意突围创造出一个品牌市场占有率高达90%；创意突围创造出单一产品上市当年在一个省销售额达2亿；创意突围创造出被判死刑的产品咸鱼翻身成为市场的领导品牌……

立足于本土，成长于本土，且更加熟谙和洞察本土市场及消费者特性的金鹏，业已成为本土最好的综合广告代理公司之一。在金鹏，我们有一个共识：在营销的一切要素上，当创意沉默的时候，一切都将同质化，一切都将死亡；剩下的，你只有拿钱去砸。我们的结论：当锁定营销目标之后，我们要做的，其实只有一件事：创意。惟有创意才能突出重围，惟有创意才能使品牌永生！……

合肥市广告公司

地　址：合肥市九狮桥街文昌阁三楼

邮　编：230001

电　话：(0551)2672977　2648674

传　真：(0551)2648674

总经理：杨庆云

合肥市广告公司是国有企业，隶属于合肥市文化局，公司下辖合肥市美术服务部、合肥市装璜公司、合肥市艺品斋、合肥市广商场等。企业员工百余人，近半数具有中、高级技术职称。

公司经营以信誉为本，依据《广告法》在市场竞争中热情为客户出谋划策，制定营销和市场推广的战略。公司利用所属文化系统的优势，组织策划大型商业性演出，节假日广场音乐会，配合企业促销，树企业形象。公司经营承办和代理各类广告业务，设计制作发布大型户外广告、霓虹灯广告、展览设计、模型制作。并以策划、CI设计、品牌管理见长。代理发布全省电影贴片广告。

公司谒诚欢迎各界朋友与我们合作,并携手前进。

合肥市公交广告公司

地　址:合肥市铜陵路286号
邮　编:230011
电　话:(0551)4489953
传　真:(0551)4466571
负责人:胡　军
联系人:戴梅君

合肥市公交广告公司是中国广告协会会员单位,成立于八十年代中期,以承揽、制作、发布公交广告为主,同时代理其他广告业务。

合肥是安徽省会。改革开放以来城市建设日新月异,经济发展突飞猛进,现已形成现代化大都市的崭新风貌。合肥市公交广告公司以其优越的地理位置,并依靠公交总公司千余辆公交汽车百余个公交站亭,数百个公交站牌以及设在市内各交通枢纽的公交总站经营公交广告,成为合肥市具有相当实力和信誉可靠的广告公司。

本公司拥有效果独特的广告媒体及现代化的经营管理手段,利用先进的电脑写真设备,创新设计,精心制作,为广告主提供满意的服务。

安徽省广告公司

地　址:合肥市长江路人民巷61号
邮　编:230061
电　话:(0551)2655855
传　真:(0551)2655855
总经理:张　磊
办公室主任:张昌瑜
经营范围:

来华广告代理,国内广告代理;
广告创意、策划,企业形象设计(CIS);
三维动画设计、制作;电脑设计;
包装、印刷、广告礼品;
展示,展览设计、制作、布展;
室内装饰、建筑装饰设计、施工。

安徽省国际广告公司

地　址:合肥市金寨路162号
邮　编:230022
电　话:(0551)3635060　3631735　3634904
传　真:(0551)3631186
总经理:胡振华
联系人:张红里

安徽省国际广告公司是国家外经贸部批准的省外经贸委的直属企业。创建于1982年。经营、代理国内外各类广告业务,拥有一流的广告发布市场以及专业创意策划和制作技术人才,承接的展览、装潢、印刷、设计、制作等,曾多次获奖;经营进出口业务,出口商品主要有轻工、机电、纺织、服装、粮油土畜产品等,出口市场为欧美、港澳等50多个国家(地区)。

蚌埠市美术广告公司

地　址:胜利中路51号科学文化宫一楼
邮　编:233000
电　话:(0552)2042176
负责人:禹克强
联系人:余隆萱

安徽省华云广告气模有限公司

(原铜陵市华云塑料薄模制品厂)
地　址:铜陵市气象局大院
邮　编:244100
电　话:(0562)8811320　8814511　2820951
传　真:(0562)8814511　2820951
董事长:丁赵平

本公司于1989年在国内率先创建气模气球生产专业厂家(原铜陵市华云塑料薄膜制品厂)。十年来,在社会各界关心支持和全体员工的共同努力下,企业发展突飞猛进,现已成为集生产、营销、设计、科研于一体的国内同行业最大企业,成为国内最大的气球气模生产基地。产品品种齐全:PE、PVC复合膜、尼龙布、牛津布、增强牛津布、透光牛津布等材质的气球气模,以及充气儿童玩具、POP广告物、水上泳具等产品应有尽有。技术力量雄厚:产品创意独特、选料考究、形象逼真、气势恢宏,并可配置灯光及声控语音发生系统,发光气模等多项产品属国内首创并获专利。其产品一旦充而扩之,投放于广告、庆典、商务活动,视觉效果巍为壮观、十分抢眼,不仅为都市空间增添了一道亮丽的商业文化风景线,更为现代广告人、商人慧眼所识。华云产品更以其质优价廉显示出强劲的媒体竞争力和巨大的市场潜力,产品畅销海内外，部分产品远销德国、新西兰、澳大利亚等国家。

为方便用户，本公司免费提供技术咨询及相关资料，欢迎来电、来函、来人联系！

广播电视类

安徽电视台广告部

地　址：合肥市桐城南路 355 号
邮　编：230066
电　话：(0551)2618855(直接客户)
　　　　2621782(代理公司)
传　真：(0551)2628800
电　报：0669
主　任：吴　涛
联系人：游玉敏、朱先霞
经营范围：

承办代理国内外电视广告。

安徽地处中国大陆的长江中下游地区，中国著名的大河长江和淮河自西向东横贯全境，将安徽分为淮北、江淮和江南三个自然区域。全省总面积 13.96 万平方公里，总人口六千多万。

安徽电视台位于省城合肥，建于 1960 年。1997 年 10 月 6 日，安徽电视节目正式上星播出，标志着安徽电视事业跨入历史的新纪元。从此，她以全新的版面通过卫星传输方式 24 小时全天播出，成为我国第二个不休息的电视台。此次上星租用的是亚洲 2 号卫星，功率大覆盖面广，可覆盖东欧、西亚、南太平洋包括澳大利亚在内的 54 个国家和地区。上星前安徽台节目只能覆盖本省约 80% 的面积；上星后，不仅可以完全覆盖本省，就全国而言，就有相当数量的有线电视台转播我台节目。安徽台第二套节目通过密布全省的微波网传送到全省近百个市县，并定位为城市娱乐频道，为安徽第二大电视媒体。

近十年来，安徽电视台收视率、覆盖范围、受观众喜爱程度和广告营业额等，一直名列本地域媒体之榜首，但广告千人成本却保持着最低的水平，深受广告客户的青睐。安徽电视台是十五个首批荣获“全国广告重信誉创优质服务先进单位”称号的电视媒体单位之一，并且多次受到中国广告协会、省、市广告协会的奖励。

合肥电视台

地　址：合肥市金寨路 283 号
邮　编：230061
电　话：(0551)272662

安徽人民广播电台

地　址：合肥长江路 89 号
邮　编：230001
电　话：(0551)257246

报 刊 类

《安徽老年报》社广告部

地　址：合肥市阜南路 40 号三楼
邮　编：230001
电　话：(0551)2615992
传　真：(0551)2615992
负责人：叶通理　张家望
联系人：张家望　汪德菱

《安徽老年报》是安徽省唯一的省级老年报，每月 6 期，逢 5 逢 10 出版，全国发行。一版新闻、言论，二版保健、生活，三版《枫林》副刊，四版中外文摘，因其文稿短、新、特、精，无套话、无官腔、品位高、信息量大、受到数十万读者喜爱，多次荣获国家一级报纸、省优秀报纸、编校质量先进集体殊誉。报纸发行量逐年递增，零售量日益扩大，自费订阅比例愈来愈多。报纸广告以遵纪守法著称，以诚信享誉客户和读者，效果好，价格适中。

全国统一刊号：CN 34—0051
邮发代号：25 - 42
开户银行：合肥市工行牡丹支行
帐　号：11524904401

安徽商报社

地　址：安徽省合肥市宁国路 136 号
邮　编：230001
电　话：(0551)4659424　4651569

安徽日报社广告科

地　址：合肥市金寨路 206 号
邮　编：230061
电　话：(0551)252356　274359

合肥晚报社

地　址:合肥市阜阳路 100 号
邮　编:230001
电　话:(0551)253818

福　建　省

公　司　类

龙岩市森龙广告有限公司

地　址:龙岩市新罗区南城小溪路 2-22 号
邮　编:364000
电　话:(0597)2336518　2305230
手　机:13906979518　13906979528
传　真:(0597)2305230
负责人:林　兴
联系人:邱飞舟

各种户外广告制作发布、各类媒体代理创意、CI 广告策划、广告企划执导,环境设计制作,室内外空间装璜展示,照明夜景工程。

漳州市闽盛广告有限公司

地　址:漳州市平等路(市财政局对面 2—104 号)
邮　编:363000
电　话:(0596)2058882
传　真:(0596)2058882
总经理:伦　宇
联系人:李彩玉

漳州市闽盛广告有限公司是一家集创意、策划、设计、户外广告发布、媒体广告代理等于一体的综合性广告公司。拥有一批一流的广告创意、策划及设计制作人才。精心为客户提供全程、优质、高效的广告服务。

本公司的服务宗旨:

以诚为本,广交朋友;
以智为本,立足服务。

厦门市公交广告有限公司

地　址:湖滨中路 64 号
邮　编:361004
电　话:(0592)5053054　5098709
负责人:林阿立
联系人:蔡静梅

本公司成立于 1995 年 3 月 27 日,现已初具规模,以开发公交车辆媒体为主,主要项目有车身广告、车后玻璃广告、车厢内广告、公交候车廊广告等。

经营范围:设计、制作、代理、发布国内广告业务。

三明市美术广告公司

地　址:福建省三明市绿岩路 3 幢(艺术大厦三楼)
邮　编:365000
电　话:(0598)8264363　8223840
经　理:王建华
联系人:丁玉凤
经营范围:

本公司系三明市文化局直属专业广告公司,正式成立于 1981 年,主要经营本市范围户外广告业务,为客户提供广告策划、创意、制作、发布等全面优质的专业化服务。协助客户举办各类有效促销活动。代理全国报刊、广播、电视、彩色印刷广告业务。

本公司下设永安分公司及装修工程部二个分支机构,其中装修工程部是一支具有较强实力的室内设计、装饰工程施工队伍,承接各类室内外装饰设计及工程施工。

十几年不懈的努力,始终如一的追求,全面优质的服务,赢得了客户的信赖。

三明市美术广告公司将一如既往地与各广告界同仁建立广泛联系,真诚合作,为拓展广告事业做出贡献。

福州金狮广告有限公司

地　址:福州市五一北路 88 号 4 楼
邮　编:350001
电　话:(0591)7561297　7521334
传　真:(0591)7552448
手　提:(0591)9019034　13705079992
传呼机:(0591)129-8199637

网　址:http://jinshi fz.fj.cn
电子信箱:jinshi@pub3.fz.fj.cn

福建省首届广告协会十佳会员单位

福州市首届广告协会双十佳会员单位

FUZHOU JINSHI ADVERTISING CO.,LTD

Fujian Advertisement Association First Session IU best Member Unit.

Fuzhou Advertisement Association First Session Both 10 Dest Unit.

福建龙岩中天建设发展有限公司信息广告分公司

地　址:福建龙岩市龙川东路电信五楼
邮　编:364000
电　话:(0597)2300168
传　真:(0597)2302168
负责人:叶根荣
联系人:董　燕

经营范围:

电话信息服务、160人工信息台、968自动声讯台、966语音信箱、160专家热线台、967无线寻呼留言;设计、制作、代理、发布国内各类广告。

福建铁路广告公司

地　址:福州华林路408号
邮　编:350013
电　话:(0591)7579478　9019815
铁路电话:3210、3220
负责人:陈谟武
联系人:韩泽生　张　平
经营范围:

承办铁路站车广告:路牌、灯箱、霓虹灯广告、大型LED电子显示屏、民墙广告。室内外装潢装修、包装装潢印刷等业务。

本公司立足铁路和特区面向全国,以策划为主导,创意为中心,为客户提供有效服务的国营专业广告公司,并在厦门特区设立厦门分公司(电话:5153177　负责人:张平、陈佳祥)。

厦门国贸广告企划有限公司

地　址:厦门市湖滨南路国贸大厦八层C座
邮　编:361004
电　话:(0592)5160198
传　真:(0592)5160103
负责人:支　红
联系人:陈育玲

厦门国贸集团广告企划有限公司,是名列全国百强企业的厦门国贸集团股份有限公司的全资子公司。

公司以"客户成长优先"为经营宗旨,为客户提供全方位的媒体代理;策划承办大型公关活动和展览活动;策划执行产品整体行销、房地产促销;同时承接广告印刷品、广告礼品和影视广告制作项目。为客户提供高质量的广告创意、广告设计、广告摄制和制作以及企业的市场调研及信息咨询服务、企业整体CI策划。

厦门航空广告公司

地　址:厦门湖里南山路337号
邮　编:361009
电　话:(0592)5631857
传　真:(0592)5631737
法人代表:陈方青
联系人:陈海容

经营范围:设计、制作、代理、发布国内广告业务。

一、承办国内各类广告策划、设计等业务;

二、代理全国广告业务;

三、经营《厦门航空》杂志、航空服务指南、班期时刻表、登机牌、飞机票、飞机套票、波音757、波音737-700型飞机机上闭路电视广告等航空广告业务;

四、承接电视广告片、企业专题片的摄制、编辑制作业务。

厦门商业广告公司

地　址:厦门市思明南路56-72号大丰商厦4楼
邮　编:361001
电　话:(0592)2026154、2033338
传　真:(0592)2033803
总经理:黄启勇

我公司成立于1984年,具有接受全面代理、企划、设计、制作和发布国内外广告业务的资格。

经过多年的广告代理运作,我公司已建立遍布全国的媒介代理网络,并加强了同国外及港台广告公司及媒体的合作。

多年来,公司的各类广告作品,多次获全国奖和省级奖。

厦门市博美广告有限公司

地　址:厦门市公园西路12号之二(厦门影剧院二楼)
邮　编:361003
电　话:(0592)2108636　2108637　2127381
传　真:(0592)2127380
负责人:陈茂盛
经营范围:
　经营、代理广告业务。

福建省广告公司泉州分公司

(福建省外经贸系统企业)
地　址:中国福建泉州九一街外贸大楼
邮　编:362000
电　话:(0595)2285042　2284227　2981990
传　真:(0595)2285042
总经理:张清杰
联系人:钟晓英
　策划、设计、制作、发布国内外广告
　经营:广告礼品、广告、装饰材料
　代理:报刊、杂志、电视、电台广播广告业务
　竭诚希望同国内外广告企业交流、合作、发展

泉州市商业广告公司

地　址:泉州市区田安路丰泽商住城B3座写字楼4-5号
邮　编:362000
电　话:(0595)2986565　2189896
传　真:(0595)2772986　2189891
法人代表:杨志彤
联系人:苏远美

福建省泉州市艺术广告公司

地　址:福建省泉州市温陵北路中侨大厦三楼
邮　编:362000
电　话:(0595)2189263　2288263
传　真:(0595)2288263
总经理:陈觉新

闽西广告公司

地　址:福建省龙岩市溪畔路溪南大厦一楼
邮　编:364000
电　话:(0597)2321319　2306998　2325719
传　真:(0597)2321319
总经理:陈荣泽

泉州万通广告有限公司

地　址:福建省泉州市少林路万通大厦五楼
邮　编:362000
电　话:(0595)2775066　2795388
传　真:(0595)2795399
负责人:魏献宗
联系人:杨晓衡

福建省南平市红太阳广告有限公司

地　址:福建省南平市胜利街综合A楼2楼左侧
邮　编:353000
电　话:(0599)8833993
传　真:(0599)8833533
总经理:杨新明

福建省南安市广告公司

地　址:福建省南安市新华街171号
邮　编:362300
电　话:013805901688　(0595)6383540
负责人:叶孙超
联系人:苏仁忠

惠安县艺达广告装潢公司

地　址:福建省惠安县螺城新街建管局大厦一楼左侧
邮　编:362100
电　话:(0595)7383593　7373593
传　真:7373593
法人代表　负责人:哈　克
联系人:张国栋

龙岩紫金广告策划有限公司

地　址:福建省龙岩市和平路15号
电　话:(0597)2339228　2308138
总经理:何　龙

龙岩市广告公司

地　址:福建省龙岩市九一北路方龙大厦101号
邮　编:364000
电　话:(0597)2295338　2302521
传　真:(0597)2295338
负责人:林金水

联系人:廖雪琴

三明兴屏广告公司

地　址:福建省三明市人大常委会办公楼二楼
邮　编:365000
电　话:(0598)8263724　8254412
传　真:(0598)8263724
法人代表:张连宝

福建日报广告总公司

地　址:福建省福州市华林路84号
电　话:(0591)7820601　7095891

福建有线电视广告公司

地　址:福建省福州白马河北路253号
邮　编:350001
电　话:(0591)7545936　7568508　7548730
传　真:(0591)7530136

香港(福建)华人国际广告有限公司

地　址:福建省福州市湖东路278号太阳广场8楼北座全层
电　话:(0591)7851888　7812666
传　真:(0591)7810666

福建省电话号簿公司

地　址:福建省福州市五一中路57号
邮　编:350005
经理室电话:(0591)7528725
编辑部　广告部:(0591)7533021
磁卡部　财务部:(0591)3356174
图文传真:(0591)3330030

福建隆达艺术传播有限责任公司

地　址:福建省福州市五四路71号国贸广场十四层
邮　编:350001
电　话:(0591)7544514　7547044
传　真:(0591)7544522

福建太古之星广告传播公司

地　址:福州市五四路国贸广场33层
电　话:(0591)7503510　7544188
传　真:(0591)7544187

泉州新时代广告有限公司

地　址:香港九龙宫塘巧明街108号南益集团大厦8楼A座
电　话:(852)27631218
传　真:(852)27631027
地　址:福建省福州市泉秀路中段南建工业村
邮　编:362000
电　话:(0595)2585985　2585986
传　真:(0595)2583380

泉州展览城广告装璜有限公司

地　址:泉州展览城商贸街90号
邮　编:362000
电　话:(0595)2488778
传　真:(0595)2488789

福建省鸿宇公众信息传播有限公司

地　址:福建省鼓楼区道山路1号综合大楼五层
邮　编:350001

福建省广告公司漳州分公司

地　址:漳州市新华北路外贸大厦附属楼四层
邮　编:363000
电　话:(0596)2932208
传　真:(0596)2932581
电　传:929002　FICOZ CN

宁德地区融信发展公司

地　址:宁德地市莱茵城C座三层
邮　编:352100
电　话:(0591)2871806
总经理:宋光宁

三明日报广告公司

地　址:福建省三明市红岩路41号
电　话:(0592)8223675
传　真:(0592)8241672
法人代表:林小平

福建通联广告有限公司

地　址:福建福州王庄一区机电外贸大楼
邮　编:350011
电　话:(0591)3661062
传　真:(0591)3667795

总经理:万　毅

福建省教电广告有限公司

地　址:福建省福州市五四路 217 号
邮　编:350003
电　话:(0591)7833718
传　真:(0591)7837223
法人代表:张大展
总经理:范燕蓉

福建省奥华广告公司

地　址:福州市省府路 6 号
邮　编:350000
电　话:(0591)7512222　7504734
传　真:(0591)7504694
总经理:李国平

福州市邮政信息广告公司

地　址:福州市五一中路五一邮电局三楼
邮　编:350005
电　话:(0591)3337784、3332594
传　真:(0591)3331558
法人代表:周　萍

厦门亚美广告有限公司

地　址:厦门市湖光路湖光大厦 10 楼
邮　编:361004
电　话:(0592)5094209　5153058

厦门市鹭光霓虹灯广告公司

地　址:厦门市钱炉灰埕 1 号
邮　编:361001
电　话:(0592)2023771
负责人:吴俊杰

厦门市火炬广告公司

地　址:香江花园珊瑚阁 8 楼 E 座
邮　编:361009
服务专线:(0595)5134911　5133010
传　真:5134911
总经理:陈少斌

厦门市路桥广告公司

地　址:厦门市湖滨东路九号华闽酒店十八楼
邮　编:361004
电　话:(0592)5151828
传　真:杨允红

厦门市经典广告公司

地　址:厦门市湖滨中路白鹭洲
邮　编:361012
电　话:(0592)5085135
负责人:郝　洁

南平市山海广告有限公司

地　址:南平市八一路先锋岭 2 号楼 403 室
邮　编:353000
电　话:(0592)8632258
总经理:林相祯
副总经理:叶盛华

福建省建瓯市桂万广告社

地　址:建瓯市人民路 79 号
邮　编:353100
电　话:(0599)3834056　9013267
经　理:张桂万
联系人:邓梅之　张景卉

南平市气象局科技服务产业科

地　址:福建省南平市金山路 110 号
邮　编:353000
电　话:(0599)8823716　8832498　5823738
传　真:(0599)8833343　5823738

福建省邵武建贤商贸广告有限公司

地　址:福建省邵武市熙春西路 96 号
邮　编:354000
电　话:(0599)6323655　6328679　6321146
董事长兼总经理:张建贤

泉州世纪广告有限公司

地　址:福建省泉州市田安路丰泽城写字楼三区二楼十七号
邮　编:362000
电　话:(0595)2199777　2199778
传　真:(0595)2199778
负责人:汪志辉
联系人:李丽娜

福建泉州市八达广告公司

地　址:泉州市区崇福路福利大厦24－28号
邮　编:362000
电　话:(0595)2988233　2792251
传　真:(0595)2790627
负责人:林　愉
联系人:詹小萍

凹凸广告传播中心

地　址:福建省泉州市远太大厦1809
邮　编:362000
电　话:(0595)2182278　2282502
传　真:(0595)2282502
法人代表:庄建昌

泉州市明星广告公司

地　址:泉州市东湖马路巷10号
邮　编:362000
电　话:(0595)2185310
传　真:(0595)2285595
负责人:苏崔荣
联系人:林朝霞

福建省晋江经贸广告公司

地　址:福建省晋江市青阳外经贸大厦701室
邮　编:362200
电　话:(0595)5689633
传　真:(0595)5661633
负责人:柯志云
联系人:林灿煌

福建省南安市新世纪广告公司

地　址:福建省南安市水头镇西大街海都大厦
邮　编:362342
电　话:(0595)6982968　6983388　6988388
传　真:(0595)6982466
负责人:吕毓辉
联系人:吕永康

石狮金三角广告公司

地　址:福建省晋江市建设委员会一楼
邮　编:362200
电　话:(0595)5682386　8782278
传　真:(0595)8786278
总经理、设计师:许金锺
业务联系部:吴锦璇

漳州市佰诚广告事业有限公司

地　址:漳州南昌路132号
邮　编:363000
电　话:(0596)2066226
传　真:(0596)2058674
总经理:张鼎新

福建双菱广告装璜发展有限公司

地　址:漳州市新浦路34幢201室
邮　编:363000
电　话:(0596)2895485
传　真:(0596)2895485
经　理:马　跃

漳州大地广告公司

地　址:福建省漳州市漳响路13号
邮　编:363000
电　话:(0596)2961818　2961067
传　真:(0596)2961067
负责人:苏学光

漳州市青云影视广告公司

地　址:漳州市新华北路东华广场3B－206号
邮　编:363000
电　话:(0596)2930973　2058882　13906943199
传　真:(0596)2058882
总经理:伦　宇

漳州市天马广告公司

地　址:漳州市芗城区元光南路元锋楼302室
邮　编:363000
电　话:(0596)2899424　2932344
手　提:13906943161
总经理:吴　兀
联系人:林小姐

漳州东方广告策划公司

地　址:漳州市瑞京花园9D幢101室
邮　编:363000
电　话:(0596)2521689　2522933　2066626

传　真:(0596)2521689
法定代表人:陈　默

漳州市广告公司

地　址:福建省漳州市胜利路35号工艺大楼二楼
邮　编:363000
电　话:(0596)2031008　2024082
传　真:(0596)2031008
负责人:高国榕

漳州市飞鹰广告有限公司

地　址:福建省漳州市胜利路7-9号粮食大厦二层
邮　编:363000
电　话:(0596)2069567　13906966567
传　真:(0596)2069567
联系人:苏小姐

莆田市新思维营销企划公司

地　址:福建省莆田市涵江区工业路21号二楼
邮　编:351111
电　话:(0594)3592707　3592456
传　真:(0594)3393316
负责人:苏国锋

莆田华园广告有限公司

地　址:福建莆田市城厢区学园路口(制糖大楼2层)
邮　编:351100
电　话:(0594)2290332
传　真:(0594)2290332
福州联络处地址:福州市金鸡山20号
电　话:(0591)7320699
传　真:(0591)7320699
传　呼:129-8113989
法人代表:纪建英

莆田市创意装璜广告公司

地　址:福建省莆田市文献路新街口大厦(创意电脑设计室)
电　话:(0594)2295978
传　真:(0594)2295978

莆田市大方广告设计有限公司

地　址:福建省莆田市文献路鼓谯楼西侧38号
电　话:(0594)2397023
传　真:(0594)2296182
总经理:许建忠

福建省龙岩市广播电视广告有限公司

地　址:福建龙岩市和平路15号
邮　编:364000
电　话:(0597)2335008　2335136
法人代表:王为民
总经理:简宝良

日和广告(龙岩)公司

地　址:福建省龙岩市西安路15号
邮　编:364000
电　话:(0597)2207405　2207406(传真)
总经理:林忠红

龙岩交通广告有限公司

地　址:龙岩市新罗区龙川中路38号
邮　编:364000
电　话:(0597)2290498　2215509
传　真:(0597)2290498
法人代表:黄海祥

宁德市大地室内装饰广告有限公司

地　址:福建省宁德市蕉城南路19号-1(蕉南经委楼隔壁)
邮　编:352100
电　话:(0593)2837538　2523588
传　真:(0593)2322127
传　呼:129-7388358
法人代表:叶梦祥

福州华业发展公司闽东广告分公司

地　址:宁德市洄墘路103号
电　话:(0593)2826569
传　真:(0593)2873788
负责人:郑　璋

宁德市腾龙广告装饰工程公司

地　址:福建省宁德市八一五中路28号
邮　编:352100
电　话:(0593)2832682　2951767
传　真:(0593)2832682

负责人:苏　斌
联系人:黄书国

三明市天天广告公司
地　址:三明市徐碧一村 62 幢 207 室
邮　编:365000
电　话:(0598)8251589　8251289
传　真:(0598)8251289
法人代表:潘桂生

三明市创意广告公司
地　址:三明市列东东街一路
邮　编:365000
电　话:(0598)8223193
法人代表:姜晓谋

三明市康神广告公司
地　址:梅列区高岩新村 52 幢 223 号
邮　编:365000
电　话:(0598)8227490　9000850
法人代表:陈春芬

三明市艺术装璜广告公司
地　址:三明市新市中路
邮　编:365001
电　话:(0598)8310523　9012163
法人代表:黄居群

三明市公交广告分公司
地　址:三明市工业南路 126 号
邮　编:365000
电　话:(0598)8335806

三明万事通声讯广告公司
地　址:三明市邮电大楼二楼
邮　编:365000
传　真:(0598)8242096

三明市三元广告公司
地　址:三明市新市南路 166 号人防楼
邮　编:365000
电　话:(0598)8335737　8334917
法人代表:陈　星

三明市精灵广告有限公司
地　址:福建省三明市东安新村 49 幢 202,203 室
邮　编:365000
电　话:(0598)8254697
法人负责:刘琳萍

三明电视台广告公司
地　址:福建三明广播电视中心
邮　编:365000
电　话:(0598)8241881
总经理:沈福财

三明声屏有线电视广告有限责任公司
地　址:三明市双园新村 32 幢
邮　编:365000
电　话:(0598)8242213　8252767
法人代表:罗榕椿

三明市梅列天龙美术广告装璜部
地　址:三明列东、东新三路建行大厦一层
邮　编:365000
电　话:(0598)8225937　13906082249
13906086246
法人代表:滕　龙

沙县广告装饰公司
地　址:滨河路 6 幢 49 号
电　话:(0598)5821092
经　理:王朝晖

永安市新闻大屏幕信息服务公司
地　址:永安市南门广场 1 号
邮　编:366000
电　话:(0598)3616257
总经理:曾巧玲

福建省煤炭工业基本建设公司富华装饰工程分公司
地　址:永安燕江东路 28 号
邮　编:366000
电　话:(0598)3622190　13906083219
经　理:黄奎明

新海洋室内外造型设计室

地　址:福建省永安市燕南路40号
　　　(煤炭工业大楼四层401－410室)
邮　编:366000
电　话:(0598)3602193
传　真:(0598)3618399
总经理:涂咏添

广播电视类

福建电广东南卫视广告有限公司 (福建东南电视台广告部)

地　址:福州市圣庙路1号5层
邮　编:350001
电　话:(0591)3314480　3361082
传　真:(0591)3361070
电子邮件:sstvad@pub3.fz.cn
负责人:王建新
联系人:张　瑜、余　硕

福建电广东南卫视广告有限公司,全面代理福建东南电视台、福建电视台体频育道广告投放业务。

福建东南电视台是全国范围内影响较大的省级卫视频道,是各地企业在福建省发布广告的首选媒体。福建电视台体育频道是福建省内唯一专业体育频道。福建电广东南卫视广告公司全面代理两大媒体,为客户提供立体的广告投放空间。

公司人才荟萃,设备精良,用专业的时段经营管理,为客户提供科学高效的广告代理运作。同时委托央视－索福瑞媒介研究公司提供福建地区收视报告。利用科学的收视率数据综合测定广告效果,及时反馈给客户,使企业的广告投放有的放矢,掷地有声。

我们所做的一切就是以专业精神倾力服务广大客户,让企业的声音传得更好、更远、更清晰。

福建省龙岩电视台广告部

地　址:福建省龙岩市和平路15号原地区物资局二楼
邮　编:364000
电　话:(0597)2335008　2335136
传　真:(0597)2333863
负责人:简宝良

福建省龙岩电视台广告部已成立了十年,目前在全国拥有近100家广告代理公司。龙岩电视台覆盖人口400万人,每天7:00—24:00播出17小时,各种栏目深受广大观众喜爱。

泉州有线电视台

地　址:福建省泉州市田安北路青少宫文化中心三楼
邮　编:362000
电　话:(0595)2115055　2115066
传　真:(0595)2115055
广告部主任:陈鑫辉
联系人:刘淑萍

泉州有线电视台于1991年12月开播,采用550MHZ邻频传输系统,传送23套电视节目和2套调频立体声广播节目,网络覆盖全市11个县(市、区),用户逾60万户,是福建省最大的地市级有线电视网络。

泉州有线电视台开设了新闻、经济、综艺、社教、影剧、服务等栏目,现有综合影视和图文经济两套自办节目,日播出节目长度30小时,节目深受观众欢迎,在泉州地区拥有较高的收视率和较大的知名度,广告效果明显,是企业、商家在闽南金三角首选的媒介之一。

福建经济广播电台

地　址:福州古田路2号
邮　编:350001
电　话:(0591)3349423　3313789－424
传　真:(0591)3310841
负责人:郑　军
联系人:唐村虹

厦门有线电视台广告部

地　址:厦门市湖滨北路广电中心9楼
邮　编:361012
电　话:(0592)5301998　5301989
负责人:林平峰
联系人:游华章

厦门全市人口126万,人均月收入居全国第3位,厦门有线电视台所涵盖的正是厦门最有消费实力的群体。岛内(包括鼓浪屿)入网户数超过90%,有线网全面覆盖岛外郊区,包括同安、杏林、集美所有城镇,总户数28万户。

厦门电视台

地　址:厦门市湖滨北路 123—129 号广电中心 16 楼
邮　编:361012
电　话:(0592)2023896
传　真:(0592)2211727
负责人:刘晓光

厦门电视台建于 1978 年,电视信号覆盖厦门市及漳州、泉州等地 10 多个县市,可收视人口 500 万人。自办 2 套节目,每周播出 130 多个小时。日均制作节目 3.5 小时。转播 4 套节目。每周播出广告 6 小时。

厦门人民广播电台广告部
厦门海峡广告有限公司

地　址:厦门市湖滨北路广电中心
邮　编:361003
电　话:(0592)5301098　5301038　2020081
传　真:(0592)2020081　5301088
经　理:陈和心
“海峡广告　跨越时空　跨越海峡”

福建电视台广告部

地　址:福建省福州市古田路 7 号东升大楼 10 层
邮　编:350005
电　话:(0591)3353838
传　真:(0591)3353168
总经理:吴志明

福州有线电视台广告部

地　址:福州八一七北路 249 号金辉大厦四层
邮　编:350001
电　话:(0591)3345906
传　真:(0591)3345906
广告部负责人:林　东
联系人:吴　悦　陈剑峰

南平电视台　南平有线电视台

地　址:南平市胜利街 142 号
广告部电话:(0599)8822006　8834753
两台合并(有线无线两台合并)
全国联播(全国 82 家电视台广告联播)
全台协同(各栏目确保高收视率)
全程服务(提供全方位立体化服务)

莆田电视台广告部

地　址:福建省莆田市城厢区田尾新村 153 号
邮　编:351100
电　话:(0594)2391668
传　真:(0594)2391668
台　长:姚志平
广告部:柯晓东

漳州有线广播电视台广告部

地　址:福建省漳州市平等路 91 号
邮　编:363000
电话、传真:(0596)2045008
台　长:陈天水
副台长:王建漳
广告部主任:李厚坤

漳州电视台广告部　闽南影视广告中心

地　址:福建省漳州市胜利西路 11 号
邮　编:363000
电　话:(0596)2023844　13906961399
传　真:(0596)2023844
主　任:郑和木

莆田市有线电视台

地　址:莆田市城厢区石室东路 3 号
邮　编:351100
电　话:(0594)2288381(办)
传　真:(0594)2288382
台　长:戴建中

宁德电视台广告部

地　址:宁德市建新路 6 号
邮　编:352100
电　话:(0593)2863999　2831482
传　真:(0593)2831482
负责人:陈起鸿
联系人:黄劲松、林银峰

报 刊 类

泉州晚报社

地　址:福建省泉州市新华路
邮　编:362000

电　话:(0595)2398520　2373600
传　真:(0595)2396693

泉州市位于福建省东南部、台湾海峡西岸,是一座历史悠久、风光秀丽的开放港口城市。泉州市现辖5区、3市、5县,综合经济实力居福建省首位,主要经济指标连续保持全省前列,为福建省经济发展最快、最富活力的地区。1999年全市国内生产总值952亿元,占福建省25.9%。泉州市所属的晋江、石狮、南安3市已跻身全国经济百强县。

《泉州晚报》系中共泉州市委机关报,1985年4月1日试刊,7月1日正式创刊,现为对开12版,天天彩报,发行数年年增长,目前,已突破15万份,居福建省地市报首位,成为泉州市新闻传播的主渠道、全省的重要媒体,在东南亚华侨居住区和港澳地区拥有众多读者。据央视调查咨询中心'98央视全国读者调查"泉州晚报读者阅读率调查数据报告"显示:《泉州晚报》在泉州市报纸读者市场占据了明显的优势,周到达率高达92.9%(《泉州晚报》拥有的读者量占泉州市整体读者的百分比),比居第二位的报纸高出近60个百分点。泉州晚报社广告部是中国地市报广告委员会副主任委员单位、福建省报纸行业广告委员会主任委员单位,在中国地市报的广告同行中有着良好的影响和信誉。1995年泉州晚报社广告部被评为全国报纸行业经营管理先进单位,1999年被评为福建省广告行业先进单位。《泉州晚报》广告刊费(人民币):整版黑白8.8万元,整版套红10.56万元,整版彩色13.728万元。

《东南早报》系吸纳《福建商报》创办的市民报,由泉州晚报社主办,4开24版彩报,日刊,2000年8月15日正式出版。这是一份以反映社会、关注民生、服务百姓、满足需求为宗旨,以追求最具竞争力的新闻为理念的综合性平民生活报。《东南早报》面向全省,主攻东南沿海城市,以平民视角关注社会热点,力争以"短、快、新"为特色,满足都市里的中青年读者的信息需求。《东南早报》广告刊费(人民币):整版黑白3.3万元,整版套红4.125万元,整版彩色5.3625万元。

福建老年报社

地　址:福州五四路263号
邮　编:350003
电　话:(0591)7847181
传　真:(0591)7847181
负责人:薛来健
联系人:林成端

《福建老年报》创刊于1986年5月5日,由福建省老龄工作委员会主办,省委老干部局、省人事厅、省劳动和社会保障厅、省总工会协办。1998年起为四开八版,每周四出版,全国公开发行。主要读者是中老年人,报纸融思想性、知识性、趣味性于一体,读者群大,覆盖面广,可读性强,深入家庭。

经营范围:

商业广告,药品、医疗、食品、保健产品等广告。

福建建设报社

地　址:福州市北大路242号
邮　编:350001
电　话:(0591)7834020　7834019　7834017
传　真:(0591)7834005
社长、总编:郭经钊
联系人:林少辉

《福建建设报》是福建省建设战线的综合性报纸,1985年6月10日正式创刊,由《福建建设报》董事会创办,福建省建设委员会主办。现为对开四版,每周一期,星期三出版,国内统一刊号CN35-0011,邮局公开发行。福建建设报社为福建省广告协会会员单位,广告经营许可号为闽工商0046号。广告部面向全国,为广大用户提供设计、制作、发布、代理报纸广告业务服务。广告部坚持用户至上,以最合理价格提供最为周到的服务。是企事业单位尤其是广大建筑、装饰、建材、建机企业进行企业形象、产品宣传的理想媒体。

福建侨报

地　址:福州市五四路155号丰华苑
邮　编:350003
电　话:(0591)7844230　7813894　7814007

福建侨报:

联系"三胞"之桥

中外交流之窗

福建侨报创办于1956年,目前已在海内外多点印刷,印刷版发行全国和世界120个国家及地区;电子版加入《中国之窗》互联网络,使该报立足福建,走向世界。

该报介绍中国涉侨涉外方针、政策,传递福建政治、经济、文化最新信息,报道海外华侨华人社会和住地动态,提供探亲旅游、投资贸易、留学移民指南。

闽北日报社

社　址:福建省南平市八一路350号
邮　编:353000
电　话:(0599)8831501
广告公司电话:(0599)8825527
社　长:杨　斌

福州晚报广告部

地　址:福州市鼓楼区黎明街小柳
邮　编:350005
负责人:刘　屏
联系人:林可奇

福建经济报

地　址:福州市湖滨路110号六层
邮　编:350001
电　话:(0591)7547719　7502814
传　真:(0591)7547722
负责人:江　东

海峡都市报

福建日报社主办
地　址:福建省福州市华林路福建日报大厦一层
电　话:(0591)7095559　7095562
传　真:(0591)7095580

闽南日报广告部　漳州市闻达广告公司

地　址:福建省漳州市胜利西路(石龟头)新闻大楼内
邮　编:363000
电　话:(0596)2598333
传　真:(0596)2598333
负责人:陈西碑　13906964430
联系人:李文溪　13906964431

莆田广播电视报

地　址:福建省莆田市南门外2号(市广播电视局大院内)
电　话:(0594)2285605　2381212
传　真:(0594)2296790　2381213
法人代表:林　新

三明广播电视报

地　址:三明市列东东街104号
邮　编:365000
电　话:(0598)8263724　8263734
传　真:(0598)8241865
法人代表:余以琳

《福建金融》

地　址:福建省福州市五四路220号
邮　编:350003
电　话:(0591)7827764
传　真:(0591)7827764
社　长:倪健鹤
总编辑:林正平
联系人:周　冰

福建青年杂志社广告部

地　址:福州华林路福建日报大厦6楼
邮　编:350003
电　话:(0591)7095789
联系人:李幼南

艺术·生活(双月刊)杂志社

地　址:福州五一北路三十一号十三楼
邮　编:350001
电　话:(0591)7534506
负责人:余道伙
联系人:程梅英

江 西 省

公 司 类

南昌新星广告信息公司

地　址:江西省南昌市北京西路154号二楼
邮　编:330046
电　话:(0791)6263377　6301118
传　真:(0791)6263377
电子信箱:xxggxxgs@public.nc.jx.cn
负责人:包荣生
联系人:王　琪

本公司是一家综合性广告公司,现为南昌市广告协会执行理事,华东六省一市广告协会会员,是"重合同、守信用"的先进单位。

经营范围:

①全方位策划;②四大媒介广告代理;③电视广告制作及电视随片广告播出(江西十一家电视台黄金档播出);④户外广告(大型电脑喷绘,霓虹灯、灯箱、龙门架、巨幔、条幅、气球、立体造型)的制作,发布代理;⑤新闻发布及各类促销公关活动;⑥印刷广告,信息咨询;⑦室内外装饰及装饰材料经销。

江西现代广告发展公司

地　址:江西省南昌市八一大道1号17楼
邮　编:330002
电　话:(0791)6218734、6219266
传　真:(0791)6219078
负责人:赵　洪
联系人:张晓云

江西现代广告发展公司系综合性广告公司,经营范围:整体广告策划、CI策划与设计、印刷广告、户外广告等,并代理电视、广播、报纸和杂志广告。

南昌市广告公司

地　址:南昌市丁公路111号(市工商局2楼)
邮　编:330002
电　话:(0791)6260027　6214845
传　真:(0791)6251686
电子信箱:nguang@public.nc.jx.cn
负责人:魏一新
联系人:周　强

南昌市广告公司系南昌市广告协会下属的一个综合性广告经营实体,系中国广告联合总公司成员单位,组建于1980年。现拥有户外媒体4000多平方,在繁华路段有200个灯箱广告位。知名广告作品有"IBM PC"、"松下电器"、"锦湖轮胎"、"立邦漆"、"百事可乐"、"三鹿奶粉"、"江铃汽车"等。公司承制、发布大型霓虹灯、路牌、灯箱广告;策划、制作、代理发布电视、报刊、广播广告业务;承接大型装修工程;主持企业CIS策划,企业营销策划等。

南昌邮政广告公司

地　址:南昌市邮政路1号
邮　编:330008
电　话:(0791)6788981　6776544
传　真:(0791)6775244
负责人:刘茂达
联系人:邹正明

南昌邮政广告公司成立于1991年,是一家集策划、设计、制作、发布于一体的综合性广告公司。在广大客户中努力树立起自己的企业形象,是邮政广告不断的追求。而今,邮政广告不仅拥有出类拔萃的人才和先进的设备,更凭借邮政无所不及的网络优势和多年的经验,倍受客户和业内人士赞誉,邮政广告是首批获得代理权资格的广告公司之一,并于1997年被江西省工商行政管理局评为"江西省A级综合性广告公司"。

南昌邮政广告公司的业务范围包括:邮送广告、商业信函(DM广告)、中国贺年有奖明信片广告、广告明信片、报纸、电视、广播等媒介的广告代理,画册、海报等各类平面广告的创意设计及印前制作,整体广告策划。

新干县广告公司

地　址:江西省新干县城滨阳路5号(县文化馆内)
邮　编:331300
电　话:(0796)2605570
经　理:杨九根

业务经营:谢小珍 杨 昆

经营范围:

主营:招牌、路牌、民墙广告设计制作发布、商标设计、电脑刻字。

兼营:工艺美术设计、装潢、制作、霓虹灯制作、摄影、娱乐、玩具、文化用品、钢木家具。

南昌公交广告公司

地 址:江西省南昌市站前西路18号

邮 编:330003

电 话:(0791)6222391 6268184

南昌公交广告公司是一家综合性广告公司,现为中国广告协会会员,中国广告协会公交委员会理事,南昌市广告协会副会长级单位,连续5年被市政府授予"重合同,守信用"先进单位。

主营:交通广告、广告总体策划、霓虹广告、电脑创意设计、装饰工程、印刷品广告。

南昌市广告联合有限公司

地 址:南昌市丁公路111号市工商局二楼

邮 编:330002

电 话:(0791)6260027 6214845 6105589

传 真:(0791)6251686

南昌七彩广告公司

地 址:南昌市八一大道27号

邮 编:330003

电 话:(0791)6222823

负责人:陈明敏

联系人:董 梅

国营九江市广告公司

地 址:九江市北司路83号

邮 编:332000

电 话:(0791)8222349

传 真:(0791)8223587

负责人:唐新华

联系人:刘玉华

广播电视类

江西人民广播电台经济信息部(广告部)

地 址:南昌市北京西路20号

邮 编:330046

电 话:6201731 6264040

传 真:(0791)6236443

负责人:曾庆洪

江西人民广播电台(中波729.1350千赫调频104.4兆赫)创办于1949年5月,1997年1月上卫星,在江西的有效覆盖达70%以上。安徽、山东、福建、广东、江苏、湖南、湖北相邻地收听效果良好。全天播出18个小时。

江西电视台广告部

地 址:南昌市福州路169号二楼

邮 编:330006

电 话:(0791)6226208 6213653

负责人:张晓建

南昌电视台经济信息部

地 址:南昌市民德路401号

邮 编:330008

电 话:(0791)771987

江西上饶电视台文艺广告部

地 址:江西省上饶市胜利路51号

邮 编:334000

电 话:(0793)8224597 8220009

传 真:(0793)8224597

负责人:洪德恭 袁草岳

九江电视台

地 址:九江市湓浦路14号

邮 编:332000

电 话:(0790)8219798

传 真:(0790)8215958

联系人:张志鹏

报刊类

江西日报广告部

地 址:南昌市豫章路1号

邮 编:330006

电 话:(0791)6849868 6803336

传 真:(0791)6849868

负责人:王福堂

联系人:章华光

《江西日报》是中共江西省委机关报。它围绕江西省委、省政府各个时期的中心任务,紧密结合实际、广泛、深入地反映和指导社会生活、表达人民群众的呼声,为读者提供多方面最新信息。它力求内容新、时间快、形式活、方面广,在思想性、指导性与群众性的有机结合中,让人们领略鄱赣大地上的一幅幅时代画卷和国内外的时事风云。

《江西日报》创刊于 1949 年 6 月 7 日,1984 年《江西日报》开始向国外发行,对开四版,每星期二、三、四、五为对开 8 版,目前《江西日报》发行量达 30 多万份。

《江西日报》采用电脑激光排版,胶版印刷新技术,图文清晰、版面新颖。在广告策划,版面设计中,不断吸收现代广告创意理论和设计制作手法,努力为企业策划、设计、发布卓有成效的广告作品,是国内外工商企业刊登广告的理想阵地。

山 东 省

公 司 类

青岛高科技工业园天诚广告实业有限公司

地　址:青岛鄱阳湖路 7 号
邮　编:266071
电　话:(0532)5725048、5728668
传　真:(0532)5728668
电子信箱:cordial@qd.col.com.cn
法人代表:贾永壮
联系人:殷景迅

公司成立于 1993 年,注重营销创意,追求服务创新,具备专业化的综合服务能力,是青岛市广告经营一级资质企业。

天诚公司坚持以诚为本,唯才是用,建立健全完善的管理体制,拥有各类专业人才近百人。公司下设广告分公司、营销策划分公司、创意展示分公司和装饰装潢分公司,承接 CI 形像设计、信息调研咨询、品牌推广、产品促销、包装设计、影视制作、展览设计、施工制做等项广告业务。

山东省广告装潢公司

地　址:济南市南门大街 1 号
邮　编:250011
电　话:(0531)6920660
电　报:0660
总经理:张小光
联系人:杜玉萍

山东省广告装潢公司是省内大型综合性广告行业的专业公司。公司的创意策划水平,设计制作能力在同行业中堪称一流;公司下辖霓虹灯厂、广告装潢厂、装饰工程部等三个相对独立的实体,对负责广告的创意策划,制作发布;国内外广告业务的代理及负责大型新闻发布,经贸洽谈,庆典活动的组织与实施有着极为丰富的经验。对霓虹灯照明工程,装饰装修工程,橱窗灯箱制作,产品样本设计,各种产品名牌的标志设计及印刷包装。

公司的一贯宗旨是:"信誉至上,客户第一",公司的无限信心是"靠近南门广告,通向成功之道"。

青岛广告公司

地　址:青岛市人民路 27 号
邮　编:266033
电　话:(0532)3730155　3730156　3730157
传　真:(0532)3730156
负责人:隋　伟
联系人:张培金

青岛广告公司成立于 1978 年,是青岛市从事广告业最早的公司之一。

公司部门齐全,完全具有综合策划、代理、发布广告的实力。我们所做的——就是为客户找准:企业与市场的最佳切合点。

山东省栖霞广告装潢总公司

地　址:栖霞市翠屏路环翠巷二院
邮　编:265300
电　话:(0535)5211047　5210910
手　机:13906455877
传　呼:127－2581577
总经理:林德军

联系人:栾志超

济宁市经纬广告有限公司

地　址:济宁市环城北路1号经纬大厦14楼
邮　编:272100
电　话:(0537)2313143
总经理:李东军
联系人:常红旂

济南市公交广告公司

地　址:中国济南纬十二路10号
邮　编:250021
电　话:(0531)5960242
传　真:(0531)5960241

我公司是以城市公交汽电车体、候车亭、站牌为主要的户外广告媒体,近千部车体广告。三十多条路线贯穿泉城的东西南北,形成了一道道美丽的风景线。

本公司下属有恒艺广告制作中心,具备策划、平面设计、精美制作等诸方面的实力,还拥有日本生产的MICHEIAMGLO大型喷绘设备和NOVAJET小型喷绘机,它适用于户外灯箱广告、车身广告、大型路牌的喷绘制作,并已达到国内先进水平。

北京五洲广告公司青岛分公司

地　址:青岛市香港中路18号福泰广场1301室
邮　编:266071
电　话:13905321518　13905320701
负责人:徐　辉
联系人:郑　洁

本公司承办各类广告设计、制作和策划代理业务,兼营建筑内外装潢、为企业和团体提供会议策划与组织服务,计算机技术开发。

广播电视类

山东电视台广告部

地　址:济南市经十路81号
邮　编:250062
电　话:(0531)2951295转6810
传　真:(0531)2955872
负责人:魏　民
经营范围:

在山东电视台各套节目中发布各类电视广告。

山东人民广播电台

地　址:济南市青年东路11号
邮　编:250014
电　话:(0531)614242

济南人民广播电台

地　址:济南经十路14号
邮　编:250014
电　话:(0531)615549

济南电视台

地　址:济南市经十一路14号
邮　编:250014
电　话:(0531)614540

报　刊　类

大众日报

地　址:济南市经十路46号
邮　编:250014
电　话:(0531)2968911－3701
传　真:(0531)2962400
负责人:文风纯

大众日报——山东省委机关报,诞生于1939年1月1日,是目前中国大陆连续出版时间最长的报纸。《大众日报》是山东经济、政治、科技、文化和改革开放的新闻总汇,其报道翔实、准确、权威,在全国报界具有广泛影响。

《大众日报》对开八版,另辟有《大众周末》、《电脑特刊》,发行量50万份,是目前山东省发行量最大的综合性报纸。

《临沂日报》广告信息部

地　址:山东省临沂市即丘路3号
邮　编:276004
电　话:(0539)8313043

《临沂日报》系中共临沂市委机关报,是临沂市唯一综合性日报,对开4版,每日一刊,激光照排,胶版印刷,发行全市12个县区,是一份深受读者喜爱的报纸。

临沂日报广告部是《临沂日报》对外的重要服务

窗口。广告部聚集了一批广告人才,具有较强的广告策划手段和市场调查能力,曾连续四年在省同行业中被评为"重信誉、创优质"服务活动先进单位。所设计的广告作品多次在全省报纸广告优秀作品评选中获奖,在首届全国报纸广告评选活动中获优秀奖。

临沂日报广告部愿以优质的服务、优惠的价格,为促进商品流通,繁荣城乡市场,提高企业及其产品的知名度,扩大销售做出应有的贡献。

济南日报广告部

地　址:山东省济南市经七路纬一路2号

邮　编:250001

电　话:(0531)6920202

山东经济报

地　址:济南市经四路大纬二路

邮　编:250001

电　话:(0531)613305

青岛日报广告处

地　址:青岛市太平路33号

邮　编:266001

电　话:(0532)264907

《解放军健康》杂志社

地　址:山东济南市文化东路36号

邮　编:250014

电　话:(0531)6978924

传　真:(0531)2188171

负责人:赵书友

联系人:王立友

卫生顾问　健康指南　老幼可读　各界相宜

本刊系全军爱卫会批准创办的全国惟一向海内外公开发行的具有军队特色的医学科普期刊。创刊十多年来,深受军内外读者欢迎,拥有较高的知名度和良好信誉,先后多次荣获全国、全军优秀期刊奖。其内容丰富,图文并茂,科学实用,新颖活泼,风格独特,雅俗共赏。开设主要栏目有:卫生通讯、军事医学、特种兵卫生、健康论坛、名医谈病、防病天地、中老年保健、妇幼卫生、计生园地、用药之道、心理卫生、医苑新技、医学纵横、人体奥秘、生活顾问、饮食与健康、答病释疑、卫生文学等。

《解放军健康》为大16开本,双月刊。双色内文及彩色封面、中插印制精美,令人赏心悦目。新的一年,她将以更高的品位、更新的面貌展现在您的面前,继续为您拥有健康的身心和亮丽的人生,奉献一份爱心、一份力量!

欢迎订阅全国全军优秀卫生期刊——《解放军健康》

《解放军健康》

邮发代号:国内24-80　办外BM463　每期定价:3.5元　全年定价:21元　发行部电话:0531-8932244

河　南　省

公　司　类

郑州市广告公司

地　址:河南省郑州市大学路16号广告大厦

邮　编:450052

电　话:8988188　8988588　8988888
　　　　6990220　6990222

负责人:杨长兴

联系人:张惠君　崔天保

经营范围:

广告代理;CI设计;

霓虹灯、路牌、大型喷绘广告制作;

代办新闻发布会、产品展销会、促销会等。

为企业提供市场调查,进行广告策划创意。

郑州市公交广告装璜公司

地　址:京广北路27号

邮　编:450000

电　话:(0371)6974938

企业法人:艾战军

常务总经理:范振河

郑州市公交广告装璜公司(以下简称 PCAC)自1984年成立以来,先后被评为河南省“十佳”广告公司和“重合同,守信用”先进单位,是经营郑州市公交公用设施广告的专业广告公司。

郑州市广告装潢公司

地 址:郑州市大学路33号
邮 编:450052
电 话:6968533 6963540 6969415
电 报:2211
总经理:刘平生
副总经理:唐超英、王建飞

郑州市广告装潢公司是中国广告联合总公司成员单位。可为客户提供如下服务:路牌、霓虹灯、电脑平面设计、雕塑、印刷广告,礼品广告,展览广告,公关广告,广告创意,影视制作,市场调查、策划。代理全国各类广告,包装装潢、装饰工程等。

河南省漯河市丽光广告公司

地 址:河南·漯河市交通路中段亚细亚南侧
邮 编:462000
电 话:(0395)2131528(办) 2152643(厂)
负责人:张金业
联系人:王 诊

主营:CI策划,设计、制作、发布各类户外广告,代理国内外各类广告,承接各类金属字、霓虹灯、灯箱、标牌、装璜设计、印刷、电脑服务,高楼、高塔灯光设计安装等业务。

河南省广告公司

地 址:郑州市黄河路120号
邮 编:450003
电 话:(0371)5941529
负责人:毛志强

开封市实用美术广告公司

地 址:开封市寺后街70号
邮 编:475000
电 话:(0378)5950486
负责人:朱庆学
联系人:刘 鸣

开封市路通广告有限公司

地 址:开封市观前街1号
邮 编:475001
电 话:(0378)3987780
负责人:王曾伟
联系人:刘春苹

开封市美术广告公司

地 址:开封市大袁坑沿街94号
邮 编:475000
电 话:(0378)5950036
负责人:李 林
联系人:马 昆

洛阳市广告公司

地 址:洛阳市西工区健康西路中段
邮 编:471000
电 话:(0379)3936896
传 真:(0379)3932964
负责人:孙殿忠
联系人:孙奋勇

洛阳经济报广告公司

地 址:洛阳市西工区凯旋西路19号
邮 编:471000
电 话:(0379)3948733
传 真:(0379)3901720
负责人:寇金城
联系人:宋建国

广播电视类

洛阳电视台

地 址:洛阳市中州中路185号
邮 编:471000
电 话:3936432 3935872
传 真:3936432
广告部主任:朱孟献
联系人:张艾珍

承办国内电视广告业务。

洛阳电视台广告部有一套严格的制作、播出管理体系,具有独立策划、创作、拍摄、制作高档次广告的技术实力和设备实力。电视信号覆盖豫西地区的十多个县市,覆盖人口八百多万。洛阳电视台广告部奉行全心全意为广告客户服务的原则,对所有播出广告实行三级审看制度，以保证广告播出质量和宣传效果。除承揽制作各种形式，各种规格的文字、图象广告外，还在黄金时间开办了信息、产品介绍、文化娱乐为一体的《经济十分钟》栏目和天气预报节目。

河南人民广播电台广告部

地　址：郑州市经五路2号
邮　编：450003
电　话：5951286
电　报：1684
负责人：王扎根
联系人：黄云秋

河南人民广播电台人口覆盖率达89%以上，全国多数省、市区以及日本、东南亚、欧美等一些国家和地区也能收听到河南台的广播。河南电台广告部主要承揽、代理、制作、发布河南人民广播电台、河南经济广播电台、河南交通台、文艺台的广告业务。

河南电视台广告部

地　址：河南省郑州市经五路2号
邮　编：450003
电　话：(0371)5951983　5961300
传　真：(0371)5952275
负责人：石小兵
联系人：刘　颖

河南卫视台覆盖全省及周边地区，拥有近一亿电视观众。河南电视台广告部负责河南电视台三套自办节目的广告经营工作，设计、制作、发布国内外电视广告业务。

河南电视台已于1996年6月1日通过亚洲2号卫星，覆盖中国、日本、印度、东南亚、中东、东欧和澳洲等地。

河南电视台广告部负责河南电视台三套自办节目的广告经营工作。设计、制作、发布国内外电视广告业务。

开封有线电视台广告部

地　址：河南省开封市文昌后街2号
邮　编：475001
电　话：(0378)5965755
传　真：(0378)5977378
负责人：号志国
联系人：徐央文

主营：设计、制作、发布国内电视广告业务。

报刊类

河南日报

地　址：郑州市纬一路1号
邮　编：450003
电　话：(0371)5951963　5955636　5967680
传　真：(0371)5955636
网　址：www.hnby.com.cn

风风雨雨五十年，河南日报已从稚嫩走向成熟，她以无可替代的权威性、指导性、服务性、可读性而成为商家打开河南市场的首选媒体。

河南日报愿与企业一道走向成功。

洛阳广播电视报社

地　址：洛阳市九都路副67号
邮　编：471000
电　话：3921872
传　真：3934027
负责人：王宝林
联系人：党文华　倪　玲

主营：报纸广告。

兼营：与广播电视、家庭生活有关的经济信息，以及户外广告等。

《洛阳广播电视报》每期四开十六版，七版电视节目预告，四版电视节目介绍，另设有影视人物、声屏社会、视听之友、报海采风等专版，集服务性、知识性、娱乐性、可读性为一体，周三出版，套红胶印，最高期发行量20万份，覆盖洛阳市九县六区及郑州、三门峡市部分县市。

洛阳广播电视报广告部有专业的策划、设计、公关人员，几年来一直奉行客户第一、优质服务的经营宗旨，为众多的客户成功地发布了广告，并被洛阳市工商行政管理局授予“信得过先进单位”。

平顶山日报社广告部

地　址：平顶山市建设路西段268号
邮　编：467002
电　话：日报广告　(0375)4944751
　　　　晚报广告　4930123
传　真：4946700　4963338
负责人：许凌云
联系人：张宝丽

平顶山日报是平顶山市委机关报，是平顶山市最具权威和影响力的媒体，全国发行，日发行量10万余份。平顶山晚报是走进居民家庭的良师益友，日发行量5万余份。

平顶山日报社广告部拥有先进的交通、通讯设施，拥有一流的广告创意微机系统，拥有高素质的专业策划、设计人才，可为客户提供全方位的广告策划、创意、设计、制作、发布乃至市场调查服务。

我们的服务定会为您的产品成功通向市场搭上桥梁，为您的事业发展开拓更广阔的天地。

《矿山机械》月刊

地　址：河南洛阳市涧西区重庆路
邮　编：471039
电　话：(0379)4218711－4788
(0379)4221660－2706
传　真：(0379)4221800
主　编：刘兴才
广告部：李惠杰　翟晓华　曲素兰

横跨"矿业工程类、煤矿开采类和机械及仪表工业类"三大工程学科的中文核心期刊，应用技术类刊物，已蝉联各届全国和机械系统"优秀科技期刊"奖。已在科技期刊的编辑出版方面闯出自己的特色，受到读者广泛好评。标准大16开(A4)，每期正文80页。期发数11000册。读者分布于与矿山开采和矿物处理装备有关的矿山、选厂、工程建设、化工、电力、建材、工业和生活废物处理以及科研院所、制造厂和设计院等部门。拥有最新的排版和苹果创意系统。热情欢迎各企业在本刊上宣传自己的新技术、新产品。我们将竭诚为您服务。

湖　北　省

公　司　类

湖北省有缘广告公司

地　址：武汉市武昌东亭小区牡丹苑101栋
通　联：武昌东亭邮局17号信箱
邮　编：430077
电　话：(027)86776479　86778676　86797716
传　真：(027)86774679
法人代表：卢昌军
办公室主任：高　香

1999年5月31日经湖北省工商局注册登记，是一家以报刊媒体见长的年轻省级广告公司，注册资金为100万元。

经营范围：

1、设计、制作、代理、发布国内各类广告、户外广告；

2、优先代理全国数百家主要报刊媒体广告业务；

3、全权代理《古今故事报》、《大家文摘报》、《中华传奇》、《警笛》、《家庭保健》、《爱情婚姻家庭》、《幸福》等报刊的黄金版面；

4、展览策划服务、文化用品、工艺礼品销售；

5、书报刊批零；

6、咨询服务；

武汉尊荣广告国际传播发展有限公司

地　址：武汉汉口中山大道1056号金源世界中心B座28层
邮　编：430014
电　话：(027)82822828　82851166
传　真：(027)82851166
网　址：www.gloryad.com
电子邮件：gloryad@public.wh.hb.cn

彰显尊贵　赢取荣耀

武汉尊荣广告国际传播发展有限公司系由国家房地产百强、湖北省最大的房地产开发商武汉城市综合开发集团有限公司投资于1995年创立。智囊构成有国立武汉大学新闻学院、武大传播与市场调研中心等。

作为一间综合性专业广告策划、代理及制作公司，我们拥有一群富于经验的业内精英，具有敏锐的市场触觉，对商品、高新企业及房地产有着相当深厚的策划、推广资历。此外，我们对大型活动的组织策划，电视、广播、报刊、户外广告及其他有关的公关、协调、策划、推广、代理、发布等通路都深湛贯达，故能驾轻就熟。

走进新世纪,我们始终抱着纯朴、踏实、刻苦、敬业、尊每一位客户为上帝的永恒服务精神,精诚耕耘、完美创造,共赢、共进、共发展。

荆门市楚天公关广告公司

地　址:荆门日报社新闻大楼一楼
邮　编:448000
电　话:(0724)2335204
负责人:任　颐
联系人:刘茂洁

主营:公关策划、营销策划、广告设计、产品代理、各类广告代理、代办,经济技术信息服务,建筑、装璜材料销售。

湖北省国际广告公司

地　址:汉口江汉北路4号8楼
邮　编:430022
电　话:85795137
传　真:85795117
负责人:李祥海

设计、制作、发布、代理国内外各类广告,自营和代理除国家组织统一联合经营的16种出口商品和国家实行核定公司经营的14种进口商品及技术的进出口业务;开展"三来一补"、进料加工业务;经营对销贸易和转口贸易。

兼营:批零兼营机电设备、农机具、建筑及装饰材料、日用五金、文化用品、工艺美术品(不含金银首饰)、纺织品、服装、农副土特产品。

武汉市公汽广告装璜公司

地　址:武汉市桥口区桥口路160号
邮　编:430030
电　话:(027)83780744　83757569
传　真:(027)83782350
总经理:刘林祥

武汉市公汽广告装璜公司依托公汽总公司,建设了三千多台公交车辆广告,四百多座站杆、站牌,以及一批大型户外光电广告,流动和静止的广告媒体曾获得"湖北省明星广告公司"称号。

我公司具有较强广告创意、设计、制作能力。并拥有九十年代最先进的美国XEROX8954、400dpi电脑静电写真机;苹果9600/200电脑等设备。

我们将以一片诚挚之心和良好的信誉,为您大展宏图而竭尽全力。

武汉市轮渡公司广告服务部

地　址:武汉市武昌区曾家巷轮渡码头
邮　编:430061
电　话:88217852
负责人:王华智
联系人:鲁　旺

武汉轮渡广告部是全国最大城市轮渡企业所辖单位,主要经营轮渡路牌广告业务。地处江城的轮渡广告拥有36座码头,42条机动客轮作为自己的广告媒体,月均客流量达三十余万人次。近年来,轮渡广告精心制作发布霓虹灯、透光彩、灯箱、立体透空等多种形式广告,由于其制作精良、客流量大、广告效果好,因此,深受广告客户的青睐。

湖北省中兴广告装饰公司

地　址:武汉市汉口三阳路口云宏大厦18楼
邮　编:430014
电　话:(027)5772731　5772736
传　真:(027)5793733
负责人:周汉章

湖北电视艺术广告公司

地　址:武汉市汉口解放大道563号
邮　编:430022
电　话:(027)5791814
负责人:李铁骑

湖北龟山广播电视广告开发中心

地　址:武汉市汉阳龟山电视塔
邮　编:430050
电　话:(027)4843113
负责人:谢守时

武汉市对外贸易广告公司

地　址:武汉市西马路球西小区6号楼
邮　编:430077
电　话:(027)5771444　5773021
负责人:高光华

武汉市东方艺术广告公司

地　址:武汉市武昌东亭一路17号
邮　编:430077

电　话:(027)6813673
负责人:余化威

武汉市东方充气立体广告制品厂

地　址:武汉市阳逻经济开发区
邮　编:431415
电　话:(027)6961855　6961363
负责人:邱新明

武汉光明广告公司

地　址:武汉市汉口江汉路33号
邮　编:430014
电　话:(027)2836062　2844377
传　真:(027)2844377
负责人:张　焰

武汉扬子江广告服务公司

地　址:武汉市汉口沿江大道68号
邮　编:430014
电　话:(027)5835854　5855006
负责人:陈明山

湖北亚太商业广告有限公司

地　址:武汉市武昌武珞路45号
邮　编:430060
电　话:(027)8849129
负责人:高金清

广播电视类

湖北电视台广告部

地　址:湖北武汉市武昌紫金村特1号
邮　编:430071
电　话:(027)87329031
传　真:(027)87839224
负责人:景高地
联系人:舒普生

湖北省地处中原九省通衢之地,省会武汉市的水、陆、空交通十分方便,是商吕流通的重要集散地,也是商家的必争之地。

湖北电视台创建于1960年12月1日,是我国最早建立的6家电视台之一。湖北电视台经过40年的发展,整体实力不断加强。目前,湖北电视台办有两套节目,日播出时间合计37小时,其中湖北一套节目(微波频道)通过以武汉为中心的四条微波干线传送到全省各地,覆盖全省90%以上的人口,同时还覆盖毗邻的河南、安徽、江西、湖南、重庆、陕西等省市的周边地区,拥有一亿多观众。另一套湖北卫视节目,自97年2月1日正式播出以来,覆盖人口迅猛增长,在亚太地区已有53个国家和地区能收到湖北卫视节目,在中国有25个省、市、自治区及省会城市通过有线网落地,稳定的可收视家庭达6000万户,可收视人口达3亿人。湖北电视台的两套节目是湖北省内唯一可以覆盖湖北全境的电视传播媒介。

湖北电视台广告部是代表本台从事广告合法经营的唯一窗口,主营湖北电视台两套节目的广告业务,在全国具有较高的知名度和良好的信誉。

湖北电视台广告部愿与您密切合作,共同开创美好未来。

湖北人民广播电台广告信息部

地　址:武汉市解放大道563号
邮　编:430022
电　话:85791532　85795743
传　真:85780526
负责人:李忠诚

在湖北人民广播电台、湖北人民广播电台文艺台、经济台、交通音乐台发布各类国内、外广播广告。

武汉人民广播电台经济信息部

地　址:武汉市建设大道620号
邮　编:430015
电　话:(027)85774829
传　真:(027)85796479
负责人:孔昭藩
联系人:廖贤霞

在本台发布各类国内、外广播广告。欢迎各广告公司代理本台广告业务。

荆门人民广播电台

地　址:荆门市塔影路13号
邮　编:448000
电　话:(0724)2332825　2334567　2332340

荆门市地处湖北中部,人口280万,是一座新兴石油、化工明星城市。荆门人民广播电台成立于1985年元月一日,副县级、台长胡常义。发射频率

1161KHI、97MHZ、103MHZ;全天分二次播音,总播出时间13小时,发射功率10千瓦。荆门人民广播电台是全国广播广告协会会员单位,兼营广告业务。归口单位台经济信息部,负责人王宏静。目前,该台专业广告业务人员有7人,其中中级职称2人,初级职称5人。1997年广告收入60万。

报 刊 类

湖北日报社

地　址:武汉市武昌黄鹂路65号
邮　编:430077
电　话:(027)86773747　86783522
传　真:(027)86783522
社　长:卢吉安
总编辑:宋汉炎
总经理:陈新民

《湖北日报》是中共湖北省委的机关报,是全省发行量最大的一张综合性报纸。它创刊于1949年7月1日,对开八版,周六彩印。立足本省,面向全国,发行海内外。常年稳定读者540万,报纸阅读率全省第一。

湖北日报社主办的《楚天都市报》、《湖北农民报》、《市场指南报》和《新闻前哨》等系列报刊在全省乃至全国具有一定的影响。湖北日报作为母报与子报协调一致、优势互补,为各界提供服务。

湖北日报社目前拥有一支业务和技术素质较强的新闻专业队伍与技术人员队伍;还有一支较强的广告策划、编辑、美术设计等专业队伍。以新闻采编综合业务网及办公自动化计算机管理系统为主体的电子技术应用初具规模;报纸、书刊印刷实现电脑自动排版、彩色轮转胶印,并拥有一批高新技术印刷设备。

报社在认真抓好广告、印刷、发行等主体经营的同时,积极开拓多种经营项目,兴办有湖北神州广告公司、湖北中新广告艺术有限公司(合资)、湖北日报社实业发展总公司等经济实体,还在北京、上海、广州、海口、深圳等地设有报业经营办事机构。报社印刷厂已发展为集图像扫描、分色创意制版及报纸、期刊、课本、联动装订和包装彩印等综合型的联合企业,是中国500家最佳效益工业企业之一。

报社位于风景优美的武汉市东湖之滨,占地300余亩,已初步建成花园式工作(生产)、生活文明社区;现有资产近3亿元人民币。

湖 南 省

公 司 类

株洲市公交广告有限责任公司

地　址:株洲市人民南路93号新世界大厦15楼
邮　编:412000
电　话:8234666　8216677
负责人:李　杰

株洲市公交广告有限责任公司是依托自有公交车媒体经营而逐步发展起来的专业广告代理公司,凭借着多年的媒体运作经验,积累了雄厚的资金,培育了良好的外部环境,锻炼吸纳了一批高素质的人才,是株洲地区实力强大的广告公司之一。

公司拥有:

一流的创意、平面制作能力。我们在省内率先引进苹果9500创意系统和日本武藤大型喷绘机,设立专业喷绘输出中心,能够快捷、出色地完成平面设计、制作任务。

强大的户外媒介代理能力。依靠自身资金、技术优势及良好的外部关系,公司取得了市内众多繁华地段的楼面、墙体、电杆、公交设施等户外广告发布权,有效保证了广告发布的时效性。公司还在长沙市设立了分支机构,媒介代理能力辐射到全省范围。

良好的客户服务能力。公司拥有一批资深客户服务人员,通过市场分析、营销策划,为产品把握一个个性化的广告表现,并提供广告策划、创意、制作、发布全方位服务。

公司1998年被评为湖南省广告行业精神文明建设先进单位,1999年度获"株洲市八强广告公司"称号。

株洲市天时广告公司

地　址:株洲市纺织路 9 号
邮　编:412000
电　话:(0733)8352752
传　真:(0733)8352752
负责人:李跃华
联系人:王水玲

至诚至信服务,您的成功便是我们最大的成功!

设计、制作、代理、发布国内各类广告。

荣获"98、99 年度株洲市八强广告公司"称号、"98、99 年度株洲市精神文明先进单位"称号。

我们的心愿是:从全方位多视角运用新的思维方式、新的制作手法、新的市场营运战略为您出谋划策、塑造企业形象、谋取市场地位,使您的企业在激烈而复杂的同业竞争、市场运作中高人一筹。

为您服务,无怨无悔!

长沙铁路广告装饰公司

地　址:长沙市车站路 68 号
邮　编:410001
电　话:4119360　4137930
负责人:肖　宇
联系人:黄瑞其

本公司拥有长沙、衡阳火车站等黄金地段的广告媒体,具有雄厚的广告策划、设计、制作能力。公司成立十余年以来,以真诚的态度、清新的创意、精良的工艺和热情的服务赢得了广大客户的好评。荣获"全国广告企业重信誉创优质服务先进单位"、"湖南省明星广告企业"等光荣称号。1997 年又被评为"湖南省广告行业精神文明先进单位"。本公司愿一如既往地与工商企业界的朋友们携手开拓,共创未来。

常德广播电视广告公司

地　址:湖南常德市武陵大道南段 67 号
邮　编:415000
电　话:(0736)7225833 - 3088　7225163
负责人:汪祚安
联系人:田　电
经营范围:

常德广播电视广告公司由常德人民广播电台广告部、常德电视台广告部、常德有线电视台广告部、常德广播电视报广告部联合组成的专业广告公司。隶属常德市广播电视局,经工商部门批准,专业代理广播、电视、报纸、户外、国内外广告业务。

湖南省国际贸易广告展览公司

地　址:长沙市五一东路 80 号省外贸大楼 25 - 26 层
邮　编:410001
电　话:(0731)2284201
传　真:(0731)2285826
负责人:杨时音

经营代理国内外各类广告;承办展览展销会;承接广告设计、制作业务。

湖南博创广告有限公司

地　址:长沙市白沙路 88 号天机大厦七楼
邮　编:410002
电　话:5112263　5111213
传　真:5115701

本公司主营全面广告策划代理,市场调研,CI 策划,行销企划及影视、平面等各类广告创意、设计与制作发布。

长沙市公交广告公司

地　址:长沙市车站路 26 号
邮　编:410001
电　话:4259012　4210619
总经理:田长云

长沙市公交广告公司成立于 1985 年 8 月,由以前的单一经营车身广告发展成为经营、发布、代理各类广告的专业性广告公司。

公司地处繁华的火车站,目前拥有 1200 多辆各类公交车辆车身广告媒体,拥有成套的高新技术设备和一批高素质人才。公司自 1993 年以来连续四年被市政府授予"重合同、守信用企业",不断的向正规化、现代化、高标准、高质量的方向发展。

株洲市卫生图片社

地　址:株洲市人民中路 46 号
邮　编:412000
电　话:8216442
法　人:徐中一

株洲市卫生图片社隶属于株洲市卫生防疫站,是一家集广告策划、设计制作、商贸信息于一体的广告企业。主要以拍摄广告图片,广告丝印,灯箱灯片和幻灯片为特色,新引进高科技电脑喷绘系统进行广告创意设计，印刷产品画册，制作各种广告牌展板，灯箱、招牌，同时进行企业专题电视摄像的拍摄及各类礼品广告的经营。广交各界朋友，合作与交流。

广播电视类

常德电视台广告部

地　址：常德市武陵大道南段69号
邮　编：415000
电　话：(0736)7225163　7225833－3088
传　真：(0736)7222617
负责人：汪祚安
联系人：龙　虹

常德市是湖南湘西北的政治、经济、文化中心城市。常德电视台节目信号居高发射、功率10千瓦，节目覆盖全市九个区、县、市以及省内外益阳、怀化、张家界、岳阳、湖北荆沙等邻近地区1500多万人口。常德电视台已成为湘西北信息交流的主流阵地，节目新颖，屏幕丰富，收视率高。凡在本台播放的广告和经济信息，均收到了良好的经济效益。

株洲电视台经济信息中心

地　址：湖南省株洲市新华西路32号
邮　编：412000
电　话：(0733)8165618　8164628
传　真：8332231
负责人：吴　宏
联系人：罗　奇

株洲电视台目前自办两套节目。一套是以时政、社会新闻为主干的综合节目。我台10千瓦强劲发射功率，使收视半径达60－70多公里，覆盖株洲地区及邻近地市的十几个市、县、区，收视人口可达两千多万。另一套是我台经济生活频道以经济宣传为主干的经济生活节目，通过我市有线光缆传输网络及40多家企业闭路电视台站，覆盖株洲市市区和所辖五县(市)，收视用户近20万户。

本台广告业务统一由湖南声屏广告影视文化传播有限公司经营和管理。

湖南人民广播电台经济信息部

地　址：长沙市黄土岭
邮　编：410007
电　话：31811

长沙电台广告部

地　址：长沙市五一西路2号
邮　编：410005
电　话：447580

湖南省电视台

地　址：长沙市工农路
邮　编：410003
电　话：45674　29731转255

长沙电视台广告部

地　址：长沙市五一西路2号
邮　编：410005
电　话：447580

报刊类

常德日报　常德晚报

地　址：湖南省常德市洞庭大道东段410号
邮　编：415000
电　话：(0736)7719505　7717503　7726355
传　真：(0736)7715763
社长、总编辑：王承英

常德位于湘西北，西洞庭湖滨，是湘西北政治经济文化中心，林伯渠、丁玲的故乡。《常德日报》是中共常德市委机关报，前身为1949年创办的《滨湖日报》，1989年4月1日更名至今。现为对开四版周七刊。《常德晚报》由常德日报社主管主办，2000年7月1日创刊，为四开八版周五刊，一面世就以其独到的视角和高格调的品味引起读者青睐。

《常德日报》以“当党的喉舌、传人民心声，办统一报纸”为己任，《常德晚报》以“关注社情民意、服务千家万户、聚焦热点新闻、引导大众娱乐”为己任。两报同时面向全国公开发行，已成为沟通东西、贯穿南北的信息桥梁。

广告价目表

	规格 (单位 cm)	黑白	套红
日报	一版整版	162000	164000
	二三四版 整版 (35×48)	54000	56000
	四分之一通栏 (35×12)	13500	15500
晚报	一版整版	80000	90000
	二——八整版 (33×23)	30000	32000
	四分之一 (8.3×23)	7500	9500

株洲日报社信息广告部

地　址:湖南省株洲市天元区黄河北路
邮　编:412000
电　话:(0733)8823918
负责人:王德智　谭　宪
联系人:王德智

株洲市为三湘重镇,江南交通枢纽,新兴工业城市,商贸中心,下辖五县(市),人口近400万,中华始祖——炎帝的陵寝坐落本市炎陵县,名胜众多,美不胜收。

《株洲日报》为中共株洲市委机关报,对开四版日报,为本地区发行量最大,最具权威性的综合性报纸,是广大读者了解株洲、了解湖南、了解全国、了解世界的重要媒体。

株洲日报社信息广告部,担负报纸广告策划创意、编排发布及全国报纸广告代理。本部阵容整齐,设备先进,电脑创意、服务周到,"诚""信"为本,竭诚为一切企事业及产品进入株洲市场架起快车道。

株洲广播电视报社

地　址:株洲市建设中路曹塘坝巷
邮　编:412000
电　话:(0733)8200090
负责人:贺为民
联系人:罗　捷

《株洲广播电视报》是经国家新闻出版署批准公开发行的四开八版周二刊,1986年9月创刊,是湖南省创刊最早的广播电视报之一。本报刊登中央和各省、市电视台的40余套电视节目,辟有明星谱、银屏信息、影视人物、拍摄花絮、社会经纬、报海拾萃、体育世界、休闲时尚、花季雨季、歌坛星座、茶余饭后、家庭生活园地、影视剧情介绍等栏目。本报发行遍布株洲城乡及邻近省、市、县,深入千家万户,是家庭必备的精神食粮。本报所刊广告阅读期长达十五天,广告传播效果极佳,是您发展事业进行广告宣传的最佳选择。

湖南日报社广告处

地　址:长沙市芙蓉中路
邮　编:410071
传　真:(0731)4427790
负责人:周新太(处长)
电　话:(0731)4427775
联系人:何子明
电　话:(0731)4312999-6024、6026

《湖南日报》创刊于1949年。1979年《湖南日报》顺应改革开放和经济建设的大潮,率先在湖南省恢复发布报纸广告,由此带动和开启了湖南的广告市场。现在,广告已成为《湖南日报》宣传、传播内容的重要组成部分,是发展社会主义市场经济和丰富人们生活必不可少的巨大信息源地。

经营范围:

在《湖南日报》上发布国内外各类广告。承办分类广告。

湖南广播电视报广告信息部

地　址:长沙市黄土岭
邮　编:410007
电　话:31811-338

化工设计通讯杂志

地　址:长沙市韶山中路272号
邮　编:410007
电　话:(0731)5534384-8184
传　真:5532185
广告业务负责人(联系人):邓文高

经营范围:在本杂志广告栏中,承办化工(及其相关行业)产品、设备等广告业务。

刊登事项:本杂志系由邮局在国内外公开发行,并拥有广告经营许可证及广告业专用发票,创刊20多年,读者、订户遍及全国各地,发行量大,每版(16开、铜版纸、照排)广告收费1000元(含设计、制作等费用)。

广 东 省

公 司 类

广东广旭广告有限公司

地　址:广州东风东路836号东峻广场四座18楼
邮　编:510080
电　话:(020)87655611
传　真:(020)87617445
负责人:刘醒豪
联系人:徐思聪

广东广旭广告有限公司是广东省广告公司与日本第三大广告公司旭通·DK合资成立的大型综合性广告公司,营业实力历年列全国前茅。1999年在广东省排名中名列第二位。1993年成立后,先后服务过丽珠得乐、格力空调、东南汽车、雅马哈摩托车、小糊涂仙酒、朝日啤酒、TCL电器、金羚电器、立邦漆、小天鹅空调、中华网、日清食品等大型企业和品牌,2000年又获得了河南新飞电器、广东万和集团电器等全国著名品牌的广告全面代理,具有丰富的品牌管理经验和市场营销策划经验。

广旭公司目前有职工85名,公司设市场咨询部、创作部、客户部、制作部、媒介部等服务部门。有日本和香港资深广告创意、策划人员参与管理和运作,具备国际化特点,更能适应国情变化实施快速反应,在行业竞赛中屡获殊荣,成为广州"4A"的始创成员。1999年获全国广告行业文明单位光荣称号。

广州铁路集团文化广告总公司

地　址:广州市共和西路8号二楼
邮　编:510600
电　话:(020)87121196　87121086
传　真:(020)87770595　87629259
网　址:www.rcagc.com
电子邮件:gzrcagc@public.guangzhou.gd.cn
负责人:周新桂
联系人:冯淑秋

广州铁路集团文化广告总公司是一家拥有铁路站车自有媒体和具备策划、设计、制作、代理、发布国内外各类广告业务以及书刊编辑发行、文化娱乐服务、贸易实业等经营权的综合性专业公司。公司遵循"质量第一、信誉第一"的原则,先后在广州、深圳、北京采用高新技术发布了"诺基亚手机、富士胶卷、舒波乐啤酒、好孩子、可口可乐、康佳、五羊本田、美时家具"等大型国际国内名牌户外广告;开行了以企业产品和城市冠名的广告列车"健力宝号、蓝带号、华宝号、顺德号、安康号、南街村号"等;编辑发行了"广州市迈向现代化国际大都市、铁路货运指南、旅行指南"等书刊;组织了"俄罗斯普希金芭蕾舞剧团"的演出、全国铁路广告高新技术展示暨研讨会、"国门展国车汽车展"以及大连铁路旅游博览交易会等。深圳火车站"世界之窗"广告获得了广东省设计大赛银奖,"远离毒品、新近美好人生"的公益广告受到国家禁毒委的表彰。99年被评为广东省广告行业及全国铁路广告行业精神文明先进单位,荣获全国广告行业精神文明先进单位称号。

广铁集团文化广告总公司将竭尽全力,为各企业、团体提供最佳的服务。

深圳市雄和广告艺术发展有限公司

地　址:深圳市罗湖区解放路3017号时珍大厦10楼
邮　编:518008
电　话:(0755)2126002
传　真:(0755)2126197
网　址:www.china-tvmovie-resource.com
负责人:王　虹
联系人:王　虹

企业形象策划、大型活动筹办、产品包装设计、平面广告设计、影视广告制作、影视项目运作个人形象包装、各类广告代理。

深圳市海王广告有限公司

地　址:深圳市八卦二路五街544栋四楼西
邮　编:518029
电　话:(0755)2442299　2448777　2262666
传　真:(0755)2243813
负责人:张　锐
联系人:张　皓

海王广告有限公司成立于1992年,现已成为深圳市综合实力强、经营规模大的广告机构。拥有从市场调研、客户服务、策划创意、设计制作、影视广告制作、商业摄影及媒体代理、发布、监控等完善的经营体系。

公司拥有深圳市超大规模户外广告群、包括:户外广告牌、立柱、灯箱、桥体、信息招贴栏等。分布在中外游客云集的东门、世界之窗,深南大道及进出深圳的咽喉要道南头联检站、高速公路北环出口等地。

《八达通》广告由深圳市工商局批准,采用进口铜版纸全彩印刷。目前,每期发行20万份,由专业发行公司派发到读者手中,并在商场、超市、码头、加油站等地设免费赠阅点,是广告效能比极佳的印刷品广告媒体。"多省一倍,多赚两倍"是《八达通》创业期对客户最真诚的承诺。

引导时尚生活

传递都市信息

把握时代脉博

跟随潮流生活

广东国际影视制作有限公司

地　址:广州市环市东路331号一楼
邮　编:510066
电　话:(020)83325238
传　真:(020)83358090
电子邮件:gzgdirvf@public.guangzhou.gd.cn
负责人:杨克光
联系人:曾丽雅

广东国际影视制作有限公司是广东电视台与香港电视企业集团的合资机构,专业从事影视广告、纪录片、资料片的设计、拍摄、后期剪辑、配音、配乐等相关制作业务及发布代理国内外各类广告业务。公司投资数以百万美元,引进最先进的影视制作设备,包括全球最先进的Rank URSA GOLD胶转磁设备,配以调色功能强劲的da Vinci Renaissance调色台;非压缩全数码式的Quantel Editbox非线性编剪系统;及flame非压缩数码实时特技制作系统;三维电脑动画制作系统;16轨道YAMAHA数码调音台,SADIE数码录音工作站;数码Betacam录像机等辅助设备一应俱全。一支高水准的专业技术人才队伍随时为海内外客户提供高素质、全方位的影视制作服务。

广东省邮政广告有限公司

地　址:广州市体育西路1号附楼
邮　编:510620
电　话:(020)85239823　85239822
传　真:(020)85239938

广东省邮政广告有限公司成立于1998年6月,是一家具有设计、制作、发布、代理能力的经营邮政广告媒体的大型专业广告公司。作为国家邮政的一部分,业务上接受国家邮政局下属的中国邮政广告公司的指导,以全省4000多个邮政局所为依托,与全国其他省、市、自治区的邮政广告公司联网运行,构成庞大的覆盖全国、连通全球的邮政广告服务网络。

广东省邮政广告有限公司在全省22个地级市设立了分公司,各县亦成立了邮政广告经营机构,在广东省内建立了省、市、县三级邮政广告经营网络,广泛地向社会各界提供优质服务,从而达到在全省全面推广邮政广告服务的经营战略。公司配备有国际先进的平面及三维电脑设计系统,并拥有一支高素质的员工队伍。其中公司总部本科以上学历的人员为90%,硕士以上学历的人员超过30%。

广东省邮政广告有限公司充分利用现有的邮政网络资源,经营多种新型邮政媒体广告业务。其中邮政广告明信片、《广东专送广告》、邮政商业信函(DM)等广告媒体,都具有新颖、独特、高效等特点,是现代企业树立形象和开展营销活动的首选新媒体。

邮政广告明信片是中国邮政的新型服务项目,它是利用明信片这一社会大众广泛使用和接受的通信方式为载体,来展示企业的形象、理念、品牌以及产品等,是一种新型的广告媒体。邮政广告明信片的优点主要有:它依籍中国邮政形象及庞大的通信网络为背景,广告可信度高;明信片是人们日常习惯使用的一种通信方式,有着广泛的社会消费认识基础,形象亲切,广告内容易于接受;邮政广告明信片可进入全国及至全球邮政大网流通,其广告传播范围广。

《广东专送广告》是广东省邮政广告公司经省工商行政管理局审核批准制作发行的固定形式印刷品广告宣传媒体。《广东专送广告》采用对开四版规格的光面纸配以四色彩印方式,依托覆盖全国的邮政网络由邮递员分发送到千家万户。《广东专送广告》每期发行50万份,覆盖面广并且重点在经济发达地区和商业密集区及高尚住宅区投送,商业效果显著。《广东专送广告》以精美的印刷,低廉的价格,有选择性的投递和良好的邮政信誉必将成为商业界树立企业形象,推介产品服务和沟通客户的有效方式。

商业信函是通过邮政渠道,选择有针对性的目标客户寄发的函件。广东省邮政广告有限公司下属各市邮政广告分公司配备先进的商函生产设备和庞大企业名址库,可为各企事业单位提供所需的潜在目标客户名址,并提供制作、寄发广告等全套服务。商业信函广告具有针对性强、寄递范围广、费用低、广告效果好等特点。它形象亲切,出击主动,是广告一营销的好帮手。商业信函广告还可在各种帐单中夹插或印上广告,广告效果明显,易于被用户接受。

深视广告传播有限公司

地　址:中国深圳华强北路4002号长兴大厦圣廷苑酒店B座8层
邮　编:518028
电　话:(0755)2076328
传　真:(0755)3784188

深视广告传播有限公司是深圳电视台广告业务和市场经营的专业机构,负责制定全台广告运作规则和价格标准,所有广告时间和广告栏目的发布代理和节目、广告的策划及制作。合理的机构设置、雄厚的人才资源为公司的发展奠定了坚实的基础。目前公司下设六个部门:客户服务部、市场营销部、媒介策划部、创意制作部、计划财务部、办公室。

专业的广告策划、设计制作人员及目前世界上最先进的广告制作播出设备,可以为您制作包括胶片、三维动画的各类广告。良好的业绩和信誉使我们和全国各大广告公司和广东主要广告主均建立了良好的合作关系。我们的周到服务和专业能力为客户创造了显著的广告效果并带来了可观的收益。同时我们的广告收入也创下了每年超过20%的增长率。

为您服务,给您参谋是我们的宗旨。

“给我们一粒种子,我们把它培养成一棵大树。”

深圳市紫麓广告有限公司

地　址:深圳市红荔路上步轻工综合区201栋502室
邮　编:518028
电　话:(0755)3257632　3266620　3269340
传　真:(0755)3257604
网　址:www.m3info.com
电子邮件:machi@m3info.com
负责人:马　驰
联系人:蔡习纬

深圳市紫麓广告有限公司是一家从事新兴广告媒体——CD类(CD、VCD、CD-ROM、DVD)企业宣传光盘的策划、开发、制作的专业光盘制作公司。

公司首创“企业宣传光盘”概念,整合广告创意、策划、影视拍摄、制作、多媒体开发于一体,为企、事业单位提供“企业宣传光盘”策划和制作的“交钥匙工程”商业模式服务。

1998年9月公司首创VCD-ROM多媒体光盘媒体形式,并广泛用于企业宣传。

2000年6月公司首创网络银行、证券光盘宣传模式,为全国多家银行应用。

2000年9月公司首创DVD展会光盘媒体形式。

公司以专业服务素质和提供全面解决方案的实力,与国内外众多大中型企业,建立起了广泛的合作关系。

深圳市旅游广告有限公司

地　址:深圳市乐园路119号7楼
电　话:(0755)2177287
传　真:(0755)2177291
网　址:www.tour-ad.com

深圳市旅游广告有限公司于1988年10月成立,是深圳市老牌综合性专业广告公司之一,中国广告联合总公司成员公司。规模庞大,运作规范,鼎盛的人才组合,先进的设备,占尽地利的户外媒介和无所不及的媒介代理,是我们参与市场竞争的利器。十年来,公司不断完善自己,发展壮大,已基本形成“以策划为前提、以创意为中心、以媒体运作为支柱、以商品促销为目的”的运作体系,为广大客户提供策划、设计、制作、代理等综合性专业广告服务。

公司广告作品曾获第一届全国广告作品展优秀奖及第四届、第五届全国优秀广告作品展铜奖、优秀奖,曾被评为深圳市最佳广告创意广告公司之一。

湛江市广告公司

地　址:广东省湛江市霞山区解放东路10号
邮　编:524013
电　话:(0759)2222705　2220491
传　真:(0759)2222705
总经理:李　谷
经营范围:

商标、包装装璜设计;国内广告、外商来华广告(包括承揽、发布、代理)。

普宁市新美广告有限公司

地　址:普宁市广南路广南村二幢 18 号
邮　编:515300
电　话:(0663)2233114
传　真:(0663)2219079
负责人:郑瑜龙
联系人:蔡佩桢

本公司是专业广告经营单位,经营范围:设计、制作发布、代理国内外各类广告业务。

成功为国内外多家企业策划、设计、施工展览会、展示会。为弘扬中华民族传统文化艺术而筹办"中国瓷器之艺术巅峰的元朝及明朝初期的青花瓷绘和釉里红瓷绘两类高档瓷器大型展览会。"

佛山市创辉广告有限公司

地　址:佛山市人民西路圣堂大街 16 号国林大厦 610 室
邮　编:528000
电　话:(0757)2253456

佛山市创辉广告有限公司成立于 1997 年 4 月,位于珠江三角洲腹地,是一间经验丰富、业务多元化的策划、设计公司。主营 CI 策划、国内广告代理、营销策划,产品广告设计、制作、印刷,室内外装饰工程等。

本公司坚持"服务第一、速度至上"的原则,力争成为客户的最佳伙伴。

丽星(广州)广告有限公司

地　址:广州市麓景路黄田直街 1 号广信商业中心附五楼
邮　编:510091
电　话:(020)83571216
总经理:叶锦泉
联系人:肖敏青

视野广阔　目标清晰

丽星(广州)广告有限公司是一家中港合资的整体代理型广告公司,尤其擅长品牌策划及影视创意制作。1996 年,丽星凭其骄人的成绩,跻身成为广州首批 4A 广告公司成员之一。

多年来,丽星恪守专业精神,为客户实施卓有成效的广告运动。从市场调研、策划推广方案,到独特新颖的广告创意、精美的广告成品,乃至全国媒体发布,丽星成功地把一个个品牌、产品推向市场。服务过的中外品牌包括:BP 石油、资生堂化妆品、纽西兰奶粉、斧标驱风油、胃仙 U、五羊雪糕、鳄鱼宝宝洗发用品、东风广场、华厦大酒店、上海诺华视康、美的电暖器、霸王洗发水等等。

商海茫茫,丽星为您透析重重市场障碍,紧紧锁定目标,一击成功。

珠海市讯通广告公司

地　址:广东省珠海市香洲区凤凰路邮政大厦三楼
邮　编:519000
电　话:(0756)2218183
传　真:2218266
总经理:纪秋实
联系人:梁伟琴

主营:承办和代理国内外各种广告业务,平面广告设计,丝网印刷,代办邮电有关业务,晒图、植字、复印、室内装饰,批发零售通信设备。

中山市木兰广告设计有限公司

地　址:中山市孙文东路起湾牌坊口侧
邮　编:528403
电　话:8331444　8331445 负责人:聂　红
经营范围:

各种广告礼品、CI 制作。

佛山市绿色频道广告有限公司

地　址:广东省佛山市季华五路 13 号三楼
邮　编:528000
电　话:(0757)3336121　3336221
传　真:(0757)3336221
负责人:谭　明
联系人:焦红玲

清远市广告公司

地　址:清远市区学宫街一号三楼
邮　编:511500
电　话:3333667　3332262
电　报:9529
总经理:苏耀坤
联系人:陈忠灵

梅州嘉应广告公司

地　址:广东省梅州市公园路 2 号之二
邮　编:514011

电　话:(0753)2231095
负责人:肖美元
联系人:谢本元

广东国际广告公司

地　址:广州市沿江东路463号珠岛宾馆10号西楼
邮　编:510100
电　话:(020)83878056　87750725－2528
传　真:(020)83878047
总经理:熊　城

中国对外贸易广州广告公司

地　址:广东省广州市流花路117号
邮　编:510014
电　话:(020)86681723
传　真:(020)86666937
负责人:戴新国
联系人:林　红

广州市对外贸易广告展览公司

地　址:广州市麓景路七号发展大厦东八楼
邮　编:510091
电　话:83573440　83573445
传　真:83573447
负责人:韩江南
联系人:潘姗姗

广州市广告公司

地　址:广州市大南路49号
邮　编:510115
电　话:83335535
传　真:83330246
负责人:连　达
联系人:邱惠玲

广州市广告公司创建于1979年,是广州市诞生的首家专业广告公司,是中国广告协会会员、广告公司委员会常务委员单位、中广联成员公司、广州市广告协会副会长单位。

公司承办国内外各类广告业务,拥有一批优秀的广告人才和制作广告的先进设备,可完成广告总体策划、设计、制作、影视、印刷等各项广告业务。多次被评为全国、广东省"重信誉、创优质服务"先进单位,并在全国专业广告公司综合实力排序中位居前50名之内。

广东聚光堂广告有限公司

地　址:广州市河南江南大道中348号江南大酒店618房
邮　编:510245
电　话:84418888转618或619
传　真:84418888转618
负责人:张　松
联系人:高　莉

主营:设计、制作、发布国内外各类广告,代理自制广告的发布业务。

广州市天艺广告有限公司

地　址:广州东山三育路44号东山宾馆3号楼五层
邮　编:510080
电　话:(020)87602427　87773722－3520、3517、3515、3519、3500
传　真:(020)87602427
董事长:韩小鹰

广东黑马广告有限公司

地　址:广州市惠福西路375号大院四楼
邮　编:510120
电　话:(020)83387565,83321524,83334997,83386594,83182173
传　真:(020)83321524
负责人:黑　马
联系人:邹建团

广东省白马广告有限公司

地　址:广州市达道路12号金达大厦9楼
邮　编:510600
电　话:87769388转2910
传　真:87675804
负责人:韩子定
联系人:任燕玲

希望广告有限公司

地　址:广州市流花路117号办公楼(15号馆)5楼
邮　编:510014
电　话:(020)86678000－86803
传　真:(020)86665866
负责人:傅郁芬
联系人:吴　蔚

广州柏信广告有限公司

地　址:广州市建设六马路33号宜安广场1401－1414
邮　编:510060
电　话:(020)83841316
传　真:(020)83841321
负责人:曾　平
联系人:龙海燕

南方航空广告公司

地　址:广州市白云机场南航贸易大厦四楼
邮　编:510405
电　话:(020)86123329
传　真:(020)86650797
负责人:马廷伟

主营:设计、制作、发布国内外各类广告业务。

兼营:国内商业及物资供销业(除国家专营专项商品)。

中国南方航空(集团)公司对外业务宣传广告的总代理。

广州电视广播有限公司

地　址:广州市环市中路233号广州电视台内
邮　编:510010
电　话:86679771　86664833－1210
传　真:86680533　86675485
负责人:邱卓涛
联系人:黄振英

主营:设计、制作国内外广告,代理自制广告的发布业务。

电视节目复录,电视事业的开发。电视广播信息咨询。国内商业及物资供销业(除国家专营专控项目)。兴办影视摄制基地及与其相关的文化娱乐观光事业。

深圳市泰恩斯广告文化发展有限公司

地　址:深圳市深南中路深圳国际科技大厦21层(上海宾馆对面)
邮　编:518033
电　话:(0755)3761888　3761997　3760088
传　真:3761666

深圳市明天形象策划有限公司

地　址:深圳市华强北路新世纪酒店八楼
邮　编:518028
电　话:3239924
传　真:3239944
董事长:高英杰
总经理:王　克

华艺广告公司

地　址:广东省深圳市火车站大楼M层
邮　编:518001
电　话:(0755)2327927　2331128
传　真:(0755)2345780

广东恒丰广告公司

地　址:深圳市上步南路国企大厦A座
邮　编:518031
电　话:(0755)2068333

深圳市口岸广告公司

地　址:深圳罗湖口岸勤通楼七楼
邮　编:518001
电　话:2324920　2321525　2321526　2324515
传　真:2321525
经营范围:
专营深圳各关口广告业务
提供设计制作服务

深圳机场广告公司

(全国50家最大广告公司)
地　址:深圳上步轻工业区105栋五层(振兴路西路口)
邮　编:518028
电　话:3208096　3218951
传　真:3218947

深圳市公交广告公司

地　址:深圳市福华路34号附楼二楼
邮　编:518001
电　话:(0755)3334650　3603727　3606427
传　真:(0755)3603732

深圳市万意达广告设计有限公司

地　址:深圳市彩田南路中深花园大厦B座29层
邮　编:518021

电　话:(0755)3374405　3374457
传　真:(0755)3374457

深圳天达文化广告公司

地　址:深圳和平路63号深铁大厦1111、1112房
邮　编:518001
电　话:(0755)5572440
5584248转1112、1128
传　真:(0755)5572481

深圳市三同广告设计公司

地　址:深圳市福田区华富路5号南光大厦11楼1号
邮　编:518041
电　话:3342373　3210876　3237087
传　真:3242010

深圳万博广告设计有限公司

地　址:深圳市百花公寓一栋九楼B座
邮　编:518028
电　话:(0755)3219634　3259693

深圳市电话号簿公司

地　址:深圳市皇岗口岸皇岗电话机楼六楼
邮　编:518045
电　话:(0755)3393888
传　真:(0755)3380919

深圳市威格广告公司

地　址:深圳市深南东路207号摄影大厦4楼(地王大厦东面)
邮　编:518008
电　话:5894730　5894731　5894732
5893973
传　真:5894730

深圳市天先广告设计制作公司

地　址:深圳市深南东路4号《深圳特区报》附楼三楼
邮　编:518009
电　话:(0755)2245411　2245191
2244566-6729、6730
传　真:(0755)2245411

深圳天威广告有限公司

(深圳有线电视台直属企业)
地　址:深圳市彩田北路2号
邮　编:518026
电　话:(0755)3069728
传　真:(0755)3069999

深圳泛太平洋广告有限公司

地　址:深圳市福田区华强北路新世纪酒店816室
邮　编:518028
电　话:(0755)3222221
传　真:(0755)3222822

深圳国门广告有限公司

地　址:深圳火车站东广场《深圳商报》电视信息屏
邮　编:518001
电　话:2335669　2327530
传　真:2327530

深圳机场候机楼广告有限公司

地　址:深圳机场候机楼一楼内
邮　编:518128
电　话:7777453　7776177
传　真:7776177　7776126

深圳南国影联股份有限公司

地　址:深圳市罗湖区嘉宾路南国影联大厦四楼
邮　编:518001
电　话:(0755)2176055　225466-133

深圳市红叶文化娱乐发展公司

地　址:深圳市红岭南路金华街一号
邮　编:518010
电　话:2275127

深圳市千百度广告设计制作有限公司

地　址:深圳市莲花北景花园景晖阁2B房
邮　编:518034
电　话:3900516
传　真:3905066

深圳体育馆广告部

地　址:深圳市上步北路深圳体育馆
邮　编:518029
电　话:3259068

深圳体育场广告部

地　址：深圳市上步北路深圳体育场
邮　编：518029
电　话：3246431

招商局蛇口工业区文化广告公司

地　址：深圳蛇口公园路幸福中心C座
邮　编：518067
电　话：(0755)6691970　6692235　6692319　6675819
传　真：6674037

德伟科技中国有限公司

地　址：香港九龙红磡马头围道37-39号(红磡商业中心A座4楼7室)
电　话：(0852)27730128
传　真：(0852)23342534
深圳办事处地址：深圳市深南中路28号华南电力大厦501室
电　话：3350640-3501
联系人：郭　亮

汕头市龙德广告有限公司　汕头市金园广告公司

地　址：汕头市黄河路万商广场C座7楼
邮　编：515041
总　机：8891078　8891178　8891278　8891378
传　真：总机转内线8210
负责人：周建轩
联系人：陈　彤

珠海经济特区东方广告有限公司

地　址：珠海市吉大莲花山吉石路
邮　编：519015
电　话：(0756)3356717　3367259
传　真：(0756)3356707
负责人：刘启彦
联系人：卢品明

太阳广告策划公司

地　址：佛山市季华五路13号三楼
邮　编：528000
电　话：(0757)3336121　3336221
传　真：(0757)3336121
负责人：谭　明
联系人：李树珍

梅州市广告公司

地　址：梅州市东教场背市广播电视大楼
邮　编：514011
电　话：2230688　2222058
负责人：张品华

广东省惠州市广告装饰公司

地　址：惠州市下角东路41号
邮　编：516001
电　话：2227435　2213846
传　真：2227435
负责人：王新昌
联系人：王新昌

粤揭阳市区广告公司

地　址：揭阳市榕华大道教育围
邮　编：522000
电　话：8633004　8619924
负责人：许小腾(助理工程师)
联系人：许小腾

广播电视类

广东电视台广告部

地　址：广州市环市东路331号首层
邮　编：510066
电　话：(020)83313318　83310683
传　真：(020)83313318转30、31
电子邮件：adv@gdtv.gov.cn
网　址：www.gdtv.com.cn
负责人：仇绍强
联系人：廖佛铁

21世纪广告尖兵

——广东电视台广告部　广东金视国际广告有限公司

一则广告的投放，犹如在竞争市场上的先头部队，是主宰输赢的关键。

我们拥有“广东卫视”、“珠江频道”两大强劲媒体，运作尽显专业之精神。尽责服务，一片虔诚；策划投放，准确前卫；使您在商海中所战皆捷，无往不利。

成功在于用“兵”！

广东有线广播电视台广告部

地　址：广州市环市东路333号18栋1楼
邮　编：510066
电　话：(020)83321984　83312055　83350617
传　真：(020)83316991　83352431
网　址：www.gdcatv.com.cn
负责人：罗云斌
联系人：蓝　涛

广告部成立于1994年5月，是全台广告经营、制作和发布的职能部门，负责制定全台广告经营政策，联系广告业务，协调管理各道广告经营。

广告部拥有一支年轻精干、大专以上文化水平的员工队伍，以“公开、公平、公正”为经营原则，吸引了大批国际4A广告公司、国内大型广告公司和国内外著名品牌成为我台广告客户。经营额从1994年的几百万，达到1999年的2.1亿元，成为广东市场名列前茅的强势媒体。同时，我部连续多年荣获厅、台先进集体称号。1999年被广东省广告协会评为广告行业精神文明单位；被中国广告协会评为1998－1999年度全国广告行业文明单位。

广东揭阳电视台

地　址：广东省揭阳市新兴东路
邮　编：522016
电　话：(0663)8681984
传　真：(0663)8686412
负责人：周悦群

揭阳电视台(21频道)，由粤东第一高山塔大功率发射，覆盖揭阳市、汕头市、梅州市、汕尾市及闽西部分地区，覆盖人口近一千五百万人。

揭阳电视台目前自办节目有：分别以潮汕话和普通话播出的《揭阳新闻》，反映社情民意、追踪热点问题的《大众视角》，提供经济决策参考的《信息走廊》，纵观国际国内要闻趣闻的《新闻网站》，展示富有揭阳特色文化含量的《热土一方》，贴近生活、服务大众的《生活大观》，拓宽知识视野的《专家话题》，给快节奏现代生活带来美感和笑声的《休闲20’》。

全新理念的节目包装，收视热点此起彼伏的版面设计，每天二集以上强档剧的推出力度，使揭阳电视台保持当地最高的收视率。

汕头人民广播电台

地　址：汕头市潮汕路广播电视中心
邮　编：515021
电　话：(0754)8210166　8210960
传　真：(0754)8226553
电子邮件：stdtgg@21cn.com

汕头人民广播电台是中国大陆较早开办的12家地市级电台之一，至今已有40多年历史，在粤东地区的听众中有着深远的影响。

改革开放，汕头广播电台如沐春风，事业发展蒸蒸日上，如今已形成新闻频道(FM99.3兆赫、AM1080千赫)、经济频道(FM102.5兆赫)、音乐频道(107.1兆赫)三套节目各具特色、优势互补、协调发展的格局。节目采用潮汕话、普通话、两个语种播音。广播信号覆盖粤东、闽西、赣南，人口约1600多万。

汕头人民广播电台拥有一批生机勃勃，掌握现代广播专业技能、高素质的广播从业人员。同时采用具有九十年代末先进水平的制作、播控、传输、发射的全套广播技术设备。实现广告、节目播出自动化，经营管理电脑化。人员素质、技术设备和经营管理处于全国市级电台的领先地位。软件、硬件的同时发展，使汕头广播电台的广告经营具有强力的依托。节目收听率在粤东地区占绝对优势，广告收入在全国市级电台中名列前茅，形成了社会效益、经济效益并举的良好局面。

广东省恩平市广播电视广告公司

地　址：广东省恩平市恩新西路
邮　编：529400
电　话：(0750)7739088　7720988
传　真：(0750)7716088
电子邮件：eprtvgg@163.net
负责人：郭旭光

恩平市广播电视广告公司是恩平市广播电视局属下的经济实体。公司以“树立企事业形象、推介名优新特产品”为宗旨，全面负责恩平电视台、恩平有线广播电视台和恩平人民广播电台的常规广告、经济信息和资料片的联系、制作及编排播出业务；代理国内外广播电视广告业务和市内公共场所广告、户外广告业务。

公司拥有一批广告设计、制作专业人员，电视摄制全部采用BETACAM系列设备，并配置了三维动画电脑制作系统；电台使用MD系列设备录制、播放广告。先进、庞大的电视光纤传输网络和广播电台强劲的发射功率能让全市60多万人民及邻近市县部分群众高清晰度地观赏和收听各类的电视、广播广告,为恩平的改革开放的经济腾飞起着积极的推动作用。

广州人民广播电台

地　址:广州市环市东路329号粤新大酒店二楼
邮　编:510095
电　话:(020)83592896
传　真:83390886
联系人:陈　坤　罗志民

深圳电视台

地　址:深圳市怡景路东广播电视大厦
邮　编:518021
广告业务电话:(0755)5529724　5409613
　　5403423

佛山人民广播电台广告部

地　址:佛山市季华路242号广播电视中心
邮　编:528000
电　话:(0757)3381058
负责人:叶汉英
联系人:刘丽群

主营:发布各类广告(含外商来华广告),承办分类广告。

汕头电视台

地　址:广东省汕头市潮汕路广播电视中心二楼
邮　编:515021
电　话:8210322　8100021
传　真:8204304
负责人:胡克威
联系人:何维钦

梅州市有线广播电视台

地　址:梅州市东较场广播电视大楼一楼
邮　编:514011
电　话:2212806　2219998
传　真:(0753)2219998
负责人:黄小平
联系人:黄庆东

报刊类

阳江日报广告部

地　址:阳江市狮子四路82号
邮　编:529500
电　话:(0662)3313716
传　真:(0662)3329522
电子邮件:yjrbggb@263.net
负责人:姜国亮

阳江市位于广东省西南沿海,设一市、二县、二区、有242万人口,是全国沿海对外开放城市之一。

阳江市背山面海,山海兼优,土地肥沃,气候丰饶,素有“鱼米之乡”美誉。市内自然景观美丽,海陵岛和春湾——凌霄岩被广东省定为省级旅游区。建市10年多来,阳江市委、市政府充分发挥地理、资源、人文优势,全面执行改革开放政策、灵活运用国家赋予的各项优惠政策,促进了区域的开放和开发建设。

《阳江日报》是中共阳江市委机关报,星期一至星期六对开四版,设有要闻版、综合新闻版、国内外动态、体育、为您健康、法制版,副刊版;星期五为8个版,其中5—8版为副刊版。版面社会新闻信息多,思想性强,坚持思想性、可读性并重,贴近生活,贴近读者,宣传党的路线方针政策,报道改革开放新风,为读者提供高闰的精神食粮。

在此基础上的阳江日报广告部以共创美好明天,共闯繁荣市场为己任,大力发展广告事业,广告经营范围有设计、制作、发布、代理国内报纸、电视、电台广告业务,同时拓展户外广告、霓虹灯制作、会场会议策划。广告设计新颖精美,传播信息渠道广阔,收费合理,欢迎海内外各界人士联系广告业务。

《南海日报》

地　址:广东省南海市桂城区南桂西路
邮　编:528200
电　话:(0757)6227751(广告部)　6231035(总编办)
传　真:(0757)6289551(广告部)　6333021(总编办)
网　址:www.nhrb.net
负责人:完　洪
联系人:马凤屏

《南海日报》为中共广东省南海市委机关报。

创办于1994年1月1日,初期名为《南海报》,为对开四版周二报。1996年起改为周三报。1997

年改为日报,更名为《南海日报》。1999 年除每日对开四版外,逢周五、周日则为对开八版。2000 年 1 月 1 日起,《南海日报》日日出彩报,天天八大版。

《南海日报》版面有要闻、综合新闻、国内新闻、体育新闻、国际新闻、社会新闻、经济新闻、社情民意、股市金融、家居时尚、影视娱乐、畅游天下、网络、通讯天地、卫生健康、百姓家庭、车天车地、今日楼市、吃遍珠三角、扮靓天地、劳动广场、农业天地、法制与社会、副刊、文摘、连载等。

开平报

地　址:广东省开平市三埠镇长沙光华路 1 号
邮　编:529311
电　话:2218805　2217986
传　真:(0750)2285088
社长、总编:李思泉
副社长、副总编:余文质　关伟生
　　　　　　　余荣瑞　张雪惠

南方日报广告部

地　址:广州市广州大道中 289 号南方日报社内
邮　编:510601
电　话:87373998 - 8108
传　真:87375401
负责人:李迪生

广州日报

地　址:广州市人民中路同乐路 10 号
邮　编:510121
电　话:8887294　8855889
负责人:邢　珍
联系人:曾　巨

羊城晚报

地　址:中国广州市东风东路 733 号
邮　编:510085
电　话:(020)7776211(总机转各部门)
广告负责人:唐小洛
广告联系电话:(0471)(020)7776763
　　　　　　7776211 转 3392、3373
广告联系传真:(020)7776763

《深圳特区报》

地　址:深圳市深南中路 4 号(深圳特区报社旧址一楼)
邮　编:518028
电　话:(0755)2240001　2240006
传　真:(0755)2241692

深圳商报

地　址:深圳市福田区景田商报路
邮　编:518034
电　话:3901440　3900055　3904202
　　　3900011 - 8537
传　真:3923351

汕头日报社

地　址:广东省汕头市金新南路
邮　编:515041
电　话:(0754)8312781
传　真:(0754)8626274
负责人:陈德义
联系人:王永如

《广东建筑装饰》杂志社

地　址:广州市东风西路 132 号流花广场园景中心 16 楼
邮　编:510170
电　话:(020)81366699　81365669　81366701 - 17、13
传　真:(020)81367183
电子邮件:gd - admagazine@163.net
负责人:江荣宇
联系人:龙志伟

《广东建筑装饰》始创于 1985 年,原名《装饰总汇》,1999 年经国家新闻出版署和科委批准更名为《广东建筑装饰》。本杂志为双月刊,逢双月出版,由邮局统一向全国发行。杂志正页 64 码,选用 157 克进口铜版纸彩色印刷,版面活跃、设计新颖、图文并茂、装饰精美,既有实用和参考价值,更具欣赏和收藏价值,深受读者喜爱。

《广东建筑装饰》内容丰富多彩,重点介绍国内外先进的装饰技术和最新潮流动态;选刊国内外装饰界权威、专家和教授的专业论著;弘扬装饰界成功人士和知名企业的经验及业绩。以较多篇幅推出商业环境和家居设计的作品实例并精心奉献专家论坛、百家争鸣、物料面面观、环境艺术、饰海拾贝等二十个栏目,为业内提供全方位的服务。

邮发代号:46 - 163

国内刊号:CN44-1411/TU
国际刊号:ISSN1008-7893
广告许可证:穗工商广字号01012

《质量与市场》编辑部

地　址:广州市八旗二马路38号后五楼
邮　编:510110
电　话:83341934　83850099
负责人:何绍淅
联系人:冯文海

《涉外税务》杂志

地　址:深圳市福田南路28号税务大楼14/F
邮　编:518033
电　话:(0755)3336333-1407、1409
传　真:(0755)3337545

广西壮族自治区

公 司 类

南宁市久久营销广告公司

地　址:广西南宁市江南路17号国际经贸大厦9楼
邮　编:530031
电　话:(0771)4831017
传　真:(0771)4812999
电子邮件:joyou@163.net
负责人:戴海林
联系人:朱小湘

南宁市久久营销广告公司成立于1994年。如今,公司已发展成为拥有30多名员工,300多万元固定资产,年营业额排名广西同类公司前列的综合、全面代理广告公司。

公司员工平均年龄24岁,90%大专以上文化,拥有专业职称人员占35%,高学历技术人才占52%。总经理室下辖创意企划部、电脑设计部、制作部、业务拓展部、客户品牌部、行销礼品部、财务部、媒介部、行政部9大部门,建立了广告创意、设计、制作、发布及活动实施的完整服务体系。

公司主要经营广西区内各类媒体代理及知名品牌客户广西广告总代理。经营区域覆盖广西六大城市30多个县镇,拥有广西一流的专业行销推广队伍和现代化设计制作设备,是目前广西首屈一指的综合性专业广告公司。

桂林华顿广告策划公司

地　址:桂林市解放东路1号环球大酒店二楼
邮　编:541001
电　话:(0773)2859450　2859455
传　真:(0773)2862233
负责人:邬永柳
联系人:翁印岚

桂林华顿广告策划公司成立于1991年。几年来华顿公司一直坚持以"客户至上"、"创意至上"为理念,为广告大客户提供全方位的服务,从平面广告设计、包装设计到营销、广告策划、形象策划,甚至广告制作、发布代理,业务涉及企业的方方面面。华顿的业务以广西为中心,形成覆及全国的客户网络,主要客户:"玉柴机器"、"两面针"、"桂林西瓜霜"、"武汉健民"、"南方黑芝麻糊"、"柳工机械"、"河南宛西制药"、"广东奇星制药"、"北京啤酒"、"恒安集团"、"华力电器"、"西麦阳光早餐"。

由于公司注自身素质的培养,拥有一大批业务、策划、设计方面的专才。在近几届全国优秀广告作品评选中,华顿屡获殊荣:1990年作品入选参加美国冬季设计大奖赛,获平面设计最高水平大奖——金羽奖;1992年作品荣获"平面设计在中国展"金奖一项及佳作奖、优秀奖共7项;1995年作品首次参加第四届全国广告大赛,获平面类唯一金将及银奖、优秀奖和佳作奖共7项;1995年作品代表中国大陆入选世界顶级专业赛事美国"天下第一"(THE ONE SHOW)广告大赛;1996年作品选送参加法国戛纳国际广告节;1996年作品荣获首届"中华好风尚"公益广告政府奖;1995年公司事迹辑录中国中央电视台大型专题片《广告·中国》;1995年中国中央电视台对华顿进行专访并在《商桥》节目中进行专题报道;1996年公司当选广西广告协会理事单位;1997年参加第五届全国广告大赛获平面设计类一项最佳公益广告奖、一项银奖、五项铜奖,并获佳作奖、优秀奖一共15项;1998年获首届"亚太广告节"铜奖。

梅高广告策划有限责任公司
梅高形象设计策划有限公司
梅高营销企划有限责任公司
梅高印务礼品公司

地　址:广西桂林市龙隐路18号21栋
邮　编:541004
电　话:(0773)5811586　5811516　5816766
传　真:(0773)5812833　5817647　5816799
法人代表:高　峻
联系人:覃慧榕

梅高体系是中外合资、综合性智能型专业服务公司,在全国首届广告公司综合实力评选50强名列22位。本着"人才为本,创意先行、卓越沟通、奉献社会"的理念,运用"调查分析"、"策略建议"、"操作推广"三大优势服务系统,我们不断为客户提供全方位的广告策划、整合营销、形象设计、资讯顾问等服务。1996、1997年代表华人首获当今世界著名广告节——"纽约节"广告与营销效果AME国际奖项。现已在桂林、沈阳、北京、上海形成全国性服务网络。

代理、承办国内外广告策划、设计、制作、发布;营销诊断和规划、营销培训、顾问资讯;大型公关活动的策划、实施、设计、制作;企业形象策划、设计;印刷制版;商标、广告业务咨询服务;商标、包装装璜设计;代销本公司广告商品。

柳州铁路局广告公司

地　址:广西柳州市南站路19号
邮　编:545007
电　话:(0772)3614889(市电)
　　　　24510　21405(路电)
法　人:叶秋江

柳州铁路局广告公司成立于1984年8月,是柳州铁路局唯一一家广告专营公司。本公司以铁路为依托,辐射全国,1993年起连年广告营业额突破千万元。在由国家工商行政管理局和中国企业评价委员会共同举办的"首届中国广告公司实力排序"活动中,本公司以较强的综合实力进入全国50强。1997年评为全国广告行业"文明单位"。现为中国广告协会直接会员;中广协铁路委员会常务理事公司。

本公司竭诚为您奉献以下服务项目:中央及各省市电视、电台、报刊广告代理;旅客列车内各式广告、列车广播广告、各火车站台、通道、候车厅标牌、路牌、霓虹灯、灯箱、城市户外广告等广告设计、制作和发布。

柳州市美术广告公司

地　址:柳州市中山东路22号(文化大院)
邮　编:545001
电　话:(0772)2856514　2827408
负责人:覃金源

本公司成立于1980年,是柳州市、柳州地区一家经营广告业务的专业广告公司,设备先进,技术力量雄厚,拥有一批经过专业培训的技术人员。

本公司为企业进行广告整体策划,电脑设计;承接路牌、霓虹灯广告制作,各类有机玻璃制品,橱窗及各类展览陈列布置,立体模型制作,商标设计、包装装潢、产品样本设计,室内外装饰工程。代理全国各地各类广告业务及外商来华各类广告业务。

兼营美术绘画用品,书画作品,工艺美术品、复印、打字服务,霓虹灯材料零售。

广西对外经济贸易广告公司

地　址:南宁市七星路137号
邮　编:530022
电　话:(0771)2809867
传　真:(0771)5869380
电　挂:2723
负责人:覃丽初
联系人:关玉华

梧州市美术广告策划总公司(梧州市美术广告公司)

地　址:广西梧州市五七方路五号
邮　编:543000
电　话:(0744)2823620
负责人:李　坚
联系人:谢祥穗

主营:广告策划、代理国内广告业务、CI设计、路牌广告、霓虹灯广告,印刷广告、旗帜广告、灯箱招牌,装饰装修、平面设计、各类绘画、锦旗制作。

广播电视类

北海电视台

地　址:北海市贵州南路广播电视大院
邮　编:536000
电　话:(0779)3035424　3055766
负责人:徐敦廉

联系人:卫焕崇
经营范围:
策划、制作、发布电视广告,播发经济信息。

广西人民广播电台广告信息部

地 址:广西南宁市民族大道75号
邮 编:530022
电 话:5866075 5854181-272
电 报:9288
负责人:覃理爱
联系人:危文彦

南宁人民广播电台

地 址:南宁市朝阳路7号
邮 编:530012
电 话:21717

广西有线电视台

地 址:广西南宁市七星路123号(区广播电视厅内)
邮 编:530022
电 话:(0771)2837232
传 真:(0771)2804500
负责人:何 丹
联系人:雷守华
电 话:(0771)2837176
经营范围:
发布国内各类广告;承办分类广告。

广西电视台

地 址:南宁市民族大道14号
邮 编:530022
电 话:42118

南宁电视台

地 址:南宁市朝阳路7号
邮 编:530012
电 话:24376

报 刊 类

广西日报社广告部

地 址:南宁市民主路21号
邮 编:530026
电 话:5690179 5628600 5690169
传 真:5628600
负责人:覃士贵
联系人:梁惠萍
发布、承办报纸广告(含外商来华广告)。

柳州铁道报社

地 址:广西柳州市鹅岗路二区16号
邮 编:545007
电 话:(0772)3622380
负责人:周本盛
广告业务负责人:马 柳
联系人:马 柳

《柳州铁道》是中共柳州铁路局委员会机关报,于1953年2月7日创刊。报纸为四开四版,周三刊,每星期二、四、六出版,国内统一刊号CN45-0019。发行面广,覆盖广西、广东、湖南、贵州四省区铁路沿线,其月末版《旅途大观》在全局20多个主要车站、30多趟旅客列车发行,并在北京、武汉等全国大、中城市设有100多个发行网点,其广告的影响面及渗透度有独特的优势。热忱欢迎管内外各企业、公司、各界朋友在《柳州铁道》报及其月末版《旅途大观》上刊登各类广告。同时承办国内报纸广告。

人民保健报社

地 址:广西南宁市天桃路31号
邮 编:530022
电 话:(0771)2802723 2724337
负责人:古秋娥
联系人:周东程

人民保健报是由广西壮族自治区卫生厅主办,创刊于1988年1月28日,是全国五个少数民族自治区唯一公开发行的卫生报,1995年前是四开四版,1996年改为对开四版,1999年改为四开八版,周报,每周二出版。它立足大西南出海通道的广西,面向全国,全方位向读者介绍卫生信息,防病治病和科学生活知识。

经营范围:药品、保健品、医疗、医疗器械、食品、信息、公告等广告。

广西工商报社

地 址:南宁市保爱路42号
邮 编:530021

电 话:2828264
负责人:黄耀坤
联系人:黄坚坚

经营范围:

本报为周二刊,全国发行,承办工商广告业务。

海 南 省

公 司 类

海口市广告装饰公司

地 址:海口市博爱北路119号四楼
邮 编:570101
电 话:(0898)6229936
负责人:陈成家
联系人:梁桃庆

本公司设备先进,技术力量雄厚,质量可靠,承接国内各类广告、美术设计、商标装潢,宾馆商场装饰工程,灯箱、霓虹灯招牌制作安装,展览布置,图片拍摄等业务。

海南中视广告有限公司

地 址:海南海口市龙昆里62号C座二层
邮 编:570102
电 话:(0898)6753687 6784205
传 真:(0898)6718905

海南建国广告公司

地 址:海口市人民大道26号华联大厦一楼全层
邮 编:570208
电 话:(0898)6259990
寻 呼:(0898)6755523406

海口天天广告有限公司

地 址:海口市正义路5号E1-201、301
邮 编:570206
电 话:(0898)6710287 13907575172
传 真:(0898)6710287
联系人:李晓燕 周迅东

海南金建广告公司

地 址:海口市金贸区国贸大厦A座1103房
邮 编:570206
电 话:(0898)6793518
传 真:(0898)6779650

海南国语广告有限公司

地 址:海口市滨海大道世界贸易中心E座19层
邮 编:570125
电 话:(0898)8520673 8520069
传 真:(0898)8520069

广播电视类

海南电视台广告部

地 址:海口市海秀路1号
邮 编:570206
电 话:(0898)6772252
负责人:丘海明
联系人:王 勉

海南人民广播电台广告部

地 址:海口市海秀路1号
邮 编:570005
电 话:(0898)774509

海口电视台广告部

地 址:海口市海秀路市委招待所大院内
邮 编:570005
电 话:(0898)777127

报 刊 类

海南特区报社广告部

地 址:海口市金宇路23号金宇大厦A座3楼
邮 编:570206

电　话:(0898)6772320　6772301
负责人:唐凤林
联系人:章群英
经营范围:
　　承办海南特区报国内报纸广告业务,代理国内报纸广告。

海口晚报广告部
海口报人广告公司

地　址:海口市新华南路22号
邮　编:570102
电　话:(0898)6212642　6212640
负责人:彭铁林
联系人:张　川
　　经营方式:设计、制作、代理、发布
　　经营范围:承办《海口晚报》国内报纸广告、代理国内外报纸广告业务。

海南声屏报社广告部

地　址:海口市海秀大道1号
邮　编:570206
电　话:(0898)6799791
负责人:周昌彪
主营:利用海南声屏报设计、制作、发布、代理国内外各类广告业务。

《大科技》杂志社

地　址:海南省海口市海府路89号
邮　编:570203
电　话:(0898)5335059
传　真:(0898)5331281
电子邮件:super@dost.hainan.gov.cn
负责人:王亦军
联系人:陈玉华

最奇趣的科普月刊《大科技》

《大科技》是面向国内外发行的大型综合性科普月刊。原国务委员、国家科委主任宋健同志为本刊亲笔题写刊名。

本刊以激发青少年的科学想像力和创新精神为宗旨,以培养青少年的科学思维和科学精神为己任,深受广大读者的欢迎。本刊设有"宇宙探索""自然谜踪""科技前沿""电脑世界""科坛秘闻""生命奇观""科幻天地"等十几个栏目,主要探索天地奥秘、生命和自然之谜、介绍国内外最新科学理论和科技成果。文章融科学性、知识性、趣味性于一体,达到了完美的结合,是广大读者的良师益友。

《大科技》是科普期刊界的一匹"黑马",发行面广、发行量正在飞速增长,在国家大力加强科普教育的宏观背景下,有着极为广泛的发展前景。

国内统一刊号:CN46－103ON
国际标准刊号:ISSN　1004－7344
发行:北京报刊发行局
邮发代号:82－907

四　川　省

公　司　类

四川省巴蜀新形象广告股份有限公司

地　址:四川·成都鼓楼南街117号世界贸易中心A座20F
邮　编:610015
电　话:(028)6758811　6782266
传　真:(028)6758855
网　址:www.bsnia.com
电子邮件:bashu@mail.sc.sninfo.net
联系人:张　翔　刘明君

四川省巴蜀新形象广告股份有限公司,于2000年11月由四川省人民政府批准成立,由"巴蜀新形象"品牌所属全资和控股子公司共同注资,在四川省巴蜀新形象广告策划公司基础上组建。在经营管理、服务理念、专业实力等各个方面均有极大提升。"巴蜀新形象"已经成为西南地区资深的广告及营销服务品牌。

本公司是中央电视台西南地区资深广告代理,中国广告协会会员单位,中广协《现代广告》杂志理事单位,1998—1999年度全国广告行业文明单位,1999年中国广告公司100强第52位,1999—2000年度四川省暨成都市"重合同、守信用"单位。在2000

年"大贺杯"全国青年人平面广告现场命题创作大赛中获得金奖。

四川省巴蜀新形象广告股份有限公司拥有市场营销、创意设计、媒介服务、客户服务、影视广告制作等五大专业机构,下属全资子公司有:成都开创市场研究广告营销有限公司、北京跨越明天广告有限公司、巴蜀新形象商贸公司,各专业机构以国际化的操作水准为标准,不遗余力地为客户提供高效优质的专业化服务。

作为一家专业广告运作和营销咨询服务企业,一直致力于为客户提供全方位、深层次的综合服务。

公司的经营重心是中央级媒体购买销售服务,营销广告市场一体化服务,业界资本运营、资产重组。

公司坚信以人为本的经营管理之道,90%以上的员工具有大学本科以上学历,员工队伍年轻、充满朝气、思维敏捷、团结实干、责任心强。

AP·我们的服务目标:连接品牌与消费者,将广告活动置身于消费者的视点之中

北京跨越明天广告有限公司

地　址:北京市海淀区车公庄西路甲19号华通大厦A座533室

邮　编:100044

电　话:(010)68475145

传　真:(010)68482640

电子邮件:bsbeijing@263.net

网　址:www.bsnia.com

联系人:熊　霏　陈筱芝

成都开创市场研究广告营销有限公司

地　址:成都市石灰街6号国贸广场8F801—803

邮　编:610031

电　话:(028)7719595　6618383

图文传真:(028)6611515

网　址:www.bsnia.com

电子邮件:marketing@bsnia.com

联系人:肖　奎　李　武

四川大方广告有限公司

地　址:四川省成都市提督街88号22楼

邮　编:610016

电　话:(028)6767326　6767087　6766910

传　真:(028)6766436

联系人:李　蓉

四川大方广告有限公司是具有全面综合服务实力的专业广告公司。公司推行全案策划、全程控制的广告运作机制,科学设置内部组织架构,实行规范的广告作业流程,与媒体保持着良好的合作关系。近年来创作的多幅平面作品在省市及全国优秀广告作品评选中荣获多项一、二、三等奖。

四川大方广告有限公司与四川大方物业营销公司联手,汇聚众多资深广告人才及房地产业内精英,能够为客户提供长期的专业化服务,在品牌管理、营销策划及房地产项目策划中,有若干影响广泛的成功案例,为诸多客户塑造了良好的企业形象和品牌形象。

西南航空广告策划公司

地　址:四川成都市人民南路四段使馆路2号(南谊大厦七楼)

邮　编:610041

电　话:(028)5210995　(028)5210992

传　真:(028)5210985

负责人:陈　被　陈观荣

经营范围:

●设计、制作、发布和代理各种媒体的国内外广告

●经营航空公司所属场所的路牌和灯箱广告

●经营飞机票、飞机票套、登机牌、时刻表、机上闭路电视、航机杂志、安全须知、桌板、头片、饮料杯等航空媒体广告

●经营广告礼品和印刷业务

西南国际广告公司

地　址:成都太升北路58号江信大厦24楼F座

邮　编:610017

电　话:(028)6911688　6933636　6938686(总机)

传　真:(028)6911588

董事长、总经理:萧景勋

联系人:黄建章、王海鹰

西南国际广告公司经国家工商局和四川省有关部门批准成立,跨省经营国内外广告业务的专业国际广告公司。该公司系中国广告协会会员、国际广告协会IAA中国分会会员、中国广告联合总公司成员、四川省广告协会副秘心长及四川省广告公司委员会副主任单位。

公司经营范围:设计、制作、发布、代理国内外各

类媒介广告业务、企业形象(CI)策划、室内外装饰;各类演展服务、礼仪公关服务、信息咨询服务等综合广告业务。1995年经四川省人民政府批准,该公司总代理成渝高速公路户外广告媒体,现已开发有大型单立柱广告牌15座,跨路天桥广告60座,户外路牌广告面积达3万 M^2。成渝高速公路是国家规划的“两纵两横”国道主干线上海至成都的组成路段,每昼夜通车3万多辆,日客流量越过20万人次。成渝高速公路庞大的受众群和广阔的传播、辐射效应,深受国内外广告主的青睐和关注。

“沟通、价值、创造、求实”是公司经营管理的理念和宗旨。多年来,公司始终如一追求高质量的广告创意水准和制作水平,深得客户好评。公司在做好广告主业的同时,还积极参与和投资房地产开发,兴办多种经济实体,并已形成相当的经营规模。

公司渠道畅通、网络健全、协调能力强、信息传递快,目前已在北京、沈阳、郑州、太原、西安、包头、乌鲁木齐、杭州、武汉、兰州、昆明等十一个城市投资建立了业务网络,并与国内外200多家广告主和广告人建立了友好合作关系。公司将不断开拓进取,竭诚为海内外客户提供全方位服务,也希望与海内外广告同仁携手合作,共同开发大西南广告媒体资源,为中国广告业的发展做出应有贡献。

成都市美术广告有限责任公司

地　址:成都市祠堂街16号
邮　编:610015
电　话:(028)6121883　6143804
传　真:(028)6120875
http://www.cdaadc.com
E-mail:cdaadc@mail.sc.cninfo.net
董事长、总经理:王世明
副总经理:肖之云、张传林、邓先荣、易　斌
联系人:谭楚芳　马晋功

成美是一家具有深厚本土文化底蕴的专业广告公司,现为国际广告协会会员、中国广告协会理事、中广协广告公司委员会副秘书长、四川省广告协会及成都市广告协会副会长。1997年被中国广告协会命名为“全国广告行业文明单位”。1998年9月,在全国广告行业率先完成国有企业向有限责任公司的转变,实现了内部资源重组,在广告经营方面设置了企划传播和商务制作两个运营中心,成为以设计、制作、发布、代理国内外各类广告为龙头,集装饰、旅游、摄影、商贸于一体的集团性公司。

近年来,成美在整合营销、广告策划方面投入了大量财力和物力,延揽了一大批专业人才,将卓有成效地为客户提供一体化、全方位优质服务。同时,成美还是美国3M等8家广告物料及广告器材生产制造企业的授权经销商和加工商,拥有先进的电脑设计制作设备。

秉承优良传统,超越陈规束缚,成美将以更新的经营机制和理念,尽心尽力地走好每一步。

中广联四川广告有限公司

地　址:四川成都市祠堂街16号
邮　编:610015
电　话:(028)6127881　6120474　6121883
传　真:(028)6120875　6126003
负责人:肖之云
联系人:余义晓

本公司是中国广告联合总公司(简称“中广联”)在四川的分支机构,由“中广联”和成都市美术广告有限公司合资经营。“中广联”系新华通讯社直属企业,现有79家成员公司分布于全国60个大中城市。

本公司以大型专业公司的综合服务能力与专心敬业之精神,履行对您的所有承诺。

经营范围:设计、制作、发布、代理国内外各类广告兼营室内装饰,展览设计制作。

成都华顿广告有限公司

地　址:成都市西安中路60号一幢302室
邮　编:610031
电　话:(028)7737088　7737017　7715041
传　真:(028)7737088
负责人:赵克毅
联系人:刘莫晓

本公司由成都市美术广告有限公司与香港华光广告有限公司合资组建,引进国际现代广告运作机制和广告制作新技术,以“创新、诚信”为本,充分依托两公司的专业优势,设计和制作、代理国内外各类广告,发布路牌、灯箱、霓虹灯广告;承接室内装饰和各种展览工程,竭诚为广大客户服务。

成都铁路广告公司

地　址:成都市人民北路二段二十五号六楼
邮　编:610081
电　话:3173212　3173320
传　真:3173187

负责人:廖明杰
联系人:江润

四川省对外广告公司

地　址:四川省成都市府青路一段34号
邮　编:610082
电　话:3335953
传　真:333896
负责人:张东锐
联系人:蒋　奕

四川省对外广告公司成立于1980年,具备了较完善的国际国内业务网络,拥有一批经验丰富的广告专业人员,已形成市场调查、创意制作、媒介发布、展示促销、公共关系、信息反馈、装饰工程、广告礼品、广告器材及与之相关的进出口贸易等服务体系。公司以雄厚的资本实力,独具匠心的创意策划,先进的广告制作设备,快捷准确的媒体发布以及全面周到的其它服务,成功地为一百多家国内外客户提供了广告服务,获得了良好的社会效益和经济效益。

成都市公交广告装饰公司

地　址:四川成都市上西顺城街45号
邮　编:610015
电　话:6622508　6626797
传　真:6781151
负责人:周正如
联系人:张宣英

广播电视类

四川省有线广播电视台

地　址:四川成都市武侯祠大街266号华达商城17楼
广告部地址:四川成都市金河街18号金河大酒店二号楼二楼
邮　编:610031
电　话:(028)6695887　6633749　6699821　6770562
传　真:(028)6695887　6633749　6699821
电子邮件:cl＿wu@sina.com
负责人、台长:王潞明
联系人:伍昌邻

四川有线广播电视台——为您扬名　助您成功!

四川有线广播电视台采用多路微波传输系统及光纤宽带传输网络系统向成都和周边地区以及全省各地、市、州传送新闻综合、影视文艺、图文信息、运动休闲、妇女儿童等5套自办节目及转播中央台体育、电影、文艺等多套卫星加密节目。覆盖了全省人口聚集区和经济发达地区的16个地市州及所辖各区、县,目前收视用户达500多万户,信号覆盖人口达3000万以上。由于充分发挥突出了各频道的专业化特色优势,节目办得新颖精彩,据AC尼尔森资料表明:收视率一直居成都地区电视媒体之榜首,媒体市场份额占有率达到了近50%。因此,吸引了全国一大批颇具实力的厂商及广告媒体长期与之合作。在四川众多的媒体,尤其是电视媒体中,四川有线广播电视台必将成为您开拓中国西部——四川市场(尤其是成都市场)的首选媒体! 四川有线广播电视台广告部定将竭诚为您服务!

四川省达州电视台广告部

地　址:四川省达州市张家湾
邮　编:635000
电　话:(0818)2372883
传　真:(0818)2372881
负责人:杜钦明

达州市位于四川东北部,是川东北的重要交通枢纽和川、陕、鄂、渝结合部的物质集散商贸中心,面积16788平方公里,辖五县一(市)一(区),六百多万人口。

达州电视台是经广播电影电视部批准建立的市级电视台。节目覆盖全市及毗邻的南充、重庆、万县、涪陵、广安、巴中、安康、汉中等城市的部分地区,收视观众愈一千多万。

达州电视台拥有一批思想过硬、业务素质好的人才队伍,现开办了"达州新闻"、"达州经济报道"、"今晚视点"、"七彩文艺"、"影视剧场"、"下周荧屏"、"晚间报道"、"荧屏导视"、"达州天气预报"等十余个栏目。此外,达州电视台还与全国一百多家城市电视台建立了广泛的节目交流,是四川省城市电视广告联播体的成员单位。达州电视台以讲求信誉为服务宗旨,是广大厂家和商界在川东北地区开拓市场必不可少的、值得信赖的伙伴。

四川省自贡电视台

地　址:四川自贡市汇东新区文化路

邮　编:643000
电　话:(0813)2202435
传　真:(0813)2201430
台　长:张立宪
广告部主任:王安银

成都人民广播电台广告部
地　址:成都市双林路99号
邮　编:610051
电　话:(028)4336955　4341759
负责人:赵　平

四川电视台广告部
地　址:四川省成都市东胜街40号
邮　编:610015
电　话:6634844　6693444　6637281
负责人:曹培俊(法人)　郑绿瀚
联系人:张建勇　赵长根

四川人民广播电台广告科
地　址:成都市红星中路119号
邮　编:610017
电　话:679053　665401转808

报 刊 类

四川日报广告处
地　址:成都市红星中路二段70号
邮　编:610012
电　话:6758900－3086　6747676　6742700
电　报:1557
广告业务负责人:刘国熙
联系人:吕　兵　袁　伟
经营范围:
　　承办《四川日报》、《四川农村报》《文摘周报》的国内报纸广告及《四川日报》外商来华广告业务,代理国内报纸广告。承办《新闻界》国内杂志广告业务。

四川工人日报社经济部
地　址:中国四川省成都市一环路东三段31号
邮　编:610066
电　话:(028)4328129　4317265　4325906
负责人:邱明斤
联系人:刘绍书
《四川工人日报》是四川省总工会机关报,1950年创刊。是四川省唯一单独面向全省10万家企业和全省1000多万工薪职工的对开日报。国内外公开发行。
　　本报办报方针:坚持机关报性质,兼有晚报风格,突出维权特色。
　　本报宗旨:宣传工人阶级,维护职工权益,展示企业风貌,服务社会读者。

《应用与环境生物学报》
地　址:成都市人民南路4段9号
邮　编:610041
电　话:(028)5229903　5237341
联系人:刘东渝

贵 州 省

公 司 类

贵阳市美术广告公司
地　址:贵州省贵阳市中华中路44号
邮　编:550001
电　话:(0851)5823086　5866826　5866525
负责人:齐荫清
联系人:邵培倩

贵州中亚广告公司
地　址:贵州省贵阳市北京路18号
邮　编:550004
电　话:(0851)6850259　6825912
负责人:彭学军
经营范围:
　　设计、制作、代理、发布国内广告业务。

贵州广告公司

地　址:贵州省贵阳市北京路 21 号
邮　编:550004
电　话:(0851)6823572
传　真:6823572
负责人:徐联科
联系人:申鸿方

承办对外经济贸易广告业务,广告礼品,摄影器材的进出口业务,国内广告及代理电视报刊、印刷广告业务,三类商品进出口贸易业务及三来一补业务。

贵州商业广告有限责任公司

地　址:贵州省贵阳市陕西路 2 号
邮　编:550001
电　话:(0851)6825093　6816866
传　真:6816866
负责人:林　坚
联系人:王德榕

贵州商业广告有限责任公司(前身是贵州商业广告公司),1991 年成立,是省内最早成立的广告公司之一。我公司拥有贵阳市繁华商业地段喷水池、紫林庵一千多平方米的广告媒体,以及延安东路等绿化带的广告发布权,能为客户提供市内黄金地段的广告位置,使厂商的产品在此得到完美的再现。

为使用新科技提高广告水平,我公司已购进美国苹果 9600 型设计电脑、大力神照排机、多霸扫描仪,结合最新的设计软件,卓越的中英文字库,完美的设计风格,精湛的制作技艺,能迅速表达客户所需的作品。

公司经营范围:设计、制作、发布、代理国内广告业务;代理策划、制作国内电视、广播、报纸、杂志广告;产品包装设计及印刷;设计、印制画册及其它各类宣传品;园林雕塑、工艺礼品、室内装饰装潢。

广播电视类

贵州省六盘水市电视台广告部

地　址:六盘水市向阳南路 28 号
邮　编:553001
电　话:(0858)8225673
传　真:(0858)8225673
电子邮件:wangpincom@21cn.com
负责人:刘立权
联系人:守学勇

六盘水电视台

无线(11 频道)　有线(16 频道)

广告收费标准

广告播出费　　长度:秒　　价格:元/次

时段＼价格＼长度	5	10	15	30	45	60
A 特段	250	450	700	1200	1600	2000
A　段	120	180	250	400	600	800
B　段	200	350	500	800	1200	1600
C　段	150	250	400	700	1000	1200
D　段	150	250	400	700	1000	1200
E　段	200	350	500	800	1200	1600
F　段	150	250	400	700	1000	1200
G　段	120	180	250	400	600	800

六盘水电视台

节目播出表

18:30	动画片	20:35	视点
18:50	广告(A 段)	20:45	广告(D 段)
18:55	节目预告	20:50	心心桥广告文艺
19:00	转播中央台新闻	21:25	广告(E 段)
19:30	广告(A 特段)	21:30	第一集电视剧
19:35	转播贵州台新闻	22:15	广告(F 段)
19:55	六盘水新闻	22:20	第二集电视剧
20:10	广告(B 段)	22:30	重播六盘水新闻
20:20	天气预报	23:15	广告(G 段)
20:23	广告(C 段)	23:20	第三集电视剧

说明:各时段广告指定位置第一条或最后一条,加价 50%,其余指定位置加价 30%。
注:本价格从 1999 年 10 月 1 日起执行。

贵州人民广播电台
贵州银河广告公司

地　址:贵州省贵阳市青云路 259 号
邮　编:550002
电　话:5860899　5822308
传　真:5860899
广告负责人:姚世权
法　人:梅应福
联系人:吴　钢

贵州人民广播电台在全省 80 多个县(市)、广播台(站)定时转播节目,并连接乡镇广播站 1000 多个,通广播的村已有 3500 多个,同时,上百家军工企业和遍布全省各地的中央直属企业和地方企业均常年定时转播本台节目，据统计，全省城乡有180多万部收音机、收录机和200万只有线广播喇叭。本台节目自1989年通过卫星转播以来覆盖面更为广阔，西南地区各省市和两广、两湖、海南等17个省、自治区均能清晰地收听到本台节目，本台还常收到新加坡、澳大利亚、日本、美国、法国、瑞典、芬兰等国家和地区收听本台节目的听众来信。

本台广告部承办企业产品和各类商品广告宣传，设有广告专题节目，广告部为工商企业提供广告策划，设计与制作，同时提供市场调查、信息反馈、产品推广等综合性服务。

贵阳人民广播电台广告部

地　址：贵州省贵阳市遵义路工人文化宫内
邮　编：550002
电　话：(0851)515764

贵州电视台广告部

地　址：贵州省贵阳市青云路261号
邮　编：550002
电　话：529108

贵阳电视台

地　址：贵阳市延安中路21云岩区少年宫(临时办公)
邮　编：550001
电　话：525951　523903　523907

报 刊 类

遵义日报社广告部

地　址：贵州省遵义市红花岗路39号
邮　编：563000
电　话：(0852)8227812
传　真：8227811
负责人：龚新生

历史文化名城遵义，是贵州省第二大城市，位于省会贵阳和直辖市重庆市之间。作为西南地区的重要工业基地，拥有门类齐全的近三万家企业。境内商业网点密布，有近百个各类大型综合、专业市场，辐射周边20多个县市，市场覆盖人口一千万以上。

遵义是全国著名的酒乡，有享誉世界的茅台酒、老八大名酒之一的董酒，以及珍酒、习酒、鸭溪窖酒、湄窖、怀酒、长寿长乐酒等一大批国家名优酒。

遵义日报社是本地最具权威的一家新闻机构，市委机关报《遵义日报》是一张全国发行的对开大报，发行量近10万份，覆盖14个县(市、区)700万人口，是全省地市报中发行最多、影响最广、最受群众欢迎的新闻媒体。报社广告部设备先进，力量雄厚，具有以多种形式制作、发布各类广告的实力，可为企业、商家拓展市场实施整体策划。

经济信息时报

地　址：贵阳市西湖路8号
邮　编：550002
电　话：5893449　5892170
传　真：5822486
电　报：1873

贵州日报社广告发行处

地　址：贵阳市外环城东路360号
邮　编：550001
电　话：(0851)627859

贵阳晚报社广告部

地　址：贵州省贵阳市中山东路169号
邮　编：550001
电　话：(0851)513530

贵州广播电视报社广告科

地　址：贵阳市青云路271号
邮　编：550002
电　话：(0851)529626

《农技服务》杂志社

地　址：贵阳市金竹镇省农科院
邮　编：550006
电　话：(0851)3761720
传　真：(0851)3761720
联系人：杨会能

云 南 省

公司类

昆明恒通广告公司

地　址:昆明市北站信通大楼4楼
邮　编:650051
电　话:(0871)5153750　5152247
传　真:(0871)5153750
负责人:郭洪明

昆明恒通广告公司1995年被国家工商局、中国企业家评价协会评定为中国五十家最大广告公司之一。

昆明恒通广告公司所代理的广告客户中有三家名列中国五百家最大企业之中。

云南省广播电视广告公司

地　址:昆明市人民西路73号
邮　编:650031
电　话:(0871)5320426
传　真:(0871)5310349
负责人:蔡洪根
联系人:王凤坤

昆明市广告公司

地　址:昆明市青年路小花园
邮　编:650021
电　话:(0871)3191520
传　真:(0871)3160921
负责人:陆林珍
联系人:刘宗琪

昆明风驰广告(集团)有限责任公司

地　址:昆明市翠湖西路1号
邮　编:650031
电　话:(0871)5329411
传　真:(0871)5329411
负责人:李　践

昆明白宇现代广告有限公司

地　址:云南省昆明市省体育馆4号门4楼
邮　编:650041
电　话:(0871)3148198　3139809
传　真:(0871)3102694
法人代表:倪文贵
联系人:汤兴萍

一、主要服务范围:

客户服务:为客户提供企业形象策划、产品广告、SP、PR、DM、EM策划与实施建立和巩固客户名牌的领导地位,以促进销售。

创意设计制作服务:在广告策略的指导下,为客户提供具销售力的卓越创意、设计、制作。

媒介服务:运用先进的媒介理论和实际操作经验,提供媒介计划、媒介分析、媒介代理、控制和监督。

市场服务:提供专用的市场分析,各类消费者调研、广告测试等,为广告策划、创意和媒介计划提供坚实的作业基础。

二、理念系统

宗旨:以创名牌为己任,你的成功才是我的成功。

准则:整合行销传播——各种工具,一种声音。

广播电视类

云南人民广播电台

地　址:昆明市人民西路广电中心
邮　编:650031
电　话:2122458　4141203

昆明人民广播电台

地　址:昆明市北京路601
邮　编:650032
电　话:3334963　3334969

云南电视台

地　址:昆明市人民西路47号
邮　编:650031
电　话:2124568

昆明电视台

地 址:昆明市大观路50号
邮 编:650032
电 话:4141490

报 刊 类

云南日报社广告处

地 址:昆明市新闻路51号
邮 编:650032
电 话:(0871)4192197
电 报:1632
负责人:曹水秀
联系人:秦廷学

云南日报社广告处主要经营广告设计,广告制作,发布国内外报纸广告。在云南日报社“报纸系列化、报业集团化、管理规范化”的总体布局中,拥有《云南日报》及其晚刊《春城晚报》、副页《文摘周刊》《语言美》、《农村信息导报》等广告发布媒体。同时,云南日报社广告处还代理云南日报在美国《国际日报》、澳大利亚《澳洲新报》、法国《欧洲时报》、香港《大公报》上创办的云南新闻专版的广告。

云南日报社广告处恪守发布质量第一的原则,热忱为广大客户服务,积极扩大与国内广告界同仁的合作,共创广告业的美好未来。

云南经济日报社

地 址:云南昆明东风东路延长线曙光小区
邮 编:650041
电 话:(0871)3316873 3335523
传 真:(0871)3331263
负责人:杨析民
联系人:王祖鞭

《云南经济日报》是向国内外公开发行的对开套红大报,它及时传播准确度高、实用性强的经济信息,是云南经济的窗口,是沟通云南与全国及东南亚经济的桥梁,是经济工作者的良师益友,是领导决策的参谋。它拥有遍及全国的通联网,发行已覆盖全国30个省、市、自治区。通过中国图书进出口总公司和国际直邮,报纸已发行至香港特区和泰国、新加坡、越南、老挝、缅甸等东南亚、南亚以及欧美部分国家。

云南经济日报国际副刊、航空版《亚太风》,随正报发行外,还在云南民航53条国内国际航线各航班发行。

云南经济日报广告部拥有一支业务素质较强,能全心全意为广大客户服务的广告专业人员,能采用现代化手段,进行先进的广告创意和设计制作,满足客户的各种需求。1991年被评为云南省“重信誉创优质服务”先进单位。广告部主要经营范围是:策划、设计、制作、发布国内、外各类报纸广告及各类经济信息。

云南科技报

地 址:昆明市北京路179号
邮 编:650051
电 话:(0871)3125638

健康时报

地 址:昆明市东风路27号
邮 编:650011
电 话:(0871)3146583

云南交通报

地 址:昆明市环城西路1号
邮 编:650031
电 话:(0871)5358204

云南经济信息报

地 址:昆明市东风东路155号
邮 编:650041
电 话:(0871)3176640

云南省广播电视报

地 址:昆明市人民西路73号
邮 编:650031
电 话:(0871)5310082

陕　西　省

公　司　类

西安沙龙广告装饰有限公司

地　址:长安北路56号高尔夫花园6-9-2
邮　编:710061
电　话:(029)5262588　13909256675
传　真:(029)5262281
电子邮件:shalong@pub.xaonline.com
负责人:李大卫
联系人:李　源

西安沙龙广告装饰有限公司九三年创立以来,致力于西安户外广告的发展。先后投入资金开发和拥有户外广告媒体18000平方米,其中大部分在西安繁华的商业街和钟鼓楼广场,火车站广场等。特别是2000年投资400万元,在机场专用公路、西铜、西宝高速公路建设大型单立柱广告设施十五个。成为西安地区,陕西省以及西北五省最具实力、最专业化的户外广告公司。

公司以策划、投资、建设、经营、发布、维护户外广告媒体和户外广告代理为主要业务,为客户以及广告同行提供最一流的服务。沙龙广告公司以户外广告为主业,同时带动媒介代理、营销策划、企业CI、全方位的发展,为客户提供全方位的优质服务。公司立足西安,扎根西部,面向全国,愿为中国广告业的发展做出点滴贡献。

公司竭诚为新老用户提供一流的服务

公司愿同全国各地的广告公司携手开发和拓展西部广告市场

陕西泰伦广告有限责任公司

地　址:陕西省西安市碑林区安东街四号
邮　编:710054
电　话:(029)2220051
负责人:肖　白
联系人:潘　勇

我们有密布全国的媒体网络

在省内:

陕西电视台、西安电视台、有线电视台、《陕西日报》、《西安晚报》、《西安广播电视报》、《华商报》、西安音乐台等(均为一级代理)

在西北:

甘肃省电视台、兰州市电视台、青海省电视台、西宁市电视台、新疆自治区电视台、乌鲁木齐市电视台、宁夏自治区电视台、银川市电视台及以上各地具有影响力的报纸、杂志。

在全国:

京津沪及30个省级电视台、全国120个以上的市级电视台。

我们有丰富的现场执行经验

泰伦广告凭借自身的市场调研队伍及各种媒体合作机构,已成功地在陕西省内城市和农村地区以及西北五省其它重要城市执行过多项市场调查与终端POP工作。

陕西省内9个地区,20多个县,西安市200多家药店的终端POP工作。

我们所做的一切是在追求完美的业绩,我们的成功永远发生在客户成功的后面,这是我们所从事的事业的规律,所以我们的期望就是客户取得最大的成功,我们说:客户第一。

陕西巨象广告有限责任公司

地　址:西安市五星街甲字1号
邮　编:710002
电　话:7614176　7614160
传　真:7614351
负责人:王　辉

陕西巨象广告有限责任公司是以策划设计、整体代理为主的专业化广告公司。公司成立四年来,注重对市场的开拓和对客户的服务,凭借对创意的孜孜追求,现已全面代理的客户遍及全国各地及多个行业。

由于实行科学的管理方法,使公司汇聚了一大批充满活力蕴涵潜力的行业人才。公司的广告营业额连续三年稳居西北行业之首。1997、1998、1999年公司被陕西省工商局和陕西省广告协会连续评为“陕西广告公司十八强”单位。

至今公司已有多幅作品获得国家、省市级奖励,1999年参加“宁城杯”西安市首届公益广告大奖赛获得一等奖。

公司现设:设计部、电脑部、客户服务部、创意部、房地产策划部、装饰工程部和财务部、行政部八个部。

“做有效广告、对客户负责”永远是巨象的宗旨。未来日子里,巨象愿与更多朋友携手,共写华章!

西安华圣广告有限责任公司

地　址:西安市含光北路177号含光大厦4楼
邮　编:710068
电　话:(029)7895849　8414494
传　真:(029)7895849
负责人:郑旭光

- ●西安华圣广告有限责任公司前身为1992年8月成立的西安华侨电脑广告公司,1995年12月改制为有限责任公司。
- ●西安华圣广告有限责任公司是中国广告协会会员单位,西安市广告协会执行理事单位。
- ●西安华圣广告有限责任公司连续数年被评为西安市广告公司综合实力第一名,作品屡获全国,省市级大奖。
- ●西安华圣广告有限责任公司与陕西省各大主流媒体有着良好的媒体关系,同西安市、陕西省乃至西北地区发行量最大的报纸《华商报》同为华圣集团文化 传播业的重要组成部分。
- ●西安华圣广告有限责任公司有自己经营的媒体《百姓周刊》及初具规模的“OK99”网站。
- ●西安华圣广告有限责任公司有丰富的整合营销传播及大型活动策划组织实施经验。1998年10月全面代理全国第九届书市的广告宣传及票务工作,协助组委会使第九届书市成为历届书市中最成功,最火爆,关注度最高的一届,被公认为是陕西省近年来举办的最成功的一项全国性活动。
- ●西安华圣广告有限责任公司有一流的影视设备及专业的制作人员,作为姊妹公司的华圣影视公司出品100集电视剧,为广告公司提供了广阔的业务天地。
- ●西安华圣广告有限责任公司有丰富的品牌广告代理经验,愿为各企业提供西安市场开发广告运作策划服务。

西安市美术广告总公司

地　址:中国·西安雁塔路中段5号
邮　编:710054
电　话:(029)5521285　5521670
传　真:(029)5521670　5527606
法定代表人:王　乐
联系人:王源清

直属公司:西安市集美广告公司　董事长:林安令

电话:(029)5511889　5521670
西安文宝斋旅游购物中心　董事长:王丕义
电话:(029)5512020　5529115
西安影视制片公司　出品人:王　乐
电话:(029)5523293　5530777
西安影视制片公司图片社　经理:石　黛
西安都友环艺有限公司　总经理:周绍华
电话:(029)5523766
陕西潼关县高桥金矿　法定代表人:王　乐
电话:(0913)3827176
(0913)3990007(矿山)

西安市集美广告公司

地　址:中国·西安雁塔路中段5号
邮　编:710054
电　话:(029)5511889　5521670　5531583
传　真:(029)5521670
网　址:jimei@pub.xaonline.com
董事长:林安令
总经理:石红娟

1996年西安地区广告公司综合实力18强之一;

1998--1999年度陕西地区广告公司综合实力20强之一;

创意、制作、代理、发布国内外各类广告业务。

西安伊卡罗丝广告公司

地　址:西安市红专南路8号
邮　编:710061
电　话:(029)5212457　5265999转3603、3613
传　真:(029)5212457　电子信箱:Ikarus@pub.xaonline.com
经　理:齐治平

联系人:李翠琴

西安伊卡罗丝广告公司诞生于中国广告业蓬勃发展时期,是隶属于中国石油天然气总公司的国有企业。公司有优秀的广告策划、设计、制作、摄影、市场调研等各类专业技术人员,其中80%具有高级和中级专业技术职称,并取得了广告岗位资格证书。

主要业务范围是:设计、制作、发布、代理国内各类广告业务。

西安伊卡罗丝广告公司凭借国有企业的实力和员工们优秀的技术业务素质,虔诚的敬业精神,为客户提供了完美的广告服务,取得了客户的赞誉,同广告媒介建立了良好的伙伴关系。顽强的拼搏使公司得到美好的回报。1997年在西安市工商局和广告协会对500余家广告公司的综合实力评价中,西安伊卡罗丝广告公司被评为1996年度西安市广告公司18强企业。1999年又被陕西省广告协会评为陕西省广告公司综合实力20强企业。

广播电视类

西安经济广播电台

地　址:陕西省西安市连湖路许士庙街4号
邮　编:710003
电　话:(029)7310574
传　真:(029)7345245
电子邮件:jjt006@pub.xaonline.com
网　址:www.ers.com.cn
　　　www.fm104xa.com(国际域名)
负责人:刘殿昌
联系人:张小强

西安经济台是我国西北地区首家24小时直播的调频立体声广播电台,信号覆盖整个关中地区。该台拥有全套进口设备和计算机网络系统,可以制作和播出高保真立体声广播节目;拥有陕西第一家立体声广播直播车及在民生商厦建立的全透明商业直播室,构成直播室—现场—听众同步传播系统。该台的电子网络版《服务在线》内容丰富,以网上在线服务的特色深爱大家欢迎,已走向世界(首家DDN专线)。

"关注经济热点,贴近市民生活"是其办台宗旨。多档优秀节目和一批优秀节目主持人在西安地区有口皆碑。广告创收和"央视收听率调查"一直位居西安地区前列。

渭南人民广播电台

地　址:陕西渭南市东风街中段13号
邮　编:714000
电　话:(0913)2038961　2038962
热线电话:(0913)96781026　2038111
传　真:(0913)2038962
负责人:闫喜川
联系人:黄一平

渭南人民广播电台
——传播速度快、范围广、容量大,为您提供更新、更快、更全面的信息。

渭南人民广播电台是国家广播电影电视总局批准成立的市级综合广播电台,1998年12月28日开始播音。

渭南人民广播电台频率为中波747千赫,调频102.6兆赫,覆盖全市12个县(市、区)和周边地区。播控设备先进,发射功率大,信号清晰。每天播音1005分钟,自办节目850分钟。

渭南人民广播电台的节目设置分新闻、经济、社教、综艺四大类:新闻类节目有《渭南新闻联播》、《整点新闻》、《秦东热点追踪》;经济类节目有《空中大市场》、《热点星期三》、《东府商潮》;服务类节目有《大众生活》、《健康园地》、《车迷俱乐部》、《1026七彩连心桥》;文艺类节目有《欢乐调频》、《1026空中热线》、《今天有好戏》、《广播歌选》、《评书连播》、《广播剧场》等。

渭南人民广播电台愿为各界朋友架起一座传播知识、交流信息、传递友情的空中彩桥,与您携手共创辉煌。

播四海新闻　传东府佳音
渭南人民广播电台真诚为您服务

西安电视台广告部

地　址:西安市大南门外振兴路副7号
邮　编:710068
电　话:(029)8402388　8405842
国际传真(自动):(029)8403886
单位负责人:任晓冰
电　话:BP:(029)126—5055119
手　机:13909238913

西安,世界四大文明古都之一,丝绸之路的起点,欧亚大陆桥陇海兰新线上最大的中心城市。拥有人口650万,面积9983平方公里。璀璨的文化积淀和优越的地理环境,使西安成为中国西北部最大的商品流通中心与物资集散地。

由西安市人民政府开办的西安电视台是一座综合性省会电视台,发射功率10千瓦,使用10频道(无线)和有线电视网络周期播放覆盖西安、咸阳、渭南及关中大部分地区。总覆盖人口1500万左右。

西安电视台(10频道)是中国省会城市电视台协作会会长台;中国城市电视台广告协会常务理事台。

西安电视台广告部全权承办全台各类广告业务,设立业务一部、业务二部、编辑制作部、财务部。

十多年来我部与海内外广告客户真诚合作,同舟共济,运作始终遵循热情、真诚、公平、优质、高效、客户至上的服务宗旨。愿与社会各界朋友携手合作,共创繁荣。

报刊类

《安康日报》社广告信息部

地　址:安康市金州南路60号

邮　编:725000

电　话:(0915)3212549

传　真:(0915)3201973

负责人:张　钧

联系人:张良奎　陈仪清

安康居成渝、关中、江汉三大经济区几何中心,沟通南北,承启东西,环境、区位优势使信息辐射功能分外突出。

《安康日报》是中共安康地委机关报,创刊于1951年3月,周七对开四版。采用激光照排,胶印印刷,向全国发行。

《安康日报》订户和读者遍及全区的每一个党政机关、企事业单位和乡镇村组及广大群众,成为安康地区联系最广的信息中介,也是安康地区最权威、传播范围最广泛的新闻传播媒介。

本报坚持经济效益与社会效益并重的原则,服务好、设计精、制作美,公众形象日趋完美。1997年以来,本报广告信息部连续被评为陕西省广告行业精神文明先进单位,并推荐申报全国广告行业精神文明先进单位。本报广告信息部在陕西地市报中唯一担任中国地市报广告委员会常务理事职务。

甘肃省

公司类

兰州众望广告有限责任公司

地　址:兰州市滨河东路258号

邮　编:730000

电　话:8826463　8866588　8883864

传　真:8835695

网　址:WWW.ZHGWANG.COM.CN

电子信箱:info@ zhongwang.com.cn

负责人:完颜宏

联系人:葛红艳

现代商战……

错综复杂,更有几分迷茫,几多无奈

少走弯路,迈向成功

正是众望人对您的祝愿

用我们的智慧及

我们对市场的把握

还有我们的勤奋及经验

随时为您提供完美的服务

兰州铁路广告艺术总公司

地　址:甘肃省兰州市火车站东街143号

邮　编:730000

电　话:8888068

传　真:徐春光

负责人:王惠萍

本公司不仅拥有雄厚的技术力量,精良的制作工艺和专业的设计人员，而且拥有多种广告媒体：站内路牌霓虹灯箱、铁路民墙电子显示、美术设计有机制作、宾馆商场装饰装修、室内室外环境设计、目录标志设计印刷、艺术广告模特宣传以及列车时刻表、站台票、列车座卧号广告等。

本公司将一如既往地遵循“质量至上，信誉第一”的服务宗旨，继续与新老客户竭诚合作，共谋发展。

甘肃省广告美术公司

地　址：兰州市金昌路 10 号
邮　编：730030
电　话：8412071

甘肃省对外贸易广告公司

地　址：甘肃·兰州市定西路 188 号
邮　编：730000
电　话：(0931)8885609　8883494

中国西北航空宣传广告公司

地　址：兰州市东岗西路 258 号
邮　编：730000
电　话：23421－3029

兰州铁路广告美术公司

地　址：兰州车站东路 143 号
邮　编：730000
电　话：20752

国营兰州广告公司

地　址：兰州市天平街 11 号
邮　编：730000
电　话：26764　418281　27377

广播电视类

甘肃人民广播电台广告经营管理部

地　址：兰州市东岗西路 226 号
邮　编：730000
电　话：8821208
负责人：高树新
联系人：边　城

在本台发布各类国内、外广播广告。

甘肃电视台广告中心

地　址：兰州市东岗西路 226 号
邮　编：730000
电　话：8415009
电　报：4997
负责人：李平生

甘肃省城兰州古称金城，位于祖国版图的几何中心，自古就是西北政治、经济、文化的中心，人口三百多万，是闻名全国的瓜果城。

甘肃电视台现拥有两套节目。甘肃电视台一套节目现有 20 多个栏目，内容丰富多彩，多项节目曾夺得全国大奖。覆盖人口为 2400 多万，覆盖率 80% 左右。由于甘肃的狭长地理环境，内蒙、四川、宁夏、青海和陕西交界的部分地区都能收看到甘肃电视台的一套节目，甘肃电视台是大西北人民的知心朋友。

目前国家已确定将兰州市建成中国西部商贸城，这里将是中国西部物资、商品的集散地、旱码头，也是八方客商大显身手之地。谁赢得了甘肃的市场，谁就抓住了在大西北发展的机遇。我们热忱欢迎全国各地的朋友与我们携手并进、共图发展。

兰州电视台

地　址：兰州市庆阳路 54 号
邮　编：730030
电　话：(0931)8824347　8415101－3007(办)
负责人：李建国

兰州电视台有一个比较完善先进的电视节目采录、制作、多媒体编辑、遥控、传输、发射系统；两套节目每周各播出 14 次，日播出时间 12 小时；电视信号覆盖率为全市的 82.5%。兰州以及榆中、皋兰、永登远郊等地区的 260 多万人中 80% 可以收看到两台的节目。

兰州电视台以“加强新闻、精办专题、搞好文艺、宣传经济、扩大服务”为编辑思想，努力提高整体节目质量，最大满足城市及其农村广大观众的需要。所办节目融思想性、知识性、娱乐性和服务性为一炉。在开办的 40 多个各类节(栏)目中，《兰州新闻》、《经济信息十分钟》、《轻松一刻》等十多个栏目在观众中产生影响颇大，许多节目在全国获奖，整体节目收视率近几年一直稳定在 52% 以上。

报 刊 类

甘肃日报

地 址:兰州市白银路47号
邮 编:730030
电 话:(0931)8124364
传 真:(0931)8124364
中继线:8127715
广告业务负责人:陈少沛
联系人:马亚瑞
广告业务范围:承办报刊广告,代理国内、外同行业广告业务。

《甘肃日报》是中共甘肃省委机关报,是甘肃省最具权威、最具指导性、发行量最大、最为社会各界所关注的综合性日报。每逢周一、周三均出对开八版,其余时间为对开四版。本报广告处拥有专业策划创意人员及先进的平面设计设备,能为广大客户提供全面优质的服务。

甘肃科技报

地 址:兰州市庆阳路30号
邮 编:730030
电 话:(0931)8823654
广告部负责人:高晓军

《甘肃科技报》立足甘肃,面向全国,内容充实,栏目繁多,图文并茂,丰富多彩;发行范围广,广告收费合理,信息反馈准确、迅速;四开四版,每周二、五出版,国内统一刊号:CN62-0024,邮发代号:53-3。

代办各类广告业务,欢迎刊登广告。

青 海 省

公 司 类

西宁包装装潢广告公司

地 址:西宁市解放路22号
邮 编:810000
电 话:(0971)8233386(直拨) 8233387
法人代表:吕士民
联系人:王伟华

国营西宁包装装潢广告公司是西宁地区集包装装潢广告为一身的多功能经营服务型公司。设计制作各种户外广告,霓虹灯,路牌,灯箱等广告;包装设计印刷,样本印刷,商标装潢、设计展览,室内外装修。本公司技术力量强,业务辐射广,管理正规,经济状况好,是青海西宁地区有影响的专业公司

青海省海天广告总公司

地 址:西宁市七一路211号
邮 编:810000
电 话:(0971)6142403
负责人:王海鹰

青海省金科广告艺术中心

地 址:西宁市胜利路1号
邮 编:810001
电 话:(0971)6145547
负责人:林成明

青海影视广告公司

地 址:西宁市花园北街14号
邮 编:810000
电 话:(0971)8148303
负责人:马建儒

青海省广告公司

地 址:西宁市七一路
邮 编:810000
电 话:(0971)8237993

青海省广告公司包装机械设备公司

地 址:西宁市七一路
邮 编:810000
电 话:(0971)8217766

广播电视类

西宁电视台

地　址:西宁市南关街43号
邮　编:810000
电　话:(0971)8230789
传　真:(0971)8230789

报　刊　类

青海日报

地　址:青海省西宁市七一路211号
邮　编:810000
电　话:(0971)6130830　6145358
电　报:3189
广告处负责人:何士荣
联系人:郜全意

《青海日报》是中共青海省委机关报,对开四版,星期五为八版,是青海省唯一的综合性大报,创刊于1949年10月20日,面向国内外公开发行。

青海日报广告处是青海省最大的一家报纸广告经营单位。主要代理省内外报纸、广播、电视、杂志等广告业务;策划、创意、设计和发布报纸广告。

青海日报广告处下设四部一室:广告接待部、编辑部、对外联络部、财务部、电脑室。

青海科技报

地　址:西宁市新宁路5－2号
邮　编:810008
电　话:(0971)6143746

青海青年报

地　址:西宁市北大街3号
邮　编:810000
电　话:(0971)8247696－382

青海法制报

地　址:西宁市南大街151号
邮　编:810000
电　话:(0971)8247440

青海经济报

地　址:西宁市五四大街39号副1号
邮　编:810008
电　话:(0971)6153012

宁夏回族自治区

公　司　类

银川市广告美术公司

地　址:银川市解放西街66号
邮　编:750001
电　话:5045201
传　真:6021508
电　报:0707
负责人:朱世德
联系人:冯茂源

我公司成立于1983年6月,中国广告联合总公司成员公司。本公司设计、制作发布国内户外广告业务,代理国内各类广告业务。

宁夏广告公司

地　址:银川市民族北街18号
邮　编:75001
电　话:(0951)6026121
传　真:(0951)6041413
负责人:马晓华
联系人:边文安

宁夏新达广告实业公司

地　址:银川市中山南街109号
邮　编:750004
电　话:(0951)6030829
负责人:姜爱丽

宁夏外贸广告公司

地　址:银川市南薰西路
邮　编:750001
电　话:(0951)4108645
传　真:(0951)5047814

宁夏新海印务广告展览有限公司

地　址:银川市湖滨西街77号
邮　编:750001
电　话:(0951)5013456

广播电视类

宁夏人民广播电台广告经理部

地　址:银川市新市区北京东路16号
邮　编:750021
电　话:6041323　6023313　6043894
经　理:李雪峰
联系人:陈丽雯

宁夏电视台广告经理部

地　址:宁夏银川新华西街86号
邮　编:750001
电　话:(0951)5045601

报刊类

宁夏日报广告部

地　址:宁夏银川市中山南街109号
邮　编:750004
电　话:(0951)6032801　6030829
　　　　6031497－321、320
传　真:(0951)6032801
电　报:1032

《宁夏日报》是宁夏回族自治区党委机关报,省级报纸,面向国内外发行,每天对开四版,周五对开八版,发行量10万多份。

宁夏日报广告部利用自有《宁夏日报》发布国内外报纸广告,为客户代理、策划、设计、发布各种报刊广告,承办分类广告业务。

宁夏日报广告部编排、策划、设计力量雄厚,激光照排,设备先进,是国内外工商企业宣传产品,提高知名度的理想媒介。

银川晚报社广告部

地　址:银川市中山南街123号
邮　编:750004
电　话:6032458

宁夏科技报

地　址:银川市凤凰北街44号
邮　编:750001
电　话:(0951)5048976

青年生活导报

地　址:银川市文化东街13号
邮　编:750001
电　话:(0951)6018224

宁夏法制报

地　址:银川解放西街217号
邮　编:750001
电　话:(0951)5043624

宁夏政协报

地　址:银川市文化西街8号
邮　编:750001
电　话:(0951)6014705

新疆维吾尔族自治区

公司类

新疆人广告公司

地　址:新疆乌鲁木齐市场子江路1号
邮　编:830051
电　话:(0991)5820744　5818200－3399
负责人:贾兆新
联系人:贾兆新

新疆人广告公司成立于1993年,是《新疆日报》所属的全民所有制国营企业。现已成为能够为国内外广告客户进行各类广告的代理、市场调查、总体策划及各类广告的创意设计制作,护栏、布标、路牌广告的发布、宣传品的印刷、展览、展销等多功能的综合型广告公司。该公司拥有一支精悍的广告专业队伍和众多的户外广告媒体。

该公司优势:以《新疆日报》为媒体依托,拥有自己的创意设计制作系统,同时拥有自己的户外媒体——《新疆日报》新闻大楼。路牌面积1000米^{2}以上和阿勒泰路段400米^{2}的户外媒体。我公司还可在新闻大楼上楼顶约85米高处制作、发布大型豪华霓虹灯广告。

新疆准东广告公司

地　址:新疆阜康市石油基地准东电视台院内
邮　编:831511
电　话:(0994)3831018、3831004
负责人:寇保胜
联系人:朱盛举
经营范围:

制作、摄制、代理、发布国内电视广告,为工商企事业单位摄制各种规格的电视片和资料。

设计、制作、代理、发布路牌、灯箱、布展等户外广告。

广播电视类

乌鲁木齐电视台广告部

地　址:乌鲁木齐市红山路18号
邮　编:830002
电　话:2811827
负责人:王小宁、吴　锋
联系人:胡晓荣

新疆雪莲电视台广告部

地　址:新疆乌鲁木齐市团结路84号
邮　编:830001
电　话:2860449
电　报:6081
负责人:秦　玲
联系人:秦　玲
经营范围:

新疆电视台是全国唯一一家用汉、维、哈三种语言。五套节目(四频道维语,六频道汉语,八频道为文艺台,呼号为"雪莲电视台",十二频道哈语,卫星电视)同时播出的电视台,电视覆盖率达73%,上星节目通过"中星五号"全天16小时播出,覆盖全国及亚洲、太平洋地区。

雪莲电视台隶属新疆电视台,每逢节假日增加一次维语节目播出,其它时间均为汉语节目时间,每天播出电视剧、电影精品、文艺片集数最多,时间最长,深受各族观众欢迎。

朋友,欢迎您到新疆来作客,我们愿与您真诚合作!

新疆有线电视台广告部

地　址:乌鲁木齐市团结路84号
邮　编:830001
电　话:2870717
负责人:兰　天
联系人:赵　辉　景　湛

新疆有线电视台是全国唯一一家同时用维、汉、哈语三种语言、四套节目同时播出的省级有线电视台。

新疆电视台广告部

地　址:乌鲁木齐市团结路84号
邮　编:830001
电　话:2861420

新疆人民广播电台广告信息部

地　址:乌鲁木齐市团结路 84 号
邮　编:830044
电　话:2861756

乌鲁木齐人民广播电台广告部

地　址:乌鲁木齐市新民路 36 号
邮　编:830002
电　话:2818840

报 刊 类

新疆日报社广告部

地　址:新疆乌鲁木齐市扬子江路 1 号
邮　编:830051
电　话:(0991)5850783　5859793
传　真:(0991)5850783
负责人:刘晓凤
联系人:梁晓莉

乌鲁木齐广播电视报

地　址:乌鲁木齐市建国路 9 号 3 楼
邮　编:830002
电　话:(0991)2615598
传　真:(0991)2618214
负责人:张全利
联系人:马玉清

伊犁日报社广告信息部

地　址:新疆伊宁市阿合头买提江街 117 号
邮　编:835000
电　话:(0999)8120945
传　真:8127393
负责人:周献民

新疆广播电视报广告部

地　址:新疆乌鲁木齐市团结路 84 号
邮　编:830044
电　话:(0991)2570047　2560784 转 8158
传　真:(0991)2561803
电　报:2330
主　任:张铁龙
联系人:张玉萍　梁丽芳

新疆昌吉报社广告部

地　址:新疆昌吉市延安中路 59 号
邮　编:831100
电　话:(0994)2343036
负责人:杨春辉
联系人:王新斌　王艳华

新疆经济报

地　址:乌鲁木齐人民路 5 号
邮　编:830002
电　话:(0991)2811587
负责人:邓光泽

老年康乐报(汉)

地　址:乌鲁木齐光明路 26 号
邮　编:830002
电　话:(0991)2822814

新疆法制报(汉)

地　址:乌鲁木齐健康路 11 号
邮　编:830002
电　话:(0991)2826027

广告经营单位名录索引

北京市

公司类：

广播电视类

报刊类

上海市

公司类

广播电视类

报刊类

天津市

公司类

广播电视类

报刊类

重庆市

公司类

广播电视类

报刊类

河北省

公司类

广播电视类

报刊类

山西省

公司类

广播电视类

报刊类

内蒙古自治区

公司类

报刊类

辽宁省

公司类

广播电视类

报刊类

吉林省

公司类

广播电视类

报刊类

黑龙江省

公司类

广播电视类

报刊类

江苏省

公司类

广播电视类

报刊类

浙江省

公司类

广播电视类

报刊类

安徽省

公司类

广播电视类

报刊类

福建省

公司类

广播电视类

报刊类

江西省

公司类

广播电视类

报刊类

山东省

公司类

广播电视类

报刊类

河南省

公司类

广播电视类

报刊类

湖北省

公司类

广播电视类

报刊类

湖南省

公司类

广播电视类

报刊类

广东省

公司类

广播电视类

报刊类

广西壮族自治区

公司类

广播电视类

报刊类

海南省

公司类

广播电视类

报刊类

四川省

公司类

广播电视类

报刊类

贵州省

公司类

广播电视类

报刊类

云南省

公司类

广播电视类

报纸类

陕西省

公司类

广播电视类

报刊类

甘肃省

公司类

广播电视类

报刊类

青海省

公司类

广播电视类

报刊类

宁夏回族自治区

公司类

广播电视类

报刊类

新疆维吾尔族自治区

公司类

广播电视类

报刊类

道生一 一生二 二生三 三生萬物
——老子·道德經
言之無物 行之不遠
——左傳·襄公二十五年
一言九鼎
STV 上海電視台
广告部
東晉·王羲之·官奴帖
東晉·王羲之·孔侍中帖
宋·米芾·三希堂法帖
天子春秋鼎盛
——漢書·賈誼傳
合抱之木 生于毫末 九層之臺 起于累土
——老子·六十四章
上海电视台广告部
中国上海市威海路298号/南京西路651号
邮编：200041
电话：0086-021-62565899转
传真：0086-021-62550937

广告刊户索引